ऐसे कैसे पनपे पाखंडी

ढोंगी बाबाओं की ठगी का समग्र पंचनामा

ऐसे कैसे पनपे पाखंडी

ढोंगी बाबाओं की ठगी का समग्र पंचनामा

डॉ. नरेंद्र दाभोलकर

प्रधान संपादक

डॉ. सुनीलकुमार लवटे

अनुवाद

डॉ. संजय नाईनवाड

समन्वयक-संपादक

डॉ. चंदा सोनकर

स

सार्थक

राजकमल प्रकाशन का उपक्रम

मूल मराठी ग्रंथ 'ऐसे कैसे झाले भोंदू' का हिंदी अनुवाद

ISBN : 978-93-89598-49-0

मूल्य : ₹299

पहला संस्करण : 2020
दूसरा संस्करण : 2024

राजकमल प्रकाशन का उपक्रम
सार्थक

प्रकाशक
राजकमल प्रकाशन प्रा.लि.
1-बी, नेताजी सुभाष मार्ग, दरियागंज
नई दिल्ली-110 002

शाखाएँ
अशोक राजपथ, साइंस कॉलेज के सामने, पटना-800 006
पहली मंज़िल, दरबारी बिल्डिंग, महात्मा गांधी मार्ग, प्रयागराज-211 001
1, अनमोल सोराबजी संतुक लेन, धोबी तलाव, मरीन लाइंस, मुम्बई-400 002

वेबसाइट : www.rajkamalprakashan.com
ई-मेल : info@rajkamalprakashan.com

मुद्रक
विकास कंप्यूटर एंड प्रिंटर्स
ट्रॉनिका सिटी-201 102

AISE KAISE PANPE PAKHANDI
by Dr. Narendra Dabholkar

महाराष्ट्र अंधश्रद्धा निर्मूलन समिति और आंदोलन के तमाम साथियो
आपकी लड़ाकू वृत्ति के चलते ही यह लेखन कार्य संभव हुआ।
इस हेतु कृतज्ञतापूर्वक धन्यवाद...

मंतव्य

अंधविश्वास उन्मूलन पर मेरी यह दसवीं पुस्तक है। जब मैंने पहली पुस्तक लिखी तब ऐसा लग रहा था कि मैंने बहुत कुछ लिखा है। पर आज इस विषय की व्यापकता और गहराई के बारे में सोचता हूँ तो ताज्जुब होता है।

इस पुस्तक की खासियत यह है कि यह पुस्तक मात्र पूरी तरह से 'बगुला भगत' विषय पर ही केंद्रित है। मैं आंदोलन, वाचन और साथियों के संग किए विचार-विमर्श के जरिए इस विषय के कई पहलुओं से परिचित होता गया तथा बगुला भगत जैसे विषय की विलक्षण जटिलता एवं व्यामिश्रता को महसूस कर पाया। एक रीति से 'अंधविश्वास उन्मूलन आंदोलन' का केंद्र 'बगुला भगतों से संघर्ष' को ही मानना पड़ेगा। इस विषय के विभिन्न पहलुओं को जेहन में लेने पर अंधविश्वास उन्मूलन के कार्य का विविधांगी विचार परत-दर-परत खुलता दिखाई देता है। सामाजिक, सांस्कृतिक, आर्थिक, राजनीतिक, धार्मिक और आध्यात्मिकता जैसी तमाम चीजें अंधविश्वास उन्मूलन के विविध कार्यों से जुड़ी हैं। किंतु बगुला भगतों के मामले में वे जिस तरह व्यामिश्र रहती हैं वैसी अपवादात्मक रूप में शायद ही कहीं अन्यत्र दिखाई देती हों। इन तमाम पहलुओं को संस्पर्श करने का प्रयास मैंने इस ग्रंथ में किया है। लेखन कार्य शुरू करने के बाद विषय से जुड़े तमाम पहलुओं को समेटते समय विस्तारभय भी था। लिहाजा मैंने सभी पहलुओं पर समान रूप से जोर दिया ही होगा, ऐसा मेरा दावा नहीं है। परंतु आशा है—बगुला भगतों के हजार पैरों वाले आक्टोपस का बिम्ब इस ग्रंथ द्वारा पर्याप्त मात्रा में उभर आएगा।

आंदोलन के दौरान आए अनुभवों द्वारा इस पुस्तक का लेखन मैंने जिस तरह किया है उसी तरह कई महानुभावों की पुस्तकों, उनके लेखन और उनके साथ की चर्चाओं आदि का भी इस रचना में सहयोग रहा है। तथापि मैंने बार-बार इसका जिक्र न किया है और न यहाँ उन सभी के श्रेयनामों की सूची देना संभव है। यदि इनमें से कुछ छूट जाते हैं, तो वे उदार मन से मुझे क्षमा करें। इसके बावजूद मैं चंद नामों का जिक्र करना जरूरी समझता हूँ, जिनमें मे. पु. रेगे, अनिल अवचट, विट्ठल प्रभू, अरुणा ढेरे, डॉ. श्रीकांत जोशी, उत्तम कांबले, अशोक जैन, श्याम मानव, डॉ. प्रदीप पाटिल, माधवशास्त्री दिवेकर, प्रदीप कर्णिक, उदय मेहता मुख्य हैं।

'अबकडई' पत्रिका द्वारा चमत्कार पर प्रकाशित 'दीपावली विशेषांक,' 'अंधश्रद्धा निर्मूलन' पत्रिका के अंक तथा ऐसे कइयों के विविधांगी विचारमंथन का मुझे लाभ हुआ है। साथ ही कुसुमाग्रज, मंगेश पाडगाँवकर जैसे कवियों की उक्त विषय से जुड़ी काव्य पंक्तियों को भी इस पुस्तक में उद्धृत किया गया है। अत: इन सभी का मैं आभारी हूँ।

आज 'महाराष्ट्र अंधश्रद्धा निर्मूलन समिति' बगुला भगतों के विरोध में जीवटता से आंदोलन चला रही है, लेकिन यह जिम्मेदारी मात्र समिति की ही नहीं है। लिहाजा जनांदोलन की शक्ल इस लड़ाई को प्राप्त होना जरूरी है। तभी सही मायने में मुझे इस पुस्तक के लेखन की खुशी होगी।

—डॉ. नरेंद्र दाभोलकर

क्रम

यत्र-तत्र-सर्वत्र, समाज के सभी स्तरों, सभी इकाइयों, आर्थिक स्तरों, महिलाओं और पुरुष-युवाओं में फैलता गुरुडम का जाल दिमाग को चकरा देनेवाला है।

बीमारी एक ही होती है परंतु मरीज का दर्जा और स्थिति जैसे-जैसे बदलती जाती है वैसे-वैसे उसके अनुरूप इलाज करनेवाले भी बदलते रहते हैं। किंतु इलाज आमतौर पर एक ही रहता है। देहाती, अनपढ़ महिला-पुरुष अपने बीमार बच्चे को इलाज के लिए गाँव के ओझा के पास ले जाते हैं। तहसील के स्थान पर रहनेवाला मध्यवर्गीय अपने बच्चे को इलाज के लिए छोटे-मोटे परंतु चिकित्सा क्षेत्र की उपाधि प्राप्त चिकित्सक के पास ले जाता है। शहर के उच्च-मध्यवर्गीय बच्चे का इलाज करनेवाला होता है—बालरोग विशेषज्ञ। और महानगरों के अभिजन धनिक के बच्चे की बीमारी का इलाज—कई विषयों में विशेष योग्यता रखनेवाले विशेषज्ञ चिकित्सकों की फौज की निगरानी में या अत्याधुनिक सुविधाओं से लैस अस्पताल में किया जाता है।

बस कुछ ऐसा ही गुरुडम जगत में भी घटित होता है। देहात का अनपढ़ श्रमजीवी अपनी समस्याओं के उपाय के लिए किसी भगत या ओझा को खोजता है। चार किताबें पढ़ा व्यक्ति अपनी समस्याओं का निदान किसी 'ज्योतिष बखान करनेवाला, भविष्य बखान करनेवाला' जैसी पुकार लगानेवाले व्यक्ति या फिर पिंजड़े से निकलकर भविष्य का कार्ड उठाने वाले सुग्गे के पास मिलेगा ऐसी आशा करता है। साथ में तावीज-गंडा, टोटका भी अपनाया जाता है। पढ़ा-लिखा, नौकरीपेशा और उद्यम-व्यवसाय में कार्यरत कोई मध्यवर्गीय व्यक्ति अपनी समस्या का समाधान नारायण, नागबली की पूजा, वैभवलक्ष्मी का व्रत आदि में और कोई व्यक्ति किसी मल्लीनाथ बाबा, नरेंद्र बाबा या अनिरुद्ध बापू जैसों के पास ढूँढ़ता है। पाखंडियों की सेवा में ही भक्त जन्म की सार्थकता अनुभव करते हैं। राजनेता, नौकरशाह, धनवान, उद्योगपति, सुर्खियों में छाए खिलाड़ी या कलाकार तक बगुला भगत जगत से अछूते नहीं हैं। निर्मला माता, चंद्रास्वामी, भगवान रजनीश या सत्यसाईं जैसों की जरूरत इन लोगों को भी होती ही है। ऐसे लोग जिंदगी में जो कुछ प्राप्त

हुआ है और आगे भी प्राप्त होनेवाला है, इसका श्रेय बाबा की कृपादृष्टि और आशीर्वाद को ही देते हैं। कुल मिलाकर बगुला भगतों का विश्वव्यापी विस्मयजनक जाल मति भ्रमित कर देनेवाला है, यह बात सच है।

उपरोक्त कारणों के चलते बगुला भगतों के विरोध में संघर्ष छेड़ने के बजाय विषयांतर किया जाता है। गुरु का महत्त्व, मानसिक शांति, संकट में आधार, आध्यात्मिक उन्नति जैसे विषयों से लेकर बगुला भगतों के विरुद्ध आंदोलन तक का प्रतिरोध करने हेतु आप हिंदू बाबाओं को ही क्यों लक्ष्य करते हैं? आपको बहुजनों के ही बाबा क्यों दिखाई देते हैं? जैसे सवालों पर बड़ी ही आत्मीयता से बहस की जाती है। समिति द्वारा ऐसे सवालों के मुँहतोड़ जवाब वैचारिक लेखन और प्रत्यक्ष कृति द्वारा समय-समय पर दिए गए हैं। हाल ही के दौर के विशिष्ट सामाजिक यथार्थ में जाति और धर्म का नित्य उठाया जानेवाला मुद्दा सुनने पर एक अलग संदर्भ से इस पर भी यथार्थतः लागू होनेवाली कवि मंगेश पाडगाँवकर की काव्य पंक्तियाँ अक्सर याद आती हैं—

माना महनीय इन भ्रष्ट लंगूरों को हमने
और थमाई हाथों उनके जलती लुकाठी
पीटना पड़े सीना क्यों लगी घर आग
कौन देवता आएगा संकटमोचन हेतु
है कौन धर्म इनका झुंड कौन सा
जाति अंततः सारी एक प्रश्न अधूरे
समर्थन में सबने अपनी घोषणाएँ दीं
सजाने चिता आपकी लाए खोज काष्ठ

कुल मिलाकर बाबा, मांत्रिक, संत, महंत, माता, योगी और भगवान जैसे लोगों का बाजार गर्म है। जहाँ बड़े-बड़े लोग शरणार्थी बनकर इन लोगों के पास बुद्धि गिरवी रखते हैं, वहाँ आम जनों को भला कैसे दोष दिया जा सकता है?

असल में महाराष्ट्र में इन चीजों को बयाँ करने की कोई जरूरत ही नहीं थी क्योंकि साढ़े तीन सौ साल पूर्व संत तुकाराम ने निर्भीकता से लिखा था—

बने ऐसे कैसे पाखंडी। करत कर्म कहलात संत॥
पोतकर काया पर भभूत। मूँदत लोचन पाप करत॥
दिखाकर वैराग्य पथ। अनुरक्त वासना उत्सव॥
कहे और क्या तुकाराम। तजिए ऐसी कुसंगति॥

150 साल पहले महामना जोतिबा फुले ने भी समाज में ढोंगी बाबाओं का जन्म किस तरह होता है, इसका मर्मग्राही विवेचन 'किसान का कोड़ा' नामक ग्रंथ

में किया है। वे लिखते हैं, 'कई अक्षरशत्रु, पंडित-ब्राह्मण जिन्हें पोथी-पत्रा से पेट पालने की अक्ल नहीं होती वे अपने में से ही किसी एक बेवकूफ निठल्ले को ढवले बाबा बनाकर, उसके पैर में खड़ाऊँ और गले में वीणा लटकाकर; अज्ञानी किसानों के घर ससम्मान भीख माँगते घूमने योग्य बनाते हैं तो दूसरे किसी खूबसूरत युवा को कवले बाबा बनाया जाता है, जो करताल-इकतारे की ध्वनि पर, बड़े भक्तिभाव से राधा-कृष्ण का जयघोष करता; नचनिये-सी मुद्रा बनाकर दर्शन हेतु आनेवाली किसी रईस बेवा बहू को जाल में फँसाकर, पेट पालता और मजे लूटता है। और किसी तीसरे अर्धविक्षिप्त नशेबाज को बागलकोट वाले स्वामी बना देते हैं और इसकी आड़ में वे कई तरह की गप्पें लड़ाकर, झूठी बातें बनाकर और स्वामी के दर्शन का झाँसा देकर मासूम जनता का आर्थिक शोषण करते हैं।' इसमें आज यदि कुछ अंतर आया है तो वह यह कि तत्कालीन जाति विशेष में फैली प्रवृत्ति आज सभी जाति-धर्मों में छा गई है। इस षड्यंत्र को समझने के लिए आज से साठ साल पहले प्रकाशित पत्रिका 'किर्लोस्कर' के एक अंक का अवलोकन करें। जिसमें कहा गया है—

'परमार्थ, मोक्ष, ईश्वर प्राप्ति, प्रत्यक्ष दर्शन आदि धर्म कल्पनाओं की अफवाहें हमें और समाज को दुःसाध्य रुग्ण बनाती हैं। ऐसे जर्जर रुग्ण शरीर पर यदि बाबाओं की गंडमाला निर्मित नहीं हुई तो ताज्जुब होगा! भक्ति, पाप-पुण्य, स्वर्ग-नर्क जैसी चीजें तो बाबाओं के खास हथियार हैं। किसी भी बाबा के पास हमारी रवानगी नर्क में करने की शक्ति का होना असंभव है। क्योंकि स्वर्ग-नर्क जैसे स्थान ही पूरी तरह से मनगढ़ंत हैं। इसी तरह व्यक्ति का पापक्षालन और पुण्य का संवर्धन करने का सामर्थ्य भी किसी बाबा या स्वामी के बस की बात नहीं है। पाप-पुण्य का दायित्व हममें से हर किसी पर रहता है। इसे लेकर किसी भी तरह की दलाली फायदेमंद नहीं है। जो कोई ऐसी दलाली करता है, वह आला दर्जे का मूर्ख होगा। हम चुनौती देते हैं कि जो कोई बाबा या स्वामी अपने भीतर अलौकिक सामर्थ्य होने की बात करता है, वह हमें पड़ताल की अनुमति दे। ऐसी वाहियात चीजें करके यदि कोई बाबा या स्वामी पापों को क्षणमात्र में भस्म करके ईश्वर के चरणों में पहुँचाएगा, ऐसी कल्पना करना सिर्फ पागलपन है।'

किंतु विगत कुछ वर्षों में घटित महाराष्ट्र की सचाई क्या कुछ कहती है? शिक्षित, अशिक्षित, शहरी-ग्रामीण, महिला-पुरुष, वृद्ध-युवा ऐसा किसी भी तरह का विभेद किए बिना बगुला भगत रूपी आक्टोपस दूर-दूर तक पैर फैला चुका है। बानगी के तौर पर कुछेक उदाहरणों को समझेंगे तो ताज्जुब होने लगता है।

कुछ एक सालों पूर्व निःसंतानों को यकीनन संतति प्राप्त करा देनेवाली भावनगर की पार्वती माँ का चमत्कार सिर चढ़कर बोल रहा था। 1,00000 निःसंतान दंपतियों को स्वयं के हाथों से स्पर्श करके संतति देने का अद्भुत वरदान उसे भगवान शंकर द्वारा प्रदान किया गया था, ऐसा कहा जाता है! उन दिनों महाराष्ट्र में ऐसी एक भी

तहसील नहीं बची थी, जहाँ से पार्वती माँ की ओर गाड़ियाँ न गई हों। लंबी दूरी की यात्रा, खचाखच भरी गाड़ियाँ, दिन-रात पैसों के पीछे दौड़ते गाड़ियों के ड्राइवर। इससे निर्मित डिप्रेशन के चलते जो दुर्घटनाएँ घटित हुईं, उसमें भी यदि उन दिनों के अखबारों में प्रकाशित आँकड़ों की ओर ध्यान दें तो 100 के आसपास लोग मारे गए थे। इसी से पार्वती माँ के पास जानेवाले लोगों का अंदाजा लगाया जा सकता है। 'मनौती आदि से प्राप्त होती संतति, तो क्यों आवश्यक हो पति।' वाली सचाई को उजागर करनेवाले संत तुकाराम को महाराष्ट्र इस दरमियान पूरी तरह से भुला चुका था। महज इस एक ही विषय पर मैंने महाराष्ट्र में कई व्याख्यान दिए थे। पार्वती माँ के आशीर्वाद से संतति प्राप्त किया मुझे कोई मिला नहीं, लेकिन उधर जानेवाले लोगों के जत्थे भी कम न हुए। उस दौर में मेरे व्याख्यान के बाद पार्वती माँ से ठगा महसूस करनेवाले कई लोग मुझसे मिला करते। परंतु शूरवीरों के महाराष्ट्र में एक भी वीर पार्वती माँ के विरोध में शिकायत दर्ज करने हेतु आगे नहीं आया। पार्वती माँ बुढ़ापे के चलते अचानक चल बसी और अंधविश्वास का लगा ग्रहण छूटा।

कुशीरे, तहसील पन्हाला, जि. कोल्हापुर निवासी गुरव बंधु के बैल की दृष्टि चली गई थी। उसे सपने में एक पेड़ के पत्तों का रस बैल की आँखों में निचोड़ने का दृष्टांत हुआ। दृष्टांत के मुताबिक बैल की आँखों में रस छोड़ा गया। कहा जाता है बैल की दृष्टि लौटी। फिर गुरव बंधु ने इसी उपाय को दृष्टि दोष से ग्रस्त सभी मनुष्यों के लिए इलाज रूप में शुरू किया। जिस दिन गुरव बंधु इलाज करता उस दिन उसके यहाँ लगभग 10 से 15 हजार लोगों की भीड़ जमा हो जाती। उसके द्वारा ओसारे में एक ही समय 10 से 15 लोगों को एक कतार में सुलाया जाता। मैले-कुचैले बर्तन में जमा कथित औषधि रस में मटमैला कपड़ा डुबोया जाता, भीगे कपड़े को निचोड़कर मरीजों की आँखों में दो-दो बूँदें छोड़ी जातीं। इलाज की यह पद्धति पड़ोसी जिलों में भी फैल गई। समिति ने इसके विरुद्ध आंदोलन छेड़ा, परंतु कोल्हापुर जिलाधीश, जिला पुलिस अधीक्षक, जिला शल्य चिकित्सक या जिला स्वास्थ्य अधिकारी इनमें से किसी ने भी उस नीम हकीम पर कोई कार्रवाई नहीं की। उसका लाखों लोगों की जान से खिलवाड़ का खेल चलता ही रहा। कुछ दिनों बाद सतारा पुलिस अधीक्षक मीरा बोरवणकर ने हमारी विनती पर इस मामले को लेकर एक पत्रक प्रकाशित किया। दूसरे जिलों में हमने इस पत्रक का हथियार के रूप में प्रयोग करके इस तरह की ठगी पर प्रतिबंध लगाया। इलाज को छोड़ ऐसे गुरुडम के अंधविश्वास के क्षेत्र में प्रवेश कर जाने पर इसकी भयावहता की मात्रा कई गुना बढ़ जाती है। मुंबई के बंगाली बाबाओं का मामला समाज की बंद आँखें खोलनेवाला है।

मुंबई की लोकल रेलगाड़ियों में बंगाली बाबाओं के पोस्टर्स बड़े पैमाने पर चस्पा किए गए दिखाई देते हैं। इन बाबाओं के नाम भी विचित्र होते हैं। पर इन पोस्टर्स का मजमून एक-सा ही होता है। 'जादू-टोना, भूत-पिशाच, टोना-टोटका,

वशीकरण, रोगमुक्ति इन तमाम चीजों पर गारंटी के साथ इलाज के लिए संपर्क करें।' पोस्टर्स के अंत में कोने में बाबा का मोबाइल नंबर छपा होता है। उसे पढ़कर जरूरतमंद बाबा के दरबार का रुख करते हैं। बंगाली बाबाओं द्वारा हाथ में मिट्टी की मटकी लेकर कुछ मंत्र बुदबुदाते हुए मरीज के हाथों में गंडा, डोर, कौड़ी, ऐसा कुछ रखते हुए मरीजों को खुलेआम लूटा जाता है। इससे परे जाकर कई दफा इलाज के लिए सीधे नरबलि तक दी जाती है। बाबा बंगाली अब्दुल सत्तार मलिक उर्फ रजाक बंगाली ने अंबरनाथ निवासी अनिल लक्ष्मीकांत सिंह को दुरात्माओं को घर से बाहर खदेड़ने के लिए तथा घर में शांति स्थापित करने के लिए नरबलि देने का बुरा मशविरा दिया। अनिल सिंह अपने पड़ोसी के नौ साल के मासूम राहुल को नजदीकी जंगल में ले गया और छूरे से राहुल का शीश धड़ से अलग कर दिया। मुंबई जैसे महानगर तथा उद्यमिक राजधानी में इक्कीसवीं सदी की शुरुआत में घटी यह घटना है, जो बढ़ती हुई किस हद तक पहुँची है, इसका खौफनाक चित्र हमारी आँखों के समक्ष खड़ा करती है।

शेषराव धोंडिबा शेलके नामक शख्स एक दौर में शराब की आदत के चलते कुमार्ग पर चल पड़ा सेना से अवकाश प्राप्त जवान था। कहा जाता है, उसे हिमालय में प्रत्यक्ष दर्शन हुआ था। इसके बाद उसने शराब पीना छोड़कर शराब मुक्ति का कार्य शुरू किया। शेषराव के शराब मुक्ति दरबार में लाखों की तादाद में लोग आने लगे। शेषराव ने जिस शराबी को शराब न पीने की शपथ दिलाई है ऐसे शख्स ने यदि शपथ तोड़ी तो वह अंधा हुआ, शराब की बोतल में या शपथ तोड़नेवाले शख्स के बिस्तर में साँप प्रकट हुआ। इस तरह की कई कथित घटनाओं संग शेषराव के साथ चमत्कार भी जोड़े गए। समाज शराब के चलते मानो लाचार हुआ है। विश्व स्वास्थ्य संगठन का कहना है, 'शराब की लत मानो एक रोग है।' दीर्घकालीन इलाज प्रक्रिया के अलावा दुनिया में इस रोग का इलाज संभव नहीं है। परंतु शेषराव की इलाज पद्धति जैसा सरल, सस्ता, सामूहिक एवं थोक इलाज दुनिया में कहीं और नहीं मिलेगा। कदाचित् शेषराव के इलाज से इक्का-दुक्का लोगों की शराब की आदत छूटी भी होगी। परंतु बड़ी हसरतों को लेकर उसके दरबार में जानेवाले लाखों स्त्री-पुरुषों का समय, श्रम, पैसा एवं बुद्धि बर्बाद हुई, उसका क्या? शेषराव जैसों ने ऐसे लोगों को गुमराह किया और जिन थोड़े-बहुत लोगों की शराब छूटी उनका भी मूल कारण निरस्त ही नहीं हुआ। जो कुछ कारण हैं उन्हें खोजकर दूर करना पड़ेगा, इसकी समझ शेषराव को भी नहीं थी और न ही उसे मूल कारण की खोज मंजूर थी। अत्यंत जटिल समस्या पर बेहद सरल और गारंटी के साथ हल पेश करने का आभास पैदा करना, यह बाबाओं का मुख्य लक्षण होता है। अत: इस सचाई पर गौर करना जरूरी है।

जनवरी 2002 में ईश्वर स्वामी नामक व्यक्ति इचलकरंजी, जि. कोल्हापुर में

लगातार 45 दिन प्रवचन देता रहा। भगवा वस्त्रधारी, माथा चमकदार, गौर वर्ण, 27-28 वर्षीय ईश्वर स्वामी का प्रवचन सुनने के लिए रोजाना 10 से 15 हजार लोग आया करते। केबल के जरिए स्वामी का प्रवचन देखने और सुननेवाले भी अनगिनत मात्रा में थे। डेढ़ महीने तक पूरे शहर में स्वामी द्वारा दिए जा रहे शाम के प्रवचन के दौरान कोई आदमी घर के बाहर दिखाई नहीं दिया। नतीजा, शहर के व्यापारियों का व्यवसाय ठप्प हुआ था। डेढ़ महीने के बाद समापन का जुलूस निकाला गया। इस जुलूस में 35 से 40 हजार महिलाएँ आरती के थाल संग सज-धज कर आई थीं। इस जुलूस में सर्वदलीय नेता भी शामिल थे। जुलूस में लोगों ने हजार से लेकर लाख रुपए तक चंदा दिया। स्वामी की झोली में उस दिन लगभग एक करोड़ रुपए इकट्ठा हुए होंगे। यह सब देख कार्यकर्ता सिटपिटा गए, भौचक हुए। लेकिन ऐसे मामलों का प्रतिरोध करें भी तो कैसे?

'सनातन भारतीय संस्कृति' हालिया दौर में तेजी से फैलता एक संगठन है। इस संगठन द्वारा प्रकाशित पुस्तकों में अध्यात्म विषयक फलसफा मूल भारतीय संस्कृति के उदार और विज्ञानाभिमुख फलसफे से पूर्णतः विसंगत दिखाई देता है। मिसाल के तौर पर संगठन द्वारा प्रकाशित 'शिष्य' पुस्तिका को लिया जा सकता है। इसमें कहा गया है 'गुरु से सवाल नहीं पूछने चाहिए।'(पृ. 20) 'भविष्य में शिष्य कौन बनेगा?' यह बात गुरु को पूर्व में ही पता होती है। (पृ. 24) 'गुरु आज्ञानुसार बाँझ भैंस को ब्राह्मणी द्वारा दुहने का प्रयास करने पर भैंस ने भरपूर दूध दिया।' (पृ. 38) 'गुरु की प्रतिमा संग उनका चैतन्य भी शामिल रहता है।' (पृ. 57) 'गुरु की ओर जाते समय नग्न, बिना वस्त्र पहने जाना चाहिए।' (पृ. 59) 'गुरु यदि शिष्य को वेश्या के पास ले जाएँ और शिष्य को बाहर बैठने की आज्ञा करें तो शिष्य को समझ लेना चाहिए कि गुरु वेश्या के उद्धार हेतु कमरे के भीतर गए हैं।' (पृ. 77) ऐसे कई विधान इस पुस्तक में दिए गए हैं। ये सारे विधान पूरी तरह से अवैज्ञानिक और समाज हित को बाधा पहुँचानेवाले हैं। लिहाजा वे पूरी तरह से आपत्तिजनक हैं। संस्था की ओर से आयोजित सत्संगों के कार्यक्रमों द्वारा यह सारा फलसफा (?) 'अध्यात्मशास्त्र' इस मोहक शीर्षक द्वारा भोले-भाले भक्तों के गले उतारने का प्रयास किया जाता है और 'यही हमारी प्राचीन, सनातन संस्कृति है,' ऐसी समझ बनाते हुए सत्संग में हाजिरी लगानेवाले साधक सहसा समाजहित के लिए बाधक साबित होनेवाले विचार अपनाते हैं।

इसी पुस्तक में (शिष्य हेतु) यह भी कहा गया है कि खल शक्ति, भूतबाधा, टोना-टोटका, गृहदाह आदि विविध कारणों के चलते हमें कष्ट सहन करने पड़ते हैं। वर्तमान में कई लोग श्राद्ध पक्ष मनाते नहीं। लिहाजा उन्हें मृतात्माओं और पितरों द्वारा कष्ट दिए जाते हैं। इन्हें दूर करने के इलाज भी पुस्तक में बताए गए हैं। वे कुछ इस तरह है—(अ) ब्राह्मण को भोजन खिलाएँ और गुरु को संतुष्ट रखें।

(नामसंकीर्तन योग, पृ. 144) (बद्ध गुरु की ओर प्रतिमाह द्रव्य रवाना किया जाए। साल भर द्रव्य संकलित करके एकमुश्त न भेजें। और न ही दो या तीन माह में एक बार गुरु दर्शन के लिए जाने पर कुछ द्रव्य दें और कुछ अगली बारी के लिए बचाकर रखें, ऐसा हरगिज न करें। (यह व्यावहारिक उपसूचना बेहद मौलिक है)।

उक्त मामले में ब्रेनवॉशिंग और आर्थिक-बौद्धिक शोषण में आध्यात्मिक आतंकवाद का बेहद चतुराई से प्रबंध किया गया है।

अनिरुद्ध जोशी चिकित्सा क्षेत्र की एम. डी. उपाधि प्राप्त व्यक्ति है। महज छह-सात साल पूर्व यह व्यक्ति नायर अस्पताल में डॉक्टर के रूप में सेवारत था। कई कारणों से वह अस्पताल की नौकरी को त्यागकर कर्जत नामक एक कस्बे में आ बसा। कर्जत में उसने व्यवसाय शुरू किया। आध्यात्मिक भाषा में वह रोगियों को समझाने लगा, "तुम्हारी बीमारी गंभीर है। आम चिकित्सक उसे ठीक नहीं कर पाएगा। पर मेरे भीतर का देवता जाग्रत है, मैं ही तुम्हारी बीमारी को ठीक कर सकता हूँ। इसके लिए तुम्हें अनुष्ठान करना पड़ेगा।" बीमारी से ग्रसित और बेजार, जल्द से जल्द रोगमुक्त होने की आस लगाए बैठे; और इसके पूर्व ही देवता और धर्म में विश्वास रखनेवाले लोग अनुष्ठान की बात सहज ही मान जाते हैं। अनुष्ठान क्रमशः सात मंगलवार अथवा सात गुरुवार को करना जरूरी है। दो-ढाई हजार का खर्च होगा, लोग पैसे भी देने लगे। धीरे-धीरे कर्जत और पास-पड़ोस के इलाके में जोशी का बोलबाला छा जाता है। लोगों को इसका लाभ किस हद तक हुआ यह बात अलहदा, लेकिन अनिरुद्ध जोशी को वैद्यकीय चिकित्सा की अपेक्षा इस व्यवसाय से अच्छी-खासी आमदनी होने लगी।

दाभोलकर नामक एक व्यक्ति ने शिरडी के साईंबाबा का चरित्र लिखा। दाभोलकर के रिश्तेदार अब बांद्रा में रहते हैं। बांद्रा के इस दाभोलकर ने 'अनिरुद्ध जोशी में साईंबाबा का वास है। हमें अनिरुद्ध जोशी बाबा में निहित साईंबाबा ने दर्शन दिए हैं' ऐसा भी जाहिर किया। नतीजा, अनिरुद्ध जोशी की तकदीर ही बदल गई। अब उसके पास लोगों का ताँता लगने लगा। वह मिनी साईंबाबा बन गया। वह स्वयं को साईंबाबा का अवतार ही समझने लगा। 'जिस तरह गाय में तैंतीस करोड़ देवता वास करते हैं उसी तरह मैं परब्रह्म रूप ही हूँ' ऐसा दावा जोशी बाबा करने लगा। जोशी ने 'साईं समर्थ विज्ञान प्रबोधिनी'(!) नामक संस्था स्थापित की। जोशी ने अधिकृत पत्रक प्रसिद्ध कर साईं ज्ञान के प्रचार और प्रसार के साथ ही समाज प्रबोधन एवं अंधविश्वास उन्मूलन इस लक्ष्य को जाहिर किया। उसके प्रबोधिनी के पत्रक का मजमून ऐसा था, 'परब्रह्म सद्‌गुरु अनिरुद्ध के रूप में प्रकट हुए हैं। सद्‌गुरु बापू हृदयस्थ पूर्णब्रह्म होने के नाते भक्तों के अंतर्मन के भाव को समझकर भगवान श्रीविष्णु, श्रीराम, श्रीकृष्ण, श्री हनुमान, श्री साईं, श्री पांडुरंग, श्री स्वामी समर्थ के रूप में भी भक्तों को दर्शन दे चुके हैं। बापू, भक्तों तथा अभक्तों के भी

विगत जन्मों के बारे में जानते हैं। भक्तों की भक्ति और कर्मगति को जान-समझकर वे भक्तों का मार्गदर्शन करते हैं। ऐसे दिव्य अवतारी गुरु श्री अनिरुद्ध बापू को वंदन करके हम अपना भक्तियुक्त मन एवं जीवन उनके चरणों में अर्पित करें।' भक्त क्या करें, इसके बारे में साईंबाबा के नाम से सद्गुरु श्री अनिरुद्ध बापू ने दिया आदेश इस पत्रक में छापा है—

कामना पूर्ति कराए मेरी समाधि।
रखो दृढ़ बुद्धि मेरे चरणों में॥

कथित अवतारी जोशी उक्त वचन रूप में मानो प्रत्यक्ष शिरडी के साईंनाथ बाबा ही हर भक्त को विश्वास दिला रहे हैं कि "मेरे प्रिय बच्चे, जो कुछ मन्नत माँगनी है वह माँग। कुछ इच्छा हो वह भी जाहिर कर, लेकिन तुम्हें यदि पूरी तरह से इच्छापूर्ति का आनंद प्राप्त करना है तो तुम्हें कार्य सिद्धि हेतु सद्गुरु के चरणों में नित्य दृढ़ विश्वास रखना होगा, इस तरह की ही मन्नत माँगो। यह मन्नत मुझे अत्यंत प्रिय है।"

इस तरह खुद को गिरवी रखनेवाले भक्त कैसा बरताव करते हैं? यदि जोशी बापू का व्यंकटेश पूजावाला समारोह होता है तो उसमें व्यासपीठ पर तिरुपति व्यंकटेश की भव्य प्रतिमा स्थापित रहती है। प्रतिमा के सामने ही विशालकाय पाँच फीट ऊँची दो टंकियाँ रखी जाती हैं। ये टंकियाँ पानी के लिए नहीं बल्कि उसमें लोग रुपए दान करें इसलिए रखी होती हैं। इसी जगह पापक्षेम कुंड रखा जाता है। 'विशिष्ट मिट्टी से बनी ईंट सिर पर रखकर इस कुंड के फेरे लगाने पर पाप से मुक्ति होती है,' ऐसा बापू के भक्तों का मानना है। यहाँ अत्यधिक आनंद से फेरे लगाने का कार्यक्रम चलता रहता है।

जोशी बाबा का प्रचार साहित्य धूमधाम से बेचा जा रहा है। साहित्य बाबा का होने के चलते उसकी निर्धारित कीमत नहीं है, मनचाही कीमत पर भक्त इसे खरीद सकता है। डॉ. जोशी उर्फ अनिरुद्ध बापू की प्रतिमावाला पेन आसानी से 300 रुपए में खरीदा जाता है। कई दलों के नेता अनिरुद्ध बापू की चौखट पर हाजिरी लगाते हैं। इसमें शिवसेना, कांग्रेस ऐसा कोई भेद नहीं है। बापू के भक्तों में बड़े पैमाने पर उच्च शिक्षित मध्यवर्गीय भक्त भी शामिल हैं। इन भक्तों के घर रोज अनिरुद्ध बापू की आरती हुआ करती है। नित्य शनिवार के दिन सब भक्तगण इकट्ठे होकर बापू के प्रवचन वाले कैसेट सुनते हैं। कभी किसी भक्त के घर बापू की पादुकाओं का पूजन होता है, पूजन में बापू के नाम की जयकार लगती है। पुरुष-महिलाएँ एक साथ मिलकर किकली खेलते हैं। भक्तों को यजमान द्वारा भोज भी दिया जाता है। किसी भक्त के घर ब्याह, यज्ञोपवीत संस्कार आदि अवसर पर 'गजानन प्रसन्न' इस पंक्ति के पहले 'अनिरुद्ध प्रसन्न' लिखा जाता है। एक ही समय पर कई गाँवों में अलग-अलग भक्तों को संकट से मुक्त करने के लिए सभी भक्तों के घर एक

ही बार बापू के प्रकट होने की कई कथाएँ अत्यंत चाव से सुनाई जाती हैं।

महाराष्ट्र में प्रबोधन की पताका के रूप में मशहूर 'अखिल भारतीय मराठी साहित्य सम्मेलन' कुछ साल पूर्व कोल्हापुर में आयोजित हुआ था। व्यासपीठ पर शेगाँव के गजानन महाराज की भव्य प्रतिमा लगाई गई थी। प्रतिमा के समक्ष दीप प्रज्वलित करके सम्मेलन का उद्घाटन हुआ। इसके एक दिन पूर्व ही पुणे की सामाजिक परिषद में बड़े सम्मान से विचरण करनेवाले कई अग्रणी साहित्यकार सम्मेलन के इस कार्यक्रम में भी मौजूद थे। इस मौके पर वे सभी, सुविधाजनक मौन धारण किए थे। इसके बाद मैंने गजानन महाराज की पोथी और चरित्र को पढ़ा। गजानन बाबा को पढ़ने से पता चला कि गजानन बाबा ने एक भी प्रवचन नहीं दिया था, उन्हें अपने तन तक की सुध नहीं हुआ करती थी। गजानन बाबा की पूजा करके भक्त उन्हें मुलायम वस्त्र पहनाया करते। पर यह इनसान दूसरे ही क्षण सारे कपड़े उतारकर दिगम्बर अवस्था में विचरण किया करता। माँगलिक स्नान के पश्चात् कभी-कभार कूड़े के ढेर में भी यह व्यक्ति पसर जाया करता था। कूड़े के ढेर में फेंकी पत्तल की जूठन खाया करता। चिलम फूँकता। सारी जिंदगी यह व्यक्ति एक ही वाक्य बोला—'गण गण गणात बोते' क्या है इसका अर्थ? अर्थात् 'जिस किसी को इसमें से जो कुछ समझ में आया, वह सब कुछ' लेकिन इसकी पड़ताल करना मना है क्योंकि इसमें प्राप्त होनेवाले निष्कर्ष बुद्धिवादी महाराष्ट्र के लिए हितकारी नहीं हैं। 'विदेही अवलिया' जैसे शब्द प्रयोग करने पर कितनी सुविधा हो जाती है। फिर भी अखिल भारतीय मराठी साहित्य सम्मेलन का उद्घाटन ऐसे शख्स की प्रतिमा के समक्ष रखा दीप प्रज्वलित करके हो सकता है, और सभी चुप्पी सांध लेते हैं। पर इस मामले पर मैं बोला और मेरे विरोध में बोर्ड लगाए गए। क्या है इसका अर्थ?

अंधश्रद्धा निर्मूलन समिति को एक वीडियो कैसेट प्राप्त हुआ है। इसमें तत्कालीन प्रधानमंत्री पी. वी. नरसिम्हाराव, लोकसभा के सभापति और पूर्व केंद्रीय विज्ञान एवं तकनीकी मंत्री शिवराज पाटिल, गृहमंत्री शंकरराव चव्हाण तथा आंध्र प्रदेश एवं कर्नाटक के मुख्यमंत्रीगण सत्यसाईं के साथ व्यासपीठ पर विराजमान दिखाई दे रहे हैं। इनके बीचोबीच आलीशान सिंहासन समान कुर्सी में सत्यसाईं विराजमान हैं और सभी भक्तगण एवं अतिथि सत्यसाईं के अगल-बगल रखी छोटी-छोटी कुर्सियों में खुद को किसी तरह समाते हुए बैठे दिखाई दे रहे हैं। सत्यसाईं का प्रवचन समाप्त होने के बाद मंदिर निर्माण में जिन्होंने योगदान दिया उनका सम्मान बाबा के हाथों शुरू हुआ। जिस समय मंदिर का वास्तुविद् मंच पर आ गया उस समय भक्तों द्वारा मंच पर लाकर रखा उपहार बाबा ने वास्तुविद् के हाथ में थमाया। अगले ही क्षण बाबा ने अपना हाथ हवा में घुमाते हुए सोने की सुंदर चेन निकालकर वास्तुविद् के गले में पहना दी। स्वयं प्रधानमंत्री की मौजूदगी में यह महान चमत्कार घटित हुआ।

परंतु इसके बाद सत्यसाईं पर तौबा करने की नौबत आई। प्रधानमंत्री की मौजूदगी के कारण सुरक्षा चाकचौबंद थी। सुरक्षा के लिहाज से वीडियो शूटिंग व्यासपीठ के सामने से ही नहीं बल्कि व्यासपीठ के पिछले हिस्से में भी चल रही थी। शूटिंग में एक अनुयायी का बाबा के हाथ में भेंट की चीजें थमाते वक्त थाली के नीचे अपने हाथ से बाबा के हाथ में बेहद सावधानी और चतुराई से सोने की चेन सुपुर्द करने का दृश्य कैद हुआ। महाराष्ट्र में कई जिलों में पत्रकार परिषदें लेकर मैंने इस वीडियो क्लिप को दिखाया था। इसके साथ ही इसकी कुछ सीडीज शिवराज पाटिल एवं शंकरराव चव्हाण को उपहार स्वरूप भेजी गईं। लेकिन दोनों ने भी इस पर कोई प्रतिक्रियाएँ नहीं दीं। घटना के कुछ दिनों बाद शंकरराव चव्हाण सोलापुर में आए थे उस समय अंधश्रद्धा निर्मूलन समिति के कार्यकर्ता जो एक महाविद्यालय के पूर्व प्रधानाचार्य थे, वे चव्हाण से सफाई माँगने हेतु निकले। इन्हें चपरासी द्वारा बाहर का रास्ता दिखाया गया। सत्यसाईं का भारत में पहला भव्य मंदिर चाकूर, जिला लातूर में करोड़ों रुपए की लागत से बन रहा था। इसके विरोध में लातूर और नांदेड़ के समिति कार्यकर्ताओं ने जोरदार प्रदर्शन एवं नारे लगाने का कार्यक्रम जाहिर किया था। पर इन कार्यकर्ताओं को पुलिस द्वारा हवालात में बंद कर दिया गया।

उपरोक्त वर्णित सभी मामले गुरुडम परंपरा की झलक मात्र हैं। बाबाओं के पाखंड की दुनिया ने सामाजिक जीवन के विविध स्तरों का अवकाश किस तरह अपनी गिरफ्त में कर लिया है इसका विस्तृत ब्योरा हम अगले लेखों में समझने वाले हैं।

गुरुडम किस स्तर पर...

वनिता रामचंद्र गुरव, उम्र 14 वर्ष, कक्षा आठवीं, निवास सिद्धेश्वर कुरोली, तहसील खटाव, जि. सतारा की लड़की की बड़ी बाई (कई स्थानों पर इसे बड़ी अम्मा या बड़ी देवी भी कहा जाता है) के इलाज के दौरान मुत्यु हुई थी। यह लड़की कंठमाला की बीमारी से ग्रस्त थी। असल में यह तपेदिक की बीमारी थी। दीर्घकाल नियमित रूप से दवाई लेना इस बीमारी के इलाज के लिए जरूरी था, तभी इलाज कारगर साबित होनेवाला था। वनिता कुछ दिनों तक दवाइयाँ लेती रही परंतु उसकी बीमारी में सुधार दिखाई नहीं दे रहा था। वास्तव में यह बीमारी तुरंत इलाज वाली थी ही नहीं। पर इस बात का ध्यान लेनेवाला भला कौन था? "लड़की के तंदुरुस्त होने के आसार ही नहीं हैं क्योंकि यह बीमारी मूलत: बड़ी अम्मा के प्रकोप का नतीजा है, लिहाजा बड़ी अम्मा का मांड अनुष्ठान करना जरूरी है। बड़ी अम्मा क्रुद्ध न हो इसलिए तुरंत डॉक्टरी इलाज बंद कर दें," यह सूचित करने के लिए देवऋषि महिला हाजिर ही थी। वनिता के घरवालों ने अज्ञान और भय के चलते डॉक्टरी इलाज रोक दिया और मांड अनुष्ठान कराया। एक मांड अनुष्ठान से अपेक्षित नतीजा नहीं मिला इसलिए और एक अतिरिक्त मांड अनुष्ठान आयोजित करना पड़ा। इस मांड अनुष्ठान में लगभग पाँच हजार रुपए खर्च हुए। खेती गिरवी रखनी पड़ी। पर बीमारी काबू में नहीं आई। वनिता की तबीयत दिन-ब-दिन बिगड़ती ही चली गई। और एक दिन उसने दुनिया से रुखसत ली। वनिता के पिता को अपनी गलती का एहसास हुआ। परंतु तब तक बहुत देर हो चुकी थी। बड़ी अम्मा तथा मांडवाले अंधविश्वास के चलते ही वनिता की मृत्यु हुई। असल में यह मृत्यु नहीं है बल्कि इसे हत्या ही मानना चाहिए। महत्त्वपूर्ण बात यह कि 'सिद्धेश्वर कुरोली' यह जिला पंचायत अध्यक्ष का गाँव था। उनके गाँव में यह शर्मसार घटना घटी थी। हमने आंदोलन चलाया। सतारा जिला पुलिस अधीक्षक से मिले। हमने धुआँधार बारिश में धरना दिया। फिर भी हम बड़ी अम्मा वाली देवऋषि महिला को सबक मिले ऐसा दंड नहीं दिला पाए।

सतारा जिले में इस तरह की घटनाएँ बड़े पैमाने पर देखने को मिलती हैं और पश्चिमी महाराष्ट्र में भी कहीं-कहीं पर। व्यक्ति के शरीर पर मवाद भरे फोड़े बन जाने पर डॉक्टरी इलाज करने की अपेक्षा इसे बड़ी अम्मा का प्रकोप कहा जाता

है। बड़ी अम्मा को संतुष्ट करके बीमारी को दूर करने के लिए अनुष्ठान कराया जाता है। इस दौरान डॉक्टरी इलाज सख्ती से बंद कर दिया जाता है। कभी-कभार फोड़ेवाले घाव का अपने आप भर आना या फूटकर उनका विरेचन भी हो जाना भी महज इत्तफाक से ही होता है और कुछ नहीं। असल में फोड़े बनने के मूल में कुछ ऐसे विशिष्ट कारण होते हैं कि जिसका उचित एवं प्रभावी डॉक्टरी इलाज कराना ही एकमात्र जरूरी इलाज बन जाता है क्योंकि ऐसे घाव बनने का कारण मधुमेह, हड्डी की सड़ांध या कैंसर जैसी कोई गंभीर बीमारी भी हो सकती है। नतीजा, घाव फैलने और सड़ने लगता है, जिससे जान जोखिम में आ जाती है।

बड़ी अम्मा का मांड अनुष्ठान करनेवालों की टोली में पाँच से सात लोग होते हैं। टोली की मुखिया अमूमन महिला ही होती है। वह इस बीमारी को रोकने की गारंटी स्वयं के शरीर में सवारी लाकर देती है। इस अनुष्ठान में 'आरती' और 'मांड' इन दो कार्यक्रमों का आयोजन किया जाता है। आरती अर्थात् बड़ी अम्मा के गीत गाना और माफी माँगकर मांड भरने की मियाद को बढ़ाने तथा अस्थायी लाभ प्रदान कराने की विनती। इसमें सबसे पहले फोड़े के इर्द-गिर्द हल्दी-कुमकुम का छिड़काव किया जाता है। यदि फोड़े से मवाद बहने लगता है तो इसे इलाज कारगर साबित होने का लक्षण माना जाता है। इस तरह की क्रिया को 'बड़ी अम्मा का वमन' कहा जाता है। अस्थायी लाभ की अवधि माह-सवा माह तक चलती है। इस अवधि में अनगिनत पाबंदियाँ घरवालों पर होती हैं। छुआछूत और माहवारी किसी भी सूरत में सही नहीं जाती। मांसाहार वर्जित होता है। सवा माह तक घर की लीपापोती नहीं की जाती, हँसिया से किसी चीज को काटना, घर में झाड़ू लगाना, जच्चा के घर कुछ खाना, शारीरिक संबंध रखना आदि पर कड़ी पाबंदी रहती है। वास्तव में ऐसी वाहियात पाबंदियाँ लगाना निरर्थक है। बड़ी अम्मा के प्रकोप की शिकार यदि स्कूली छात्रा होगी तो स्कूल से ही नहीं बल्कि मौका आने पर उसे परीक्षा से भी हाथ धोना पड़ता है, क्योंकि बड़ी अम्मा यदि गुस्सा हो जाएगी तो वह सर्वनाश कर देगी। इस तरह की मनगढ़ंत भययुक्त कहानियाँ निरंतर सुनाई जाती हैं।

मांड भरने का मुख्य प्रकार 'रतजगा' में नाच-गान। बीमार व्यक्ति को स्नानादि कराकर देवी के समक्ष बिठाया जाता है। ठंड के चलते बीमार व्यक्ति के पूरे बदन में कँपकँपी छूटने लगती है। मांड भरने के लिए आई टोली के हर सदस्य पर देवता की सवारी आ जाती है। ढोलक की थाप पर ऊँची आवाज में न जाने कैसे-कैसे गीत गाए जाते हैं। स्पीकर पर गीत बजाकर उसकी लय पर नाचना शुरू होता है। विधि देखने के लिए आए कई लोगों के बदन में भी इस माहौल के चलते अदृश्य आत्मा का प्रवेश हो जाता है। इस वक्त शोरगुल कई गुना बढ़ जाता है। इस समय शराब पीकर अश्लील-असभ्य गाली-गलौज करना भी शुरू हो जाता है। शरीर में आत्मा का संचार होने पर ऐसे लोगों के ढकोसले देखने लायक होते हैं। अलस्सुबह

तक यह दौर चलता है। बड़ी अम्मा का मांड भरने के लिए जो पाँच-सात लोग आए होते हैं उन्हें दान में दिए अंगिया-वस्त्र-साड़ी छोड़ बाकी चीजें, मसलन छुहारे, सूखा नारियल, पान-सुपारी, नारियल गरी आदि जुलूस निकालकर नदी में प्रवाहित की जाती हैं। इसे 'बड़ी अम्मा को बहते पानी में प्रवाहित करना' ऐसा कहा जाता है। अम्मा के जुलूस का यदि कोई विरोध करता है तो उसके यहाँ कोई अकाल मृत्यु का शिकार होता है (बकरी, जानवर, छोटे बच्चे आदि) ऐसी अफवाहें इरादतन फैलाई जाती हैं। यदि किसी घर से कोई युवा विरोध करता है तो उसे सभी लोगों द्वारा धमकाया जाता है। मौका पड़ने पर उसकी पिटाई भी की जाती है।

अंधविश्वास पनपने के बाद वह किस हद तक जाएगा, इसका उदाहरण अर्थात् बड़ी अम्मा। इसकी गाज किसी पर भी गिर सकती है ऐसा माना जाता है। भैंस, गाय, बैल आदि। यही नहीं, बल्कि अंगूर की बाग पर फैला रोग, टेंपो जैसी गाड़ी की खराबी आदि घटनाओं को भी बड़ी अम्मा का प्रकोप माना जाता है। इस प्रकोप को दूर करने के लिए हजारों रुपए पानी में बहाकर मांड भरण अनुष्ठान किया जाता है।

राहुरी तहसील के कारंजा गाँव के बाबूभाई पठान पर मुस्लिम 'पीर' और हिंदुओं के 'जालिंदरनाथ' ये दो देवता प्रसन्न थे। ये दोनों देवता बाबूभाई के शरीर में प्रवेश किया करते। ऐसे मौके पर बाबूभाई वर्तुलाकार चक्कर काटते-काटते ही अपने दरबार में आए बीमारों का इलाज किया करते थे। शकील महम्मद बागवान नामक व्यक्ति का बच्चा जन्म से हाँफा करता। बच्चे के हृदय की धमनियों में स्थित परदे में छेद होना हाँफने की बीमारी का मूल कारण था। बीमारी के चलते बच्चा निस्तेज पड़ा जा रहा था। डॉक्टर के मतानुसार सूराख छोटा ही था पर ऑपरेशन के सिवाय किसी और तरीके से वह पूरी तरह से दुरुस्त नहीं होगा, डॉक्टर को इसका पक्का विश्वास था। छोटे से बच्चे के हृदय में छेद होना और उसके ऑपरेशन वाले इलाज की बात बच्चे के माँ-बाप झेल नहीं पाए। डॉक्टरी इलाज की अपेक्षा शकील बागवान ने; हाँफने की बीमारी गारंटी के साथ दूर करनेवाले बाबूभाई को सुविधाजनक माना। बाबूभाई ने टोना-टोटका का निदान किया। बाबूभाई ने चार-चार नीबू चीरकर छोटे शकील के सिर पर निचोड़े। पर किसी तरह से इलाज के असर नहीं दिखाई दे रहे थे। मासूम बच्चे को बाबूभाई ने अपने सामने रखा। वह मंत्र बुदबुदाने लगा। फिर उसने धूप जलाया। धूप को बच्चे के सिर से घुमाया गया। जालिंदरनाथ के फोटो के समक्ष रखी भभूत बच्चे की छाती पर मली गई। अपने दोनों पैर बच्चे के सीने पर रखते हुए बाबूभाई चिल्लाया—'पीर का पैर...टोना-टोटका...दबा दे निकाल दे' ...मासूम नन्ही जान को चिल्लाने का भी मौका नहीं मिला। उसकी आँखें सफेद हुईं, सीने की पसलियाँ तड़तड़ाते हुए चकनाचूर हुईं, पेट की आँतें दब गईं और दाईं ओर लिवर फट गया। बच्चे की इस हालत को देख उसकी माँ जोर-जोर से

चिल्लाने लगी। बाबूभाई डर गया। उसके शरीर में प्रवेश कर गया पीर झटके में शरीर से बाहर आया। यह खतरनाक टोना-टोटका भगाना मेरे बूते की बात नहीं है, ऐसा बाबूभाई ने कबूल किया। माता-पिता भागते-दौड़ते बच्चे को अस्पताल ले गए। पर कोई फायदा न था। बच्चा मर चुका था। इस घटना के बाद महम्मद बागवान बेलापुर की अंधश्रद्धा निर्मूलन समिति के कार्यालय चला गया। समिति ने बाबूभाई के विरोध में शिकायत दर्ज की। बाबूभाई को पुलिस ने हिरासत में ले लिया।

करमाला, जि. सोलापुर निवासी देऊबाई दत्तात्रेय जगताप ने मेरे नाम सतारा को खत लिखकर भेजा था। जो निम्न प्रकार था—

सादर अभिवादन, विनती विशेष

दिनांक 28 अक्तूबर, 1992 के दिन मैं और मेरे पति पर गाँववालों ने 'तुम लोग टोना-टोटका और इंद्रजाल फैलाते हो' ऐसा कहकर दबाव बनाया और तेरह घंटों तक हमें कमरे में बंद करके दहकते अंगारों से दागकर बिजली के शॉक देने का प्रयास किया गया।

करमाला की अंधश्रद्धा निर्मूलन समिति के कार्यकर्ता लक्ष्मण भोसले के हस्तक्षेप के कारण हम पर गाँववालों द्वारा बनाया दबाव दूर हुआ। हम पर अन्याय हुआ है। हमारा मानसिक स्वास्थ्य गड़बड़ा गया है। कुछ लोग हमारे बारे में गाँव में अफवाहें फैला रहे हैं। हमने पुलिस में शिकायत दर्ज कराई है पर अब तक मामले की जाँच नहीं हो पाई है।

अत: आपसे विनती है कि अपने स्तर पर उक्त घटना पर ध्यान देकर संबंधित गुनहगारों को दंडित कराने की कार्यवाही करें और हमें न्याय दिलाएँ।

'रेबीज' पागल कुत्ते के काटने से होनेवाली जानलेवा बीमारी है। इसमें मृत्यु अटल है क्योंकि इस बीमारी का अब तक कोई रामबाण इलाज ईजाद नहीं हो पाया है। इस पर मात्र प्रतिबंधात्मक उपाय है कि पागल कुत्ते के काटने के बाद (या कुत्ता काटकर भाग जाने पर वह कुत्ता पागल था, ऐसा मानकर) इलाज के रूप में रेबीज का टीका लगवाना और खुद का बचाव करना। ये टीके दो प्रकार के होते हैं—पेट में लगाया जानेवाला टीका सस्ता परंतु बेहद दर्दकारी होता है और बाहु में लगाया जानेवाला टीका जो कि बेहद महँगा है। इसका अन्य इलाज? दूसरा इलाज करनेवाले पूरे महाराष्ट्र में फैले हुए हैं। इनकी मानें तो 'पागल कुत्ते के काटने से रेबीज न हो इसके लिए उनके द्वारा दी जानेवाली औषधि सौ प्रतिशत लाभदायी है।' परंतु सचाई यह है कि ये लोग मृत्यु को सीधी सहायता पहुँचानेवाले सहायक ही हैं—यमदूत के। कोल्हापुर जिले के नांदणी निवासी रमजान गुंडू शेख ऐसे लोगों में से ही एक है।

रविवार के दिन सुबह से रमजान के पास भीड़ इकट्ठा हो जाती है। वह

मरीज को भूरे रंग का चूर्ण कागज की चार अलग-अलग पुड़ियों में बाँधकर देता है। पुड़ियाँ मरीज को सौंपने के पूर्व वह उन पुड़ियों को अँजुरी में धरकर उन पर तीन दफा फूँक मारता है। यदि कुत्ते के काटने का जख्म दुरुस्त नहीं हो पा रहा है, ऐसे समय जख्म पर इन्हीं पुड़ियों में रखा चूर्ण लगाने की बात भी वह करता है। अंधश्रद्धा निर्मूलन समिति के कार्यकर्ताओं ने मरीजों की कतार में खड़े होकर रमजान की दी जा रही औषधि को प्राप्त किया। समिति ने इस औषधि को दिल्ली के नामी अनुसंधान संस्थान में भेजा। पड़ताल के बाद पता चला कि उसमें महज जंगली घास, क्लोरोफिल, लौह तथा तांबे का भस्म था। कई पीढ़ियों का अनुभव होने की बात बताते हुए रमजान यह दवा मरीजों को दे रहा था। रविवार के दिन लगभग 500 मरीज न जाने कहाँ-कहाँ से रमजान के घर दवा लेने के लिए आया करते। इस व्यवसाय से उसे खूब सारी कमाई हुआ करती। वास्तव में ऐसे वाहियात इलाज की कोशिश में श्रम, पैसा और वक्त की न सिर्फ बरबादी होती है बल्कि ऐसे इलाज का फैसला मनुष्य को सीधे मृत्यु की ओर ले जाता है।

अंधश्रद्धा निर्मूलन समिति के कार्यकर्ता जी-जान से कार्य करते हैं। दूसरी ओर एक सवाल नित्य उठाया जाता है कि क्या सच में अभी भी समाज में अंधविश्वास की मौजूदगी है? मनुष्य पढ़-लिखकर ज्ञानी बना, लिहाजा देवी-देवता, बाबा, पंडित आदि की निरर्थकता को उसने समझ ही लिया होगा। यदि ऐसा हुआ होता तो सबसे अधिक खुशी समिति को ही होती। परंतु यथार्थ में अनपढ़ों की अपेक्षा शिक्षित तबके और ग्रामीण इलाके की अपेक्षा शहरी इलाके में अंधविश्वास में गिरावट आई है, ऐसा पक्के भरोसे के साथ कहा जा सके ऐसी स्थिति आज भी निर्मित नहीं हो पाई है। माणिक अवघडे जैसा कोई बाबा हमें इसकी विदारक अनुभूति करा देता है।

माणिक अवघडे, बाबा बनने के पूर्व क्या किया करता था, इसका पता नहीं है। कोई कहता कि वह बाबा बनने के पूर्व 'तमाशा' में था। किसी को वह तृतीयपंथी जान पड़ता था। कई बताते हैं कि माणिक बचपन में चोरी-चकारी किया करता था। असल में लोगों के मन में उसका खौफ तब पैदा हुआ जब वह यल्लम्मा का कट्टर भगत बना। यल्लम्मा मूलत: क्रुद्ध लोकदेवता है और माणिक उसका शीघ्रकोपी भक्त। माणिक बाबा के मुँह में धमकीवाली भाषा, उसका पहनावा कभी लुंगी, कभी साड़ी। माणिक बाबा को सुननेवाले को घिन आए इस तरह लैंगिक अंगों को लक्ष्य कर माँ-बहन के नाम गाली-गलौज किया करता। वह अक्सर महिलाओं को—जोगिनी बनाऊँगा, पुरुष को—साड़ी पहनाऊँगा, नपुंसक बना दूँगा, भानमती करूँगा, खानदान को नष्ट कर दूँगा, टोना-टोटका करूँगा, यल्लम्मा को शरीर में घुसा दूँगा—जैसी धमकियाँ देता। बेहिचक किसी के भी घर जाकर कपड़े, चीजें, गाय, बकरियाँ, मुर्गे आदि उठाकर ले आया करता। उसकी आवाज भी डरावनी

थी। किसी के साथ यदि वह झगड़ रहा है और पान चबा रहा है, ऐसे मौके पर जो कोई सामने होगा, उसके मुँह पर पच्च से थूकने की मस्ती भी उसे चढ़ी थी। उसके समलिंगी संभोग का आदी होने की बात भी सुनने में आया करती। कमाल की अस्वच्छता...!

घरों में पुरुषों की गैर मौजूदगी का समय उसे अच्छी तरह से पता हुआ करता। ऐसे घरों में वह घुस जाया करता। कभी मीठा बोलकर तो कभी यल्लम्मा की सवारी आने का बहाना बनाकर और डराकर किसी के भी हाथ से पैसे छीनना, उसका शौक बन गया था। वह महिलाओं से—"तुम्हारे पति ने गैर औरत से नाजायज रिश्ता बनाया है," कहा करता और महिलाओं को आर्थिक रूप से लूटा करता। किसी किराने की दुकान से सामान उधार पर ले आना और पैसे चुकाने से मुकर जाना, उसकी रोजमर्रा की आदत बन गई थी। देवता की सवारी आने पर वह फूल के सहारे कौल लगाया करता जिसमें—नौकरी की गारंटी देना, घरेलू झगड़ों को खत्म करने का विश्वास दिलाना, पति की शराब छुड़ाना, घर और व्यवसाय में वृद्धि लाना, पति द्वारा पत्नी को अपनाना, बच्चे पैदा होने की गारंटी देना जैसी कई चीजें शामिल थीं।

कौल के जरिए वह लोगों की समस्याओं का समाधान दिया करता था। मुश्किल में फँसे लोगों को टोटके के लिए पैसे उधारी पर लेने तथा सोना बेचने का मशविरा भी दिया करता। यल्लम्मा की जरूरतों को पूरा करने के नाम पर माणिक बाबा लोगों से पाँच सौ से लेकर बीस हजार तक की रकम ऐंठता था। ऐसे कई उदाहरण सामने आए थे, जिसमें रमेश सपकाल नामक महाविद्यालयीन युवा को नौकरी का आश्वासन देकर पाँच हजार रुपए लेना, रुखसाना शेख नामक महिला को उसके पति द्वारा अपनाया जाए इसके लिए रुखसाना को सोने के कर्णफूल बेचने के लिए मजबूर करना, अंकुश खुडे नामक व्यक्ति की माँ की पेंशन को हड़प जाना आदि हैं। उसने कंजल निवासी अशोक सपकाल से पाँच हजार रुपए हड़पकर उसके घर के सामने साड़ी, नारियल, चूड़ियाँ और सोने का टाक (एक तरह का गहना) जमीन में गाड़ देने के लिए कहकर उस पर तुलसी वृंदावन निर्माण करने के लिए सूचित किया। बाद में सोने का टाक नकली होने की बात सिद्ध हुई। इसके अलावा टोना-टोटका उतारना, पितर उतारना, जप करना, देवी के सामने धूप जलाना, देवी को महँगी साड़ी और चूड़ियाँ पहनाना आदि। जरूरत पड़ने पर सोने के गहने बनवाने हेतु कई स्त्रियों से बाबा ने हजारों रुपए लूटे। माणिक ने सतारा के मशहूर बजाज से दस हजार रुपए की उधारी पर कपड़े खरीदे और पैसे नहीं दिए। उसने अपनी ठगी का जाल कराड से लेकर केंजल, मल्हारपेठ, सिद्धेश्वर तथा कुरोली तक 'यल्लम्मा का अवतार माणिक बाबा' कहकर फैलाया था।

माणिक बाबा ने अपने ठगी के व्यापार को चलाने के लिए नगर निगम द्वारा

बस्ती में निर्माण किया समाज मंदिर दिनदहाड़े कब्जे में ले लिया था। उसने समाज मंदिर का एक हिस्सा अपने आवास और दूसरा हिस्सा यल्लम्मा के देवघर में परिवर्तित किया था। सतारा के मशहूर राजनेता का विशालकाय फोटो भी यहाँ लटका हुआ था। नगर निगम तक पर माणिक बाबा की धाक और रसूख था। लिहाजा समाज मंदिर को बाबा के कब्जे से मुक्त कर बस्ती को सौंपने की बात करने की कोई हिम्मत तक नहीं करता था। बाबा के पास पालतू गुंडे भी थे जो बाबा के इशारे पर ही बेवजह किसी के साथ मारपीट भी किया करते थे, ऐसा भी अनुभव लोगों का था।

माणिक बाबा के विरोध में सतारा के अंधश्रद्धा निर्मूलन समिति को प्राप्त शिकायत पर समिति ने मामले की पड़ताल की। समिति को मामले की गंभीरता का एहसास उस समय हो ही नहीं पाया था। माणिक बाबा के द्वारा कहा गया कि "इसके बाद अब मैं ऐसी कोई हरकत नहीं करूँगा।" इस पर विश्वास करना समिति की बड़ी गलती थी। इसके बाद तीन साल की अवधि बीती। इस दरमियान माणिक बाबा का रसूख बढ़ता और फैलता गया। पर 'तेरी भी चुप मेरी भी चुप' वाली दहशत के चलते समिति की ओर बाबा की शिकायत लेकर कोई शख्स न आया और न बाबा की करतूतों का सुराग मिल पाया।

बस्ती के दो निवासी अंकुश खुडे और सुरेश मांढरे अंतत: ढाढ़स सँजोकर समिति की ओर आए। इन्होंने माणिक बाबा की दहशत समिति के समक्ष बयाँ की। समिति के कार्यकर्ता हैरत में पड़े कि कैसे हमारे पड़ोस में ही इतना कुछ घटित हो सकता है। सबसे पहली जरूरत थी माणिक बाबा को बस्ती में जाकर खुलेआम चुनौती देने की। समिति ने केसकर पेठ और दलित बस्ती में सभाओं का आयोजन किया। दोनों सभाओं में माणिक बाबा और उसके कुकर्मों का पहाड़ा ही पढ़ा गया। हमने जाहिर किया कि लोग अपनी शिकायतें लिखित रूप में लेकर सामने आएँ, उन्हें पूरा सहयोग एवं सुरक्षा मुहैया कराई जाएगी। कोशिशों का अच्छा परिणाम हुआ। लगभग 25 लोगों ने लिखित रूप में बाबा के विरोध में शिकायतें दर्ज कीं। कार्यकर्ता शिकायतों को लेकर पुलिस थाने पहुँचे। लोगों की गवाही पर माणिक पर दखलपात्र केस दर्ज किया जाए ऐसा आग्रह थानाधिकारी समक्ष कार्यकर्ताओं ने रखा। यह सब कुछ इतने पुरजोर तरीके और तेजी से घटित हुआ कि खतरा भाँपकर बाबा बस्ती छोड़कर फरार हुआ। आखिर वह कहाँ गायब हुआ इसके बारे में तर्क किए गए; पर लोगों को उसकी गिरफ्तारी से कहीं ज्यादा खुशी थी, उसके बस्ती से पलायन कर जाने की। पिछले कई सालों से वह फरार है। पुलिस ने उसे दबोचने की कोशिशें उतनी मात्रा में नहीं कीं जितनी मात्रा में करनी जरूरी थीं, यह बात भी उतनी ही सही है।

माणिक के घर अर्थात् यल्लम्मा के मंदिर यानी मूलत: बस्ती के लिए निर्माण

किए समाज मंदिर को तालाबंद कर दिया गया। नगर निगम की यह इमारत गैरकानूनी रूप से कब्जे में लेनेवाले माणिक पर नगर निगम द्वारा तत्काल सख्त कार्रवाई करना जरूरी था, पर ऐसा कुछ नहीं हो पाया था। नगर निगम अपने अधिकार की इमारत को सील करे ऐसा आग्रह समिति ने रखा। असल में इमारत को सील कर उस पर जो अतिक्रमण बाबा ने किया था, उसे हटाकर बस्ती का समाज मंदिर फिर से बस्ती को लौटा देना जरूरी था। यह दायित्व था—नगर निगम का; परंतु इस मामले में नगर निगम ने गैरजिम्मेदारी और लापरवाही बरती। चर्चा, निवेदन आदि से कुछ असर नहीं हो रहा था। अंत में नगर निगम के समक्ष धरना, आंदोलन निर्णय की घोषणा समिति द्वारा की गई। 'सतारा नगर निगम ठगों की रक्षक है' वाला माहौल निर्मित हुआ। मामला नगर निगम पर पलटता दिखते ही नगर निगम ने मंदिर खोला। मंदिर के भीतर यल्लम्मा का विशालकाय देवघर बना था। नगर निगम के कर्मचारी उसे वहाँ से हटाने के लिए नाखुश थे। कार्यकर्ताओं ने कर्मचारियों की मदद की। इस जगह पर देवघर के साथ ही निरोध के पैकेट, सेक्सी पुस्तकें, अश्लील तस्वीरें, दारू की बोतलें, विचित्र प्रेमपत्र और राजनेताओं संग बाबा की तसवीरें भी मिलीं। कार्रवाई के बाद कई दिनों तक अंकुश खुडे और सुरेश मांढरे को बाबा के गुंडे धमकियाँ देते रहे। अंत में इन गुंडों के विरोध में भी समिति ने पुलिस थाने में केस दर्ज कराया। धमकी देनेवाले गुंडों को पुलिस की भाषा में समझाया गया। बाद में जाकर कहीं यह धमकियों का सिलसिला थमा। खुडे और मांढरे आगे चलकर समिति के कार्यकर्ता बने।

सतारा जिले के पास छत्रपति शिवाजी और 1942 की क्रांति की विरासत है। कर्मवीर भाऊराव पाटिल के महान शैक्षिक कार्य की परंपरा और यशवंतराव चव्हाण जैसे आधुनिक सुजान राजनीतिक नेतृत्व का संस्पर्श है। ऐसे जिले में, उसमें भी सतारा शहर के बीचोबीच माणिक बाबा द्वारा आसन जमाना, शहरवासियों का जेरबंद होना, क्या है इसका मतलब? यह लड़ाई कितनी दुश्कर और दीर्घ है, इसी का ज्वलंत चित्र है माणिक बाबा वाला मामला।

खेड तहसील का मरकल नामक गाँव आलंदी के निकट ही है। पाँच से छह साल तक गाँव की ख्याति दत्त भक्तों का गाँव के रूप में थी। इसी गाँव की अरुणा लोखंडे नामक अशिक्षित महिला देखते-देखते ताई माँ बन गई। उसका कहना था, "मेरी तीन लड़कियाँ छह-छह माह के अंतराल पर साँप काटने से चल बसीं। ऐसे संकटों से बचने के लिए मैं गाणगापुर, नारायणपुर की वार्षिक तीर्थयात्राएँ करने लगी। बारह एकड़ जमीन गिरवी रखकर मैंने तीर्थयात्राएँ कीं, परंतु संकट कुछ कम नहीं हो रहे थे। एक रात श्री दत्त ने सपने में आकर दृष्टांत दिया—'पंचलिंग के पठार की जमीन के नीचे मेरा ठिकाना है। वहाँ की जमीन खोदकर मुझे मुक्त करो।' मैंने गाँववालों

से दृष्टांत बयान किया। कइयों ने इस बात का विरोध किया तो कइयों ने समर्थन। जिन्होंने विश्वास किया उनकी मदद से मैंने दूर-दूर से ब्राह्मणों को आमंत्रित कर पठार पर विधिवत् पूजन करके वहाँ की भूमि का उत्खनन शुरू किया। गड्ढे में भीमा, इंद्रायणी, चंद्रभागा के संगम स्थल का जल प्रवाहित करने पर तीन शिवलिंग प्रकट हुए। बाद में सोने की पादुकाएँ भी भूमि से ऊपर आईं। कई लोगों के समक्ष यह चमत्कार घटित हुआ।"

तब से प्रति गुरुवार यहाँ हजारों की तादाद में लोग आते हैं। दत्त जयंती के अवसर पर इस स्थान पर मेले-सा माहौल बनने लगा। यहाँ के दर्शन लेकर आरती उतारने के बाद किसी भी तरह की बीमारी का इलाज हो जाता है। चोरी की घटनाओं के रहस्य उजागर होते हैं। यहाँ के दर्शन करने के उपरांत पारिवारिक समस्याओं का समाधान हो जाता है। प्रत्येक गुरुवार के दिन आरती के समय अपने आप भभूत निर्मित होती है। इस स्थान को लेकर इस तरह का लौकिक फैल गया। नतीजा, एडवोकेट, इंजीनियर, आला पुलिस अफसर, सनदी अधिकारी आदि लोगों का गाँव में आना-जाना शुरू हुआ। साथ में चमत्कार भी घटित हो रहे थे। कतिपय चमत्कार इस तरह हैं—200 भक्त पारायण हेतु बैठे थे। प्रत्येक के सामने एक ताँबे का थाल रखा गया था। पारायण शुरू था, उस समय लगभग सत्तर-अस्सी भक्तों के थाल में रखा आड़ा नारियल सूर्य की दिशा में खड़ा हुआ और वह अपने आप फट गया।

एक दफा कई महिलाएँ पंचलिंग के पठार पर मंदिर परिसर की सफाई कर रही थीं। इसी बीच वहाँ के तीन शिवलिंगों के स्थान से एक छोटा-सा साँप प्रकट होकर पड़ोस के नीम वृक्ष के तने के पास जाकर अदृश्य हुआ। आश्चर्य, उसी रात 12 बजे नीमवृक्ष के तने के पास सुवर्णकंघी और तेजस्वी नाग प्रकट हुआ। अगले चमत्कार में ताई माँ ने आशीर्वाद की सामर्थ्य से एड्स के 11 रोगियों को रोगमुक्त कर दिया। प्रत्येक गुरुवार के दिन ताई माँ के पास इतनी मात्रा में पैसा इकट्ठा होने लगा कि उसे जमा करने के लिए बड़ी-बड़ी बोरियों का प्रबंध किया जाने लगा। आलंदी से मरकल लगभग सात किलोमीटर की दूरी पर बसा है। भक्तों का आलंदी से मरकल तक आने का प्रबंध गैरकानूनी रीति से इस मार्ग पर चलनेवाली जीपों द्वारा किया जाने लगा। यात्रियों की भीड़ के चलते यातायात वाला गैरकानूनी व्यवसाय भी पर्याप्त मात्रा में बढ़ा।

अंधविश्वास के चलते ऐसे स्थानों से लोगों का भावनात्मक जुड़ाव किस हद तक रहता है, इसका एक बड़ा उदाहरण इस दौर में हमने देखा। हम आंदोलनकारियों का अंदाज था कि गैरकानूनी यातायात बंद करने पर ताई माँ के पास जानेवाले लोगों का ताँता कम हो जाएगा। पर पुलिस हमारी बात सुनने के लिए तैयार नहीं थी। हमारा आग्रह और दबाव अच्छा-खासा बढ़ने पर पुलिसवालों ने ऐन बरसात के दिनों में गुरुवार के दिन गैरकानूनी यातायात पूरी तरह से बंद कर दिया। आलंदी

आए हजारों भक्त एक तरह से फँस गए थे। पर भक्त हिम्मत नहीं हारे। उनमें से कइयों ने तरकीब सुझाई और ताज्जुब की बात यह कि वहाँ इकट्ठा हुए हजारों ने उनका समर्थन किया। वह तरकीब थी—आलंदी से मरकल तक पैदल यात्रा। सभी पैदल यात्रा पर निकल पड़े। वह भी तूफान और बारिश की परवाह किए बिना सात किलोमीटर की दूरी दोनों ओर से भक्तों ने पूरी कर ली।

हम 'बगुला भगत संघर्ष यात्रा' लेकर 15 जनवरी, 1995 को कुडाल, जिला सिंधुदुर्ग पहुँचे। उस समय कुडाल में प्रत्यक्ष बगुला भगत का एक अलग ही मामला चर्चा में था। कुडाल के पास माणगाँव की युवती संजीवनी महादेव धूरी ब्याह के बाद संजीवनी अनिल वारंग बन गई थी। विवाह के डेढ़ महीने बाद संजीवनी के पिता का देहांत हुआ। अगले चार महीनों में संजीवनी गर्भवती हुई। संजीवनी ने नौ महीने बाद मृत बच्चे को जन्म दिया। नतीजा, गहरे सदमे से संजीवनी का मानसिक संतुलन बिगड़ गया। संजीवनी का पति अनिल अपने पिता के साथ नेरूर गाँव के प्रसिद्ध देवऋषि तात्या सरमलकर के दरबार में आया। पत्नी ढंग से खाना नहीं खाती, बेवजह बुदबुदाती है, कभी-कभी उसका बरताव विचित्र-सा रहता है, ऐसा अनिल ने बताया।

बाबा का दरबार खचाखच भरा हुआ था। घर के सामने गाड़ियों की लंबी कतारें लगी थीं। भवानी माता की सवारी बनकर आए तात्या ने निर्णय सुनाया, 'संजीवनी को खूनी देवाचार की बाधा हुई है। यह देवाचार विवाहपूर्व है, अत: इसे मायकेवालों द्वारा ही दूर किया जाए। लिहाजा संजीवनी को मायके भेजा जाए,' बाबा ने आज्ञा दी। संजीवनी को मायके भेजा गया। भगत ने संजीवनी की बाधा दूर करने का इलाज किया। इसके लिए अच्छी मोटी रकम खर्च हुई।

संजीवनी इलाज के बाद फिर से ससुराल लौटी। फिर से वह गर्भवती बनी। इस बार घर के सामने रोपे ताड़ के दो पौधे मुरझा गए। घर की भैंस मर गई। संजीवनी की ननद की कुएँ में गिरकर मृत्यु हुई। संजीवनी को हुई खूनी देवाचार की बाधा के चलते ही यह सब कुछ घटित हुआ है, ऐसा ससुरालवालों का पक्का विश्वास हुआ। इस दरमियान संजीवनी ने बच्चे को जन्म दिया। इस अवसर पर घरवाले खुश होने चाहिए थे, पर नहीं हुए। क्योंकि उन्हें भय था कि नवजात को भी खूनी देवाचार की बाधा न हो जाए। भयभीत ससुरालवालों ने फिर से एक दफा तात्या सरमलकर की दहलीज पर कदम रखा। खूनी देवाचार की बाधा ठीक से खत्म हुई या नहीं? ऐसा तात्या ने पूछा।

तात्या के शरीर में फिर से भवानी माता की सवारी आ गई। तात्या ने बताया, 'देवी कह रही है, बाधा दूर नहीं हुई।' नवजात दिनेश को भी बाधा न हो इसलिए संजीवनी को फिर से मायके भेजा गया। कुछ दिनों के बाद ससुरालवालों ने फरमान सुनाया, 'हरजाने के बाद ही ससुराल की दहलीज पर कदम रखो।' मामला अंधश्रद्धा

निर्मूलन समिति के समक्ष आ गया। समिति ने एक सिरे से आंदोलन और दूसरे सिरे से कानून और पुलिस थाने का बेहद प्रभावी रीति से उपयोग करते हुए संजीवनी के पति, सास, ससुर, ननद आदि सभी अपराधियों को गिरफ्तार करवाया। कुछ दिनों बाद उनके जमानत पर मुक्त होने के बाद समिति ने फिर से उनसे वार्ता की। ससुरालवाले अपनी गलती को कबूल कर, संजीवनी को अपनाने का अभिवचन और सुरक्षा की गारंटी देकर ही घर ले गए।

पूरी तरह से अनपढ़ और गँवार देवऋषि के चरणों में उच्चशिक्षित नौकरीपेशा वारंग परिवार लौट पड़ा और इसे विफल करने में समिति कामयाब रही।

अपनी कामवासनाओं की परिपूर्ति करनेवाले बाबाओं की कोई कमी नहीं है। मराठी में एक कहावत है—'बाबा जहाँ, नारी वहाँ।' वैसे भी यह वाक्य काफी प्रसिद्ध है। शिरडी के निकटवाले पिरेगाँव निवासी कोथे बाबा की कहानी क्या बयाँ करती है? शिवाजी कोते नामक युवा किसान, अपने साथियों संग बैठा था। अचानक एक बुजुर्ग बानर पेड़ से उतरा। मामूली-सी बीमारी एवं क्षीण दृष्टि के चलते शिवाजी तत्काल भाग न पाया। शिवाजी कोते के सिर पर बुजुर्ग बानर ने हाथ रख दिया। मानो यह बानर रूपी हनुमान का आशीर्वाद ही था। इसके बाद शिवाजी हनुमान का भगत बन गया। उसी पेड़ तले बैठकर वह कइयों को आशीर्वाद देने लगा और भक्तों के हाथों में सुपारी रखकर व्याधियों का इलाज करने लगा। शिवाजी के दरबार में भक्तों का ताँता लगा रहा। उसने बाद में सुपारी के स्थान पर चकमक के छोटे कंकड़ और नदी तट के छोटे गोल कंकड़ देना शुरू किया। देखते ही देखते शिवाजी 'कंकड़वाला बाबा' नाम से प्रसिद्ध हुआ। शिरडी में शनिवार और रविवार के दिन बड़ी भीड़ रहती है। इस बात को ताड़कर हनुमान भक्त कंकड़ वाले बाबा ने शनिवार के स्थान पर गुरुवार और रविवार के दिन ही दरबार आयोजित करने का फैसला लिया। उसने साईं दर्शन हेतु आनेवाले भक्तों में अपने नाम को फैलाने की योजनाबद्ध नीति बनाई। नतीजा, महाराष्ट्र से ही नहीं बल्कि अन्य राज्यों से भी कंकड़वाले बाबा के पास भक्तों की भीड़ उमड़ने लगी।

कोपरगाँव तहसील की आपेगाँव निवासी तेरह वर्षीय लड़की के शरीर में सवारी आया करती। लड़की को कंकड़वाले बाबा के पास लाया गया। बाबा ने बताया, लड़की का रोजाना इलाज करना जरूरी है, इसलिए उसे मेरे दरबार में ही रखना होगा। तेरह साल की लड़की को बाबा के पास रखने में राजी होनेवाले माता-पिता के मन में किसी भी प्रकार का संशय पैदा नहीं हुआ। दादा की उम्र के बाबा ने लड़की का कौमार्य भंग किया और लड़की पर लैंगिक अत्याचार शुरू किए। लड़की के गर्भ से रहने पर गर्भपात कराया गया। लड़की के बाबा के पास रहने के सात सालों के दौरान तीन बार उसका गर्भपात कराया गया। तीसरी बार गर्भपात कराते समय

लड़की का परिवार नियोजनवाला ऑपरेशन भी किया गया। वह भी लड़की को बिना बताए। इसके बाद भी बाबा लड़की पर अत्याचार करता रहा। अत्याचार अब लड़की की सहनशीलता से परे हो चुका था। लड़की ने माता-पिता को सब कुछ बताया, माता-पिता को गहरा सदमा पहुँचा। घर की माली हालत नाजुक थी। इसके अलावा इज्जत का सवाल भी था। डर से लड़की के माता-पिता ने किसी भी तरह से बाबा के विरोध में आवाज नहीं उठाई। इसी दरमियान बाबा द्वारा बिचौलियों की मदद से पचास हजार रुपए देकर मामले को रफा-दफा करने का प्रयास भी किया गया। पर बाबा का अत्याचार थमने का नाम ही नहीं ले रहा था। लड़की का ब्याह कराना भी नामुमकिन बन गया। इज्जत को खूँटे पर टाँग लड़की के माता-पिता ने कंकड़वाले बाबा का सच्चा रूप समाज के समक्ष लाने हेतु कोपरगाँव पुलिस थाने में शिकायत दर्ज कराई। पूछताछ के दौरान लड़की ने दावा किया कि इस तरह का वासनाकांड कई लड़कियों के साथ हुआ है।

गुरुडम के वासनाकांड पर विचार करने पर वाघमारे बाबावाला मामला सिर चकरानेवाला साबित होगा। जिस समय पुणे जिले में वाघमारे बाबावाला मामला बेहद चर्चित हुआ था, उस समय तत्कालीन संभागीय पुलिस आयुक्त, पुणे, भास्करराव मिसर ने बाबा वाघमारे वाले मामले पर अंधश्रद्धा निर्मूलन से जुड़े कार्यकर्ताओं की बैठक बुलाई थी। बैठक में हम लोग भी मौजूद थे। उपरोक्त मामले से जुड़े कई सारे दस्तावेज उन्होंने हमें दिए थे। पुणे में कार्यकर्ताओं ने जाहिर कार्यक्रम में वाघमारे का पुतला फूँकने का कार्य मेरे हाथों कराया। वाघमारे मामले का तफसीलात दिमाग चकरा देनेवाला है। वाघमारे बाबा बेहद सामान्य दिखाई देनेवाला शख्स था। उसके पास एक औषधि थी। वह सारे रोगों पर इसी औषधि को कम व अधिक मात्रा में दिया करता। इलाज के रूप में वाघमारे, मरीज को खुद के मूत्र में औषधि मिलाकर सेवन करने के लिए कहा करता। मेरे इलाज से कुष्ठरोग, महारोग, कैंसर जैसी बीमारी ठीक हो जाती है, ऐसा उसका दावा था। दावे की पुष्टि करानेवाले सैकड़ों पत्र उसके पास लोगों ने भेजे थे।

वाघमारे का पहला ब्याह टूट गया, उसने दूसरा ब्याह रचाया। दूसरी पत्नी पटवारी थी। बाद में मंडल निरीक्षक बन गई। इसी समय वाघमारे बाबा का शकुंतला कासार संग संबंध स्थापित हुआ। शकुंतला को वाघमारे बाबा के साथ सभी भक्त भाभी कहकर ही पुकारा करते। वाघमारे की मानें तो 'योगिनी पूजा' की शुरुआत भाभी के चलते ही हुई थी। योगिनी पूजा के बेहद शुरुआती दिनों में कुष्ठरोग के कारण जिसके पाँव पर सफेद धब्बे बने वैसी पंद्रह-सोलह साल की एक लड़की को भाभी अपने साथ ले आई थी। लड़की को कमरे में ले जाया गया। कमरा बंद करके स्टोव पर कोरा कागज धर दिया। कागज पर अक्षर अंकित हुए। उस पर मजमून

था—'तुम्हें 'योगिनी पूजा' करानी होगी।' बाबा ने उस लड़की से कहा—भाभी जैसा कहती हैं, वह मानो। भाभी ने लड़की को कपड़े उतारने के लिए कहा। लड़की सकुचा गई। भाभी ने भी खुद के सारे कपड़े उतार दिए। बाबा ने भी कपड़े उतारे। अब भाभी ने लड़की को बाबा वाघमारे संग संभोग करने के लिए मजबूर किया। लड़की को ब्लीडिंग शुरू हुई तो डॉक्टर के पास इलाज के लिए ले जाया गया।

इसके बाद बाबा के दरबार में निरंतर यह पूजा संपन्न होने लगी। वाघमारे के कहे अनुसार, गणपति की मूर्ति महिला भक्तों के सामने रखी जाती। जो पंद्रह-बीस महिलाएँ वहाँ इकट्ठा हुआ करतीं वे सभी नग्न हो जाती थीं। इसके बाद कमरे के बीचोबीच रंगोली सजाकर चौकोर बनाया जाता। जिस महिला की पूजा हुआ करती उसे चौकोर में बिठाया जाता। उसके शरीर के प्रत्येक अवयव पर हल्दी-कुमकुम लगाने के बाद, योनि से लेकर सीधे महिला के मस्तक तक रोली की रेखा खींची जाती। इस विधि के बाद बाबा इस महिला को पाँव से लेकर सीधे मस्तक तक चूमता चला जाता। और अंत में पूजा के नाम पर महिला से संभोग किया करता। संभोग के दौरान अन्य महिलाएँ उन्हें दी गई भैरवी की प्रतिमा में एकटक ध्यान देती बैठी रहती थीं। एक ही समय कभी-कभी दो-तीन पूजाएँ भी बाबा द्वारा संपन्न हुआ करतीं। एक ही महिला के साथ कुछ ही दिनों के अंतराल में पाँच से बीस दफा पूजा संपन्न करने की बात को बाबा कबूल करता था। इस पूजा में, स्पष्ट रूप से कहें तो शरीर संभोग में बारह साल की लड़कियों से लेकर साठ साल की वृद्धाएँ तक शामिल थीं। इसमें कुमारिकाएँ, सांसारिक महिलाएँ और विधवा आदि सभी शामिल थीं। अधिकांश महिलाएँ ब्राह्मण, गुजराती और मारवाड़ी परिवार से थीं। अन्य जाति के परिवार की महिलाएँ भी थीं पर उनकी मात्रा कम थी।

पूजा के कारण कुछ इस प्रकार थे—रिश्ता न बनना, नौकरी प्राप्त न होना, संतति पैदा न होना, कुष्ठरोग आदि। पूजा के दौरान कई महिलाओं के साथ तो घर के पुरुष और पति भी रहा करते थे, लेकिन वे बाहरवाले कमरे में बैठा करते। पूजा बंद दरवाजे के भीतर हुआ करती थी। जिनके घर यह पूजा संपन्न हुआ करती उन्हें इस बात की भनक तक नहीं लगा करती। पूजा में शामिल होनेवाली मुख्य महिला भी इसके बारे में कुछ भी नहीं बोला करती। यदि वह कुछ कहेगी तो भैरवी माता कड़ी सजा देगी, ऐसा खौफ भी उसके मन में पैदा किया गया था। वाघमारे बाबा के कहे अनुसार, इस तरह की पूजाएँ पुणे के नारायण पेठ में भी उसने कई बार संपन्न कराई थीं। महिलाओं द्वारा अलग-अलग स्थानों से वाघमारे को भेजे गए प्रेमपत्रों को भी हमने पढ़ा था। अलग-अलग उम्र एवं जातियों की महिलाओं की तसवीरोंवाला बड़ा-सा पुलिंदा भी वाघमारे से प्राप्त हुआ था। इन तसवीरों में अत्याधुनिक लिबासवाली महिलाएँ भी देखने को मिलीं।

वाघमारे बाबा और भाभी ने जिस चिल्लर चमत्कार का उपयोग महिलाओं को

बरबाद करने के लिए किया, वह था, प्याज के रस द्वारा सफेद कागज पर मजमून लिखा जाता, कागज सूख जाने के बाद वह मजमून अदृश्य हो जाया करता, पर इस कागज को गरम करने से लिखावट पढ़ने में आया करती क्योंकि प्याज के रस से लिखे गए अदृश्य अक्षर कागज गरम होते ही काले हो जाया करते। समिति द्वारा आयोजित होनेवाले प्रबोधन के कार्यक्रमों में हम उक्त चमत्कार कई दफा लोगों को दिखा चुके हैं। तलाशी में आधे हिस्से में काले पड़े कई सारे कागज मिले, जिन पर मोटे-मोटे काले रंग की लिखावट दिखाई दे रही थी। इस लिखावट में सभी प्रकार के आदेश शामिल थे। भले ही इन कागजों पर लिखे शब्द अलग-अलग थे, वाक्य रचना अलग-अलग थी पर संदेश एक ही था, 'योगिनी पूजा का आयोजन करो, इससे सारी जिंदगी के पाप धुल जाएँगे। तमाम सांसारिक सुख प्राप्त होंगे, मानसिक सुख मिलेगा, गुरु से योगिनी पूजा का रहस्य समझ लो, तुम्हारी योनि में भैरवी का स्थान है। उसकी पूजा करा लो, पर ध्यान रखो, पूजा बेहद गोपनीय है, इसके बारे में किसी को बताओगी तो शरीर को महारोग ग्रस लेगा।'

वाघमारे के घर की तलाशी में पुस्तकों की गठरी प्राप्त हुई। जिसमें—गौड़ बंगाली विद्या, दुर्लभ अद्भुत वशीकरण मंत्र, शाबरी मंत्रों का संग्रह, शुक्र संजीवनी विद्या, अस्सल इंद्रजाल, पिशाचों के परिसर में, मोहिनी विद्या, पंचाक्षरी विद्या, धनप्राप्ति हेतु दैवी साधना एवं टोटके, महासिद्धि तंत्र-मंत्र आदि शीर्षकोंवाली पुस्तकें शामिल थीं।

वाघमारे बाबा मामले में ठगी (प्याज के रस द्वारा प्रकट कराया संदेश) का रहस्य एवं भय जैसी चीजें तो शामिल थीं ही पर इस मामले में और एक हैरान कर देनेवाली अलग ही सचाई सामने आने लगी थी कि कई महिलाएँ बिना किसी जोर-जबरदस्ती स्वेच्छा से कथित योगिनी पूजा में शामिल हुई थीं। इसके मूल में खुद की कई सारी समस्याओं का समाधान ढूँढ़ना, यह प्रयोजन भी हो सकता है। पर प्रचलित लीक से हटकर, अलग ढंग से और वह भी सामूहिक रूप में, सेक्स का आनंद लेने की भावना से ही, क्या ये महिलाएँ स्वनिर्णय एवं खुशी से वाघमारे के पास खिंची चली आती थीं? इस तरह का शक मन में पैदा होने जैसी स्थिति भी थी क्योंकि शरीर की भूख प्रचलित पद्धति से मिटाने की व्यवस्था समाज में नहीं है। वह वाघमारे बाबा के दरबार में योगिनी पूजा द्वारा पूरी हो जाया करती। जिस भाभी नामक महिला ने इसमें अगुवाई की थी उसकी शारीरिक भूख आम महिलाओं से शायद कुछ ज्यादा ही रही होगी। वाघमारे बाबा का कहना था, "भाभी एक ही समय पंद्रह-बीस महिलाओं को पूजा के नाम पर बुलाया करती। जिस महिला की योगिनी पूजा हुआ करती उसे मेरे साथ संभोग करने के लिए भाभी कहा करती। अधूरे संभोग की दशा में ही संभोगरत महिला को मुझसे दूर कर खुद भाभी ही मुझसे संभोग किया करती क्योंकि उसके शरीर की भूख बहुत ज्यादा थी।

पर किसी दूसरी महिला को संभोगरत देखे बिना उसकी काम भावनाएँ उद्दीप्त ही नहीं हुआ करती थीं।"

वाघमारे नारायणगाँव छोड़कर कहीं और चला गया लेकिन वाघमारे बाबा से योगिनी पूजा करानेवाली महिलाओं में से कई महिलाएँ पुणे के सरदेशपांडे नामक शख्स के पास योगिनी पूजा के लिए जाया करती थीं। इसका मतलब यह कि इन स्त्रियों की मौन सम्मति थी, योगिनी पूजा मामले में। इस तरह के मामले आदिम काल से चलते आ रहे हैं। तंत्रसाधना में ये बातें आम हैं। उत्तर पेशवा काल में 'घटकंचुकी' वाला मामला भी कुछ इसी तरह का था। प्राचीन काल में प्रगतिशील मानी गई रोम एवं ग्रीक आदि संस्कृति में भी ऐसे मामले चला करते थे। रोम साम्राज्य के अस्त होने के कई कारणों में से यह एक कारण जिम्मेदार था, ऐसा इतिहासवेत्ताओं ने दर्ज किया है। मान लो कि ऐसे मामले स्वेच्छा से होते हैं पर ऐसे मामलों में भी खुद के साथ-साथ, पति और परिवार के साथ भी धोखा ही होता है। विवेक गिरवी रखा जाता है। यह सामाजिक अध:पतन का लक्षण है। लिहाजा युवाओं ने जब ओतूर नामक गाँव में वाघमारे बाबा के विरोध में बड़ा जानांदोलन खड़ा किया, तब हमें बहुत खुशी हुई। वाघमारे का पुतला फूँकने के कार्यक्रम का प्रमुख अतिथि मैं ही था। पचास-साठ बच्चे अंधविश्वास विरोधी पोस्टर्स लेकर गाँव में घूमते दिखाई दे रहे थे। घोषणाएँ देकर बच्चों ने सारा गाँव हिलाकर रख दिया। पुतला फूँकने के पूर्व सभा का आयोजन किया गया, जिसमें लगभग दो हजार लोग शामिल हुए थे। वाघमारे के अध:पतन के मार्ग का प्रतिरोध करनेवाले युवाओं का निश्चय आश्वासक था।

विगत पंद्रह-सोलह सालों में 4569 बाँझ महिलाओं को संतति प्राप्ति करवा देने का दावा करनेवाले और अपने द्वारा दिए गए दैवीशक्ति के प्रसाद से 1112 महिलाएँ गर्भवती रहीं, ऐसा पूरे विश्वास के साथ कहनेवाले; नंदुरबार जिले की शहादा तहसील के मध्य प्रदेश सीमा से सटे, असलोद गाँव के संत सद्गुरु (?) डॉक्टर बाबा को समिति ने सिविल लिबास में गए शस्त्रधारी पुलिस दल की मदद से दबिश की योजना बनाकर गिरफ्तार करवाया। यह मामला किसी रोमांचकारी नाट्य जैसा था। बाबा का आश्रम गाँव के बाहर नाले के किनारे एकांतवास में था। उसका दरबार अमावस के दिन आयोजित हुआ करता। सूरज ढलने के पूर्व से ही दरबार सैकड़ों नि:संतान दंपतियों से भरने लगता। जैसे-जैसे रात गहराती भक्तों के भजन की आवाज भी चढ़ने लगती। भक्तों में बाबा के जयकारों के उद्घोष और स्तुति सुमनों की वर्षा करने की मानो होड़ ही लग जाती। देर रात दो बजे तक यह माहौल चरम पर पहुँच जाया करता। इस समय बाबा जिस कमरे में ध्यान साधना किया करता, उस कमरे के दरवाजे खोल दिए जाते। आश्रम में लगे बिजली के जलते-बुझते लट्टुओं के बीच

खुद को साईंबाबा का अवतार कहलानेवाला शख्स, साईंबाबा के लिबास में हाथ में जलती सिगार लिये और सफेद वस्त्र पहने रेखा नामक महिला संग दरबार में प्रवेश करता। उसके स्थानापन्न होते ही दो-चार महिलाएँ उसके हाथ-पाँव दबाया करतीं। भगवान को भी लज्जित कर दें, इस तरह स्तुति सुमनों से युक्त रची आरती उतारकर बाबा की पूजा कराई जाती। सिर्फ महाराष्ट्र ही नहीं बल्कि गुजरात, मध्य प्रदेश और उत्तर प्रदेश से आए भक्तगण दरबार में दिखाई दिया करते। शिक्षित, व्यावसायिक, उच्चपदस्थ, आला अफसर एवं उद्योगपतियों जैसे लोग बाबा के भक्तों में शुमार थे (उसके दरबार से भक्तों के नाम दर्ज करनेवाले रजिस्टर से समिति ने प्राप्त किए हैं)। लगातार चारमीनार कंपनी की सिगरेट फूँकना, चेन स्मोकर सद्गुरु बाबा की पहचान थी। बाबा के आशीर्वाद हेतु आश्रम में आनेवाले भक्त के लिए अनिवार्य था—चारमीनार का पैकेट आश्रम के स्टॉल से ही खरीदना। यह असलियत थी।

ऐसे अभिभूत वातावरण में बाबा प्रवचन हेतु खड़ा हुआ करता। वह कहता, "मैं निमित्त मात्र हूँ। ईश्वर मुझे शक्ति प्रदान करता है।" बाबा के आशीर्वाद हेतु आए भक्तगणों में से दो-चार दंपती नवजात बच्चों को लेकर व्यासपीठ पर आ जाते और गद्गद होकर अपनी भावनाओं को व्यक्त करते जाते थे, "ये बच्चे बाबा के आशीर्वाद का ही फल हैं।" इसके बाद बाबा स्वयं के आशीर्वाद के चलते किस-किस दंपती को संतति पैदा हुई; इससे भक्तों को अवगत कराने के लिए लंबी सूची का पाठ करता। इस तरह का माहौल बनने में सुबह के चार-पाँच बज जाया करते। निःसंतान दंपतियों की कतार लगी हुई दिखाई देती। बाबा अँगिया वस्त्र, नारियल, ग्यारह पके केले आदि देकर बाँझ महिला को आशीर्वाद दिया करता। इसके बाद बाबा द्वारा दक्षिणा के रूप में सौ रुपए से लेकर पाँच हजार रुपए तक माँगे जाते।

बाबा से सटकर ही एम. बी. बी. एस. डिग्रीधारी डॉक्टर बैठा रहता। वह भी भक्त से अब तक किए डॉक्टरी इलाज और जाँच के बारे में पूछताछ के आधार पर कुछ दवाइयाँ लिख दिया करता। समिति द्वारा बाबा पर सीधे कार्यवाही करने के पूर्व पंद्रह-सोलह सालों तक बाबा का इस तरह का गोरखधंधा शुरू था। गिरफ्तारी के बाद उसके कमरे पर छापा मारा गया। उसमें नगद राशि, आपत्तिजनक अश्लील खत, तावीज, गंडे और वीडियो कैसेट्स आदि प्राप्त हुए। आठ दिनों की पुलिस रिमांड में लेने पर, बाबा से मिली जानकारी कुछ इस प्रकार थी—नाम—बशीर पटेल, धर्म—मुस्लिम, उम्र—55, गाँव—मैसूर के निकट हिरापुरी, हिरापुरी में पाँच एकड़ कृषिभूमि। पढ़ाई—ग्यारहवीं अनुत्तीर्ण। कोल्हापुर और हैदराबाद के अस्पतालों में नौकरी करनेवाला एक अदना सा शख्स था, यह बाबा। उसका साथी नशेड़ी और अपराधी वृत्ति का आदमी था। दोनों ने मिलकर सोलह साल धर्म और ईश्वर के नाम पर, मजबूर लोगों को हर तरह से बेइंतहा लूटा। दुख की बात यह कि पुलिसवालों ने बाबा के आश्रम को सील किया बावजूद इसके भक्तों को विश्वास था कि बाबा

अदालत से बरी होकर फिर से अपना आश्रम स्थापित करेंगे। गिरफ्तारी के दौरान बाबा अक्सर घमंड में बोला करता, "इस मामले में मुझे मुफ्त में शोहरत मिल रही है। मेरे रिहा होने के बाद आश्रम में अब पहले से ज्यादा मात्रा में भीड़ बढ़ेगी।

कुछ इसी तरह का मायाजाल मल्लीनाथ बाबा का भी था।

लातूर, महाराष्ट्र के रोटरी क्लब की ओर से मुझे आमंत्रित किया गया था। शहर में अंधविश्वास उन्मूलन पर लगातार तीन घंटों का कार्यक्रम आयोजित किया गया था। वहीं पर मुझे बाबा की सुरस एवं चमत्कारिक कथाएँ सुनने में आई थीं। उसमें से दो कथाएँ इस प्रकार हैं—

मल्लीनाथ बाबा की गाड़ी सफर के दौरान छोटी सड़क पर पेट्रोल खत्म होने की वजह से बंद पड़ने से गाड़ी ड्राइवर चिंतित था। ऐसी जगह पर पेट्रोल कहाँ से मिलेगा? बाबा ने सड़क के किनारे बहते नाले से बोतल भर पानी ले आने के लिए गाड़ी ड्राइवर से कहा। ड्राइवर पानी ले आया। बाबा ने पानी भरे बोतल को स्पर्श किया और पानी पेट्रोल की टंकी में डालने के लिए कहा। ड्राइवर को बाबा की बात पर संदेह हुआ, पर बाबा के समक्ष उसकी न चली। बाबा के समक्ष स्वयं की अक्ल चलाकर सवाल थोड़े ही पूछे जाते हैं। ड्राइवर ने पानी गाड़ी की टंकी के हवाले कर दिया। फिर गाड़ी स्टार्ट की और ताज्जुब पेट्रोल के अभाव में बंद पड़ी गाड़ी स्टार्ट हुई। ड्राइवर गाड़ी लेकर गंतव्य स्थान पर सही-सलामत आ पहुँचा। इस तरह मल्लीनाथ बाबा के आशीर्वाद के प्रभाव से पानी का पेट्रोल में परिवर्तन हुआ था।

दूसरा किस्सा कुछ इस प्रकार है। शायद मल्लीनाथ बाबा ठग हो, ऐसा मानकर एक पुलिसवाले ने बाबा को रोका-टोका और फटकार लगाई। पुलिसवाले ने बाबा को चमत्कार दिखाने के लिए कहा। बाबा ने गले में लपेटा हुआ मफलर निकालकर पुलिसवाले के हाथों में थमा दिया। जैसे ही पुलिसवाले ने मफलर हाथों में लिया देखते ही देखते मफलर साँप में परिवर्तित हुआ। पुलिसवाला अफसर बाबा के पैरों पर गिर पड़ा।

मैंने कार्यक्रम में उपरोक्त दोनों घटनाओं का हवाला देकर कहा था, "मित्रो, हमारे नगर में इतनी महान विभूति निवास करती है, इसका पता चलने पर मुझे बहुत खुशी हुई। आपके जिले के सुरक्षा मंत्री (Guardian Minister) से मेरी दरखास्त है कि वे बाबा से निवेदन करें। यदि बाबा, मंत्री महोदय की विनती मानने से इनकार करते हैं तो उन्हें देशहित प्रयोजन हेतु कब्जे में लिया जाए और पानीवाले प्रत्येक कुएँ में डुबोकर बाहर निकाला जाए, जिससे आनन-फानन पानी के कुएँ तेल के कुओं में परिवर्तित हो जाएँगे। इससे देश की विदेशी मुद्रा की महत्त्वपूर्ण समस्या का समाधान हो जाएगा।" लोगों ने खिलखिलाकर हँसते हुए मेरी राय का समर्थन किया। "मल्लीनाथ बाबा सच में मफलर को साँप में परिवर्तित कर सकते हैं तो हमारे अंधश्रद्धा निर्मूलन समिति द्वारा चमत्कार सिद्ध कर दिखाने की पाँच लाख की

चुनौती को स्वीकारें। यदि उन्होंने चमत्कार सिद्ध कर दिखाया तो समिति कार्यकर्ता आंदोलन बंद कर उनके शिष्य बन जाएँगे।" लोगों ने इसका भी पुरजोर समर्थन किया। पर प्रत्यक्ष में किसी भी प्रकार का लाभ न हुआ।

सितंबर, 1993 में हम कार्यकर्ता लातूर में अंधश्रद्धा निर्मूलन समिति के शिविर में शिरकत करने हेतु गए थे। शाहू महाविद्यालय के प्रधानाचार्य डॉ. जनार्धन वाघमारे ने कहा, "डॉक्टर साहब, मल्लीनाथ बाबा का रसूख इस इलाके में बढ़ने लगा है।" हमने शहर में घूमते हुए इस बात को अनुभव भी किया। गाड़ियों के शौकीन मल्लीनाथ बाबा के पास तीन मारुति कारें, दो एंबेसडर, तीन जीपें और एक खूबसूरत बुलेट थी। शहर में इन गाड़ियों को समय-असमय घूमते देखा जा सकता था। बड़े भक्तिभाव से लोग बाबा के दर्शन किया करते। जब कभी रेल सिग्नल के पास बाबा की गाड़ी रुकी दिखाई देती, महिला-पुरुष बाबा के दर्शन हेतु दौड़े आते। इस दौरान बाबा गाड़ी में ही बैठा रहता। ड्राइवर गाड़ी का दरवाजा खोलता और बाबा खुले दरवाजे से बाहर अपने पैर निकाला करता। बाबा के पैरों पर मत्था टेककर दर्शन लेने में भक्त धन्यता माना करते। शहर की दुकानों, घरों आदि में बाबा की लगती प्रतिमाओं की संख्या में इजाफा होता ही जा रहा था। शहर के बाहर मांजरा चीनी मिल के सामने ही किसी भक्त से उसे छह एकड़ जमीन दान में मिली थी। मल्लीनाथ—उम्र महज 27-28, पढ़ाई मात्र पाँचवीं-छठी कक्षा तक, परमार्थ के रत्ती भर ज्ञान से भी रीता, कर्तव्यविहीन, वाणी एवं रहन-सहन का संतत्व से दूर-दूर तक कोई नाता नहीं; ऐसे व्यक्ति का आँखें चौंधियाने वाली तरक्की कर जाना असल में लातूर के लोगों की मानसिक गुलामी की जाहिर निशानी ही था।

लातूर अंधश्रद्धा निर्मूलन समिति द्वारा मल्लीनाथ बाबा वाली चुनौती को स्वीकारने का फैसला किया।

समिति द्वारा मल्लीनाथ बाबा के बारे में जानकारी संकलित करना शुरू हुआ। बाबा या उसके भक्तों से जानकारी पूछने पर उत्तर मिला कि 'नदी का मूल और ऋषि का कुल' खोजा न जाए। पर पड़ताल के बाद पता चला कि यह मल्लीनाथ गुलबर्गा जिले के आलंद तहसील स्थित निरगुड़ नामक गाँव का निवासी है। मल्लीनाथ ने गाँव में कतिपय महिलाओं के संग असभ्य बर्ताव किया लिहाजा निरगुड़वासियों ने मल्लीनाथ को गाँव से खदेड़ा। आज भी निरगुड़वासी उसे गाँव में प्रवेश करने से रोकते हैं। कहा जाता है, इसी कारण से मल्लीनाथ गाँव छोड़ हैदराबाद जाकर एक गैरेज में काम करने लगा। यहाँ पर उसने गाड़ी चलाना सीख लिया। कुछ दिनों बाद मल्लीनाथ ने बिदर जिले के इरानी नरशा नामक गाँव में अपनी जड़ें जमाने का प्रयास किया। और इसके बाद उसने इसी जिले के मैलार नामक गाँव के लोक देवता 'खंडोबा' के मंदिर में भी ऐसा ही जड़ें जमाने का प्रयास किया था।

यहाँ के निवासियों का कहना था, "बाबा विशिष्ट दिवस पर ही प्रकट होते

हैं।" पर इन दोनों स्थानों से बाबा को कुछ कारणवश मजबूरन फरार होना पड़ा। इसके बाद उसने भिगवण, जि. पुणे में अपनी जड़ें जमाने का प्रयास किया। इसके बाद उसने मरलक, जि. नांदेड़ के परिसर में भी आश्रम स्थापित करने का प्रयास किया। पर मरलक के सरपंच परशुराम शिंदे और गाँववालों ने मल्लीनाथ की कोशिशों को नाकाम कर दिया। अंत में वह कूचतेलेगाँव, तांबरवाड़ी और चाकूर होते लातूर पहुँचा।

लातूर में अचानक अवतरित हुए इस बाबा ने हैरतअंगेज तरीके से अपनी जड़ें जमाईं। प्रवचन, व्याख्यान एवं आध्यात्मिक ज्ञान से पूरी तरह वंचित मल्लीनाथ के दरबार में श्रद्धालुओं का ताँता लगना शुरू हुआ। दरबार में आए प्रत्येक भक्त की समस्या को वह सुन लेता और फकत 'सब कुछ ठीक हो जाएगा' बोलकर भभूत को पुड़िया में बाँधकर भक्त को दिया करता। मल्लीनाथ बाबा का तेज रफ्तार से कार भगाने का शौक और गुमसुम रहने की आदत के चलते उसके बारे में कई सारी अफवाहें हवा की गति से फैलीं (इरादतन फैलाई गईं)। लातूर-बार्शी सड़क पर गांजरा चीनी मिल के पास एक धनिक भक्त ने अपनी विवादास्पद जमीन बाबा को दान में दी थी। बाबा के विरोध में इस जमीन का मामला लेकर अदालत जाने की किसी की हिम्मत न हुई। इसी दौरान तथाकथित बाबा के पास आनेवाले भक्तों की संख्या में इजाफा होता गया। बाबा ने गुंडों को भी पनाह दी। नतीजा, बाबा की दहशत पैदा हुई। इसी दौरान बाबा का आशीर्वाद और चमत्कार जैसी चीजों को समाज में फैलाने का कार्य उसके अनुयायियों द्वारा थोक रूप में किया गया।

युवा मल्लीनाथ बाबा का रहन-सहन रौबदार और ऐशोआराम वाला था। कार में ड्राइवर की बगल वाली सीट पर कुत्तों को बिठाकर शान से घूमना उसका शौक था। गाड़ी पर बाघ की खाल उसने चढ़ा रखी थी। पुलिस अमले की गाड़ी पर जिस तरह बत्ती जलती है, उसी तर्ज पर बाबा की गाड़ी पर भी बत्ती जला करती। नतीजा, शहर में उसका प्रभाव और रौब बढ़ता गया। असल में गाड़ी पर रंग-बिरंगा लट्टू जलाना यातायात नियमों का भंग करनेवाली हरकत थी। परंतु यातायात पुलिस तमाशबीन बनी रहती। बाबा के मठ और गाड़ी में डिस्को संगीत के कैसेट्स और पॉप संगीत बजा करता।

अमावस के दिन बाबा के दरबार में कमाल की भीड़ उमड़ती। इस भीड़ में सरकारी अमला एवं छोटे-मोटे राजनेता भी दिखाई देते। ऐसे वक्त बाबा जलते अंगारों पर एक छोर से दूसरे छोर तक नंगे पैरों से चलने का चमत्कार किया करता था। बाबा के इस चमत्कार को भक्त बेहद कौतूहल से देखा करते। (असल में अंधश्रद्धा निर्मूलन समिति का कोई भी कार्यकर्ता इस तरह का चमत्कार (!) कर दिखाने में माहिर होता है।) एक दफा जिला पुलिस उपप्रमुख ने बाबा के 'तुम्हें कुछ भी नहीं होगा' कहने पर जलते अंगारों पर चलने की कोशिश की थी। पर उसे जलते अंगारों

पर चलने का अभ्यास न था, नतीजा उसके पैर बुरी तरह से झुलस गए। पर बाबा ने उसे 12 किलोमीटर दूर स्थित लातूर के करीबी अस्पताल में ले जाने के स्थान पर 32 किलोमीटर दूरी पर स्थित अपने परिचित डॉक्टर के अस्पताल में ले जाकर बड़ी होशियारी से खुद को बचा लिया था।

बाबा के दरबार में आनेवाले भक्तों में महिलाओं की तादाद ज्यादा हुआ करती। दरबार के 'दर्शन मंडप' में भक्तों की दो कतारें हुआ करतीं। एक कतार पुरुषों की और दूसरी महिलाओं की। महिलाओं को बाबा सबसे पहले दर्शन दिया करता। इसमें भी युवा और सुंदर महिलाओं पर बाबा की खास मर्जी हुआ करती। बाबा युवा लड़कियों की पीठ पर सबके सामने हाथ घुमाया करता। महिलाओं की शिकायतें सुनते वक्त दरवाजा बंद कर लिया जाता। महिलाओं के साथ बाबा के इस तरह के रवैये पर एतराज जतलाने या शिकायत करने हेतु कोई आगे नहीं आया करता। लिहाजा बाबा पर कार्रवाई का सवाल ही पैदा नहीं होता।

अमावस एवं पूर्णिमा के दिन हरंगुल, जि.लातूर के मल्लीनाथ आश्रम में मेलेनुमा माहौल बन जाया करता। उस दिन सुबह-शाम 'लातूर-मल्लीनाथ मठ' की तख्तियाँ लटकाए बसें सड़कों पर दौड़ती नजर आती थीं। इस पर गजब यह कि लातूर बस अड्डे के अधिकारियों ने 'मठवाली सड़क से गुजरती हर बस आश्रम होकर चले' इस तरह की सूचनाएँ बस वाहकों को दी थीं। इसके चलते मल्लीनाथ का जिसे नाम तक पता नहीं था उसे मल्लीनाथ के जाल में फँसने की बड़ी आसान सुविधा प्राप्त हो गई। परंतु व्यंकट पन्हाले नामक व्यक्ति ने इसका कड़ा प्रतिरोध करके, एसटी महामंडल अधिकारियों को, गजब तरीके की दी गई इस सुविधा को खत्म करा देने के लिए मजबूर कर दिया था। परंतु शहर और ग्रामीण इलाकों में मल्लीनाथ बाबा का प्रभाव बढ़ता ही चला जा रहा था। शहर की शिक्षित महिलाएँ भी अमावस के दिन मल्लीनाथ बाबा के आश्रम के चक्कर काटने लगीं।

अंधविश्वासी धार्मिक अपनी समस्याओं को लेकर बाबा के पास आया करते। बाँझ महिलाओं को उन्हीं के द्वारा लाया गया फल देकर तुम्हें 'शीघ्र ही संतति प्राप्ति होगी' ऐसा आशीर्वाद बाबा दिया करता। पति-पत्नी दोनों को एक साथ बाबा के दर्शन की अनुमति नहीं थी। पति बाहर और पत्नी बाबा के दर्शन हेतु कमरे में, यह आम मामला हो चुका था। महिलाओं की समस्याओं से अवगत होते समय बाबा महिला की घरेलू जानकारी प्राप्त किया करता। फिर ऐसी महिला भक्तों के घर बाबा रात-बेरात जाया करता। अमावस की रात शहर में बाबा का जुलूस भी निकला करता। जुलूस में 300 के आसपास भक्त शामिल हुआ करते थे। स्थानीय अखबार 'दैनिक प्रतिव्यवहार' के संपादक पी. टी. मुनाले छह माह तक बाबा के शिष्य बनकर आश्रम में रहे। इसके बाद उन्होंने बाबा के बारे में स्वानुभव पर आधारित लेख अखबार में प्रकाशित किया।

उसी दिन बाबा के 100-150 गुंडों ने अखबार के कार्यालय जाकर तोड़फोड़ कर जबरदस्ती मुनाले से माफीनामा लिखवा लेने की कोशिश की थी। यदि बाबा से कोई सवाल करता, बाबा के चमत्कार के बारे में पूछता तो तुरंत बाबा टालमटोल करता हुआ बोला करता, "क्या मैंने तुम्हें दर्शन हेतु आने का न्योता दिया था? तुम यहाँ क्यों आए? लौट जाओ।" स्वयं को अवतारी पुरुष घोषित करनेवाला बाबा, जिस तरह हम मित्रों में बड़ी सहज वृत्ति से गाली-गलौज में बतियाते हैं; उसी तरह देवता के नाम गाली-गलौज करता। यही नहीं, ठग मल्लीनाथ शिवलिंग पर पाँव रखकर सो जाया करता। इस ठग की चुनौती अंधश्रद्धा निर्मूलन समिति ने स्वीकार की। योजना बनी। कार्यकर्ताओं ने बाबा की ठगी के खिलाफ लड़ाई किस तरह लड़ी इसकी हकीकत से हम 'बगुला भगतों से संघर्ष' में रूबरू होने ही वाले हैं। उन्हीं दिनों शिक्षा के क्षेत्र में 'लातूर पैटर्न' महाराष्ट्र में गुणात्मकता के प्रतीक के रूप में मशहूर हुआ था। इसी लातूर में इतनी आसानी से लोगों को बाबा की भक्ति का चस्का लगानेवाला कोई मल्लीनाथ पैदा हो, क्या यह बदनसीबी नहीं है?

रेवदंडा, जिला रायगड का 'बैठक संप्रदाय' विगत दो दशकों में रायगड जिले के गाँव-देहातों में तेजी से फैला। आदिवासी और बौद्ध बस्तियों में भी यह पहुँचा था। प्रसिद्ध ज्योतिषी नाना धर्माधिकारी इस संप्रदाय का संस्थापक था। इस संप्रदाय के वरिष्ठ शिष्य और कार्यकर्ताओं को 'दास' कहा जाता था। संप्रदाय की साप्ताहिक बैठक तीन घंटे चला करती। बैठक निजी स्थान पर आयोजित होती। विशिष्ट आवेदन-पत्र भरवाकर और अनुमति लेकर ही संप्रदाय में दाखिला मिलता था। यहाँ हाजिरी का रजिस्टर भी रहा करता। प्रत्येक को एक नंबर दिया जाता। महिला-पुरुष दोनों को भौंहों के बीचोबीच कुमकुम की बिंदी लगाना संप्रदाय का नियम था। युवा लड़के भी कपाल पर बिंदी लगाया करते। घर के दरवाजे पर 'श्रीराम समर्थ' लिखी तख्ती लगवाना, घर में समर्थ रामदास और छत्रपति शिवाजी का संयुक्त चित्र लगाना, नये घर की वास्तुशांति करने के अलावा घर में दत्त मूर्ति की प्रतिष्ठापना करना, ऐसे कई नियमों का शिद्दत से पालन किया जाता। सद्गुरु यानी नाना धर्माधिकारी और दास यानी उसके वरिष्ठ जानकार भक्त। ये लोग संप्रदाय के लोगों की जीवन-शैली नियंत्रित कर देते थे। किसी भक्त के घर यदि कोई शख्स बीमार पड़ता, तो ऐसे समय मरीज को अस्पताल लिवा जाने और दाखिल कराने के लिए बाबा की अनुमति आवश्यक मानी जाती। यही नहीं, मोटरसाइकिल या कार आदि वाहन भी खरीदना हो तो भी बाबा की आज्ञा लेना अनिवार्य माना जाता। गाड़ी के रजिस्ट्रेशनवाले क्रमांक में कौन-सी संख्या निहित होनी चाहिए यह भी सद्गुरु द्वारा पता कर लेना जरूरी था। संप्रदाय की बैठक के लिए नियमित रूप से और बड़ी संख्या में आम श्रमजीवी, स्त्री-पुरुष, छात्र हाजिर हुआ करते।

रायगड जिले में आदिवासियों की समस्याओं को लेकर कई संगठन काम करते हैं। अपने जीवन-मरण के सवाल पर मोर्चे में शामिल होते समय कई समस्याओं का बहाना बनानेवाला श्रमजीवी, संप्रदाय की लगातार तीन घंटे तक चलनेवाली बैठक में शामिल होने हेतु बिना किसी इनकार के तमाम समस्याओं को सहन कर जाता और बैठक में शामिल हुआ करता। भक्त अपना निवेदन दास द्वारा सद्गुरु तक पहुँचाया करता। फिर सद्गुरु द्वारा दी जानेवाली आज्ञा का पालन वह करता। सिर्फ इतना ही नहीं, बैठक के प्रवचन को भले ही वह समझ नहीं पाता था, फिर भी लगातार तीन घंटे तक चलनेवाली बैठक में वह बैठा रहता। समर्थ रामदास के दासबोध ग्रंथ के विचारों का बैठक में शामिल भक्तों के जीवन पर किसी भी तरह का परिणाम नहीं दिखाई देता था फिर भी संप्रदाय की बैठक के लिए जानेवाले लोगों की भीड़ को किस तरह रोका जा सकता है, इसे समझने में समिति सफल नहीं हो पाई। संप्रदाय के सद्गुरु सम्मान, पुरस्कार और कीर्ति की असीम प्यास रखनेवाला है। इन दिनों राजनीति में लोगों का जमघट लगाने की कला को बहुत ही महत्त्व प्राप्त हुआ है। इसी तरह सद्गुरु भी अपनी वोट बैंक का शक्ति प्रदर्शन पुणे और ठाणे में बीच-बीच में करते दिखाई दिया करता। लाखों की भीड़ अपने खर्च से इकट्ठा हुआ करती। सत्तापिपासु नेता ऐसी नुमाइशों में इरातदन मौजूदगी दर्ज कराते हैं। अखबार वाले भी अखबार की खपत और लोकप्रियता बढ़ाने हेतु अखबार में सद्गुरु पर लेख, साक्षात्कार आदि को तसवीर सहित मुखपृष्ठ पर छापते हैं। 'दासबोध' पर किसी प्रकार का लेख या ग्रंथ लिखे बिना ही, दासबोध के भाष्यकार के रूप में सद्गुरु का ढिंढोरा पीटकर; सुनियोजित रीति से आधुनिक मीडिया और तकनीकी सद्गुरु महिमा को बढ़ाया जाता है।

बदलापुर की 'कृष्ण कुटीर' में रहनेवाली लीलावती कर्वे 'कृष्ण' नाम से ही जानी जाती थी। लीलावती का जीवन कृष्णमय ही था। किसी एक इनसान को सपने में कृष्ण का दृष्टांत हुआ और उसने कृष्ण की मूर्ति लीलावती को लाकर दी। लीलावती के घर कृष्ण आ गया। वह निरंतर लीलावती से बतियाने लगा। लीलावती को कृष्ण का प्रत्येक शब्द सुनाई दिया करता। उसे कृष्ण की बातें भी माननी पड़तीं। या यूँ कहें कि वह कृष्ण का आदेश ही है, ऐसा कहा जाए तो ठीक रहेगा! लीलावती का कृष्ण, भक्तों द्वारा प्यार से लाई चीजों का स्वीकार करता। मक्कारी, झाँसा और पाप के रास्ते कमाया पैसा कृष्ण अस्वीकार करता। लीलावती के लिए कृष्ण जो कुछ कहता, उसके लिए सर्वोपरि था। लीलावती कृष्ण को 'लाड़ला' और 'परब्रह्म' कहकर भी पुकारती। 24 घंटे लीलावती कृष्णरत ही रहती। यदि लीलावती दो मिनटों की अवधि तक फोन पर किसी से बात कर रही है तो कृष्ण की एक-दो लीलाओं का वर्णन किए बिना नहीं रहती। कृष्ण की आज्ञानुसार भक्त मंडली का मार्गदर्शन

करने हेतु लीलावती कई दफा अमरीका भी जा चुकी है। अमरीका में कई स्थानों पर उसने 'कृष्णलीला केंद्रों' की भी स्थापना की। कृष्णलीला का कार्यक्रम आधे घंटे का हुआ करता। उसमें से 15 मिनट सभी को 'ओम नमो भगवते वासुदेवाय नमः' वाले 12 अक्षरों का जाप करना अनिवार्य रहता। बचे 15 मिनट भजन, आरती आदि के लिए हुआ करते। "2005 में दुनिया में क्रांति घटित होनेवाली है। लिहाजा सभी भक्तों की सुरक्षा का भार मेरे जिम्मे होगा। इस दायित्व की तैयारी मैं आज से ही कर रही हूँ," ऐसा वह कहा करती। ये बातें अमरीका में बसे महाराष्ट्रियन लोगों द्वारा 'एकता' पत्रिका प्रकाशित में होती हैं, और ऊपर कही बात उसके जुलाई, '97 के अंक में है। वहाँ के मित्रों ने 'एकता' का वह अंक मुझे भेजा था। मैंने उसे जो जवाब दिया वह इस प्रकार है—

"'एकता,' जुलाई, 97 का अंक एवं उसमें विजया कानिटकर का 'मैं कृष्ण बोल रहा हूँ' लेख मैंने आद्यांत पढ़ा। मैं महाराष्ट्र में अंधविश्वास के विरोध में विगत 10 सालों से काम कर रहा हूँ। जिसका अब तक हम पता लगाने में विफल रहे हैं, उस देवादिदेव श्रीकृष्ण की पोस्टमैन लीलावती का परिचय पढ़ बहुत कौतूहल होता है। भारत की आजादी ने सुवर्ण महोत्सव वर्ष में प्रवेश किया है। भारतीय संविधान में 'वैज्ञानिक दृष्टिकोण' को नागरिकों के कर्तव्य के रूप में इरादतन समाविष्ट किया गया है और विदेश के कतिपय उच्च विद्याविभूषित महाराष्ट्रियन किस चीज का प्रचार-प्रसार कर रहे हैं? कृष्ण मूर्ति के समक्ष खड़े होकर या खड़े ना होते हुए भी उसके साथ बतियानेवाली लीलावती का रसभरा वर्णन, लेख में सर्वत्र पढ़ा जा सकता है। समिति सदैव व्यक्ति की उपासना और धार्मिक स्वतंत्रता का आदर करती है। पर यह मामला कटु, सत्य कहें तो मनोवैज्ञानिक दृष्टि से 'मल्टिपल पर्सनैलिटी डिसऑर्डर' या 'शिजोफ्रेनिया' जैसी बीमारी में शुमार होता है और यदि ऐसा नहीं है तो उसे पाखंड कहना ही उचित होगा। संबंधित व्यक्ति द्वारा अनुकूलता दर्शाने और जाँच में सहयोग करने पर, जरूरी परीक्षण करके कृष्ण संवाद के मूल में जो सत्य छिपा है उसे महाराष्ट्र अंधश्रद्धा निर्मूलन समिति किसी भी समय उजागर कर सकती है। समिति ने विगत 10 सालों में किसी-न-किसी रूप में देवता की सवारी आने का दावा करनेवाली कई महिलाओं का परीक्षण कर सचाई को उजागर किया है। यदि इस तरह का परीक्षण न करें तब भी, 2005 में तमाम भक्तों की सुरक्षा के लिए तैयार रहने की घोषणा की पड़ताल भविष्य में की जा सकती है। और लेख में वर्णित अन्य कई घटनाओं की, जो कि भूतकाल में घटित हुई थीं, उनकी भी पड़ताल की जा सकती है। 'मल्टिपल पर्सनैलिटी डिसऑर्डर' में व्यक्ति की स्वयं के बारे में एक अलग और ठोस समझ निर्मित होना होता है और उसके अनुसार बर्ताव करना, बोलना इसमें ताज्जुब जैसी कोई बात नहीं है। 'शिजोफ्रेनिया' के चलते होनेवाली

मनोभ्रमता में भी ऐसे वहम होते रहते हैं। ऐसे व्यक्ति को गुरुपद बहाल करना या देवदूत मानना कहाँ तक विवेकी है, इसका पाठक अवश्य विचार करें।"

भारतीय जनमानस की अनुभूति, शरीर में देवता प्रवेश करना और ईश्वर के दूत जैसी तमाम चीजों पर (अंध) विश्वास की अभिव्यक्ति, आगे चलकर कितनी आसानी से किस तरह के दिशाभ्रम में हो सकती है, इसका लीलावती बेहतरीन उदाहरण है। लोगों का ऐसी चीजों पर विश्वास है, इसलिए उपरोक्त मामले घटित होते रहते हैं। देवदूत पैगंबर के अवतार की बात ही छोड़िए; यदि पोस्टमैन का काम भी कोई करने का प्रयास करता है, तो इसे हरगिज सहा नहीं जाएगा, क्योंकि धार्मिक श्रद्धा है कि पैगंबर अंतिम देवदूत थे। स्वयं कृष्ण ने भी गीता में कहा है, 'अधर्म के निर्दलन एवं धर्म की स्थापना हेतु मैं स्वयं जन्म लूँगा।' कृष्ण ने कहीं पर भी, किसी को पोस्टमैन का काम देने और उसके मुँह से अपना संदेश सुनाने की बात नहीं कही है। मतलब, बौद्धिक ही नहीं बल्कि धार्मिक दृष्टि से देखने पर भी; कृष्ण बनी लीलावती लोगों को गुमराह करती दिखाई देती है।

महाराष्ट्र में ऐसे मामले हरगिज घटित नहीं होने चाहिए। यदि ऐसा कहीं घट रहा है, तो बेशक सत्य को उजागर किया जाए। इसके लिए महाराष्ट्र अंधश्रद्धा निर्मूलन समिति जी-जान से संघर्ष कर रही है। पिछले साल समिति को प्राप्त 'महाराष्ट्र फाउंडेशन पुरस्कार' इसकी पुष्टि करता है। बावजूद इसके सात समंदर पार बसे अमरीका के मराठी बंधुओं द्वारा प्रकाशित 'एकता' मासिक में उपरोक्त मजमून छप कैसे सकता है, इस बात पर ताज्जुब होता है। खैर, कृष्णलीला समझकर चुप रहने के अलावा दूसरा किया क्या जा सकता है? सवाल न पूछनेवाले समाज का वर्णन पु. ल. देशपांडे ने 'खामोश संस्कृति' में किया था। इसके आलोक में सवाल ही न पूछे जाएँ, फैसला लेने पर कृष्ण का मार्गदर्शन बड़ी आसानी से मिल जाएगा। 'सब कुछ फील गुड है।' आगरकर से लेकर सावरकर तक सभी को अपने मतलब के लिए भुला देने पर काम बन जाता है।

धर्मभास्कर बापूसाहेब वाघ का मुकदमा महाराष्ट्र में एक दौर में बेहद चर्चित हुआ था। मुकदमे का फैसला होने के बाद कई सालों के सश्रम कारावास की सजा सुनाई गई का यह मामला था। मैं 1986 में धुलिया में अंधश्रद्धा निर्मूलन समिति के शिविर में शिरकत करने के लिए गया था। शिविर 5 दिवसीय था। बड़े पैमाने पर शिविरार्थी इकट्ठा हुए थे। पैसों की किल्लत थी। किसी ने सहज ही मशविरा दिया 'आप धर्मभास्कर की ओर मदद की बात रखें।' हमारा उस ओर रुख करने का सवाल ही नहीं था। फिर भी मानो इस निमित्त से समिति को धर्मभास्कर के बारे में जानकारी संकलित करने का मौका ही मिल गया। मैं अक्सर इस जानकारी को लोगों से साझा किया करता। लोग इसे अचंभित होकर, परंतु भरोसा किए बिना सुना

करते। 'समाज के धार्मिक और दैवी क्षेत्र में कुछ अच्छी घटनाएँ घटित होती हैं, ऐसे मौके पर अंधश्रद्धा निर्मूलन वाले दुष्ट संशय की नजर से देखते हैं' ऐसा आरोप भी समिति पर कइयों ने किया। वाघ की गिरफ्तारी के लिए चार साल तक इंतजार करना पड़ा और उसे अपराधी साबित कर सजा दिलाने में 10 साल। धर्मभास्कर वाला मामला जो खुद को ज्ञानी कहलाते हैं, उनकी आँखों पर बँधी पट्टी हटानेवाला है।

भास्कर शंकर वाघ, निवास रोहाणे-दराणे, तहसील सिंधखेड़ा। इसके घर की माली हालत नाजुक ही थी। 1974 के आसपास यह शख्स जिला पंचायत में लिपिक के रूप में कार्यरत था। साल के भीतर ही वह खजांची का काम देखने लगा। वृत्ति से धार्मिक होने के चलते कचहरी में कदम रखते ही वह पूजा-अर्चना करके व प्रसाद बाँटकर अपने कामकाज की शुरुआत किया करता। धीरे-धीरे कचहरी में आने-जानेवालों को यह जलपान भी कराने लगा। खजांची जैसे इनसान के लिए यह किस तरह से संभव है? पूछने पर वह सिर्फ कहा करता था, 'माँ जगदंबा का आशीर्वाद मेरे साथ है।'

धीरे-धीरे वाघ की धाक जमने लगी। छोटे-मोटे मंडल, संस्थाएँ एवं धार्मिक कार्य आदि मौकों पर वह मदद करने लगा। कचहरी और घर पर कार्यकर्ताओं का आना-जाना बढ़ता गया। राजनेताओं और जनप्रतिनिधियों से उसकी करीबी बढ़ी। राजनीतिक दलों के कार्यकर्ताओं संग वाघ बैठकें करने लगा। वह कांग्रेसी, भाजपाइयों, जनता दल आदि सभी दलों से जुड़ा था। अलबत्ता हिंदुत्ववादी कार्यकर्ता वाघ के साथ बड़ी आस्था से जुड़े हुए थे। आगे चलकर वह जरूरतमंदों की मदद भी करने लगा। इन दिनों वाघ द्वारा धार्मिक कार्य, मंडलों आदि को दिए जानेवाले चंदे में कमाल का इजाफा हो चुका था। कचहरी और कचहरी के बाहर भी उसका दबदबा बढ़ता गया।

वाघ जब सुबह घर से निकला करता तो सबसे पहले मंदिर जाकर पूजा-अर्चना निबटाकर भिखारियों को दान भी देने लगा। कचहरी में आने के बाद आरती और प्रसाद बाँटना शुरू हुआ। कचहरी के हर टेबल पर उसका प्रसाद पहुँचने लगा। मंदिरों, मंडलों आदि को उसके द्वारा दिए जानेवाले चंदे में इजाफा होता चला। नासिक जिले के वणी की सप्तशृंगी का मंदिर हो या आदिवासियों की देवी हो, मंडल हो या संस्था हो, हर धार्मिक कार्य में उसके द्वारा दिए जानेवाले चंदे में इजाफा होता गया। इसी बीच चालीसगाँव के निकट पाटणदेवी नामक गाँव के स्वामी प्रणवानंद सरस्वती से उसकी करीबी बढ़ी। स्वामी के दरबार में भी उसकी मदद में इजाफा हुआ। वाडीभोकर की सड़क से सटकर स्थित तीन मंजिला इमारत भी उसने खरीदी। स्वामी भी वाघ के घर आवाजाही करने लगा। कभी-कभी रहने भी लगा। वाघ ने तीन मंजिला इमारत को नाम दिया 'प्रभाम'। 'प्र' यानी प्रणवानंद, 'भा' यानी भास्कर और 'म' यानी मंगला। वाघ की पत्नी का नाम मंगला था। बँगले के साथ ही उसने

कुछ ही दिनों में महँगी गाड़ियाँ भी खरीदीं। नामचीन हस्तियों की उसके साथ बैठकें शुरू हुई थीं। हारी-बीमारी, व्यवसाय व अस्पताल में भी उसका चंदा बँटने लगा।

देवपुर इलाके में एकवीरा देवी का प्राचीन मंदिर था। वाघ ने इस मंदिर का जीर्णोद्धार कार्य शुरू किया। देखते ही देखते मंदिर जीर्णोद्धार कार्य ने तेजी पकड़ी। यहाँ पर भी उसने मजदूरों में नई साइकिलें बाँटीं। मजदूरों को मजदूरी के सिवा घर लौटते वक्त 50 रुपए का मलीदा भी दिया जाने लगा। लोग उसे 'वाघ बापू' कहने लगे। पांजरा नदी तट पर एकवीरा देवी का खूबसूरत मंदिर बनकर तैयार हुआ। मंदिर, यात्री निवास और परिसर की मरम्मत में दो-ढाई करोड़ की लागत आई होगी, ऐसा अनुमान था। इस जीर्णोद्धार के चलते वाघ बापू का प्रभामंडल और भी बढ़ा। मंदिर की ओर रुख न करनेवाले भी अब मंदिर को देख प्रशंसा करने लगे। सफेद परिधान पहने वाघ के मस्तक पर मोटा सारोली तिलक लगा हुआ करता। वाघ समर्थकों की संख्या में भी इजाफा हुआ। वाघ अनुयायियों द्वारा मस्तक पर, रोली का तिलक लगाने की शुरुआत करने के कारण; धुलिया में 'रोली संप्रदाय' शुरू हुआ। प्राध्यापक, डॉक्टर, इंजीनियर, पहलवान, प्रतिष्ठित एवं गुंडे आदि लोग भी रोली संप्रदाय में दीक्षित होते गए। वाघ की सहायता से धुलिया में छोटे-मोटे 42 मंदिरों का जीर्णोद्धार हुआ।

यात्री निवास में प्रत्येक मंगलवार को लगभग पाँच से सात हजार लोगों में एकवीरा देवी का महाप्रसाद बँटने लगा। कपड़े बँटने भी शुरू हुए। महाप्रसाद का मेनू एक दिन पूर्व ही अखबार के पहले पन्ने पर बॉक्स में मोटे अक्षरों में छपकर आने लगा।

बापूसाहेब वाघ घर से रवाना होते ही रास्ते के सभी मंदिरों से होकर गुजरा करता। इन दिनों पूजा के लिए उसके पीछे फूलों की टोकरियाँ लेकर भक्तों को भी भागते देखा जा सकता था। अब पूजा के फूल भी सूरत से मँगवाए जाने लगे। इसके लिए खास वाहन की व्यवस्था भी की गई थी। इन दिनों सभी तरह के सामाजिक उपक्रमों में बापूसाहेब मुख्य अतिथि हुआ करता। अब बापूसाहेब वाघ 'धर्मभास्कर बापूसाहेब वाघ' बन गया था। वाघ को यह उपाधि 'मुलुख मैदान' नामक स्थानीय दैनिक ने प्रदान की। धर्मभास्कर का कार्य देख एक अखबार ने उसका गौरव करते हुए कहा था, "यदि महात्मा गांधी के बाद कोई बापू है तो वह धर्मभास्कर ही हैं।" बापूसाहेब के मंदिर के बाहर निकलते ही भिखारी, बूढ़े, महिला-पुरुष और हट्टे-कट्टे भी कतार में खड़े दिखाई देते। कतार में लगे याचकों को दान के रूप में नये नोट मिलने लगे। उन दिनों नोट दस का हो या सौ का जेब से बाहर आने के बाद बापूसाहेब की जेब में हरगिज न लौटेगा—ऐसा अलिखित नियम ही बन गया था। कतार में चाहे याचक कितने भी क्यों न हों, पर बापूसाहेब की जेब कभी खाली न हुआ करती—ऐसी दिनचर्या थी बापूसाहेब की। लिहाजा महिलाएँ मजदूरी पर निकलने से पूर्व बापूसाहेब का दर्शन करने मंदिर में आया करती थीं।

शायद धुलिया में किसी मंत्री के भी इतने कार्यक्रम आयोजित नहीं हुए हों, जितने बापूसाहेब वाघ के हुए। बापूसाहेब वाघ के कार्यक्रमों में कभी स्वामी प्रणवानंद, कभी रूपसिंह नाईक और कभी रोहिदास पाटिल जैसी शख्सियतों की मौजूदगी अनिवार्य रूप में हुआ करती। प्रणवानंद से भेंट के निमित्त आए मुख्यमंत्री शंकरराव चव्हाण भी बापूसाहेब वाघ के घर चरणधूलि झटक आए थे। सभी अखबारों को बापूसाहेब वाघ के विज्ञापन के ऑर्डर मिलने लगे। धुलिया में छोटा-मोटा कार्यक्रम होने पर दूसरे दिन कॉलम में बापूसाहेब के कार्यक्रम की खबरें और फोटो छपने लगे। सुवर्णकार समाज के अधिवेशन में गृहराज्यमंत्री जीतू महाजन के करकमलों से धर्मभास्कर बापूसाहेब वाघ को उनके सामाजिक कार्य के योगदान के लिए 'मानपत्र' प्रदान किया गया था।

आम जनता ही नहीं, डॉक्टर, प्राध्यापक, आर्किटेक्ट, नेता आदि भी कहने लगे, 'बापूसाहेब को रिद्धि-सिद्धि प्राप्त है।' कहा जाता है कि सुबह बापूसाहेब जब नींद से जागते, तब उनके तकिए के नीचे नये नोटों के बंडल प्रकट हुआ करते थे।

बापूसाहेब की कीर्ति देखते-देखते पूरे खानदेश में फैली। अनगिनत कार्यक्रमों में बापूसाहेब प्रमुख अतिथि रहने लगे। इन कार्यक्रमों में बापूसाहेब की छोटी-बड़ी हस्तियों से भेंट होने लगी। बापूसाहेब की कचहरी में उनके लिए मंत्रियों आदि के फोन आने शुरू हुए। जिलाधीश एवं पुलिस अधीक्षक तक बापूसाहेब को सलाम ठोंकने लगे। आदिवासी विकास मंत्री रूपसिंह नाईक ने धर्मभास्कर बापूसाहेब वाघ को अपनी ओर से प्रशस्तिपत्र प्रदान करते हुए कहा था, "नेताओं की भी गर्दन शर्म से झुक जाए इतना बड़ा योगदान सामाजिक कार्य में धर्मभास्कर बापूसाहेब वाघ का रहा है।"

बड़े नेतागण, मंत्रीगण एवं जिला पंचायत अध्यक्ष आदि धर्मभास्कर बापूसाहेब वाघ को गले लगाकर पोज देने लगे। एक मेयर ने तो हद ही कर दी। उसने बापूसाहेब के चरणों में गिरकर पुण्यदान से अपनी झोली भर ली। धुलिया में कई कार्यक्रम ऐसे हुए जिनमें धर्मभास्कर बापूसाहेब उद्घाटक और मंत्री अध्यक्ष। और इन कार्यक्रमों में व्यासपीठ के किसी एक कोने में जिला पंचायत के मुख्य कार्यकारी अधिकारी, जिला पुलिस अधीक्षक बैठे दिखाई दिया करते। यही वह दौर था जब धर्मभास्कर के कार्यक्रम टीवी पर भी प्रसारित होने लगे थे। बापूसाहेब का कार्यक्रम कहीं भी हो, दूरदर्शन का काफिला वहाँ हाजिर। बापूसाहेब की छवि तमाम महाराष्ट्र में दिखाने का प्रयास किया जा रहा था।

बापूसाहेब वाघ के चलते प्रणवानंद सुर्खियों में आ गया और प्रणवानंद के चलते बापूसाहब को सम्मान प्राप्त हुआ। प्रणवानंद का मार्गदर्शन, बापूसाहेब की संपत्ति और वास्तुविद् रवि बेलपाठक की बुद्धि के मिलाप का ही नतीजा था कि धुलिया की एकवीरा देवी को नया तेज प्राप्त हुआ। कन्नड़ तहसील में कालीमाता

मंदिर का निर्माण किया जाए ऐसा विचार प्रणवानंद ने रखा और बापूसाहेब वाघ तथा वास्तुविद् रवि बेलपाठक ने उसकी यह इच्छा महज पाँच माह में ही पूरी कर दी। 'कालीमाता मंदिर परियोजना' पूर्ण होने के लिए दो करोड़ की लागत आई होगी, ऐसा विशेषज्ञों का अनुमान था। काली मठ निर्माण परियोजना के तहत निर्मित हुए मंदिर बेहद खूबसूरत हैं। परियोजना के उद्घाटन समारोह के अवसर पर मुंबई के अंग्रेजी-मराठी समाचार-पत्रों में पन्ने के पन्ने विज्ञापन दिए गए थे। उद्घाटन के अवसर पर स्वयं प्रणवानंद ने हेलीकॉप्टर से मंदिर कलश पर पुष्पवृष्टि कराई थी। कार्यक्रम का सारा व्यय वाघ द्वारा ही वहन किया गया था, ऐसा लोगों का कहना है।

बापूसाहेब के पारस स्पर्श से उनके पास आनेवाले हर व्यक्ति का जीवन सोने-सा हुए बिना नहीं रहा। बेरोजगार घूमते पहलवानों और गुंडों को बापूसाहेब वाघ ने बुलेट मोटरसाइकिलें भेंट दी थीं। बाबा के आशीर्वाद से, बेघरों ने बड़ी-बड़ी इमारतें बनाईं। जिन्हें मजदूरी मिलना भी दुष्कर था, वे भक्त बाबा के आशीर्वाद से ठेकेदार एवं उद्योगी बने और जिनके पास बालिश्त भर जमीन तक नहीं थी वे जमींदार बने।

धीरे-धीरे बाबा का विरोध होने लगा। उसी अनुपात में रोली तिलक संप्रदाय में झुंडशाही बढ़ने लगी। बाबा के गुंडों ने बुलेट की पेट्रोल टंकी को भगवे रंग के पट्टों से रँगवाया था। धुलिया इलाके में किसी भी तरह का झमेला होने पर भगवाधारी बुलेट सवार गुंडे वहाँ जाकर मारपीट किया करते। कचहरी में भी बाबा के रोलीधारियों का आतंक छाया था। कचहरी में यदि कोई गँवार रोलीधारी दाखिल होता तब उसके आतंक से बड़े अधिकारी तक झट से कुर्सी से उठ खड़े होते।

धुलिया के देवपुर इलाके में शाम के समय महिलाओं का घूमना असंभव था। बाबा के गुर्गों द्वारा, बड़े घर की कई महिलाओं को ब्लैकमेल किए जाने के कई मामले घटित हुए थे, इन कटु स्मृतियों को लोग आज भी बयाँ करते हैं।

धुलिया जिला पंचायत के मुख्य कार्यकारी अधिकारी मनुकुमार श्रीवास्तव ने बेहद चतुराई और द्रुतगति से कदम उठाते हुए 16 नवंबर, 1990 के दिन पुलिस दल द्वारा वाघ को गिरफ्तार करवाया। वाघ की गिरफ्तारी को लेकर पुलिस दल में मतभिन्नता के चलते दो गुट बन गए थे। इसके बाद श्रीवास्तव के आग्रह पर बाबा की गिरफ्तारी वाले दिन रात आठ बजे भास्कर वाघ की आलीशान तीन मंजिला इमारत पर छापा मारा गया। इसी दिन वाघ की पत्नी मंगला ने शहर पुलिस थाने जाकर पुलिसवालों से गाली-गलौज की। उसकी शिकायत थी, 'हमसे पुलिसवालों ने हफ्ते लिये और ऊपर से मेरे पति को गिरफ्तार किया।'

वाघ को 21 दिन की पुलिस रिमांड मिली थी। इस बीच बाबा जाँच अधिकारी पुलिस निरीक्षक—माधव गुर्जर की निगरानी में था। परंतु अंदर की बात यह कि बाबा के लिए घर से बादाम का लड्डू और अन्य पकवान आया करते। बाबा को फिल्टर का पानी पीने के लिए मिले इसलिए पुलिसवालों ने कोशिशें की थीं। केस

की जाँच में पुलिस अमला टालमटोल कर रहा था।

धर्मभास्कर बापूसाहेब वाघ, पुलिस के शिकंजे से नहीं छूटेगा; इस बात का एहसास होने पर अनुयायियों ने मस्तक से रोली तिलक मिटाना शुरू किया। रोली संप्रदायी, लोगों की नजरों से बचकर घर के बाहर निकलने लगे। इन लोगों ने बैंक में रखे डिपॉजिट की जल्द निकासी कर ली। धुलिया जिले के आदिवासी विभाग की कई विकास योजनाओं का पैसा धर्मभास्कर वाघ ने भ्रष्टाचार के माध्यम से हड़प लिया था। बाबा के विरोधियों द्वारा शिकायत दर्ज कराते ही 20 करोड़ के गबन का खुलासा हुआ। पर लोग कहते हैं, बाबा के भ्रष्टाचार और गबन का आँकड़ा 150 करोड़ के आसपास हो सकता है। बड़ी और मजबूत चेन के बिना बाबा के लिए यह संभव नहीं था। बाबा की गिरफ्तारी के कुछ दिनों बाद वाघ और प्रणवानंद के संबंधों में कटुता आई। प्रणवानंद अचानक परलोक गमन कर गया। प्रणवानंद की मृत्यु पर बाबा ने तीखी प्रतिक्रिया देते हुए कहा था, "स्वामी प्रणवानंद सरस्वती पाखंडी था। वह महज ब्रह्मचारी होने का ढोंग किया करता। उसके पाप की गगरी भर चुकी थी; उसकी मृत्यु से मुझे सुकून मिला है।" प्रणवानंद की मृत्यु के तीन महीने पूर्व तक प्रणवानंद मठ में अनैतिक कार्य चल रहे थे, ब्ल्यू फिल्में बन रही थीं वगैरह... गरमागरम और मसालेदार खबरें समाचार-पत्रों में छपकर आ रही थीं। मृत्यु के पूर्व प्रणवानंद औरंगाबाद खंडपीठ से जमानत भी प्राप्त करा लेने में सफल रहा था।

'बगुला भगत' व्यवसाय बिना किसी निवेश के बरकत प्राप्त व्यवसाय है। यह व्यवसाय कितना प्रभावी है इसकी यदि पहचान करा लेनी हो, तो नाणीज के नरेंद्र बाबा वाले मामले पर गौर किया जाना चाहिए। नरेंद्र बाबा का मूल नाम जगदीश सुर्वे था। कक्षा दसवीं तक की पढ़ाई पूरी करने के बाद इस व्यक्ति ने कुछ सालों तक ग्रामसेवक की नौकरी भी की थी। पर वह अक्सर जिम्मेदारीवाले कामों में टालमटोल किया करता था। वरिष्ठ अधिकारियों ने जगदीश सुर्वे द्वारा किए गबन का मामला उजागर किया था, लिहाजा उसे नौकरी खोनी पड़ी। इसके बाद सुर्वे ने पंढरपुर एवं शेगाँव की तीर्थयात्राएँ कीं। उसने कहा, "मैंने आत्महत्या की सोची थी, लेकिन मुझे गजानन महाराज ने दृष्टांत दिया।" इस झूठी बात को सुर्वे ने गाँव में मुनादी पिटवाकर सार्वजनिक किया। इसके बाद नाणीज आकर उसने अश्वत्थ का पौधा रोपकर आध्यात्मिक मार्गदर्शन देना शुरू किया।

महज पाँच-सात वर्षों के भीतर ही नरेंद्र बाबा एक बड़ा नाम बन गया। नाणीज के पहाड़ पर ही बाबा द्वारा प्रवचन और भक्तों की समस्याओं का निवारण करना शुरू हुआ। नाणीज पहाड़ पर यात्रा भी आयोजित होने लगी। प्रत्येक माह के दूसरे शनिवार, दो से तीन लाख भक्त नाणीज पहाड़ पर आने लगे। गर्मी, वर्षा और ठंड की परवाह किए बिना बाबा के मठ में भक्तों की कतारें लगने लगीं। एक कतार

सिर्फ बाबा के साधारण दर्शन के लिए थी और दूसरी बाबा के खास दर्शन के लिए। खास दर्शन यानी भक्तों का अपनी समस्याएँ एवं आशंकाओं का समाधान हेतु बाबा से बतियाना। भविष्य में जाकर नसीब को परखने की इच्छा पालनेवाले; बाबा के दर्शन की कतार में लगातार, दो-चार दिनों से बाल-बच्चों और परिवार समेत खड़े होकर नंबर आने की प्रतीक्षा किया करते। इन लोगों के लिए बस यही भक्ति थी। भक्ति के साथ व्यवसाय भी अपने आप खिंचा चला ही आता है। दो रुपयों में स्नान के लिए गरम पानी, मूत्र विसर्जन और प्रात:विधि हेतु आठ आने, भोजन के लिए पंद्रह रुपए। सभी स्टॉल पर चाहे वह किताब का हो, प्रसाद का या शीतपेय का, मठ का ही मालिकाना था। बाजार में नारियल यदि सात रुपए में मिलता, तो मठ के परिसर में दस रुपए में। भक्त द्वारा बाबा को नारियल चढ़ाया जाता, बाद में यही नारियल नरेंद्र बाबा से दुकान तक का सफर किया करता। नरेंद्र बाबा की प्रतिमा जड़ा पेन 10 रुपए में मिला करता। भक्त यह पेन बाबा को भेंट चढ़ाते और बाद में यही पेन दुकान में भक्तों द्वारा खरीदी के लिए हाजिर। नरेंद्र बाबा का फोटो लगा बिल्ला पाँच रुपए में मिला करता। भक्तों में यह बिल्ला 'सुरक्षा कवच' कहलाता। यह जिसके बदन पर जड़ेगा वह दुनिया में तर जाएगा। अलावा इसके बाबा के चमत्कारों से खचाखच भरी पुस्तक 'नरेंद्र लीलामृत' 50 रुपए में।

यहाँ आनेवाले भक्त बिना किसी आशंका के लीलामृत, पेन, बिल्ला और नारियल खरीदते। पेड़ा और अन्य प्रसाद तैयार करने के लिए सांगली से शनिवार के दिन खोया आया करता। इस खोये का मूल्य लगभग डेढ़ लाख के आसपास हुआ करता। मठ परिसर में 200 से 250 सेवाधारी दिन-रात सेवा में लीन रहा करते। प्रत्येक सेवाधारी का रोजाना खर्चा सौ रुपए मानकर चलें तो भी बीस-पच्चीस हजार तक का व्यवसाय मठ परिसर में रोज हुआ करता। कुल मिलाकर मठाधीश का माह भर में छह से साढ़े छह लाख रुपए का व्यवसाय हो ही जाया करता। और एक सचाई—सारी दुनिया को सुरक्षा कवच प्रदान करनेवाले बाबा ने आत्मरक्षा हेतु पिस्तौल रखना भी जरूरी समझा था। मठ में दाखिल हुए सेवादारों में कई निष्कासित गुंडे शामिल होने की चर्चा भी सुनने में आया करती।

दिन-ब-दिन बाबा का जाल फैलता ही जा रहा था। बाबा ने रथयात्रा की इच्छा को जाहिर किया। रथयात्रा चार अलग-अलग नगरों से निकलकर नाणीज पहुँचने वाली थी। रथयात्रा में लगभग एक लाख भक्तों के शामिल होने का अनुमान किया गया। रथयात्रा का अनुमानित व्यय दो करोड़ के आसपास था। इसी बीच बाबा द्वारा की गई भविष्यवाणी चर्चित रही। भविष्यवाणी को लेकर बाबा के संस्थान के अध्यक्ष सुनील सालवीं के प्रकाशित किए पत्रक पर गौर किया जा सकता है। पत्रक में कहा गया था, 'बाबा की भविष्यवाणी के अनुसार 18 जुलाई, 1999 से तृतीय विश्वयुद्ध शुरू होगा। धीरे-धीरे सारी दुनिया विश्वयुद्ध में शामिल हो जाएगी।

2006 तक युद्ध चलेगा। 2006 से 2010 तक विस्थापितों का पुनर्वास हो जाएगा। 2010 में सतयुग शुरू होगा। देवदूत रूप में अवतरित हुए नरेंद्र बाबा ने ईश्वर का संदेश आप लोगों तक पहुँचाया है।'

नैस्ट्राडैम्स ने कहा था, "2000 के दरमियान दक्षिण से आनेवाला हिंदू नरेश संपूर्ण विश्व पर शासन करेगा।" नैस्ट्राडैम्स द्वारा वर्णित विचार, नरेंद्र बाबा से पूरी तरह मेल खाता है। "आगामी कठिन परिस्थिति में विश्व विनाश की समस्या का किस तरह मुकाबला किया जा सकता है, इसका विचार हम स्वामी को पर्याय रूप में मानकर कर रहे हैं। अत: सद्गुरु का मार्गदर्शन प्राप्त करने हेतु जनता जनार्दन प्रत्येक माह की यात्रा बिना चूके करे। बाबा के रूप में परमात्मा ही आपके साथ हैं। विश्वासपूर्वक हम अपनी सुरक्षा का दायित्व उन्हें सौंपें।"

विश्वकल्याण का दायित्व ग्रहण करने निकले नरेंद्र बाबा के वक्तव्य कैसे थे?

हमारी आलोचना करनेवालों पर हम निर्मम प्रहार करेंगे। हम उन्हें प्राण त्यागने तक पीटेंगे। हमारी आलोचना करनेवाले पत्रकार कुत्तों को चप्पलों से पीटना चाहिए। हम अंधश्रद्धा निर्मूलन समिति कार्यकर्ताओं को नंगा करेंगे। हमारी आलोचना करनेवाले नपुंसक हैं। हमारी निंदा करनेवालों के मुंड हमारे ही हाथों धड़ से उतार दिए जाएँगे।

11 महीनों बाद विश्वयुद्ध शुरू होगा। इस विश्वयुद्ध में जहरीली वायु का प्रयोग किया जानेवाला है। इसके प्रभाव से सभी लोग मृत्यु को प्राप्त होनेवाले हैं। इस आपत्ति में वही लोग बचेंगे, जो मेरी भक्ति करते हैं। मेरी भक्ति के सामर्थ्य के प्रभाव से उनकी नाक में विशिष्ट जाली निर्मित होगी, इसके चलते भक्तों की नाक में जहरीली वायु प्रवेश नहीं कर पाएगी।

नरेंद्र बाबा यहीं पर नहीं रुका। उसके यहाँ 'चित्रलेखा' के दो पत्रकारों को, जो उसका साक्षात्कार एवं जानकारी लेने हेतु पहाड़ पर आए थे, उसके आध्यात्मिक साथियों द्वारा लातों, मुक्कों एवं लाठियों से बुरी तरह से पीटा। ऐसा भी कहा जाता है—इन दोनों को अलग-अलग स्थानों पर ले जाया गया और उनके एक साथी की हत्या कर, उसका शव नदी में प्रवाहित कर दिया।

समिति ने नरेंद्र बाबा की चुनौती स्वीकार करके एक बड़ा आंदोलन पत्रकारों एवं नागरिकों के सहयोग से शुरू किया। नाणीज मठ में जाकर चमत्कार की सत्यता के बारे में मैंने नरेंद्र बाबा से सीधे विवाद छेड़ दिया था। इसमें बाबा की बुरी तरह हार हुई, बावजूद इसके हम बाबा की बोलती बंद करने में पूरी तरह सफल नहीं हो पाए। बगुला भगत सामर्थ्य की तुलना में इसके विरोध में जारी संघर्ष की कई सीमाएँ हैं, यह कटु सत्य है।

बाबा हमारे देश के राजनेताओं की जरूरत बने हैं; दिल्ली से लेकर मुहल्ले तक एक नया माहौल निर्मित हुआ है। स्वयं को बड़े गर्व से सनातन हिंदू कहलानेवाले

महात्मा गांधी कभी किसी बाबा के चरण छूने या दर्शन के लिए नहीं गए। सत्रह साल तक देश के प्रधानमंत्री रहे पंडित जवाहरलाल नेहरू भी तथाकथित बाबा, साधु, संत, स्वामी या भगवान आदि की ओर पीठ करके खड़े हो जाते। इंदिरा गांधी के कारण इन लोगों का महत्त्व बढ़ा। राजीव गांधी ने भी बाबा लोगों का अनुसरण किया। प्रज्ञावान के रूप में मशहूर हुए पी. वी. नरसिम्हाराव हों या चाहे स्वयं को समाजवादी कहलानेवाले चंद्रशेखर हों, इन सभी ने किसी-न-किसी बाबा के प्रभाव को मान्य किया था। अधिकांश राजनीतिक दलों एवं नेतृत्व के सभी स्तरों पर इन्हीं का अनुकरण हुआ दिखाई देता है। मुहूर्त, यज्ञ, तावीज, गंडा, टोटके आदि की मानो बाढ़ ही आई है। वर्तमान में इसका बेहद दुर्भाग्यपूर्ण चक्रव्यूह निर्मित हुआ है। प्राचीन काल में शासक वर्ग साधु-संत एवं महात्मा आदि के संपर्क में बना रहा करता क्योंकि राजकाज में उनकी राय और मार्गदर्शन की अपेक्षा रखी जाती थी। प्राचीन काल के साधु-संत परधन एवं परस्त्री भोग को गरल के समान माना करते। आज इसके बिलकुल विपरीत स्थितियाँ निर्मित हुई हैं। वर्तमान कथित बाबाओं के रोम-रोम में पंचसितारा संस्कृति रच-बस गई है। आज के बाबाओं के आश्रम रजवाड़ों को भी पीछे छोड़ दें, इस तरह के आलीशान एवं एयरकंडिशंड हैं। कदाचित् आश्रम इनके स्वैराचरण के अड्डे ही बन गए हों। आज के बाबाओं की संपत्ति करोड़ों में गिननी पड़ती है। राजनेता, उद्यमी, वरिष्ठ अधिकारी एवं मशहूर फिल्मी नायक-नायिकाएँ आदि बाबाओं के भजन में लगे रहते हैं। और बाबा इन भक्तों के कल्याण हेतु षड्यंत्र रचते हैं। कथित बाबाओं का आम लोगों से कभी संपर्क भी नहीं होता और न आम लोगों से इनका कोई लेना-देना होता है।

बाबाओं का उदय भी हैरतअंगेज रीति से होता है। चंद्रास्वामी की बात छोड़िए; एक जमाने में उसके खानसामा रहे विनोदानंद झा का ही उदाहरण लें। देखते-देखते विनोदानंद 'स्वामी सदाचारी ओम बाबा' बना। सदाचारी कहता, "नेताओं का मैं करीबी हूँ।" समर्थन में वह नेताओं संग खींची तसवीरें लोगों को दिखाया करता। स्वामी सदाचारी के साथ तसवीरों में वी. पी. सिंह, बलराम जाखड़, अर्जुन सिंह, प्रणव मुखर्जी, सीताराम केसरी से लेकर सीधे पी. वी. नरसिम्हाराव, इंदिरा गांधी और राष्ट्रपति ज्ञानी जैलसिंह जैसे नेता देखे जा सकते थे। सदाचारी बाबा दुनिया के कई स्थानों पर सफलतापूर्वक सैर कर आया था। रानी एलिजाबेथ, प्रिंस चार्ल्स, मार्गरेट थैचर, रोनाल्ड रेगन और जनरल जियाउल हक आदि हस्तियों के साथ उसने दोस्ती बनाई थी। यह भी कहा जाता है कि इंदिरा गांधी के सत्ता में आने के पूर्व सदाचारी बाबा ने यज्ञ का आयोजन करके यज्ञकुंड को जल से प्रज्वलित कराया था। उसका दावा था, मुझसे पूछे बिना इंदिरा गांधी न मंत्रिमंडल का गठन करेंगी और न मंत्रिमंडल में परिवर्तन। बाबा यह भी शेखी बघारता था कि धीरेंद्र ब्रह्मचारी को प्रधानमंत्री आवास से मैंने ही खदेड़ा।

सदाचारी बाबा की ओर दिल्ली निवासी एक व्यक्ति एवं प्रतिष्ठित दंपती किसी कारणवश चले आए थे। आगे इनके परिचय से नजदीकी बढ़ी। सदाचारी का इस दंपती के घर पर आना-जाना लगा रहा। इस दंपती की सुंदर युवा लड़की मीनाक्षी पर बाबा की नजर पड़ी। बाबा ने सीधे लड़की के माता-पिता को कह डाला, "मैं आपकी लड़की से विवाह करना चाहता हूँ।" माता-पिता का कहना था, "बाबा आप तो संन्यासी हैं।" बाबा ने जवाब दिया, "मैं कुछ ही दिनों के बाद संन्यास का परित्याग करके गृहस्थाश्रम में प्रवेश करनेवाला हूँ।"

राजनीति में स्वामी के रसूख एवं तंत्र-मंत्र से प्रभावित होकर मीनाक्षी के माता-पिता ने विवाह को सहमति दी। स्वामी विवाह की जल्दबाजी करने लगा। उसका कहना था, "फिलहाल मैं संन्यासी हूँ अतः गुप्त पद्धति से विवाह विधि निबटा लेंगे। जब मैं संन्यास का परित्यागकर दूँगा, उस समय विवाह की सार्वजनिक रूप में घोषणा कर देंगे।" बाबा की इस राय को भी मीनाक्षी के माता-पिता आसानी से मान गए। 15 मई, 1982 को बेहद गोपनीय रीति से राधास्वामी मंदिर में विवाह संपन्न हुआ। बाबा ने विवाह के बाद मीनाक्षी के माता-पिता को विवाह की बात गोपनीय रखी जाए, इसको लेकर चेतावनी दी। सदाचारी मीनाक्षी को लेकर हनीमून पर हो आया। परंतु इसके बाद मीनाक्षी बेहद रहस्यमय रीति से गायब हुई। मीनाक्षी के माता-पिता भयभीत हुए। उन्होंने स्वामी से मीनाक्षी के बारे में पूछा तो स्वामी ने जवाब दिया, "मीनाक्षी तो तुम्हारे पास ही थी, कहाँ गई वह, मुझे पता नहीं।"

इस घटना से मीनाक्षी के माता-पिता का स्वामी पर से विश्वास उठ गया। उन्होंने सीधे पुलिस थाने जाकर स्वामी के विरोध में शिकायत दर्ज कराई। ठगी एवं अपहरण का केस दर्ज हुआ। पुलिस द्वारा सदाचारी को गिरफ्तार किया गया। पुलिसवालों ने लाख कोशिशें कीं पर बाबा मुँह खोलने के लिए तैयार ही नहीं था। आगे वह जमानत पर जेल से रिहा भी हुआ। पुलिस आज तक मीनाक्षी का पता लगाने में कामयाब नहीं हुई।

सदाचारी ने अन्य एक घटना में कल्पना नामक लड़की से भी गुप्त विवाह रचाया था। पर कल्पना बाबा के पाखंड से जल्द ही अवगत हुई। उसने स्वयं ही पुलिस के पास जाकर बाबा के विरोध में शिकायत दर्ज कराई। कल्पना के केस में पुलिस ने स्वामी को गिरफ्तार किया। पर गुप्त विवाह का कोई पुख्ता सबूत लड़की प्रस्तुत नहीं कर पाई। केस की जाँच अधूरी ही लटकी। दोबारा स्वामी जमामन पर जेल से बाहर आ गया।

सदाचारी बाबा को दिल्ली शहर में अब खतरा महसूस होने लगा था। उसने दिल्ली छोड़कर मुंबई को पलायन किया। वहाँ मालाड में आलीशान फ्लैट लेकर उसने वहाँ पर दरबार आयोजित करना शुरू किया। बाबा ने गुजराती और मराठी समाचार-पत्रों में अपने दरबार के विज्ञापन प्रकाशित किए। चमत्कारी तांत्रिक के

आने की बात शहर में फैलते ही अंधविश्वासियों के जत्थे बाबा के दरबार की ओर दौड़ लगाते देखे गए। मुंबई में गाजे-बाजे के साथ सदाचारी का व्यापार शुरू हुआ। लेकिन मुंबई पुलिस सदाचारी पर शक करने लगी। मुंबई पुलिस ने डमी भक्तों को भेजकर सदाचारी को बनावटी और झूठे चमत्कार दिखाते रँगेहाथ पकड़, गिरफ्तार किया। यहाँ पर भी सदाचारी पर आरोप साबित नहीं हो पाए। नतीजा, सबूतों के अभाव में अदालत से बाबा को जमानत मिली।

अदालत से जमानत मिलते ही बाबा दिल्ली कूच कर गया। बड़े राजनेताओं संग की घनिष्ठता का अच्छा-खासा फायदा उपरोक्त सभी मामलों में बाबा को मिलता गया।

अंधविश्वासियों को ठगने के लिए सदाचारी के पास एक खास तरकीब कुछ इस प्रकार थी—भक्तों के आते ही सदाचारी के शिष्य भक्त से पूछा करता, "आपके प्रिय देवता कौन हैं?" यदि किसी ने बताया कि "मेरे प्रिय देवता राम हैं" तो बड़ी ही गुप्त रीति से यह सूचना सदाचारी बाबा तक पहुँचाई जाती।

सदाचारी के पास रामायण का मोटा ग्रंथ रहा करता। ग्रंथ के कुछ पन्नों को काटकर सदाचारी ने छह खानों की पेटिका ही ग्रंथ में फिट कर रखी थी। इस पेटिका में राम, हनुमान, साईंबाबा एवं दत्त आदि विविध देवताओं के तावीज पहले से ही रखे जाते थे। दरबार में आए भक्त की ओर ग्रंथ का पिछला हिस्सा हुआ करता और बाबा के समक्ष ग्रंथ का अगला हिस्सा खुला हुआ रहता। ग्रंथ में कोई पेटिका रखी होगी, इसका भक्त को रत्तीभर भी शक नहीं होता था और न किसी का ध्यान इस ओर जाया करता। सामने बैठा भक्त रामभक्त है, यह इसके पूर्व ही शिष्य के माध्यम से सदाचारी को पता चल जाया करता। सदाचारी कुछ मंत्र बुदबुदाया करता। इसके बाद ग्रंथ से राम का तावीज निकालकर भक्त को दिया करता। भक्त आश्चर्य से भावविभोर हो जाया करता। 'मेरे प्रिय देवता का तावीज वह भी रामायण ग्रंथ से अवतरित हुआ, चमत्कार है।' बस! अंधविश्वासी भक्त इस तरह से ठगा जाता।

सदाचारी बाबा यहीं पर रुका नहीं। उसने तो कई व्यवसाय शुरू किए थे। उसने विदेशी मसाज पार्लर की तर्ज पर दिल्ली में मसाज पार्लर शुरू किया था। पार्लर के विज्ञापन नियमित रूप से समाचार-पत्रों में छपा करते। वाराणसी निवासी, गुप्ता नामक व्यापारी व्यावसायिक कामकाज हेतु दिल्ली आया था। विदेशी पद्धति का मसाज पार्लर दिल्ली में भी उपलब्ध है, यह विज्ञापन पढ़कर उसे ताज्जुब हुआ। जेब में नोटों की गर्मी थी ही, लिहाजा उसने विज्ञापन में दिए नम्बर पर फोन मिलाया। फोन पर गुप्ता से पूछताछ कर ली गई। अंत में सुंदर युवती के हाथों मसाज करने की फीस पाँच सौ रुपए बताई गई। गुप्ता ने हाँ कर दी। मसाज के लिए शाम के समय का अपॉइंटमेंट मिला।

योजना के मुताबिक शाम के समय गुप्ता डिफेंस कॉलोनी के बी. 37 क्रमांक वाले फ्लैट पर आ गया। इसी फ्लैट में मसाज पार्लर था। गुप्ता भीतर चला गया। कर्मचारियों ने गुप्ता का गर्मजोशी से स्वागत किया। सबसे पहले पाँच सौ रुपए वसूलने के बाद गुप्ता को कमरे में ले जाया गया। कमरे में पहले से ही एक सुंदर युवती मौजूद थी। युवती ने अपने हाथों से गुप्ता के कपड़े उतारे। उस समय युवती के बदन पर भी बेहद कम कपड़े थे। मसाज के नाम पर युवती के गुप्ता के शरीर से चिपकते ही कैमरे का फ्लैश कौंध उठा।

दीवार पर टँगे परदे की ओट से भगवाधारी स्वामी सदाचारी एवं तीन लोग बाहर आए। स्वामी के हाथ में बंदूक और अन्य लोगों के हाथ में कैमरे। बाहर आते ही सदाचारी व्यापारी गुप्ता पर बंदूक ताने बोला, "जिस अवस्था में हो उसी अवस्था में चुपचाप पड़े रहो। किसी तरह की हरकत करने की कोशिश करोगे तो जान से हाथ धो बैठोगे।" अनपेक्षित घटना से गुप्ता बेहद घबराया। इस दशा में भी स्वामी ने गुप्ता और युवती के विचित्र अवस्थावाले फोटो खींचे। गुप्ता के पास मिली 2300 की नगद राशि, अँगूठी और कलाई की घड़ी को सदाचारी ने कब्जे में कर लिया और धमकी देते हुए गुप्ता से बोला, "यदि बाहर किसी को खबर कर दी, तो ये तमाम तसवीरें, अखबारों में छपवा देंगे।"

गुप्ता किसी तरह वहाँ से बाहर आया। क्या करें? इसके बारे में उसने खूब विचार किया। यह घटना तो सरासर ब्लैकमेलिंग ही है। भले ही बदनामी क्यों न हो जाए पर पुलिस थाने में जाकर शिकायत करना अनिवार्य है।

गुप्ता सीधे डिफेंस कॉलोनी पुलिस थाने चला गया। उसने वहाँ के सहायक पुलिस आयुक्त राजेंद्र सिंह को सारा वाकया बयान किया। पुलिस काफिले की दबिश में मसाज पार्लर से विदेशी मदिरा, अश्लील तसवीरें, विदेशी बनावट के कैमरे, बंदूक आदि कई चीजें प्राप्त हुईं। फिर एक दफा सदाचारी बाबा को दिल्ली पुलिस द्वारा गिरफ्त में लिया गया और भारतीय दंड संहिता की धारा 348,392, 506 एवं 34 के तहत केस फाइल किया गया।

सदाचारी बाबा भक्तों के हाथों को स्पर्श कर उनके शरीर में बिजली प्रवाहित किया करता। इसे सदाचारी बाबा में निहित दैवी शक्ति का प्रभाव माना जाता था। 1986 में बाबा के मुंबई वाले आश्रम पर छापा मारा गया था। उस समय बिजली के झटकेवाला रहस्य बेपरदा हुआ। बाबा के दरबारवाले कमरे में बिजली का प्रबंध इस तरह से किया गया था कि दर्शन हेतु आनेवाले भक्त को स्वामी एक हाथ से स्पर्श कर दूसरे हाथ से बेमालूम रीति से आसन के निचले हिस्से में छिपाया स्विच दबाया करता। स्विच ऑन होते ही बिजली के हल्के से प्रवाह का वर्तुल पूरा हो जाया करता और भक्त को शरीर में बिजली दौड़ने का भ्रम नहीं बल्कि यथार्थ का अवबोध हो जाया करता। भक्त इसे दैवी लहर समझ लेता था। बिजली की

गैरमौजूदगी में सदाचारी का चमत्कार भी नाकाम साबित हो जाया करता। बिजली के चले जाने पर, स्वामी भक्तों का स्पर्श करने की क्रिया को इरादतन टाल जाया करता। स्वामी एक दफा क्वालालंपुर से हवाई यात्रा पूरी कर मद्रास हवाई अड्डे पर पहुँचा। अचानक उसका लगेज आग से जल उठा। आग अधिक फैलकर चर्चा का मुद्दा न बने इस मकसद से उसने नंगे हाथों से ही आग बुझाने की कोशिश की। लेकिन इस मशक्कत में बाबा का एक हाथ बुरी तरह से झुलसा। पुलिसवालों ने बाबा के लगेज का मुआयना किया तो उसमें रासायनिक साहित्य, और रासायनिक जादू के प्रयोग की किताबें मिलीं, जिसे जब्त किया गया। ऐसे बेहद फालतू शख्स के संग प्रधानमंत्री और राष्ट्रपति भले ही वजह कोई भी क्यों न हो, तसवीरें खिंचवा सकते हैं, इससे अधिक शर्मनाक बात और क्या हो सकती है?

आसाराम बापू हालिया दौर का सबसे अधिक भीड़ खींचनेवाला बड़ा नाम था। आसाराम बेहद अवैज्ञानिक बातें मानो बड़ी आध्यात्मिक सचाई है, इस अभिनिवेश से कथन करता रहता। उसके द्वारा लिखी पुस्तक 'यौवन सुरक्षा' कामजीवन एवं वीर्य संबंधित अप्राकृतिक, अवैज्ञानिक एवं महाभयानक विधानों से खचाखच भरी है। समिति ने कड़े शब्दों में इसके बारे में परामर्श 'साधना' मासिक में दिया है। लोग विधानों पर विश्वास रखते हैं, अतः 'यौवन सुरक्षा' नामक पुस्तक के विधानों का वर्तमान वैद्यक शास्त्र के निर्कषों पर परीक्षण कर लेना जरूरी महसूस होता है।

1. 'वीर्य कैसे निर्मित होता है? भोजन के पचने पर उसका सबसे पहले रस बनता है। पाँच दिनों के बाद खून और इससे कुछ दिनों में मांस। इसके बाद पाँच-पाँच दिनों के अंतराल से मेद, मेद से अस्थि, अस्थि से मज्जा एवं मज्जा से वीर्य बनता है। इस तरह वीर्य तैयार होने के लिए 30 दिन एवं 8 घंटों का समय लगता है। 32 किलोग्राम भोजन के द्वारा 800 ग्राम रक्त निर्मित होता है और 800 ग्राम खून से 20 ग्राम वीर्य बनता है।' (पृ. 8)

गायटन लिखित 'टेक्स्ट बुक ऑफ मेडिकल फिजियोलॉजी' के अनुसार खून एवं वीर्य का कोई संबंध नहीं है। वीर्य में शुक्राणु कोश, पुरस्थ ग्रंथि, कौपरग्रंथि का स्राव और शुक्राणु इन चीजों का मिश्रण रहता है। वीर्य का संचय भी नहीं होता। वह ऐन समय तैयार होता है। शुक्राणु निर्मिति वृषण में चार चरणों में होती है। इसके लिए 74 से 90 दिन लगते हैं। तैयार हुए शुक्राणु शुक्रवाही नलिका के दूसरे छोर पर स्थित लुंबिका में संचयित किए जाते हैं।

2. 'बिंदुनाश (वीर्यनाश) ही मृत्यु और उसका रक्षण ही जीवन है।' (पृ. 7)

वीर्य की मात्रा को बढ़ाया नहीं जा सकता। मुँह की लार, आँखों के आँसू और शरीर से बहने वाले स्वेद जैसा ही वीर्य भी शरीर से उत्सर्जित करने हेतु निर्मित स्राव है। अन्य स्रावों की निर्मिति जैसी ही वीर्य की निर्मिति भी प्राकृतिक नियमानुसार होती

है। यह निर्मिति मानव के अधीन नहीं होती। स्वयंचालित मज्जासंस्था का इस पर नियंत्रण रहता है। यदि वीर्य शरीर से उत्सर्जित नहीं हुआ तो उसके घटक विघटित होते हैं। ये घटक अनमोल नहीं होते। वीर्य शरीर के बाहर कितनी भी मात्रा में क्यों न उत्सर्जित होता हो, इससे शरीर की किसी भी प्रकार की हानि संभव नहीं है। ठोस रूप में कहा जा सकता है कि वीर्यनाश के चलते व्यक्ति की मृत्यु नहीं होती। इसी प्रकार वीर्य पतन को टालने पर किसी भी प्रकार से स्वास्थ्य लाभ संभव नहीं है।

3. 'साधना द्वारा साधक अपना वीर्य ऊर्ध्वगामी बनाकर योग मार्ग में आगे बढ़ता है। वे कई प्रकार के सिद्धियों के स्वामी बनते हैं।' (पृ. 6)

वीर्य का ऊर्ध्वगामी बहना एक पद्धति का रोग है। पुरस्थग्रंथि की शल्य-चिकित्सा में यदि मूत्राशय के अवरोधक स्नायु को क्षति पहुँचने पर वह स्नायु क्रियाशील नहीं रहता तो वीर्यपतन के समय वीर्य शरीर के बाहर निकलने के अलावा ऊपरी दिशा में मूत्राशय में चला जाता है। इसके बाद यह वीर्य मूत्र विसर्जन के समय मूत्र संग शरीर के बाहर उत्सर्जित होता है। वीर्य के ऊर्ध्वगामी उत्सर्जित होने पर संतति प्राप्ति संभव नहीं होती। अर्थात् पुरस्थग्रंथि की शल्य-चिकित्सा उम्र ढलते समय की जाती है। लिहाजा कोई खास नुकसान नहीं होता। साथ ही वीर्य के ऊर्ध्वगामी बहने पर किसी भी तरह से लाभ संभव नहीं है।

आसाराम यहीं पर रुकता नहीं बल्कि वह वीर्य रक्षण के लिए किस तरह का भोजन ग्रहण करना चाहिए, कौन से वस्त्र परिधान करना त्याज करें यह भी बताता है। लँगोट पहनने का विकल्प उसने ही बताया है। किसी भी तरह का आहार ग्रहण करने से न वीर्य रक्षण होता है और न ही किसी भी प्रकार से काम भावना का उद्दीपन। यदि वृषण में अनगिनत शुक्राणु निर्मित कराना है तो इसके लिए जरूरी है वृषण का उष्ण तापमान शरीर के उष्ण तापमान से 2 अंश फैरेनहाइट कम रहना। इसलिए प्रकृति ने वृषण शरीर के बाहर ही रखा है। यदि वह पेट में रहता तो शुक्राणु निर्मिति ही अवरुद्ध हो जाती। लंगोट पहनने के कारण वृषण के शरीर के निकट आने से उसका उष्ण तापमान बढ़ता है अतः शुक्राणु की निर्मिति प्रक्रिया में कमी आती है।

युद्ध के एक दिन पूर्व संभोग करने और वीर्य पतन होने के कारण पृथ्वीराज चौहान तथा नेपोलियन युद्ध हार गए, ऐसा लिखा गया है। परंतु इसमें हरगिज तथ्य नहीं है। अलबत्ता एक दिन पूर्व वीर्य पतन के चलते ओलंपिक प्रतियोगिता में कई खिलाड़ियों के स्वर्णपदक प्राप्त करने के कई उदाहरण हैं।

प्रकृति प्रवाह के विरोध में तैरने का किस कदर दुराग्रह है यह!

आसाराम के 'यौवन सुरक्षा' में दर्ज विचारों की ओर मात्र गलतफहमी या परंपरा से चली आ रही अवधारणा को अनदेखा नहीं किया जा सकता क्योंकि इसके दूरगामी परिणाम हो सकते हैं। यौवनावस्था में कामजीवन संबंधित जानकारी प्राप्त

करने की तीव्र जिज्ञासा रहती है। परंतु सामाजिक बंधनों के चलते किसी भी रीति का वैज्ञानिक ज्ञान इसके बारे में प्राप्त नहीं होता। प्राप्त होता है गलतफहमी और प्रकृति के विरोध में मार्गक्रमण करने का उपदेश। प्रकृति प्रदत्त अटल है। लिहाजा मनुष्य में भावना, न्यूनता भाव, आत्मविश्वास का अभाव पैदा होता है। चिंता एवं निराशा ही पल्ले पड़ती है। अमूमन कक्षा में प्रथम आने वाला छात्र कौमार्य में प्रवेश करते ही खुद को लेकर चिंतित रहने लगता है। पढ़ाई पर ध्यान नहीं दे पता। नतीजा, वह अनुत्तीर्ण हो जाता है। कोई लड़का नींद में वीर्य स्खलन न हो इसलिए शिश्न को कसकर बाँधे रखता है, तो कोई वीर्यनाश न हो इसके लिए नसबंदी कराता है। तो कोई लड़का हताशा के चलते आत्महत्या करता है, तो कोई विवाह की इच्छा ही प्रकट नहीं करता। कोई ओझा की दहलीज पर चला जाता है। लैंगिक समस्या के चलते पारिवारिक जीवन में संघर्ष निर्मित होकर फलनिष्पत्ति तलाक में होती है।

अधिकांश लैंगिक समस्याएँ गलतफहमी के चलते निर्मित होती हैं। औषधि के अलावा ऐसे लोगों को उचित मार्गदर्शन एवं जानकारी करा देने से समस्या का समाधान संभव हो सकता है। भारत में अमूमन दिखाई देनेवाली समस्या है—हस्तमैथुन या नींद में वीर्यस्खलन। इसके चलते शिश्न टेढ़ा हुआ है, आकार सिकुड़ गया है, नपुंसकता आ गई है, विवाह के लिए असमर्थ हूँ, कमजोरी आ गई है, कमर दर्द हो रहा है, पुरुषार्थ खत्म हुआ है, अब जीने में कोई रस नहीं रहा आदि समस्याएँ इसके मूल में होती हैं। आसाराम जैसों ने ऐसी गलतफहमियाँ फैला रखी हैं। भला इसे यौवन सुरक्षा कैसे कहा जा सकता है? इसे तो यौवन विनाश कहना उचित जान पड़ता है।

आसाराम की अवैज्ञानिकता यहीं पर नहीं थमती। '9 मई, 1999 में दुनिया का अंत होगा' इस तरह की खलबली मचा देनेवाली भविष्यवाणी भी इस शख्स ने की थी। इस प्राकृतिक आपदा से यदि खुद को सही-सलामत रखना या बचाना है तो इसके लिए 'हरि ओम मंत्र' का जाप किया जाए, इस तरह का उपाय उसने सुझाया था। विक्रोली (पूर्व) स्थित कन्नमवार नगर के फ्लैट क्र. 1 में रहनेवाले मनोज जगन्नाथ सालुंखे नामक 13 वर्षीय लडके के दिमाग पर इस भविष्यवाणी का बेहद बुरा असर हुआ। 'यदि दुनिया का अंत होनेवाला है तो स्कूल की पढ़ाई करके क्या लाभ?' यह विचार कर वह रुद्राक्ष की माला हाथ में लेकर जप के लिए बैठ गया। कल्याण में आयोजित सत्संग मेले में आसाराम ने कहा था, "परिवार नियोजन वगैरह कुछ न करें। बढ़ते परिवार की चिंता ना करें, जितनी संतति प्राप्ति होती है, होने दें। ईश्वर उनका लालन-पालन करने में समर्थ है। स्त्री के गर्भ में पल रहा गर्भ किस लिंग का है, इसकी जानकारी प्राप्त करने के लिए सोनोग्राफी की क्या जरूरत है? मैं इसे बता सकता हूँ," ऐसा दावा भी आसाराम ने किया था। "हम भक्त की इच्छानुसार गर्भ का लिंग बदल सकते हैं," ऐसा भी उसने

कहा था। राज्य सरकार ने आसाराम के विधान का तत्परता से प्रतिवाद किया और संत रामदास, बहिणाबाई की काव्य पंक्तियाँ समर्थन में उद्धृत कीं। यही नहीं, 'चित्रलेखा' के गुजरात संस्करण में आसाराम के चरित्र को लेकर कई सारे गंभीर आरोप छपकर आए थे। 'चित्रलेखा' में आसाराम के बारे में छपकर आई खबर कुछ इस तरह थी—

'गुजरात प्रदेश कांग्रेस कमेटी अध्यक्ष एवं गुजरात की राजनीति का बड़ा नाम प्रबोध रावल की पत्नी दिव्याबेन आसाराम के विरोध में डटकर खड़ी रहीं। अपने गाँव मोटेरा के शिवज्योति आश्रम की वे अध्यक्षा हैं। इस परिसर में 'आसाराम आश्रम,' 'विश्वज्योति आश्रम,' 'गायत्री आश्रम' एवं 'सदाशिव आश्रम' ये चार आश्रम हैं। इनमें से 'सदाशिव आश्रम' कई सालों की परंपरावाला पुराना आश्रम है। इन चारों आश्रमों में कई सालों से संघर्ष जारी है। आसाराम का आश्रम बाकी आश्रमों की तुलना में प्रख्यात होने के बावजूद भी आश्रम की मालिकाना भूमि कम है, अत: विश्वज्योति आश्रम की बीस एकड़ जमीन पर आसाराम आश्रमवालों ने बुरी नजर रखी। इसके चलते दोनों आश्रमों के संतगणों के भक्तों ने एक-दूसरे पर हथियारों से जानलेवा हमले किए। मामला पुलिस में चला गया। गुजरात में तनाव बढ़ा। भक्त बेचैन हुए और राजनेता सक्रिय। दिव्याबेन के कांग्रेसी होने के कारण भाजपाइयों ने आसाराम का समर्थन किया। इस पर मात देने के लिए 6 मार्च, 1986 में जाधव जी भाई द्वारा दिए चंद्रिका के हलफनामे का दिव्याबेन ने औजार के रूप में इस्तेमाल किया। आसाराम पर उनके विरोधियों ने गंभीर आरोप लगाए हैं। गुजरात के कई साहित्यकारों व लोकनेताओं ने भी आसाराम के अध्यात्म प्रयोगों पर संशय जताया है।

चंद्रास्वामी को आधुनिक रासपूटिन उपाधि सर्वार्थ से लागू होती है। चंद्रास्वामी का जन्म 1949 में राजस्थान में हुआ था। चंद्रास्वामी का मूल नाम नेमिचंद गांधी है। शिक्षा अधूरी छोड़ उसने घर से पलायन किया था। वह बिहार, उत्तर प्रदेश के घने जंगलों में चला गया। वहाँ पर कुछ औघड़पंथी साधुओं से उसकी भेंट होने की बात कही जाती है। यहीं पर उसने कथित तंत्र, मंत्र, औघड़ विद्या, जादू विद्या और काला जादू आदि को आत्मसात् किया। विदेशी शिष्यों को गुमराह करने के लिए इसका उसने पर्याप्त उपयोग किया। वहाँ से लौट आए नेमिचंद ने सबसे पहले युवक कांग्रेस, बाद में गोहत्या बंदी आंदोलन और राष्ट्रीय स्वयंसेवक संघ ऐसी यात्रा की। चंद्रास्वामी 1972 में नरसिम्हाराव के संपर्क में आया और नरसिम्हाराव ने ही इसे दिल्ली बुला लिया। नरसिम्हाराव के चलते ही चंद्रास्वामी का भाग्योदय हुआ। 1986 में नरसिम्हाराव विदेशमंत्री थे। उन दिनों चंद्रास्वामी पहली बार विदेश दौरे पर रवाना हुआ था। चंद्रास्वामी की हर तरह से मदद करने एवं उसके साथ

सम्मान से व्यवहार किया जाए, इस तरह का आदेश नरसिम्हाराव ने दुनिया के सभी भारतीय दूतावासों को दिया था। इसी विदेश यात्रा का लाभ उठाते हुए उसने दुनिया की कई बड़ी हस्तियों से संपर्क स्थापित किया। मध्यपूर्व में घूमते समय दुनिया के सबसे धनी माने जानेवाले ब्रुनोई के सुलतान से उसकी भेंट हुई। सुलतान की बेगम पीठ दर्द की मरीज थी। स्वामी ने योग पाठ पढ़ाया। वह पीठ दर्द से मुक्त हो गई। सुलतान को चंद्रास्वामी पर विश्वास हो गया। सुलतान इस्लामधर्मीय होकर भी रजवाड़े में चंद्रास्वामी के कहने पर यज्ञादि आयोजित करने लगा। दुनिया की सबसे धनिक एवं सौंदर्यवती समझी जानेवाली एलिजाबेथ टेलर के संपर्क में भी यह स्वामी आ गया।

ढलती उम्र के चलते एलिजाबेथ बेहद मोटी होने लगी। इसके कारण उसकी सुंदरता भी ढलने लगी। चंद्रास्वामी ने उसे योग के कुछ पाठ पढ़ा दिए। उसने थोड़ी-सी प्राकृतिक चिकित्सा भी करा ली। चंद्रास्वामी ने कुछ जड़ी-बूटियाँ भी दीं। इसके चलते एलिजाबेथ पहले जैसी तो नहीं पर बहुत कुछ पतली एवं तुलना में युवा दिखने लगी। चंद्रास्वामी पर उसकी भक्ति प्रगाढ़ हुई। मादक सौंदर्यवती एलिजाबेथ की दुनिया के बड़े औद्योगिक एवं राजनीतिक क्षेत्र में आवाजाही होने के चलते चंद्रास्वामी को यहाँ भी आसानी से प्रवेश मिल गया।

दुनियादारी और आर्थिक चीजों की समझ के चलते चंद्रास्वामी ने अपना आसन मजबूत कर लिया। एक ओर दुनिया के सबसे बड़े हथियारों के दलाल अदनान खागोशी से उसके संबंध थे। अपने काले साम्राज्य का विस्तार दुनिया भर में फैलाने हेतु चंद्रास्वामी खागोशी का उपयोग अत्यंत चालाकी से कर रहा था तो दूसरी ओर प्रधानमंत्री इंदिरा गांधी, विदेशमंत्री नरसिम्हाराव के संदर्भों का उपयोग भी वह बड़ी साफगोई से किया करता। इस तरह उसने अपनी जड़ें गहराई से जमाईं। दिल्ली के महत्त्वपूर्ण इलाके में चंद्रास्वामी का चार मंजिला आलीशान आश्रम है। उन दिनों इस जमीन की कीमत बाजार में कम-से-कम दस करोड़ थी। परंतु नरसिम्हाराव की वजह से कुछेक लाख में ही यह जमीन चंद्रास्वामी को मिली थी। चंद्रास्वामी का यह आश्रम कई करोड़ रुपए की लागत से बना था और इसकी बुनियाद पूर्व राष्ट्रपति ज्ञानी जैलसिंह के करकमलों से डाली गई थी। इसकी बनावट पर पारंपरिक राजस्थानी शिल्पकला की छाया दिखाई देती है। इसी दौरान समिति की 'चमत्कार सत्यशोध यात्रा' निकल पड़ी थी। इन्हीं दिनों चंद्रास्वामी का 46वाँ जन्मदिन मनाया गया। जन्मदिन कार्यक्रम में कौन मौजूद नहीं था! लगभग आधा दर्जन केंद्रीय मंत्री, चार राज्यों के मुख्यमंत्री, सभी दलों के सांसद, मशहूर फिल्मी कलाकार, धार्मिक नेता और उद्योगपति! इसमें कोई ताज्जुब की बात नहीं थी क्योंकि चंद्रास्वामी ऐसा शख्स था जो विदेश मंत्री नरसिम्हाराव से किसी भी समय भेंट कर सकता था और उसकी गाड़ी प्रधानमंत्री आवास में कभी भी और किसी भी समय बिना किसी रोक-

टोक जा सकती थी। प्रधानमंत्री चंद्रशेखर एवं चंद्रास्वामी उस दौर में 'देह भिन्न पर आत्मा एक' इस रूप में माने जाते थे। चंद्रास्वामी ने इंदिरा गांधी को आध्यात्मिक बहन मान लिया था। हॉलीवुड के कई सितारे और कई राष्ट्रों के राष्ट्रप्रमुख चंद्रास्वामी के भक्तों में शुमार थे। लोगों का मानसिक दृष्टि से मार्गदर्शन करने की शक्ति मुझमें है, ऐसा स्वामी का दावा था। इसी बूते पर चंद्रास्वामी दुनियाभर की बड़ी हस्तियों को जाल में फँसाने में कामयाब हुआ था। चंद्रास्वामी के व्यक्तित्व का यह एक रूप था पर उसका दूसरा रूप क्या था?

दूध प्राशन वाला चमत्कार समूचे देश में एक ही समय तूफान की गति से घटित हुआ एवं फैला था। उस दौर में 'चंद्रास्वामी का चमत्कार, गणेशजी पीते दूध की धार!' वाले जयकारे लगाते। चंद्रास्वामी के आश्रम से निकले साधु-बैरागियों के जत्थे के जत्थे दिल्ली में उत्पात मचा रहे थे। "मेरे विरोध में कुचक्रियों द्वारा रचे षड्यंत्र से मुक्ति पाने हेतु मैंने गणेशजी की रातभर उपासना की और गणेशजी ने दूध पीकर अपना चमत्कार देश को दिखाया। यह तो शुरुआत है, आगे और भी बहुत कुछ घटित होना बाकी है," ऐसी चंद्रास्वामी ने सार्वजनिक घोषणा कर दी थी।

चंद्रास्वामी का और भी एक कारनामा चर्चित रहा। उसने भविष्यवेत्ता होने का दावा किया था। अपने भविष्य कथन को सत्य साबित कराने की वह लगातार कोशिशें करता, तिकड़मबाजी में मशगूल रहा करता। तत्कालीन प्रधानमंत्री मोरार जी देसाई को पद से हटाने के लिए राजनारायण को चंद्रास्वामी द्वारा ही उकसाया गया था और इसी चाल के तहत उसने ही संजय गांधी और राजनारायण की भेंट कराई थी। नतीजा, जनता सरकार गिरी। इसके बाद चरणसिंह प्रधानमंत्री बने। चरणसिंह को चंद्रास्वामी ने ही कांग्रेस का समर्थन प्राप्त करा दिया था। पर चरणसिंह की सरकार अल्पकाल ही चली। यही चाल बाद में चंद्रास्वामी ने प्रधानमंत्री वी. पी. सिंह के विरोध में चली। प्रधानमंत्री वी. पी. सिंह को बदनाम करने तथा जनता दल में फूट डालने के उद्देश्य से सेंट कीट्स मामला रचा गया। वह झूठ साबित हुआ, पर तब तक कई कारणों से वी. पी. सिंह की सरकार संकट में आ ही गई थी। कहा जाता है कि भाजपा द्वारा सिंह सरकार को बाहर से दिया समर्थन हटाने की व्यवस्था भी चंद्रास्वामी ने ही कर रखी थी। वी. पी. सिंह सरकार गिरने के बाद चंद्रास्वामी ने ही मध्यस्थता करते हुए राजीव गांधी से चंद्रशेखर को प्रधानमंत्री बनाने के लिए कोशिशें की थीं क्योंकि चंद्रास्वामी ने चंद्रशेखर के प्रधानमंत्री बनने का भविष्य कथन किया था। और इस भविष्य कथन को साबित करके भी दिखाया। पी. वी. नरसिम्हाराव का 'राजयोग' यथार्थ में आए इसलिए राजीव गांधी की हत्या के बाद प्रधानमंत्री पद की दौड़ में पद के मजबूत दावेदार—अर्जुन सिंह और शरद पवार जैसे दो दिग्गज नेताओं को चंद्रास्वामी ने ही पीछे हटने के लिए कहा था। कैसे संभव हुआ यह? चंद्रास्वामी ही जाने; पर पी. वी. नरसिम्हाराव बिना किसी विरोध

के प्रधानमंत्री बन गए। इसके बाद और एक भयानक मामला चर्चा में था कि राजीव गांधी की हत्या कराने में अपरोक्ष रूप में चंद्रास्वामी का ही हाथ था। इजराइल के एक पेशेवर हत्यारे ने लंदन के स्कॉटलैंड यार्ड में खलबली मचानेवाला खुलासा करते हुए कहा था, "चंद्रास्वामी ने राजीव गांधी की हत्या करने के लिए मुझे दस लाख डॉलर देने का आश्वासन दिया था, पर मैंने इसे नकार दिया।" इस संदर्भ को नजरअंदाज नहीं किया जा सकता क्योंकि इजरायल की खुफिया एजेंसी 'मोसाद' श्रीलंका में तमिल आतंकवादियों को प्रशिक्षण देती है और राजीव गांधी की हत्या भी तमिल आतंकवादियों ने ही की थी। सतही तौर पर इसे सबूत भी कहा जा सकता है। अत: राजीव गांधी हत्याकांड के सुरागों और कड़ियों की जाँच करनेवाले जैन आयोग के समक्ष चंद्रास्वामी की गवाही और बयान लिये गए थे। लेकिन आयोग के समक्ष चंद्रास्वामी कितनी बार जेल यात्रा कर आया, इसके बारे में कुछ बताने से टालमटोल करने लगा। चंद्रास्वामी ने आयोग के सवालों पर "इसके बारे में मुझे कुछ याद नहीं आ रहा है" वाले एक ही जवाब की रट लगा रखी थी।

आखिरकार उसके इस नियोजित जवाब से ऊबकर न्यायमूर्ति जैन ने रुद्रावतार धारण किया और चंद्रास्वामी को फटकारते हुए कहा, "आप कैसे स्वामी हैं? आपका बयान अंतरात्मा से निसृत होना चाहिए। जो सत्य है वही आप बयान करें।"

"संन्यासी बनते समय भारतीय परंपरा का अवलंब न करके मैंने अपना सारा पूर्वजीवन भुला दिया है," ऐसा कहनेवाले चंद्रास्वामी को आखिरकार, "1967 एवं 1972 में दो बार मैं जेल की सजा काट चुका हूँ," इसे याद करना पड़ा। इसमें से एक मामला था, नागार्जुन सागर परियोजना का कबाड़ खरीद मामला। इस मामले में जयपुर के एक व्यापारी को ठगने के जुर्म में चंद्रास्वामी को जेल की हवा खानी पड़ी थी।

देशद्रोही कार्यों में संलिप्त लोगों संग चंद्रास्वामी के करीबी संबंध थे। टाडा [Terrorist and Disprupative activities (Prevention) Act] के तहत गुजरात पुलिस द्वारा उस्मान घनीनुर मुहम्मद मर्चेंट को गिरफ्तार किया गया था। उस्मान, दाऊद इब्राहिम का साथी था। उसने चंद्रास्वामी एवं दाऊद इब्राहिम के संबंधों को लेकर गुजरात पुलिस को तफसीलात दिए थे। चंद्रास्वामी दुबई में दाऊद के पास एक प्रस्ताव लेकर गया था कि "यदि शस्त्रास्त्रों के दलाल अदनान खागोशी की परियोजना में दाऊद इब्राहिम 40 लाख डॉलर का निवेश करता है तो इसके एवज में उस पर लगे तमाम आरोप भारत सरकार की ओर से हटा दिए जाएँगे।" गुजरात निवासी दाऊद के शागिर्द अनिल कोठारी और विपिन चव्हाण अक्सर दुबई जाया करते थे। इन्हीं लोगों ने चंद्रास्वामी और दाऊद इब्राहिम की भेंट कराई थी। इन चारों की कई बैठकें हुई थीं। निर्णय करके ये चारों खागोशी से मिलने न्यूयार्क गए थे।

बाबा का और एक कारनामा—बबलू श्रीवास्तव उस दौर का एक कुविख्यात गुंडा, जिसकी तलाश पुलिस को थी, उसे पुलिस की नजरों से बचाने हेतु चंद्रास्वामी ने अपने आश्रम में पनाह दी थी। इस सचाई को बबलू श्रीवास्तव ने ही कबूला था। असल में उसकी गिरफ्तारी के दो वर्ष पूर्व ही मुंबई पुलिस को चंद्रास्वामी के आश्रम में उसके पनाह पाने की खबर मिली थी और इसके अनुसार पुलिस द्वारा जाल भी बिछाया गया था। पर दिल्ली से अचानक हरकतें तेज हुईं और जाँच ठप्प हुई। राजेश पायलट देश के भीतरी सुरक्षा मंत्रालय के गृहराज्यमंत्री बने। उन्हें सी. बी. आई. द्वारा बबलू श्रीवास्तव वाले मामले की तमाम जानकारी प्राप्त हुई थी। उन दिनों राजेश पायलट की नरसिम्हाराव तथा उनके करीबी मित्र गृहमंत्री शंकरराव चव्हाण से अनबन हुई थी। इन दोनों ने चंद्रास्वामी से मिलकर राजेश पायलट को सबक सिखाने की योजना बनाई। पायलट भी कच्चे गुरु के चेले नहीं थे। उन्होंने मंत्रिमंडल में मंत्रालय आवंटन मुहूर्त के पूर्व ही चंद्रास्वामी को गिरफ्तार करने का आदेश सी. बी. आई. को दिया। नतीजा, उसी रात राजेश पायलट का खाता बदल दिया गया। बावजूद इसके चंद्रास्वामी पर सी. बी. आई. ने कार्रवाई की इसीलिए राजेश पायलट का खाता बदलकर उनसे नरसिम्हाराव तथा चव्हाण ने बदला लिया, ऐसा लोगों ने मान लिया था।

सहजयोग साधना द्वारा कुंडलिनी जाग्रत करके; मानव को मुक्ति का आनंद प्रदान करानेवाली निर्मला माँ को साक्षात् देवी माना जाता था। निर्मला माँ ने आध्यात्मिक उन्नति के बल पर समिति का नुकसान करने का प्रयास किया था क्योंकि समिति ने निर्मला माँ दैवी सामर्थ्य को सिद्ध कर दिखाएँ, इस माँग को लेकर उसके पुणे और सतारा के कार्यक्रमों में धरना और प्रदर्शन भी किए। इसी सिलसिले को आगे बढ़ाते हुए निर्मला माँ का अन्य एक कार्यक्रम, जो अंगारपुर में होनेवाला था, वहाँ पर भी पुलिस प्रशासन को विधिवत् पूर्व सूचना देकर हम प्रदर्शन के मकसद से वहाँ गए। पता चलने पर माता ने अपने अनुयायियों को हम पर हमला करने का आदेश दिया। समिति कार्यकर्ताओं से उन्होंने मारपीट की। ऊपर से हम पर झूठे मुकदमे भी दर्ज कराए। इन मुकदमों को निपटाने के लिए हमें 8 साल तक कोर्ट के चक्कर लगाने पड़े। अंततः हमें निचली अदालत ने बाइज्जत बरी कर दिया। पर इसके विरोध में निर्मला माता के अनुयायियों ने हाईकोर्ट में अपील की। वह केस आज भी चल रहा है। इन सारी घटनाओं को लक्ष्य कर मैंने 'निर्मला माता का हिंसक अध्यात्म' नाम से एक लेख लिखा। इस लेख को आधार बनाकर निर्मला माता के एक भक्त ने मेरे ऊपर दिल्ली के कोर्ट में मानहानि का मुकदमा दायर किया। इस केस में भी कुछ साबित नहीं हो पाया। अलबत्ता इसके लिए मुझे दिल्ली की अदालत में 8 साल तक चक्कर काटने पड़े।

देश-विदेश में निर्माण कीं राजमहलसम इमारतें, आलीशान गाड़ियाँ, भड़क पहनावा और साथ में तीन-चार सौ गौरवर्णीय भक्तों का काफिला लेकर दुनियाभर घूमने की आदत के चलते निर्मला माँ कद्दावर महसूस होती थी। माता की पाद्यपूजा देखते ही बनती। पाद्यपूजा विधि में माता अपने गोरे-गोरे पैर थाली के एक कोने में रखती और भक्त महिलाएँ धीरे-धीरे थाली में पानी प्रवाहित करतीं। फिर किसी एक भक्त महिला का पति माँ के पाँव धोकर, धीरे-धीरे पाँवों को साफ कर देता। इसके बाद भक्त माँ के पैरों पर क्षणभर के लिए मस्तक रखकर नमन करता। इसके बाद भक्त माता के पैरों को खुद अपने हाथों से उठाकर अपने सिर पर धरकर स्वयं को भाग्यवान महसूस किया करता। माँ के दर्शन की कतार में खड़ा दूसरा भक्त भी उतनी ही तन्मयता से इस पाद्यपूजन की क्रिया को दोहराता। इसके बाद माँ का भोजन होने के पश्चात् उसकी जूठन को संकलित करके चम्मच से प्रसाद स्वरूप भक्तों में बाँटा जाता। माता के भोजन के उपरांत उसके हाथ धोए पानी और कुल्ला किए पानी को भी किसी बर्तन में संकलित किया जाता और उसे भी भक्तों में प्रसाद के रूप में बाँटा जाता।

हर अंतरराष्ट्रीय बाबा को दूसरे बाबा से जुदा एवं अलहदा फलसफे की जरूरत अनिवार्य रूप में होती ही है। निर्मला माँ का फलसफा सहजयोग द्वारा कुंडलिनी जाग्रति वाला था। हिंदू मनोविज्ञान के अनुसार गर्भ जब दो या तीन माह का बन जाता है, तब समूचे विश्व में व्याप्त चैतन्य शक्ति का प्रवाह; गर्भ के शीश में निहित तालू के रास्ते भीतर प्रवेश करता है। मानव के अवबोध का जन्म इसी समय होता है। यह शक्ति सुषुम्ना नामक पीठ की रीढ़ में अवस्थित केंद्रीय नाड़ी से बहती है, तथा रीढ़ तल में स्थायी गुदास्थि में साँप-सी कुंडली डालकर, कुंडलिनी रूप में स्थायी हो जाती है। सुषुम्ना द्वारा प्रवाहित होते इस प्रवाह द्वारा ही गर्भ का अनंत शक्तियों से नाता जुड़ जाता है। यह प्रवाह प्रवाहित होते समय ही सात चक्रों को शक्ति प्रदान करता है। नाड़ी के इर्द-गिर्द ये सात चक्र कुछ बुनियादी सद्गुणों के प्रतीक होते हैं। ये चक्र अपने सद्गुण मानव मन एवं शरीर में प्रवाहित करते हैं। इन्हें केंद्रीय नाड़ी से बहती कुंडलिनी द्वारा शक्ति प्राप्त होती है। इस चक्र में दोष निर्मित होना, मानसिक एवं शारीरिक व्याधियों का कारण बनता है। चक्र के भीतरी अवरोधों के कारण, इन चक्रों का स्वामी—ईश्वर, अपने सद्गुण शेष मन और शरीर तक पहुँचा नहीं पाता। प्राणशक्ति का प्रवाह खंडित होने के चलते व्यक्तित्व एकसंघ नहीं रह पाता। नाड़ियों का शुद्धीकरण, चक्र के अवरोधों को दूर करना, एवं सुषुम्ना नाड़ी का उचित प्रयोग करके, व्यक्ति को जन्म-मृत्यु के चक्र के फेरे से मुक्त कर, परमात्मा से उसका विलय करना, इसे कुंडलिनी जाग्रत कर साध्य करना होता है। यदि माता का अनुग्रह प्राप्त होता है तो उसे निश्चित तौर पर साध्य किया जा सकता है।

यदि यह सत्य है, तो उसका आधार क्या है? इस प्रतिप्रश्न से कोई मतलब नहीं है। इन अद्भुत शक्तियों के चलते ही व्याधियाँ दूर होती हैं। यदि प्रतिप्रश्न किया जाए कि इस चीज को कसौटी पर कसकर देखा जाए? उत्तर प्राप्त होता है, 'व्याधियाँ संपूर्ण रूप से ठीक न होने का कारण है, निर्मला माँ पर पूर्ण रूप से श्रद्धा न रखना। उसी का ही नतीजा है—व्याधियों के लक्षणों का अभी भी बचे रहना।' यह सारा मामला श्रद्धा से जुड़ा होने के नाते व्याधि के लक्षण समूल रूप से नष्ट तभी होंगे जब माता पर पूर्ण श्रद्धा रखी जाए। यह बेहद अनोखा तर्क है। अलबत्ता भूलभुलैया के संसार की स्थापना करने हेतु पाखंडियों को ऐसे अजीबोगरीब तर्क जाल बुनने ही पड़ते हैं।

हाल ही में मुझे एक पत्र प्राप्त हुआ था जिसमें अंधश्रद्धा निर्मूलन समिति के कार्य की प्रशंसा की गई थी। साथ ही इसमें ओशो रजनीश की; समिति द्वारा की जा रही निंदा के प्रति तीव्र नाराजगी भी जताई गई थी। पत्रलेखक के मतानुसार 'रजनीश महान पर विद्रोही दार्शनिक थे। उनके 650 ग्रंथ प्रकाशित हैं। इसके अलावा उनके अनगिनत ऑडियो कैसेट्स भी उपलब्ध हैं। उनका शिष्य समाज समूचे विश्व में फैला है। ओशो ने पाखंडियों, राजनेताओं एवं बगुला भगतों आदि पर अहर्निश कठोर प्रहार किए हैं। अंधश्रद्धा निर्मूलन समिति विचार प्रदान करने का काम करती है। यही काम रजनीश ने भी दुनियाभर में किया है।' इन तमाम चीजों को ध्यान में लेकर बगुला भगतों की सूची से उनका नाम हटाया जाए, ऐसा पत्रलेखक का जोरदार आग्रह था।

उसका ऐसा कहना हमारे लिए कोई नई बात नहीं थी। "बगुला भगत मामले पर आपके द्वारा किया जा रहा कार्य उम्दा है," ऐसा जोश से कहनेवालों में से अधिकांश हमसे शिकायत करते हुए कहते हैं, "आपका बगुला भगतों का विरोध करना जायज है लेकिन उसमें से हमारे बाबा को बख्शा जाए, चूँकि हमारे बाबा सच्चे हैं और बाकी के बाबा बदमाश हैं।"

रजनीश बेहद प्रभावी हिंदी में वार्तालाप करता है। उसका वक्तृत्व प्रभावी है और वह पढ़ाकू भी है, पर इसमें महत्त्वपूर्ण मुद्दा है, उसका सुप्रसिद्ध सक्रिय ध्यान। रजनीश ने ध्यान के लगभग 100 तरीके ईजाद किए हैं, परंतु अधिकांश का सार लगभग एक-सा है। ओशो की सूचनाओं का अनुपालन करते हुए अनुयायी लयबद्ध रीति से चक्कर काटने की क्रिया शुरू करते हैं। फिर अलग-अलग ध्वनि में चिल्लाते, चीत्कारते, कूदते; स्वयं के इर्द-गिर्द चक्कर काटते हुए नाचते और लुढ़कते हैं। और सबके अंत में कथित आध्यात्मिकता के बेहद चरम पर पहुँचते ही पुरुष ही नहीं बल्कि महिलाएँ भी बदन से कपड़े उतारकर नग्न हो जाया करती हैं। ओशो रजनीश व्यासपीठ से यह सब संथ गति से देखा करता। रजनीश द्वारा सूचनाएँ देने के बाद

एक क्षण में ही अनुयायी जिस दशा में हुआ करते उसी दशा में बुत बन जाया करते और दूसरी सूचना मिलते ही फिर से ऊधम मचाया करते। ओशो द्वारा 'मुर्दे की तरह पड़े रहो' ऐसा सूचित करने पर अगली सूचना मिलने तक अनुयायी बिलकुल मुर्दे की तरह ही पड़े रहते। असल में यह सब सम्मोहन प्रकारों के आध्यात्मिक संस्करण ही हैं। मन को हल्का करने के लिए यानी कैथरसीस (भावनाओं के विरेचन) हेतु इस तरह की रीति का उपयोग करना सदोष एवं गैरजिम्मेदार हरकत है। सम्मोहन तकनीक का प्रयोग इलाज में क्यों न किया जाए? इस मुद्दे को थोड़ी देर के लिए हम बाजू में रखेंगे; अलबत्ता इस तकनीक का प्रयोग करने का फैसला लिये जाने पर प्रत्येक के मन के भीतरी तनाव की ढंग से जानकारी होना जरूरी हो जाता है। थोक पद्धति के इलाज हेतु समूह सम्मोहन को अपनाना, नशीली चीजों के सेवन से तात्कालिक आराम मिलने की प्रक्रिया को अपनाने जैसा ही है।

रजनीश की कथित महानता बगुला भगत का विशुद्ध उदाहरण है। रजनीश के भक्त रजनीश की तुलना भगवान श्रीकृष्ण, ईसा मसीह, महावीर और आगे चलकर भगवान गौतम बुद्ध से करते हैं। उनका मानना था कि रजनीश भगवान हैं क्योंकि उनमें श्रीकृष्ण, ईसा मसीह, महावीर एवं गौतम बुद्धादि का सारतत्त्व है। रजनीश के वचनों को भक्त उपनिषद के समान माना करते थे। कहा जाता है कि रजनीश को 21 वर्ष की अवस्था में जबलपुर के उद्यान में बकुल वृक्ष तले परम ज्ञान प्राप्त हुआ था। मानो रजनीश के रूप में परमात्मा ही सदेह अवतरित हुए थे।

जो रजनीश कभी व्यक्तिपूजा के विरोध में बोला करता; निर्भीक, नि:संकोच एवं अनिर्बंध जीवन के दर्शन का दावा किया करता, उसी के बारे में प्रत्यक्ष में क्या घटित हुआ? रजनीश सबसे पहले आचार्य, फिर भगवान, फिर ओशो भगवान बन गया। पोस्टर्स, बैनर्स और जोरदार प्रचार अभियान आदि के द्वारा समाज में उसका डंका पीटा गया। संत गाडगे बाबा उनके चरणों में गिर पड़नेवाले लोगों पर लाठी प्रहार किया करते और ऊपर से उन पर तीखा सवाल दागते कि क्या कभी खुद के माँ-बाप के चरण स्पर्श किए हैं? और रजनीश (शुरुआती दिनों में) हँसते-हँसते भक्तों से चरण स्पर्श करा लेता था और उन्हें आशीर्वाद भी दिया करता था। इसके अलावा मंच से रजनीश की मौजूदगी में 'रजनीश का कहा मानो,' वाला भजन और 'रजनीश का कहा जो न मानेगा वह अंत समय में फँस जाएगा' यह धमकी भी सुनाई देती थी। उन दिनों अमरीका में बना उसका आश्रम, 'आश्रम' संज्ञा की विडंबना सिद्ध हो रहा था। उसका आश्रम एक तरह से सशस्त्र सुरक्षा रक्षकों से सज्ज रेकी का केंद्र था। भीतर आने और बाहर जानेवालों पर कड़ी पाबंदियाँ लगी थीं। रजनीश की तीमारदारी में कुल मिलाकर 96 आलीशान रोल्सरॉयस गाड़ियाँ थीं। शस्त्रधारी अंगरक्षकों से घिरी एवं बंद दरवाजेवाली कार के भीतर से ही रजनीश भक्तों को दर्शन दिया करता। आश्रम से एक किलोमीटर दूरी पर स्थित आश्रम

प्रमुख शीला माँ के आवास पर पत्रकार परिषद के लिए रजनीश जब कभी जाया करता, उस समय उसकी कार के ऊपर हवा में उड़ते राकेटों से लैस दो हेलिकॉप्टर परिसर की रेकी किया करते थे।

'संभोग से समाधि की ओर' यह फलसफा रजनीश ने ही प्रस्तुत किया। इसमें रजनीश ने स्वैराचार को आत्मोन्नति का मार्ग माना है। मादक पदार्थों के सेवन द्वारा कथित आध्यात्मिक आनंद प्रदान करने का यह प्रयास था। दुनिया के तमाम फलसफों की कठोर पड़ताल करनेवाले रजनीश ने स्वयं के आचरण की पड़ताल का निरंतर विरोध किया। अमरीका ने उसे खदेड़ा। दुनिया के अधिकांश देशों ने उसके लिए अपने दरवाजे बंद कर दिए थे। आखिरकार कई कोशिशें करके वह पुनः पुणे, महाराष्ट्र में दाखिल हुआ था। लोगों द्वारा ऐसे मनुष्य को ईश्वर कहना और ओशो द्वारा स्वयं को गौतम बुद्ध घोषित करना; क्या यह 'ईश्वर' और 'बुद्ध' जैसे शब्दों का अपमान नहीं है?

संन्यास की दीक्षा देने की ओशो की पद्धति भी तेजतर्रार थी। भगवा वेशधारी संन्यासेच्छुक भक्त ओशो के समक्ष आया करते। ओशो संन्यास लेने के इच्छुक का हाथ अपने हाथ में लिया करता और कहता, "तुम अब मेरे हो, वर्तमान जीवन भुला दो।" इसके बाद ओशो भक्त के गले में माला पहनाकर उसका नाम बदल दिया करता और अंत में आलिंगन देकर भक्त को बाहर भेजा जाता। रजनीश ने 'नवसंन्यास इंटरनेशनल' नामक एक आध्यात्मिक कंपनी भी शुरुआती दिनों में शुरू की थी। ईश्वर, अध्यात्म एवं मुक्ति जैसी चीजों का लौकिक जगत के अधिकांश लोगों के जीवन में महत्त्वपूर्ण स्थान है। यथार्थ में संन्यास ग्रहण करना कठिन है और अध्यात्म उससे भी कठिन। बहुत ही थोड़े लोगों द्वारा यह संभव हो पाता है, ऐसा हमारी परंपरा कहती है। पर रजनीश ने ये सारी चीजें कुछ ज्यादा ही सस्ती कर दीं। नतीजा, पैसों के बूते भरपूर संन्यासी निर्मित होने लगे। जो मन आए करो, अंततः आप संन्यासी ही हो। बगुला भगत घातक ही होता है। पर रजनीश जैसी दगाबाज भूमिका अधिक घातक है।

स्वामी नारायण संप्रदाय के पाँचवें उत्तराधिकारी प्रमुख स्वामी का अमृत महोत्सव 1 दिसंबर से 31 दिसंबर, 1995 के बीच मुंबई में जोर-शोर से मनाया गया। होम-हवन, पूजा एवं अभिषेक के साथ सजावट और रोशनाई आदि का वर्णन समाचार-पत्रों ने बेहद आदर से छापा था। कई केंद्रीय मंत्रियों सहित महाराष्ट्र के मुख्यमंत्री से लेकर किरण बेदी, टी.एन. शेषन जैसे अनुशासनप्रिय सरकारी अधिकारियों तक सभी ने समय निकालकर अमृत महोत्सव कार्यक्रम में आकर प्रमुख स्वामी की चरणधूलि अपने मस्तक पर लगा ली। यह समय होम-हवन, फिजूलखर्ची, मंत्रियों के सहभाग आदि को लक्ष्य कर निषेध राग आलापने का कदापि नहीं था क्योंकि

अमृत महोत्सव समारोह के चलते यहाँ का वातावरण प्रभावित हो गया था। आम आदमी आँखों को दिखाई देनेवाली सजावट और अमीरी की चकाचौंध से प्रभावित होनेवाला होता है। ऐसे अवसर पर व्यक्ति इसे दिव्य शक्ति मानकर शीश नवाते हुए उनका अनुकरणकर्ता बन जाता है। इस महोत्सव के माहौल से पूर्णरूपेण अभिभूत अनुयायियों की संख्या बढ़ती ही चली गई। लिहाजा स्वामी नारायण संप्रदाय की विचारधारा, शिक्षा और इतिहास को जान लेने की किसी को जरूरत ही महसूस नहीं हुई। किसी संप्रदाय से प्रभावित अनुयायियों की संख्या जैसे-जैसे बढ़ती जाती है, वैसे-वैसे संप्रदाय को असंगत विचारधारा को फैलाने का रास्ता आसान बन जाता है। 1781 में उदित इस संप्रदाय ने आज तक भारत के अलावा अफ्रीका, इंग्लैंड, अमरीका, यूरोप कनाडा, पुर्तगाल आदि देशों में अपने केंद्र स्थापित किए हैं। आज दुनियाभर में इस संप्रदाय के 350 मंदिर, पाँच हजार सत्संग केंद्र, पच्चीस हजार स्वयंसेवक दल तथा बीस लाख से अधिक भक्त होने की बात कही जाती है। प्रचंड शक्ति संपादित करनेवाले इस संप्रदाय की यात्रा मात्र विषमतावादी और अंधविश्वास की विचारधारा पर आधारित है।

1948 में मंदिर प्रवेश कानून के अनुसार हिंदू मंदिर सभी जातियों एवं धर्मों के लोगों के लिए खुले कर दिए गए हैं। ऐसे समय अहमदाबाद के स्वामी नारायण पंथियों ने हम हिंदू नहीं हैं लिहाजा हम पर यह कानून बाध्य नहीं है, ऐसा दावा अहमदाबाद की अदालत में दाखिल किया। एक तरह से यह हरकत संविधानप्रदत्त समता के अधिकार को ही चुनौती देने जैसी थी। 1948 से 1966 तक लगभग 18 सालों तक यह मुकदमा उच्चतम न्यायालय तक चलता रहा। 1966 में तत्कालीन मुख्य न्यायाधीश गजेंद्र गडकर ने यह दावा खारिज कर दिया। उच्चतम न्यायालय ने चेतावनी देते हुए कहा, "स्वामी नारायण पंथियों को चाहिए कि वे एक विधि के रूप में नहीं बल्कि एक मूल्य के रूप में समता तत्त्व को स्वीकार करें।"

दुर्भाग्य कि स्वामी नारायण संप्रदाय ने आज तक समता का विचार स्वीकार नहीं किया अपितु इस संप्रदाय ने अपने साहित्य द्वारा विषमतावादी विचारों का प्रचार ही चलाया है। अमृत महोत्सव में बड़े पैमाने पर भक्तों में बिकी 'शिक्षापत्री' नामक स्वामी नारायण पंथियों की आचारसंहिता भी इसी तरह की विषमतावादी और स्त्री-दलितों की प्रताड़ना करनेवाली है। अतएव इस शिक्षापत्री की दखल लेना जरूरी है। 1961 में मूलतः गुजराती भाषा में रची गई शिक्षापत्री का कई भाषाओं में अनुवाद हो चुका है, इसका मराठी संस्करण 1994 में छपा है। महज 4 रुपए मूल्य की यह पुस्तिका स्वामी नारायण पंथियों को लेना जरूरी है। इस पुस्तिका में समाविष्ट आचार धर्म समाज को अधोगति की ओर ले जानेवाला है। इसके कुछ अंश इस प्रकार हैं—

- जिसके हाथ से पकाया भोजन एवं जिसके पात्र का पानी ग्रहण नहीं किया

जा सकता, वह अन्न एवं पानी यद्यपि कृष्णप्रसाद क्यों न हो, जगन्नाथपुरी के अलावा अन्यत्र कहीं पर भी ग्रहण न किया जाए।

- प्रत्येक व्यक्ति वर्णाश्रम धर्म का पालन करे। परधर्म का आचरण त्याज्य है, उसी प्रकार पाखंडी एवं कल्पित धर्म का आचरण नहीं किया जाए।
- जो औषधि मदिरा या मांस से युक्त होगी, वह सदा के लिए अग्रहणीय है। और जिसके आचरण से हम अवगत नहीं हैं, ऐसे चिकित्सक द्वारा दी गई औषधि हमारे लिए अनिवार्य रूप से अग्रहणीय ही है।
- हमारे सभी सत्संगी पुरुषों के लिए स्त्रियों के मुख से ज्ञान की बातें सुनना अनुचित है। और किसी स्त्री, राजा या उसकी प्रजा से विवाद न किया जाए।
- धर्मवंशी गुरु द्वारा श्रीकृष्ण दीक्षा ग्रहण किए द्विजजातीय (ब्राह्मण, क्षत्रिय, वैश्य इन तीनों वर्णों के हमारे सत्संगी) को तुलसीकाष्ठ की दोहरी माला गले में नित्य रूप में धारण करनी चाहिए तथा मस्तक, हृदय एवं दो हाथों पर नित्य ऊर्ध्वपुंड्र 'न्' खड़ी एवं अर्धगोलाकार दो रेखाओंवाली रोली लगानी चाहिए।
- शूद्र से परे जाति से हीन जो अन्य भक्तजन हैं उनको चाहिए कि चंदनादि काष्ठ द्वारा निर्मित दोहरी माला भगवन् के प्रसाद के रूप में गले में पहनें और मस्तक पर सिर्फ गोल तिलक लगाएँ। ऐसे लोग खड़ा तिलक कभी न लगाएँ।
- विधवा स्त्रियों के लिए रोली तिलक या कुमकुम तिलक माथे पर लगाना त्याज्य है। सत्संगी नारियाँ मनोकल्पित चंदन, पुष्पादि इलाजों से श्रीकृष्ण की मानसिक पूजा करें।
- सभी सत्संगिनियाँ कभी भी आचार्य से विवाद न करें। यथाशक्ति अन्न, धन एवं वस्त्रादि से आचार्य का पूजन किया जाए।
- यदि भूतादिकों द्वारा उपद्रव मचाया जा रहा हो तो इसके लिए नारायणकवच एवं हनुमान मंत्र का जाप करें। शूद्र देवताओं के स्तोत्र एवं मंत्रादि का जाप करना त्याज्य है।
- हमारे सत्संगी ब्राह्मणों को चाहिए कि वे शम-दम-क्षमा-संतोष आदि गुणों से युक्त रहें। वैश्य कृषि-व्यापार-सूद आदि का व्यवसाय करें। और शूद्र को चाहिए कि वे द्विजजातियों की सेवा करें।

'शिक्षापत्री' में वर्णाश्रम व्यवस्था का प्रबल समर्थन किया गया है। विशेषत: स्त्रियों के विषय में हीनता का भाव यथास्थान व्यक्त किया गया है।

- गृहस्थाश्रमी पुरुष जिनकी माँ, बहन, पुत्री आदि युवा हैं, उनके संग आपातकाल को छोड़कर एकांतवास में रहना त्याज्य है।
- किसी भी व्यवहार के चलते किसी महिला का राजा के संग संबंध स्थापित

हुआ हो, ऐसी स्त्री से संबंध न रखा जाए।

- साध्वी स्त्रियाँ उनकी नाभि, पिंडली एवं स्तन गैर पुरुषों की दृष्टि में न आए इसका ध्यान रखें। साध्वी स्त्रियाँ इन अंगों को अनावृत न रखें। उनके लिए सिर पर पल्लू ओढ़े रहना आवश्यक है। साध्वियाँ अभद्र चीजों को न देखें। उनको चाहिए कि निर्लज्ज एवं स्वैर स्त्रियों का संग टालें।
- विवाहिता का पति यदि विदेश गया हो, तब वह गहने, अच्छे वस्त्र परिधान न करे। पड़ोसी के घर जाना और हास्य-विनोद में रत होना, जैसी बातों का वह त्याग करे।
- विधवाएँ श्रीकृष्ण की सेवा पतिबुद्धि से करें। वे पिता-पुत्रादि की आज्ञा में रहें। उनके लिए आचरण की आजादी निषिद्ध है।
- विधवा, पराये पुरुष को स्पर्श न करे और न युवा से बिना किसी कारण वार्तालाप करे।
- विधवाएँ पराये पुरुष से विद्याग्रहण न करें। उनको चाहिए कि वे व्रत-उपवास आदि करके देह का निरंतर शमन करें।
- विधवाएँ दिन में एक ही बार भोजन करें। जमीन पर सोएँ, मैथुनासक्त प्राणियों पर उनकी नजर न पड़े इसका ध्यान रखा जाए।
- विवाहिता जैसा पहनावा विधवाएँ परिधान न करें। वे वीतरागी संन्यासिनियों जैसा पहनावा भी न पहनें। उनके लिए देश, कुल, एवं आचरण विरोधी पहनावा भी त्याज्य है।
- गर्भपात करानेवाली स्त्री का संग विधवा स्त्री न करे। उसे स्पर्श करना भी मना है। पुरुषों के श्रृंगार की बातें विधवाओं का विषय न हो और न ऐसी बातें वे सुनें।
- विधवा नारी अपने नातेदार युवा पुरुष संग कभी भी एकांत में न रहे। इसका अपवाद सिर्फ संकटकाल हो सकता है।
- विधवा महिलाएँ होली न खेलें, गहनें आदि धारण न करें ऊँचे एवं रेशम वस्त्र कभी भी परिधान न करें।
- विवाहित एवं विधवा नारियाँ वस्त्रहीन होकर स्नानादि न करें। माहवारी को कभी भी अज्ञांत न रखें।
- माहवारी के दौरान महिला किसी पुरुष या घर के अन्य सदस्यों के वस्त्रों को तीन दिन तक स्पर्श न करे। चौथे दिन सर्वांग स्नानादि के बाद ही स्पर्श करे।

यह 'शिक्षापत्री' सहेतु लिखी गई है। इसको सभी द्वारा एकाग्र मन से धारण किया जाए। सकल शास्त्ररूपी दूधसागर के मध्य से निसृत उत्कृष्ट 'शिक्षापत्री' रूपी अपूर्व अमृत, अखिल मानव जीवों को मोक्षप्राप्ति देने का सामर्थ्य रखता है। अत:

इसका आदरपूर्वक पूजन करें। उपरोक्त रीति से 'शिक्षापत्री' का महत्त्व प्रस्तावना में स्पष्ट किया गया है।

सत्यसाईं हालिया दौर का कदाचित् सबसे प्रभावी बाबा होगा। उसका 70वाँ जन्मदिन मनाया गया, तब मशहूर मराठी समाचार-पत्रों में आई खबरों पर एक नजर डालने पर सत्यसाईं की सामर्थ्य का अंदाजा हो जाएगा।

"पुट्टपूर्ति : विख्यात संत श्री सत्यसाईं का 70वाँ जन्मदिन उनके पुट्टपूर्ति (आंध्र प्रदेश) आश्रम के भव्य प्रांगण में मनाया गया। समारोह में राष्ट्रपति शंकर दयाल शर्मा, केंद्रीय गृहराज्यमंत्री शंकरराव चव्हाण, केंद्रीय वित्तमंत्री मनमोहन सिंह, उत्तर प्रदेश के राज्यपाल मोतीलाल वोरा, आंध्र प्रदेश के मुख्यमंत्री एन. चन्द्राबाबू नायडू, उच्चतम न्यायालय के पूर्व न्यायाधीश पी. एन. भगवती सहित दुनिया भर की कई मशहूर हस्तियाँ भी इस अवसर पर मौजूद थीं। इस कार्यक्रम में सत्यसाईं पर हेलिकॉप्टर से पुष्पवृष्टि की गई।

इस समारोह में सत्यसाईं को विविध मशहूर हस्तियों ने 160 करोड़ रुपए जो कि उपहार स्वरूप दिए थे, को देखकर सभी की आँखें चुँधिया गईं। उसमें 13 किलो सोना समाविष्ट था, जिसकी बाद में नीलामी की गई।

जिन्होंने 25 लाख से ज्यादा चंदा दिया था, उन्हीं का नाम घोषित किया गया था। अमरीका के 'के. एस. एस. इंटरनेशनल एजुकेशन एंड मेडिकल ट्रस्ट' ने 3 करोड़ डॉलर का चंदा इस अवसर पर दिया था।

बाबा के अमरीकी भक्त जेम्स सिंक्लेअर ने 20 करोड़, अमरीकी भक्त श्री नाना पटेल ने 17 करोड़, 'वेर्नविला एंड ग्रुप कंपनी' की ओर से 6 करोड़, मलेशिया के 'विनसेट हैम' की ओर से 1.6 करोड़ और मोहन मीरचंदानी (इंडोनेशिया) की ओर से 1.7 करोड़ दिए गए। कई विदेशी भक्तों ने व्यक्तिगत रूप से एक करोड़ से भी अधिक का चंदा दिया था। सत्यसाईं को कई भक्तों ने सोने की मालाएँ अर्पण कीं, पर उन्होंने उसे ठुकरा दिया। अंत में भेंट में दिए गए तेरह किलो सोने के गहनों की नीलामी की गई। जापान के उद्यमी रमणलाल एंड एसोसिएशन ने इन गहनों को बाजार मूल्य से दुगुने मूल्य पर खरीदने की घोषणा करते ही एक ही बोली में नीलामी खत्म हुई। इस समारोह में चाँदी के रथ से सत्यसाईं का आगमन हुआ था। तब स्वयं राष्ट्रपति शंकरदयाल शर्मा ने आगे जाकर आसनस्थ सत्यसाईं के चरणों का स्पर्श करके उनका अभिवादन किया था। इसके बाद बुलेटप्रूफ कमरे से सत्यसाईं का प्रवचन संपन्न हुआ।

सत्यसाईं विवादास्पद मामलों से घिरा पर सबसे प्रभावी शख्स था। 1926 में आंध्र प्रदेश के एक गड़रिया समुदाय के घर जन्मा सत्यनारायण राजू स्कूली शिक्षा के दौरान ही अपने मित्रों को हवा में हाथ घुमाकर पेंसिल दिलाने का चमत्कार

किया करता। यह चमत्कार सफल होने पर 14वें साल में उसने शिरडी के साईंबाबा का अवतार होने की घोषणा करते हुए विविध चमत्कार दिखाने की शुरुआत की। उसने अपने मूल नाम राजू का परित्याग कर सत्यसाईं नाम धारण किया। हाथों में भभूत प्रकट कर दिखाना, सोने की चेन प्रकट कर दिखाना, मुँह से शिवलिंग प्रकट कर दिखाना, असाध्य बीमारियों को ठीक करना एवं भक्तों की बीमारियों को खुद के ऊपर लेना जैसे कई चमत्कार बाबा के नाम दर्ज हैं। अलबत्ता इन चमत्कारों को समिति की ओर से कई स्तरों पर चुनौतियाँ भी दी गईं परंतु बाबा ने चुनौतियों को हमेशा टाल दिया।

बाबा पर आश्रम में उन्हीं के करीबी पाँच भक्तों ने जानलेवा हमला किया था। उस समय बाबा ने पलायन करते हुए स्वच्छतागृह में आसरा लेकर अपनी जान बचाई थी। बाद में जानलेवा हमला करनेवाले चारों भक्तों को पकड़कर कमरे में बंद कर दिया गया। कुछ दिनों बाद बाबा ने पुलिसवालों के हाथों इन हमलावरों को कमरे में ही गोलियाँ दागकर मौत की नींद सुलाया। इस मामले को लेकर अखबारों ने काफी सनसनी पैदा की थी। पर बाबा की गवाही तक नहीं हुई। उम्र के 75वें साल में प्रवेश करते समय उस पर सबसे बड़ा और बेहद गंभीर आरोप किया गया। वह आरोप था, लौंगिक विकृत व्यवहार एवं समलिंगी संभोग वाला। बाबा ने खुद की संस्था द्वारा संचालित स्कूल के छात्रों तथा अपने ही भक्तों के संग यह घिनौनी करतूत की थी। बीस साल तक दक्षिणी अमरीका के मध्य विभाग में 'साईंबाबा संगठन' के प्रमुख रहे जेफ युंग तथा उनकी पत्नी ने उनके अपने लड़के के संग सत्यसाईं ने किस प्रकार लैंगिक दुराचार किया था, इसका खलबली मचाने वाला खुलासा किया था। भक्तों को कभी-कभार ही दर्शन देनेवाला सत्यसाईं, युंग दंपती के लड़के सैम से कई बार मिल चुका था। प्रत्येक भेंट में बाबा ने उसे चमत्कार करके कीमती कलाई की घड़ियाँ एवं अँगूठियाँ आदि दी थीं। सत्यसाईं की दुर्व्यवहारवाली घिनौनी करतूत असहनीय होने पर सैम ने अपने माता-पिता को सब कुछ बता दिया कि किस तरह बाबा उसे पुचकारता और उसका चुंबन लिया करता था, किस तरह बाबा उसे मुखमैथुन के लिए मजबूर किया करता। और बाबा ने एक दिन कैसे उसके साथ बलात्कार का भी प्रयास किया।

डेविड बेले नामक बाबा के ही एक प्रसिद्ध डॉक्टर भक्त ने हाल ही में 'दी फाइंडिंग' नामक ग्रंथ प्रकाशित कर साईंभक्तों में खलबली मचा दी थी। इस पुस्तक में शुरू में बाबा के भक्त रह चुके तथा बाबा से मोहभंग हुए लोगों के संग बाबा के किए विकृत व्यवहारों का जिक्र है। इस पुस्तक को पढ़कर बाबा के कई नये भक्त 'हमारा भी ऐसा ही अनुभव रहा है' ऐसा कहते हुए बाबा के विरोध में आगे आ रहे हैं।

शिकागो निवासी हरी संपत नामक भारतीय संगणक अभियंता बाबा का भक्त

है। बाबा के आश्रम में 1992 से 1995 के दौर में उसने सुरक्षा स्वयंसेवक के रूप में काम किया था। जब उसने बाबा के प्रति भक्तों की शिकायतों को सुना तब मामले की गहराई में जाकर पड़ताल की। तब उसे उपरोक्त दुर्व्यवहारवाली सारी बातें सत्य हैं, इसका विश्वास हुआ। संपत ने बाबा की लैंगिक विकृतियों को लोगों के सामने रखने का निश्चय किया। इंग्लैंड, कनाडा, अमरीका, यूरोप एवं आस्ट्रेलिया में भी बाबा को लेकर इसी तरह का संशय व्यक्त करनेवाले भक्तों तथा बाबा के विकृत लैंगिक अत्याचार के शिकार हुए पीड़ितों के अनुभवों को संकलित करके उसे प्रकाशित किया गया। उक्त गंभीर आरोपों के चलते पाश्चात्य देशों में बाबा के चरित्र पर जोरदार चर्चा शुरू हुई। नतीजा, बाबा के भक्तों की संख्या में तेजी से गिरावट आने लगी। ब्रिटेन में तो इस बात को लेकर लोगों का प्रबोधन कराया जाए इसके लिए सरकार पर दबाव बढ़ने लगा है।

बाबा के समलैंगिक विकृति के अन्य दो किस्से कुछ इस प्रकार हैं—

कॉनी लार्सन 21 साल बाबा का भक्त रहा। वह मूलतः स्वीडन निवासी है। उसका बाबा पर लगाया आरोप उसी के शब्दों में 'डेली टेलिग्राफ' के 20 अक्तूबर के अंक में छापा गया है।

कॉनी कहता है, "बाबा ने मुझे कई दफा एकांत में भेंट हेतु बुलाया था। मेरी समस्याओं का समाधान होने में इस भेंट की मदद होगी, ऐसी मेरी अपेक्षा थी क्योंकि मैं बाबा को देवता माना करता था। पर अनुभव कुछ और ही रहा। बाबा ने मेरे गुप्तांग को पकड़कर उस पर तेल मला और फिर मेरे लिंग को अपने मुँह में लेकर मुखमैथुन करते हुए आनंद की अनुभूति करने लगा। बाद में उसने मुझे भी इसी तरह करने के लिए कहा; लेकिन मैंने मना कर दिया।"

जर्मन का म्युनिच निवासी जेम्स सेठी दस सालों तक बाबा का भक्त रह चुका है। 'फोकस' नामक पत्रिका में उसके बाबा पर लगाए आरोप प्रकाशित हुए हैं।

जेम्स सेठी कहता है, "बाबा के निजी कक्ष में प्रवेश करते ही बाबा ने कहा, 'आओ!' फिर उन्होंने मेरे होंठों को चूमा। मेरे विरोध करते ही बाबा दहाड़े, 'डरो मत। यह अनमोल अवसर न गँवाओ। इस अवसर के लिए कई भक्त महीनों बाट जोहते हैं!' बाबा ने मुझसे पैंट खोलने को कहा और मेरी अंडरवियर में हाथ डालकर उसने मेरे लिंग को मसलना शुरू किया। शायद मेरा लिंग उत्तेजित हो जाए, ऐसी उसकी अपेक्षा रही होगी पर ऐसा कुछ नहीं हो पाया। मैं इस वाकिए से परेशान हुआ। फिर बाबा ने मुझसे कहा, 'तुम्हारा लिंग बेहद कमजोर है, बेवजह शक्ति बर्बाद मत करो।' इस समय एक दुष्ट लहर बाबा के सर्वांग पर हावी होने का मुझे एहसास हुआ। बाबा ने मुझे बाहर जाने का इशारा किया।"

डॉक्टर भाटिया 20 साल तक साईंबाबा के भक्त थे और उनके अस्पताल के

ब्लडबैंक के प्रमुख थे। भाटिया की मानें तो 20 सालों तक उसके साथ बाबा ने इसी तरह के संबंध बनाए थे। यही नहीं, बाबा की संस्था के स्कूल-महाविद्यालयों के छात्रों तथा विदेशी भक्तों आदि के साथ भी बाबा के कुछ इसी तरह के रिश्ते थे। इन सारी घटनाओं के मद्देनजर अमरीका में ईमेल द्वारा बाबा के विरोध में जोरदार अभियान चलाया गया। व्हाइट हाउस, अमरीकी सीनेटर, भारतीय समाचार-पत्र आदि सभी को सचेत किया गया। इसका बड़ा लाभ यह हुआ कि यूनेस्को ने बाबा की शैक्षिक संस्थानों को दिया अपना सहप्रायोजकत्व रद्द कर दिया। ये सारी खबरें 'लंदन टेलिग्राफ,' 'इंडिया टुडे' जैसे मशहूर पत्रों ने प्रकाशित की। परंतु दुर्भाग्य कि इस सचाई का सत्यसाईं पर कोई असर न हुआ। उसने एक शब्द तक इस मामले को लेकर कहा नहीं। आश्रम के सचिव, के. चक्रवर्ती ने बस इतना कहा कि "हमारे पास ऐसी बातों पर प्रतिक्रियाएँ देने के लिए वक्त नहीं है।" वे इस बात को बताने से भी चूके नहीं कि "दुनिया में सभी महान विभूतियों पर ऐसे आरोप लगते ही रहते हैं।"

इस्कॉन उर्फ 'हरे कृष्ण संप्रदाय' के मूल प्रवर्तक भक्तिवेदांत प्रभुपाद थे। इन्होंने 1933 में संन्यास ग्रहण किया। भक्तिवेदांत प्रभुपाद स्वामी 1965 में सूटकेस में श्रीमद्भागवत, मंजीरा एवं जरूरी सामान भरकर महज 40 रुपए की जमापूँजी के बल पर सात समंदर पार न्यूयॉर्क पहुँचे। न्यूयॉर्क में इन्हें एक पेड़ के नीचे सर्दी से ठिठुरते हुए बैठा पाया गया था। यहीं पर उन्होंने 'हरे कृष्ण...हरे कृष्ण' का घोष शुरू किया। कहा जाता है, उनके इस घोष को सुनकर आनन-फानन उनके इर्द-गिर्द भीड़ इकट्ठा हुई और उसी क्षण से 'हरे कृष्ण आंदोलन' की शुरुआत हुई। 1966 में कैलिफोर्निया के लॉस एंजिल्स में 'दि इंटरनेशनल सोसाइटी फॉर कृष्णा कॉन्शसनेस' के प्रमुख कार्यालय को खोला गया। इस संस्थान का अत्याधुनिक छापखाना है। 'बैक टु गॉडहेड' नामक उनकी पत्रिका जापानी, अंगेजी, फ्रेंच, जर्मन, स्पैनिश, डच एवं हिंदी भाषा में जापान से प्रकाशित होती है। इस पत्रिका की लगभग पाँच लाख प्रतियों का वितरण होता है। संस्था के छापेखाने में स्वामी प्रभुपाद की 'कृष्ण,' 'भगवद्गीता,' 'एज इट इज,' आदि पुस्तकें छापी जाती हैं। इस संस्था द्वारा कृष्णभक्ति का ढाई साल का पाठ्यक्रम भी तैयार किया है। इसमें 'भगवद्गीता,' 'ईशोपनिषद' एवं वेदादि का अध्ययन करना पड़ता है। साधक को 'भक्तिशास्त्री,' 'भक्तिवेदांत' एवं 'स्वामी' जैसी उपाधियाँ प्रदान की जाती हैं। वर्तमान समय में दुनिया के लगभग चालीस देशों में हरे कृष्ण संप्रदाय के पंजीकृत 250 केंद्र, 1000 ध्यानधारणा केंद्र, 3000 मंदिर एवं डेढ़ करोड़ भक्त हैं। भारत में भी हर राज्य में उनके केंद्र एवं मंदिर हैं। अमरीका की 'वृंदावन' नगरी में संप्रदाय के प्रवर्तक प्रभुपाद का स्मारक है। दुनियाभर के चुनिंदा 17 देशों से अलग-अलग तरह के संगमरमर के पत्थरों को स्मारक निर्माण के लिए लाया गया था। 8000 स्क्वायर

फीट के स्मारक को 22 कैरेट सोने से मढ़ा गया है। इतनी पूँजी कहाँ से आती है, यह बात आज भी रहस्य ही है। हरे कृष्ण संप्रदाय के मतानुसार 'कृष्णानुभूति' आत्मा का विशुद्ध स्वरूप है। सांसारिकता के चलते वह मलिन हो जाता है। 'हरे कृष्ण मंत्र' का उच्चारण करते ही हमारी आत्मा एवं अनुभूति विशुद्ध हो जाती है। न सिर्फ मानव, बल्कि पशु-पक्षी एवं वनस्पतियों की भी आत्मा होती है; वह भी विशुद्ध हो जाती है। आत्मा के मोक्ष की अपेक्षा, कृष्ण की उत्कट सेवा ही इस संप्रदाय का अंतिम लक्ष्य है। अत: निरंतर कृष्ण का नाम स्मरण एवं गुण संकीर्तन किया जाए। स्वयं के सभी कौशल कृष्ण हेतु अर्पित किए जाएँ। उसे चढ़ाया नैवेद्य प्रसाद के रूप में ग्रहण किया जाए तथा कृष्णमूर्ति के चिंतन में जीवन व्यतीत करें, ऐसा कहा जाता है। श्रीकृष्ण संग नाता स्थापित करने के लिए प्रथम गुरु से दीक्षा लेनी चाहिए जिससे कि पापी कृत्यों का दायित्व गुरु ग्रहण कर लेते हैं। भक्त को दीक्षा लेते समय 'हरे कृष्ण' मंत्र 108 बार तथा दिन में 16 बार उच्चारित करना अनिवार्य है। संप्रदाय में द्यूत क्रीड़ा, मदिरा, मांसाहार एवं अनैतिक लैंगिक संबंधादि निषिद्ध हैं। 'हरे कृष्ण' यह मंत्र उच्चारते ही अभूतपूर्व परमोच्च आनंद की प्राप्ति होती है और मानो भावातीत मुद्रा स्थायी हो जाती है, ऐसी शिक्षा इस संप्रदाय में दी जाती है। शिष्यों को कड़े निर्देश दिए होते हैं कि वे मात्र संप्रदाय द्वारा प्रकाशित पुस्तकें ही पढ़ें तथा स्वामी प्रभुपाद के भाष्य को ही अंतिम मानें। और बौद्धिक वादविवाद में समय नष्ट न करें।

हरे कृष्ण संप्रदाय की कथनी और करनी में अंतर है, ऐसा मानने की गुंजाइश है। मुंबई के जुहू में इस संप्रदाय द्वारा संचालित पाँचसितारा होटल है। एक समय इस होटल के कर्मचारी हड़ताल पर चले गए थे क्योंकि होटल प्रबंधन द्वारा कर्मचारियों को न्यूनतम वेतन से वंचित कर दिया गया था। अन्य उद्योगों में मिलनेवाली सुविधाओं से होटल कर्मचारी वंचित थे। अलावा इसके होटल प्रबंधन कामगारों के लिए उद्धत एवं असभ्य भाषा का प्रयोग कर रहा था। वांशिक विभेद भी यहाँ मौजूद था। कर्मचारियों को संगठन स्थापित करने की किसी भी हाल में अनुमति नहीं थी। कर्मचारियों ने हड़ताल की तो होटल प्रबंधन ने पुलिस का सहारा लेकर कर्मियों एवं मजदूरों को अपमानित कर धक्के देकर होटल के बाहर कर दिया था। अमरीकी सरकार ने हरे कृष्ण संप्रदाय के कई साधुओं पर गैरकानूनी हथियार रखना, नशीली चीजों का अवैध रीति से व्यापार करना जैसे अपराधों के लिए कड़ी नजर रखी है। हरे कृष्ण संप्रदाय के शुरुआती दिनों में तो संप्रदाय में दीक्षित साधकों में नशाखोर लोगों का एक बड़ा गुट था। इस संप्रदाय में एक ओर मुंडन करना, माला पहनना, हरे कृष्ण मंत्र द्वारा प्रभावित होना, मंजीरा लेकर भजन गाना जैसा दृश्य था, तो दूसरी ओर अकूत संपत्ति के बल पर हैरानी में डालनेवाली तथा अनुयायियों को जकड़े रखनेवाली व्यवस्था, तो तीसरी ओर सीधे-सीधे नशीली चीजों के व्यापार से

जुड़ाव का दृश्य था! इन सारी चीजों को देखने के बाद हम भी सिवाय हरे कृष्ण (और हरे राम) के सिवा और क्या कह सकते हैं?

अधिकांश साधु बाबा, संत-महंत एकांतवासी दिखाई देते हैं, पर नासिक में नित्य 12 सालों बाद आयोजित होते कुंभ मेले के निमित्त इनके लाखों की तादाद का संगठित रूप देखा जा सकता है। अतएव ये स्वयं तथा इनके संगठनों का गठन करनेवाले लोग स्वयं को धर्म के ठेकेदार और नीति के रक्षक होने का दावा करते हैं। किंतु वास्तव में बेहद शूद्र शत्रुता, ऐशोआराम एवं व्यसनासक्ति आदि के प्रत्यक्ष दर्शन बाबा या साधुओं में हो जाते हैं। पहला पवित्र स्नान कौन करेगा, पवित्र स्नान के लिए पहली शोभायात्रा किसके द्वारा निकाली जाएगी, इस विषय को लेकर शैव एवं वैष्णव साधुओं में विवाद निर्मित होते रहते हैं। ऐसे विवादों का इतिहास 1746 से शुरू होता है। 1746 में निर्मित ऐसे ही विवाद की परिणति घनघोर युद्ध में हुई थी। ये कथित बाबा हाथों में भाला, त्रिशूल और तलवार आदि शस्त्र लेकर एक-दूसरे पर टूट पड़े थे। इस घनघोर युद्ध में 12 हजार साधु मारे गए थे। पवित्र माने जानेवाले तीर्थक्षेत्र में रक्त की नदियाँ बहकर प्रेतों के अंबार लग गए थे। आज भी शैव साधु नासिक एवं वैष्णव साधु त्र्यंबकेश्वर में पवित्र स्नान हेतु नहीं जाते। शाही स्नान का मार्ग एवं क्रम पहले से ही तय किया जाता है। शाही स्नान शोभायात्रा को देखने पर लश्करी मार्च का एहसास होता है। एक समय संविधान में बदलाव संभव है, परंतु इसके पूर्व निर्धारित क्रम में बदलाव असंभव है। असल में षडरिपुओं पर विजय प्राप्त करने का दावा करनेवाले साधु स्नान तथा शौच के लिए सबसे पहले कौन जाएगा, इसे लेकर छोटे बच्चों को भी लज्जित कर दें, इस तरह की हरकतें करते हैं।

मेले में साधु एवं बाबाओं का विचित्र बरताव ही मानो उनका कर्तृत्व है। किसी साधु का भोजन भूख से अधिक होता है तो किसी बाबा की जटाएँ बेहद लंबी होती हैं, कोई साधु लगातार पाँच वर्षों से मौन धारण किए हुए दिखाई देता है तो कोई स्वभाव से शीघ्रकोपी, कोई साधु निरंतर विगत 12 वर्षों से पैरों पर खड़ा ही है, तो कोई साधु 12 सालों से एक ही पैर पर खड़ा है। इन तमाम हरकतों के मूल में कुछ-न-कुछ प्रयोजन होता ही है, विश्वशांति इनमें से एक है। परंतु इन विक्षिप्त साधुओं में से एक भी यह नहीं बताता कि उसकी इन विचित्र हरकतों द्वारा विश्वशांति कैसे साध्य होनेवाली है? शाही स्नान के लिए कूच करते समय कुंभ मेले में भाग लेनेवाले अखाड़े मानो अपने वैभव का ही प्रदर्शन करते दिखाई देते हैं। बाबा और उनके अखाड़ों के लिए अकूत संपत्ति, शिष्यगण एवं दहशत ये चीजें महत्त्वपूर्ण होती हैं। इसके साथ ही शाही स्नान की शोभायात्रा में अलंकारों आदि से सजे-सजाए हाथी, घोड़े आदि देखे जा सकते हैं। आधुनिक युग के कुंभ मेले में अब साधुओं के पास शानदार कारें भी दिखाई देती हैं। साधुओं के शरीर पर भले ही गेरुए वस्त्र दिखाई देते हों पर असल में वे बेहद महँगे

होते हैं। इनके पास देवताओं की चाँदी, सोने एवं हीरे आदि की मूर्तियाँ रहती हैं। ये सारी चीजें अनिवार्य रूप से साधुओं के विलक्षण शौक से जुड़ी हैं। कुंभ के अवसर पर नासिक में लगभग एक लाख से भी अधिक साधु माह-डेढ़ माह तक अपना डेरा लगाए रहते हैं। मेले में छुहारे, नारियल की गरी, बादाम, दूध, श्रीखंड, बासुंदी, सेब आदि चीजों की बेशुमार उपलब्धता होती है। प्रात: के अल्पाहार से लेकर दोपहर का भंडाराभोग, अलावा इसके महाप्रसाद आदि में खिचड़ी, भजिया, पोहा, दाल-भात, सब्जी-चपाती साथ में पुलाव, जलेबी, रसगुल्ले, पेड़ा, जामुन आदि का मेन्यू होता है। और हाँ, मांसाहारी साधु के मेन्यू अलग होते हैं। कुंभ मेले के दौरान सभी खाद्य चीजों की कीमतें लगभग डेढ़ गुना बढ़ जाती हैं। कुंभ मेले में शामिल कम-से-कम 50 हजार साधु गाँजा फूँकते हैं। मान लें कि दिन भर में इनमें से प्रत्येक साधु कम-से-कम एक तोला गाँजा भी फूँकें, तो भी यह खर्च प्रतिदिन 10 लाख के आसपास पहुँच जाता है। लगभग सभी अखाड़ों में साधु से लेकर महंत तक 'शिवशंभो' की जयकार लगाते और गाँजा फूँकते दिखाई देते हैं। मेले के दौरान चिलम सुलगी ही रहती है। जिस तरह कीर्तन के दौरान वीणा एक के काँधे से दूसरे के काँधे पर चढ़ती है, बस उसी तरह सहजता से चिलम एक साधु के हाथ से दूसरे साधु के हाथ में सौंपी जाती है। निद्रा, भोजन एवं भक्ति का समय छोड़ दें तो निरंतर ये साधु गाँजा फूँकने में ही व्यस्त रहते हैं। गाँजा फूँक-फूँक कर भले ही साधु का सीना खोखला होता जा रहा हो या उसमें निरंतर बलगम निर्माण होता रहे, पर साधु गाँजा फूँकना बंद नहीं करते। इस पर भी तुर्रा यह कि इन साधुओं के शिष्य छोटा-सा एल्यूमिनियम का बर्तन लेकर बड़ी ही तल्लीनता और निष्ठा का प्रदर्शन करते गुरु के सामने बैठे होते हैं कि गुरु के बलगम की थूक कब बर्तन में धरी जाए। गाँजा फूँकने के बाद अंत में साधु द्वारा ठंडाई प्राशन की जाती है। गाँजे के साथ ही कुंभ में साधुओं द्वारा बीड़ी, सिगरेट, चरस आदि का भी प्रयोग किया जाता है। घिन आनेवाली ऐसी घटनाओं का किसी पर भी किसी भी तरह का प्रभाव नहीं पड़ता। पिछले कुंभ का इस तरह का जो चित्र सामने आया था, बिलकुल वैसा ही नजारा नासिक में 2003 में आयोजित हुए सिंहस्थ कुंभ मेले में पुनश्च दिखाई दिया था। इसमें धर्म का क्या संबंध है, इसके बारे में संत तुकाराम ने आलोचना करते हुए कहा है—

आया सिंहस्थ पर्व! नाई भट हुए संतुष्ट
अंतरात्मा में पाप व्याप्त। बाहर दिखावत पुण्य
मुंडन करत न लाभ। जब शीश पर पाप गठरी
पापमुक्ति का चिह्न कौन। परिवर्तित हुए न अवगुण।
बिन भक्ति भाव। कहे तुका सकल थकान॥

महाराष्ट्रवासियों ने जिन्हें ऋषितुल्य माना उस नासिक निवासी कविवर कुसुमाग्रज की 'अवसर' शीर्षक की कविता सिंहस्थ कुंभ पर ठेठ एवं कठोर प्रहार करनेवाली है। मैं इस कविता को महाराष्ट्र के कई स्थानों पर धर्म का वर्तमान रूप विशद करते हुए सुना चुका हूँ। गोदावरी तट पर आयोजित वसंत व्याख्यानमाला में भी। मेरा इसके बारे में अनुभव है कि लोग अंतर्मुख होकर मेरा समर्थन करते हैं। फिर भी 2003 के सिंहस्थ मेले के निमित्त से, 'कथित साधुत्व' विषय पर प्रबोधन आंदोलन यदि चलाया जाता तो प्रतिक्रिया कितनी तीव्रता से मिलती, इसके बारे में हम आशंकित थे। उक्त कविता इस प्रकार है—

व्यर्थ बहा तुका। व्यर्थ ज्ञानेश्वर
संतों की पुकार। बाँझ हो गई।
पथ-पथ पर संचित। बैराग्य के ढेर।
दंभ पराकाष्ठा पर। भर गया।
बैंड बजाते। सैयाँ पिया धुन
गजासन। महंत हेतु।
भाला खड्ग हाथ। नृत्यमग्न संन्यासी।
राह जानें। इनसे अध्यात्म की
कोई एक खड़ा। एक चरण पर।
किसी को पथारी। कंटक की।
ऐसे जपी-तपी। दर्शकों की आस।
रुपयों का ढेर। गिरे आगे।
जटा कौपीनों की। क्रीड़ा है जल।
उनमें भी प्रचंड। भीड़ भक्तों की।
कतार में न चूक। किसी तरह की।
भिड़ते लड़ते हैं। संन्यासी आपस में।
साधु स्नानस्थ। साधु भोजनस्थ।
साधु विष्ठारत। साधु पथ पर।
आते वाहन यहाँ घी-शर्करा भरे
टैंकर दुग्धादि। रिक्त होते।
लँगोट को इनके। झालर मोतियों की।
चिलम सुवर्णयुक्त। साधु समीप।
शतकादि पर। मिलता प्रवेश।
लक्षाधीश महज। जाता यहाँ
ऐसे हुई तमाम। कौतुक की मात।

गाजाँदि का आयात। टन-टनादि।
कहत तुका। ऐसे माया के आदी।
पास उनके गोविंद। सकल रीता-रीता।

(कविवर कुसुमाग्रज, 'प्रवासी पंछी' से साभार)

गुरुडम, गुरु, बाबा, स्वामी सद्गुरु, संत-महंतादि का तमाम वातावरण निर्मित होता है—इस जन्म के उद्धार तथा ईश्वर से सीधे भेंट करानेवाले मार्गदर्शक प्राप्ति के विचार से। हम अपनी बुद्धि को उक्त लक्ष्य प्राप्ति हेतु गिरवी रखने के पूर्व कविवर कुसुमाग्रज की उपरोक्त चेतावनी को आत्मसात् करें, यदि उक्त चेतावनी को व्यापक रूप में हम अपनाते हैं तो यह चेतावनी तमाम तरह के बगुला भगत व्यापार के रहस्यों को बेपर्दा करेगी।

चमत्कार की खोज

विश्वकोश में चमत्कार को परिभाषित करते हुए कहा गया है, "चमत्कार यानी अद्‌भुत घटना।" कार्यकारण भाव या प्रकृति नियम जिन घटनाओं पर लागू नहीं होते, ऐसी घटनाओं को अद्‌भुत अर्थात्‌ हैरतअंगेज कहा जाता है। वैज्ञानिक दृष्टिकोणं, बुद्धिवाद या विवेकवाद के द्वारा जिन घटनाओं की उत्पत्ति सिद्ध नहीं हो पाती, ऐसी घटनाओं को चमत्कार कहा जाता है। चमत्कार की व्याप्ति व्यापक है।

चमत्कारों की प्राचीन परंपरा रही है। लगभग दुनिया के सभी धर्मग्रंथों में या धर्मों के इतिहास में चमत्कार के कई उदाहरण मिलते हैं। वेद, त्रिपिटक, बाइबिल, अवेस्ता, कुरान, जैन पुराण, ग्रीक-रोमन-चाइनीज पुराण कथाओं में चमत्कार के वर्णन प्राप्त होते हैं। महात्मा बुद्ध के एक शिष्य ने चमत्कार के द्वारा भिक्षापात्र प्रकट किया था। वह भिक्षापात्र बुद्ध ने तोड़ दिया था और अपने शिष्यों को चेतावनी देते हुए कहा था कि वे कभी भी चमत्कार का प्रयोग न करें। बावजूद इसके बुद्ध के नाम पर कई चमत्कारिक बातें फैलाई गईं। जैसे—बुद्ध ने बाढ़ को हटाया, बुद्ध पानी की सतह पर चलते थे, पानी के भीतर जिस तरह प्रवेश किया जाता है, उसी तरह बुद्ध जमीन के भीतर प्रवेश कर जाते थे। बुद्ध के लिए दीवार किसी भी तरह से अवरोधी नहीं थी आदि। मोहम्मद पैगंबर को भी चमत्कार मंजूर नहीं थे, यद्यपि उन्हें चमत्कार अवगत थे। ईसा मसीह के नाम पर भी कई चमत्कार दर्ज हैं। जैसे—महारोगी के शरीर पर हाथ फेरते ही मरीज का रोगमुक्त होना, मृत व्यक्ति को जीवित करना, समुद्र की सतह पर पैदल चलना आदि।

ऋग्वेद में भी कई अद्‌भुत कथाएँ प्राप्त होती हैं। अलावा इसके गौतम ऋषि की पत्नी, अहल्या का शिलाखंड में परिवर्तित होना, संत ज्ञानेश्वर द्वारा दीवार चलाना, भैंसे के मुख से वेदों को उच्चारित कराना, संत तुकाराम का सदेह बैकुंठगमन, गोरा कुम्हार द्वारा अपनी लड़की को मिट्‌टी में रौंदकर मार डालना तथा फिर से उसे जीवित करना, नृसिंह सरस्वती का एक ही समय कई शिष्यों के घर दीपावली के उपलक्ष्य में जलपान हेतु जाना, शंकराचार्य द्वारा तप्त लौहरस का प्राशन करने पर उनका मुँह न जलना आदि कई प्रकार के चमत्कार आज हमारे पढ़ने या सुनने में आते हैं।

पोथियों और पुराणों में चमत्कार की कहानियाँ कूट-कूट कर भरी हुई दिखाई देती हैं। धर्मग्रंथों में भी चमत्कारों की कोई कमी नहीं है। व्रतादि असल में उपासना के मार्ग हैं पर उनके साथ भी चमत्कार जुड़े हुए हैं। सत्यनारायण व्रत को इस दृष्टि से देख सकते हैं। मनोयोग से पूजा कर व्रत रखनेवाले किसी भी भक्त को पुण्य की प्राप्ति होती ही है; परंतु सत्यनारायण व्रत की पूजा कर बिना प्रसाद ग्रहण किए, जल्दबाजी में पति से मिलने गई; साधु वैश्य की कन्या को दैवी चमत्कार के चलते धनधान्य से भरे जहाज सहित पति की भी जलसमाधि का शिकार होना पड़ा था। इसके बाद उसने सत्यनारायण व्रत की पूजा फिर से मनोयोग से यथोचित रूप में की। सत्यनारायण पूजा की सामर्थ्य का ही चमत्कार था समुद्रतल में जा डूबे जहाज का जीवित पति सहित फिर से ऊपर आना। वटपौर्णिमा के अवसर पर वटवृक्ष की पूजा करने तथा वटवृक्ष को धागे लपेटने से पति के जिंदगी की डोर मजबूत होने का चमत्कार घटित होता है, इस पर अधिकांश नारियों की श्रद्धा है। "वटवृक्ष जब तक खड़ा है तब तक पथिकों को छाँव देता ही है। परंतु यही वटवृक्ष जीर्ण हो जाने के बाद उन्हीं पथिकों पर गिरकर उनके प्राण भी हरता है। ऐसे वटवृक्ष को धागे लपेटकर पति की आयु लंबी होगी ऐसा मानना यानी असत्य की पूजा करना है।" ऐसी फटकार लगानेवाले वि. दा. सावरकर के विचार को चमत्कार के चलते बुद्धि गिरवी रखे लोग भला कैसे पचा पाएँगे? इसके विपरीत ऐसे लोग चमत्कार को आधुनिक विज्ञान का रूप देने का निरंतर प्रयास करते ही रहते हैं। महाभारत में युद्ध भूमि पर चल रहे युद्ध का वृत्तांत राजप्रासाद में बैठकर धृतराष्ट्र से बखान करने का काम अपनी दूरदृष्टि से संजय किया करते थे। यह कोई चमत्कार नहीं, बल्कि ढाई हजार साल पूर्व हमारे पूर्वजों द्वारा दूरदर्शन की खोज करने का उदाहरण है, ऐसा विधान करने पर एक ही बात में चमत्कार एवं विज्ञान दोनों का निर्णय हो जाता है।

संतगणों के चमत्कार विशेष भक्तिभाव का विषय हैं। संत तुकाराम ने सदेह बैकुंठ गमन किया, इंद्रायणी नदी में डुबोई गाथा बिना किसी क्षति के अपने आप पानी की सतह पर आ गई, संत ज्ञानेश्वर ने भैंसे के मुख से वेद उच्चारित कराए, दीवार को चलाया और खुद की पीठ पर परांठे सेंके। ये और ऐसे कई चमत्कार संतगणों के साथ जोड़े गए हैं। परंतु इन चमत्कारों की सचाई क्या थी? आज किसी को भी इसमें दखल लेने की थोड़ी-सी भी तकलीफ उठाने की जरूरत महसूस नहीं होती। शिरडी के साईंबाबा या शेगाँव के गजानन बाबा आदि के नाम पर भी कई सारे चमत्कार दर्ज हैं। ये दोनों भी आज जीवित नहीं हैं, इस कारण उनके चमत्कारों की पड़ताल करना असंभव है। और ऐसी माँग करना उनके भक्तों को हरगिज रास नहीं आएगा। आज के दौर में भी इनसानों के संग विशेषत: संतगणों संग चमत्कार जोड़ देने से उन्हें महानता प्राप्त होती है, ऐसा माननेवालों की संख्या

भी सभी स्थानों पर पर्याप्त मात्रा में बढ़ी है। नतीजा, गाडगे बाबा जैसे संत जिन्होंने आजीवन चमत्कार का विरोध किया वे 'मृत्यु पश्चात् सदेह बैकुंठ गमन कर गए' ऐसा पुस्तकों में लिखा गया।

चमत्कार बगुला भगतों का बड़ा हथियार है। बाबा, माँ, स्वामी जैसे लोगों द्वारा दिखाए चमत्कार के चलते भक्त इनके सामने सदैव माथा नवाकर ही खड़े होते हैं। भक्त कभी भी ऐसे चमत्कार के मूल में निहित सत्य की पड़ताल हेतु उत्सुकता नहीं दिखाते। नतीजा, बाबाओं को अवसर मिल जाता है। सत्यसाईं ऐसे अवसरवादी की बात करें तो ऐसा कौन सा चमत्कार है जो उसके नाम दर्ज नहीं है? खोजना पड़ेगा। सत्यसाईं का भक्त की बीमारी को सैकड़ों मील दूरी से बड़ी आसानी से अपने ऊपर ले लेना, विश्वविख्यात जापानी कंपनी 'सीको' की कलाई घड़ी का संस्करण दैवी सामर्थ्य से बाजार में आने के छह महीना पूर्व ही खुद के हाथों में दिखाना, भारत का कोहिनूर हीरा जो अब इंग्लैंड में है, उसे अपने एकनिष्ठ अनुयायियों को खुद की हथेली पर दैवी सामर्थ्य से दिखाना, ऐसे कई चमत्कार सत्यसाईं के भक्त उसके नाम पर लोगों को सुनाते हैं और सत्यसाईं संस्थान की अधिकृत प्रकाशित पुस्तकों में भी पढ़ने को मिलते हैं।

निर्मला माता अंतरराष्ट्रीय ख्याति प्राप्त देवी मानी जाती है। चिकित्सा विज्ञान भी अब तक कैंसर या एड्स जैसी बीमारी की रामबाण दवा ईजाद नहीं कर पाया है। पर निर्मला माँ कुंडलिनी शक्ति चमत्कार की सामर्थ्य से कैंसर या एड्स जैसी जानलेवा बीमारियों को जड़ से ठीक करने का दावा पत्रकार परिषद में किया करती थी।

अनुराधाबाई देशमुख मसलेचौधरी, तहसील मोहल, जि. सोलापुर निवासी है। इस महिला के शरीर में भगवान शिव के प्रवेश करते ही उसके हाथों से अखंड भभूत उत्पन्न होने लगता तो कभी बिल्वपत्र और कभी रुद्राक्ष भी। भिगवण, जि. पुणे और लातूर, महाराष्ट्र का मल्लीनाथ बाबा पानी को छूने से उसके पेट्रोल में परिवर्तित हो जाने का दावा करता है। पुणे का वर्तक बाबा मानव निर्मित उपग्रह मंगल पर पहुँचने के पूर्व ही अपनी अद्भुत शक्ति सामर्थ्य द्वारा स्वयं मंगल पर जाकर लौट आने का दावा करता है। साक्री, धुलिया जिला निवासी विजय गांगुर्डे नामक युवा दैवी चमत्कार से शॉकप्रूफ होने तथा किसी भी प्रकार के विद्युतप्रवाह को छूने पर नुकसान न पहुँचने का दावा कर कई दिन देश में घूमता रहा। विदर्भ के गुलाब बाबा के बारे में कुछ न बतियाना ही बेहतर है। यदि उसके चमत्कारों की सूची भी हम सुनेंगे तो स्तंभित होंगे। उसके कुछेक चमत्कार इस प्रकार हैं—बाबा के आदेश पर ड्राइवर के बिना ट्रैक्टर का खेती में दौड़ना, बाबा द्वारा अपने हाथों से सूखे कुएँ में फूलों को छिड़कते ही कुएँ का पानी से लबालब भर जाना, 100 लोगों के लिए बनाए भोजन में बाबा के आशीर्वाद से 700 लोगों का भरपेट खाना, चीकू का मौसम न होते हुए भी भक्त की खातिर चीकू प्रकट करना, मटके में भरे

पानी को घी में परिवर्तित करना, मृत बैल को जीवित करना, अंधी लड़की को दृष्टि प्रदान करना, गूँगी लड़की को वाणी प्रदान करना, बंद ताले को हाथों के स्पर्श से खोलना आदि कई चमत्कार गुलाब बाबा की दैवी सामर्थ्य का परिणाम है। यहाँ तक कहा जाता है कि गंगा के पानी की परिक्रमा को एक दिन में पूरा कराने के लिए बाबा ने सूर्यास्त को ही रोके रखा था!

उपरोक्त चमत्कारी शक्तियाँ शुभ श्रेणी की हैं। अशुभ श्रेणी की चमत्कारी शक्तियाँ अपनी मौजूदगी का एहसास कराए बिना कैसे खामोश बैठेंगी? अशुभ शक्ति द्वारा किए गए चमत्कार यानी भूत-प्रेत, इंद्रजाल, जादू-टोना, डायन, टोना-टोटका आदि। इंद्रजाल यानी वस्त्रों का अपने आप फटना या जल उठना, अलमारी में बंद चीजों का अपने आप बाहर आना, बंद कमरे में पत्थरों की वर्षा होना, भोजन में अपने आप मैला या राख की मिलावट का दिखाई देना, डायन के प्रभाव से अनाज का ढेर गायब होकर पड़ोसी के घर मिलना, भूत के प्रकोप या भूत के शरीर में प्रवेश करने पर अपरिचित भाषा भी गला फाड़-फाड़ कर बोलने का चमत्कार घटित होना, दुष्टात्मा की सवारी आने पर ऐसा व्यक्ति 10-12 लोगों के कोशिशें करने के बावजूद भी नियंत्रण में न आना और टोटके का शिकार हुए व्यक्ति को खून की उल्टियाँ होकर उसकी जान खतरे में आना आदि।

दैवी प्रकोप—यह भी एक तरह का चमत्कार है। शनि शिंगणापुर, जि. अहमदनगर के महादेव की पहचान एक जाग्रत देवता के रूप में है। यहाँ के घरों में कभी ताले ही नहीं लगते, बावजूद इसके किसी की क्या बिसात कि यहाँ पर चोरी करे! कहा जाता है कि चोरी करनेवाला व्यक्ति अंधा बन जाता है, उसके लिए देवालय परिसर के बाहर जाना भी असंभव रहता है। डुंगेश्वर, जि. सिंधुदुर्ग के देवस्थान की भी ऐसी ही ख्याति है। इस देवता को बड़े भक्तिभाव से भक्तों द्वारा कई घंटियाँ अर्पित की गई हैं। ये घंटियाँ खुले में टँगी होने के बावजूद भी इनमें से अब तक एक भी घंटी चोरी नहीं हुई है। यदि किसी को घंटियाँ चुरा ले जाने की दुर्बुद्धि सूझती भी है, तब उस व्यक्ति पर दैवी सामर्थ्य की ऐसी मार पड़ती है कि तौबा करते हुए घंटियाँ लौटाने हेतु चोर को ईश्वर की शरण में आना ही पड़ता है। पुणे जिले के भुलेश्वर मंदिर का चमत्कार कुछ अलग है। भक्त द्वारा शिवलिंग पर पेड़ा चढ़ाने के कुछ देर बाद पेड़ा अपने आप गायब हो जाता है।

चमत्कार की और एक पद्धति यानी अतींद्रिय शक्ति। जनमानस को ज्ञानेंद्रियों द्वारा अवबोध होता है और ज्ञानेंद्रियों की अवबोध कराने की भी एक सामर्थ्य सीमा होती है। पर इस सामर्थ्य सीमा के परे जाकर भी कतिपय लोगों में अवबोधन की प्रक्रिया घटित होती है। वर्तमान में ऐसी शक्ति को चमत्कार ही माना जाए। टेलिपैथी की सामर्थ्य जिनके पास है ऐसे व्यक्ति संसूचन की अन्य किसी व्यवस्था के बिना एक-दूसरे से संपर्क स्थापित कर सकते हैं। कतिपय व्यक्तियों को भूतकाल में घटित

घटनाएँ, जबकि इन घटनाओं के कभी वे साक्षी ही नहीं थे, अपने आप दिखाई देती हैं। जैसे—चोरी की घटना के बाद चोर का हूबहू वर्णन करना। टेलिपैथी की सामर्थ्य प्राप्त व्यक्ति के लिए यह संभव है। यही नहीं, भविष्य में घटित होनेवाली घटनाएँ तफसीलात के साथ ऐसे व्यक्ति की आँखों के समक्ष अपने आप घटित होती दिखाई देती हैं। यूरी गेलर ने बिना किसी भौतिकी शक्ति प्रयोग के, महज नेत्रशक्ति या इच्छाशक्ति द्वारा डायनिंग टेबल पर इस्तेमाल होनेवाले काँटे-चम्मच आदि के टुकड़े करने और बंद पड़ी घड़ी को फिर से चालू कर दिखाने का चमत्कार दिखाया था। चमत्कार की सचाई इस प्रकार है—यूरी गेलर ने उपरोक्त दोनों चमत्कारों का प्रस्तुतीकरण टीवी स्टूडियो में किया था और इस कार्यक्रम को घर बैठे टीवी पर देखनेवाले कुछ दर्शकों ने 'कमरे की दीवारों पर टँगी घड़ियों के काँटों को अपने आप घूमने और शोकेस में रखी चीजें कंपन के चलते अपने आप जमीन पर गिर पड़ने की बातें बताईं,' ऐसा कहा जाता है। अत: मानव मन बेजान चीजों पर प्रभाव छोड़ सकता है—इसे चमत्कार नहीं तो और क्या कहा जा सकता है?

कई लोग दैवी शक्ति के बलबूते पर असाध्य रोग का इलाज कर चमत्कार दिखाने का दावा करते हैं। असम के भूतपूर्व राज्यपाल लोकनाथ मिश्र भी ऐसे लोगों में से एक हैं। उन्होंने चमत्कारों द्वारा जनता जनार्दन के कल्याण के प्रयोग राज्यपाल भवन में ही शुरू किए थे। उनका दावा था कि मैं ऐसे कुछ मंत्रों का ज्ञाता हूँ, जिनके माध्यम से असाध्य बीमारी को भी तुरंत दूर किया जा सकता है।

किसी घटना के मूल में निहित कार्यकारण भाव के अज्ञात होने पर मानव उसे चमत्कार मान लेता है। सम्मोहन को अधिकांश लोग अद्‌भुत एवं रहस्यमय शक्ति ही समझ बैठते हैं। सम्मोहनावस्था में पहुँचे व्यक्ति के शरीर में सूई चुभाने पर भी उसे वेदना का एहसास नहीं होता। करेला भी ऐसा व्यक्ति चॉकलेट समझकर मजे से खा जाता है और घासलेट में भिगोए चीथड़े को भी गुलाब का फूल समझकर सूँघता है, खाली गिलास उठाने तक की सामर्थ्य उसमें नहीं रहती। सम्मोहन विशेषज्ञ के निर्देशानुसार वह छोटे से छोटा होता चला जाता है और एक वक्त ऐसा भी आ जाता है कि वह पूर्वजन्म में भी पहुँचता है। इन सारी चीजों को देखनेवाला व्यक्ति इन्हें चमत्कार ही समझ बैठता है। यही नहीं, कभी-कभार ऐसी घटनाएँ भी घटित होती हैं, जिनका विज्ञान जगत कार्यकारण संबंध एवं विश्लेषण करके जवाब नहीं दे पाता, अत: ऐसी घटनाओं को चमत्कार मानना बेहद आसान हो जाता है। कैंसर से पीड़ित व्यक्तियों को अब वे जिंदा नहीं बचेंगे, गारंटी के साथ बताया गया था, इन्हीं मरीजों में से एकाध भले ही अपवाद क्यों न हो पर उसके बड़ी लंबी उम्र जीने का उदाहरण मिल जाता है। इत्तफाक से ऐसे व्यक्ति किसी बाबा द्वारा आशीर्वाद स्वरूप दी गई भभूत को माथे और शरीर पर लगा लेते हैं और कैंसर 'सहज प्रगतिमन' (Spontanious Regretion) जैसी बेहद अपवादात्मक घटना

के चलते पूरी तरह से ठीक हो जाता है, तब श्रेय आसानी से बाबा की भभूत के चमत्कार को ही दिया जाता है।

'बर्म्यूडा ट्रैंगल' बर्म्यूडा, फ्लोरिडा और पोर्टो रिको इन तीन स्थानों को जोड़ने वाली तीन रेखाओं के योग से बना तिकोना क्षेत्र है। चार्ल्स बर्लिट्ज—इस लेखक के ग्रंथ में दावा किया गया है कि इस क्षेत्र में ऐसी कई रहस्यमय घटनाएँ घटित होती हैं कि जिनका खुलासा, अतिप्राकृतिक शक्तियों के अस्तित्व को मान्य किए बिना किया नहीं जा सकता। इसमें सत्य और असत्य क्या है, इसकी पड़ताल किए बिना ही इस चमत्कार का दुनियाभर में बोलबाला हुआ। उड़न तश्तरियों का चमत्कार भी एक ऐसा ही बहुचर्चित मामला है।

जादूगर असल में जादू के प्रयोग कर रहा होता है, पर कुछ लोग इस पर 'अद्‌भुत' का मुलम्मा चढ़ाने की कोशिशें करते हैं। इसके चलते ही मनोरंजन की कला चमत्कार की जननी सिद्ध हो जाती है। आँखों पर पट्टी बाँधकर भीड़-भाड़ वाले इलाके से कैसे मोटरसाइकिल दौड़ाई जा सकती है? इसे लेकर नेत्रशक्ति द्वारा भारी लोहे का गोला ऊपर किस तरह उठाया जा सकता है? जैसे कई सवालों के जवाब न मिल पाने के कारण लोग उन्हें चमत्कार की अद्‌भुतता मानते हैं। (असल में ये बातें व्यवसाय के रहस्य भर हैं।)

चमत्कार के ऐसे कई भूलभूलैये जनमानस में निरंतर कार्यरत रहते हैं। इनके जवाब खोजने की जिज्ञासा मन में पैदा होने के अलावा उनका अस्तित्व मान्य कर, उन्हीं का आधार लेकर जीया जाए, ऐसा जनमानस दिखाई देता है। अतः सत्य-असत्य की पड़ताल करना मुश्किल हो जाता है।

कई लोगों का यह ठोस विश्वास होता है कि संसार का निर्माता और नियंता होता है। उसकी लीला अपंरपार है ऐसा भी उनका विश्वास होता है। निर्माता की अथाह सामर्थ्य की आगे विज्ञान के तमाम नियम, निरर्थक साबित होते हैं, इसके बारे में उन्हें कोई शक नहीं होता। विज्ञान सभी रहस्यों को सुलझा नहीं पाया है और जिन्हें सुलझा पाया है उसके परे भी किसी-न-किसी चीज का अस्तित्व है और होगा ही, इसके बारे में अधिकांश आश्वस्त होते हैं। ऐसी उर्वर मानसिकता यदि चमत्कारों को जन्म न दें, तो इसमें हैरानी की कोई बात नहीं होनी चाहिए!

धार्मिक ग्रंथों ने उक्त कल्पना का स्वाभाविकतः निरंतर समर्थन किया है। 'ज्ञानेश्वरी' के छठे अध्याय में 268 एवं 269 इन दो पंक्तियों में कुंडलिनी जाग्रत हुए योगी को कौन सी सामर्थ्य प्राप्त होती है, इसका जिक्र किया गया है। ऐसा व्यक्ति पानी की सतह पर चल सकता है, समुद्र पार की चीजें देख सकता है, चींटी की आवाज समझ सकता है, स्वर्गलोग के विचारों को सुन सकता है, ऐसा स्पष्ट उल्लेख ज्ञानेश्वरी में प्राप्त होता है। कुंडलिनी चमत्कार पर लोगों का विश्वास एवं श्रद्धा स्थायी होने के लिए ये चीजें काफी हैं। चमत्कार का

प्रस्तुतीकरण भी श्रद्धालु मन को, उस पर तुरंत विश्वास करने के लिए मजबूर कर देता है। इचलकरंजी, जि. कोल्हापुर, के एक डॉक्टर ने मुझे खत लिखकर अवगत कराया कि 'सत्यसाईं से विनती करने पर (खास प्रसाद स्वरूप) उन्होंने मेरी हथेली पर चमचमाता कोहिनूर हीरा प्रकट कर दिखाया था। अतः आँखों देखी को भला कैसे झूठ माना जा सकता है?' ऐसा उनका प्रश्न था। अलबत्ता जो कोई बाबा, स्वामी या माँ चमत्कार दिखाते हैं उनके बारे में अमूमन भक्तगण ऐसे ही प्रश्न करते हैं। ऐसी ही एक आँखों देखी घटना है, जिसमें एक गाँव में खुद-ब-खुद झोंपड़ियाँ सुलगने लगी थीं। भय से हैरान हुए लोगों ने मजबूर होकर तहसीलदार से शिकायत की। तहसीलदार मौका-ए-वारदात पर पहुँचा। उसकी मौजूदगी में ही, वह जिस झोंपड़ी में बैठा था उसकी छप्पर, जबकि वहाँ कोई नहीं था, अपने आप सुलगी। इस घटना से तहसीलदार का विश्वास स्थायी हो गया कि इंद्रजाल होता ही है। इसके बारे में अतींद्रिय शक्तियों का अध्ययन करनेवाली संस्थाएँ कथित वैज्ञानिक दावे बीच-बीच में करती रहती हैं और ज्ञानेंद्रियों के परे की अनुभूतियों को चमत्कार के प्रदेश में ले जाती हैं। प्रयास करके भी कई बार चमत्कार के पीछे छिपा रहस्य सुलझ ही नहीं पाता। अतएव चमत्कार को मान्यता दी जाए, ऐसी माँग लोगों द्वारा करना शुरू हो जाता है।

2 फरवरी, 1834 से 27 मार्च, 1834 के बीच मेजर एडवर्ड मूर नामक शख्स के घर में अपने आप डायनिंग हॉल की घंटी रोज दो-तीन दफा बजा करती। मूर ऐसे चमत्कारों पर विश्वास रखनेवालों में से नहीं थे। अतः उन्होंने बारीकी से पड़ताल की कि क्या बेल की डोरी पर कोई पंछी बैठकर बेल बजा रहा है? क्या बेल की डोर से चूहे दौड़ने के कारण बेल बज रही है? क्या घर के बाहर बेल की डोर होने के चलते कोई ऊधमी बच्चा डोर खींच तो नहीं रहा है? इन सारी चीजों की पड़ताल करने के बावजूद भी रहस्य नहीं सुलझ पाया। उन्होंने गौर किया कि बेलवाले चमत्कार की और एक विशेषता थी कि बेल बजते समय उसका डंडा एवं हंडी जोर-जोर से हिला करती। मूर ने बेल की डोर खींचकर इस चमत्कार की आवृत्ति करने का प्रयास किया। बेल बजती थी पर डंडा एवं हंडी नहीं हिला करती। मूर ने चमत्कार का रहस्य सुलझाने के लिए अखबार में एक पत्र छपवाया। उन्हें पत्र के उत्तर में मिली जानकारी से गहरा झटका लगा क्योंकि ऐसा रहस्यमय घंटानाद इंग्लैंड में भी कई स्थानों पर हो रहा था। इंग्लैंड में लगातार सात साल तक जानकारी संकलित करके जाँचकर्ताओं के छानबीन करने पर उनके ध्यान में आया कि इनमें से 30 घटनाएँ ऐसी थीं जिन पर रत्तीभर भी शक नहीं किया जा सकता था। कइयों ने चमत्कार का वर्णन 'इंग्लैंड का इंद्रजाल' ऐसा किया था। इसके भीतर निहित रहस्य का खुलासा होने के लिए 80 साल इंतजार करना पड़ा।

ऐसी घटनाएँ चमत्कार को मजबूती प्रदान करती हैं, इसमें कोई शक नहीं। इसके अलावा लोग ऐसा भी कहते हैं कि संतगणों को प्रत्यक्ष ईश्वर के दर्शन होते हैं, ईश्वर उनसे बतियाता है। रामकृष्ण परमहंस ने ईश्वर के दर्शन विवेकानंद को कराए थे, इस बात पर ऐसा भी कहा जाता है कि क्या ये महान विभूतियाँ झूठ बोल रही हैं? ऐसे लोगों द्वारा चमत्कार पुष्टिकरण हेतु कई दफा कई स्तरों पर मिले सबूत बेजोड़ रूप में सामने लाए जाते हैं। किसी गाँव में कोई शख्स अचानक गूँगा या अंधा हो जाता है या उसे लकवा मार जाता है। डॉक्टर परीक्षण कर बोलता है, "संबंधित इंद्रियाँ तो ठीक-ठाक हैं पर बीमारी भी यथार्थ है।" यदि इस अंधेपन या गूँगेपन के किसी स्वामी की भभूत या ओझा के झाड़-फूँक से दुरुस्त होने की बात सुनने में आती है, तब लोगों का चमत्कार पर विश्वास स्थायी हो जाता है, ये हुई स्थानीय बातें। यदि अंतरराष्ट्रीय स्तर पर मशहूर बी.बी.सी. जैसा मीडिया सम्मोहन कार्यक्रम द्वारा पूर्वजन्म साबित कर दिखाता है, तब चमत्कार का बोलबाला न हो तो ताज्जुब होना चाहिए।

चमत्कारों को मजबूती प्रदान करानेवाली उपरोक्त सभी घटनाएँ और उस जैसी अन्य घटनाएँ झूठी हैं। सतही तौर पर चमत्कार सदृश प्रतीत होनेवाली सभी घटनाओं की वैज्ञानिक दृष्टिकोण से पड़ताल करने पर, निश्चित रूप से सचाई सामने आ सकती है।

चमत्कार, पड़ताल की कसौटी पर सिद्ध नहीं हो पाएँगे इसका पूरा भरोसा होने के कारण ही 'चमत्कार की शास्त्रीय निर्कषों पर नियंत्रित माहौल में पड़ताल कराने की चुनौती' को चमत्कार दिखानेवाले, कथित दैवी अवतारी कभी स्वीकारते ही नहीं क्योंकि ऐसी पड़ताल में उनकी सीमाएँ उजागर हो जाती हैं। बेशक ज्ञानेश्वर अलौकिक प्रतिभा के धनी रचनाकार थे, यह सच है। पर इसलिए उनके द्वारा उल्लिखित कुंडलिनी जाग्रति का चमत्कार सत्य मानना हमारे लिए जरूरी नहीं है, यह भी उतना ही निर्विवाद सत्य है। इसमें ज्ञानेश्वर पर अधिक्षेप करने का सवाल ही नहीं उठता, अपितु ज्ञान की प्रक्रिया को शब्दप्रमाण एवं ग्रंथप्रमाण के बंधनों से मुक्त करने का अधिकार है। किसी अन्य की गैर मौजूदगी में अपने आप कपड़े या झोंपड़ियों का सुलग उठना चमत्कार नहीं है, बल्कि एक तरह का सामान्य रासायनिक प्रयोग है; जिसमें पीला फॉस्फोरस गीली रूई में लपेटकर झोंपड़ी की छत पर रखा जाता है अथवा पीला फॉस्फोरस कार्बन डाइऑक्साइड में मिलाकर वह घोल वस्त्र या मोमबत्ती की बाती पर लगाया जाता है। रूई का पानी कुछ देर बाद सूख जाता है और फॉस्फोरस खुली हवा में वातावरण के तापमान से जल उठता है, जिससे झोंपड़ियों की छप्पर में लगी सूखी पत्तियाँ, छिलके आदि सुलगते हैं और नतीजा देखते-ही-देखते आग धधक उठती है।

मंत्र द्वारा अग्नि प्रज्वलित कर लोगों का टोना-टोटका दूर कर हजारों रुपए ऐंठनेवाले बाबाओं को हमने जेल की हवा चखाई है। यह भी मात्र एक साधारण

रासायनिक प्रयोग होता है, चमत्कार कतई नहीं। कई बाबाओं द्वारा अतींद्रिय शक्ति के दावे किए जाते हैं, पर कसौटी पर किसी बाबा का दावा खरा नहीं उतरता और न ही उसे कोई सिद्ध कर पाता है।

महाराष्ट्र में 'परामानसविज्ञान शोध संस्था' है, पर यह शोध संस्था विगत दस सालों में अंधश्रद्धा निर्मूलन समिति की ओर, जाँच करने योग्य एक भी मामला सौंपने में विफल रही है। 'इंग्लैंड का इंद्रजाल' वाला रहस्य भी 80 सालों तक रहस्य ही रहा यह सही है लेकिन इसी तरह 1914 में स्कॉटलैंड के 'ग्रीनक' बंदरगाह में इंद्रजाल की चमत्कारिक घटनाएँ घट रही थीं। यह युद्ध का दौर था। अत: सत्यान्वेषण और लोगों में पैदा हुआ इंद्रजाल का खौफ दूर करने हेतु सरकार द्वारा आदेश जारी किया गया। जो कुछ सामने आया वह इस प्रकार है—पनडुब्बियों के लिए बनाए इंजनों या अन्य जहाजों के इंजनों के शुरू होने पर, उनकी कर्णकटु ध्वनि और कंपन पुराने घरों में टँगी बेल से टकराने पर बेल और बेल का डंडा जोर-जोर से हिलने लगता और बेल का 'इंद्रजाल' शुरू होता।

अचानक किसी व्यक्ति (विशेषत: महिलाओं) की बिना किसी वजह के वाणी चली जाती है या उसे कुछ दिखाई नहीं देता। ऐसे समय भय का वातावरण निर्मित होता है। स्थानीय डॉक्टर से जाँच कराने पर वे कहते हैं कि 'आँखों में या स्वरेंद्रियों में कोई दोष नहीं है।' लेकिन व्यक्ति को न आँखों से कुछ दिखाई दे रहा है और न वह मुँह से कुछ बोल पा रहा है—यह भी दूसरी सचाई है। ऐसे समय इसे भूतबाधा, रहस्य या चमत्कार माना जाता है। वास्तव में यह मामला 'हिस्टेरिकल कनवर्जिन्स' वाला होता है। यानी तनाव, मानसिक रहता है पर व्यक्त होता है शारीरिक परिणामों के जरिए। शरीर की उन इंद्रियों में किसी भी प्रकार का दोष नहीं रहता जिसे हम बीमारी समझ बैठते हैं। वह मनोकायिक कोटि की बीमारी होती है। मन का तनाव ढीला पड़ने पर इंद्रियाँ फिर से पूर्वरूप में काम करने लगती हैं। ऐसे तनाव को दूर करने का कार्य मनोचिकित्सक कर सकते हैं। इसी तरह कोई बाबा, स्वामी भी यह काम कर सकता है। रोग को दूर करनेवाला बाबा को पीड़ित की पारिवारिक दशा, पूर्वपीठिका, असल समस्या आदि से अच्छी तरह अवगत होने की संभावना रहती है। अत: बाबा द्वारा बताए गए उपाय, बाबा द्वारा पीड़ित व्यक्ति की समझ आदि के चलते जब पीड़ित के मन का तनाव ढीला होता है तो दृष्टि या वाणी फिर से लौट आती है, या लकवा पीड़ित अंग फिर से क्रियान्वित हो जाता है। इस अनहोनी को देख लोग कहने लगते हैं कि जिसे डॉक्टर भी नहीं कर पाया, उसे बाबा ने कर दिखाया। ऐसी दिलचस्प चमत्कार कथाएँ सर्वत्र फैल जाती हैं। जिन्हें बीमारी के मूल में निहित विज्ञान का पता नहीं होता, ऐसे अधिकांश लोग उपरोक्त घटना को सच ही मान लेते हैं।

संतों को ईश्वर ने प्रत्यक्ष दर्शन दिया। रामकृष्ण परमहंस ने स्वामी विवेकानंद को ईश्वर के दर्शन कराए, इन बातों के बारे में अधिकांश लोग किसी भी प्रकार

की आशंका नहीं जताते। उनका सवाल होता है कि भला यह बिना चमत्कार के कैसे संभव हो सकता है? संतगण द्वारा झूठ बोलना संभव ही नहीं है। संतगणों का अनुभव सच्चा ही होगा अत: चमत्कार भी सच ही होंगे, ऐसी दलीलें उनके द्वारा रखी जाती हैं।

संत झूठ नहीं बोलते इस कथन को स्वीकारने में कोई आपत्ति नहीं है, लेकिन उन्हें दर्शन देनेवाले ईश्वर की सचाई क्या होती है, इसे अब सम्मोहन द्वारा साबित किया जा सकता है। सम्मोहन निर्देशक की सूचनाओं को दिल से स्वीकार कर, प्रगाढ़ सम्मोहन की दशा में लीन हुए व्यक्ति को, अब तुम्हारे कुलदेवता का दर्शन तुम्हें होगा, ऐसी सूचना देने पर सामने भले ही कोई हो या न हो, बावजूद उसके उसे कुलदेवता का तेजपुंज मुख दिखाई देता है और सम्मोहित व्यक्ति बेहद भक्तिभाव से अपने कुलदेवता के समक्ष नतमस्तक होता दिखाई देता है। इसे वीडियो शूटिंग द्वारा चित्रित करके उसे दिखाया भी जा सकता है। यह हुआ 'परसम्मोहन'। पर किसी व्यक्ति को किसी चीज की बेहद उत्कटता से आस लगने पर, ऐसे व्यक्ति के स्वयं ही सम्मोहनावस्था में चले जाने की संभावना होती है। इस अवस्था में होनेवाले सभी तरह के आभास उस व्यक्ति को सच प्रतीत होते हैं। ऐसे व्यक्ति के चरित्र एवं साधुत्व को लेकर आदर के चलते लोगों का ऐसे व्यक्ति पर विश्वास स्थायी हो जाता है। अत: प्रत्यक्ष दर्शनवाले चमत्कार को अधिकृत मान्यता प्राप्त हो जाती है।

पुनर्जन्म को बेजोड़ सबूत के रूप में पेश करनेवाले बी. बी. सी. दूरदर्शन के लिए कुछ सालों पूर्व जो शॉर्ट फिल्म बनी थी, क्या थी उसकी सचाई, इसे समझ लेना जरूरी है। अर्नाल्ड लैक्सहैम नामक मेडिकल की पढ़ाई अधूरी छोड़े शख्स ने सम्मोहन का अध्ययन किया था। इसने कुछेक लोगों को सम्मोहन-दशा में ले जाकर उनके पुनर्जन्म की कहानियों को उन्हीं के जुबानी बयाँ कराया था, इसे टीवी पर लाखों लोगों ने देखा भी। सम्मोहन दशा से बाहर आने पर उन व्यक्तियों को पुनर्जन्म के बारे में कुछ याद नहीं आ रहा था। यह सब कुछ टीवी पर देखनेवाले दर्शकों को इसमें किसी प्रकार की ठगी का अंदेशा तक नहीं हुआ। इससे निष्कर्ष यह निकाला गया कि विज्ञान की पद्धति से पुनर्जन्म सिद्ध होने का यह सर्वोत्तम सबूत है।

इस प्रयोग को दूरदर्शन पर पेश करनेवाला आयवरसन नामक निर्माता झूठ बोल नहीं रहा था, परंतु विज्ञान की आद्यतन अवस्था के बारे में उसका ज्ञान अधूरा था। इसे कुछ यूँ समझा जा सकता है कि मानव मन के बाह्यमन और अंतर्मन ऐसे दो हिस्से होते हैं। अंतर्मन विशाल एवं प्रभावी होता है, परंतु अव्यवस्थित फैली जानकारी के भंडार-सा। कई रास्तों से मिली जानकारी अंतर्मन में संकलित होती है। संभवत: वह जानकारी विस्मृति के परदे के पीछे चली जाती है। पर कई दफा उसकी भीतरी स्मृति यकबयक जाग्रत होती है या प्रयास से उसे जाग्रत किया जा सकता है।

इस मामले का ढंग से अध्ययन करने पर पुनर्जन्म के रूप में जिसे बताया जा रहा है—वह स्मृति कहाँ से प्रकट हुई, इसका उत्तर मिल सकता है। इसके लिए चुनिंदा व्यक्तियों को सम्मोहित किया गया। उन्हें पूर्वजन्म में लौटने की सूचनाएँ दी गईं। पूर्वजन्म की जानकारी इनसे संकलित की गई। इसके बाद उन्हें सम्मोहन-निद्रा से बाहर लाया गया। जाग्रतावस्था में इन्होंने कबूल किया कि सम्मोहनावस्था में उन्होंने जो कुछ पुनर्जन्म के बारे में बताया था, उसकी जानकारी अब उनके पास नहीं है। इसके बाद उन्हें फिर से सम्मोहित किया गया, और उन्हीं के द्वारा दी गई जानकारी के आधार पर उन्हें यह जानकारी अतीत में कब मिली, इसकी खोज की गई। इन्हें सिलसिलेवार बचपन से लेकर आज तक की उम्र की विभिन्न दशाओं से यात्रा करते हुए स्मृति जाग्रत करने का प्रयास करने के लिए कहा गया। सभी लोगों ने, जिसका उन्होंने पुनर्जन्म के रूप में कथन किया था, को किस पुस्तक या सिनेमा या किस जगह पर चली चर्चाओं में सुना था, उसे याद किया। इन स्मृतियों एवं स्मृतियों में घुल-मिल चुकी भावनाओं के गहरे रंगों द्वारा कथित पुनर्जन्म की निर्मिति किस तरह होती है, इसे सप्रमाण सिद्ध किया गया।

चमत्कार के बारे में अन्य भूमिकाएँ क्या हैं, इसके बारे में हम संक्षेप में जानकारी प्राप्त करेंगे। अबुल कलाम आजाद ने अहमदनगर, दुर्ग से लिखे पत्र संग्रह 'मनक्षोभ' (गुब्बारे खातिर) में लिखा है—

'फलसफा संशय की अलमारी खोल देगा, लेकिन खुली अलमारी फिर से बंद करना उसके लिए संभव नहीं होगा। विज्ञान सबूत देगा, लेकिन श्रद्धा नहीं। जीने के लिए सिर्फ सबूत द्वारा सिद्ध हुए तथ्यों की ही आवश्यकता नहीं होती। बल्कि श्रद्धा भी बेहद जरूरी है। जिन चीजों को सप्रमाण सिद्ध किया जा सकता है,उसे हम मान्य करते हैं। पर जब हम इससे भी संतुष्ट नहीं होते तब हमें कुछ ऐसी चीजों की भी जरूरत महसूस होती है जिन्हें सप्रमाण सिद्ध नहीं किया जा सकता, लेकिन वे माननी पड़ती हैं।'

जीवन अनहोनियों से भरा है। ये अनहोनियाँ कई दफा बहुतेरों को चमत्कारपूर्ण प्रतीत होती हैं। यह निश्चित तौर पर होता क्या है, इसकी पड़ताल करना मुश्किल रहता है और कइयों को पड़ताल में रस नहीं रहता। या पड़ताल की क्षमता हममें हैं, इसका भरोसा भी कइयों को नहीं होता। अनहोनी घटित करानेवाली तथा ज्ञात कार्यकारण से परे वाली, प्रकृति और मानव शक्ति पर बहुतेरों का विश्वास होता है। दुनिया जिस पर चलती है और मानव जीवन जिन नियमों पर आधारित है ऐसे कुछ नियमों से विज्ञान, लोग और वैज्ञानिक परिचित रहते हैं। लेकिन इन नियमों के उपनियम, उनकी सूक्ष्मता, परिधि एवं विविधता की जानकारी उन्हें नहीं रहती। नियमों के अपवाद तो पता ही नहीं रहते। अज्ञात रही इन चीजों से चमत्कार का

अटूट संबंध हो सकता है। मानव के अवचेतन का स्वरूप पृथ्वी के गर्भ-सा है। सर्व समावेशक, अद्भुत सर्जक एवं बहुत कुछ अकल्पनीय। ज्वालामुखी का उद्रेक जिस तरह हमें स्तंभित कर देता है उसी तरह चमत्कार भी। यह चेतन मन की सतह पर स्थायी अवचेतन की लहर होती है। जिसे जीवन में कभी देखा ही नहीं, ऐसा कुछ विचित्र देखने पर व्यक्ति या व्यक्ति समूह भयभीत हो जाता है। चमत्कार घटित हो सकते हैं इसे मानना यानी जीवन की संदिग्धता, अनापेक्षितता और आकस्मिकता को स्वीकार करना, और अंतिमत: सृष्टि के मध्य स्थायी फैंटेसी को स्वीकार करना है। अत: विस्मित एवं भयचकित होते मन का स्वीकार करना, प्रकारांतर से इसे मानव प्रज्ञा की मर्यादाओं को स्वीकारना कह सकते हैं।

अब इसके दो उपमुद्दे बनते हैं। एक—दुनिया में पैसा, प्रतिष्ठा, सत्ता, अधिकार, शक्ति, बुद्धि, प्रेम आदि कई चीजों को कोई-न-कोई चुनौती दे सकता है। लेकिन चमत्कार एक ऐसी दशा है कि जहाँ पर कार्यकारण भाव का फलसफा लागू न होने के कारण फैंटेसी की शुरुआत हो जाती है। यह फैंटेसी कई प्रकार की हो सकती है। मन ऐसी ही किसी फैंटेसी में गर्करूफ हो जाता है। एक फैंटेसी ऐसी भी हो सकती है कि हम अपनी बाजू में तावीज बाँधकर और आँखों में विशिष्ट सुरमा लगाकर, उस सौंदर्यवती की ओर, जो हमारी ओर कटाक्ष करना तक नागवार समझती हो, देखते हैं। तब वह सौंदर्यवती स्वयं हमारे कदमों पर आ गिरेगी और दासी बन जाएगी।

दूसरी फैंटेसी ऐसी हो सकती है कि किसी बाबा का आशीर्वाद मिलने पर बर्बाद व्यवसायी यकबयक मालामाल हो जाता है। किसी दफ्तर का आला अफसर अर्दली को निरंतर छला करता है। अफसर की पत्नी को कुष्ठरोग हो जाने पर और अस्पतालों में लाख कोशिशों के बावजूद भी कुष्ठरोग का इलाज नहीं हो पाता तब अर्दली अपने अफसर को किसी बाबा की भभूत ला देता है। और देखते ही देखते अफसर की पत्नी का इलाज हो जाता है। अफसर फिर जिंदगीभर कभी उस अर्दली के विरोध में जाने की हिम्मत नहीं करता। तात्पर्य, जिंदगी में ऐसी कई घटनाएँ घटित होती हैं कि इन घटनाओं से सीधे दो-दो हाथ करने की ताकत बहुत ही कम लोगों के पास होती है। अतएव ऐसे प्रश्नों के समाधान या प्रत्युत्तर किसी तरह के चमत्कार द्वारा मिल जाएँ, ऐसी उनकी मंशा होती है। चमत्कार स्वयं के बूते की बात नहीं होती तब किसी चमत्कारी की खोज की जाती है, क्योंकि फैंटेसी के बलबूते पर जीना, मानव जीवन की एक पद्धति है। इसी की अगली कड़ी यह हो सकती है कि क्या चमत्कार से सवाल हल हो सकते हैं? यदि इस चीज को पल भर के लिए अलग रख दें तो क्या असल में चमत्कार घटित हो सकते हैं? इसका जवाब, 95 प्रतिशत नहीं है। जो 5 प्रतिशत बचा है, उसके बारे में बुद्धिजीवी कहेगा कि "यह महज एक इत्तफाक है, घटित चमत्कार तथा सुलझी समस्या में रत्तीभर

भी कार्यकारण संबंध नहीं है। और चमत्कार पर विश्वास रखनेवाले इनसान की मानें तो जिन घटनाओं संग किसी भी तरह से स्पष्टीकरण जुड़ा हुआ नहीं है या जिन घटनाओं को किसी भी तरह से स्पष्ट नहीं किया जा सकता, वे केवल और केवल चमत्कार ही हैं।" अब सवाल यह है कि चमत्कार पर विश्वास रखनेवाला आदमी सच है या अविश्वास प्रकट करनेवाला? सत्य किस पायदान पर है? हमें जिस दुनिया की, दुनियादारी की कुछ ही मात्रा में जानकारी है, उस दुनिया में 100 प्रतिशत नकार ही देनेवाले मानवों का आदर किया जाए या उन पर शक?

चमत्कार को लेकर कतिपय अलहदा मुद्दे उठानेवाला यह एक विचार है। डंके की चोट पर चमत्कारों का समर्थन करनेवाले भी एक तरह से अपनी दलील रखते हैं यह दूसरा विचार है, जिसे खुलेआम चमत्कार के मूल में निहित शास्त्रीयता नाम से ही पेश किया जाता है। सनातन भारतीय संस्था के जयंत आठवले ने कुछ सालों पूर्व 'अबकड़ई' पत्रिका के दीपावली विशेषांक में उक्त दूसरे विचार को पेश किया था। इस तरह का विचार उक्त विषय के समर्थक किस तरह व्यक्त करते हैं, इसकी प्रातिनिधिक मिसाल देखते हैं—

"चमत्कार सूक्ष्म जगत् के तत्त्वों से पैदा होते हैं। जिन जड़ चीजों को पंचज्ञानेंद्रियाँ, मन एवं बुद्धि समझ नहीं पाती उसे 'सूक्ष्म' कहा जाता है। मतलब यह कि बुद्धि की क्षमता से परे, स्थायी चमत्कार का विज्ञान, बुद्धि के बल पर सुलझाने का बुद्धिप्रमाणवादियों का बेचारगी भरा प्रयास रहता है। अत: बुद्धिप्रमाणवादी इस चीज को समझ नहीं पाता। किसी विवाहेच्छुक युवा ने शुरुआती दौर में देखी लड़की को ठुकराकर अमुक लड़की से ही विवाह क्यों किया, मसलन अमुक लड़की को ही उसने विवाह के लिए क्यों चुना? जहाँ इस सवाल का कारण बुद्धि की समझ से परे है, वहाँ भला बुद्धिप्रमाणवादी जन्म, दुर्घटना, मृत्यु और चमत्कार आदि चीजों की कार्यकारण मीमांसा को कैसे समझ पाएँगे? अगर विश्वमन, विश्वबुद्धि या सभी को बनानेवाले ईश्वर या ब्रह्मतत्त्व से एकरूप होना संभव हुआ तो ही चमत्कार में निहित विज्ञान को समझा जा सकता है। अतएव साधना जरूरी है, सिर्फ पुस्तकें पढ़ने से उसे समझा नहीं जा सकता।

दुनिया की कुल जानकारी की 2 प्रतिशत जानकारी ही शब्दजन्य यानी बुद्धि को गम्य है, और बची 98 प्रतिशत जानकारी शब्दातीत यानी बुद्धि के लिए अगम्य है। इस मुद्दे को एक उदाहरण के जरिए समझने का प्रयास करेंगे। हम किसी रूमाल को देखकर उसके रंग, आकार, वजन एवं रसायन विज्ञान की दृष्टि से विश्लेषण आदि वर्तमानकालीन चीजों से अवगत हो जाएँगे। पर वह रूमाल किस दुकान से खरीदा गया था, रूमाल किस कारखाने में बना था, इस रूमाल की कपास किस खेती से लाई गई थी आदि भूतकालीन जानकारी, और इस रूमाल की भविष्यकालीन जानकारी कि यह रूमाल कब और कहाँ पर नष्ट होगा—इन तमाम

चीजों को बुद्धि द्वारा समझना असंभव है। अर्थात् रूमाल की कुल जानकारी की 2 प्रतिशत जानकारी ही बुद्धिप्रमाण की समझ के अधीन है। विपरीत इसके आध्यात्मिक दृष्टि से उन्नत व्यक्ति त्रिकालदर्शी होता है अतएव वह रूमाल की उपरोक्त सभी स्थितियों को समझ सकता है। बुद्धिप्रमाणवादियों के अज्ञान का एक कारण यह कि उनकी विचारधारा अधिकांश समय पश्चिम के फलसफे पर आधारित होती है। और पश्चिम का दर्शन अधिकांशत: बुद्धि पर आधारित है। इसका कारण यह कि पश्चिमी राष्ट्रों में चरमसीमा की अनुभूति प्राप्त किए संत दुर्लभ थे। हमारे यहाँ इस तरह के संत हजारों की तादाद में थे और हालिया दौर में भी ऐसे संत मौजूद हैं।

जिन घटनाओं को हम समझ नहीं पाते, उन पर विश्वास रखना, इसे अंधविश्वास उन्मूलन समिति के लोग अंधविश्वास कहते हैं। बुद्धि के परे किसी पदार्थ का अस्तित्व नहीं है, ऐसी उनकी समझ है। अमरीका की खोज होने के पूर्व अटलांटिक महासागर के पार किसी भी तरह का मानव जीवन नहीं है, ऐसी कई सदियों पूर्व तक यूरोपवासियों की धारणा थी। उक्त मामला भी लगभग इसी प्रकार का है। पर यूरोपवासियों के साहसी वृत्ति से कोशिशें करने का ही नतीजा था कि अटलांटिक महासागर पार स्थित अमरीका का खोजा जाना। अतएव अंधविश्वास उन्मूलनवाले यदि साधना मार्ग द्वारा प्रयास करेंगे तब उन्हें भी बुद्धि के परे मौजूद चीजों की अनुभूति होगी।

अंधश्रद्धा निर्मूलन समितिवाले कई बार स्वामी विवेकानंद की 'चमत्कार जैसी कोई चीज अस्तित्व में नहीं है' इस अर्थवाला अधूरा वाक्य उद्धृत करते हैं। उनका कथन समग्र वाक्य के संदर्भ एवं भाव को छोड़कर रहता है। समितिवाले अपनी सुविधानुसार विवेकानंद के कथन को तोड़-मरोड़कर पेश करते हैं और जिन चीजों का कार्यकारण भाव हम समझ नहीं पाते, उसे हम चमत्कार कहते हैं। कार्यकारण भाव समझने पर हम उसे चमत्कार नहीं कहते। जैसे, कोई आदिवासी पहली बार दूरदर्शन सेट, फोटो, रसायन विज्ञान के प्रयोगादि देखने पर उसे चमत्कार समझ बैठता है। पर उसके मूल में निहित जानकारी रखनेवाले लोगों को उसमें चमत्कार जैसा कुछ अनुभव नहीं होगा। इसी तरह विवेकानंद को सिद्धिपाठ का शास्त्र भलीभाँति परिचित था। अतएव वे चमत्कार आदि कुछ नहीं माना करते। सूक्ष्म या अध्यात्म विषयी साधक की श्रद्धा बनी रहे इसलिए संत, गुरु या ईश्वरादि द्वारा चमत्कारादि मुफ्त में कराए जाते हैं। जिस तरह अमरीका में डॉलर एवं इंग्लैंड में पौंड का व्यवहार में प्रचलन है, उसी तरह आध्यात्मिक क्षेत्र में चमत्कार का अनुभव या अनुभूति प्राप्त कर लेनी हो तो श्रद्धा ही जरूरी है। पंचज्ञानेंद्रियों, मन एवं बुद्धि द्वारा जिसकी प्रतीति होती है, उसे 'अनुभव' कहा जाता है और जीवात्मा को पंचज्ञानेंद्रियों, मन एवं बुद्धि से परे होनेवाली प्रतीति को 'अनुभूति' कहा जाता है। जीवात्मा अर्थात् साधनारत जीव को छोटी-मोटी

अनुभूति होती रहती है। कठोरतम साधना द्वारा जीवात्मा को उच्चानुभूति होती है। और उच्चतम अनुभूति मात्र गुरु कृपा द्वारा ही संभव है। आम जन इस अनुभूति को भी चमत्कार मान बैठते हैं।

कुछ चमत्कार सुखदायी और कुछ क्लेशदायी होते हैं। माया जगत में चमत्कार के अनंत उदाहरण हैं। चमत्कार के मूल में छिपे शास्त्र को समझ लेने की दृष्टि से पंचज्ञानेंद्रियों, मन एवं बुद्धि द्वारा अनुभूत होनेवाले चमत्कारों के कुछ उदाहरण एवं इसमें निहित शास्त्र निम्न प्रकार हैं—

(अ) पंचज्ञानेंद्रियों द्वारा अनुभूत होनेवाले चमत्कार। इसकी अनुभूति अधिकांश साधक कर लेते हैं।

1. नाक : सुगंधित पुष्प, इत्र, चूर्ण आदि में से एक भी पदार्थ के निकट न होते हुए भी उनके सुगंध की अनुभूति होना। तथा दुर्गंध की अनुभूति करानेवाली एक भी चीज के निकट न होते हुए भी दुर्गंध की अनुभूति होना।

शास्त्र : संसार में दिखाई देनेवाले स्थूल जगत के साथ सूक्ष्म जगत भी अस्तित्व में है। स्थूल जगत की गतिविधियों के साथ ही सूक्ष्म जगत की गतिविधियाँ भी चलती रहती हैं। सूक्ष्म जगत के देवी-देवता परिभ्रमण करते समय जब मानव के करीब से गुजरते हैं तब न्यूनतम 30 प्रतिशत स्तरवाला व्यक्ति सिवाय किसी कारण के आती गंध को समझ सकता है। (आम आदमी का स्तर 20 प्रतिशत है और 100 प्रतिशत का स्तर मोक्ष कहलाता है।) कलियुग के वर्तमान मानवों में से 95 प्रतिशत मानव 20 प्रतिशत स्तर के हैं। अत: 5 प्रतिशत मानव ही चमत्कार की अनुभूति कर सकते हैं। यदि सूक्ष्म जगत की कोई दुष्ट शक्ति पास से गुजर रही हो तब दुर्गंध की अनुभूति होती है।

2. जिह्वा : बिना वजह मुंह में मिठास या बुरे स्वाद की अनुभूति होना। सूक्ष्म जगत की शुभ या अशुभ शक्ति के संपर्क में आने पर कई लोगों को उपरोक्त पद्धति की ही अनुभूति होती है। साधारणतया 30 प्रतिशत स्तरवाले मानव को इसकी अनुभूति होती है।

3. आँखें : उपरोक्त पद्धति से ही बिना किसी कारण अच्छी या बुरी चीजों का दिखाई देना। जैसे—प्रकाश, देवता, भूतादि। उपरोक्त कारणों के चलते ही यह घटित होता है। जो मानव न्यूनतम 50 प्रतिशत स्तर वाला है, उसे इसकी अनुभूति होती है।

4. त्वचा : उपरोक्त पद्धति से ही बिना किसी कारण अच्छे या बुरे स्पर्श की अनुभूति होना या हमारे पास-पड़ोस में किसी की मौजूदगी है या पास से कोई गुजर रहा है, इसकी अनुभूति होना। इस अनुभूति का कारण भी उपरोक्त पद्धति का ही है। न्यूनतम 50 प्रतिशत स्तर वाले मानव को इसकी अनुभूति हो सकती है।

दूसरों के मन में चल रहे विचार से परिचित होना, आध्यात्मिक दृष्टि से उन्नत व्यक्ति के लिए यह संभव है। आध्यात्मिक दृष्टि से उन्नत व्यक्ति सुदूर बसे व्यक्ति

के मन के विचारों से अवगत हो जाते हैं क्योंकि किसी व्यक्ति के मन में विचार निर्मित होते ही उसके विचारों के तरंग विश्वमन में प्रतिबिंबित हो जाते हैं। संतगणों की मनोदेह विश्वमन है। अत: सहजात रूप में संत इन विचारों से तुरंत अवगत हो जाते हैं। किसी घटना के घटित होने के बाद या किसी प्रकार की विचार निर्मिति हो जाने के बाद, उक्त क्रिया-कलाप विश्वमन में दर्ज हो जाते हैं। अत: चाहे कितना भी समय क्यों न बीत चुका हो, इसके बावजूद इसकी जानकारी संतगणों को हो सकती है। कलियुग के वर्तमान दौर में 75 प्रतिशत घटनाएँ प्रारब्ध के अनुसार घटित होती हैं। प्रत्येक के प्रारब्ध में क्या लिखा है, यह भी विश्वमन में लिखित होने के कारण संत इससे भी अवगत हो जाते हैं।

'अष्टसिद्धि' चमत्कार का और एक रूप है। इसका संक्षेप में विवेचन निम्नानुसार है—

अष्टसिद्धि : प्रमुखता से अष्टसिद्धि का धनी ईश्वर ही होता है। ईश्वर के अनुग्रह से अन्यों को अष्टसिद्धि का अंश प्राप्त होता है। मन:साधना द्वारा जिस विषय से तादात्म्य स्थापित किया जाता है, उस विषय का गुणधर्म यानी उस विषय की सामर्थ्य, अर्थात् साधक को सिद्धि की प्राप्ति हो जाती है। निम्न तालिका में अष्टसिद्धि किस तरह प्राप्त होती है, इसे बताया गया है। जीव जिन पदार्थों से तादात्म्य स्थापित करता है, उन पदार्थों के गुणधर्म उसमें प्रवेश कर जाते हैं। इसी सिद्धांत पर सिद्धियाँ अवलंबित होती हैं।

नाम	**अर्थ**	**किससे संबंधित है**	**सिद्धि प्राप्त करने के लिए ध्यान धारणा में प्रयुक्ति का आलंबन**
आणिमा	शरीर को अणु जैसा बनाना जिसके चलते दीवार को पार करना संभव होता है।	शरीर	तन्मात्रा
महिमा	शरीर को आवश्यकतानुरूप स्थूल या विराट करने की क्षमता	"	महत् तत्त्व, आकाश तत्त्व
लधिमा	शरीर रूई सा हल्का करने की क्षमता	"	वायु तत्त्व
गरिमा	शरीर को जड़ बनाने की क्षमता	"	पृथ्वी तत्त्व

प्राप्ति	दूर के पदार्थों को स्पर्श करने की क्षमता या इन पदार्थों के आवाहन की क्षमता	इंद्रियाँ	सात्त्विक अहंकार
प्राकाम्य	मनोवांछित पदार्थ की प्राप्ति कराने की क्षमता	मन	महत तत्त्व
ईशिता	सकल पदार्थों पर, माया जगत पर सत्ता संचालित करने की क्षमता	"	माया जगत का स्वामी ('ईशित्व' ईश्वर का गुण)
वशिता	पंचमहाभूतों पर स्वामित्व की क्षमता	"	नारायण भगवान ('वशित्व' ईश्वर का गुण)
कामवासयिता	जिस सुख की इच्छा होती है, उसका पूरी तरह से उपभोग करना। कामवासयिता परमानंद स्वीकार कर अन्य कामनाएँ शेष नहीं रहतीं।	आत्मा	ब्रह्म

चमत्कार करने की हर किसी की अपनी-अपनी क्षमतानुसार पद्धतियाँ होती हैं। कनिष्ठ स्तर के मांत्रिक किसी जीवात्मा को वश में कर उसके द्वारा किसी घर या दुकान की चीजें दूसरी ओर उपलब्ध करा देते हैं। ऐसे मांत्रिकों में नवनिर्मिति की सामर्थ्य नहीं होती। मध्यम स्तर के मांत्रिक किसी विशिष्ट मंत्र द्वारा किसी चीज को निर्मित कर सकते हैं। क्योंकि शब्द, स्पर्श, रूप, रस एवं गंधादि चीजें अध्यात्म के मूलतत्त्वानुसार एकत्रित रहती हैं। किसी चीज का उच्चारण करते ही उसे मूर्त आकार प्राप्त होता है। इसके लिए मंत्र एवं मंत्र उच्चारण करनेवाले की शक्ति का प्रयोग किया जाता है। उच्च स्तर के मांत्रिक विशुद्ध संकल्पना मात्र से ही नवसृजन कर सकते हैं। ईश्वर ने भी विशुद्ध संकल्पना द्वारा ही संसार का सृजन किया है। कुछेक बाबा भभूत, अँगूठी आदि निर्माण कर सकते हैं। योगीगण दुनिया में चहुँओर व्याप्त शक्ति को ग्रहण कर सकते हैं। आगे चलकर वे शिव से एकरूप होने पर स्वयं की शक्ति को भी निर्मित कर सकते हैं। अतएव सामान्य मानव की तरह उन्हें भोजन पानी आदि से ऊर्जा प्राप्त करने की आवश्यकता ही नहीं रहती। इसी के चलते वे बिना भोजन-पानी आदि के जीवित रह सकते हैं। मनोविकारग्रस्तों में से 30 प्रतिशत रुग्ण भूतबाधा, टोना-टोटका, पूर्वजादि से ग्रसित रहते हैं। अतएव वे डॉक्टरी इलाज से ठीक नहीं हो पाते। संत सहवास एवं साधना द्वारा ही वे स्वस्थ

होते हैं। अन्य इसे चमत्कार मान लेते हैं। 70 प्रतिशत नशेड़ी, नशेड़ी लोगों की सूक्ष्म देह से ग्रसित होने के चलते नशेड़ी बन जाते हैं। यानी कि 'क्ष' शराबी बनकर मृत्यु को प्राप्त होता है पर उसकी वासना नष्ट नहीं होती। उसे पूर्ण करने के लिए 'क्ष' किसी दूसरे मनुष्य की खोज करता है। उस योग्य 'य' मनुष्य के प्राप्त होते ही 'य' के माध्यम से 'क्ष' अपनी वासनापूर्ति करा लेता है।

गाणगापुर, नरसोबावाड़ी आदि जाग्रत देवस्थान या संतों की ओर अनुग्रह हेतु जाने पर 'क्ष' इस 'य' को पछाड़ नहीं पाता, लिहाजा व्यसनमुक्ति संभव हो पाती है। यह संत सहवास के चलते या जाग्रत देवस्थान के कारण संभव होता है। चाहे कितने भी डॉक्टरी इलाज क्यों न किए जाएँ पर व्यक्ति को वे किसी भी हाल में रोगमुक्त नहीं कर पाते। सिर्फ 30 प्रतिशत मनुष्यों को ही मानसिक कारणों के चलते नशे की आदत हो जाती है और उनमें से भी सिर्फ आधे मरीजों को ही मनोचिकित्सक ठीक कर पाते हैं। वर्तमान दौर में पति-पत्नी के झगड़े, गर्भधारणा में विफलता, गर्भपात, अविकसित संतति पैदा होना, गर्भ में विकसित बच्चे का अपाहिज या मंदबुद्धि बच्चे के रूप में पैदा होना, अल्पायु में मृत्यु, किसी की मृत्यु, लगातार लड़कियों का पैदा होना ऐसे न जाने कई मामले होते हैं। इनमें से 70 प्रतिशत मामले श्राद्ध पक्ष न मनाने के कारण या पितरों को मोक्ष प्राप्ति न होने के कारण घटित होते हैं। ऐसे मामलों में डॉक्टर नाकाम साबित होते हैं। दत्तोपासना, श्राद्ध पक्ष, नारायण नागबलि आदि के मनाने पर पितरों को मुक्ति मिलती है, जिससे समस्या हल हो जाती है। जिन समस्याओं को डॉक्टर सुलझा नहीं पाते उन्हें संत सुलझाते हैं। कई लोग इसे चमत्कार मानते हैं। लेकिन इसके मूल में निहित शास्त्र समझ लेने पर इसमें चमत्कार जैसी कोई चीज नहीं है, इसका ज्ञान हो जाता है।

किसी साधक की श्रद्धा में बढ़ोतरी हो इसके लिए संतगणों द्वारा चमत्कार कराने पर उनकी साधना बेकार नहीं जाती। पर लोकेषणा के चलते चमत्कार प्रकट करने पर उसमें अहं का अंश आ जाता है। अत: साधना व्यर्थ चली जाती है और उसकी क्षतिपूर्ति के लिए नये से अधिक साधना करनी पड़ती है। प्रतिदिन लोकेषणा के चलते कई सारे लोगों को चमत्कार दिखाने पर साधना की होनेवाली क्षति की पूर्ति करने के लिए उतनी ही मात्रा में साधना को प्रतिदिन साधा नहीं जा सकता। फिर कुछ समयावधि के पश्चात् चमत्कार की सामर्थ्य बचती नहीं। अत: सिद्धि का प्रयोग न किया जाए।

दुनिया में चमत्कार नामक कोई चीज ही नहीं है, यह 101 प्रतिशत सत्य है। अंधविश्वास उन्मूलन आंदोलन के आधुनिक पितामह डॉ. अब्राहम कोवूर ने इसके बारे में सार्वजनिक सत्य लिखकर रखा है, वे कहते हैं, "चमत्कार दिखानेवाले बदमाश, उन पर विश्वास रखनेवाले मूर्ख और उसे चुनौती न देनेवाले डरपोक होते

हैं।" असल में इस तरह की आक्रामकता कइयों को न रास आती है और न हजम होती है। चमत्कारों के भक्तिभाव में आकंठ डूबकर उसका वर्णन करने की तथा उसे सुनने की हजारों सालों की लगी लतवाली पारंपरिक मानसिकता को, इस तरह साफगोई से व्यक्त किए विचारों से ठेस पहुँचती है। देवताओं एवं संत-महात्माओं के चमत्कार की स्मृतियाँ ताजा होते ही दिल भर आता है और कई बार सात्विक संताप भी होता है। चमत्कार की भूलभुलैया में शरणागत मानसिकता बगुला भगत तथा अंधविश्वास की पुष्टि हेतु उर्वरा भूमि बन जाती है। समाज में प्रतिपल हम ऐसी चीजों का अनुभव करते हैं।

किसी माता के शरीर में सवारी आने पर, उसके हाथों से अपने आप कुमकुम निर्मिति का चमत्कार घटता दिखाई देते ही उसके चरणों में लोटते महिला-पुरुषों को देखा जा सकता है। नसीब को बदल देनेवाले पटवर्धन का 'बोलता पत्थर,' भाग्यरत्न जैसी घटनाएँ शिक्षितों में ही अपना व्यापार तेजी से फैलाती हैं। यह तो हुई आम जनों की कथाएँ। दूसरी ओर हाथों में ही भभूत, रुद्राक्ष, शिवलिंग, सोने का लॉकेट या रत्न की माला निर्मित करके उसे भक्तों की श्रेणीनुसार बाँटनेवाले सत्यसाईं के चरणों में नतमस्तक होनेवालों में प्रधानमंत्री एवं राष्ट्रपति तक शामिल हैं। आज के आधुनिक विज्ञान के युग में भी जिसका रंचमात्र भी वैज्ञानिक आधार नहीं है, ऐसी तंत्रशक्ति की शेखी बघारता कोई चंद्रास्वामी दिखाई देता है तो कोई बाबा स्वयं की साधना हेतु 36 करोड़ रुपयों का एअरकंडिशंड आश्रम निर्मित करता है, और वह भी ऐसे समय जब देश बुरी तरह से ऋणग्रस्त है। ऐसे ढोंगी इनसान के पैरों में उसके जन्मदिन के अवसर पर केंद्रीय मंत्री, मुख्यमंत्री, मशहूर अभिनेता, उद्योगपति, वी. आई. पी. अधिकारी आदि लोटते हैं और बाबा की कृपादृष्टि बनी रहे इसलिए कोशिशें करते दिखाई देते हैं।

बुद्धि को न सुलझानेवाले, मति कुंठित करनेवाले, कार्यकारण भाव के परे जानेवाले, ऐसे कुछेक अद्‍भुत चमत्कार होते हैं और इन्हें घटित करानेवाली दैवी शक्ति हैं, इस पर आदिम काल से बहुसंख्यक लोगों का विश्वास है। आकाश में बादल क्यों गरजते हैं? बिजली क्यों कौंधती है? कैसे होती है धुआँधार बारिश? वन को राख करनेवाला दावानल किस कारण पैदा होता है? अमावस-पूर्णिमा किस तरह से घटित होती हैं? सूर्य बिना चूके प्रतिदिन प्रात: कैसे उदित होता है? ज्वालामुखी का उद्रेक क्यों होता है? भूमि के फटने पर वह अपने गर्भ में कइयों को समा लेती है, क्यों होता है ऐसा भूकंप? और पेड़ पर पके फल जैसे झटपट जमीन पर गिरते हैं, उसी तरह किसी बीमारी के चलते लोग क्यों मरते हैं? अच्छा-खासा स्वस्थ और समझदार व्यक्ति यकबयक क्यों पगला जाता है? मानव के लिए पिछले लाखों सालों से ऐसे अनसुलझे मसले रहस्य एवं चमत्कार ही प्रतीत हुए हैं, इसमें कोई ताज्जुब की बात नहीं थी। परंतु विगत कुछ सदियों में और विशेषत: पिछले कुछ दशकों में

विज्ञान ने तेजी से तरक्की की है। बावजूद इसके उन्हीं पुरानी कल्पनाओं को सीने से लगाए बैठे लोगों को क्या कहें? जो विज्ञान का सूर्य माथे पर आने के बाद भी अंधविश्वास का चश्मा लगाकर कथित चमत्कार को दैवी शक्ति मानकर भक्तिभाव से शरण जा रहे हैं, वह प्रगति है या अवनति?

चमत्कार के मूल में निहित सचाई खोजने के लिए महाराष्ट्र अंधश्रद्धा निर्मूलन समिति लगातार आंदोलन की भूमिका में रही है। इसी का ही एक हिस्सा था—जनवरी, 1995 में समिति द्वारा सत्यशोध यात्रा का आयोजन। इसके लिए 'जनजागरण यान' बनाया था। इस यान पर हमने घोषणावाक्य ही लिखा था—'चमत्कार दिखाएँ, यात्रा रोकें और पाँच लाख का इनाम प्राप्त करें।' हमने इस लोकजागरण यान से समूचे महाराष्ट्र का दौरा किया, जैसे प्राचीन काल में अश्वमेध का अश्व घूमा करता था। जिस राजा में हिम्मत रहती वह उसे रोकता, अश्वमेध के स्वामी राजा को पराजित करता या स्वयं पराभूत हो जाता। हमारा भी इस सत्यशोध यात्रा के मूल में कुछ इसी तरह का उद्देश्य था। अलबत्ता हमने सत्यशोध यात्रा का घोषणापत्र प्रकाशित किया था, जिससे 'चमत्कार का प्रतिरोध' करने का विचार और 'नीति' ये दोनों मुद्दे बेहद सुस्पष्ट हो रहे थे। वह घोषणापत्र कुछ इस प्रकार था—

वैज्ञानिक दृष्टिकोण का प्रचार करना, भाग्यवाद का विरोध करके प्रयत्नवाद का समर्थन करना तथा महाराष्ट्र की संत और समाज सुधारकों की नैतिक विचारधारा जनमानस तक पहुँचाना इसके लिए सत्यशोध यात्रा का आयोजन किया गया है।

महाराष्ट्र अंधश्रद्धा निर्मूलन समिति का मानना है कि दुनिया में चमत्कार का अस्तित्व है ही नहीं। समिति द्वारा चमत्कार सिद्ध करनेवाले किसी भी व्यक्ति को पाँच लाख रुपए का उपहार प्राप्त करने की चुनौती दी गई है। यह रकम समिति द्वारा 'नियत जमा राशि' के रूप में रखी गई है। चुनौती को स्वीकार करनेवाले शख्स को पत्रकारों के समक्ष जमा राशि की रसीद प्रस्तुत की जाएंगी। जिन चमत्कारों को सिद्ध कर दिखाना अपेक्षित हैं, वे चमत्कार निम्न प्रकार हैं—

(1) सत्यसाईं, अनुराधा देशमुख या ऐसे अन्य बाबा, माँ, स्वामी या साधु समान को खुले हाथ से भभूत, रुद्राक्ष, शिवलिंग को प्रकट कर दिखाना, (2) हठयोग या तत्सम विद्या के माध्यम से पानी की सतह पर चलना, हवा में तैरना, जलते अंगारों पर बिना पैरों की गतिविधि के पाँच मिनट तक खड़े रहना, हृदय पाँच मिनट बंद करके फिर से शुरू कर दिखाना, (3) टोना-टोटका, डायन, भूतबाधा आदि का प्रयोग करके अंधश्रद्धा निर्मूलन समिति कार्यकर्ता को नुकसान पहुँचाकर उसे साबित कर दिखाना, (4) फोटो खींचा जा सके इस स्थिति में भूत को प्रकट करके दिखाना, (5) एक ही समय दो स्थानों पर हाजिर रहना, (6) खुद-ब-खुद वस्त्र में आग लगानेवाला, वस्त्र फाड़नेवाला, घर पर पत्थर बरसानेवाला इंद्रजाल साबित कर दिखाना, (7) किसी भी मंत्रशक्ति द्वारा पापड़ के टुकड़े कर दिखाना, (8) गुलाब

बाबा या मल्लीनाथ बाबा के दावे जैसा ही पानी को पेट्रोल में बदलकर दिखाना, (9) यूरी गेलर जैसे किसी वस्तु को महज मन:शक्ति की सामर्थ्य द्वारा विचलित या टेढ़ा करके दिखाना, (10) ईसाई संत की तरह प्रार्थना की सामर्थ्य पर गूँगों की वाणी को वापस लौटाना, अपाहिज को चलाना, अंधे को दृष्टि प्रदान करा देना, (11) सुभाष बाबा की तरह जहरीले साँप द्वारा दंश किए जीव का जहर उतारना, (12) सम्मोहन द्वारा अतींद्रिय शक्ति के सबूत पेश कर दिखाना, (13) जिस पर देवी सवार हुई है वह महिला कई सवालों के जवाब देने का दावा करती है, ऐसी महिला लिफाफाबंद नोटों पर छपे नंबर को अचूक बताए, (14) निर्मला माता की तरह कुंडलिनी जाग्रत कर ज्ञानेश्वरी में उल्लिखित कुंडलिनी सामर्थ्य की प्रतीति करा देना, (15) विज्ञान के सर्वमान्य ज्ञात नियम को लाँघकर घटित होनेवाली किसी भी घटना को बार-बार गारंटी के साथ घटित कराके दिखाना आदि।

उपरोक्त चुनौतियों में हेतुत: चमत्कारियों और उनके चमत्कारों के नामों का उल्लेख किया है। उक्त सभी लोग चमत्कार के नाम पर लोगों को गुमराह करते हैं, ऐसा समिति का मानना है। **महाराष्ट्र में संत एवं समाजसुधारकों द्वारा चमत्कार का सदैव विरोध किया गया है। 'चमत्कार' और भारतीय संविधान द्वारा स्वीकृत 'वैज्ञानिक दृष्टिकोण' का रिश्ता पूर्णत: परस्पर विरोधी है।** चमत्कार मानव मन को अपाहिज बनाते हैं। भाग्यवादी बनाते हैं। प्रयत्नवाद से दूर ले जाते हैं। अतएव "चलें, हम भी चमत्कारों को मन और समाज जीवन से खदेड़ दें तथा सक्षम, बलिशाली, विज्ञाननिष्ठ, मानवतावादी एवं शोषणरहित राष्ट्र निर्माण हेतु चमत्कार, कठवैध विद्या, अंधविश्वास आदि को दूर करें। इससे एक नया विवेकशील, निर्भय जनमानस साकार करें।"

चमत्कार साबित करने और ऐसे चमत्कारों को नगद पुरस्कार देने की चुनौती की कल्पना पहले-पहल अब्राहम कोवूर की थी। उन्होंने एक लाख की चुनौती राशि चमत्कार साबित करनेवाले को देने का वादा किया था। केरल के बी. प्रेमानंद द्वारा भी इसी तरह की चुनौती दी गई है। महाराष्ट्र अंधश्रद्धा निर्मूलन समिति ने भी चमत्कार साबित कर पाँच लाख की पुरस्कार राशि प्राप्त कर लेने की चुनौती पेश की है।

यह चुनौती-प्रक्रिया किस तरह संपन्न कराई जाए, इसकी एक पद्धति ही समिति द्वारा तैयार की गई है। वह निम्न प्रकार है—

(1) विज्ञान के ज्ञात नियमों से विसंगत दावा करनेवाले या उसके आधार पर अंधविश्वास को बढ़ावा देकर गुरुडम, ठगी या शोषण करनेवाले किसी भी शख्स की जाँच-पड़ताल करने का माद्दा समिति रखती है। पड़ताल का व्यय तक महाराष्ट्र अंधश्रद्धा निर्मूलन समिति करेगी, (2) बेहद वैज्ञानिक रीति से समिति जाँच-पड़ताल को अंजाम देगी। चमत्कार के स्वरूप पर पड़ताल के निकष तय किए जाएँगे,

(3) पड़ताल प्रक्रिया दो वक्त दोहराई जाएगी ताकि इसके पश्चात् शिकायत का मौका न रहे, (4) चमत्कार साबित होने पर संबंधित व्यक्ति को पाँच लाख रुपए की पुरस्कार राशि प्रदान की जाएगी। यह रकम समिति की ओर मियादी जमा राशि के रूप में उपलब्ध है, रसीद की पड़ताल किसी भी वक्त की जा सकती है, (5) जाँच-पड़ताल के पूर्व संबंधित व्यक्ति को पाँच हजार रुपए समिति की ओर अग्रिम रूप में जमा करना आवश्यक है (यह शर्त महज समिति का श्रम, समय, पैसा आदि बेवजह किसी द्वारा बरबाद न किया जाए इसलिए है)। चमत्कार साबित होने पर अग्रिम राशि पाँच लाख रुपयों के पुरस्कार सहित लौटा दी जाएगी। चमत्कार साबित न होने पर यह राशि समिति जब्त कर लेगी।

चमत्कार की डींगे हाँकनेवाले तमाम लोग जब मुद्रांक कागज पर इकरारनामा लिखवाने की बात आती है तब अमूमन पीछे हटते हैं, ऐसा समिति का अनुभव है। यदि कोई माई का लाल चमत्कार का दावा रखता है, समिति उससे भेंट करने की इच्छुक है।

चमत्कारों को चुनौती देने का विचार एवं उसमें निहित सत्य-असत्य की परीक्षण पद्धति को कुछेक लोग स्टंट मानते हैं, वास्तव में यह सच नहीं है। हम गंभीरतापूर्वक इस प्रक्रिया को अंजाम देने को इच्छुक हैं। इसके मूल में समिति की वैचारिक भूमिका है। लोग भी इसकी गंभीरता महसूस करें। अत: चमत्कार की पड़ताल का आवाहन करनेवाली समिति में (1) डॉ. वसंत गोवारीकर, प्रधानमंत्री के वैज्ञानिक सलाहकार एवं पुणे विश्वविद्यालय के पूर्व कुलपति, (2) प्रताप पवार, प्रबंध संपादक एवं कार्यकारी संचालक, सकाल पेपर्स, (3) डॉ. राम ताकवले भूतपूर्व कुलपति, इंदिरा गांधी राष्ट्रीय मुक्त विश्वविद्यालय, (4) डॉ. श्रीराम लागू और (5) निलू फुले, मशहूर फिल्म अभिनेता, (6) एन.डी. पाटिल, चेयरमन, रयत शिक्षण संस्था, आदि लोग शामिल हैं। समिति की वैचारिक भूमिका निम्न प्रकार है—

आमतौर पर असंभव, या अतार्किक महसूस होनेवाली घटना या कृति को हम चमत्कार कहते हैं, जो मानव बुद्धि की आकलन सीमाओं को लाँघ जाती है। इसी कारण वे घटनाएँ अगम्य, अलौकिक समझी जाती हैं। जनमानस में इसे लेकर कमाल की जिज्ञासा एवं उत्सुकता रहती है। जनमानस चमत्कार दिखानेवाले व्यक्ति के बारे में आदर, श्रेष्ठता एवं पूजाभाव भी रखता है। चमत्कारी व्यक्ति ईश्वर का ही अंश है। उसे भूत, वर्तमान एवं भविष्य से अवगत होने की शक्ति भी प्राप्त है, ऐसा भी लोगों का मत रहता है।

लोगों की इसी मानसिकता का पाखंडी बड़ी ही सहजता से लाभ उठाते हैं। और किसी भी फालतू चमत्कार द्वारा जनमानस को सरेआम ठगते और लूटते रहते हैं। समाज में ऐसे लोगों को बाबा, स्वामी, तांत्रिक, ओझा आदि नामों से जाना जाता

है। वास्तव में चमत्कार जैसी कोई चीज अस्तित्व में है ही नहीं। प्रत्येक घटना एवं कृति में कार्यकारण भाव रहता है, ऐसा विज्ञान कहता है। संसार में अपने आप कोई घटना या क्रिया घटित नहीं होती। कारण का खुलासा होने पर जिसे हम चमत्कार कहते हैं, वह चमत्कार नहीं रहता बल्कि अन्य सामान्य घटनाओं जैसी ही वह भी मात्र एक घटना बन जाता है।

समिति के कार्यकर्ता सैकड़ों चमत्कार लोगों के सामने प्रस्तुत कर, चमत्कारों में निहित निरर्थकता को समझाते हैं। यथासमय लोगों से वैचारिक स्तर पर संघर्ष भी करते हैं। उनकी कोशिश रहती है कि चमत्कार के माध्यम से लोगों को जिस तरह से पाखंडियों द्वारा ठगा जा रहा है, वह रुक जाए। 'चमत्कार' असल में धूर्त व्यक्ति द्वारा भोली-भाली जनता को ठगने के लिए अपनाए गए हथकंडे होते हैं। अलबत्ता बाबा एवं स्वामियों के लिए भक्तों का शारीरिक, मानसिक, आर्थिक एवं लैंगिक शोषण करना संभव हो जाता है। परंतु जब चमत्कार झूठ होते हैं, इस बात को जनमानस भलीभाँति समझ लेता है, तब बाबाओं की दुकान बंद होकर शोषण की घटनाएँ रुकने में मदद मिलती है।

बाबा को दैवी शक्ति का वरदान मिला रहता है। इस वरदान की अलौकिक सामर्थ्य से ही जनमानस को असंभव महसूस होनेवाली चमत्कार नामक दैवी कृति को बाबा संभव बनाते हैं, ऐसी भक्तजनों की धारणा रहती है। चमत्कार को सीधी चुनौती मिलने के बाद बाबा सहज रूप से चुनौती स्वीकार करेंगे और चुनौती देनेवाले को परास्त कर देंगे, ऐसी भी भक्तों की धारणा रहती है। प्रत्यक्ष इसके विपरीत घटित होता है। कुछ-न-कुछ बहाना बनाकर बाबा चुनौती पड़ताल प्रक्रिया के अखाड़े से भाग खड़े होते हैं। अतएव बाबा की दैवी शक्ति, दैवी सामर्थ्य आदि कल्पनाओं का भंडाफोड़ हो जाता है।

विज्ञान में चमत्कार जैसी किसी भी चीज का स्थान नहीं है। चमत्कार यानी ठगी या हथकंडा या रासायनिक, भौतिक, मशीनी करामात या ज्यादा से ज्यादा प्रकृति का अनसुलझा रहस्य है। विज्ञान के नियमों से परे इसमें कुछ भी नहीं रहता। आजकल विज्ञान का प्रसार खूब हो रहा है, पर वैज्ञानिक दृष्टिकोण अपनाने की बात आज भी दूर की साबित हो रही है। चमत्कारों को दी गई चुनौती या कोई भी तथाकथित चमत्कार सदृश घटना—विज्ञान के नियमों की प्रताड़ना कर घटित ही नहीं हो सकती, यह वैज्ञानिक समझ समाज में पैदा होना जरूरी है।

चमत्कार की पड़ताल प्रक्रिया में कुछेक चीजों का ध्यान रखना पड़ता है। चुनौती देकर, चमत्कार सिद्ध कर दिखानेवाले को पाँच लाख की पुरस्कार राशि महाराष्ट्र अंधश्रद्धा निर्मूलन समिति भले ही देनेवाली है, बावजूद इसके कोई भी जिगरबाज इसी तरह की अन्य चुनौती को चमत्कार का मायाजाल फैलानेवाले किसी भी बाबा या स्वामी के समक्ष रख सकता है क्योंकि चुनौती जनांदोलन का

हथियार है, वह महाराष्ट्र अंधश्रद्धा निर्मूलन समिति की मिल्कियत हरगिज नहीं। चुनौती के चलते ही चमत्कार की असत्यता जाहिर हो सकती है। पर चुनौती देते समय अंधश्रद्धा निर्मूलन समिति के आंदोलन के अनुभवसिद्ध मामलों के आधार पर कुछ सावधानियाँ बरतनी भी जरूरी है।

(1) चुनौती पड़ताल या परीक्षण योग्य होनी चाहिए। महात्मा फुले के कुलग्राम—कटगुण में मोहर्रम के दिन दरगाह पर दुआ दी जाती थी। दुआ ग्रहण करनेवाले व्यक्ति को साल भर किसी भी जहरीले साँप द्वारा डसने पर किसी भी प्रकार का नुकसान हरगिज नहीं होगा, ऐसा दावा था। इस तरह के जाहिर अंधविश्वास को हमने चुनौती दी। दरगाहवालों ने चुनौती को स्वीकार किया। जहरीला नाग (Indian Cobra) प्रजाति का साँप हमारे पास था। पर उस नाग का दंश दुआ ग्रहण किए व्यक्ति को कराना, इसका सीधा अर्थ था दुआ ग्रहण किए व्यक्ति को सभी लोगों की मौजूदगी में मौत के घाट उतारना। जिलाधीश ऐसी पड़ताल को कैसे मान्यता देते? और जानवर पर परीक्षण संभव न था क्योंकि बेजुबान जानवर शब्दों का उच्चारण करके दुआ कैसे ग्रहण करते?

लोणावला में जगताप बाबा के साथ भी ऐसा ही प्रसंग घटित हुआ था। बाबा ने दैवी चमत्कार सिद्ध कर दिखाने की समिति की चुनौती को स्वीकार करते समय लिखित रूप में घोषणा की थी कि "250 किलो लकड़ी लाकर उसे जलाया जाए। मैं इस आग में आठ से दस घंटे खड़ा रहूँगा। यदि मैं इसमें विफल रहा तो, इस घटना के बाद, 'मेरे शरीर में कानीफनाथ की सवारी आती है' वाला दावा छोड़ दूँगा। इसके अलावा यदि पड़ताल प्रक्रिया में मेरे साथ कुछ विपरीत घटित होता है, तो इसका दायित्व सिवाय मेरे किसी और पर न होगा।" उभयत: हलफनामे पर हस्ताक्षर किए गए। अंधश्रद्धा निर्मूलन समिति द्वारा शुरू किए आंदोलन के ये शुरुआती दिन थे, अत: चूक हुई। पड़ताल में बाबा की मृत्यु अटल थी। उसकी मृत्यु हो, ऐसी समिति की हरगिज इच्छा न थी। किसी भी गैरकानूनी हरकत को समिति द्वारा समर्थन दिया जाए, यह भी समिति की मंशा नहीं थी। पुलिस द्वारा भी ऐसी किसी पड़ताल को अनुमति देना असंभव था। इस सबके बावजूद ऐसा कुछ होने पर जगताप बाबा को मृत्यु के लिए उकसाने का ठप्पा समिति पर लग जाता। लिहाजा जगताप बाबा से फिर से भेंट कर सिर्फ 3 मिनट जलते अंगारों पर खड़े होने का परिवर्तन हमने चुनौती प्रक्रिया में सुझाया। इस प्रकार का फेरबदल असल में 10 केले खाने की इच्छा जतानेवाले व्यक्ति को महज 1 केला खाओ कहने जैसा था। लेकिन शातिर बाबा अपनी पहलेवाली चुनौती पर ही अड़ा रहा। नतीजा, चमत्कार के दावे की पड़ताल नहीं हो पाई।

(2) चुनौती-प्रक्रिया नियंत्रित माहौल में ही पूरी की जाए। हजारों लोगों के समक्ष चमत्कारों की शास्त्रीय पड़ताल कई कारणों से असंभव होती है। वैसे भी

चमत्कार की पड़ताल करते समय हमारा सामना ठगों से है, इस बात का निरंतर एहसास रखना जरूरी है। जैसे सोमनाथ की पूजा के दौरान अपने आप हाथ में भभूत निर्मित होती है, ऐसे चमत्कार का दावा करनेवाली सोलापुर की अनुराधा माँ असल में स्वयं की साड़ी के भीतर कमर के पास भभूत का टुकड़ा रखा करती थी। लेकिन सोमनाथ का प्रवेश होने की अवस्था में साड़ी के भीतर कमर के पास हाथ डालकर भभूत को बाहर लाने का उसका कौशल काबिल-ए-तारीफ था। माँ के चमत्कार को चुनौती देना यानी सबसे पहले माँ के वस्त्र एवं शरीर की कड़ी जाँच करा लेना जरूरी था। अत: समिति द्वारा यह माँग रखी जाने पर, माँ ने चमत्कार प्रयोग पड़ताल अखाड़े से पलायन किया।

(3) अदालत में चमत्कार सामर्थ्य का निर्णय नहीं किया जा सकता। अदालत इसका स्थान हरगिज नहीं है। सत्यसाईं हवा में सोने की चीजें निर्मित कर उसे भक्तों में सरेआम बाँटा करता था। कुछ सालों पूर्व 'सोना नियंत्रण कानून' अस्तित्व में था। इस कानून के तहत बिना अनुमति के सोना पास में रखना अपराध था। बी. प्रेमानंद द्वारा आंध्र हाईकोर्ट में मुकदमा दायर किया गया कि 'बिना किसी अनुज्ञप्ति के सोना लानेवाला तथा उसे वितरित करनेवाला सत्यसाईं कानून की सरेआम अवमानना कर रहा है।' परंतु चमत्कार के चलते हवा में अपने आप सोना निर्माण हो रहा है, अदालत को यह मामला किसी भी तरह से आपत्तिजनक या गैरकानूनी महसूस न हुआ। नतीजा, बाबा पर किसी भी तरह से कानूनी कार्रवाई नहीं हो पाई। इसका मतलब यह कि चुनौती की पुरस्कार राशि हमारी या समिति की है अत: पड़ताल की पद्धति निर्धारित करने का अधिकार भी हमारा या समिति का ही होना चाहिए। या अधिक-से-अधिक अदालत में जो मान्य पंच पद्धति होती है, उस पर विचार हो सकता है।

(4) चुनौती स्वीकारने का यह अर्थ नहीं है कि बाबा जो कर दिखाता है, उसी तरह हम भी करें। पायलट बाबा का दावा था कि "नौ फीट लंबे, नौ फीट चौड़े एवं नौ फीट गहरे सीमेंट कंक्रीट से हवाबंद किए गड्ढे में मैं नौ दिनों तक जीवित रह सकता हूँ।" असल में यह दावा हरगिज चमत्कार नहीं था क्योंकि इतने विशालकाय गड्ढे में एक व्यक्ति के लिए 9 दिनों तक जीवित रखने हेतु जितनी आवश्यकता है, उतनी मात्रा में प्राणवायु गड्ढे को बंद करते समय मौजूद रह सकती है, यह वैज्ञानिक सत्य इस चमत्कार का आधार है। लेकिन कोई कार्यकर्ता इस शास्त्रीय सत्य की तुरंत ही यथार्थ में अनुभूति करा सकता है, ऐसी बात नहीं है। वैज्ञानिक दृष्टि से नौ दिनों तक इस तरह के माहौल में रहना भले ही संभव हो किंतु इसके लिए इस तरह के माहौल में समय बिताने का प्रचंड अभ्यास तथा आदत अनिवार्य है। इस चमत्कार को बाबा ने व्यवसाय का एक हिस्सा मानकर कई सालों के अभ्यास द्वारा अर्जित किया था।

(5) लोगों की वास्तव की पर्याप्त जानकारी के अभाव में कई बार चमत्कार का दृश्य निर्मित करना संभव हो जाता है। नासिक में संपन्न कुंभ मेले में एक साधु द्वारा पत्थर पर 'श्रीराम' लिखा गया और उस पत्थर को पानी की सतह पर रखके तैरता दिखाया गया था। लोगों ने इसे चमत्कार माना। समिति ने यह साबित कर दिखाया कि उक्त पत्थर ज्वालामुखी की प्रक्रिया से बना 'प्युमिस' नामक पत्थर है। इसमें पानी की सतह पर तैरने की क्षमता रहती है। अत: प्रभु रामचंद्र के पदस्पर्श से इस पत्थर का कोई संबंध नहीं है।

(6) चमत्कार साबित करने की चुनौती स्वीकारते समय जरूरी पूर्वतैयारी एवं जिज्ञासु, विवेकशील शास्त्रीय दृष्टि की जरूरत रहती है। डुंगेश्वर, जि. सिंधुदुर्ग के जंगल में जाग्रत लोकदेवता का मंदिर है (यह देवता पूरी तरह से खुले आकाश के नीचे है)। एक रात इस देवता के आँगन में चैन की नींद सोकर दिखाने की चुनौती को समिति कार्यकर्ताओं ने पूरा कर दिखाया। चुनौती प्रक्रिया के दौरान ऐसे स्थान पर आनेवाली संभावित समस्याओं का विचार एवं संभावित उपाय योजनाओं की पूर्ति करके चुनौती-प्रक्रिया को सफलता से पूरा किया जा सकता है। यह एक रीति से इंगित होता है। इसी तरह देवभौम, जि. सिंधुदुर्ग के लोकदेवता के सामने आधा घंटा ढोल बजाना असंभव माना जाता है। समिति ने इस चुनौती को भी स्वीकारा था। ऐसी चुनौती स्वीकारते समय, आसपास के पेड़ों पर क्या मधुमक्खियों के छत्ते हैं? ढोल पीटने की ध्वनि से मधुमक्खियों द्वारा परेशान होकर छत्ते को छोड़ ढोल पीटनेवाले पर हमला करने की संभावना किस हद तक है, ऐसी साधारण लेकिन महत्त्वपूर्ण चीजों की सावधानी बरतनी जरूरी रहती है।

चमत्कारों को चुनौती देना, सदा से ही आंदोलन का लोमहर्षक हिस्सा रहा है। परंतु चुनौती प्रक्रिया को अंजाम देते समय समिति कभी उसे 'थ्रिलिंग' समझकर कदम नहीं उठाती। चुनौती प्रक्रिया के दौरान समिति अपनी भूमिका जरूर रखती है। यह भूमिका है, 'भारतीय संविधान द्वारा प्रत्येक नागरिक को उपासना, पारलौकिक जीवन एवं आध्यात्मिक कल्याण की स्वतंत्रता प्रदान की गई है। तथापि कथित चमत्कार पर विश्वास रखना एवं उसका प्रचार-प्रसार करना किसी भी तरह धर्म का अंग नहीं हो सकता। ऐसा करना संविधान में समाविष्ट 'वैज्ञानिक दृष्टिकोण' इस कर्तव्य से विसंगत सिद्ध होगा। जिससे समाज तथा व्यक्ति की बुद्धि, श्रम और समय की बरबादी होती है। इससे एक तरह का रहस्यमय वातावरण निर्मित होता है। अत: समस्याओं को यथोचित पद्धति से हल करने की विवेक दृष्टि को मानव खो बैठता है।'

ऐसे मामलों में चमत्कार की महत् भूमिका रहती है। लिहाजा समिति ऐसी चीजों का प्रतिरोध करती है और इसीलिए ही समिति चमत्कार की पड़ताल करने की आकांक्षी है। किसी व्यक्ति को झूठा साबित करना, इसकी अपेक्षा समाज को विवेकवादी बनाने में समिति को अधिक रुचि है।

ये शब्द अनुभूति के

अंधविश्वास को जड़ से खत्म कर देना और व्यक्ति में वैज्ञानिक विवेक दृष्टि निर्मित करना समिति की मंशा है, बावजूद इसके कई मामलों में चमत्कार एवं देव-धर्म का संबंध जुड़ा हुआ दिखाई देता है। ईसाई धर्म में तो चमत्कार के मामले कुछ ज्यादा ही घटते रहते हैं, ऐसा श्रद्धालु ईसाइयों का विश्वास है। इस श्रद्धा को पुष्ट करनेवाला कार्यक्रम यानी ईसाई धर्मगुरुओं द्वारा भक्तों के समक्ष प्रस्तुत की जानेवाली, आकाश के पिता की प्रार्थना जैसी विधि। इस कार्यक्रम का विज्ञापन ही इस रीति से किया जाता है कि 'ईसा मसीह की प्रार्थना की सामर्थ्य अद्‌भुत है। इसके चलते अपाहिज दौड़ने लगते हैं। गूँगे बोलने लगते हैं, अंधों को दृष्टि प्राप्त होती है।' हजारों के जन सैलाब समक्ष विशेष पद्धति के ध्वनि प्रसारण की अत्याधुनिक सुविधाओं सहित रंगीन माहौल में ऐसे कार्यक्रम आयोजित होते हैं। वातावरण निर्मिति इस तरह की जाती है कि सामने बैठा जन सैलाब बौरा जाने की अवस्था में पहुँच जाए, एक विशिष्ट तंद्रा में चला जाए। प्रार्थना संपन्न होने के बाद मरीजों को सिलसिलेवार पद्धति से व्यासपीठ पर आमंत्रित किया जाता है। इन मरीजों में कई असाध्य व्याधिवाले भी होते हैं। मरीज की बीमारी की जाँच की जाती है और प्रार्थना द्वारा ईसा मसीह का अनुग्रह प्राप्त होने पर बीमारी ठीक होने की बात भी इसी व्यासपीठ से उद्‌घोषित की जाती है।

समिति द्वारा इस तरह की घटनाओं का मुंबई, पुणे, कोल्हापुर और सावंतवाड़ी आदि स्थानों पर विरोध किया गया। प्रेम का संदेश देनेवाले ईसा मसीह के अनुयायियों को इस तरह का विरोध किसी भी हाल में बरदाश्त नहीं हुआ। चमत्कार पर आशंका जतानेवाले समिति कार्यकर्ताओं के साथ धक्का-मुक्की का वाकया घटित हुआ और ईसा मसीह के अनुयायियों द्वारा चमत्कार कार्यक्रम मनाने के लिए धर्मस्वतंत्रता की ढाल को सुरक्षा हेतु सामने लाया गया। व्यासपीठ पर जानेवाले मरीज पूर्व में किस दशा में थे और व्यासपीठ से लौटने के उपरांत उनकी दशा किस तरह की है, इसके बारे में किसी भी तरह की जाँच-पड़ताल करने से हमें मना किया जाता है। हमारे मुआयने के इसरार पर संबंधितों को गुस्सा आ जाता है, जब हम उनसे कहते हैं कि 'हम अपाहिज, अंधे, गूँगे और बीमार ले आते हैं। इन्हें चलने, देखने

और बोलने लायक बनाने की चुनौती को आप स्वीकार करें।'

हमारे चुनौती पेश करने पर उनसे मजेदार जवाब मिलता है कि "यदि प्रभु ईसा मसीह और उनके चमत्कार पर प्रगाढ़ श्रद्धा रखी जाए तो ही चमत्कार सिद्ध होगा।"

चमत्कार की चुनौती कब, कहाँ और कैसे मिलेगी इसे बयान करना मुश्किल है। हमने 1 दिसंबर से 12 दिसंबर, 1992 के दौरान 'खोज भूत की, बोध मन का' संकल्प लेकर समग्र कोंकण में जोरदार तरीके से जागृति अभियान यात्रा शुरू की थी। इसी दौरान अयोध्या में बाबरी मस्जिद का ढाँचा जमींदोज किया गया। वातावरण बेहद प्रक्षुब्ध था। बावजूद इसके 173 में से सिर्फ एक ही कार्यक्रम रद्द हुआ था। कार्यक्रम को लेकर लोगों में कमाल की जिज्ञासा थी। हमने इस यात्रा को चार जत्थों में बाँटकर अंजाम दिया था। यात्रा के अंतिम दिन हमारे चारों जत्थे समापन कार्यक्रम के लिए वेंगुर्ला में आ गए। रात में समापन की जाहिर सभा आयोजित हुई थी। इसके पूर्व वेंगुर्ला नगर निगम में पत्रकार एवं नागरिकों के साथ प्रश्नोत्तर का कार्यक्रम होना था। प्रश्नोत्तर समिति के एजेंडे से मीलों दूर रहे पर कार्यक्रम काफी चर्चित रहा—चमत्कार की चुनौती-प्रति-चुनौतियों से।

राम बोवलेकर और जया चुडानाईक द्वारा चर्चा को रोका गया। उनका मत था—"समिति द्वारा किया जा रहा प्रतिपादन कि दुनिया में भूत (पिशाच) का अस्तित्व है ही नहीं, वह जनमानस में होता है, यह साफ झूठ है।" दोनों ने जोर देकर कहा कि "पिशाच शक्ति का अस्तित्व होता ही है और उसकी अनुभूति भी कराई जा सकती है। वेंगुर्ला तहसील के मानसी देवस्थान में यदि आप रात 11:00 से प्रात: 3:00 बजे तक वाद्य बजाएँगे तो इस शक्ति का झटका आपको निश्चित रूप से लगेगा। लिहाजा, आप इस चुनौती को स्वीकार करें और इसके बाद ही समापन की सभा आयोजित करें।" रात में समापन की सभा के लिए तूफानी भीड़ इकट्ठा हुई थी। भाषण शुरू करने के पूर्व ही मैंने उक्त चुनौती को स्वीकारने की बात जाहिर रूप में घोषित की। इसका तफसील निम्न प्रकार है—

1. देवता विषयक व्यक्तिगत श्रद्धा, समिति के आंदोलन का विषय नहीं है। पर किसी देवता के पास अदृश्य पिशाच शक्ति रहती है तथा उस देवस्थान के नियमों का पालन न करने पर वह शक्ति अपनी मौजूदगी का एहसास करा सकती है, इस तरह के अंधविश्वास को चुनौती देना हम स्वीकारते हैं, लेकिन इसके लिए मानसी मंदिर न्यासी, जजमान आदि की लिखित पूर्वानुमति जरूरी है। बिना इसके चुनौती पड़ताल नहीं होगी। अनुमति प्राप्ति का दायित्व चुनौती पेश करनेवालों पर रहेगा।
2. समिति का कार्यकर्ता देवालय के झंडे लगे स्थान पर रात 11:00 से प्रात: 3:00 बजे तक ढोल पीटता बैठेगा।
3. संबंधित स्थान पर पर्याप्त रोशनी का प्रबंध हो तथा इस स्थान से दूर

उभयतः निर्धारित किए स्थान पर चुनिंदा कार्यकर्ता, पुलिस एवं पत्रकार मौजूद रहेंगे।

4. कौन सी घटना घटित होने पर वाद्य बजानेवाले कार्यकर्ता को पिशाच शक्ति द्वारा अस्तित्व दिखाया गया, ये बात सिद्ध होगी इसकी सूचना चुनौती देनेवाले लोगों द्वारा देना आवश्यक रहेगा। पिशाच शक्ति यदि प्रतीत होती है—ऐसे हालात में समिति उक्त प्रतीत को पिशाच के अस्तित्व का सबूत मानकर तदनुसार लिखित रूप में देगी। अगर प्रतीत नहीं होती है तो चुनौती पेश करनेवालों का दायित्व रहेगा कि वे वैसा लिखित रूप में दें।
5. चुनौती प्रक्रिया के दौरान उभयतः अपनी ओर से एक पड़ताल लेने तथा देने का अधिकार होगा, जिससे कि शिकायत का मौका किसी के पास नहीं बचेगा।

देवालय की अनुमति मिलते ही 20 रुपए के मुद्रांक कागज पर उभयतः इकरारनामा लिखवाया जाएगा और पड़ताल प्रक्रिया की तारीख तय की जाएगी। इतने साफ तरीके से एवं पूरी ताकत से चुनौती को समिति द्वारा स्वीकार किया जाएगा, ऐसा उन लोगों ने सोचा न था। लेकिन संबंधित मंदिर प्रबंधन द्वारा इस चुनौती प्रक्रिया को नकारा गया। इस तरह से हमें चुनौती देनेवाले मुकर गए।

उपरोक्त पद्धति से खुद को मुक्त किसी-न-किसी तरह से कई लोग करा लेते हैं। 1991 में लोकनाथ मिश्र की असम के राज्यपाल के रूप में नियुक्ति हुई थी। राज्यपाल महोदय प्रत्येक रविवार गुवाहाटी स्थित राजभवन में लगभग 100 मरीजों का इलाज किया करते। इस मामले की कुछ ज्यादा ही चर्चा हुई। गुवाहाटी निवासी माया मरोदिया नामक महिला को गले की बीमारी थी। बार-बार उनका गला बैठा करता। कई डॉक्टरों से इलाज करवाने के बाद भी कोई खास लाभ न हुआ था, पर राजभवन में इलाज के लिए आने पर लोकनाथ मिश्र द्वारा उनसे दो मंत्रों का उच्चारण कराते ही माया मरोदिया की आवाज ठीक हो गई थी।

इस बारे में राज्यपाल द्वारा दिया खुलासा इस प्रकार था, "मंत्र यानी ऐसा शब्दसमूह, जिसका प्रयोग स्वराघातपूर्वक करना पड़ता है। प्रत्यक्ष स्वरों का जो कंपन होता है उसका प्रभाव किसी वेगवान अस्त्र जैसा होता है। कोई भी अस्त्र लक्ष्य की ओर जाते समय दृश्यरूप में दिखाई देता है। पर मंत्ररूपी अस्त्र दिखाई नहीं देता, बस! रोग का पता चलते ही उसका चिकित्सात्मक मंत्र मुझे अपने आप सूझता है। मैं उसका उच्चारण मात्र करता और कराता हूँ और व्यक्ति रोगमुक्त हो जाता है। मुझे यह मंत्र प्रथमतः मनाली के निकट रहनेवाले एक साधु द्वारा प्रदान किया गया है। इसके बाद कई सूफी संत-फकीरों से मेरी समय-समय पर भेंट होती रही। फिलिपाइंस, इजिप्ट, इंडोनेशिया, इराक, थाईलैंड, इराण आदि सुदूर देशों के

साधुओं से भी मैंने मंत्र संकलित किए हैं। इनकी संख्या अब 9 से 10 हजार के लगभग पहुँच गई है। इन मंत्रों का प्रयोग करने के लिए शुद्ध शाकाहारी भोजन एवं पवित्र आत्मा के संयतता की आवश्यकता होती है।" लोकनाथ मिश्र आगे कहते हैं, "किसी मनुष्य को साँप ने डस लिया है और साँप द्वारा काटा मानव मुझसे कितनी भी दूरी पर क्यों न हो; बावजूद इसके फोन पर ही पीड़ित मनुष्य तक मैं सर्पदंश की चिकित्सा के मंत्र प्रेषित कर सकता हूँ और सर्पदंश हुए मनुष्य के प्राणों की रक्षा कर सकता हूँ।"

यह मामला समिति के लिए बेहद रोचक था। मुंबई उच्च न्यायालय के अवकाशप्राप्त जस्टिस बी. एन. देशमुख अंधश्रद्धा निर्मूलन समिति के चमत्कार सत्यशोधन समिति के प्रमुख थे। उनके हस्ताक्षर में हमने लोकनाथ मिश्र को एक पत्र लिखा। उसका ब्योरा था, 'मंत्र सामर्थ्य से असाध्य रोगियों को रोगमुक्त करनेवाला, आपका समाचार बड़ा उल्लेखनीय महसूस होता है। हम महाराष्ट्र में अंधविश्वास उन्मूलन का कार्य करते हैं। 'वैज्ञानिक दृष्टिकोण का प्रचार' इस मूल्य को भारतीय संविधान में नागरिकों का महत्त्वपूर्ण कर्तव्य माना गया है। अत: स्वाभाविक है विज्ञान के नियमों से परे जाकर किसी चमत्कार का दावा किया जा रहा हो, ऐसे समय उसकी पड़ताल हेतु हमारा जिज्ञासु बने रहना। अब तक की सभी पड़तालों में ऐसी चीजें झूठ साबित हुई हैं। इस सचाई को मद्देनजर रखते हुए मंत्र की सहायता से रोग मुक्ति का आपका दावा हमें आश्चर्यचकित करनेवाला महसूस होता है। अत: हम आपसे विनम्र निवेदन करते हैं कि आप अपनी सुविधानुसार जितना शीघ्र हो सके महाराष्ट्र में आएँ। अलबत्ता महाराष्ट्र पधारना आपके लिए संभव न हुआ तो हम असम में आपकी ओर आएँगे। हमारे संग पोलियो, लकवा, ट्यूमर आदि रोगों से ग्रस्त मरीज भी आएँगे। हम आपकी अद्भुत शक्ति की प्रतीति हेतु लालायित हैं।'

उक्त पत्र हमने 17 अगस्त, 1992 के दिन लोकनाथ मिश्र को भेजा। जिस अखबार ने लोकनाथ मिश्र की इस अलौकिक शक्ति के बारे में पूरे एक पन्ने का लेख छापा था, उन्हें भी यह पत्र भेजा गया। कई दिनों की अवधि बीतने के बाद हम स्मरणपत्र भेजने से भी नहीं चूके थे। किंतु किसी ने भी आज तक प्रत्युत्तर नहीं भेजा।

बाबा द्वारा या देवस्थान में किए जानेवाले चमत्कारों को अक्सर बेशुमार प्रसिद्धि प्राप्त होती है। बाबाओं के कथित चमत्कारों की पड़ताल करना कई दफा संभव होता है, पर देवालय के समर्थक भक्तगण देवालय के चमत्कारों को पूरी तरह से श्रद्धा का विषय बना देते हैं, ऐसे कतिपय मामले समिति की ओर आए हैं। पुणे-सोलापुर मार्ग पर भिगवण के पास डेढ़ किलोमीटर दूरी पर दत्त मंदिर, मल्लीनाथ मंदिर तथा मल्लीनाथ आश्रम स्थित है। मल्लीनाथ आश्रम की नैऋत्य दिशा में एक

किलोमीटर दूरी पर रात के समय रहस्यमयी रोशनी दिखाई दिया करती थी। इस रोशनी के दिखते ही इस इलाके के लोग 'मल्लीनाथ महाराज की जय' वाले नारे लगाया करते। यहाँ के ग्रामीण शास्त्रीय कारणों की जानकारी से वंचित थे। इसी का लाभ उठाते हुए किसी अद्‌भुत शक्ति के कारण यह रहस्यमयी रोशनी दिखाई दे रही है, ऐसी धारणा नियोजनबद्ध रीति से पाखंडियों ने निर्मित कर फैलाई, अत: इसकी पड़ताल की जाए इस तरह की गुजारिश कतिपय स्थानीय निवासियों द्वारा जिलाधीश, पुणे और पुणे विश्वविद्यालय, पुणे की ओर की गई। वरिष्ठ वैज्ञानिक डॉ. वसंत गोवारीकर उन दिनों पुणे विश्वविद्यालय के कुलपति थे। डॉ. गोवारीकर ने इस मामले का गंभीरता से संज्ञान लेते हुए, विश्वविद्यालय के भूगर्भशास्त्र विभाग प्रमुख प्रा. अ. वि. फड़के और उनके सहयोगी डॉ. वि. वि. पेशवा, डॉ. एस. बी. देवलणकर एवं डॉ. हिमांशु कुलकर्णी आदि विशेषज्ञों को घटनास्थल पर जाकर भूशास्त्रीय दृष्टिकोण से खोजबीन करने की सूचना दी थी। सत्यशोधन समिति मौका-ए-वारदात पर पहुँची।

वैज्ञानिकों के दल को ग्रामवासियों द्वारा रहस्यमयी रोशनी जिस दिशा में दिखाई देने का दावा किया गया था, उस दिशा में निरीक्षण करते समय, एक-दूसरे से लगभग 15 से 20 फीट दूरी पर जमीन से आकाश की ओर सूँड़ाकार होती पूर्व और पश्चिम में दो प्रकाश शिखाएँ दिखाई दीं। दोनों प्रकाश शिखाएँ एक-दूसरे से दूर होते हुए अदृश्य हो गईं। गाँववासी इस मामले को लेकर जो राय बना बैठे थे, वैसी ये प्रकाश शिखाएँ हरगिज नहीं थीं। इन प्रकाश शिखाओं की तीव्रता ट्यूबलाइट की रोशनी से भी कम थी। इसके 20 मिनट बाद फिर से प्रकाश शिखाएँ दिखाई दीं। लिहाजा प्रकाश शिखाएँ जिस स्थान पर दिखाई दी थीं, उसी स्थान पर वैज्ञानिक निरीक्षण करने लगे। इस समय पड़तालवाले स्थान से सटे, राष्ट्रीय महामार्ग क्र. 9 से गुजरते वाहनों के अग्रदीप से पड़नेवाली प्रकाश शिखाओं का मिलन, विशिष्ट स्थिति में होता दिखाई देने की बात सामने आई। इसमें किसी भी तरह का भूशास्त्रीय नैसर्गिक चमत्कार नहीं है, ऐसी सत्यशोधन समिति की राय बनी। 10-15 मिनट पर फिर से एक दफा ऐसी ही प्रकाशमय ज्योति कुछ ज्यादा ही तीव्रता से कुछ पलों के लिए दिखाई दी। इस बार इस रोशनी में वैज्ञानिकों और पेड़ों की छाया भी दिखाई पड़ी थी। वैज्ञानिकों ने पीछे मुड़कर देखा, इस बार बड़ी तीव्रता वाली प्रखर रोशनी मल्लीनाथ आश्रम को लक्ष्य कर फेंकी गई दिखाई दी। रोशनीवाली दिशा में ग्रामवासी दौड़े, लेकिन पलभर में ही रोशनी अदृश्य हो चुकी थी। इन तमाम चीजों पर गौर करने के बाद—'प्रकाश शिखा दिखाई देने के मूल में किसी भी तरह का भूशास्त्रीय कारण नहीं है या संभावित ज्वालामुखी जैसी प्रक्रिया से उसका कोई संबंध नहीं है।' इस निष्कर्ष की रिपोर्ट सत्यशोधन समिति द्वारा विश्वविद्यालय को सौंपी गई। कथित प्रकाश शिखावाली खबर अखबारों में छपने के बाद समिति के

लातूर निवासी कार्यकर्ता माधव बागवे ने इस मामले का भंडाफोड़ करनेवाला पत्र पुणे विश्वविद्यालय को लिख भेजा।

उनके मतानुसार, 'ये प्रकाश शिखाएँ अद्‌भुत एवं रहस्यमयी नहीं हैं; बल्कि मानवनिर्मित एवं बनावटी हैं और ये प्रकाश शिखाएँ मल्लीनाथ आश्रम से ही फेंकी गई हैं।' उन्होंने खत में आगे लिखा, 'समिति के कार्यकर्ता एवं पुलिस दल द्वारा 24 सितंबर, 1995 के दिन लातूर के मल्लीनाथ आश्रम पर छापा डाला गया। उस समय मल्लीनाथ बाबा की मोटरगाड़ी संख्या 13 B6364 की तलाशी लेने पर उसमें एक विशिष्ट प्रकार का हैलोजन लट्टू मिला था। किसी झरोखे से आनेवाली प्रकाश किरण के समान ही इस लट्टू की रोशनी 200 मीटर तक फेंकी जा सकती थी। वीडियो शूटिंग के दौरान फोकस जिस तरह एक स्थान से दूसरे स्थान पर कुछ दूरी तक ले जाया जा सकता है, उसी प्रकार यह लट्टू भी गाड़ी से कुछ दूरी तक ले जाया जा सकता था। मठ के इर्द-गिर्द कथित दैवी रहस्यमय वलय निर्मित करने के लिए मल्लीनाथ इस तरह की हरकत किया करता था। अतएव मल्लीनाथ की गाड़ी की तलाशी लेकर पुलिस द्वारा उसे गिरफ्तार किया जाए। सबूत पेश करने के लिए मैं और लातूर और आश्रम पर मारे गए छापे के दौरान मौजूद पुलिस निरीक्षक भी तैयार हैं।' ऐसे भी उन्होंने पुणे विश्वविद्यालय को अवगत कराया था। विश्वविद्यालय सत्यशोधन समिति की पड़ताल एवं माधव बागवे के इस आशयवाले पत्र के बाद कभी भी रहस्यमयी प्रकाश शिखाएँ मंदिर परिसर में दिखाई नहीं दीं।

महाराष्ट्र में कुछ जत्रा-मेलों के साथ चमत्कार की घटनाएँ जोड़ दी गई हैं।

निगोज, तहसील पारनेर, जि. अहमदनगर में सालाना मलगंगा देवी की जत्रा आयोजित होती है। इस दौरान गाँव के एक कुएँ में नई गगरी का अपने आप सतह पर आने का चमत्कार घटित होता है। उन दिनों इस चमत्कार का काफी बोलबाला था और आज भी है। जिस कुएँ से गगरी प्रकट होती है, वह कुआँ चौकोर और पत्थरों से बना मजबूत कुआँ है। चार चरणों में कुएँ के अंत तक सीढ़ियाँ बनी हैं। मेले के दिन रात के 10:00 से 12:00 बजे के बीच कुएँ के भीतर से पानी की सतह पर अपने आप गगरी प्रकट होती है। इस मौके पर हजारों भक्त कुएँ के चारों ओर खड़े हुए दिखाई देते हैं किंतु गगरी के प्रकट होने के समय सिर्फ भगत के अलावा कुएँ में किसी अन्य को उतरने की अनुमति नहीं रहती। भगत गगरी को कुएँ से बाहर ले आता है। इसके बाद गगरी की पूजा की जाती है। इस दौरान प्रकाश के लिए महज मशालें जलती हैं। बिजली के ट्यूब्स, लट्टू, फोकस एवं टॉर्च आदि के प्रयोग पर सख्त पाबंदी लगी रहती है। कुएँ के भीतर तो अँधेरा ही रहता है। कुएँ के बाहर लाने पर गगरी का जुलूस निकाला जाता है।

दूसरे दिन गगरी को फिर से पूरे सम्मान के साथ लाकर इसी कुएँ में विसर्जित कर दिया जाता है। कुएँ में गगरी विसर्जित करने के पश्चात् गगरी अदृश्य हो जाती है, ऐसा कहा जाता है।

गगरीवाले मसले का फैसला करने के लिए अंधश्रद्धा निर्मूलन समिति के कार्यकर्ता मेले के समय निगोज में पहुँचे थे। "पड़ताल कीजिए, जाँच कीजिए, खोज कीजिए" आदि कहनेवाले लोग इस समय कुएँ में उतरने की बात पर हमारा प्रतिरोध करने लगे। बिजली के लट्टू आदि जलाने नहीं देंगे, वाली भूमिका भी उन्होंने अपनाई। समिति द्वारा गगरी के प्रकट होने के चमत्कार पर दिखाया अविश्वास उन्हें बरदाश्त नहीं हुआ। सबसे महत्त्वपूर्ण बात यह कि चमत्कार घटित होने के पूर्व पूरे आठ दिन किसी को भी कुएँ में उतरने से मना किया जाता है, सामने आई। कुएँ के पड़ोस में ही लगभग 50 से 75 फीट की दूरी पर शिवजी एवं हनुमान के मंदिर हैं। कुएँ के चारों ओर से 10 फीट की खुली जगह है और इसके बाद कुछ घरों का हिस्सा कुएँ वाले इलाके से सटा है—इस स्थिति को नोटिस किया गया। भगत के अलावा किसी अन्य को कुएँ में उतरने से मना करना, रोशनी के प्रबंध को मना करना, कुएँ के आसपास के परिसर की पड़ताल के लिए मना करना, इन तमाम बिंदुओं पर गौर करने पर एक बात स्पष्ट हो गई कि चमत्कार की पड़ताल या परीक्षण करने के बजाय उसे सँजोये रखने की ओर ही कइयों का रुझान था। मेले का माहौल एवं आर्थिक गणित, चमत्कार पर कई अंशों में निर्भर होने के कारण उक्त सारी चीजें अपेक्षित ही मानी जानी चाहिए।

पुणे जिले के भुलेश्वर मंदिर के चमत्कार का मामला भी कुछ ऐसा ही है। यह भोलेनाथ शिव का मंदिर है। इसमें शिवलिंग मौजूद है। यहाँ का पुजारी भक्तों को एक चमत्कार दिखाता है। यह चमत्कार यानी—शिवलिंग के नीचे स्थायी पत्थर में बने एक खाँचे में थोड़ी सी जगह है। निरांजन के प्रकाश में पुजारी इस खाँचे में बनी जगह भक्तों को दिखाता है। इसके बाद वह एक छोटी-सी स्टील की कटोरी में पाँच पेड़े रखता है। फिर कटोरी को पुजारी खाँचे में खिसकाकर उस पर भोलेनाथ शिव का मुखौटा चढ़ा देता है। 5-6 मिनटों के गुजरते ही पुजारी शिव का मुखौटा हटाकर भीतर की कटोरी निकालकर भक्तों को दिखाता है। कटोरी से दो पेड़े गायब हुए, यह दृश्य भक्तों को दिखाई देता है। इस चमत्कार के बदले में पुजारी भक्तों से किसी भी प्रकार से पैसों या चीजों की माँग नहीं रखता। किंतु चमत्कार की पड़ताल करने की बात पर राजी भी नहीं होता। चमत्कार का व्यापार श्रद्धा के आधार पर चलता है, इसकी अनुभूति इस मिसाल द्वारा समझ में आती है।

चमत्कार पर विश्वास रखने के लिए यदि मन उतावला हो रहा है तो ऐसे लोगों को झुकानेवाले तैयार ही रहते हैं। चमत्कार के एक बार श्रद्धा का विषय बन जाने

पर प्रश्न पूछने का मतलब ही नहीं रहता? मशहूर अभिनेता बाल धुरी और जयश्री गडकर दंपती को हुआ अनुभव इस दृष्टि से गौर करने लायक है।

इस मशहूर फिल्मी कलाकार दंपती को हुए दृष्टांत के आधार पर विशिष्ट स्थान पर खुदाई करते ही महिषासुरमर्दिनी भवानी माता की मूर्ति प्राप्त हुई, ऐसा कहा जाता है। यह घटना कई साल पूर्व घटित हुई थी। उन दिनों अखबारों में निम्न पद्धति से खबर छपकर आई थी—

'मशहूर फिल्म अभिनेता बाल धुरी और जयश्री गडकर दंपती को दृष्टांत हुआ था कि कुडाल से महज नौ किलोमीटर दूरी पर स्थित उनके पैतृक गाँव सोनवडेपार में उनके पैतृक घर के पास ही बने भवानी माता मंदिर के पिछले हिस्से की जमीन में दो फीट ऊँची महिषासुरमर्दिनी भवानी माता की मूर्ति भूमि के भीतर दबी हुई है। दृष्टांत के अनुसार दो फीट ऊँची महिषासुरमर्दिनी भवानी माता की मूर्ति साधक नंदकुमार पाटिल ने खुदाई करके जमीन से बाहर निकाल दिखाई।'

मूर्ति का दर्शन करने हेतु भक्तों की लंबी कतारें लगीं। दैवी चमत्कार के चलते ही दृष्टांत की यह सिद्धि मुझे प्राप्त हुई है, वाला दावा अलिबाग निवासी साधक नंदकुमार पाटिल ने किया था।

महिषासुरमर्दिनी भवानी माता मूर्ति की प्रतिष्ठापना, इसके पूर्व ही निर्माण किए भवानी मंदिर में, समारोह आयोजित करके पूरे भक्तिभाव एवं सम्मान से की गई।

अभिनेता बाल धुरी और जयश्री गडकर, मूल रूप से ओटव निवासी तथा हाल ही में मुंबई में बसे दादासाहेब गावकर, पूर्व सभापति दादासाहेब वराडकर, पत्रकार श्रीकांत देसाई, प्रफुल्ल पटेल, अभिनेता कृष्णकांत दलवी और लगभग 300 ग्रामवासियों को साक्षी रख दृष्टांत के अनुसार साधक नंदकुमार पाटिल और उसके अनुयायियों ने भूमि उत्खनन कर रात 11:45 के समय मूर्ति को भूमि के गर्भ से बाहर निकाला।

साधक नंदकुमार पाटिल के दृष्टांत के दावे के मुताबिक मूर्ति कल रात 12:00 बजे के पहले मंदिर के पिछले हिस्से की भूमि में मिलनेवाली थी। अतएव पाटिल द्वारा निर्देर्शित भूमि में शाम 6:00 बजे से उत्खनन कार्य का प्रारंभ हुआ था। इस कार्यक्रम के लिए ग्रामवासियों ने पत्रकारों को भी न्योता दिया था।

निर्देशित आयताकृति स्थान पर साधक पाटिल के अनुयायी उत्खनन कर रहे थे। चारों दिशाओं में उसके अनुयायी धूप-कपूर जला रहे थे। साधक पाटिल यथासांग विधि में तल्लीन था। प्रत्यक्ष उत्खनन स्थान से कुछ फीट की दूरी तक वीडियो शूट करनेवाले कैमरामैन के अलावा किसी और को प्रवेश प्रतिबंधित था। खुदाई के वक्त एक काले रंग का और एक पीले रंग का साँप दिखाई देने की, कइयों ने बात कहीं। साँप दिखाई देने के दृश्य को शूट किए जाने की बात भी कही गई, पर इसकी पुष्टि नहीं हो पाई।

भूमि में लगभग तीन फीट गहराई तक आयताकृति उत्खनन पूर्ण होने के बाद रात 11:00 बजे साधक पाटिल ने खुदाई की दिशा को बदलने के लिए कहा और रात 11:45 के समय कटहल वृक्ष की जड़ों में लिपटी महिषासुरमर्दिनी भवानी माता की मूर्ति का दर्शन होते ही भक्त अत्यंत भावविभोर हो गए।

दो फीट ऊँची पंचधातु की यह मूर्ति सिंहारूढ़ थी। मूर्ति के हाथों में गदा, त्रिशूल एवं सुदर्शनचक्रादि शस्त्र थे।

यथासांग पूजा-अर्चना कर मूर्ति को मंदिर ले जाया गया।

"इस भूमि में मूर्ति के अस्तित्व की, प्रत्यक्ष बिना जगह देखे ही, अलिबाग में बैठकर ही अमुक स्थान पर महिषासुरमर्दिनी भवानी माता की मूर्ति है, ऐसा कहकर दृष्टांतानुसार मूर्ति को उत्खनन करके बाहर निकालनेवाले साधक पाटिल साक्षात् देवता के ही अवतार हैं। अपने मन की भावनाओं को मैं शब्दों में बयाँ नहीं कर सकती," ऐसा अभिनेत्री जयश्री गडकर—गद्गद स्वरों में बोलीं।

"हमने धुरी कुल की कुलदेवी भवानी माता का मंदिर 1977 में निर्माण करने का फैसला किया था। निर्माण कार्य हेतु दो लाख रुपयों की लागत का अनुमान हमने किया था। धुरी परिवार के सभी सदस्यों तथा अन्य लोगों ने इस राशि का प्रबंध किया और दो सालों पूर्व ही मंदिर निर्माण कार्य पूर्ण हुआ। पर विगत दो सालों से किसी-न-किसी प्रकार की समस्याएँ आ रही थीं। हम राजस्थान, धारवाड़ आदि इलाकों से मूर्ति लाकर प्रतिष्ठापना करना चाह रहे थे, परंतु ऐन मौके पर पत्थर में दरार आई। इसके कारण यह प्रयास भी विफल रहा। इसके बाद कन्याकुमारी में स्थापित स्वामी विवेकानंद की विश्वप्रसिद्ध प्रतिमा के शिल्पी ओटवणेकर को भी हमने मूर्ति निर्माण का कार्य सौंपा। पर उन्हें भी यही अनुभव हुआ था। कुछ-न-कुछ समस्या निर्मित होकर या उनकी मनोदशा ही यह काम पूरा होने नहीं दे रही थी।

"उन्होंने हमें अपने विचार से अवगत कराया। इसके बाद मैं और मेरा बेटा बुरी तरह से बीमार पड़े और इस काल में मूलतः ओटव निवासी परंतु हाल ही में मुंबई निवासी हुए दादा गावकर से हमारा परिचय हुआ। आत्मीयता बढ़ती गई। बातचीत के प्रवाह में हमने उन्हें मूर्ति प्रतिष्ठापना कार्य के बारे में आ रहे संकटों से अवगत कराया। उन्होंने स्वयं का अनुभव कथन करने के बाद अलिबाग निवासी महान साधक नंदकुमार पाटिल से हमारी भेंट करा दी। नंदकुमार पाटिल ने कौल लगाकर हमें बताया कि "आपकी मूल कुलदेवी देवकी देवी भवानी माता मंदिर के पीछे भूमि के गर्भ में है।" साधक पाटिल ने ध्यान धारणा के माध्यम से उक्त मूर्ति कहाँ है, वह कब प्राप्त होगी, उसका वर्णनादि सब जानकारी हमें लिखित रूप में दी। प्रत्यक्ष उक्त स्थान पर आए बिना ही उन्होंने सब कुछ बखान किया तथा मूर्ति प्राप्ति के लिए भूमि उत्खनन हेतु आज का मुहूर्त बखान किया था। अतएव ग्रामवासियों ने

बड़ी भागदौड़ करके मात्र माह भर में मंदिर के रंग-रोगन और सजावट आदि का अधूरा रहा कार्य पूरा किया। साधक नंदकुमार पाटिल ने उत्खनन करके मूर्ति बाहर निकाली। चमत्कार यह कि उन्होंने मूर्ति कैसी होगी इसके बारे में लिखित रूप में बखान किया था। मूर्ति पूरी तरह से वैसी ही है। आज का क्षण हमारे जीवन का अत्युच्य आनंद का क्षण है।" अपने मंतव्य को पूरा करते ही जयश्री गडकर अपनी भावनाओं के आवेग को रोक नहीं पाईं।

भूमि से मूर्ति के बाहर आते ही, "देवी को हमारे करकमलों से ही बाहर आने की इच्छा थी," ये भावना साधक नंदकुमार तथा उसके अनुयायियों ने व्यक्त की। नंदकुमार पाटिल इस कार्यक्रम के बाद पूर्वावस्था में लौटकर पत्रकारों से मुखातिब हुए और बोले, "मैं हिंदुस्तान लिवर कंपनी में कार्यरत हूँ। 22 साल पहले मेरे शरीर के भीतर यह अद्‌भुत शक्ति होने की प्रतीति हुई थी। इस शक्ति के मेरे भीतर प्रवेश करने के पूर्व मैं गंभीर बीमारी के चलते बिस्तर में पड़ा था। मैंने खान-पान त्यागा था। अलिबाग में मेरा केतकी का बाग है। बाग में माड है, यहाँ ध्यान धारणा करने से मुझे दृष्टांत मिलता है। जिन्हें मूर्ति के बारे में इस तरह की मदद आवश्यक है, वे मुझसे संपर्क कर सकते हैं।"

इस खबर के अंत में एक चौखटे में 'अंधश्रद्धा निर्मूलन समिति और दाभोलकर के लिए मानो यह एक चुनौती ही है' इस तरह की अलग से सूचना देने से पत्रकार नहीं चूके थे। इसके बाद मैंने एक पत्रक प्रकाशित किया था। वह कुछ इस तरह था, 'जमीन के भीतर के कुल देवताओं तथा अन्य देवताओं के स्थान के बारे में मैं ज्ञान रखता हूँ। इस तरह के दृष्टांत की अद्‌भुत शक्ति विगत 22 सालों से अपने भीतर होने की गारंटी साधक नंदकुमार पाटिल देते हैं। वास्तव में इस तरह की कोई दैवी शक्ति अस्तित्व में नहीं है, यह अंधश्रद्धा निर्मूलन समिति का विज्ञाननिष्ठ अभिप्राय है। ऐसी शक्ति स्वयं में निहित है, ऐसा कहकर उसे सिद्ध कर दिखानेवाले को समिति पाँच लाख का पुरस्कार भी देती है। समिति ने ऐसी स्पष्ट भूमिका किसी की भावनाओं को आहत करने हेतु नहीं, बल्कि सत्यान्वेषण के नैतिक दायित्व से अपनाई है।

'दृष्टांत में वर्णित स्थान पर मूर्ति का प्राप्त होना, इसे अत्यंत अपवादात्मक स्थिति या महज इत्तफाक ही माना जा सकता है। पर पिछले 22 सालों से इस तरह की शक्ति मेरे भीतर है, ऐसा साधक नंदकुमार पाटिल जैसा यदि कोई दावा करता है, तो वह पूर्वरचित पाखंड के अलावा कुछ और नहीं है। उक्त घटना कटु लेकिन अप्रिय सत्यरूप में स्वीकार करनी पड़ेगी। जयश्री गडकर का भावविभोर होकर बोलना तथा लोगों का श्रद्धा भाव से उक्त घटना को सत्य मानना, समिति को किसी भी हाल में रास नहीं आता। बस, यही हमारा कहना है।'

सोलापुर और सतारा इलाके में मशहूर हुए मांत्रिक जगूबाबा गोरड़ डेढ़ साल पहले हमारे आंदोलन से प्रभावित होकर स्वयं का व्यवसाय बंद कर आंदोलन में

शामिल हुए थे। यदि वे हमारे आंदोलन में शामिल नहीं हुए होते तो वे एक ऊसर पठार पर मूर्ति गाड़कर, लगातार 6 महने तक दृष्टांत होने की बात फैलाकर, उस मूर्ति को बाहर निकालने की किस तरह तैयारी कर रहे होते, यह हमें बताते। मालवण, जि. सिंधुदुर्ग में उनके अनुभव कथन कार्यक्रम को जरूर किसी संस्था द्वारा आयोजित किया जाना चाहिए। भूमि उत्खनन के लिए तय किया रात का समय, अनुयायियों द्वारा खनन करा लेना, धूप-कपूर जलाकर तैयार किया माहौल, उत्खनन स्थान पर किसी अन्य के आने पर पाबंदी, ऐसे मौके पर इरादतन अफवाहें प्रचारित की जाती हैं जैसे कि उक्त स्थान पर साँप दिखाई दिया। ये तमाम चीजें शक पैदा होने के लिए काफी हैं। इसी के साथ मूर्ति का स्थान पेड़ के तने के पास होना—इसका भी अन्वयार्थ लगाया जा सकता है, क्योंकि पूर्वनियोजित उत्खनन करते समय वर्णित स्थान पर ही खुदाई शुरू करने के लिए ऐसी निशानियों की सहायता सुविधाजनक हो जाती है। अर्थात्, इस तर्क का प्रत्यक्ष सबूत, घटना घटित हो जाने के बाद मिलना मुश्किल हो जाता है।

हम अलिबाग निवासी साधक नंदकुमार पाटिल की पड़ताल उन्हीं के अलिबाग में करना चाहते थे। उन्होंने स्वयं ही 'तरुण भारत' अखबार को बताया कि जिन्हें मूर्ति के बारे में इस तरह के मदद की आवश्यकता है, उनकी मदद करने के लिए वे तैयार हैं। अंधश्रद्धा निर्मूलन समिति को भी उनकी मदद की नितांत आवश्यकता है। "हम मिट्टी से भरकर 10 गमले उनके समक्ष रखेंगे। इनमें से किन्हीं तीन गमलों की मिट्टी में देवता की मूर्तियाँ रखी होंगी। किस देवता की मूर्ति किस गमले में है, बस यही पाटिल अपने अद्‌भुत सामर्थ्य की साधना द्वारा बताएँ। उनकी ओर से हाँ मिलने पर हम तुरंत पूर्व तैयारी करेंगे। लेकिन अब उनके जैसे सभी लोग, 'जिनकी श्रद्धा होगी वे ही अनुभव कर सकेंगे' ऐसा कहते हुए चुनौती से पीछे हट जाते हैं। अतएव पीछे हटने की भूमिका वे न अपनाएँ। यदि वे चुनौती से हटने की भूमिका लेते हैं तो उनकी दृष्टांत शक्ति एवं मूर्ति की खोज करना आदि पूर्वनियोजित पाखंड है तथा उनकी ऐसी हरकत लोगों की धार्मिक आस्था से किया खिलवाड़ है, ऐसा निष्कर्ष अपने आप सामने आएगा।

इस पर पाटिल का पूर्वनियोजित मिथ्या जवाब तैयार ही था। पाटिल की ओर से अखबारों में जो छपकर आया वह इस प्रकार, 'यह श्रद्धा का विषय है। अत: इस विषय में पड़ताल नहीं हो सकती। जिनकी श्रद्धा होगी उन्हें ही अनुभूति होगी।'

हमने चमत्कार सिद्ध कर दिखाए ही हैं, ऐसा जो कोई मानते हैं उनकी स्थिति भी इससे कुछ भिन्न नहीं रहती। कुंडलिनी जाग्रति द्वारा अतींद्रयाँ शक्ति सिद्ध होने का दावा करनेवाले चाफेकर की मिसाल गौर करने योग्य है।

पुणे में 'अंधविश्वास उन्मूलन घोषणापत्र परिषद' संपन्न हुई। इसके निमित्त चंदा संकलन हुआ तथा चमत्कार सिद्ध कर दिखानेवाले व्यक्ति को दो लाख के

पुरस्कार की घोषणा की गई (वर्तमान में यह रकम पाँच लाख है)। 22 अगस्त, 1989 के दिन यह खबर अखबारों में छपी। 24 अगस्त, 1989 के दिन पुणे निवासी अविनाश चाफेकर ने मुझे खत लिखा। खत का महत्त्वपूर्ण मजमून था, 'मैं आपकी चुनौती को स्वीकार करता हूँ। मैंने कुंडलिनी योग-अतींद्रिय शक्ति का अस्तित्व सिद्ध किया है। अब गेंद आपके पाले में है। आपको मेरा यह कार्य किस रूप में झूठ है, इसे साबित कर दिखाना होगा।' हमने तुरंत एक पत्रक प्रकाशित किया जिसमें लिखा था, 'योग सामर्थ्य एवं कुंडलिनी जाग्रति द्वारा अतींद्रिय शक्ति सिद्ध कर दिखाएँगे, ऐसा चाफेकर का दावा है। कुंडलिनी जाग्रति के चलते कौन सी सिद्धियाँ प्राप्त होती हैं, यह ज्ञानेश्वरी के छठे अध्याय में पद क्र. 267 एवं 269 में लिखा है, 'मग समुद्रापैलाडी देखे, स्वर्गीचा आलोच आइके, मनोगत ओळखे मुंगियेचे' (समुद्र के पार देखता है, स्वर्ग में चल रही चर्चा सुनता है, तथा चींटी का मनोगत जान लेता है)।

'पवनाचा वादिका वळघे, चाले तरी उदकी पाऊल न लागणे, येणे येण प्रसंगे येती बहुतासिद्धि' (वायुरूपी अश्व पर आरूढ़ होता है, पानी की सतह पर चलते हुए भी उसके पैर पानी के भीतर नहीं डूबते। ऐसी कई सिद्धियाँ उसे प्रसंगानुरूप प्राप्त होती हैं)।

उपरोक्त मामलों की परिपूर्ति की ओर ना जाते हुए, आसान एवं बुनियादी निम्न चीजों की परिपूर्ति चाफेकर करें, ऐसी हमारी अपेक्षा है।

1. 100 फीट की दूरी पर स्थिति बंद कमरे की भीतरी चीजों को चिह्नित करना।
2. लिफाफाबंद कागज पर लिखे पाँच लोगों के मनोगत, प्रकट कर दिखाना।
3. पानी की सतह पर पाँच कदम चलकर दिखाना।

इन चीजों की पड़ताल अंधश्रद्धा निर्मूलन समिति शास्त्रीय पद्धति से तथा स्वयं के व्यय पर करेगी और चाफेकर द्वारा उक्त चीजों की परिपूर्ति करने पर हम उन्हें दो लाख रुपए की पुरस्कार राशि सम्मान के साथ प्रदान करेंगे। साथ ही समिति चमत्कार के विरोध में चला रहे आंदोलन को बंद कर देगी।

इसके बाद चाफेकर ने एक पत्रक प्रकाशित किया जिसका सार था, चाफेकर पड़ताल के लिए तैयार है ही। पर इसमें एक पैंतरा था कि चाफेकर की पुस्तक में लिखित कुंडलिनी शक्ति के प्रयोगों को मान्य किया जाए। और इसी आधार पर पड़ताल करके कुंडलिनी अस्तित्व तथा अतींद्रिय शक्ति जाग्रत हुई, ऐसा घोषित किया जाए। चाफेकर का मानना था कि समिति उसकी चुनौती को विकृत मोड़ दे रही है। इस बारे में मैंने फिर से एक पत्रक निकाला और उसे उसकी ओर तथा अखबार में छापने हेतु भेज दिया। वह पत्रक इस प्रकार था, 'अतींद्रिय शक्ति के टेलिपैथी, क्लेरवायन्स, प्रिकाग्निज्म और सायकोकायनेसिस मुख्य चार प्रकार

दुनियाभर में माने जाते हैं। इसमें से किसी भी पद्धति की सिद्धता खुद की जाग्रत कुंडलिनी सामर्थ्य की आधार पर चाफेकर या अन्य कोई कर दिखाने हेतु यदि तैयार है, तो उसकी हाँ मिलते ही, पुणे में यह चुनौती पड़ताल की प्रक्रिया संपन्न कराई जाएगी। चाफेकर अपनी पुस्तक में वैज्ञानिक प्रयोग के आधार पर कुंडलिनी सामर्थ्य सिद्ध होने का दावा करते हैं, अत: उनके द्वारा सभी के समक्ष नियंत्रित वातावरण में कुंडलिनी सामर्थ्य द्वारा अतींद्रिय शक्ति के सबूत पेश करने में किसी भी तरह की आपत्ति नहीं होनी चाहिए। चाफेकर किसी अन्य व्यक्ति द्वारा कुंडलिनी सामर्थ्य की पड़ताल प्रक्रिया संपन्न कराना चाहते हैं, तो समिति उनके निर्णय का स्वागत ही करेगी। चाफेकर अधिवक्ता एवं पत्रकार हैं अत: पत्रकार एवं अधिवक्ता जनों की मौजूदगी में पड़ताल कराने की समिति की मंशा है। कुंडलिनी जाग्रत होने पर कौन से चमत्कार घटित होते हैं, इसका वर्णन भी ज्ञानेश्वरी में किया गया है। ज्ञानेश्वरी में वर्णित किसी भी चमत्कार को कुंडलिनी जाग्रति के सबूत रूप में चाफेकर या उनके किसी अन्य साथी द्वारा पेश कराने के बाद भी चाफेकर की अतींद्रिय शक्ति को सच मानने की हमारी तैयारी है। अपवाद रूप में चुनौती की अग्रिम राशि के बिना भी समिति द्वारा पड़ताल कराई जाएगी। अतएव इन सारी चीजों का संज्ञान लेकर चाफेकर आगामी 10 दिनों में पड़ताल प्रक्रिया को पूरा करें। अन्यथा चाफेकर के इस अवधि में पड़ताल प्रक्रिया के अखाड़े में न आने की दशा में उन्होंने पड़ताल प्रक्रिया से पीठ फेर ली है, ऐसा माना जाएगा। प्रत्यक्ष चुनौती के मैदान में सारी चीजें आने तक चुनौती देनेवाले मुकर जाते हैं, ऐसा समिति का अनुभव रहा है। लिहाजा चाफेकर इसके अपवाद साबित होंगे, ऐसी हम कामना करते हैं।' लेकिन आज तक हमारी कामना चाफेकर मामले में कभी यथार्थ के धरातल पर अवतरित ही नहीं हुई।

धर्म का चमत्कार से सीधा संबंध होता ही है। फिर वह चाहे ईसाई धर्म हो या हिंदू धर्म। मदर टेरेसा को संत घोषित करने के लिए जिन दिनों पोप ने प्रक्रिया शुरू की उसी दरमियान लुड्र्स की वर्जिन मेरी के चमत्कार की चर्चा ने तहलका मचाया था। क्रिश्चन धर्मगुरु चमत्कार की ओर किस दृष्टि से देखते हैं, इसे स्पष्ट करने के लिए इस मामले के तफसीलात को देखना जरूरी है।

1858 में एक गड़रिया महिला को सपने में दृष्टांत हुआ कि वर्जिन मेरी उसके गाँव के इलाके में आनेवाली है। किंतु ग्रामीणों ने गड़रिया महिला के दृष्टांत पर विश्वास नहीं किया। ऐसा ही दृष्टांत लुड्र्स गाँव के लोगों को भी हुआ था, अतएव इन लोगों ने अगुआई कर वर्जिन मेरी के लिए चर्च का निर्माण किया। 1875 के दरमियान कई अपाहिज इस स्थान पर आकर दैवी कृपा के चलते रोगमुक्त होने का प्रचार एवं दावा करने लगे। चर्च में मेरी की प्रार्थना और पास में बहता झरने का

पानी, ये दोनों चीजें चमत्कार घटित कर सकती हैं, ऐसी अफवाह फैली। अफवाहों का रूपांतरण दैवी चमत्कार में हुआ।

आज से सौ साल पूर्व चमत्कार के बारे में निर्णय लेना आसान था क्योंकि मूलत: आज की जैसी औषधि पद्धति उस दौर में अस्तित्व में नहीं थी। औषधि ग्रहण करनेवालों की संख्या भी मामूली थी। अतएव किसी की बीमारी पूरी तरह से ठीक होना, इसे चमत्कार ही माना जाता। लुड्र्स को भेंट देनेवाले लोगों में अधिकांश तपेदिक के मरीज ही हुआ करते। वास्तव में यात्रा के दौरान खुली हवा, नियमित आहार एवं थोड़ी-बहुत दवाइयाँ आदि के चलते बीमारी काबू में आने की स्थितियाँ निर्मित हुआ करतीं तथा मरीज के घूमने-फिरने से अन्य लोगों को यह दैवी चमत्कार ही महसूस होता था और इसका श्रेय वर्जिन मेरी को जाया करता।

फ्रांस स्थित लुड्र्स गाँव में सालाना अस्सी हजार अपाहिज आते हैं। इस गाँव में वर्जिन मेरी का चर्च है। मेरी के दर्शन से चमत्कार होकर विकलांगता दूर हो जाती है, ऐसी लोगों की श्रद्धा है। बड़ी संख्या में अपाहिजों का इस गाँव में आना, इसका अर्थ अधिकांश लोगों को चमत्कार की अनुभूति हुई हो ऐसी धारणा बनने की संभावना है। पर वर्जिन मेरी चर्च प्रबंधन के 1862 से लेकर अब तक के तमाम अभिलेखों की पड़ताल करने पर केवल छह हजार अपाहिजों ने पूरे विश्वास के साथ कहा था कि हमें दैवी चमत्कार की अनुभूति हुई है। इसके बाद इन दैवी चमत्कारों की चर्च द्वारा पड़ताल करने पर केवल 66 दावे ही चमत्कार कहलाने योग्य थे, ऐसी सचाई सामने आई। इसमें भी विगत 40 सालों के अभिलेखों की पड़ताल करने पर यह आँकड़ा महज 4 पर आकर स्थिर हो जाता है!

किंतु पिछले कुछ सालों से 'चमत्कार घटित हुआ है' ऐसा कहनेवालों की संख्या में विलक्षण इजाफा हो रहा है। अत: इसे रोकने हेतु उपाय के रूप में चर्च द्वारा अब उक्त चमत्कारों की पड़ताल के लिए वैज्ञानिक प्रयोगों का सहारा लिया जा रहा है। इसके लिए अलग-अलग स्तर पर आयुर्विज्ञान सलाहकारों की समितियों का गठन किया गया है। उक्त समितियाँ आधुनिक आयुर्विज्ञान अनुसंधान क्षेत्र के लिए भी पहेली बने रोगोपचारों की कड़ी जाँच करती हैं। लेकिन इन धर्मप्रचारकों का यह 'विज्ञानोदय' है, ऐसा मानना गलत होगा। इसकी सचाई यह कि 'दैवी चमत्कारों की पड़ताल' करके इस पर वैज्ञानिकता का मुलम्मा चढ़ाने से दैवी अस्तित्व संबंधी श्रद्धा और भी दृढ़ होने की संभावना है। इसके अलावा सतही दावे करके फिर चर्च और धर्म संस्था की बदनामी करनेवालों को भी रोका जा सकता है, ऐसा सीधा हिसाब इसके मूल में है।

आयुर्विज्ञान सलाहकार समिति आधुनिक आयुर्विज्ञान तकनीक का प्रयोग करके उक्त मामलों में निश्चित क्या घटित हुआ होगा, इसका अनुमान व्यक्त करती है। अत: मरीज के जन्म से लेकर उसके चिकित्सा इतिहास की पड़ताल की जाती है।

मरीजों के रिश्तदारों से भेंट कर मरीज की पूरी जानकारी संकलित की जाती है। और अंत में वह चमत्कार था या नहीं, इसका निर्णय चर्च के ही धर्मगुरु करते हैं क्योंकि पूर्व परंपरा के अनुसार चमत्कार किसे कहा जाए, इसके नियम 18वीं सदी में चर्च के पोप द्वारा निर्धारित किए गए थे।

1. मूल बीमारी व्यक्ति को पूरी तरह से दुर्बल करनेवाली होनी चाहिए।
2. दुर्बलता पूरी तरह से शारीरिक ही होनी चाहिए, मानसिक न हो।
3. इलाज तत्काल हुआ हो तथा वह किसी भी तरह की वेदना देनेवाला न हो।
4. इलाज का चमत्कार सिद्ध होने पर फिर से रोगी को वैद्यकीय इलाज की आवश्यकता न हुई हो।
5. मरीज पूरी तरह से स्वस्थ होकर पूर्व में जिस तरह से काम किया करता था, उसी तरह वह काम कर सके।

कैथोलिक धर्म परंपरा दैवी चमत्कार को स्वीकृति देती है। अन्य संस्थात्मक धर्मों की तरह इस धर्म में, चमत्कार जनसामान्य को आकर्षित करने के लिए न होकर, अप्राकृतिक, अतार्किक व मानव की बुद्धि की परिधि में न आनेवाली कई घटनाएँ ईश्वरीय अनुग्रह से कहीं न कहीं निरंतर घटित होती रहती हैं, ऐसा कैथोलिक अनुयायियों को मन-ही-मन प्रतीत होता है, और ये बात उन्हें जँचती भी है। अत: ईसा मसीह के मरणोत्तर उनका पुनरागमन इसी की मिसाल है। बाइबिल में यथास्थान ऐसे चमत्कारों के कई उदाहरण हैं।

चमत्कारों का वैज्ञानिक विश्लेषण करनेवाली समिति ज्ञात चिकित्सा पद्धति की अपेक्षा यदि अनपेक्षित कुछ घटित हुआ हो, तथा स्वस्थ होने के लिए लगी अवधि एवं बीमारी की तीव्रता इन चीजों की ओर प्रमुखता से ध्यान केंद्रित करती है। वास्तव में किसी के बारे में चमत्कार घटित हुआ है ऐसा फैसला लेना बेहद माथापच्चीवाला काम है, क्योंकि इसके बाद यदि उक्त चमत्कार झूठ साबित होता है या उसमें संदिग्धता है, ऐसे समय चर्च बदनाम होगा तथा इसके चलते आर्थिक हानि भी सहनी पड़ती है। लिहाजा वर्तमान में धर्मगुरु कड़ाई से मामले की छानबीन तथा पड़ताल करने के लिए प्रेरणा दे रहे हैं।

डॉक्टरों को भी इस मामले में ठोस बयान देना मुश्किल हो रहा है, क्योंकि आजकल इक्का-दुक्का अपवादों को छोड़कर सभी ने कभी-न-कभी किसी-न-किसी प्रकार का प्रतिबंधात्मक टीका या दवाइयाँ आदि को लिया होता है, तथा इस तरह के औषधोपचार की कब तथा किस तरह से प्रतिक्रिया उभर आएगी, इसका पक्का अनुमान नहीं लगाया जा सकता।

देवता का चमत्कार हो या न हो, यह बात अलहदा है लेकिन अधिकांश भक्त लुइर्स के उत्सवी माहौल में चार दिन मजे में बिताएँ, इस उद्देश्य से जाते हैं। सालाना 50 लाख भक्त लुइर्स में भेंट देने के लिए आते हैं। अल्पाहार, आवास

आदि का प्रबंध स्थानीय लोग करते हैं। लुड्र्स का सालाना लगभग 1200 करोड़ रुपए का कारोबार होता है।

ईसाई परंपरा के अनुसार किसी भी व्यक्ति को संत उपाधि प्रदान करने के पूर्व निर्विवाद रूप से सिद्ध (!) कुछ चमत्कार उक्त व्यक्ति द्वारा किए गए, ऐसा सिद्ध होना जरूरी है। मदर टेरेसा को संत उपाधि प्रदान करने के संबंध में पोप जॉन पॉल द्वितीय ने भारत में एक दल भेजकर कैननाइजेशन की प्रक्रिया शुरू की थी। उन दिनों मैंने समिति की ओर से पोप को ईमेल और पत्र भेजा था जिसका मजमून था—

'महाराष्ट्र अंधश्रद्धा निर्मूलन समिति अंधविश्वास उन्मूलन हेतु निरंतर कोशिशें कर रही है। ईश्वर एवं धर्म के बारे में जिस भूमिका को भारतीय संविधान द्वारा अपनाया है, वही समिति की भी भूमिका है। साथ ही भारतीय संविधान द्वारा नागरिकों के कर्तव्य के रूप में दर्ज 'वैज्ञानिक दृष्टिकोण' एवं 'अन्वेषी बुद्धि' का भी हम आग्रह करते हैं। वैज्ञानिक दृष्टिकोण से देखने पर चमत्कार असंभव है। लिहाजा ईश्वर एवं धर्म के नाम से होनेवाले चमत्कारों का हम लगातार प्रतिरोध करते आए हैं। इस भूमिका के चलते मानव विवेकी एवं समझदार बनेंगे तथा समाज के दुख, गरीबी एवं शोषणादि के विरोध में कार्य करेंगे, ऐसा हमारा विश्वास है।

'मदर के अलौकिक मानवतावादी कार्य के चलते उन्हें संत उपाधि सहज प्राप्त हो सकती है। मानव कल्याण हेतु इसी प्रकार से निरंतर कोशिशें करनेवाले कई महामानवों को महाराष्ट्र ने बड़े सम्मान से संत उपाधि प्रदान की है। पर आपके निष्कर्षों के अनुसार संत उपाधि प्रदान करने के लिए ऐसे महामानवों को उनके जीवन में दो सच्चे चमत्कार करने पड़ते हैं। उनके चमत्कारों की खोज लेने हेतु आपका अधिकृत खोजी दल भी भारत आया है। हमारा मानना है, अत्यंत उच्चकोटि का सेवा कार्य करनेवाली मदर टेरेसा को संत उपाधि प्रदान करने के लिए किसी तरह के चमत्कार की कोई जरूरत ही नहीं होनी चाहिए। पर यदि ऐसे किसी चमत्कार की खोज हो रही है, तो यह प्रक्रिया निहायत गलत एवं संविधान से विसंगत है। अत: समिति इस मामले का विरोध करेगी। इस बात को हम विनम्रता से आपके संज्ञान में लाना चाहते हैं। आपके संज्ञान में हम यह भी लाना चाहते हैं कि गैलीलिओ को दंडित करने के 400 वर्षों के उपरांत ईसाई धर्मपीठों द्वारा क्षमा-याचना की गई है। इस सचाई को मद्देनजर रखते हुए मदर टेरेसा का संतत्व सिद्ध करने हेतु उनके द्वारा किया गया कथित चमत्कार खोजना, यह हरकत उनका सम्मान न होकर अपमान ही है, ऐसा भी समिति का मानना है। आप शीघ्र ही भारत यात्रा पर आनेवाले हैं। तब हम आपसे भेंट करना चाहते हैं।'

अलबत्ता हमारे खत या ईमेल के जवाब में पोप द्वारा किसी भी प्रकार का प्रत्युत्तर नहीं भेजा गया। यह घटना अगस्त, 1999 की है। उस समय कहा गया कि संतपद की घोषणा होने की प्रक्रिया तेज कराई गई है जो कि पाँच सालों में पूरी

हो जाएगी। क्या घटित होता है, देखने के लिए अभी कम-से-कम दो सालों तक बाट जोहनी पड़ेगी।

चमत्कार जैसी कोई चीज अस्तित्व में नहीं है, ऐसा विधान करने पर अक्सर शनिशिंगणापुर के चमत्कार का जिक्र करते हुए सवाल उठाए जाते हैं कि शनिशिंगणापुर (तहसील-नेवासा, जि. अहमदनगर) में ईश्वर है पर उसका मंदिर नहीं है। यहाँ पर ईश्वर आकाश तले खुले में है। इस कारण मंदिर के आसपास लगभग साढ़े तीन किलोमीटर परिसर की दुकानों पर तमाम व्यवहार भी खुले में ही चलते हैं। बावजूद इसके सारा कुछ ईमानदारी से चलता है। यह इस देवता की ही महिमा है। इसी के चलते इस गाँव में किसी भी घर में दरवाजे नहीं लगे हैं। फिर भी चोरी की वारदातें कभी भी घटित नहीं होतीं। यदि कोई गलती से भी चोरी करता है तो उसकी आँखों की दृष्टि चली जाती है और उसको इस परिसर के साढ़े तीन किलोमीटर के घेरे से बाहर कदम रख पाना तक असंभव हो जाता है। इसे चमत्कार नहीं कहें तो और क्या कहें?

महाराष्ट्र के सभी इलाकों में बार-बार यह सवाल पूछा जाता है कि क्या है इसकी सचाई? एक तो इस परिसर में जो घर या दुकानें हैं उनमें दरवाजे लगे नहीं हैं। असल में झोंपड़ियों को जिस तरह से झाप लगाकर बंद कर दिया जाता है, उसी तरह रात के समय घर बंद कर दिए जाते हैं। भले ही दुकान के दरवाजे खुले रहते हैं पर दुकान मालिक दरवाजे के मुहाने सोया रहता है। स्कूल में पूछताछ करने पर पता चला कि महत्त्वपूर्ण रजिस्टर्स प्रधानाध्यापक शाम के समय अपने घर ले जाते हैं क्योंकि अलमारियों में ताले लगाना यहाँ पर संभव नहीं हैं। अतएव महत्त्वपूर्ण दस्तावेज यदि गुम हो जाएँ तो उन्हें शनि देवता लौटाएँगे नहीं।

यहाँ पर देवता के समक्ष रखी पैसों की हुंडी भी खुली रखनी चाहिए, पर ऐसा करना सुभीताजन नहीं है। यदि हुंडी में ताला लगा दिया जाता है तो देवत्व स्थायी नहीं रह पाएगा। इसमें से रास्ता निकालने के लिए जो हुंडी बनाई गई है वह काफी दिलचस्प है। इस हुंडी में ताला नहीं लगता यह सच है, पर हुंडी की संरचना ऐसी की गई है कि किसी को भी इसके भीतर हाथ डालकर पैसा निकालना असंभव है। देवालय प्रबंधन को जिस समय पैसों की हुंडी खोलने की आवश्यकता होती है उस समय हुंडी की तलहटी में लगा स्क्रू ढीला कर हटाया जाता है और इसके बाद पैसा निकलता है। देवालय परिसर में चोरी की वारदातें नहीं होतीं यह भी सफेद झूठ है। चोरी की वारदातें होने पर भी देवालय की महिमा पर सवालिया निशान लगने की संभावना होने के कारण 'तेरी भी चुप मेरी भी चुप' वाले तत्त्व का पालन किया जाता है। समिति ने तो चुनौती ही रखी है कि "हम देवालय परिसर की किसी भी चीज को कहीं से भी उठा लाएँगे। दैवी

सामर्थ्य द्वारा हमें दंड दिए जाने पर हम किसी भी तरह की आपत्ति नहीं उठाएँगे। पर यदि देवता द्वारा हमें दंडित नहीं किया गया, इस स्थिति में चीजें लौटाने हेतु हम पर किसी तरह दबाव न बनाया जाए। और चोरी के आरोप में हम पर किसी भी तरह का केस हरगिज दर्ज नहीं किया जाएगा।"

इसके जवाब में लोग कहते हैं, "उपरोक्त स्वरूप के चमत्कार का आतंक भले ही अंधविश्वास कहलाता हो, पर क्या लोगों को अनुचित बरताव से दूर रखने के लिए इसका उपयोग नहीं होता?"

एक चीज यह कि भय द्वारा लादी गई नीति कभी श्रेयस्कर नहीं होती। दूसरी चीज, कई सारी चोरी की वारदातों को यहाँ पर अंजाम दिया गया है, लिहाजा चोरी नहीं होती वाले प्रतिपादन को यथार्थ का आधार ही नहीं है। और सबसे महत्त्वपूर्ण बात, वैज्ञानिक दृष्टिकोण की बलि देना, यह अस्थायी कथित चोरी टालने की अपेक्षा ज्यादा हानिकर है।

चमत्कार की रहस्यमयी घटनाओं का दावा करनेवाले लोग, स्थिति, इसके कारण मिली चुनौतियाँ आदि चीजें—समिति के आंदोलन का लोमहर्षक हिस्सा रही हैं। चमत्कार की असत्यता साबित करने के लिए इस संघर्ष का बेहद उपयोग हुआ है।

आज तक इंद्रजाल के सौ से भी ज्यादा मामलों को समिति द्वारा सफलतापूर्वक रोका गया है। इन घटनाओं में से कुछ उल्लेखनीय इंद्रजाल की घटनाएँ थीं। जैसे, अपने आप किसी घर के वस्त्र फाड़नेवाला, जलानेवाला इंद्रजाल, अनाज के गोदाम से अनाज बाहर फेंकनेवाले इंद्रजाल की अंगुडेवाड़ी, जि. सतारा में घटित घटना, बदन पर भिलावे के निशान बनना या खरोंचें बनकर घाव होना, भोजन में राख का मिलाया जाना, अचानक आग पैदा होना। इन जैसी भयचकित करनेवाली चमत्कारिक इंद्रजाल वाली घटनाओं के पीछे की सत्यता को समिति द्वारा खोजकर रोक लगाई गई है। यही नहीं, 8 से 10 वर्ष आयु की 15 से 20 लड़कियों की आँखों से खुद-ब-खुद कंकड़ बाहर आया करते थे, ऐसे पावरफुल इंद्रजाल के मामले को भी समिति द्वारा सफलतापूर्वक रोका गया है।

खंजिरे बागान, जयसिंगपुर, जि. कोल्हापुर के महादेव मोरे नामक भगत ने सुबह ग्यारह बजे भूत के दर्शन कर दिखाने की खुली चुनौती समिति कार्यकर्ताओं को दी थी। भूत के अस्तित्व का सबूत मिलनेवाला था लिहाजा समिति कार्यकर्ताओं के साथ ही अनपेक्षित रूप से 8 से 10 हजार लोगों की भीड़ गाँव में इकट्ठा हुई थी। महादेव मोरे भूत के दर्शन तो नहीं करा पाया, परंतु उसे बुरी तरह से अपनी चुनौती से मुकरना भी पड़ा। क्रोधित जनता द्वारा महादेव मोरे के घर पर तूफानी पथराव किया गया। भूत की बात छोड़ दीजिए पर महादेव मोरे को जनक्षोभ से बचाने का कार्य, अंधश्रद्धा निर्मूलन समिति के कार्यकर्ताओं को खुद की जान जोखिम में डालकर करना पड़ा। भूत के अस्तित्व की पड़ताल करने हेतु समिति

कार्यकर्ता अमावस की रात, 12:00 बजे श्मशान में कई बार यात्राएँ कर चुके हैं। इन दोनों उपक्रमों का स्वागत स्थानीय इलाके के अखबारों ने अग्रलेख लिखकर किया था।

जुन्नर निवासी तुर्रेवाला बाबा इनामदार ने टोना-टोटका के अघोरी चमत्कार को दिखाने की खबर अखबारों में छापी थी। खबर पढ़कर मैं और समिति कार्यकर्ता जुन्नर में इनामदार बाबा के दरबार में चले गए। हमने उससे कहा, "मंत्रोच्चारण करते हुए हम पर उड़द के दाने फेंककर, या मंत्रभारित नीबू हम पर फेंककर, या अन्य किसी रीति से आप किसी भी तरह का नुकसान पहुँचाते हैं, तो भी हम शिकायत नहीं करेंगे बल्कि हम आपको समिति द्वारा घोषित पुरस्कार की राशि सौंप देंगे पर हकीकत में वह हमें किसी भी तरह से नुकसान नहीं पहुँचा पाया।

पुणे से 30 किलोमीटर दूरी पर पुणे-सतारा सड़क पर शिवापुर नामक गाँव बसा है। गाँव से गुजरती सड़क से आगे चलकर घुमाव लेते ही करमअली बाबा का दरगाह दिखाई देता है। यहाँ पर सभी धर्म के लोगों का आना-जाना लगा रहता है। अमूमन यह करमअली दरवेश दरगाह अखबारों, फिल्म डिवीजन की शॉर्ट फिल्मों तो कभी दूरदर्शन की चकाचौंध भरी दुनिया के माध्यम से यदा-कदा प्रसिद्धि की बुलंदियों पर रहता है।

दरगाह के सामने दो पत्थर दिखाई देते हैं। उनमें से एक 90 किलो वजन का, दूसरा 60 किलो वजन का है, ऐसा कहा जाता है। पहले पत्थर को ग्यारह और दूसरे को नौ लोगों द्वारा, सिर्फ उँगली का आधार देकर 'करमअली दरवेश की जय' बोलने पर पत्थर पंख की तरह बेहद हल्का बनता है, और इसके बाद पत्थर में उँगली लगानेवाले के सिर तक इसे सहज उठाया जाता है, वह भी महज लोगों की एक उँगली के स्पर्श से ही। पत्थर उठाने के लिए गिनकर पहले पत्थर के लिए मात्र ग्यारह और दूसरे पत्थर के लिए नौ ही व्यक्तियों की आवश्यकता होती है। पर इसमें एक शर्त का पालन अनिवार्य था कि इन व्यक्तियों में से न एक कम हो और न एक ज्यादा हो और जयकारा भी 'करमअली दरवेश' वाला ही लगाया जाए। महिलाओं के पत्थर में उँगली लगाने का कोई फायदा नहीं है। यदि एक भी महिला पत्थर में उँगली लगाए तो मामला बिगड़ जाता है।

पूरा वाकया कुछ इस प्रकार था, करमअली दरवेश साक्षात्कारी फकीर था। वह इस स्थान पर कब एवं कैसे पहुँचा पता नहीं, पर उसने इस स्थान के सभी भूत-प्रेत, पिशाच आदि को खदेड़ा। उम्र की 70 वर्ष की अवस्था में उसने समाधि ली। कहा जाता है कि इस स्थान पर दो शैतान थे। इन शैतानों को करमअली दरवेश फकीर ने शाप दिया कि "तुम यहाँ पर पत्थर में तब्दील होकर रहोगे और लोग तुम्हें उठाकर पटकेंगे।"

फकीर का श्राप और शैतानों का पत्थर में तब्दील होना, ये मामला कौतूहल और चर्चा का विषय न बना तो ताज्जुब ही होगा। जून, 1987 में मुंबई दूरदर्शन पर यह चमत्कार बिना किसी भी खुलासे के टेलिकास्ट किया गया। अतएव पत्थरों में तब्दील शैतानों को असलियत जानने की जिम्मेदारी समिति पर आ पड़ी। कई खत हमारे पास इस मामले को लेकर आने लगे थे। उनमें लोगों ने लिखा था, 'चमत्कार का अस्तित्व नहीं होता, ऐसा आप कहते हैं न? अब बोलिए!'

पड़ताल हेतु हम शिवापुर पहुँचे। दरगाह के प्रवेश द्वार से भिखारियों, फूलमाला बेचनेवालों, यात्रियों की भीड़ से रास्ता बनाते और 1012 सीढ़ियाँ चढ़कर हम दरगाह के सामने पहुँचे। दरगाह बीचोबीच बनाई गई थी। दरगाह के चारों ओर पैर धोने का प्रबंध था। एक बगल में लकड़ी के खंबे और टीनशेड ठोंककर खड़ा किया गया मंडप था। मंडप के बाहर पत्थर उठाने के चमत्कार की तस्वीरें दिखाई दीं, जिसमें भक्तों द्वारा उँगली से सीधे मस्तक के ऊपर उठाए गए पत्थर दिखाई दे रहे थे। सभी ओर धूप की तेजी थी और अगरबत्तियों की खूशबू महक रही थी। हल्की आवाज में हमें जानकारी दी गई, "यहाँ की राख सर्पदंश पर कारगर है। साँप के काटने पर सिर्फ राख को काटे गए स्थान पर मलना भर है, बस! खुद-ब-खुद जहर का उतारा हो जाता है।" यहाँ दरगाह प्रवेशद्वार के दोनों ओर पत्थर रखे हुए हैं। एक पत्थर कुरूंद वाला (बालुकाश्म) और दूसरा काला (कणाश्म) है। दोनों पत्थर को ढाला गया है। इनका आकार बड़े प्रेशर कुकर जैसा है। पत्थरों का व्यास लगभग एक फीट और ऊँचाई भी एक फीट है। दोनों पत्थर मुख्य दरगाह के बाहर हैं। मुख्य दरगाह में जाने के लिए फिर से तीन-चार सीढ़ियाँ चढ़नी पड़ती हैं। यहाँ पर आते ही हमें प्रवेशद्वार पर 'करमअली दरवेश रहमतुल्लाह अलै' देवनागरी में लिखी तख्ती दिखी। इसी तख्ती के बगल में 'महिलाओं का प्रवेश निषिद्ध है' लिखी तख्ती टँगी है। सीढ़ियों पर नारियल तोड़ने के कारण नारियल की करोटिओं, जटाओं आदि का ढेर पड़ा दिखाई दे रहा था।

पत्थर के पास एक ठिंगना-सा युवा सिर पर लाल गमछा बाँधे खड़ा था। मैंने उससे पूछा, "यह पत्थर किस तरह से उठाया जाता है?" उसने कहा, "ग्यारह लोगों द्वारा पत्थर की तलहटी में तर्जनी लगाकर एक साथ ऊँची आवाज में 'करमअली दरवेऽऽऽश' ऐसा बोलना जरूरी है। इसके बाद पत्थर कागज जैसा हल्का हो जाता है और उसे उठाया जा सकता है।" अगले ही चबूतरे पर सिर पर गमछा बाँधे कुछ युवा बैठे दिखाई दे रहे थे। हो सकता है वे ग्रामस्थ या मुल्ला-मौलवी हों। इनमें से तीन-चार युवा आगे आए। पूछने लगे "देखना है?" हमारे समर्थन में सिर हिलाते ही वे बोले, "आओ भाई!" हम सात लोग थे और वे चार। उनकी सूचनानुसार दायें हाथ की तर्जनी को पत्थर की तलहटी में हमने लगाया। गारंटी के उद्देश्य से उन युवाओं ने उँगलियों को फिर से गिन लिया। ग्यारह, उन्होंने गिना। फिर सबने

मिलकर एक साथ पुकार लगाई 'करमअली दरवेऽऽश।' पत्थर आधा फुट किसी तरह ऊपर उठा और फिर करवट लेता एक ओर फिसल गया। फिर एक दफा हमने बड़े प्रयास से यही प्रयोग किया। पर पत्थर आधा फीट के ऊपर उठ ही नहीं रहा था। भक्त मंडली असमंजस में पड़ी। फिर एकदम उनके दिमाग में ट्यूब जल उठी। "बापू रे बापू, ये सब मेहमान लोग पाँव में जूते पहन कर ही चमत्कार देखना चाहते हैं!" जूते उतारने का हुकुम मिला। हमने चप्पल, जूतें आदि उतार कर फिर से एक बार तर्जनी लगाकर करमअली की पुकार लगाई। नतीजा पहले जैसा ही। कुछ बेचैनी की अवस्था में, सिर पर साफा बाँधे लोग हट गए। क्यों आज हमारे औलिया फकीर की ताकत काम नहीं कर रही है? उन्हें सवाल सताने लगा। असल में इस तरह का सवाल पैदा होने जैसा कोई कारण नहीं था क्योंकि हम सिर्फ तर्जनी लगाया करते, ताकत बिलकुल नहीं, जब हमने ऐसा ही निर्णय किया था तो बेचारा करमअली भला इसमें क्या करेगा?

इसके बाद हम रणनीति के मुताबिक पत्थर उठाने के फैसले पर अमल करने के लिए तैयार हुए। दरगाह पर आए अपने जैसे ही और चार लोगों को बुलाया तथा उन्हें भी पत्थर की तलहटी में उँगली लगाने के लिए कहा। जयकार वाला पुकार किया गया। देखते ही देखते पत्थर काँधे तक उठ चुका था। फिर हमने उसे नीचे रेती में फेंक दिया। सिर पर साफा बाँधे युवाओं के चेहरे खिल गए। अब धीरे-धीरे हमारे इर्द-गिर्द भीड़ इकट्ठा हो गई। हमने करमअली दरवेश का नाम लिये बिना ही पत्थर उठाने की बात जाहिर की। हमारी बात को सुनकर एक ने हमें सुनाया, "अजी, परसों कोल्हापुर के पहलवान लोग आए थे। उन्होंने भी ऐसा ही प्रयास किया। पर वे पत्थर नहीं उठा पाए। असल में यह इतना आसान काम नहीं है।"

"देखते हैं, कोशिश करने में हर्ज ही क्या है?" कार्यकर्ता बोले। हम सभी ने फिर से पत्थर की तहलटी में तर्जनियाँ लगाईं और 'महात्मा फुले की जय' जयकार की और पत्थर को काँधे से भी ऊँचा उठाकर फिर से उसे जमीन पर पटक दिया। भीड़ में हलचल पैदा हुई। हम नये तरीके से पत्थर उठाना चाहते थे। ग्यारह लोग किसलिए चाहिए? फिर से एक दफा दस और दूसरी दफा बारह लोगों द्वारा भी पत्थर में उँगलियाँ लगाकर पत्थर सिर तक उठाया गया। पड़ोस में पड़े पत्थर पर भी नौ लोगों के अलावा आठ तथा दस लोगों के द्वारा ऐसा ही प्रयोग किया गया।

माहौल में अच्छा-खासा समाँ बाँधने में हम सफल हुए थे। दरगाह पर आई दो महिलाएँ कौतूहल से काफी देर से सारा वाकिया देख रही थीं। उन्होंने हमसे उत्सुकतावश पूछा, "क्या हम भी पत्थर में उँगली लगा सकती हैं?" असल में महिलाएँ इन पत्थरों का स्पर्श न करें, यहाँ का हुक्म था। धार्मिक स्थलों पर ऐसे नियमों का पालन करने के लिए भक्तों का अंध समर्थन और आग्रह भी रहता है।

उक्त नियमों का जाहिर तौर पर उल्लंघन करना खतरनाक होता है, जिससे भारी कीमत चुकाने की नौबत आने की संभावना भी रहती है। किंतु हम ऐसे मोड़ पर आ गए थे कि हमारा पीछे हटना संभव ही नहीं था। माहौल को भाँपकर एवं स्वयं अंदाज लेकर हमने उन्हें कहा, "क्यों नहीं, बेशक।"

वे दो महिलाएँ, और अन्य चार जन और हमारे कार्यकर्ताओं ने मिलकर पत्थर के नीचे तर्जनियाँ जमाईं। और फिर से इस बार हमने सीधे-सीधे एक-दो-तीन-चार की पुकार लगाकर देखते-ही-देखते पत्थर को ऊपर उठाया। दोनों महिलाओं का खिला हुआ चेहरा देखते ही बनता था। अब पूरी तरह से भीड़ के ध्यान में आ गया था कि पत्थर उठाने के पीछे किसी भी तरह का चमत्कार नहीं है। यह स्वाभाविक प्रक्रिया है। चमत्कार के मूल में निहित कार्यकारण भाव समझने के बाद चमत्कार लुप्त हो जाता है। इस घटना के बाद हम बाहर निकलने के लिए पैरों में शूज, चप्पलें आदि चढ़ा चुके थे। हमारे ध्यान में आया—अरे! और एक चीज पीछे रह गई है! फिर हमने पैरों में शूज, चप्पलें आदि पहने रहकर ही दोनों पत्थरों में उँगलियाँ लगा दीं और दोनों ही पत्थरों को उठाकर फिर से जमीन पर पटक दिया। फकीर द्वारा पत्थर में तब्दील किए शैतानों का क्या हुआ पता नहीं पर अंधविश्वास का प्रतीक साबित हुए उन पत्थरों को फेंकते समय मन में यह विचार जरूर आया कि क्या बहुजनों की गर्दन पर सवार अंधविश्वास के शैतान को भी कभी-न-कभी ऐसे ही फेंक दिया जा सकता है? उसे फेंकना कितना मुश्किल है, इसकी प्रतीति करानेवाला तथा हमारे आंदोलन की परीक्षा लेनेवाला एक और प्रसंग उल्लेखनीय है।

तलेगाँव देवशी, तहसील-निलंगा, जि. लातूर की निवासी रुक्मिणीबाई नामदेव पाटिल नामक एक धनी परिवार की महिला का कैंसर की बीमारी से निधन हुआ था। रुक्मिणीबाई का लड़का माधव, दो साल पूर्व घरबार छोड़ गाणगापुर चला गया था। उसे माँ की मृत्यु का समाचार मिला। उसने दत्त की प्रार्थना की। उसे संदेशा मिला, "पगले, तुम्हारी माँ का देहांत हुआ ही नहीं। उस पर किसी ने भानमती की है। 13 दिन मेरी भक्ति करो, वह जाग उठेगी।" माँ की मृत्यु का समाचार सुन घर आई बहन को दत्तसाईं ने लाठी से पीटकर लौटा दिया। वह बोला, "किसलिए रोया जाए? माँ का देहांत थोड़े ही हुआ है। वह 13 दिनों की गहरी निद्रावस्था में है। इन 13 दिनों के दौरान उसकी ठीक से देखभाल करनी होगी।"

यह जिम्मेदारी उसने ही अपने ऊपर ली। उसने घर के मध्यवाले कमरे में लोहे की खटिया लगाई। खटिया पर बरगद, आम, पीपल एवं वट आदि पेड़ों की पत्तियों का चार अँगुलियों की मोटाईवाला बेड बनाया। बेड पर मृत माँ को सुलाया, इसके बाद उसके शरीर पर भी उतनी ही मोटाई का बेड पसार दिया। और वह प्रतिदिन खटिया के नीचे उपलें, सूखी बबूल की फलियाँ, चीरी हुई लकड़ियाँ आदि मिलाकर आग जलाया करता। आग फीट-डेढ़ फीट ऊपर उठा करती। बेतहाशा धुआँ उठा

करता। दत्तसाईं तथा घर के अन्य सदस्य बारी-बारी से, 'दिगम्बरा, दिगम्बरा, श्रीपाद वल्लभ दिगम्बरा, ओमब्रह्मा विष्णु महेश्वरा, अवधूत चिंतन श्री गुरुदत्त...' वाली धुन गाने लगते। एक दिन धुन के दरमियान दत्तसाईं ने गाँव के पाँच लोगों के स्पष्ट रूप से नाम लेकर उन पर आरोप मढ़ा कि "इन पाँच लोगों ने मिलकर इंद्रजाल का षड्यंत्र रचा है। इन्हीं के द्वारा मेरी माँ पर भानमती की गई है। पर मैं भी ढुलमुल नहीं हूँ। अपनी सामर्थ्य से 13वें दिन माँ को जगाकर ही रहूँगा। उसने लगातार 12 दिनों तक यही नाटक चलाया। तब तक दुर्गंध आने लगी। स्वास्थ्य का प्रश्न निर्मित होने की संभावना थी, अतः पुलिस अधिकारियों ने हस्तक्षेप किया। पर पारिवारिक धार्मिक विधि में पुलिस खलल नहीं डाल सकती, ऐसा कहते हुए दत्तसाईं ने बड़ा हंगामा खड़ा करके, शरीर में सवारी आने का बहाना बनाकर, चिल्लाते हुए पुलिसवालों को कार्रवाई करने से रोका।

13वें दिन समिति कार्यकर्ताओं ने इस मामले में हस्तक्षेप किया। समिति कार्यकर्ताओं ने दत्तसाईं से पूछा, "आज तेरहवाँ दिन है। माँ कब जीवित होगी? दत्तसाईं गाली-गलौज की लाखौरी अर्पित करते हुए चिल्लाया, "भानमती के प्रभाव की मर्यादा को दुश्मनों द्वारा बढ़ाया गया है। इसके बुरे प्रभाव के चलते माँ अब और सात दिनों की चिरनिद्रा के बाद ही जागेगी।" कार्यकर्ताओं ने पूछा, "क्या इसका कोई विकल्प नहीं है?" दत्तसाईं बोला, "है, जिन्होंने भानमती की है उन्हें आप मेरे घर के सामनेवाले पीपल के पेड़ तले ले आएँ, मैं उन्हें भभूत लगाऊँगा, प्रसाद खाने के लिए दूँगा। यदि उनका मत होगा कि हमने कुछ भी नहीं किया है, तब वे वैसी शपथ लेकर दिखाएँ। 12 घंटे मैं उनके समक्ष अग्नि जलती रखूँगा। उसके बाद तीन घंटे पूजा-विधि करूँगा। इसके बाद माँ जाग उठेगी। जचगी के कुछ ही दिनों बाद कोई महिला जिस तरह दिखाई देती है, उसी तरह मेरी माँ भी दिखाई देगी। इधर माँ के जागते ही उधर यदि अपराधी झूठ बोल रहे होंगे, तो भस्म हो जाएँगे।"

कार्यकर्ताओं को तरकीब सूझी। उक्त पाँचों लोगों से भेंट की। इन लोगों को दत्तसाईं द्वारा उन पर लगाए आरोप सफेद झूठ हैं, इसकी पूरी गारंटी थी। मामला किसी तरह सुलझ जाए उनकी भी इच्छा थी। पर दत्तसाईं के समक्ष बैठने से वे डर रहे थे। उनके मतानुसार, गाणगापुर के निवास दौरान श्री गुरुदत्त द्वारा दत्तसाईं को कुछ-न-कुछ विद्या प्राप्त हुई है। अतः जान का खतरा होने का भय उन्हें सता रहा था। कार्यकर्ता बोले, "किसी भी तरह की चिंता हरगिज न करें। हम पर भरोसा रखें। कुछ भी नहीं होगा। प्रसाद सबसे पहले हम ही खाएँगे। कुछ देर बाद आप खाएँ।" अंततः वे हमारी बात पर राजी हुए। रात 9:00 बजे का समय था। रुक्मिणीबाई पाटिल के घर के सामने हनुमान मंदिर के पड़ोस में पीपल वृक्ष था। इस पेड़ के तले दत्तसाईं ने अनुष्ठान आरंभ किया। कार्यकर्ता भी उन पाँच जनों संग अनुष्ठान

के लिए बैठे थे। अग्नि प्रज्वलित की गई। पाँचों लोगों द्वारा हनुमान, दत्त, तुलजापुर की भवानी माता आदि कई देवताओं के नाम पर शपथ लेते हुए "हमने कुछ भी नहीं किया" कहा गया। इसके बाद उनके माथे पर भभूत लगाई गई। खाने के लिए प्रसाद भी दिया गया। वह भी सभी ने खाया। फिर रतजगा शुरू हुआ। वह सुबह नौ बजे तक चला। नौ बजे दत्तसाईं अगली विधि के लिए तैयार हुआ। बाल्टीभर पानी में उसने गोबर तथा मिट्टी मिलाकर उस पानी को घर के सभी लोगों द्वारा—गोमूत्र जिस तरह छिड़का जाता है, उसी तरह 5-5 लोटे घर में चहुँओर छिड़क दिया। दत्तसाईं ठीक बारह बजे, जिस कमरे में माँ को रखा था उस कमरे में अकेला गया। माँ के बदन पर फैलाकर रखे पत्तों को उसने हटाया।

घर के बाहर भारी भीड़ इकट्ठा हुई थी। भयावह सन्नाटा, उत्सुकता चरम पर पहुँची। मृत रुक्मिणीबाई को किसी ने भी देखा नहीं था, इस कारण कार्यकर्ताओं के मन में भी आशंका...रुक्मिणीबाई की मृत्यु ही नहीं हुई हो...और यदि वह जीवित होगी तो...? 15 मिनटों तक कौतूहल चरमावस्था पर रहा। सुबह सवा बारह बजे दत्तसाईं बाहर आया। उसका मुँह लटका हुआ था। चेहरा पूरी तरह से सफेद पड़ चुका था। उसने कबूल किया "मैं पराजित हुआ, मेरा कहा झूठ साबित हुआ। श्रीदत्त का संदेशा झूठा साबित हुआ...अब अंतिम संस्कार गाँववालों द्वारा ही कराया जाए।" ऐसा बोलकर वह बड़ी तेजी से घर के भीतर गया। माहौल में पैदा हुआ तनाव क्षणभर में यकायक ढीला हो गया।

टोना-टोटका दूर कर मृतात्मा को जीवित करना जैसे मामले चमत्कार का एक सिरा हैं तो वजनदार शास्त्रीय एवं दार्शनिक शब्दों का प्रयोग करके, तरह-तरह के हथकंडों को अपनाकर ठगी की घटनाओं को अंजाम देना, दूसरा सिरा। इस मामले में स्वामी हरदास का उदाहरण द्रष्टव्य है।

अंजनगाँव सूर्जी, जि. अमरावती के निवासी पांडुरंग नारायण गायके ने 'सिद्धसाइंस रिसर्च एंड डेवलपमेंट ऑर्गनाइजेशन' नामक संस्था स्थापित की। अंग्रेजी भाषा में रखा संस्था का नाम, सुनने में लंबा-चौड़ा और वजनदार महसूस होता है। गायके की मानें तो उसे 1989 की कोजागिरी पूर्णिमा के दिन हरिद्वार के गंगाघाट पर गोरक्षनाथ का दृष्टांत हुआ था और उस दिन से स्वामी हरदास नाम से कार्य करने का आदेश मिला है। एक रात्रि में पांडुरंग गायके से स्वामी हरदास बने शख्स ने 'सिद्धसाइंस' नामक (उसके मतानुसार) दुनिया की सबसे आसान, औषधिविरहित, सस्ती एवं शीघ्र स्वास्थ्य लाभ प्राप्त करा देनेवाली चिकित्सा पद्धति की शुरुआत की। गायके इस चिकित्सा पद्धति द्वारा साध्य-असाध्य रोगों का इलाज करके 2 से 12 दिनों के बीच मरीज को स्वास्थ्य लाभ पहुँचाता था। यहीं नहीं, पारिवारिक एवं सामाजिक अशांति को दूर करना, शिक्षा, व्यवसाय,

विवाह, आर्थिक मामले, कृषि एवं पालतू जानवर आदि के बारे में उत्कर्ष प्राप्त करा देने का कार्य सिद्धसाइंस करती है। हरदास का शास्त्र (!) कहता है कि "मानव स्वयं शक्तिपुंज होता है। स्पर्श शक्ति द्वारा, आँखों की दृष्टि द्वारा तथा मंत्र, होम अभिषेकादि मार्गों से हम अपनी शक्ति दूसरों के शरीर में प्रवेश करा सकते हैं। जो इस तरह का इलाज करता है उसे 'सिद्ध' कहा जाता है। अनपढ़ तक सिद्ध बन सकता है। इसकी भी श्रेणियाँ होती हैं। महज दृष्टि मात्र से ही इलाज करनेवाले 'साइट हीलर,' एक ही समय पर कइयों का इलाज करने की क्षमता रखनेवाले 'मास हीलर,' तो सुदूर स्थान के मरीज का इलाज करनेवाले 'इंस्टंट हीलर' कहलाते हैं। अशांति दूर कर शांति स्थापित करने की क्षमता जिसमें होती है वे 'स्वयंसिद्ध' तथा जो सिद्धों का शक्तिपात करते हैं वे 'महासिद्ध' कहे जाते हैं। जिन्हें स्वयं का इलाज करवाना होता है, वे अपने इष्ट देवता का स्मरण करके, 'मैं आपकी शरण में आया हूँ, आप मेरी रक्षा कीजिए,' यह संकल्प तीन बार दोहराते हैं। इसके बाद सिद्ध प्रार्थना का उच्चारण करता है। इस प्रक्रिया के समाप्त होते ही मरीज की बीमारी चुटकी में दूर हो जाती है।

गायके की संस्था में इलाज के लिए कई चीजें बेची जाती थीं। सिद्ध एक्सटैक्टर (भभूत की पुड़िया), सिद्ध छहमुखी रुद्राक्ष 10 से 25 रुपए, सिद्ध यंत्र 40 रुपए, सिद्ध महालक्ष्मी कवच 51 रुपए, गले में पहना जानेवाला तावीज 25 रुपए, (यह तावीज खुले बाजार में मात्र 2 से 3 रुपए में मिलता है) सिद्ध गोरक्षनाथ प्रतिमा 250 रुपए, (प्रत्यक्ष इसकी कीमत 15 से 20 रुपए है) और सबसे महँगी ताँबे की होली स्टिक (पवित्र ताम्र नलिका) जो ढाई से पाँच इंच लंबी होती है। इसमें मोम जैसा कोई काला-कलूटा पदार्थ भरा हुआ होता है। यह बेहद ताकतवर होती है। इसकी कीमत 300 से 750 रुपए तक होती है। (बाजार में इसकी कीमत महज 10 से 15 रुपए है)।

दरबार में इन चीजों की इतनी माँग रहती थी कि स्वामी ने आश्रम में ही 'डिवाइस सिद्धा प्रोडक्ट' नाम से कारखाना ही खुलवाया था। यह सारा मामला 'द ड्रग्ज एंड मैजिक रेमिडीज ऑब्जेक्शनेबल एडवरटाइजमेंट एक्ट 1954' के तहत दखलपात्र अपराध है। अत: इस तरह की गैरकानूनी इलाज प्रक्रिया का भंडाफोड़ करने के उद्‌देश्य से समिति के येरवाड़ा शाखा के कार्यकर्ता, वड़गाव शेरी में खोले गए स्वामी हरिदास आश्रम में गए। आश्रम में उन्होंने स्वयं का इलाज भी करवाया और इलाज का साहित्य भी खरीदा। साथ ही आश्रम के सभी पत्रक भी प्राप्त किए। इसके बाद स्वामी पर पुणे की अदालत में मुकदमा दायर किया। शुरुआती दिनों में पुलिस इस मामले की जाँच में टालमटोल और लापरवाही करने लगी थी। पर समिति के कार्यकर्ता जीवटता से लड़ते रहें। पुलिस को केस का महत्त्व समझाते रहे। फिलहाल मुकदमा दर्ज होने के दो सालों बाद मैं इस मामले पर लिख रहा

हूँ। अब कहीं जाकर अदालत में मुकदमे पर सुनवाई हो रही है। स्वामी हरिदास का सिद्धयोग किस रूप में सिद्ध होगा यह जल्द ही सिद्ध हो जाएगा।

परामनोविज्ञान से संबंध जोड़कर, जिस किसी को स्पर्श किया, उसे मिठ़ास प्रदान करनेवाले मीठा बाबा का भंडाफोड़, यह भी शायद चमत्कार चुनौती प्रक्रिया का मजेदार उदाहरण साबित होगा।

अंधश्रद्धा निर्मूलन समिति जिन दिनों दूर-दूर तक अस्तित्व में नहीं आई थी, उन दिनों बारामती, जि. पुणे निवासी भानुदास गायकवाड़ नामक शख्स मीठा बाबा बन चुका था। घटना 1982 की है। कहा जाता है कि 25 से 26 साल का यह युवा अपनी खेती में गूलर के पेड़ तले निद्राधीन था। अचानक किसी अद्‌भुत शक्ति का संचार हुआ जैसे ही वह नींद से जागा। और क्या आश्चर्य! उसके स्पर्श को अचानक मिठास प्राप्त हुई। शुरुआत में किसी ने भानुदास की बात पर भरोसा ही नहीं किया। चाय बनाने के पानी में भानुदास ने हाथ डुबोया। फिर बिना चीनी मिलाए चाय बनाई गई। चाय बेहद मीठी बनी। भानुदास की कीर्ति फैली।

शायद इस मामले में भानुदास ठगी कर रहा हो, इस संशय के चलते पुलिसवालों द्वारा भानुदास को जवाबदेही के लिए तलब किया गया। पुलिस अधिकारियों समक्ष बैठते समय भानुदास ने पुलिसवालों से शेकहैंड किया और क्या आश्चर्य! पुलिस अधिकारियों के हाथों की उँगलियाँ मीठी हो चुकी थीं। इसके बाद उसने आकाशवाणी केंद्र की एक महिला निवेदक की चूड़ियों को स्पर्श किया। चूड़ियों में भी मिठास भर गई। इसका सारा वृत्तांत आकाशवाणी पर प्रसारित हुआ। इसके बाद तत्कालीन एक मशहूर साप्ताहिक ने भानुदास पर कवर स्टोरी बनाई, जिसका शीर्षक था, 'दत्तकृपा हुई, मिठास शरीर में आई'। नतीजा, अपने आप ही दत्त मंदिर निर्माण कार्य के लिए चंदा इकट्‌ठा होने लगा।

इसी बीच और एक मामला घटित हुआ। उस दौर में महाराष्ट्र में परामनोविज्ञान अनुसंधान संस्था कार्यरत थी। उन्होंने भानुदास गायकवाड़ की मिठासवाले मामले की पड़ताल की। यह मामला विज्ञान के ज्ञात नियमों के परे जानेवाला है, ऐसा संस्था का मत बना। संस्था ने विश्वस्तरीय परामनोविज्ञानियों से इस मामले को लेकर संपर्क किया। उन्हें भी भानुदास वाले मामले को लेकर ताज्जुब हुआ।

भानुदास देखते-देखते मीठा बाबा बन गया। वास्तव में इनमें से किसी ने भी भानुदास का कथित दैवी चमत्कार को वैज्ञानिक दृष्टि से देखने का प्रयास नहीं किया था। इसी सिलसिले में मैं बारामती में दाखिल हुआ। एडवोकेट विजय मोरे के बँगले पर भानुदास को तलब किया गया। शुरुआत में भानुदास द्वारा मीठा बनाया गया पानी सील किया गया। इसके बाद कई बार उससे हाथ धुलवाकर मीठा किया गया पानी भी सीलबंद किया गया। पानी के सीलबंद नमूने दिल्ली के श्रीराम रिसर्च

इन्स्टिट्यूट नामक प्रख्यात शोध संस्था की ओर रवाना किए गए। वास्तव में दिक्कत यह थी कि मीठे पानी में कृत्रिम पदार्थ का मिश्रण करने के कारण पानी मीठा हुआ या नहीं, इसका खुलासा आसान बात थी, पर वह कौन सा पदार्थ है जिसे भानुदास द्वारा पानी में मिलाया जा रहा है, इसका खुलासा करने के लिए सैकड़ों परीक्षण करने की नौबत आती। अत: कुछ खतरा मोल लेकर मैंने सैकरीन नामक पदार्थ के बारे में परीक्षण करने के लिए संस्था को सूचित किया। सैकरीन की टैबलेट्स मेडिकल से खरीदना आसान है। इसमें मिठास प्रदान करने की क्षमता चीनी से 500 गुना अधिक रहती है। दुकान में मिलनेवाली टैबलेट्स आकार में छोटी और सस्ती भी होती हैं। इन टैबलेट्स को कूटकर दो उँगलियों में लगाना बड़ा आसान है। बेहद कम मात्रा भी इसके लिए पर्याप्त रहती है। इन सभी चीजों को नोटिस कर बाबा इसी नुस्खे का अनुसरण करता होगा, ऐसा अनुमान कर उसके द्वारा मीठे किए गए पानी में सैकरीन की मात्रा का परीक्षण करने के लिए कहा गया। अनुमान सही साबित हुआ। पानी के सैंपल में सैकरीन की मात्रा होने की बात सिद्ध हुई। हाथ धोने के बाद क्रमश: लिये गए सैंपल में सैकरीन की मात्रा कम होती दिखाई दी। सैकरीन पूरी तरह से कृत्रिम पदार्थ है। इसके कारण इस मामले का परामनोविज्ञान या शरीर से निर्मित होनेवाले अद्‌भुत स्राव संग कोई रिश्ता नहीं है, यह भी साबित हो चुका था। असल में इस मामले को अंतरराष्ट्रीय स्तर पर ले जाने के पूर्व ही इस तरह का परीक्षण संबंधितों द्वारा किया जाना जरूरी था। परंतु चमत्कार अस्तित्व में होते हैं, इस तरह के सबूत निर्मित करने में जिन्हें रुचि रहती है, वे क्यों ऐसा परीक्षण करेंगे?

भानुदास ने जिस-जिस चीज को स्पर्श किया वह चीज मिठास में परिवर्तित हो जाने का चमत्कार बनकर आगे चलकर अंधविश्वास उन्मूलन चमत्कार प्रस्तुतीकरण का एक मनोरंजक हिस्सा बनी। अब तो दर्शकों में से कइयों को समिति का कार्यकर्ता मिठास प्रदान करता है। उसके हाथ में जिस किसी चीज को सौंपा जाए, भले वह लाल मिर्च भी क्यों न हो, उसमें भी कार्यकर्ता मिठास ला देता है। कोई चालाक श्रोता समिति कार्यकर्ताओं को हाथ धोकर, साफ कर चमत्कार करने के लिए कहता है, तो कार्यकर्ता भरपूर पानी में साबुन से हाथ धोकर तौलिये से हाथों को साफ कर लेते हैं। इसके बावजूद उनके हाथ की उँगलियों में मिठास मौजूद है, इसे वे दिखा देते हैं। कार्यकर्ता संभावित चुनौती को ध्यान में रखकर ही चुनौती के मैदान में उतरने की तैयारी पहले ही कर लेते हैं। हम कई स्कूलों में किसी-न-किसी मौके पर इस चमत्कार को कई बार दिखा चुके हैं। अब आलम यह है कि कहीं हम मीठे बाबा का चमत्कार शुरू करते हैं तब बच्चे 'सैकरीन, सैकरीन' कहकर चिल्लाने लगते हैं।

असल में मीठा बाबा के चमत्कार को बेनकाब करने के लिए उपरोक्त कार्रवाई काफी थी पर मीठा बाबा खामोश बैठनेवालों में से नहीं था। महाराष्ट्र जैसे बड़े राज्य में लोग चमत्कार देखने और उसमें खुद ही फँस जाने के लिए उतावले रहते

हैं। दरअसल अंधविश्वास विरोधी ठोस कानून के अभाव में मीठा बाबा ने महाराष्ट्र में घूमना और चमत्कार दिखाना जारी रखा था। एक दफा मुंबई के मुख्य पोस्ट ऑफिस में वह गया और उसने चमत्कार का प्रस्तुतीकरण शुरू किया। भीड़ भी जमा हुई थी। पोस्ट ऑफिस में काम करनेवाली अंधश्रद्धा निर्मूलन समिति की कार्यकर्ता ने बाबा को देखा। वह बाहर जाकर सैकरीन की कुछ टैबलेट्स खरीद लाई और उसने टैबलेट्स का महीन चूर्ण कर उसे अपनी उँगलियों पर पोता। फिर मीठा बाबा के चमत्कार को उसने ही बड़े ही जोश-खरोश के साथ शुरू किया। नतीजा, मीठा बाबा को अपना बोरिया-बिस्तर समेटना पड़ा। इसके बाद भी मीठा बाबा हार माननेवालों में से नहीं था। उसके कुछ दिनों बाद उसने बालासाहब ठाकरे के आवास 'मातोश्री' पर जाकर उनकी भेंट ली। बालासाहब को भी मीठा बाबा ने हाथों के स्पर्श से मिठास प्रदान की। दूसरे दिन समाचार-पत्र 'सामना' में पूरा पन्ना भर मीठा बाबा पर छपकर आया था। 'सामना' में लिखा था—बालासाहब अपनी शैली में बोले—"अच्छा हुआ, अब तक हमें बारामती के एक ही बाबा के बारे में पता था, पर वह कड़वा बाबा था। पर हमसे मिलनेवाले आप मिठासवाले बाबा हैं।"

इस घटना के कुछ दिनों बाद समाचार-पत्र 'सकाल' के पहले पन्ने पर मीठा बाबा पर बड़ी खबर चार कॉलम में छपकर आई। उसमें मुझे लक्ष्य कर बहुत कुछ ईर्ष्या और चुनौती की बानी में लिखा गया था। असल में ऐसी खबर छापना, 'सकाल' की परंपरा में हरगिज न बैठनेवाला था, पर खबर छपकर आई थी वह भी पहले पन्ने पर मोटे अक्षरों में। अत: इसका प्रतिवाद करना भी अनिवार्य था और वह मैंने किया भी। और 'सकाल' ने उसे छापा भी। नतीजा, विस्मृत मीठा बाबा को बेवजह बेशुमार लोकप्रियता प्राप्त हुई। लिहाजा चुनौती प्रक्रिया पूरी करने के लिए मैं चर्चा करने लगा। पर मीठा बाबा को चुनौती प्रक्रिया पूरी करने में कोई रुचि नहीं थी। विवादास्पद विधानों द्वारा सुर्खियों में बने रहना उसकी आदत थी। नतीजा, चमत्कार सिद्ध करने की चुनौती-प्रतिचुनौती महज मसालेदार खबरों का विषय बनी। इससे कुछ साध्य होना संभव न था। ऐसे हालात में मीठा बाबा और रोटरी क्लब, पुणे के तत्त्वावधान में एक अलग ही खेल खेला गया। रोटरी क्लब ने मीठा बाबा के चमत्कारों का कथित शास्त्रीय परीक्षण करने की घोषणा कर दी। पर मुझे इसका न्योता नहीं दिया। यही नहीं, बल्कि परीक्षण किस पद्धति से किया जाएगा इसके बारे में भी कुछ मंत्रणा नहीं हुई थी।

किसी जादूगर, रसायन विज्ञानी एवं आहार विशेषज्ञ आदि को बुलाकर रोटरी क्लबवालों ने मीठा बाबा के चमत्कार का परीक्षण कराया। मीठा बाबा द्वारा मीठा किया गया पानी सभी को दिया गया। पर वह पानी किसी प्रयोगशाला में भेजा ही नहीं गया। मानो यह सब कुछ बना-बनाया, पूर्व नियोजित तथा उद्देश्य को पहले से ही तय कर सब कुछ किया गया था। इसके बाद भानुदास गायकवाड़ का दैवी

चमत्कार सच्चा ही है, ऐसा घोषित हुआ। अखबारों में छापने के लिए खबर भेजी गई। पुणे के किसी भी अखबार ने इसे छापा नहीं लेकिन औरंगाबाद के 'लोकमत' में इसे पहले पन्ने पर जरूर स्थान दिया गया था। उस समय 'लोकमत' पुणे से नहीं छपता था। 'लोकमत' के अन्य संस्करणों में भी इस सनसनीखेज खबर को मोटे अक्षरों में छापा गया था। 'मीठा बाबा ने चुनौती प्रक्रिया का सफलतापूर्वक मुकाबला किया। चुनौती प्रक्रिया में बाबा की दैवी शक्ति साबित हुई है। दाभोलकर को सूचित करने के बावजूद भी वे नहीं आए। मीठा बाबा ने चुनौती प्रक्रिया संपन्न होने के बाद माँग की है कि दाभोलकर अब छह माह तक लगातार पंढरपुर-आलंदी की पैदल तीर्थयात्रा करें।'

मराठवाड़ा में 'लोकमत' सुदूर इलाकों में पहुँचता है। इसके कारण कार्यकर्ता इस खबर को पढ़कर कुछ सिटपिटा गए। इस खुराफाती खबर का प्रतिवाद मैंने तत्काल ही कर दिया। पर इसे 'लोकमत' ने तीसरे दिन अखबार के भीतरी पन्ने पर छापा। इस पर तुर्रा यह कि रोटरी क्लब की एक सदस्य महिला एडवोकेट ने मुझ पर मानहानि का मुकदमा ठोंककर एक लाख रुपए हर्जाने का नोटिस भेजा। मैंने इस नोटिस का उत्तर देते हुए लिखा, 'मीठा बाबा सैकरीन के आधार पर यह चमत्कार करता है, इस मत पर मैं कायम हूँ। अतः इसी मुद्दे पर मानहानि का केस चलाया जाए। इससे चमत्कार को न्यायाधीश के समक्ष साबित करने का मौका मिलेगा।' इसके बाद केस के बड़ी धीमी गति से चलने से मामला ठंडा पड़ा। इस दरमियान मीठा बाबा ने कथित चमत्कार दिखाना जारी रखा। उसने एक बात अच्छी तरह से समझ ली थी कि यदि मुझे सुर्खियों में बने रहना है तो इसके लिए अंधश्रद्धा निर्मूलन समिति द्वारा दखलअंदाजी जरूरी है या इसके लिए उन्हें मजबूर करना पड़ेगा। इस चाल को हमने भी समझा था। अतः मीठा बाबा को हम नजरअंदाज करने लगे। एक बार पुणे में महात्मा फुले सभागार में डॉ. श्रीराम लागू और मेरा 'विवेक प्रबोधन : वाद-विसंवाद' कार्यक्रम आयोजित किया गया था। सभागार दर्शकों से खचाखच भरा था। कार्यक्रम अपने चरम पर था। ऐसे समय पर मीठा बाबा का कार्यकर्ताओं से तकरार करते हुए सभागार में प्रवेश हुआ। साथ में स्थानीय केबल का एक कैमरामैन और एक एडवोकेट भी था।

"दाभोलकर मेरी बदनामी कर रहे हैं इसलिए मैं उन्हें चुनौती देने के लिए यहाँ आया हूँ," ऐसा दावा करते हुए वह भीड़ संग दबंगई करते हुए आगे बढ़ रहा था। इसे किस तरह काबू में लाया जाए, कार्यकर्ताओं के सामने यह प्रश्न उपस्थित हुआ क्योंकि उसका इरादा ही कार्यक्रम में गड़बड़ी पैदा करने का था। संयोग से कार्यक्रम में उस इलाके के पुलिस थाना निरीक्षक आए थे। वह सिविल लिबास में थे। उन्होंने मौके की नजाकत को समझा और मीठा बाबा को तुरंत सभागार से बाहर निकाला। चुनौती देने के लिए मीठा बाबा जिस एडवोकेट को

लेकर आया था वह भी नकली था, यह पड़ताल के बाद साबित हुआ। इसके बाद मैं बारामती में दो दफा व्याख्यान के लिए गया था। तब किसी के बिना बुलाए ही मीठा बाबा व्याख्यान के वक्त मेरी कतार की सामनेवाली कतार में आकर बैठा था। उसके पास 'सकाल' और 'लोकमत' अखबार में छपकर आई पुरानी खबरों की कतरनें थीं। वह इन कतरनों की फोटोस्टेट कॉपीज व्याख्यान हेतु आए प्रमुख अतिथियों में बाँट रहा था। पर उसकी इस हरकत की ओर किसी ने भी गौर नहीं किया। इसके बाद वह मुझे वक्त-बेवक्त फोन करता रहा। फोन पर असभ्य, गाली-गलौज के लहजे में बोलना और धमकाना आदि तरीकों को भी उसने आजमाकर देखा था। मेरे मानसिक संतुलन को बिगाड़ने के लिए इन तरीकों का उसे कोई लाभ न हुआ, यह उसकी समझ में आया। कुछेक दिनों बाद उसकी ये हरकतें अपने आप बंद हुईं।

अनुराधाबाई देशमुख के शरीर में देवता का प्रवेश और उसके बाद घटित होनेवाले चमत्कार की घटना भी अंधश्रद्धा निर्मूलन समिति की स्थापना के पहले वाली है।

अनुराधाबाई देशमुख सोलापुर जिले के मोहोल तहसील में स्थित मसलेचौधरी गाँव की निवासी है। वह जब सोमनाथ की पूजा के लिए बैठा करती, तब उसके खाली हाथ में रुद्राक्ष, शंख, धातु की शिवलिंग मूर्ति आदि अपने आप प्रकट हुआ करते। उसके हाथों से भभूत भी निकलती और वह भी लगातार दो-दो घंटों तक। अंधश्रद्धा निर्मूलन समिति द्वारा इन चमत्कारों का परीक्षण एवं पड़ताल करने की खुली चुनौती देने के बाद उनके भक्त दिनकरराव शिंदे मुझसे मिले। उन्हें अनुराधाबाई देशमुख ने स्वीकृति पत्र देकर भेजा था। पर इसमें चुनौती स्वीकारने की बात महज आभास थी। इस ढोंग को टालने के लिए मैंने उनके हाथ में चुनौती प्रक्रिया का मसौदा लिखकर थमा दिया। वह इस प्रकार था—

"अनुराधा देशमुख ने हमारी चुनौती को स्वीकारा, इसलिए हम उनका स्वागत करते हैं। पर ऐसी चुनौतियों का परीक्षण नियंत्रित परिस्थिति में ही संभव है, लिहाजा उसे बेहद उचित रूप से पूरा करना आवश्यक है। अतः इसका तफसीलवार तरीका जाहिर कर रहे हैं।

"पुणे या सतारा इनमें से किसी भी शहर में उभयतः मान्य स्थान पर यह परीक्षण किया जाएगा। पूजा के पूर्व अनुराधा देशमुख की अंतर्बाह्य शारीरिक जाँच कराने हेतु स्त्री कार्यकर्ताओं का सहारा लिया जाएगा। पूजा स्थान का भी मुआयना किया जाएगा। अनुराधा देशमुख के लिए परिधान एवं पूजा साहित्य समिति द्वारा मुहैया कराया जाएगा। जाँच के बाद अनुराधा देशमुख को बिना किसी प्रकार की पड़ताल किए किसी भी चीज को स्पर्श करने की अनुमति नहीं दी जाएगी।

"अनुराधा देशमुख द्वारा हम पर लगाई स्नानादि करके आना, मांसाहार किए

बिना आना, माहवारी का दौर में चल रही किसी भी स्त्री को साथ नहीं लाना आदि शर्तों का पूरी तरह से पालन किया जाएगा। अनुराधा देशमुख की सूचना के अनुसार पूजा शुरू होने के बाद उन्हें कोई भी स्पर्श नहीं करेगा।

"संपूर्ण परीक्षण के दौरान चमत्कार की पड़ताल करनेवाले, अंधश्रद्धा निर्मूलन समिति के चुनिंदा लोग और अनुराधा देशमुख के प्रतिनिधि मात्र वहाँ मौजूद रहेंगे। देशमुख की इच्छानुसार तमाम कार्यक्रम की वीडियो शूटिंग की जाएगी। इस दौरान प्रमुख अखबारों के प्रतिनिधि मौजूद रहेंगे। तमाम परीक्षण का व्यय वहन अंधश्रद्धा निर्मूलन समिति करेगी। पड़ताल प्रक्रिया शांतिपूर्ण माहौल में एवं ढंग से संपन्न होगी। इसके लिए समिति आवश्यकतानुरूप पुलिस बल का सहयोग लेगी। किसी के दंगा-फसाद करने पर उस पर उचित कार्रवाई की जाएगी।

"चुनौती पड़ताल प्रक्रिया के नियमानुसार पड़ताल का परिणाम जो कुछ आएगा, प्रतिपक्ष की ओर से माँग रखने पर, और एक अंतिम परीक्षण देना या लेना उभयतः बाध्यकारी रहेगा। अंतिम पड़ताल के बाद उभयतः किसी भी प्रकार की शिकायत का मौका नहीं रहेगा। ऐसे परीक्षण में भभूत निर्मित होने पर चमत्कार के अस्तित्व को हम जाहिर रूप से मान्य करेंगे। पर अनुराधाबाई यदि चमत्कार प्रकटीकरण में विफल रहीं, तो उन्हें 'हम लोगों को ठगते हैं,' इसे मान्य कर ऐसे ठगी के मामले बंद करने होंगे।"

चुनौती को स्वीकार किया गया है, सूचित करने आए दिनकरराव शिंदे मानो झंझट में फँसे। मामले का फैसला करने के लिहाज से चुनौती खत की एक कॉपी रजिस्टर्ड डाक द्वारा अनुराधा देशमुख के नाम भी प्रेषित की। चुनौती उन तक पहुँची, इसकी सबूत प्राप्ति रसीद अब भी मेरे पास है। पर आज तक इस चुनौती पत्र का उत्तर भेजने की हिम्मत अनुराधा देशमुख ने नहीं की। 22 जून, 1990 के दिन हमने ही अनुराधाबाई देशमुख के गाँव जाकर प्रदर्शन किया कि अनुराधा अपनी ओर से चमत्कार साबित कर दिखाएँ। पर उन्होंने कभी भी चुनौती-प्रक्रिया यथोचित रीति से पूरी करने के लिए सहयोग ही नहीं किया। पर कुछेक पत्रकारों को अपने पक्ष में करके अनुराधाबाई देशमुख अपना राग अलापती रहीं।

20 जनवरी, 1995 के दिन चमत्कार पर प्रकाश डालनेवाला समिति का लोकजाग्रति यान सोलापुर पहुँचने वाला था। इस निमित्त महाराष्ट्र अंधश्रद्धा निर्मूलन समिति के बगुला भगत इकाई के कार्यवाहक दादा चांदणे ने चमत्कार का दावा करनेवाले सोलापुर जिले तथा आसपास के जिलों के गाँवों में कुछेक लोगों को पत्र भेजे जिसमें मल्लीनाथ बाबा, तंत्र-मंत्र विशारद पंडित सुदर्शन, विट्ठलसिंग बाबा और अनुराधाबाई देशमुख का भी समावेश था। इस पत्र का मजमून था—'आप अपने लेखन, व्याख्यान, उपासना आदि के माध्यम से चमत्कार का निरंतर उल्लेख करते रहते हैं। आप जैसे 'सत्य धर्म' का पालन करनेवाले निर्भय विचारक अपने

निष्कर्ष बिना किसी पड़ताल के पेश नहीं करेंगे, इसका हमें पूरा यकीन है। पर आप, चमत्कार का समर्थन करनेवाले, जो विधान करते हैं, उनके बारे में आज तक आपके द्वारा किसी भी प्रत्यक्ष, वैज्ञानिक, तर्कशास्त्रीय सबूत पेश करने का मामला हमारे संज्ञान में नहीं आया है। लिहाजा आप हमारी सत्यशोधन यात्रा के निमित्त से अपनी सामर्थ्य को अवगत कराएँ, ऐसी विनती है। इस पत्र के मिलने के बाद भी आप उदासीन रहते हैं तब हम इस निष्कर्ष पर पहुँचेंगे कि आपके चमत्कार को लेकर किए गए बयानों में किसी भी तरह की सचाई नहीं है।'

इस पत्र का उत्तर देने के लिए कोई भी सामने आने का साहस नहीं कर पाया यह अलग से बताने की आवश्यकता नहीं।

चुनौतियों का यह सिलसिला भले ही जारी रहा लेकिन अनुराधा माता के झूठ को बेनकाब किया गया वह भी दूसरों के द्वारा ही। लातूर अंधश्रद्धा निर्मूलन समिति की राज्य कार्यकारिणी की बैठक चल रही थी। उस समय वीडियो क्लिप बनाने का व्यवसाय करनेवाला एक युवक बिना किसी उद्देश्य के बैठक की ओर मुड़ा था। अनुराधाबाई के बारे में चल रही चर्चा उसने सुनी। युवक बोला, "अजी, वह औरत सच में ठग है। फलाँ-फलाँ के घर वह पूजा के लिए आई थी। जिज्ञासावश मैं वहाँ गया था। खुले हाथ में भभूत का निर्मित करने का सुप्रसिद्ध चमत्कार को वह लोगों के समक्ष दिखानेवाली थी। मुझे माहौल आशंकाजनक महसूस हुआ, अत: मैं वीडियो कैमरा लेकर चला आया। घर परिचित ही था। इस कारण किसी ने मेरे आने पर आपत्ति नहीं जताई।

"अनुराधाबाई के पीछे खड़े रहकर मैंने उसके द्वारा की गई पूजा की शूटिंग की। उसमें साफ-साफ दिखाई दे रहा था, अनुराधाबाई किस तरह से ठगी करती है। मुझे इसके बारे में कुछ पता न था कि यह इतना बड़ा मामला होगा।"

हमने वीडियो शूटिंग करनेवाले युवा को तुरंत घर भेजकर उस वीडियो की रिकार्डिंग को मँगवा लिया। बेहद प्रभावी हथियार हमारे हाथ लगा था। अन्य एक घर में आयोजित पूजा की वीडियो क्लिप में अनुराधाबाई का पूरी तरह से अभुआने की दशा में चले जाना दिखाई देता है तो वहीं दूसरी ओर अनुराधाबाई के दाएँ हाथ से भभूत भक्तों को दी जा रही, यह भी दिखाई देता है। पर उनका दुर्भाग्य कि वीडियो कैमरा उनके बाईं ओर एवं पीठ पीछे होने की वजह से उनकी साड़ी की आड़ में छिपाए भभूत के टुकड़े भी साथ में दिखाई दे रहे थे। अनुराधाबाई अपना बायाँ हाथ पल्लू की आड़ में ले जाती है और बाईं मुट्ठी में भभूत के टुकड़े उठाती है और बंद की गई मुट्ठी पूजा के चौरंग के नीचे और पीछे धरती है। सामने बैठे भक्तों को मुट्ठी बिलकुल दिखाई नहीं देती। दाएँ हाथ की भभूत खत्म होते ही वह हाथ अनुराधाबाई चौरंग के पीछे और नीचे खिसकाती है। उसका अभुआना जारी रहता है। इस अवस्था की किसी भी गतिविधि के बारे में आशंका पैदा होना संभव

ही नहीं होता है। इसी का लाभ उठाते हुए चौरंग के नीचे एवं पीछे ले गए दाएँ हाथ से चौरंग के नीचे एवं पीछेवाला बायाँ हाथ मिलाया जाता है और भभूत को हस्तांतरित किया जाता है। भक्तों को दाएँ हाथ से भभूत बाँटते समय अनुराधाबाई के बाएँ हाथ की कलाई की बगल में पोती गई भभूत से यह अनुमान पक्का हो जाता है। पूजा समाप्त करके अनुराधाबाई अपने स्थान से उठती है और उस वक्त साड़ी की बाईं ओर सीधे साड़ी से नीचे की ओर लुढ़कता भभूत का टुकड़ा वह सीधे हाथ में ले लेती है। इसकी शूटिंग इस क्लिप में थी। समिति की शुरुआत से रही आपत्ति इस वीडियो क्लिप से खुलेआम साबित हुई। असल में इसके पहले भी एक दफा पूजा के दौरान अनुराधाबाई द्वारा साड़ी की चुन्नट में छिपाया भभूत का टुकड़ा कार्यकर्ताओं को दिखाई दिया था। पर महिला की तलाशी लेने का आग्रह करनेवाले कार्यकर्ताओं को उस वक्त गिरफ्तारी मोल लेनी पड़ी थी। सचाई स्पष्ट करनेवाली वीडियो क्लिप ही अब सीधे हाथ आई थी लिहाजा अनुराधाबाई देशमुख को बेनकाब करना सहज संभव हुआ।

आखिरकार अनुराधाबाई तो स्थानीय थी। सांगली-सोलापुर निवासी। विश्वविख्यात निर्मला माता उर्फ परमपूजनीय निर्मला देवी से उसकी बराबरी थोड़ी ही की जा सकती है। ये माताजी तो अपने शिष्यों के साथ दुनियाभर का सफर करती हैं। 1989 में पुणे में जब उनका आगमन हुआ था, उस समय उन्होंने पत्रकार परिषद आयोजित करके जिस अद्‌भुत सामर्थ्य की प्राप्ति उन्होंने की है, उसकी जानकारी दी। जोड़ों का दर्द, त्वचारोग, मिरगी, यही नहीं, कैंसर एवं एड्स जैसी दुर्भर बीमारियों पर भी कुंडलिनी शक्ति जाग्रति के द्वारा इलाज किए जाने का दावा इस महिला ने किया था। यह सामर्थ्य कुंडलिनी योग शक्ति के कारण ही प्राप्त हो सकती है, ऐसा इस महिला ने बताते हुए भूतबाधा, देवी-देवता का सवार होना जैसी क्रियाओं के बारे में भी कुछ प्रतिपादन किया था। सारी दुनिया में कुंडलिनी चमत्कार का गौरवगान करता, तूफान की गति से दौड़ लगाता, निर्मला माता का यह रथ, समिति कार्यकर्ताओं ने पुणे के फुटपाथ पर रोकने का कार्य किया। निर्मला देवी के कार्यक्रम के सामने सड़क पर धरना देकर कुंडलिनी चमत्कार पर आपत्ति उठाकर निम्न पत्रक बाँट दिया।

1. क्या आप मेडिकल कॉलेज में पढ़ाई जानेवाली किसी एक मान्यता प्राप्त आधुनिक मेडिकल की पुस्तक में कुंडलिनी का उल्लेख दिखा सकती हैं?
2. कुंडलिनी जाग्रति द्वारा, लोगों में आप जिन अनुभवों को प्रसारित करती हैं, वे सम्मोहन में चले गए व्यक्ति की अनुमतिदर्शक सूचनाएँ ही होती हैं। इसमें कौन सी विशेष अलौकिकता है?
3. अलौकिक अतींद्रिय शक्तियाँ कुंडलिनी जाग्रति द्वारा यदि प्राप्त होती हैं

तो हम मशहूर वैज्ञानिकों की मौजूदगी में इसकी पड़ताल करना चाहते हैं। यदि आप इस पड़ताल को मना करेंगी, तो आप पड़ताल से मुकर गईं, ऐसा हम क्यों न समझें?

4. आध्यात्मिक क्षेत्र की तमाम शख्सियतें संत ज्ञानदेव को सिद्धपुरुष मानती हैं। कुंडलिनी जाग्रति द्वारा कौन सी शक्तियाँ प्राप्त होती हैं, इसका उल्लेख ज्ञानेश्वरी के छठे अध्याय में 269-270 पंक्तियों में दर्ज है। उसी प्रकार कुंडलिनी जाग्रत व्यक्ति द्वारा समुद्र पार की चीजों का देखना, पानी की सतह पर चलना आदि के बारे में आपकी क्या राय है? क्या आप इसे साबित कर सकती हैं?
5. हाथ की उँगलियों को देख बीमारी का निदान करना, कुंडलिनी सामर्थ्य द्वारा दुर्भर रोगों से बीमार को मुक्त कराना, भूत का अस्तित्व एवं देवी का शरीर में प्रवेश आदि चीजें आपके दावे के अनुसार सच हैं, क्या आप इन्हें साबित कर सकती हैं?

उपरोक्त सवालों के जवाब निर्मला माता के भक्तों ने दिए, पर किस तरह? हिंसात्मक रीति से। उपरोक्त सवाल पुणे और सतारा में प्रदर्शन करके पूछे गए थे और इसके बाद हमने अंगापुर नामक गाँव में भी प्रदर्शन किए। हमारी इस हरकत से निर्मला माता इतनी अधिक गुस्सा हुईं कि उनके आदेश पर भक्तों ने समिति कार्यकर्ताओं से मारपीट की। चमत्कार के सवालों का जवाब निर्मला माता ने हाथापाई करके दिया।

चमत्कार की असत्यता के बारे में पड़ताल या परीक्षण करना हो तो पुट्टपूर्ति के चमत्कार-अवतारी सत्यसाईं की चमत्कारलीला को तफसीलात से समझ लेना जरूरी है। सत्यसाईं स्वयं को चमत्कार का अवतार समझते हैं। पर उन्हें दी गई प्रत्यक्ष-अप्रत्यक्ष सभी चुनौतियों को उन्होंने नकार दिया है। एच. नरसिंहय्या, बेंगलुरु विश्वविद्यालय के कुलपति थे। उन्होंने उन दिनों चमत्कारों की पड़ताल करने के लिए समिति का गठन किया था। समिति ने 2 जून, 1976 में सत्यसाईं को पत्र लिखा जिसके द्वारा अवगत कराया गया था कि 'बेंगलुरु विश्वविद्यालय के सहयोग से चमत्कार परीक्षण के लिए समिति का गठन किया गया है। इसमें नामचीन वैज्ञानिक शामिल हैं। दैवी चमत्कार शक्ति के मामले में आप अंतरराष्ट्रीय ख्याति प्राप्त मानव हैं। आप हमें भेंट करने व चमत्कार के मूल में निहित वस्तुनिष्ठता से अवगत होने का अवसर प्रदान करें। इसी हेतु से प्रस्तुत पत्र लिखा गया है। आप जैसा अपवादात्मक दैवी शक्ति सामर्थ्य प्राप्त धर्म का प्रचार करनेवाला व्यक्ति शास्त्र व मानव कल्याण के लिए अवसर देगा, ऐसा हम विश्वास करते हैं।'

इस पत्र का भी सत्यसाईं से किसी भी तरह से जवाब नहीं दिया गया।

फिर से 16 जून, 1976 में दूसरा पत्र उन्हें भेजा गया, जिसमें विनतीपूर्वक लिखा था, 'हमारे द्वारा आपको भेजे गए पत्र का आप जवाब दें तथा भेंट का स्थान, समय एवं तारीख के बारे में सूचित करें।'

सत्यसाईं ने इस पत्र का भी जवाब नहीं दिया। 5 जुलाई, 1976 में तीसरा पत्र लिखा गया। उसका मजमून था, 'आपने पहले दो पत्रों की प्राप्ति सूचना तक नहीं दी, इसका खेद है। मुझ जैसे महान व्यक्ति को मामूली परीक्षणों का मुकाबला करने की जरूरत ही क्या है, ऐसा कदाचित् आपका प्रतिपादन हो सकता है, पर यह उचित नहीं होगा। आपके चमत्कार की सामर्थ्य पर ही आपकी महानता निर्भर करती है, और महान एवं दैवी व्यक्ति सदैव ही अपने समग्र कार्यों को लोगों के समक्ष रखते हैं। गौतम बुद्ध, स्वामी विवेकानंद, महात्मा गांधी जैसी विभूतियाँ 'पूरी तरह से पड़ताल होने के बाद ही हम पर विश्वास रखें' ऐसा अपने अनुयायियों से हमेशा कहा करते थे। ऐसा न करने पर शोषित एवं प्रताड़ित लोगों के ठगे जाने का खतरा लगातार बना रहता है। अतः सत्यान्वेषण की प्रांजल भावना को मद्देनजर रखते हुए आप हमें सहयोग दें ऐसी विनती है।'

उपरोक्त किसी भी खत का सत्यसाईं ने जवाब तो दिया ही नहीं किंतु समिति और बेंगलुरु विश्वविद्यालय पर पर्याप्त मात्रा में भड़ास निकालते हुए दुनिया की किसी भी ताकत को मेरी जाँच करने का अधिकार नहीं है, ऐसा जाहिर किया।

इसके बाद एक और कोशिश हमने की। 1 जनवरी, 1986 को देश के कई रेशनलिस्ट बेंगलुरु में इकट्ठा हुए थे। यहाँ से वे सभी पुट्टपूर्ति रवाना हुए। इसका उद्देश्य सत्यसाईं के आश्रम के समक्ष धरना देकर उसे चमत्कार साबित करने के लिए या उन्हें बंद करने के लिए चुनौती देना था। पर पुट्टपूर्ति आश्रम पहुँचना तो दूर ही रहा, इसके पहले ही कार्यकर्ताओं की गाड़ियों को आंध्र पुलिस द्वारा रोका गया। बाबा के आश्रम के समक्ष शांतिकामी, संवैधानिक धरना देने के प्रजातांत्रिक अधिकार को नकारा गया। पुलिस द्वारा बताया गया इसका कारण भी बड़ा ही मजेदार था कि 'चमत्कार पड़ताल की चुनौती द्वारा लोगों की श्रद्धा को ठेस पहुँचेगी और कानून व्यवस्था का सवाल पैदा होगा।'

सत्यसाईं का जिस समय सामनेवालों की चतुराई से भंडाफोड़ होता उस समय वह बहुत ही जल-भुन जाते। जादूगर पी. सी. सरकार जूनियर के कारनामे मशहूर हैं। वे एक बार बाबा सें भेंट करने गए। खूबसूरत बंगाली शख्स को देख बाबा ने अपनी खुली हथेली उन्हें दिखाई और क्षणमात्र में हथेली पर रुद्राक्ष प्रकट कर दिखाया। पी. सी. सरकार ने रुद्राक्ष वाली स्वयं की हथेली बाबा के सामने ही बंद की और उसमें से बंगाली रसगुल्ला प्रकट कर बाबा को देने लगे। बाबा ने उसे देखा और अपने सेवकों को आदेश देकर पी. सी. सरकार को धक्के लगाते हुए बाहर खदेड़ दिया।

दूसरे एक मामले में देश के कतिपय मशहूर भौतिक विज्ञानी बाबा से भेंट करने गए। टेबुल के आमने-सामने बैठकर बाबा से चर्चा की गई। बाबा ने खुली हथेली को हवा में घुमाते हुए एक अँगूठी निकाली और टेबुल पर रख दी। दैवी शक्ति द्वारा इस तरह चीजें अपने आप हस्तांतरित होती हैं, ऐसा खुलासा भी बाबा ने किया। एक होशियार विज्ञानी ने विनम्रता से सूचित किया, "बाबा, जिस तरह असीम दूरी की चीजें आप हथेली में ला सकते हैं, क्या उसी शक्ति से टेबुल पर रखी अँगूठी को हमारी ओर छह इंच धकेल सकते हैं?" अँगूठी धकेलने के बजाय प्रक्षुब्ध हुए बाबा ने टेबुल को ही हमारी ओर धकेला और गुस्से से तमतमाते हुए निकल पड़े।

'कल्याणसाईं मंडपम्' जैसे साधारण से फंक्शन हॉल के उद्घाटन के लिए, प्रधानमंत्री, लोकसभा सभापति, आधा दर्जन से अधिक केंद्रीय मंत्री एवं दो राज्यों के मुख्यमंत्री मौजूद थे क्योंकि उसका साईंबाबा ट्रस्ट ने निर्माण किया था। नेताओं की मौजूदगी में बाबा ने अपना अभ्यस्त चमत्कार फिर एक बार दोहराया। खुली हथेली हवा में घुमाकर सोने की चेन निकालकर इंजीनियर को भेंट दी। इस घटना की वीडियो शूटिंग को हमने कब्जे में किया है, जिसे हम अक्सर लोगों को दिखाते हैं। क्लिप में सत्यसाईं का भरोसेमंद सेवक इस चेन को उपहार के नीचे से अत्यंत चालाकी से बाबा के हाथ में थमाते हुए स्पष्ट रूप से दिखाई देता है। यह क्लिप हमने नांदेड़ जाकर शंकरराव चव्हाण को दिखाई और उक्त सभी नेताओं को इसके बारे में पत्र लिखकर भी अवगत कराया गया। पर इनमें से किसी का भी बाबा पर होनेवाला विश्वास नहीं टूट पाया और बाबा भी इस मामले पर मौन धारण किए थे। सत्यसाईं के चमत्कार का और एक सफेद झूठ वाला पुख्ता सबूत हमारे पास उपलब्ध है।

डॉ. डासू भगवंतम् भारत सरकार के पूर्व वैज्ञानिक सलाहकार, बाबा के कट्टर अनुयायी थे। उन्होंने अपने लेखन के माध्यम से बाबा के चमत्कारों की सूची ही पेश की है, जिसके लिए बाबा ने कभी इनकार भी नहीं किया। उनके उक्त चमत्कारों में से हमने एक चमत्कार की पड़ताल डॉ. अब्राहम कोवूर द्वारा कराई। यह किस्सा बहुत कुछ बयाँ करता है। वह वाकिया कुछ इस प्रकार है—'दुनियाभर में मशहूर जापान की 'सीको' कलाई की घड़ी की कंपनी ने घड़ी का एक नया मॉडल बनाया था। उसके कुछ परीक्षण पूरे होने अभी बचे थे अत: विशेष बनावट वाली कलाई की घड़ी को तिजोरी में सुरक्षित रखा गया। इस कंपनी का चेयरमैन भारत आया था और जिज्ञासावश वह बाबा के दर्शन हेतु गया। भक्त समुदाय में शामिल जापानी शख्स को देखते ही बाबा ने हवा में हाथ घुमाकर एक छोटी-सी डिबिया निकालकर उसे थमा दी। डिबिया खोलते ही जापानी हक्का-बक्का उसे देखता ही रह गया। जापान की तिजोरी में बंद करके रखी घड़ी डिबिया में थी। उसने बाबा के पैरों पर खुद का मस्तक रख दिया। वह जापान लौटा, तिजोरी खोलकर उसने देखा पर कलाई की

घड़ी यहाँ से गायब थी। यह क्या कम था कि उसके सचिव द्वारा दी जानकारी से उसके होश ही उड़ गए। सचिव बोला, "सिर पर अर्धवर्तुलाकार केशधारी साँवला, दैवी शक्ति से प्रकाशमान पुरुष एक बार मेरे ऑफिस में प्रकट हुआ था। उसने बिना किसी चाभी और स्पर्श के तिजोरी को खोला। और वह जिस तरह से आया था उसी तरह अदृश्य भी हुआ।"

डॉ. अब्राहम कोवूर ने ताबड़तोड़ डॉ. भगवंत से सबूत माँगनेवाला पत्र भेजा। पत्र में लिखा था, 'आप यदि इस पत्र का उत्तर और सबूत नहीं देते हैं तो आप और बाबा दोनों मिलकर लोगों को ठग रहे हैं, ऐसा माना जाएगा।' पत्र में ऐसा स्पष्ट रूप से सूचित किया गया था। पर दो महीने बीतने के बाद भी उन्हें पत्र का जवाब नहीं भेजा गया। डॉ. कोवूर ने जापानी दूतावास से 'सीको' कंपनी का पता प्राप्त कर कंपनी के अध्यक्ष शोजी हत्तोरी को पत्र लिखा। पत्र में निम्न सवाल किए गए थे—

1. क्या आप या आपके भागीदार भारतवासी सत्यसाईं से कभी मिले हैं?
2. सत्यसाईं ने हवा में हथेली घुमाकर आप में से किसी को कलाई की घड़ी भेंट की थी?
3. क्या कभी आपके सचिव ने आपसे या आपके भागीदार से अपरिचित व्यक्ति ऑफिस में आकर तिजोरी खोलकर कलाई की घड़ी लेकर लौटा ऐसा कहा था?
4. क्या आप या आपके भागीदारों में से कोई सत्यसाईं का भक्त है?

हत्तोरी का भेजा गया जवाब था, "आपका पत्र प्राप्त हुआ। अनैसर्गिक घटनाओं का दावा करनेवालों की शास्त्रशुद्ध पद्धति से पड़ताल करने की आपकी आस असल में काबिल-ए-तारीफ है, पर मैं इतना ही कह सकता हूँ कि सत्यसाईं के बारे में आपको देने जैसी किसी भी तरह की जानकारी मेरे पास उपलब्ध नहीं है। मैं या मेरी कंपनी के भागीदारों में से कोई भी सत्यसाईं नामक शख्स से मिला नहीं है। भारत में फैली खबर निखालिस झूठ है। आपके द्वारा पूछे चारों सवालों के जवाब 'नहीं' ऐसे ही हैं।

सत्यसाईं और उसके भक्तगणों ने इस मामले के बारे में अपनी चुप्पी नहीं तोड़ी। अलबत्ता उनकी ऐसी खामोशी सब कुछ बयाँ कर देती है।

चुनौतियों के अखाड़े में

चमत्कार का दावा करनेवाले कई बाबा प्रत्यक्ष पड़ताल का समय आने पर अखाड़े से पलायन करते हैं। पर कतिपय बाबा इसके भी अपवाद होते हैं। वे चमत्कार साबित करने की चुनौती को स्वीकार करते हैं। फिर सभी ओर विलक्षण उत्सुकता की लहर दौड़ जाती है। ऐसे मामलों के कुछ उदाहरण मनोरंजक और उद्‌बोधक साबित होते हैं।

महाराष्ट्र अंधश्रद्धा निर्मूलन समिति द्वारा गोवा, बेलगाँव, सिंधुदुर्ग और रत्नागिरि आदि स्थानों पर सर्पयात्रा का आयोजन किया गया। सर्पयात्रा में 20-22 प्रजाति के 80-90 साँप रखे गए थे। यात्रा को बेशुमार समर्थन मिला। सबसे अधिक भीड़ रत्नागिरि में इकट्ठा हुई थी। सुबह शुरू हुआ प्रदर्शन शाम तक खत्म नहीं हुआ था। बेशुमार भीड़ थी। कार्यक्रम खत्म होने के कुछ देर बाद जयराम पवार नामक मांत्रिक अपने कुछ मित्रों संग हमारे सामने आया। यात्रा असल में साँपों के बारे में सम्यक् ज्ञान देने के लिए और सर्पदंश पर प्राथमिक चिकित्सा कैसे की जाती है, इसका ज्ञान देने के लिए थी। मंत्र शक्ति एवं साँप, यात्रा का बेहद गौण हिस्सा था। लेकिन मंत्र का साँप पर या साँप के विष का मंत्र पर किसी भी प्रकार प्रभाव नहीं पड़ता, भाषण के माध्यम से लोगों को अवगत कराया जाता। पवार का कहना था कि मंत्रशक्ति से साँप को बाँधे रखा जा सकता है और मैं चमत्कार सिद्ध करने की चुनौती को स्वीकार करने के लिए तैयार हूँ। यात्रा दूसरे दिन अगले शहर कूच करनेवाली थी और दो दिनों के बाद दापोली में उसका समापन होनेवाला था। लिहाजा चुनौती स्वीकारने की घोषणा हमने की पर चुनौती प्रक्रिया दापोली में संपन्न कराई जाएगी, ऐसा समिति की ओर से सूचित किया गया। लेकिन पवार का कहना था, "रत्नागिरि के पास ही चुनौती की पड़ताल कराई जाए।" इस मामले को स्थानीय अखबार में काफी ख्याति मिली। इसके चलते जनमानस में बहुत कुछ जिज्ञासा एवं कुछ मात्रा में खलबली मच गई। चुनौती प्रक्रिया संपन्न होने के बाद किसी भी प्रकार की शिकायत का मौका न मिले इसलिए निम्न मुद्दों को पक्का किया गया।

1. एक समय एक नाग को कम-से-कम एक घंटे तक चुनौती के अखाड़े

में बाँधे रखने की पड़ताल तीन दफा या कई बार कराई जाए।

2. मंत्र से प्रभावित अखाड़े की परिधि लगभग 16 फीट होगी।
3. चावल द्वारा अखाड़े का वर्तुल बनाने के बाद उसमें साँप को छोड़ा जाएगा। इसके बाद साँप के अखाड़े में स्थिर होने पर मांत्रिक वर्तुल के बाहर 15 फीट दूरी पर खड़ा रहेगा। उसके हाथ में किसी भी तरह का हथियार नहीं होगा। यहीं पर सर्पमित्र भी खड़े रहेंगे।
4. अन्य सभी दर्शक लगभग 100 मीटर की दूरी पर अर्धवर्तुलाकार खड़े रहेंगे।
5. जिन चावल के दानों को मंत्र के लिए प्रयोग किया जाएगा उनमें से कुछ दानों की चुनौती पड़ताल प्रक्रिया के पहले, रासायनिक जाँच की जाएगी। इसके अलावा पड़ताल के दौरान जयराम पवार के हाथ एवं मुँह की भी जाँच कराई जाएगी।
6. पड़ताल के लिए बनाया जानेवाला वर्तुल किस स्थान पर बनाया जाएगा इसका निर्णय पड़ताल के समय मौजूद रहनेवाले सर्पमित्र करेंगे।
7. पड़ताल प्रक्रिया के दौरान पवार को साँप के काटने की पूरी जिम्मेदारी पवार पर ही रहेगी। अन्य किसी को साँप के काटने की जिम्मेदारी अंधश्रद्धा निर्मूलन समिति पर रहेगी।

चुनौती प्रक्रिया को निर्धारित करते समय बहुत कुछ दिमाग पर बल देना पड़ा। वास्तव में सर्पयात्रा की जल्दबाजी में उक्त पड़ताल प्रक्रिया दापोली में भी पूरी की जाती तो भी हमें कुछेक समस्याओं का सामना करना पड़ेगा, इसकी संभावना थी क्योंकि 12 दिनों की यात्रा और साँपों को लगातार इस्तेमाल करने से साँप बेहद निढाल हुए थे। अतः यदि उन्हें चुनौती के लिए बनाए वर्तुल में छोड़ा गया होता तो कदाचित् वे कुंडली मारकर वैसे ही पड़े रहते। इसका श्रेय मांत्रिक पवार को मिल गया होता। तिस पर शातिर पवार ने साँप यानी सिर्फ नाग ही चाहिए इस तरह की शर्त रखी थी। धामिन जैसा चंचल एवं चपल साँप एक क्षण भी एक स्थान पर नहीं रुकेगा, उसे अच्छी तरह से पता होगा। नाग फन फैलाकर संरक्षणात्मक मुद्रा में खड़ा हो सकता है। यदि ऐसा हुआ होता तो साँप की इस मुद्रा का संबंध स्वयं की मंत्रशक्ति के साथ जोड़कर दिखाना पवार के लिए सुविधाजनक था। चुनौती अपनाने की बात ठान लेने पर हमें नाग ले आने की बात मान्य करनी पड़ी।

अब जिस नाग को हम पड़ताल के लिए लानेवाले थे वह केंचुल छोड़ने की अवस्था में न आया हो, इसका ध्यान रखना जरूरी था। क्योंकि केंचुल छोड़ते समय नाग की गतिविधियाँ शरीर की जकड़न के कारण धीमी पड़ जाती हैं। इसके विपरीत जिस नाग ने हाल ही में केंचुली उतार फेंकी है, ऐसा नाग अधिक सुविधाजनक था। साँप शीत रक्त का प्राणी होता है। इसके कारण पड़ताल के स्थान पर यदि

घास उग आई हो तो साँप ठंडी घास पर पड़े रहने की संभावना थी। अतएव जिस स्थान पर घास नहीं है, ऐसे स्थान का चुनाव करना जरूरी था। जमीन के भीतर से प्रवाहित ध्वनि के कंपन साँप महसूस करता है, इसलिए ही खेती में खासकर रात के समय किसान पैदल चलते समय लकड़ी का डंडा जमीन पर पटककर चलता है। चुनौती पड़ताल प्रक्रिया देखने के लिए सैकड़ों लोग आनेवाले थे। यदि वे वर्तुल के पास ही खड़े होते और इनमें से कुछ लोग यदि इरादतन पाँव जमीन पर पटकते, तब उनके पैर पटकने से निर्मित होनेवाले कंपन को साँप के खतरे का इशारा समझने की संभावना थी और वह फन निकालकर खड़ा हो जाता। इस संभावना को टालने के लिए दर्शकों का पड़ताल के वर्तुल से 100 मीटर दूरी पर खड़े रहना जरूरी था। पड़ताल सुबह 8:30 से 9:30 तक पूरी होनी आवश्यक था। किसी भी कारण से विवाद पैदा होता तो पड़ताल का समय बदल दिया जाने का भी खतरा था। यदि ऐसा होता और पड़ताल दोपहर 12:00 से 1:00 बजे के आसपास शुरू होती तो ऐसे में समय चिलचिलाती धूप में गर्म हुई जमीन पर शीत रक्त साँप रेंगता नहीं। नतीजा, पड़ताल के लिए जमीन पर छोड़ा गया नाग धूप में ही छटपटाता, तब इसे भी पवार मेरी मंत्र सामर्थ्य का ही परिणाम है, ऐसा लोगों को जतलाने का प्रयास करता। इसके साथ ही हमने एक व्यावहारिक सूझबूझ का भी परिचय दिया था कि वर्तुल कहाँ पर बनाया जाए, इसका चुनाव हमारे सर्पमित्र करेंगे। खुले मैदान में छोड़ा नाग सहज ही खुद को छिपाने के लिए सुरक्षित जगह की तलाश करेगा, हमने मान लिया था। नाग को 10 से 15 फीट की दूरी तक ही दिखाई देता है, इसलिए इतनी दूरी पर उसे छिपने के लिए पत्थर, ईंट के टुकड़े या अन्य का रहना उसे वर्तुल के बाहर निकलने की दृष्टि से अनुकूल हो सकता था। यानी मैदान के एक छोर पर, जहाँ करीब ही पत्थर, ईंटों आदि का ढेर था उसके पास पड़ताल के लिए वर्तुल बनाना सुविधाजनक था।

हम लोग पवार के टेम्भे गाँव में स्कूल के मैदान में सुबह नौ बजे ही पहुँचे। पड़ताल के लिए स्थान का चुनाव किया गया। सुबह से ही सैकड़ों लोगों की भीड़ उमड़ पड़ी थी। हम प्रयास करके भी भीड़ को 100 मीटर के घेरे की सीमा के पार नहीं हटा पाए। पवार ने साथ में चावल लाए थे। उन्हें भी जाँचा गया। फिर पवार और उसके सहयोगियों ने चावल के दानों से 15 फीट व्यास का गोल वर्तुल बनाया। इसके बाद सर्पमित्रों ने साथ लाए पिटारे से नस्लदार नाग बाहर निकाला। नाग सभी लोगों को दिखाया गया और उसे वर्तुल में छोड़ा गया। नाग वर्तुल में हरगिज स्थिर नहीं हुआ। वह हरकत में आ गया। नाग के वर्तुल के बाहर निकलने की संभावना को ध्यान में लेकर पवार और उसके साथी बड़ी तेजी से भागते, चिल्लाते, नाग पर चावल फेंकने लगे।

उनकी यह हरकत जाहिर तौर पर पड़ताल प्रक्रिया की शर्तों को भंग करनेवाली

थी। हमारे उन्हें समझाने के लिए पहुँचने के पूर्व ही नाग तेजी से वर्तुल के बाहर आया और उधर दर्शकों ने जोर-जोर से तालियाँ बजाना शुरू किया। शर्तों के मुताबिक और एक दफा पड़ताल प्रक्रिया पूरी करनी थी। इसके लिए फिर पहले वाली प्रक्रिया को दोहराया गया। पर इस समय पवार को आगाह किया गया कि नाग को वर्तुल में छोड़ने पर वह वर्तुल के बाहर नहीं आएगा, इसका ध्यान रखें। नाग को फिर से वर्तुल में छोड़ा गया। पर नाग फिर से पहले जैसी हरकत करते हुए वर्तुल के बाहर तेजी से निकल पड़ा। मंत्रशक्ति इतनी नाकाम साबित होगी, इसकी पवार और उसके चेले-चपाटों की अपेक्षा नहीं थी। चुनौती प्रक्रिया समाप्त हुई ऐसा समझ हम उत्सुकतावश इकट्ठा हुई भीड़ को स्कूली छात्रों समक्ष संबोधित कर रहे थे। प्रश्नोत्तरी अच्छी-खासी चरम पर थी। बहुत कुछ समय बीत चुका था। हम लौटने ही वाले थे कि फिर से पवार और उसके साथियों ने एक और पड़ताल की माँग की। पत्रकारों ने भी आग्रह रखा।

दोपहर की चिलचिलाती धूप, 12:00 बजते आए थे। गर्म हुई जमीन पर, वह भी मैदान के केंद्र में नाग को छोड़ने के लिए सर्पमित्र, कार्यकर्ता उत्सुक नहीं थे। पर आंदोलन में कई दफा मन को मंजूर न होनेवाला फैसला भी लेना पड़ता है, यह तत्कालिक माँग भी होती है। लिहाजा, तीसरी बार चुनौती की पड़ताल का निर्णय किया गया। इसके पूर्व पवार ने और एक शर्त रखी कि वर्तुल बनाने के पहले साँप का पिटारा प्रस्तावित वर्तुल के भीतर लाया जाए। मंत्रोच्चारण के बाद ही नाग को बाहर निकाला जाए। यह शर्त भी हमने मान ली। नाग के पिटारे के चारों ओर मंत्रभारित चावल के दानों द्वारा वर्तुल बनाकर पवार दूर हुआ और साँप को पिटारे से बाहर निकाला गया। एक मिनट के बाद नाग ने फन निकाला। पवार के चेहरे पर मंद-मंद मुस्कान की रेखाएँ बनने ही वाली थीं कि साँप बड़ी तेजी से सनसनाता वर्तुल के बाहर भाग पलायन कर गया। मैंने कहा, "यह जय-पराजय का सवाल ही नहीं है। वैज्ञानिक दृष्टिकोण समझाकर जनता को अंधविश्वास से दूर रखने के हेतु से हमने यह सब कुछ किया है। और पवार ने सत्यशोधन का अवसर उपलब्ध करा दिया, इसके लिए हम उनके प्रति आभार व्यक्त करते हैं।"

लेकिन हमारी भूमिका पवार और उसके समर्थक चेले-चपाटों को रास नहीं आई। उनकी बकवास कुछ इस तरह थी, "किसी तरह की पड़ताल कराना यह कोई पराजय नहीं है। अवकाश यान का परीक्षण भी कई दफा असफल होता है या नहीं? इस परीक्षण के समय अंधश्रद्धा निर्मूलन समिति महिलाओं को लेकर आई थी, जिनमें से कई महिलाओं का मासिक धर्म शुरू था। लिहाजा मंत्रों का असर नहीं हो पाया। पवार के मंत्रों की अपेक्षा कार्यकर्ताओं एवं सर्पमित्रों का मंत्र नाग पर भारी रहा। जयराम पवार तुलना में नाकाम रहा। यदि पॉवरफुल मांत्रिक लाया गया होता तो नाग वर्तुल के बाहर जाने की हिम्मत ही नहीं करता।"

दैनिक अखबार में खबर छपी...

'नागपंथी बाबा जयरामगिरी ने आज यहाँ पर कुछ पत्रकारों के समक्ष इंद्रिय के सहयोग से 35-40 किलो वजन का पत्थर उठाने जैसी कुछ अलौकिक सामर्थ्य का प्रयोग कर दिखाया। बाबा इंद्रिय बल से ट्रक खींचने का प्रयोग 12 जनवरी के दिन सांगली में पेश करनेवाले हैं। ध्यान आनंद योग फाउंडेशन ने इस प्रयोग का आयोजन किया है। जयरामगिरी बेहद साधारण कदकाठी वाला, सिर पर बढ़ी जटाएँ, बदन पर भगवा कफनी और कमर में लुंगी पहने, कहने को तो है एकदम फटीचर किस्म का यह शख्स, पर है नागपंथी।'

योगसाधना के अध्ययन के दौरान ही यह अलौकिक शक्ति गुरु द्वारा मुझे प्रदान की गई है, ऐसा बाबा का कहना था।

बचपन से ही मैंने कामशक्ति को काबू में रखने की साधना प्राप्त की है। इस साधना को गुरु ने मुझसे साध लिया है। इसलिए मुझे इंद्रिय को वजन लटकाकर तपस्यारत और साधनारत रहना पड़ा है। शरीर के साथ ही मन एवं भावनाओं को भी मैंने नियंत्रण में रखा है। शरीर एवं मन की शक्ति, असल में उस भगवान की शक्ति है। इसे मैंने सँभाल रखा है, ऐसा भी बाबा का कहना था।

बाबा का हठयोग द्वारा मानव शरीर में पैदा होनेवाली अद्‌भुत सामर्थ्य को सिद्ध करने निकलने पर लोगों द्वारा अंधश्रद्धा निर्मूलन समिति की ओर इसके बारे में पूछताछ करना लाजिमी था। सांगली शाखा ने इसके बारे में एक विस्तृत पत्रक प्रसिद्ध किया था।

जयरामगिरी तथाकथित योग शक्ति के बल पर इंद्रिय द्वारा ट्रक को खींच ले जाने का चमत्कार प्रस्तुत करनेवाले हैं। यह चमत्कार न होकर शरीर रचना शास्त्र एवं पदार्थ विज्ञान के नियमों के आधार पर की गई चालाकी है। आमतौर पर केश एवं पीठ की त्वचा आदि में हुक लगाकर या दाँत आदि के सहारे जादूगर और अंधश्रद्धा निर्मूलन समिति के कार्यकर्ता जिस तरह वाहन खींचने के प्रयोग लोगों को दिखाते हैं उसी तरह की पद्धति इंद्रिय द्वारा ट्रक खींचने के लिए अपनाई जाती है। केरल के रेशनलिस्ट कार्यकर्ता बी. प्रेमानंद ने इसे सप्रमाण सिद्ध करके दिखा दिया है। यह कृति करते समय दृढ़विश्वास और दृढ़निश्चय वेदनाओं को अवरुद्ध कर देता है। साथ ही त्वचा के भीतर डर्मीस एवं एपिडर्मीस नामक परतें होती हैं, उन्हीं के आधार पर त्वचा 80 किलो तक के भार का तनाव सहज रीति से सह सकती है, यह भी साबित हुआ है। नागपंथी बाबा पूरे भारतवर्ष में फैले हुए हैं। उनका त्वचा में नीबू को सूई से सिलकर बाँधना, शरीर में हुक लगाना, त्रिशूल जीभ के आर-पार ले जाना, दो समशेरों पर खड़े रहना, कीलें लगी तख्ती पर लेटना, जमीन में गड्ढा खोदकर शीर्षासन द्वारा सिर को जमीन में गाड़कर दीर्घकाल ऊपर की दिशा में खड़े होना आदि सभी चमत्कारों का अंधश्रद्धा निर्मूलन समिति द्वारा भंडाफोड़ किया गया

है तथा इसके मूल में निहित विज्ञान के तथ्यों को लोगों के समक्ष रखा है।

हमने एक प्रस्ताव रखा कि "हम जयरामगिरी को चुनौती देते हैं कि वे 200 किलो से अधिक का भार इंद्रिय द्वारा ऊपर उठाए तथा चढ़ान पर भारी ट्रक को इंद्रिय के बल पर एक किलोमीटर तक खींचता ले जाए। जयरामगिरी बाबा द्वारा इंद्रिय के बल पर इस तरह के जाहिर प्रयोग करना गैरकानूनी है तथा इस तरह की कोई भी हरकत धर्म में सदाचार की श्रेणी में समाविष्ट नहीं हो सकती, क्योंकि खुले में इंद्रिय के बल कथित चमत्कार का प्रदर्शन, कोई धर्म नहीं है। असल में बाबा इसकी आड़ में धर्म की बदनामी ही कर रहा है। बाबा द्वारा लिखित रूप में चुनौती को स्वीकारने पर समिति द्वारा चुनौती पड़ताल प्रक्रिया को पूरा किया जाएगा।"

इसके बाद भी लोगों के सवालों का सिलसिला जारी था। उन्हें हमें बताना पड़ा कि पुरुष का शिश्न स्नायुयों से बना होने के कारण रबर की तरह तन जाता है। जैसे स्प्रिंग में वजन लगाने पर वह तन जाती है। वजन अधिक होने पर स्प्रिंग कुछ ज्यादा ही तन जाती है। पर वजन के अनुपात में स्प्रिंग का भीतरी तनाव या टेंशन बढ़ जाता है। यदि वजन की मात्रा बढ़ जाती है और स्प्रिंग वजन झेलने की क्षमता से परे हो जाती है तो उसे 'इलैस्टिक लिमिट' कहा जाता है। इस क्षमता से परे जाने पर स्प्रिंग टूट जाती है। यह 'यिल्ड पॉइंट' कहलाता है। लिंग के बारे में भी यही घटित होगा। जैसा कि जयरामगिरी 35 से 40 किलो तक का भार उठा रहे हैं, इससे जाहिर हो जाता है कि उनके लिंग स्नायु की क्षमता यहीं तक सीमित है। इसलिए ही हमने 200 किलो से अधिक भार उठाने की चुनौती उनके समक्ष पेश की है। क्योंकि लगभग 80 किलो तक का भार इंद्रिय द्वारा उठाने का उदाहरण प्राप्त हो जाता है पर इसके आगे का नहीं। यह अभ्यास द्वारा किसी के लिए भी संभव है। ट्रक खींचने का मामला भी ऐसा ही है। उसे खींचते समय शुरुआत में ज्यादा बल प्रयोग करना पड़ता है, पर जैसे ही वजन गति पकड़ता है वैसे प्रयुक्त होनेवाला बल कम होने लगता है। सपाट पृष्ठभाग पर घर्षण भी कम होता है। पर यही घर्षण रेत या ऊबड़-खाबड़ पृष्ठभाग पर बढ़ जाता है। अत: अंधश्रद्धा निर्मूलन समिति की चुनौती ऊबड़-खाबड़ रास्ते पर या चढ़ान पर ट्रक खींचने की है।

कार्यकर्ताओं ने आखिर जयरामगिरी से भेंट की और उसके समक्ष सीधे चुनौती को रखा। बाबा आज तक की जिंदगी में ऐसी किसी बात को सुनने का अभ्यस्त नहीं था। अत: वह चिल्लाकर बोला, "हमें पाँच लाख की चुनौती देते हो। अरे, तू क्या समझता है? तेरी इस्टेट के लिए मैं सांगली आया हूँ? मैं तेरी इस्टेट पे पेशाब करता हूँ। पाँच लाख की तुम क्या बात करते हो? मैं तुझे पचास करोड़ देता हूँ। जमीन के नीचे गड्ढे में जाकर चौबीस घंटे बिताकर दिखाओ, क्या तुम इसके लिए तैयार हो? पचास करोड़ दूँगा तुझे।"

ऐसा बोलकर बाबा अच्छा-खासा हमारे जाल में फँस गया। समिति के कार्यकर्ता

पहले दिन ही केरल में बी. प्रेमानंद के साथ मंत्रणा कर चुके थे। बी. प्रेमानंद ने यदि बाबा ऐसा चमत्कार पेश करनेवाला है तो स्वयं सांगली आकर चमत्कार प्रस्तुतीकरण की तैयारी दिखाई थी। कार्यकर्ता बोले, "24 घंटे नहीं, 8 दिन रहने के लिए हम तैयार हैं! चलो पचास करोड़ की शर्त लगाओ। कहाँ हस्ताक्षर करना है बताओ।" अब गेंद बाबा के पाले में थी। जो भक्त उसे यहाँ लाया था, वह बोला, "बाबा आप इतना रुपया कहाँ से लाओगे? मेरे पास तो इतना रुपया नहीं है।" बाबा उत्तेजित हुआ...कहाँ से क्या? पाँच-छह लोगों को बताओ और इकट्ठा करो। यह भी नहीं हो सका तो अपने आदमी लोग अमरीका में हैं वहाँ से ले आएँगे।" बावजूद इसके यजमान द्वारा असमर्थता व्यक्त की गई। और जयरामगिरी के हठयोग चमत्कार पर यहीं पूर्णविराम लग गया।

बेबी राठौर-निवास बाणगाँव, तहसील-नेरपरसोपंत, जि. यवतमाल, आयु 30 वर्ष। इस महिला में दत्त देवता का संचार हुआ करता था। ये महिला हवा में ही फूल, प्रसाद, चाँदी का तावीज, मुँह से कुमकुम आदि निकालकर भक्तों को दिया करती थी। एकमुखी रुद्राक्ष की माला और नोट भी उसने भक्तों को दिए थे। मुझे कालिका माता द्वारा चैतन्य शक्ति का वरदान प्राप्त है। इसी वरदान के बल पर मेरे द्वारा समय-समय पर चमत्कार किए जाते हैं, ऐसा उसका कहना था। इस मामले की खासियत यह थी कि बेबी राठौर ने स्वयं ही समिति के समक्ष चुनौती रखी। चुनौती प्रक्रिया के पत्रक भी छापे गए। चुनौती प्रक्रिया की शर्तों को पूरा किया गया। चुनौती की बात पर वह पूरी तरह से डटी रही।

अधिकांश माँ, देवी एवं बाबा आदि चुनौती देकर शोहरत बटोरते हैं, और ऐन मौके पर पलायन कर जाते हैं या चुनौती की बात से मुकर जाते हैं। 'बंद मुट्ठी लाख की' इस न्याय से ऐसे लोग अपना गोरखधंधा जारी रखते हैं। पर बेबी राठौर इसका अपवाद थी। उसका पति किसन राठौर उसे साक्षात् देवी के रूप में ही देख रहा था और चमत्कार सिद्ध होते ही लाखों की राशि अपने कब्जे में करने का आत्मविश्वास पाले था। समिति द्वारा चुनौती पेश करते ही बेबी ने चुनौती प्रक्रिया के तहत अग्रिम राशि जमा कर दी। चुनौती प्रक्रिया की शर्तों को स्टैंप पेपर पर लिखा गया। चमत्कार की पड़ताल दो दफा करने की बात भी तय हो गई और चमत्कार के स्वरूप में हवा में खुला हाथ घुमाकर प्रसाद, चाँदी का तावीज, फूल एवं मुँह से सूखा कुमकुम अपने आप निकलने की बात को जाहिर किया गया। चुनौती पड़ताल प्रक्रिया के दिन दोपहर में बेबी राठौर सभागार में दाखिल हुई। मंच पर पर्याप्त रोशनी की व्यवस्था की गई। दो वीडियो कैमरे भी लगवाए गए। आपातकाल के लिए दो इनवर्ट्र्स का प्रबंध भी किया गया था। डॉक्टरों का दल, विधिज्ञ एवं पुलिस भी सभागार में दाखिल हुई। सभागार में सिर्फ अधिकृत पासधारियों का ही

प्रवेश था। देवी दो बजे सभागार में दाखिल हुई। उसकी इच्छानुसार नये कपड़े भी उसे उपहार के रूप में चढ़ाए गए। देवी का फिर से एक बार साक्षात्कार लिया गया। उसने इत्मीनान से जवाब दिए। डॉक्टर दल के एक डॉक्टर को हमने पहले ही अवगत कराया था कि "गालों के पॉकेट्स जिन्हें विज्ञान की परिभाषा में 'फॅरॉजिअल पाउचेज' कहा जाता है, स्मगलर लोग चीजों को छिपाने के लिए उसका प्रयोग करते हैं, यह बात मेडिकल साइंस जानता है। लिहाजा, अभ्यास के चलते कुमकुम निकालने का दावा करनेवाली बेबी राठौर ऐसा कुछ करने की संभावना से इनकार नहीं किया जा सकता।" इसलिए रेडियोलॉजी एंड अल्ट्रासाउंड क्लिनिक में बेबी राठौर के मुख का एक्स-रे किया गया। एक्स-रे का मुआयना करते समय उसके बाएँ गाल में छिपी चीज दिखाई देने लगी।

बेबी राठौर ने मुँह खोलने से मना किया और उसने बड़ी ही जल्दबाजी में गाल के पॉकेट्स में छिपाई चीज मुट्ठी में लेकर मुट्ठी कसके बंद कर ली। महिला कार्यकर्ताओं ने बेबी की कलाई को जबरदस्ती पकड़कर मुट्ठी को खुलवाया तब वह चीज तावीज है, यह साबित हो गया। इसके बाद उसे बेरियम मिल देकर उसकी अन्ननलिका का भी मुआयना एक्स-रे द्वारा किया गया। महिला कार्यकर्ता ने बेबी के अंतर्वस्त्र में हाथ डालकर परीक्षण किया। अंतर्वस्त्र को झटका मारते ही उसमें गुलाब के फूल, दो पेड़े और एक छोटी प्लास्टिक की पुड़िया में धागे की सहायता से बाँधकर रखा कुमकुम मिला। हमने सभी चीजों को कब्जे में किया। इतना कुछ घटित होने के बाद भी बेबी ने समिति द्वारा लाई गई नई साड़ी को पहना और धीरे-धीरे कदम बढ़ाते मंच पर रखी गई कुर्सी पर जाकर विराजमान हुई।

कुछ ही देर में वह गोल चक्कर काटने लगी। फिर उसने "चार बजे की आरती में हम आए। पूरा दिन शरीर के भीतर थे। तब चार बजे की आरती में फूल, प्रसाद एवं चाँदी का तावीज तथा कुमकुम दिया," बोलना शुरू किया। पर प्रत्यक्ष में ये चीजें निर्मित ही नहीं हो रही थीं। होंगी भी कैसे? लगभग आधा घंटा उसकी ये नौटंकी चली। इसके बाद देवी को फूल, पेड़ा, तावीज निकालकर देने के लिए कहा गया।

इसे सुनते ही देवी बोलने लगी—"बिन ब्याहता द्वारा बच्चे को जन्म देनेवाला चमत्कार आज मैं कर दिखाऊँगी।" देवी का पति किसन राठौर पसीना-पसीना हो गया। उसे देवी पर बहुत ही विश्वास था। वह मंच पर आकर कहने लगा, "यदि भूल-चूक हुई हो तो क्षमा कर दो और चार आइटम दिखाओ।" देवी बोली, "हमें परेशान किया, औषधि खिलाई गई।" किसनराव बोलने लगा, "औषधि क्या चीज है, तुम तो देवता हो और तुम तो गरल भी पचाती हो। हमें अपमानित न कराओ।" बेबी हताश होकर बोली, "लोगों से माफी माँगो और कहो कि चमत्कार नहीं होगा।"

इस तरह चमत्कार पड़ताल के पहले ही राउंड में देवी ने पराजय मान्य की

और स्टैंप पेपर पर लिखे माफीनामे पर हस्ताक्षर कर दिए। वह माफीनामा था, "दैवी शक्ति सामर्थ्य पर हवा में हाथ घुमाकर प्रसाद, फूल, तावीज, मुँह से कुमकुम निकालकर दिखाने की चुनौती को मैंने स्वीकार किया था। चुनौती की शर्त के अनुसार पहले ही राउंड में मैं पूरी तरह से विफल रही हूँ। मुझमें किसी भी तरह की दैवी शक्ति का वास नहीं है। मैं किसी भी तरह से चमत्कार के माध्यम से चीजों को निर्माण करने में विफल रही हूँ। मैंने आज तक जनता को ठगा है। इसके बाद मैं किसी भी तरह से ऐसी ठगी करके लोगों की लूट नहीं करूँगी। यदि मेरे द्वारा ऐसा किया जाता है तो मुझ पर यथोचित कानूनी कार्रवाई की जाए। इसके लिए मेरी किसी भी तरह से आपत्ति नहीं रहेगी।" अंत में बेबी राठौर को पुलिस की सुरक्षा में महफूज स्थान पर भेजा गया।

सतारा में मेरे घर की बगलवाली कॉलोनी में साहिबजादी नामक एक अशिक्षित गूँगी मुस्लिम महिला रहा करती थी। इस महिला के दिखाए चमत्कार की पड़ताल करते समय हमारे जागरूकता अभियान के गुब्बारे की हवा ही निकल चुकी थी। मुस्लिम समाज के नायब तहसीलदार के घर में न जाने कहाँ से यह महिला प्रकट हुई और सात दिनों के भीतर ही रहस्यमयी चमत्कार का केंद्र बनी। यह महिला अपने दरबार में आनेवाले भक्तों को स्वयं के घर से मिट्टी, बरतन, पानी एवं नीबू ले आने के लिए कहा करती। इसके बाद वह ये चीजें लानेवाले व्यक्ति या उसके घर में किसी अन्य पर भानमती की गई है या नहीं, इसका खुलासा करने के लिए उस व्यक्ति द्वारा लाए नीबुओं में से दो-तीन नीबू काटकर, बरतन के पानी में घोल देती। इसके बाद उस शख्स द्वारा घर से लाई मिट्टी को साहिबजादी नीबू का पानी मिलाए मिश्रण में डाल दिया करती। इस महिला के गूँगी होने के कारण किसी भी तरह से उसके बुदबुदाने का सवाल ही पैदा नहीं होता था। पर वह इस प्रक्रिया के दौरान कुछ इशारे आदि जरूर किया करती।

दूसरी बार फिर से कुछ नीबुओं को काटकर बरतन वाले मिश्रण में नीबुओं का रस मिलाया करती। इसके बाद संबंधित व्यक्ति को भी साहिबजादी पानी में हाथ डुबोकर नीबू निचोड़ने के लिए कहा करती थी। और ताज्जुब! नीबुओं को निचोड़ते समय उस व्यक्ति के हाथ में कील, आलपिन, तावीज आदि चीजें आ जातीं। ऐसा घटित होने पर भक्त के घर के भीतरी भानमतीवाली बाधा को दूर किया गया, ऐसा अर्थ लिया जाता। इससे लोग खुश होकर बिना माँगे ही इस महिला को रुपए दिया करते।

स्थानीय टीवी चैनलवालों ने इस घटना को शूट करके उसको टेलिकास्ट किया। इसका नतीजा यह हुआ कि इस टेलिकास्ट के चलते साहिबजादी ने मानो दैवी चमत्कार सिद्ध ही कर दिखाया है, ऐसा माहौल बन गया। समिति ने इसे चुनौती

देने का फैसला किया। चुनौती प्रक्रिया का मसौदा बना। उभयत: हस्ताक्षर किए गए। चुनौती के लिए सुबह दस बजे का समय तय किया गया। नायब तहसीलदार को साहिबजादी के चमत्कार पर पूरा विश्वास था, अत: वे मुझसे साढ़े नौ बजे से ही फोन पर जल्दी आइए, वाला आग्रह करने लगे। मैं साथियों के संग घटनास्थल पहुँचा। पुलिस भी आ गई थी। चुनौती प्रक्रिया में चमत्कार यदि ठगी साबित होता है तो जिस स्थान पर यानी नायब तहसीलदार के घर यह सब कार्यक्रम हो रहा था, वे भी ठगी की इस वारदात में शामिल हैं, ऐसा माना जाएगा। इसकी भी स्पष्ट जानकारी नायब तहसीलदार को पहले ही दे दी गई थी। तहसीलदार साहब का साहिबजादी के चमत्कार पर इतना पक्का भरोसा था कि उन्होंने हमारी चेतावनी को बहुत ही हल्के में लिया। सबसे पहले एक महिला आगे आई। उसने अपने घर की लाई मिट्टी और नीबुओं को साहिबजादी के समक्ष रखा। बरतन और पानी मँगवाया गया। शुरुआत में बरतन में दो नीबू काटकर निचोड़े गए। फिर उसमें मिट्टी मिलाई गई। इसके बाद फिर से कुछ नीबुओं को काटकर फिर से मिश्रण में निचोड़ा गया। इसके बाद जिस महिला को दुरुस्त करना था उसे बरतन के पानी में हाथ डुबोकर कटे हुए नीबुओं को निचोड़ने के लिए कहा गया। महिला के हाथ में इस वक्त कील, तावीज और आलपिन आदि चीजें आ गईं। उसने इन चीजों को बरतन के बाहर निकाला। उस वक्त कमरे में सिर्फ साहिबजादी, उस पर नजरें गड़ाए समिति के कार्यकर्ता और पुलिसवाले ही मौजूद थे। सूक्ष्म पड़ताल के बावजूद भी किसी की समझ में नहीं आया कि ये सारी चीजें आईं कहाँ से।

इसके बाद फिर से चुनौती प्रक्रिया शुरू हुई। पुणे से एक 23 वर्षीय लड़की आई थी। उसे पिछले पाँच सालों से वहम हो रहा था कि कोई उसके सिर में नुकीले पिन चुभोकर दर्द दे रहा है। उसे सामने बिठाया गया। प्रक्रिया फिर से पहले जैसी ही दुहराना शुरू हुई। नीबू, मिट्टी, पानी एवं बरतन। प्रक्रिया शुरू होने ही वाली थी कि मैंने कहा, "साहिबजादी की तलाशी और परीक्षण करा लिया जाए।" दो महिला कार्यकर्ताओं ने साहिबजादी को भीतर ले जाकर तलाशी ली। वह बाहर आई। तलाशी में कुछ नहीं मिला। साहिबजादी द्वारा लड़की के सिर से टोना-टोटका हटाने की शुरुआत होनी ही थी कि मैंने साहिबजादी के सामनेवाले नीबुओं को बदलकर उनके स्थान पर अपने द्वारा लाए गए दर्जनभर नीबू रख दिए।

चमत्कार का कार्यक्रम शुरू हुआ। नीबू काटकर उसने उसे लड़की के सिर पर जोर-जोर से रगड़ना शुरू किया। ऐसा करते 12 नीबू खत्म हुए। फिर साहिबजादी ने और नीबू मँगाए। उसका अनुमान चूक गया। उसे लग रहा था कि इसके पूर्व हटाए गए नीबू मिल जाएँगे। पर हमारे पास और भी दर्जनभर नीबू थे। वे नीबू भी सिर पर रगड़े गए। साहिबजादी ने फिर से दर्जनभर नीबुओं की माँग की। हमने भागदौड़ करके बाजार से नीबू ला दिए। कुल मिलाकर 38 नीबू लड़की के सिर में

रगड़े गए। लड़की के केश नीबू के रस से पूरी तरह से गीले हो गए। लड़की के चेहरे पर नीबू के रस की धाराएँ बहने लगी। आँखों में भी नीबू का रस भरने लगा। आँखों की जलन से लड़की चिल्लाने लगी।

साहिबजादी ने कुरान मँगवाया। कुछ पढ़ने का बहाना बनाया और चमत्कार का कार्यक्रम कल तक के लिए स्थगित कर दिया। उस समय मैंने माँग रखी कि साहिबजादी दैवी इलाज कर रही है और यह दखलपात्र अपराध है। अत: उसे गिरफ्तार करके चमत्कार के काम में आनेवाली सारी चीजें बरामद कर ली जाएँ। घर में उसकी एक थैली भी मिली। उसमें नीबू थे। अलावा इसके कार्यक्रम के शुरुआत में जब्त किए नीबू भी थे। इन नीबुओं को पत्रकार एवं पुलिस के समक्ष काटा गया। काटे गए चार नीबुओं में चालाकी से चुभोकर रखी कीलें, पिन्स, पुड़ियाँ एवं तावीज जैसी चीजें प्राप्त हुईं। साहिबजादी चमत्कार के लिए बैठने के पूर्व ही साड़ी में कमर के पास नीबुओं को छुपाए रखती थी और बीमार द्वारा लाए 15-20 नीबुओं में अपने नीबुओं को बड़ी ही चालाकी से मिला देती थी। पहली बार चमत्कार पड़ताल प्रक्रिया के दौरान उसने ठगी को इतनी चालाकी से अंजाम दिया था कि उससे सटकर बैठी महिला कार्यकर्ता, पुलिस और सूक्ष्म निरीक्षण के लिए बैठे कार्यकर्ता इनमें से किसी को भी पता तक नहीं चला कि उसने अपने वाले नीबू मरीज के लाए नीबुओं में कब मिला दिए।

हिरासत में लेने के बाद उसने सब कबूला और बयाँ किया। यही नहीं, उसने चमत्कार प्रक्रिया का तमाम प्रैक्टिकल भी हमारे सामने कर दिखाया। उसकी सफाई और हाथ की सफाई से हम तो हैरान रह गए। साहिबजादी का पल्लू के पीछे हाथ ले जाकर साड़ी में छिपा रखे नीबू बाहर निकालना, नीबुओं को मुट्ठी में लेना, सामनेवाले नीबुओं के ढेर में मिला देना आदि चीजें वीडियो में शूट होने का सवाल ही पैदा नहीं होता था क्योंकि उसके वस्त्र और बंद मुट्ठी की आड़ में यह सारा राज छिपा था। दूसरी बार जब साहिबजादी को जाँच के लिए भीतर ले जाने लगे तब उसे मजबूर होकर छिपाए नीबू बाहर निकालकर फेंक देने पड़े थे। सामने रखे नीबुओं के ढेर में उसने पहले से ही टोना-टोटका वाले नीबू बड़ी ही सफाई से मिलाए थे। हमारे द्वारा ऐन मौके पर उसके सामनेवाले सारे नीबू कब्जे में कर लेने से उसको अच्छी-खासी परेशानी हुई। पर उसे आस थी कि हम बदल दिए दर्जन भर नीबू खत्म होने के बाद उसके पहले वाले नीबू हम उसे दे देंगे, और इस तरह वह अपने ही नीबुओं से बीमार के सिर से बला उतार देगी।

हमने ऐन मौके पर पूरे के पूरे 38 नीबू बाहर से ही लाकर उसे थमा दिए। इस तरह के किसी भी तसव्वुर को उसने सोचा तक न था। जिस समय साहिबजादी को अपने नीबू अब नहीं मिलेंगे, यह समझ में आया तो मजबूर होकर भानमती उतारने का चमत्कार अगले दिन तक उसे स्थगित करना पड़ा था। हमारी सभी महिला

कार्यकर्ता साहिबजादी से इतनी सटकर बैठी थीं कि इस अवस्था में साहिबजादी कमर में छिपाकर रखे नीबुओं को उन सबकी नजरें चुराकर बड़ी ही चालाकी से हाथ में लेगी, यह बात हमें असंभव-सी लग रही थी। इसके चलते ही हमें महिला कार्यकर्ताओं द्वारा साहिबजादी की शारीरिक जाँच की जरूरत नहीं लगी थी। पर 'चमत्कार दिखानेवाले बदमाश होते हैं' इस विधान को प्रमाण मानकर हमने उसकी जाँच की। अन्यथा साहिबजादी, समिति कार्यकर्ता, पुलिस, पत्रकार एवं वीडियो कैमरामैन आदि की मौजूदगी में ही चमत्कार साबित करने में सफल हो जाती। साहिबजादी पर मुकदमा दायर हुआ। साथ ही अपराध कार्य को अंजाम देने के लिए, घर में जगह देने के जुर्म में नायब तहसीलदार के परिवारजनों पर भी अपराध का केस दर्ज किया गया। इस तरह साहिबजादी की भानमती का कारनामा नायब तहसीलदार के लिए कुछ ज्यादा ही दर्दनाक साबित हुआ।

पूरे कोंकण, गोवा एवं पश्चिमी महाराष्ट्र में नरेंद्र बाबा का बोलबाला चक्रवात की गति से फैल रहा था। हजारों की तादाद में इलाज के लिए लोग नाणीज गाँव की दौड़ लगा रहे थे। बाबा पर लिखी और उन्हीं की ट्रस्ट द्वारा प्रकाशित 'नरेंद्र लीलामृत' पुस्तक विवादों के केंद्र में थी। गौर करनेवाली एक और बात थी कि इस पुस्तक की प्रकाशक नरेंद्र बाबा की पत्नी ही थी। इस पुस्तक में सुरस चमत्कारिक चीजों को मात कर देंगे ऐसे चमत्कारों को बाबा के नाम पर दर्ज किया गया था। अंधविश्वास को बढ़ावा देनेवाले इन ढोंगी दावों पर अंधश्रद्धा निर्मूलन समिति द्वारा कड़ी आपत्ति दर्ज की गई थी। कोंकण की जनजागरण समिति ने भी इसके बारे में आंदोलन शुरू किया था। 'नरेंद्र लीलामृत' में उल्लिखित चमत्कारों के बारे में न कभी बाबा ने खुलासा किया और न किसी तरह से जवाब दिया। अत: समिति की भूमिका थी कि बाबा के समर्थक जिन चमत्कारों का जिक्र करते हैं, उनकी सत्यता के बारे में निर्णय हो जाना चाहिए। पूरे कोंकण में इस आमने-सामने वाली चुनौती को लेकर उत्कंठा थी। वातावरण में कौतूहल के साथ ही बहुत कुछ तनाव भी पैदा हुआ था। जिलाधीश एवं जिला पुलिस अधीक्षक द्वारा अंधश्रद्धा निर्मूलन समिति और बाबा के भक्तगणों की संयुक्त बैठक आयोजित कर सवाल-जवाब के लिए उभयत: नियमावली तैयार की गई। इसके अनुसार अंधश्रद्धा निर्मूलन समिति द्वारा लिखित रूप में सात सवाल बाबा तक भेजने, बाबा द्वारा उक्त सवालों के लिखित रूप में जवाब देने और उभयत: प्रत्यक्ष चर्चा स्थल पर 25 लोग मौजूद रहने की बात भी तय हुई। बाबा का लगातार आग्रह था कि सवाल आज ही दिए जाएँ पर समिति की ओर से बोलते समय हमारी भूमिका थी कि सवाल 'नरेंद्र लीलामृत' पुस्तक पर होंगे, अत: सवाल पहले नहीं दिए जाएँगे। अंत में तय हुआ कि चुनौती पड़ताल कार्यक्रम शुरू होने के पंद्रह मिनट पूर्व वे सात सवाल बाबा को सौंप दिए जाएँगे।

दोपहर बारह बजे के आसपास 25 कार्यकर्ता जिस स्थान पर आमने-सामने मुकाबला होना तय था, वहाँ पहुँचे। इस मौके पर कुंजवन के बगल में एक पर्वत पर बने मठ के परिसर में लगभग पाँच हजार भक्तगण, किसी भी तरह की यात्रा, मेला या अनुष्ठानादि न होते हुए भी दूरदराज से आकर इकट्ठा हुए थे। लोगों की इतनी तादाद के बारे में कहा जाता है कि इसके लिए बाबा ने भक्तों को यहाँ जुटने का फतवा ही जारी किया था। पड़ताल प्रक्रिया के लिए बड़े पैमाने पर पुलिस सुरक्षा थी। हमने 11:45 को तहसीलदार की मौजूदगी में बाबा के प्रतिनिधि को प्रश्नावली सौंप दी। प्रतिनिधियों द्वारा प्रश्नावली को तुरंत भीतर ले जाया गया। 12:02 पर प्रश्नों के उत्तर लिखी कॉपी लेकर बाबा कुंजवन पहुँचे। उनकी ओर से कोल्हापुर से आए एक डॉक्टर ने हमारा स्वागत करते हुए कहा कि "भारतीय संस्कृति को मिली श्रेष्ठ अध्यात्म यात्रा में नरेंद्र बाबा एक मुकाम हैं।"

इसके बाद मैंने सवाल दागने शुरू किए। मेरे द्वारा सवाल करने पर बाबा द्वारा उसका उत्तर देना, इस तरह कुल सात सवालों को लेकर सवाल-जवाब संपन्न हुए। मैंने निम्न भूमिका को रखकर सवाल पूछे थे—

प्रिय नरेंद्र बाबा,

विगत दो सालों में कई जाहिर सभाओं से, समाचार-पत्रों में लिखे पत्रों के माध्यम से आपको 'नरेंद्र लीलामृत' ग्रंथ की सत्यता सिद्धि हेतु आवाहन किया गया है, परंतु आवाहन में उठाए गए सवालों में से एक भी सवाल का आपने जवाब नहीं दिया। लिहाजा इस स्थान पर आकर वही सवाल, आमने-सामने लिखित रूप में पूछे जा रहे हैं। इन सवालों के उत्तर आप ढंग से नहीं दे पाए या उत्तर दिए बिना ही लौटते हैं तब आप इन सवालों के उत्तर देने में अक्षम हैं, ऐसा माना जाएगा, इस बात को उजागर कर ये प्रश्न पूछे जा रहे हैं।

आपके उत्तर तुरंत, निश्चित एवं लिखित हों। उनकी फोटेस्टेट प्रतियाँ पत्रकारों को मुहैया कराई जाएँगी। जिससे किसी को भी बाद में शिकायत के लिए कोई कारण नहीं रहेगा। यह भेंट बाबा पर उठाई गई उपरोक्त आपत्तियों का जवाब देने के लिए है। यदि बाबा समिति से कुछ प्रश्न पूछना चाहते हैं तो वे सतारा स्थित समिति के केंद्रीय कार्यालय में अवश्य पधारें। आपका स्वागत रहेगा। आपके सभी प्रश्नों के लिखित रूप में जवाब दिए जाएँगे। इसकी तारीख इसी बैठक में तय की जाए।

प्रश्न 1. नरेंद्र बाबा ट्रस्टी होनेवाले नरेंद्र बाबा ट्रस्ट, नाणीज की 'नरेंद्र लीलामृत' पुस्तक बाबा की धर्मपत्नी सुप्रिया सुर्वे द्वारा प्रकाशित की गई है। अत: उसे अधिकृत माना जा सकता है। इस पुस्तक की प्रस्तावना की पहली ही पंक्ति में नरेंद्र बाबा शेगाँव के गजानन महाराज का नया अवतार हैं, ऐसा लिखा है। लिहाजा, बाबा इस बात का खुलासा करें कि क्या वे स्वयं को गजानन का अवतार मानते

हैं? शेगाँव के श्री गजानन संस्थान ने स्वयं को गजानन महाराज का अवतार बताने वाला व्यक्ति ढोंगी है, ऐसा जाहिर किया है। कृपया आपका अभिमत दें।

प्रश्न 2. बाबा ने 'नरेंद्र लीलामृत' में (अध्याय 19, पृ. 200, प्रथम संस्करण) राजाभाऊ लिमये की भौजाई माधवी मोहन लिमये पर आशीर्वाद स्वरूप कोड़े बरसाए जिससे माधवी की त्वचा पर जो सफेद दाग थे, वे गायब हुए, ऐसा उल्लेख है। लेकिन माधवी लिमये ने भाषणों एवं अखबारों को दिए लिखित निवेदनों में खुलासा किया है, "उक्त पुस्तक में लिखा मजमून पूरी तरह से झूठ है।" बाबा से हम प्रश्न पूछना चाहते हैं कि क्यों आपने पुस्तक में झूठा दावा किया, और क्या किसी महिला को कोड़े की फटकार लगाना उचित है?

प्रश्न 3. 'नरेंद्र लीलामृत' में पांडुरंग पंढारी की भौजाई तथा सुभाष कदम के रिश्तेदार की मृत्यु के पश्चात् बाबा द्वारा दोनों मृतकों को फिर से जीवित करने का जिक्र किया गया है। (अध्याय 2, पृ. 14 तथा अध्याय 9, पृ. 79, प्रथम संस्करण)। असल में उक्त दोनों मृत ही थे, डॉक्टरों ने जाँच कर घोषित भी किया था। बावजूद इसके बाबा ने दोनों को जीवित करने का दावा किया है। इस दावे को लेकर समिति द्वारा विगत दो सालों से निरंतर सबूत माँगे जाने के बावजूद भी कोई पुख्ता सबूत बाबा पेश नहीं कर पाए हैं। आज भी बैठक में बाबा यदि उक्त सबूत पेश करने में विफल रहते हैं तो उनके दावे को समिति पूरी तरह से खारिज कर झूठ करार देगी। बाबा इस पर क्या कहना चाहते हैं?

प्रश्न 4. नाणीज निवासी सुनंदा भागवत और मेखी निवासी गीता राड्ये इन दोनों के शीश से पूरी तरह से केश झड़ गए थे। नरेंद्र बाबा के अनुग्रह द्वारा सुनंदा के शीश पर तीन दिनों के भीतर तथा गीता के शीश पर बाबा के मठ की सात बार तीर्थयात्रा करने पर फिर से बाल उगने लगे, बाबा 'नरेंद्र लीलामृत' के पाँचवें अध्याय में यह दावा करते हैं। (पृ. 42-43, संस्करण प्रथम)। अतः हम बाबा के पास, जिनके पूरी तरह से शीश के केश झड़ चुके पाँच गंजों को ले आएँगे। बाबा के उपरोक्त तरह के अनुग्रह से यदि उनके सिर पर बाल उग आते हैं तो समिति के सदस्य बाबा का शिष्यत्व स्वीकारने के लिए तैयार हैं। पर यदि ऐसा न हुआ तो बाबा ने लोगों को गुमराह किया है, ऐसा माना जाएगा। लिहाजा वे माफी माँगें। इस पर बाबा क्या खुलासा करना चाहते हैं? बाबा पर श्रद्धा रखनेवाले लोगों को ही चमत्कार की प्रतीति होती है, ऐसा मत यदि है तो इसी बैठक में पूरी तरह से सिर के बाल झड़कर गंजे बने बाबा के पाँच भक्तों को बाबा के समक्ष लाया जाएगा। बाबा अपने अनुग्रह से अपने भक्तों के सिर पर पंद्रह दिनों में झड़ चुके बालों को फिर से सिर पर उगाने का चमत्कार करें, अन्यथा ऐसे चमत्कारों की कथाओं द्वारा बाबा लोगों को गुमराह करते हैं, ऐसा हमारा निष्कर्ष है, इसे बाबा मान्य करें। इस पर बाबा का क्या कहना है?

प्रश्न 5. साँप के जहर को अवरुद्ध करने की मंत्र सामर्थ्य बाबा के पास है और यह सामर्थ्य बाबा को अरविंद पंडित द्वारा प्रदान की गई है, ऐसा उल्लेख 'नरेंद्र लीलामृत' के अध्याय 18 (पृ. 181, प्रथम संस्करण) में है। इस सामर्थ्य की जाहिर तौर पर प्रस्तुति बाबा द्वारा की जाए, ऐसा समिति निवेदन करती है। भक्तों का निर्वाचन बाबा द्वारा किया जाए, समिति जहरीले साँप उपलब्ध करा देगी। साँप के पिटारे में हाथ डालकर साँप का दंश बाबा द्वारा चुने भक्त करा लें, इसके बाद बाबा मंत्र सामर्थ्य द्वारा उन्हें जीवित रखा दिखाएँ। इससे निर्मित होनेवाली स्थितियों का दायित्व मंत्रशक्ति सामर्थ्य की प्रस्तुति करनेवाले बाबा तथा साँप का दंश करा लेनेवाले भक्त दोनों का रहेगा, कृपया इस बात को उक्त दोनों भी समझ लें। इसी बैठक में बाबा भक्तों के नाम बताएँ और मंत्र सामर्थ्य की पड़ताल की तारीख पक्की करें, इसके बारे में बाबा का क्या कहना है?

प्रश्न 6. 'नरेंद्र लीलामृत' पुस्तक, बाबा जिस ट्रस्ट के ट्रस्टी हैं उस नरेंद्र महाराज ट्रस्ट, नाणीज की ओर से बाबा की धर्मपत्नी सुप्रिया सुर्वे द्वारा प्रकाशित कराई गई है। वर्तमान समय में उक्त पुस्तक की सभी स्थानों पर बिक्री हो रही है। यह बात स्वाभाविक ही है कि इस पुस्तक में दावा किए, बाबा के चमत्कारों की सत्यता को साबित करने की जिम्मेदारी बाबा पर ही है, इस बात को बाबा मान्य करें। अन्यथा पुस्तक को बाजार से उनके द्वारा वापस लिया जाए या हटाया जाए। इस पुस्तक के कारण गुमराह हुए लोगों की बाबा द्वारा क्षमा माँगी जाए और कथित चमत्कारों पर विश्वास रखते हुए जिनकी हानि हुई है, उनको मुआवजा दिया जाए, ऐसा समिति का विचार है। इस संदर्भ में बाबा क्या कहना चाहते हैं?

प्रश्न 7. 19 जुलाई, 1999 के दिन विश्वयुद्ध शुरू होनेवाला है। इस युद्ध में बाबा के भक्त एवं बाबा जिन्हें बचाना चाहते हैं, उन व्यक्तियों को छोड़ शेष सभी मृत्यु को प्राप्त होंगे, बाबा ने उक्त भविष्यवाणी 'नरेंद्रगाथा' नामक अपने ही संस्थान द्वारा प्रकाशित होनेवाली पत्रिका में की है। (अगस्त 1998, पृ. 15 एवं 19)। इस भविष्यवाणी के बारे में बाबा कौन सा वैज्ञानिक सबूत पेश कर सकते हैं, कृपया बताएँ। भविष्यवाणी झूठ साबित होने पर लोगों को गुमराह करके बाबा ने आतंक फैलाया है, इस अपराध के लिए बाबा कौन सा दंड स्वीकारने वाले हैं, यह बाबा जाहिर करें।

बाबा ने पड़ताल के एक दिन पूर्व और चुनौती प्रक्रिया परीक्षण की शुरुआत में ही समिति के उक्त सातों सवालों के जवाब लिखित रूप में देने के आश्वासन से यू टर्न लिया। कार्यक्रम की शुरुआत से लेकर अंत तक वीडियो शूटिंग जारी थी, लिहाजा समिति ने भी आग्रह नहीं किया।

पहले सवाल के जवाब में बाबा ने कबूला कि मैं कभी स्वयं को गजानन महाराज का अवतार नहीं कहता। लोग ही मुझे गजानन महाराज का अवतार मानते हैं। 'नरेंद्र लीलामृत' भक्तों को हुए अनुभव एवं भक्तों द्वारा कथन की कथाओं

का संकलन है। दूसरे सवाल का जवाब देते समय बाबा ने इस बात से साफ इनकार किया कि माधवी लिमये को उसने कोड़े की फटकार लगाई थी। लेकिन हमारे जाने के बाद बाबा ने माइक से अपने भक्तों को संबोधित करते हुए कहा, "माधवी को फटकार लगाना उसकी आध्यात्मिक उन्नति के लिए अनिवार्य था।" तीसरे सवाल का जवाब बेहद दिलचस्प एवं अजब था। बाबा का कहना था कि उक्त दोनों व्यक्तियों को डॉक्टरों ने मृत घोषित ही नहीं किया था। गाँववालों का ही कहना था कि 'लगता है, इनकी मृत्यु हो गई है। डॉक्टरों ने भी आशा छोड़ दी थी। लेकिन उक्त व्यक्तियों के रिश्तेदार ही हमारे चरणों में गिर पड़े और वे हमारे चरण छोड़ने के लिए तैयार ही नहीं थे। सांत्वना देते हुए हमने कहा था, "जाओ, कुछ भी नहीं होगा।" गाँववाले जिन्हें मृत समझ रहे थे, वे जी उठे। हमें इसके मूल में होनेवाला कार्यकारण भाव पता नहीं है। चौथे सवाल का जवाब देते समय बाबा ने फिर से कहा कि हमने किसी भी तरह के चमत्कार का दावा नहीं किया, वे भक्त की अनुभूतियाँ थीं।

बाबा से पूछे गए सभी सवालों के उत्तर में बाबा ने 'मैं चमत्कार प्रस्तुत करता नहीं,' ऐसा कबूल किया था। पर सवाल यह था कि क्या इसे अपनी बात से पीछे हटना कहा जाए या फिर चुनौती के अखाड़े से पलायन करने का प्रयास? पाँचवें सवाल का जवाब देते हुए भी बाबा का उत्तर था कि मैं अध्यात्म का पथिक हूँ। यहाँ लाखों भक्त आते और चले जाते हैं। किसे साँप ने डसा है, किसका जहर उतरा है, इसकी सूची मैं नहीं रखता। और न मैं साँप का जहर उतारने का दावा करता हूँ। 'नरेंद्र लीलामृत' को बाजार से हटाया जाए या नहीं, प्रस्तुत किया जाए या नहीं, इसका निर्णय भक्त ही करेंगे। आप और हम कौन होते हैं, तय करनेवाले? हमारे यहाँ पर कई संतगणों की गाथाएँ उनके भक्तों द्वारा रची गई हैं। यह उनकी अनुभूति है, ऐसा छठे प्रश्न का बाबा ने उत्तर दिया। परंतु अंतिम प्रश्न के उत्तर में बाबा ने 1999 के मध्य में तीसरा विश्वयुद्ध शुरू होगा, ऐसा कहा। और खुलासा करते हुए बाबा का कहना था कि मेरी साधना द्वारा इस तरह के स्पष्ट संकेत प्राप्त हुए हैं।

बाबा के मतानुसार इस भविष्य कथन के मूल में आध्यात्मिक दहशत नहीं है बल्कि शांति के लिए प्रयास करने की मंशा है। इन सबमें तुर्रा यह कि बाबा ने जाहिर किया कि अंधविश्वास उन्मूलन का कार्य हम भी तो कर रहे हैं, अत: अंधश्रद्धा निर्मूलन समिति के वरिष्ठ-कनिष्ठ कार्यकर्ता हमारा मार्गदर्शन करें। अभिप्राय यह कि बही लेकर आए बाबा के मुख पर भय के भाव प्रकट हुए थे। बाबा के जिस हाथ में उत्तर लिखा कागज था, वह काँप रहा था, दाँतों के किटकिटाने की आवाज भी सुनाई दे रही थी और वह बार-बार पीने के लिए पानी भी माँग रहा था।

चमत्कार चुनौती पड़ताल प्रक्रिया प्रश्नोत्तरी संपन्न हो जाने के बाद हम रत्नागिरि

लौटे। रत्नागिरि में पत्रकार परिषद में पत्रकारों के समक्ष हमने रिकॉर्ड किया वीडियो प्रस्तुत किया। दूसरे दिन महाराष्ट्र के सभी प्रमुख अखबारों ने इस घटना की खबर विस्तार से मोटे अक्षरों में प्रकाशित की थी। नरेंद्र बाबा के चमत्कार का मुद्दा पीछे छूटा लेकिन उसकी ठगी को पूरी तरह से रोकने में हमें अपेक्षित कामयाबी नहीं मिल पाई।

समिति की सत्यशोध यात्रा जनवरी में कुडाल पहुँची। दोपहर में नगर वाचनालय में वाद-संवाद का कार्यक्रम होना था। उस समय विकास गवंडे द्वारा कार्यक्रम की चर्चा को बीच में ही रोका गया। उसका कहना था, "आप कहते हैं, चमत्कार असल होते नहीं हैं, पर आपका यह नियम जाग्रत देवस्थान पर लागू नहीं किया जा सकता। यदि आपमें हिम्मत है तो आप वहाँ की पद्धति को रोककर दिखाएँ। आपको हमेशा के लिए सबक याद रहेगा। देवता आपको सबक सिखाए बिना नहीं रहेगा। देवी के प्रकोप की ऐसी ही महिमा है। आपके कार्यकारण भाव की देवी के प्रकोप के आगे कौड़ी की भी कीमत नहीं है। यदि आपमें हिम्मत है तो चुनौती को स्वीकार करें। आपको दैवी सामर्थ्य एवं प्रकोप की प्रतीति होगी ही।" गवंडे की चुनौती को हमने स्वीकार किया। इसकी जाहिर घोषणा शाम के समय आयोजित सभा में भी की गई।

समिति, किसी भी तरह की चुनौती प्रक्रिया को अंजाम देने के पूर्व उभयत: मान्य पद्धति को लिखित स्वरूप एवं जाहिर रूप में सम्मत करा लेती है। कुडाल की इस चुनौती प्रक्रिया को अंजाम देने के लिए तैयार किया चुनौती पड़ताल प्रक्रिया का मसौदा विकास गवंडे को भी दिया गया। उसमें दर्ज था, "ऐसी चुनौती प्रक्रिया को अंजाम देते समय पैदा होनेवाले संभावित जनप्रक्षोभ का विचार करते समय इस प्रक्रिया को अंजाम देने के लिए संबंधित देवस्थान के विश्वस्त जनों की अनुमति आपके द्वारा लिखित रूप में प्रस्तुत करनी आवश्यक है। विश्वस्त मंडल अस्तित्व में न होने पर संबंधित देवस्थान जिस पंचायत क्षेत्र में समाविष्ट है, उसका अनुमति-पत्र प्रस्तुत किया जाए। उक्त देवस्थान और देवता संबंधी किसी भी तरह से अधिक्षेप होने की बात हम नहीं मानेंगे, और लोग भी न मानें, ऐसा स्पष्ट रूप से खुलासा इस अनुमति-पत्र में हो। यानी बाद में किसी भी तरह की शिकायत का मौका किसी को भी न मिले। 16 फरवरी, 1995 इस चुनौती पड़ताल प्रक्रिया की तारीख है। अत: इसे ध्यान में लेते हुए 10 तारीख तक आपके द्वारा उक्त अनुमति-पत्र प्रस्तुत किया जाए, यानी चुनौती प्रक्रिया की अगली कार्रवाई सुचारु रूप से चलेगी।" चुनौती प्रक्रिया पड़ताल का विवरण निम्न रूप में था—

(अ) डुंगेश्वर (श्रीरामवाड़ी) कोचरे

1. उक्त देवस्थान से समिति के दस कार्यकर्ता, एक-एक घंटी उठाकर अपने-अपने घर ले जाएँगे। इसके पश्चात् इन कार्यकर्ताओं को असहनीय

वेदनाएँ होंगी और तीन महीनों के भीतर उन्हें घंटियाँ लौटानी ही पड़ेंगी, इस तरह की चुनौती रहेगी। पर किसी भी कार्यकर्ता को यदि वेदनाएँ नहीं होंगी तब कार्यकर्ता उक्त घंटियों को देवस्थान की ओर लौटाएँगे नहीं। ऐसा होने पर ही चुनौती प्रक्रिया पूरी हुई ऐसा माना जाएगा।

2. जिस स्थान पर कार्यकर्ता रात भर सोएँगे उस स्थान पर जरूरत के मुताबिक रोशनी की व्यवस्था समिति की ओर से की जाएगी। सोने के स्थान के 20 फीट दूरी पर कार्यकर्ता, पुलिस और पत्रकारों की मौजूदगी रहेगी। इसके चलते इरादतन किसी इनसान की ओर से बाह्य हस्तक्षेप की संभावना नहीं रहेगी।

(ब) देवंभोम, आंदुर्ले

1. समिति के कुल पाँच कार्यकर्ता उक्त स्थान पर संबंधित ढोल बारी-बारी से 10 मिनट तक बजाएँगे। इनमें से कोई भी कार्यकर्ता ढोल पीटने के कारण होनेवाली दुखद अनुभूति के लिए देवता की शरण में नहीं जाएगा।

(क) देव रामेश्वर, हुमरमला

1. रामेश्वर मंदिर में समिति के कार्यकर्ता स्वयं ताला लगाएँगे और रात बारह से तीन बजे के दौरान मंदिर की निगरानी करेंगे। यदि ताला अपने आप खुल जाता है तो इसे चमत्कार माना जाएगा। ऐसा न होने पर चमत्कार नहीं है, ऐसा मान्य करना पड़ेगा।
2. इसी स्थान पर देवाचार प्रदक्षिणा मार्ग में कुछ चीजें रखी जाएँगी तथा बारह से तीन के बीच समिति कार्यकर्ता 10 फीट की दूरी से उनकी निगरानी करेंगे। निगरानी में रखी चीजें यदि अपने आप हिलने लगती हैं तो इसे चमत्कार माना जाएगा अन्यथा नहीं।

चुनौती प्रक्रिया पूरी कराने की प्रक्रिया मोटे तौर पर उपरोक्त ढंग की है। प्रत्यक्ष चुनौती स्थान पर आवश्यकता के अनुसार इसके विवरण को उभयतः चर्चा द्वारा पक्का किया जाएगा। पत्रकार और पुलिस की मौजूदगी में तथा नियंत्रित परिस्थिति में चुनौती प्रक्रिया को पूरा किया जाएगा।

इस चुनौती प्रक्रिया को पाँच लाख की पुरस्कार राशि से जोड़ने की किसी की मंशा होने पर प्रत्येक चुनौती के लिए पाँच हजार रुपए की अग्रिम राशि रखनी पड़ेगी। चुनौती प्रक्रिया सफलतापूर्वक संपन्न कराने पर पाँच लाख सहित अग्रिम राशि भी लौटाई जाएगी। अग्रिम राशि जमा न करने पर चुनौती प्रक्रिया का संबंध पुरस्कार की राशि से नहीं बनेगा। इनमें से गवंडे द्वारा डुंगेश्वर और देवभौम इन दो स्थानों की चुनौतियों की जिम्मेदारी ली गई थी। अतएव आगे घटित रामायण इन्हीं से संबद्ध है।

डुंगेश्वर देवस्थान जिस पहाड़ी पर है, उससे समुद्र की लहरें टकराती हैं। डुंगेश्वर चहुँदिशाओं से शुभ्र रेतीले तटों से घिरा हुआ है। क्षितिज तक फैला अथाह नीला समुद्र, उसके एक छोटे टापू का दीपगृह, किनारे से सटा भग्नावस्थावाला शिवकालीन दुर्ग, शुभ्र रेत इन तमाम चीजों के चलते प्राकृतिक सुंदरता के साथ ही एक रहस्यमय माहौल डुंगेश्वर को प्राप्त हुआ है। और शायद इसीलिए ही चुनौती पड़ताल प्रक्रिया की ओर सिंधुदुर्ग जिले की विस्मयचकित नजरें गड़ी थीं।

11 अप्रैल के दिन महाराष्ट्र के सिंधुदुर्ग जिले की अंधश्रद्धा निर्मूलन समिति के कार्यकर्ता कुडाल से डुंगेश्वर के लिए रवाना हुए। रास्ते में पाट नामक गाँव में चुनौती देनेवाले विकास गवंडे से भेंट हुई। उसने आग्रह किया कि 'डुंगेश्वर देवता के कोचना एवं श्रीरामवाड़ी गाँव के कुलदेवता होने के नाते कार्यकर्ता यहाँ से होते हुए यात्रा करें।' गवंडे ने इस तरह की माँग महज गड़बड़ी पैदा करने के लिए ही की थी। हम कई सालों से आंदोलन से जुड़े होने कारण उसकी इस चाल को भलीभाँति समझ चुके थे। यदि हम उस मोड़ से डुंगेश्वर की यात्रा करते तो प्रक्षुब्ध ग्रामीणों से हमारा सामना होता। नतीजा, ग्रामीण हमें जाने से रोकते और इस तरह से विषय चुनौती प्रक्रिया से भटक जाता। उनके साथ हमारी तकरार होती। ऐसी तनाव की स्थिति में चुनौती पड़ताल प्रक्रिया को हमारे लिए पूरा करना संभव न होता जिससे विकास गवंडे के लिए सुभीता हो जाता। लिहाजा, डुंगेश्वर के लिए रवाना होते समय वाया निवती किलेवाला मार्ग चुना गया।

दोपहर 12:30 बजे हम डुंगेश्वर पहुँचे। 'अंधश्रद्धा निर्मूलन समिति किसी-न-किसी कारण के चलते ऐन मौके पर अपनी चुनौती से मुकर जाएगी,' ऐसा कइयों का न सिर्फ मानना था बल्कि पूरा विश्वास था। लिहाजा, प्रत्यक्ष डुंगेश्वर के समक्ष महज चार ग्रामवासी, पत्रकार एवं पुलिस इतने ही लोग मौजूद थे। पत्रकारों से रूबरू होते समय हमने कहा, "कार्यकारण भाव से विसंगत दैवी प्रकोप होता है या नहीं, इसकी हमें पड़ताल करनी है। पर ऐसा कुछ घटित नहीं होगा, इसका हमें पूरा यकीन है। पर यदि एक ही व्यक्ति घंटी उठाकर अपने साथ ले गया और गलती से उसकी स्कूटर फिसलने से उसे हल्की-सी भी चोट आ जाती है, तब इसे भी दैवी प्रकोप करार दिया जाएगा, अत: इरादतन 13 कार्यकर्ता मिलकर घंटियाँ उठाकर ले जानेवाले हैं। अगले तीन माह तक किसी भी तरह से दैवी प्रकोप यदि हो जाता है, तो फिर भी हमारी किसी तरह की शिकायत नहीं रहेगी। पर यह मामला हम 13 लोगों में से अधिकांश जनों के साथ घटित होना चाहिए। इक्का-दुक्का कार्यकर्ता के बारे में इक्का-दुक्का हल्की-सी चोट को प्रकोप नहीं माना जाएगा।"

इस पक्ष और खुलासे के बाद देवस्थान के आसपास वाले पेड़ों में टँगी घंटियों में से 22 घंटियों को कार्यकर्ता द्वारा उतारा गया, जिन्हें कार्यकर्ता अपने हाथों में लेकर तय मार्ग से यात्रा करके घर ले गए। बिना कोई भय पाले, उन्होंने घंटियों

को घर में टाँग दिया। इन कार्यकर्ताओं के परिवारजनों ने भी चुनौती पड़तालवाली घटना में ही सहयोग किया। कुडाल निवासी प्रो. श्रीकांत सावंत एक अच्छी-सी घंटी अपने घर लेकर गए। दूसरी कक्षा में पढ़नेवाली उनकी बच्ची को यह घंटी खूब पसंद आई। उसने खुश होकर पिता से कहा, "पिताजी आप ऐसी और तीन-चार घंटियाँ साथ क्यों नहीं ले आए?"

वेंगुर्ला तहसील स्थित आंदुर्ले देवभोम देवस्थान थोड़ी ऊँचाई पर बसा है। यहीं से एक नाला बहता है। नाले के आसपास ऊँचे-ऊँचे वृक्ष थे। नाले की बाजू में थोड़ी ऊँची जगह पर अलग तरह के रंगों की चिकनी फर्श पर चार पत्थर रखकर उन पत्थरों पर सिंदूर पुता था। बिलकुल खुले में था यह देवस्थान। हमने देखा कि यहाँ पर दस-दस पैसों की कई सारी रेजगारियाँ बिखरी पड़ी थीं। जली अगरबत्तियों के अनगिनत टुकड़ों के गुच्छे भी आसपास फैले हुए थे। इस देवस्थान पर कौल लगाया जाता था। रोजाना लगभग हजार रुपए की आमदनी होती थी। इस देवस्थान को ईंट, पत्थरादि से व्यवस्थित नहीं किया जा सकता था, क्योंकि कहा जाता है कि एक दिन में मंदिर पूरा करने की देवाज्ञा थी पर वह संभव न हुआ। बगल में सिर्फ अधूरी दीवारों वाला निर्माण कार्य दीख रहा था। कहा जाता है कि इस देवता को किसी भी तरह की मानवनिर्मित आवाज सहन नहीं होती। अत: यहाँ यदि कोई इरादतन शोर मचाता है, तो देवता उसे अच्छा सबक सिखाए बिना नहीं रहता।

ढोल बजाते वक्त देवता हमें पाठ पढ़ाएगा, इस पर हमें किसी भी तरह की आपत्ति नहीं थी। पर पास-पड़ोस के पेड़ों पर यदि मधुमक्खियों के छत्ते बने होंगे तो हमें उनका अनापत्ति प्रमाणपत्र मिलना मुश्किल था। पर अब कोई चारा भी नहीं था। असल में इसकी जाँच हमारे द्वारा चुनौती पड़ताल प्रक्रिया समझौते के पूर्व ही करना जरूरी था। पर हमने ऐसा कुछ नहीं किया था। यदि यथार्थ में ऐसा कुछ घटित होता भी तो उसका इलाज ढूँढ़कर चुनौती प्रक्रिया पूरी करने का हमारा दृढ़ निश्चय था। पर ऐसा कुछ वहाँ दिखाई नहीं दिया अत: हमने चैन की साँस ली थी।

देवस्थान की यात्रा में जब हम निकल पड़े तब रास्तों के दोनों ओर गाँववालों की भीड़ लगी थी। भीड़ में उत्सुकता भी अत्यधिक दिखाई दे रही थी। सवाल धार्मिक आस्था का था अत: जरूरी सुरक्षा का प्रबंध रखा जाए, हमने ऐसी वेंगुर्ला पुलिस थाने से विनती की थी। थाने से कोई पुलिसकर्मी सुरक्षा हेतु नहीं आया। पर थाना कार्यक्षेत्र में आनेवाले म्हापण आउटपोस्ट के दो पुलिसकर्मी आए थे। हमने जिस तरह से अनहोनी घटित होने का अनुमान किया था, यदि वैसी अनहोनी घटती तो सरकारी गवाह के रूप में पुलिस काम आनेवाली थी। देवस्थान पर शाम छह बजे ही हम कार्यकर्ता जोर-जोर से ढोल पीट रहे थे, जिसमें महिला कार्यकर्ताओं ने बड़े जोश से हिस्सा लिया था। स्थानीय हाईस्कूल में पढ़नेवाले कुछेक छात्र भी बड़े जोश-खरोश से आगे आए थे। उन्होंने भी अपनी वाद्यकला को यहाँ आजमाया।

खास बात यह कि गवंडे के गाँव के बच्चे भी इसमें शामिल हुए थे।

आखिरकार सफलतापूर्वक ढोल पीट-पीट कर हम गाँव में लौटे और देवस्थान की परिधि में किसी भी तरह की आवाज पैदा न की जाए, वाले आदेश के स्वार्थी पहलू की दबी चर्चा से अवगत हुए। उक्त देवस्थान के पुजारी का खेत देवस्थान के बगल में ही था। वहाँ से सड़क का बनना गाँववालों के लिए सुविधाजनक था। लेकिन यदि ऐसा होता तो पुजारी के खेत का कुछ हिस्सा सड़क निर्माण कार्य के लिए अधिगृहीत किया जाता। अतः पुजारी ने स्वार्थ के चलते इस अंधविश्वास को फैलाया कि 'इस लोकदेवता को किसी भी तरह की आवाज पसंद नहीं है।' जाहिर है कि कहीं पर सड़क बनने से उस पर वाहन दौड़ेंगे। वाहनों के सड़क पर चलते समय हॉर्न भी बजेंगे। इससे बेहतर है कि सड़क ही न बने। इसे हम समझ गए क्योंकि हम आंदोलन के कार्यकर्ता थे। अन्य की दृष्टि में यह जाग्रत देवस्थान था। देवस्थान पर आनेवाले भक्त को देवता 'हाँ' या 'न' में कौल दिया करता था। कौल न मिलने पर भक्त को देवस्थान की और एक यात्रा अगली बार करने के लिए पुजारी द्वारा आदेश दिया जाता था।

हर सुबह सबसे पहले स्वयं पुजारी ही (इसे यहाँ राऊल कहा जाता है) देवता पर 50 या 20 का नोट चढ़ाया करता। इसे देख देवस्थान पर कौल हेतु आए भक्त के लिए भी, उतने ही मूल्य का नोट चढ़ाना अनिवार्य खुशी बन जाया करता। गाँव में किसी भी तरह से ईंट सीमेंटादि से बना पक्का घर दिखाई नहीं दिया क्योंकि यहाँ का ग्रामदेवता खुले में निवास करता था। लिहाजा, पूरी ठाकुरबाड़ी में जो घर बने थे वे टाट से बने थे और लिपे-पुते दिखाई दे रहे थे। चुनौती पड़ताल प्रक्रिया सफलतापूर्वक संपन्न होने के बाद सरपंच ने अपनी भावनाओं को व्यक्त करते हुए हमसे कहा था, "आपने जिस चुनौती पड़ताल प्रक्रिया को अंजाम दिया, असल में वह बेहद सही थी।"

12 अप्रैल की शाम छह बजे हम फिर से एक दफा डुंगेश्वर देवस्थान के परिसर में पहुँचे। 23 कार्यकर्ता और 4 पत्रकार, ऐसे कुल मिलाकर हम 27 लोग थे। टॉर्च के अलावा हमारे पास किसी भी तरह की सुविधा नहीं थी। बंदूक की बात छोड़ ही दीजिए, हमारे पास एक डंडा तक नहीं था। निकलते समय हमने पूरी तरह से सोच-विचार किया था। घंटा उठाने पर वातावरण में बहुत कुछ तनाव पैदा हुआ था। हमारे साथ धोखा होने की भी संभावना थी। पर यह धोखा देवता की ओर से हरगिज होनेवाला नहीं था। परंतु इनसानों द्वारा धोखा होने की संभावना के बारे में कुछ कहना मुश्किल था। अतः देवस्थान की ओर आनेवाले दोनों रास्तों पर इनसानों पर पहरा देने की बात तय की गई। देवस्थान से सटकर ही एक विशालकाय पत्थर था। उस पत्थर पर यदि कोई चढ़ने की कोशिश करे और पत्थर नीचे की ओर लुढ़क जाता है तब...? इसलिए उस जोखिम भरे पत्थर पर भी तीन कार्यकर्ताओं ने

निगरानी रखी थी। एक-दूसरे को इशारा देनेवाली सीटियों की आवाज को भी तय किया गया और इसके बाद हम रात 8:30 बजे डुंगेश्वर देवस्थान पर गप्पें लड़ाने के लिए बैठे। हम किस तरह की जोखिम उठा रहे हैं, इसका गंभीर एहसास चहुँओर पसरे घने अन्धकार के साम्राज्य से हुआ। देवस्थान के चहुँओर घना जंगल और पास से ही बहते नाले में मोटे-मोटे पत्थर थे। गर्मियों के दिन थे। गर्मियों के दिनों में रात के समय कोंकण में बड़ी मात्रा में साँपों की मौजूदगी रहती है। जाने-अनजाने किसी को साँप ने डस लिया तो क्या करेंगे? आसपास फैले जंगल से एकाध पत्थर सनसनाता आए और निद्राधीन व्यक्ति उसका शिकार हो तो इसे देवता ने सबक सिखाया के नाम पर दर्ज किया जाएगा। हालाँकि हममें से कोई भयभीत नहीं था, पर माहौल में निर्मित गंभीरता का सभी को एहसास था।

पाटगाँव निवासी गुडाजी गुरुजी देवस्थान के सामने सोनेवाले थे और हम 20 फीट के बाहर पहरा देनेवाले थे। घड़ी की सूई रात दस बजाने की ओर सरकने लगी और इसी बीच अचानक आठ-दस लोग तेज रफ्तार से कदम बढ़ाते हुए चुनौती स्थान पर दाखिल हुए। वे जोर से बोल रहे थे, उनकी भाषा में उद्धतता थी। उनका कहना था कि चुनौती एडवोकेट परूलेकर द्वारा दी गई है अत: देवस्थान पर उन्हीं को सोना होगा। और आप लोग 20 फीट पर बैठे हैं, इसका क्या मतलब है? समझौते के मुताबिक आप 200 फीट दूर जाकर खड़े हो जाएँ। असल में ये सारी बातें इसके पूर्व ही उभयत: लिखित रूप में दर्ज हो चुकी थीं। इसके कागजात भी हमारे पास थे। उन लोगों को हमने समझौते के कागजात भी दिखाए। पर वे झगड़ा करने के इरादे से ही यहाँ आए थे, इस बात का हमें अच्छी तरह से ज्ञान था। चुनौती पड़ताल प्रक्रिया संपन्न हो इसलिए हमने आखिरकार उनकी उक्त माँग भी मान्य की। देवदत्त परूलेकर देवस्थान के सामने अकेले सिर्फ मोमबत्ती की रोशनी में सोए। बाकी कार्यकर्ता बगलवाले नाले की ओर निकल पड़े। घनी झाड़ियों में बसा डुंगेश्वर और एडवोकेट परूलेकर इनमें से कोई भी नदीपात्र से दिखाई नहीं दे रहा था।

रात तेजी से आगे खिसक रही थी। 2:30 बजे कार्यकर्ता स्थिर हुए। नींद की खुमारी के चलते वे थोड़े से सुस्त हो गए थे। तभी अचानक फिर से तेज रफ्तार से कदम बढ़ाते हुए दस-पंद्रह लोगों का झुंड हमारे पास आ धमका। झगड़े की पूरी तैयारी और जरूरत पड़ने पर मारपीट का भी उनका उद्‌देश्य दिखाई दे रहा था। उनका हमसे झगड़ा इस बात को लेकर था कि 'आप हमारे देवता का मजाक उड़ा रहे हो। यह हरगिज नहीं चलेगा। तुरंत सब कुछ बंद कर दो। यदि आपने समझदारी नहीं दिखाई तो आपको यहाँ से कैसे खदेड़ा जाए, इसके बारे में हम अच्छी तरह जानते हैं।

मैंने बड़े इत्मीनान से उनसे कहा, "असल में आप इसके लिए विकास गवंडे को जिम्मेदार ठहराएँ। चुनौती उन्होंने ही दी है। अलबत्ता हम अखबार

में जाहिर तौर से इसकी खबर छपवा, सभी की अनुमति लेकर तथा पुलिस थाने में सूचना देकर चुनौती पड़ताल प्रक्रिया की कार्रवाई कर रहे हैं। पिछले महीने भर में ही नहीं, बल्कि आज शाम तक आपने कभी इसके लिए न एतराज जताया और न निषेध दर्ज किया। बावजूद इसके आप इसी वक्त क्यों हाथापाई पर उतर आ रहे हैं? हम सत्याग्रही हैं। आप हमसे जरूर हिंसा पर उतर आएँ, हम किसी भी तरह से प्रतिरोध करेंगे नहीं। पर हम यहाँ से सुबह छह बजे तक हरगिज हिलेंगे नहीं।"

निश्चय की दृढ़ता देख उनकी आवाज हल्की-सी दब गई। समिति की भूमिका से उन्हें अवगत कराने की आत्मीय कोशिश करते हुए मैंने कहा, "समिति लोगों की धार्मिक भावनाओं की पूरी कद्र करती है। हमारी हरकत से आपकी भावनाओं को ठेस पहुँची हो तो मैं क्षमाप्रार्थी हूँ। समिति को चुनौती दी गई है इसलिए हम चुनौती पड़ताल करा रहे हैं। और दूसरी बात यह कि देवस्थान के समक्ष सोए बेगुनाह व्यक्ति को बिना किसी कारणवश सबक सिखानेवाले देवता का रूप ही हमें मंजूर नहीं है। संतगणों को भी यह रूप मंजूर नहीं था। विज्ञान के नियमों को ताक पर रख किसी भी तरह का चमत्कार घटित नहीं हो सकता।"

आखिरकार पर्याप्त संतुष्टि होने के बाद ही ग्रामीण लौटे। फिर भी सुबह तक अलग-अलग लोगों के झुंड परूलेकर असल में देवस्थान के समक्ष सोये हैं या नहीं, इसकी खातिरजमा कर लेने हेतु आते तथा उन्हें देख लौट जाया करते। आखिरकार किसी भी तरह की अप्रिय घटना के बिना 13 तारीख को प्रातः छह बजे चुनौती पड़ताल प्रक्रिया संपन्न हुई।

अंधश्रद्धा निर्मूलन समिति इस कदर पूरे विश्वास के साथ सफलतापूर्वक चुनौती पड़ताल प्रक्रिया पूरी करेगी, इसका कइयों को यकीन ही नहीं था। पर सत्य ठुकराया नहीं जा सकता था। अब विकास गवंडे को अपने बचाव में कुछ-न-कुछ बोलना तो था ही। उसने घोषणा की, "मैंने चुनौती देते समय डुंगेश्वर पर पाषाणी कौल भी लिया था। वह मेरे पक्ष में था। अतः मैं पूरे विश्वास के साथ कहता हूँ कि जो लोग घंटियाँ उठा ले गए या जो इस स्थान पर सोये थे; उन्हें निश्चित रूप से आज नहीं तो कल प्रायश्चित्त करना ही पड़ेगा।"

पंचक्रोशी के निवासियों में चर्चा थी कि "अंधश्रद्धा निर्मूलन समिति वाले जोर-जबरदस्ती कर चुनौती पड़ताल प्रक्रिया पूरी करके चले गए। डुंगेश्वर की सामर्थ्य पापियों को अच्छा सबक सिखाएगी।"

कइयों के मतानुसार, "विकास गवंडे ने ही बेवहज मामले को तूल पकड़ाया था। लिहाजा, सबसे पहले उसी पर डुंगेश्वर देवता के प्रकोप की गाज गिरने वाली है। तीन माह के भीतर इस बात का फैसला होकर ही रहेगा।"

इस बात पर भी लोगों का पूरा यकीन था। इसकी चर्चा भी उफान पर थी।

इस मामले ने और भी गंभीर मोड़ लिया जब धर्मरक्षक समिति ने इसी सिलसिले में सभा का आयोजन किया। सिंधुदुर्ग जिले में उन्हीं दिनों स्थापन हुई थी धर्मरक्षक समिति। विषय इनकी अपेक्षानुरूप था। इस सभा में 'अंधश्रद्धा निर्मूलन समिति ने मंदिर की पवित्रता को भंग किया है' ऐसा आरोप रखा गया।

डुंगेश्वर और भौम के शिवसेना प्रमुख एडवोकेट डी. डी. देसाई ने घोषित किया, "अंधश्रद्धा निर्मूलन समिति ने डुंगेश्वर और भौम देवस्थान के बारे में उग्रवादी एवं अविवेकी भूमिका अपनाकर श्रद्धालु जनता की श्रद्धा में दरार पैदा करने की हरकत की है।"

देसाई ने धमकीसूचक लहजे में कहा था, "अंधश्रद्धा निर्मूलन समिति कार्यकर्ताओं के सिर मुँड़ाकर उनके मुख पर कालिख पोतकर और उन्हें गधे पर बिठाकर जुलूस निकाला जाएगा।"

धर्मरक्षक समिति की सभा के लिए आए 300 से 400 नागरिकों ने, अंधश्रद्धा निर्मूलन समिति पर कानूनी कार्रवाई की जाए, ऐसा सर्वानुमति से प्रस्ताव पारित किया। अंधश्रद्धा निर्मूलन समिति द्वारा देवस्थान की पवित्रता को भंग कर दिया गया है लिहाजा इन दोनों देवस्थानों का शुद्धीकरण एवं समाराधना कार्यक्रम विशाल रूप में आयोजित किया जाएगा, इसकी भी घोषणा इस मौके पर धर्मरक्षक समिति द्वारा की गई। धर्मरक्षक समितिवालों ने ऐसा भी कहा कि "विज्ञाननिष्ठता का ढिंढोरा पीटकर और सतही प्रसिद्धि बटोरने हेतु कुछ लोग मर्कटलीलाएँ करते हैं, इन लोगों की यह हरकत आपत्तिजनक है।"

असल में इसके मूल में धर्मरक्षक समिति को मलाल यह था कि अंधश्रद्धा निर्मूलन समिति में शब्बीर शेख नामक मुस्लिम कार्यकर्ता शामिल था। धर्मरक्षक समिति का कहना था कि अंधश्रद्धा निर्मूलन समिति ने चुनौती पड़ताल प्रक्रिया की आड़ में डुंगेश्वर देवस्थान से घंटी बाहर ले आने के लिए मुस्लिम को भेजकर हिंदू मंदिर की पवित्रता को भंग किया है। धर्मरक्षक समिति ने धमकी देते हुए आगे यह भी कहा कि "मन्दिर की पवित्रता किसने भंग की इसका हम सबसे पहले विचार करेंगे, चुनौती किसने दी, यह मामला गौण है। मंदिर की पवित्रता भंग करनेवाले अंधश्रद्धा निर्मूलन समिति के कार्यकर्ताओं पर अब से महाराष्ट्र में घूमने पर पाबंदी लगाई जाएगी।"

धमकी का करारा प्रत्युत्तर अंधश्रद्धा निर्मूलन समिति की ओर से एडवोकेट परूलेकर द्वारा निवेदन पेश कर दिया गया कि "म्हापण में संपन्न हुई धर्मरक्षक संगठन की सभा का इतिवृत्त पढ़कर बेहद दुख हुआ। अंधश्रद्धा निर्मूलन समिति भी जनभावनाओं की कद्र करनेवाला तथा अंधविश्वास उन्मूलन का राष्ट्रीय कार्य करनेवाला संगठन है, इस बात का हम नित्य स्पष्टीकरण देते रहते हैं। अंधश्रद्धा निर्मूलन समिति गाली-गलौज की संस्कृति से अनजान है, वह 'पद' की संस्कृति

जानती है। अत: धर्मरक्षक संगठन की सभा में दिए गए भाषण को उन्हीं की भाषा में जवाब देना हमारे लिए असंभव है। अंधश्रद्धा निर्मूलन समिति के कार्य में सर्वधर्मियों का सहभाग लौकिक अर्थ से रहता है। लेकिन इन सभी व्यक्तियों का सच्चा धर्म मानवता है।

"स्वामी विवेकानंद कहा करते थे, 'किसी एक व्यक्ति के स्पर्श से या उसके श्वास से, दूसरा व्यक्ति या दूसरे धर्म का देवता अपवित्र हो जाता है, ऐसा माननेवाला धर्म, अन्य धर्मों को भला कैसे पवित्र कर सकता है?' भारतरत्न डॉ. बाबासाहब अम्बेडकर के चलाए महाड के पेयजल तालाब के सत्याग्रह आंदोलन के पश्चात् धर्म के ठेकेदारों ने धार्मिक भावनाओं के चलते ही तालाब के पानी को पवित्र करने के लिए, तालाब में गोमूत्र और गाय के गोबर को मिलाया था, इसकी कटु स्मृतियाँ डुंगेश्वर देवस्थान के शुद्धीकरण के निमित्त से जाग्रत हुईं। यदि अदालती कार्रवाई की नौबत आती है तो समिति अदालत में जाकर उचित उत्तर देगी ही। लेकिन उपरोक्त सभाओं के वृत्तांत के चलते समिति कार्यकर्ताओं का मनोबल किंचित् न ढलेगा और न ही तत्त्वनिष्ठा एवं क्रियाशीलता कम होगी। समाज परिवर्तन के कंटक पथ से यात्रा करते वक्त गाली-गलौज, शापादि को सहना ही पड़ता है। सत्य एवं अहिंसा मार्ग पर हमारा पूरा विश्वास है। आखिरकार जीत सत्य की ही होगी, इस बात को लेकर हम पूरी तरह से आश्वस्त हैं।"

वास्तव में उन दिनों समिति विरोधी लोगों द्वारा हवा मिलने के कारण माहौल गर्म हो जाया करता था। परंतु कुडाल के न्यायिक कामकाज की समस्या को लेकर स्थानीय एडवोकेटगणों के शिष्टमंडल ने तत्कालीन संरक्षण मंत्री (Guardian Minister) और शिवसेना नेता नारायण राणे से भेंट की। भेंट में डुंगेश्वर का जिक्र हुआ। राणे ने सिक्सर लगाते हुए समस्या का समाधान आसान कर दिया। उन्होंने पूरी तरह से सख्ती बरतते हुए कहा, "म्हापण के धर्मरक्षक संगठन द्वारा आयोजित सभा में हुए भाषणों से मैं किसी भी तरह से सहमत नहीं हूँ। मैं हिंदू-मुस्लिम विभेद भावना की कड़ी आलोचना करता हूँ। मेरे कई मुस्लिम कार्यकर्ता हैं। महाराष्ट्र अंधश्रद्धा निर्मूलन समिति द्वारा चलाए जा रहे आंदोलन का हम पूरी तरह से समर्थन करते हैं। सरकार की नीति भी इसी तरह की है।"

नारायण राणे द्वारा कान उमेठने पर अपने आप ही समिति को धमकानेवाले ठंडे पड़े। महाभारत में एक वर्ष का अज्ञातवास काटनेवाले पांडवों को नित्य चिंता लगी रहती कि 'यदि किसी ने हमें पहचान लिया, तब क्या करेंगे? कुछ ऐसी ही चिंता हम 13 कार्यकर्ताओं के मन में पैदा हुआ करती कि यदि गलती से भी हमारे साथ कोई छोटी-मोटी दुर्घटना घटित होती है, तब लोग उसे देवता का प्रकोप मान बैठेंगे। तीन महीने बीत गए। कुछ भी अनहोनी नहीं हुई। असल में हमने चुनौती पड़ताल प्रक्रिया को सही-सलामती से पूरा कर लिया था। पर वर्षाकाल के चलते धुआँधार

बारिश हुआ करती थी। ऐसे मौसम में घंटियाँ वापस ले जाकर देवस्थान में रखना संभव नहीं था। इसीलिए हमने तीन महीने की नियत तिथि को दुगुना किया। चुनौती पड़ताल प्रक्रिया के छह महीने के बाद मैं कुडाल में गया था। तब मैं और कार्यकर्ता मिलकर सभी 22 घंटियों को लेकर डुंगेश्वर देवस्थान गए। मैंने वहाँ पर पत्रकारों से चर्चा के दौरान कहा था, "बीते छह महीनों के दौरान घंटियाँ उठानेवाले या ढोल पीटनेवाले किसी भी कार्यकर्ता या उनके घरवालों के साथ भी न किसी तरह की दुर्घटना घटित हुई और न उसे किसी तरह की परेशानी से गुजरना पड़ा। किसी भी तटस्थ व्यक्ति द्वारा इसकी पड़ताल की जा सकती है। अंधश्रद्धा निर्मूलन समिति लोगों की धर्मभावनाओं का आदर करती है, लेकिन समिति दैवी प्रकोपवाली अवधारणा और कार्यकारण भाव को नकारती है जो कि 'माँगल्यमूर्ति' इस ईश्वरीय अवधारणा के विसंगत है। लोगों के समक्ष यह सचाई स्पष्ट रूप से उजागर हो, इस हेतु से हमने चुनौती को स्वीकारा था। हेतु के पूरी तरह से साध्य होने के उपरांत समिति के कार्यकर्ताओं ने घंटियों को देवस्थान पर पूर्ववत् रख दिया है। समिति ईश्वर एवं धर्म आदि के बारे में जनमानस की ओर आदरपूर्वक एवं रचनात्मक दृष्टि से देखती है, यह सचाई इस घटना के चलते सभी के ध्यान में आएगी।"

चमत्कार : मानसिक गुलामी का हथियार

तारीख 21 सितंबर, सुबह 9:30 का समय था। मेरे दिल्ली निवासी भाई ने मुझे फोन किया। उसकी मानें तो अंधश्रद्धा निर्मूलन समिति के लिए दिल्ली में काम करने का बेहतरीन अवसर निर्मित हुआ था क्योंकि दिल्ली में लोगों के झुंड के झुंड भगवान शंकर की मूर्तियों को दूध प्राशन कराने के लिए घर से बाहर निकलते दिखाई दे रहे थे। न सिर्फ भगवान शंकर अपने परिवारजनों के साथ दूध प्राशन कर रहे थे, बल्कि उनके गले का नाग और उनके सामने बैठा नंदी भी दूध प्राशन करते दिखाई दे रहा था।

ग्यारह बजे से मेरे घर का फोन भी लगातार खनखनाता रहा। ऐसी ही घटनाओं से मुझे अवगत कराने के लिए। इस घटना की पड़ताल जरूरी बन गई थी। पर पड़ताल बेहद पारदर्शी पद्धति से करनी हो तो इसके लिए वह नियंत्रित वातावरण में करनी जरूरी थी। जिस जोश से विश्व हिंदू परिषद, बजरंग दल, शिवसेना, राष्ट्रीय स्वयंसेवक संघ ईश्वर की मूर्तियों को दूध पिलाने और चमत्कार के जयकारे लगाने में व्यग्र थे, उन्हें इस तरह की पड़ताल हरगिज रास आनेवाली नहीं थी और न वे इस पड़ताल को हजम कर पाते, यह जाहिर था। समिति कार्यकर्ता शहर के कई इलाकों में स्वतंत्र रूप से जाकर सचाई देख आए थे। उन्हें कुछेक स्थानों पर मूर्ति के मुँह के निचले हिस्से में सफेद टर्किश तौलिया लपेटा दिखाई दिया, तो कहीं-कहीं पर मूर्तियों के पूरे बदन से समय-समय पर दूध को साफ करके मूर्ति को सुखाने का प्रयास करते लोग दिखाई दिए। कुछ स्थानों पर भीड़ इतनी थी कि भक्त के हाथ का दूध भरा चम्मच मूर्ति के मुँह के पास ले जाने के पूर्व ही उसके पीछेवाली भीड़, भक्त पर टूट पड़ती। चम्मच का दूध खत्म होने पर संतुष्ट होकर भक्त रीता चम्मच लेकर लौट जाया करता। जिस तरह मूर्ति को पानी से स्नान कराने के बाद गोमुख के रास्ते पानी मंदिर के बाहर बहता नजर आता है, उसी तरह गोमुख से बहते दूध का समिति के कार्यकर्ता एवं अखबारों के पत्रकारों ने निरीक्षण किया था। कुल मिलाकर भरपूर कोलाहल मचा था, यह बात सोलह आने सही थी।

उस दिन सतारा जिला पुलिस अधीक्षक मुख्यालय में मौजूद नहीं थे। शहर पुलिस अधीक्षक को फोन मिलाया गया। दूध प्राशन चमत्कार घटते मंदिरों में पुलिस बंदोबस्त मुहैया कराकर वे अच्छे-खासे बौखलाए थे। अलावा इसके धार्मिक मामलों में हस्तक्षेप किया जाए या नहीं, इसके बारे में भी वे दोहरी मानसिकता में थे। लिहाजा, चमत्कार पड़ताल की प्रक्रिया प्रलंबित रही।

मेरे लिए, तमाम महाराष्ट्र से अखबार वालों के फोन भी घनघना रहे थे। दुनियाभर में यह चमत्कार घटित हो रहा है, इसके बारे में समिति का क्या मत है, वे जानना चाहते थे। मुंबई, पुणे, दापोली, सोलापुर, लातूर एवं जलगाँव आदि स्थानों से हमारे कार्यकर्ताओं के फोन भी आए थे। शाम छह बजे मुंबई दूरदर्शन के संवाददाता का मेरे पास फोन आया। उनके पास गणपति की सूँड़ में दूध से भरा चम्मच लगाने पर चम्मच का दूध धीरे-धीरे गायब होता दिखाई देनेवाली वीडियो क्लिप मौजूद थी ही। वे इस खबर का टेलिकास्ट करने के साथ ही मेरी प्रतिक्रिया भी देना चाहते थे। मैंने उनसे कहा, "चम्मच का दूध यद्यपि गायब होता जा रहा है, इसे हम कुछ देर के लिए सही मान भी लें, पर इसका अर्थ देवता की मूर्ति ने ही दूध पिया है ऐसा कैसे कहा जा सकता है? चम्मच का दूध गायब होते चले जाने से देवता द्वारा दूध प्राशन किया गया, इस निष्कर्ष पर आ जाना उचित नहीं है।"

मेरा यह मुद्दा कदाचित् उन्हें जँच गया (क्योंकि शाम सात बजे के दूरदर्शन समाचार देखने से मुझे इसका एहसास हुआ था)। मैंने संक्षेप में उनसे 3 मुद्दों का खुलासा किया। "एक तो यह पूर्वनियोजित पाखंड है। दूसरा, भारतीय संविधान के अनुसार वैज्ञानिक दृष्टिकोण को स्वीकारना नागरिकों का दायित्व है, दुग्ध प्राशनवाला चमत्कार इस तत्त्व से पूर्णत: विसंगत है। और तीसरा, ऐसा चमत्कार यदि कोई हमारे समक्ष कर दिखाएगा, तो उसे समिति की ओर से पाँच लाख का पुरस्कार दिया जाएगा, हम चुनौती देते हैं। चुनौती पड़ताल प्रक्रिया के अध्यक्ष प्रधानमंत्री के पूर्व वैज्ञानिक सलाहकार डॉ. वसंत गोवारीकर रहेंगे।" अंत में संवाददाता ने प्रतिक्रिया निश्चित रूप से स्पष्ट आए इसलिए मेरी तीनों मुद्दोंवाली भूमिका को दो बार पढ़कर दिखाया और इसके मुताबिक दूरदर्शन के समाचारों में वह टेलिकास्ट भी की गई।

शाम सात बजे तक सतारा शहर पुलिस अधीक्षक कार्यालय में लगभग सभी अखबारों के पत्रकार आ चुके थे। पुलिस अधिकारियों को संग लेकर हम सभी भडजी बाबा के मठ में स्थित मंदिर में आ पहुँचे। मंदिर की प्रभु श्रीरामचंद्र, जानकी और हनुमान की मूर्तियाँ दोपहर से ही दुग्ध प्राशन करने लगी थीं। एक मशहूर एडवोकेट महोदय हमें दुग्ध प्राशनवाली बात समझाने लगे थे। मंदिर का गर्भगृह आकार में छोटा था। बाहर मंडप में महिलाओं की भरपूर भीड़ थी। पुरुष भी थे। मैंने दूध का गिलास हाथ में लेकर उसका एक सिरा प्रभु श्रीराम के होंठ पर टिका दिया। दूध की एक बूँद भी बाहर नहीं आई। यही बात जानकी और हनुमान की मूर्तियों के बारे में

देखने को मिली। आश्चर्य चरम की ओर पहुँचने लगा। इसके बाद मुझसे भक्तों ने चम्मच से मूर्ति को दूध प्राशन कराने के लिए आग्रह किया। अत: मैंने चम्मच में दूध लिया। फिर पहलेवाली ही आवृत्ति। एक बूँद भी दूध कम हो तो कसम। इसके बाद हमने पत्रकारों को मूर्ति को दुग्ध प्राशन करवाने के लिए बुलाया। तीनों द्वारा भी मूर्तियों पर प्रयोग किया गया। इसके बाद पुलिस अधिकारियों की बारी थी। इस पड़ताल प्रक्रिया में एक भी वक्त एक भी बूँद दूध कम न हुआ। इस सारे घटनाक्रम का वीडियो शूटिंग चल रही थी। बौखलाए एडवोकेट महोदय ने खुद के हाथों में दूध भरा चम्मच लिया। चम्मच का एक सिरा राम की मूर्ति के होंठों की दरार में दबाया। चम्मच का दूध धीरे-धीरे कम होने लगा। पर चम्मच के थोड़ा नीचे मूर्ति के बदन पर मैंने अपनी उँगली धरी थी। उँगली पर दूध की बूँदें टपकती स्पष्ट रूप से दिखाई देने लगी थीं। वकील साहब ने फिर एक दफा इसी प्रयोग को दोहराया। इस समय मैंने उनके चम्मच के नीचे दूसरा एक खाली चम्मच धर दी। ऊपरवाले चम्मच का दूध खत्म हुआ यह बात सही थी पर मेरा वाला चम्मच दूध से भर चुका था। ये प्रभु श्रीरामचंद्र भक्तों को झूठा साबित कर रहे हैं, यह ध्यान में आते ही वातावरण में तनाव बढ़ गया। समिति के विरोध में घोषणाएँ की जाने लगीं। मंदिर से होकर हम पुलिस थाने में आ गए, इस दरमियान आकाशवाणी के प्रतिनिधि हमारी राह देखते बैठे थे। उन्होंने हम सभी के साक्षात्कार लिये और रात नौ बजे हमारे साक्षात्कार प्रसारित किए। इस प्रसारण को सुनते ही पहले से ही गुस्साये विश्व हिंदू परिषद के कार्यकर्ताओं ने आकाशवाणी कार्यालय कर्मचारियों को फोन पर धमकाया।

उपरोक्त संक्षिप्त घटनाक्रम सतारा में घटित हुआ था। कमाधिक मात्रा में देश भर में सभी ओर ऐसा ही घटित हुआ था। इस प्रासंगिक घटना से कौन सा सच सामने आया?

शिक्षा से मनुष्य को वैज्ञानिक दृष्टि प्राप्त हो, ऐसा स्वाभाविक आग्रह रखा जाता है। पर उच्च विद्या विभूषित लोगों ने जिस तरह से चमत्कार का समर्थन किया था, उससे यह विदारक सचाई सामने आई कि शिक्षा का प्रसार एवं अंधविश्वास उन्मूलन का रिश्ता अनिवार्य रूप से है ही, यह सच नहीं है। वास्तव में ऐसा कुछ घटित होना ही नहीं चाहिए था। अलबत्ता घटित हुआ, यह सचाई थी। और इस पर उपाय भी खोजा जाना चाहिए। समिति की 'सत्यशोध प्रज्ञा परियोजना' उपरोक्त घटित घटना पर एक छोटा उपाय हो सकती है, यह इस घटना से सिद्ध हुआ था। 'सत्यशोध प्रज्ञा परियोजना' में प्रशिक्षक का कार्य करनेवाले अध्यापक एवं छात्रों द्वारा कई स्थानों पर उपरोक्त पागलपन की हरकत को रोकने के प्रयास किए गए। माता-पिता, मूर्ति को पिलाने के लिए दूध माँग रहे थे, और 12-13 साल का उनका लड़का बड़े ही ढाढ़स से उनकी ऐसी हरकत का प्रतिवाद कर रहा था। इस तरह का मजेदार पर पक्का आश्वासक दृश्य कई स्थानों पर निर्मित हुआ था, इस तरह

की जानकारी भी हम तक पहुँची थी। वास्तव में ऐसी शोध एवं निर्भय वृत्ति शिक्षा व्यवस्था का हिस्सा बननी बेहद जरूरी थी।

महाराष्ट्र में सत्यशोध परंपरा का लंबा इतिहास रहा है, परंतु इसका प्रभाव वर्तमान में कम हुआ है। यह दुखद एहसास इस निमित्त से हुआ था। वास्तव में महाराष्ट्र की प्रगतिशील परंपरा के समर्थकों द्वारा अपने अनुयायियों को सड़क पर उतारकर ऐसी अफवाहों का उन्मूलन तुरंत एवं परिणामकारक रीति से करना जरूरी था। जिससे कि इस तरह की हरकतें करने में जिन्हें रुचि थी, उन्हें तुरंत तमाचा रसीद हो जाता, परंतु ऐसा कुछ घटित नहीं हुआ, यह भी सचाई थी। जनमानस में विकृत उन्माद निर्मित करानेवाली दूध प्राशनवाली अफवाह, एक रीति से सीमित रूप में निरुपद्रवी थी, पर भविष्य में ऐसा प्रसंग निर्मित होने पर, उस समय अंधा बना जनमानस, कितनी मात्रा में प्रक्षुब्ध हो सकता है, यह कहना मुश्किल है। लिहाजा, राजनीतिक एवं आर्थिक आंदोलन के साथ ही व्यक्ति का मन परिवर्तित करानेवाले सांस्कृतिक आंदोलन के भी असरदार बनाने की जरूरत है। इस सचाई को प्रगतिशील आंदोलन स्वीकार करे।

मीडिया एवं ग्राम स्तर तक जुड़ी शासन व्यवस्था, सरकार की प्रभावी इकाइयाँ हैं। यदि इनका प्रभावी रीति से उपयोग कर लिया गया होता, तो दोपहर दो बजे तक ही अफवाहों पर काबू पाना संभव हो गया होता, पर ऐसी किसी भी तरह की तत्परता या नियोजनबद्धता का सरकार द्वारा परिचय नहीं दिया गया। महाराष्ट्र में तो इस बारे में सब ओर फील गुड वाला ही माहौल था। जिन स्थानों पर वरिष्ठ सरकारी अधिकारी हिम्मत से आगे आए थे, वहाँ का चित्र अलहदा था। लातूर जिला पुलिस अधीक्षक ने स्वयं अगुवाई करते हुए अंधश्रद्धा निर्मूलन समिति कार्यकर्ताओं को बुला लिया था। समिति कार्यकर्ताओं ने ईश्वर की मूर्तियाँ लेकर पुलिस की सहायता से जिले की हर सड़क पर दूध प्राशनवाले चमत्कार का भंडाफोड़ करने का कार्यक्रम जारी रखा था। महाराष्ट्र सरकार का गृहविभाग यदि समझदारी दिखाता तो इस प्रकार का प्रयोग सभी जिलों में किया जा सकता था। खैर, भविष्य में यदि ऐसी अफवाहें फैलेंगी, तब उनका द्रुत गति से पुरजोर मुकाबला करने हेतु सरकार द्वारा उपाय खोज रखना जरूरी है।

लोकमानस को अंधश्रद्धा निर्मूलन समिति के आंदोलन की बेहद तीव्रता से जरूरत महसूस हुई, यह दूध प्राशनवाली घटना से अपने आप साबित हो गया है। अखबार और दूरदर्शन ने जिस रीति से समिति की राय को तरजीह दी, उससे अंधश्रद्धा निर्मूलन के समिति के कार्य के लिए आस्था एवं मान्यता मिली, यह महसूस हुआ। कई कार्यकर्ताओं ने मुझे भेजे पत्रों में कुछ ऐसी ही भावना व्यक्त की थी। अंधश्रद्धा निर्मूलन समिति और कुछ स्थानों पर समिति को सहयोग करनेवाले राष्ट्र सेवा दल एवं छात्रभारती जैसे संगठनों के कारण अफवाहों का प्रतिरोध बेहद तत्परता से एवं

पुरजोर तरीके से किया गया, ऐसा मत वरिष्ठ सामाजिक कार्यकर्ता एवं राष्ट्र सेवा दल के पूर्व अध्यक्ष पन्नालाल सुराणा ने खत के जरिए व्यक्त किया था। समाज में इस तरह की अफवाहें तेजी से फैलना, बेहद दुखदायी है। अलबत्ता, एक रीति से आंदोलन के फैलाव के लिए ऐसी घटना का घटित होना, चुनौतीपूर्ण भी मानना चाहिए, इस वास्तविकता का भी एहसास इस मौके पर हुआ।

घटना जिस समय घटित हो रही थी, उस समय कई लोगों ने कल्पकता से उसे मात देने का प्रयास किया। इस मौके पर सतारा में इकट्ठा हुई भीड़ को संबोधित करते हुए एक कार्यकर्ता ने कहा था, "चम्मच भर दूध ही क्यों? हम मूर्ति के मुँह पर दूध की दो बूँदें रख देंगे, यदि दूध की ये दो बूँदें भी मूर्ति प्राशन करती है, तो सवाल ही खत्म हो जाएगा।" मूर्ति के मुँह पर दूध की दो बूँदें रख दी गईं, पर आधे घंटे के बाद भी वे दो बूँदें यथावत रहीं, भक्तों का सारा जोश अपने आप ही ठंडा पड़ा। दूध की बूँद का गीले होंठ से स्पर्श होने पर ही 'सरफेस टेंशन' एवं 'केशाकर्षण' की प्रक्रिया शुरू होती है। मेरे, पत्रकारों एवं पुलिसवालों के हाथों ईश्वर की मूर्ति द्वारा, गिलास से या चम्मच के माध्यम से, एक बूंद तक दुग्ध प्राशन नहीं किया गया। इसका कारण यह था कि हमने गिलास या चम्मच पूरी तरह से भरा नहीं था, और उसे बिलकुल सीधे धरकर दूध की बूँदें होंठों के संपर्क में न आएँ इसका खयाल अच्छी तरह से रखा था, लिहाजा मूर्ति द्वारा दूध प्राशन करना असंभव था।

इस वक्त समिति के एक मुस्लिम कार्यकर्ता को जायज भय सता रहा था कि चमत्कार को मान्यता तो हरगिज नहीं दी जा सकती, और नकार देने पर धार्मिक भावनाओं को ठेस पहुँचाने का लांछन। लोगों द्वारा जाहिर तौर पर सवाल पूछने पर बेहद होशियारी से जवाब देते हुए वह बोला, "देखिए, ऐसा है कि गणपति ठहरे बुद्धि के देवता। आपके छोटे बच्चे भी नाक से दूध नहीं पीते क्योंकि दूध फेफड़ों में प्रवेश कर जाने पर मृत्यु आ सकती है, इसे वे समझते हैं। गणपति की नाक यानी सूँड़। बालक भी जिस कृत्य को नहीं कर सकता, उसे बुद्धि के देवता गणपति भला कैसे कर सकते हैं? दुग्ध प्राशन करने के लिए गणपति के पास मुँह ही होना चाहिए न? हमारे देश में देवताओं द्वारा दुग्ध प्राशन करने का बड़ा लाभ यानी अब देश में विदेशी लोग बेखौफ होकर बड़ी मात्रा में निवेश करेंगे, क्योंकि इस देश में जिस तरह बड़ी आसानी से फँसने के लिए तैयार रहनेवाले मूर्ख लोग मौजूद हैं, वैसे किसी दूसरे देश में नहीं। इसका पुख्ता सबूत हमने उनके सामने पेश किया है।" कार्यकर्ता के इस तरह के तंज पर भी जाहिर सभाओं में आगे चलकर श्रोताओं द्वारा दिलेर वृत्ति से तालियाँ बज उठती थीं।

उन दिनों समिति कार्यकर्ताओं को कई सारी समस्याओं, धमकियों आदि का मुकाबला करना पड़ा। ऐसे मौकों पर झूठ बोलना विरोधियों का तुरुप का इक्का

रहता है। मैंने देवता को दूध पिलाया, देवता दूध पी गए, इस तरह की अफवाहें उन दिनों सतारा में फैली ही थीं। एक अन्य अफवाह भी इरादतन फैलाई गई थी कि "देवता दुग्ध किस तरह प्राशन करते हैं, इसे देखने के लिए आए दाभोलकर ने कहा, मूर्ति तोड़कर देखिए।" इसे प्रमाण मानकर 'ऐसा बोलनेवाले दाभोलकर का हम सिर फोड़ देंगे,' इस तरह के बोर्ड सतारा में जगह-जगह लगाए गए थे। धार्मिक भावनाओं को ठेस पहुँचाने के नाम पर मेरे बुत का जनाजा एवं दहन की तैयारियाँ भी पूर्ण की गई थीं। नासिक में मुझ पर इस मामले को लेकर मुकदमा भी दायर किया गया। बावजूद इसके आंदोलन विकसित होता गया। खुशी की बात यह कि चाहे सतारा, मल्हारपेठ, धरणगाँव या बीड हो, संख्या के मामले में भले ही हम कम थे, पर हमारे कार्यकर्ता पक्का फैसला कर सड़क पर उतरे थे। विरोधियों की परवाह किए बिना। नतीजा, आंदोलन का अनुकूल परिणाम जनमानस पर अंकित हो पाया।

मनुष्य इतनी आसानी से विक्षिप्त क्यों बन जाते हैं, इसका अक्सर व्यापक खुलासा किया जाता है कि 'सामाजिक जीवन की लाचारी एवं भोगवादी वृत्ति के चलते टूटने के कगार पर पहुँचा मन ऐसी वाहियात बात एवं मूर्खता पर आसानी से विश्वास करता है। लिहाजा ऐसे मामले जड़ से खत्म करने के लिए समूल समाज-परिवर्तन की आवश्यकता है। जब तक समूल समाज-परिवर्तन नहीं होता, तब तक ऐसे ही चलता रहेगा।' इसमें भले ही कुछ मात्रा में सचाई है, पर मुझे वह पूरी तरह से मान्य नहीं है। पूर्णरूपेण समाज परिवर्तन कब होगा, इसे सोचकर चल रहा वर्तमान आंदोलन रोकने की कोई जरूरत नहीं है। आंदोलन के रुक जाने पर प्रताड़ना एवं ठगी के विरोध में किए जा रहे प्रतिरोध का सूत्र सुविधाजनक दृष्टि से दूर रखा जाता है। सुदूर लक्ष्यों का अवश्य एहसास रखा ही जाना चाहिए; लेकिन शोषण के विरोध में सत्वर संघर्ष भी जरूरी है।

दूध प्राशन की खबर अल्पावधि में ही, अत्यंत नियोजित तरीके से देश-विदेश में किस तरह फैली, इसकी जाँच सरकार द्वारा करना अत्यंत महत्त्वपूर्ण था। इस अफवाह के चलते निर्माण किया गया जनसमूह का उन्माद तुलना में निरुपद्रवी था, पर वह निर्मित किया जा सकता है, यह एक बार सिद्ध हो जाने के बाद, ऐसे मामलों का उपयोग देश में विघातक अफवाहों को फैलाने में, देशविरोधी ताकतों के लिए सुविधाजनक हो जाएगा। लिहाजा, गणेश मूर्ति द्वारा दूध प्राशन की झूठी खबर की सी. बी. आई. जाँच की जाए, इस तरह की माँग समिति की विनती पर तत्कालीन प्रधानमंत्री पी. वी. नरसिम्हाराव से व्यक्तिगत पत्र लिखकर महाराष्ट्र के कई गण्यमान्य लोगों द्वारा की गई। इसका मजमून निम्न प्रकार था—'ता. 21 सितंबर, के दिन भारतवर्ष में देवताओं की मूर्तियों द्वारा दूध प्राशन करने का कथित चमत्कार घटित हुआ था। इस घटना के चलते पूरे देश में कुछ समय के लिए कोलाहल का

माहौल निर्मित हुआ था। दूध प्राशन की खबर पूरी तरह से योजनाबद्ध रीति से रचा गया ढकोसला था, ऐसा हमारा मानना है। इसमें लोगों के समय, पैसा, श्रम एवं विवेक आदि चीजों की बलि दी गई। यह मामला अत्यंत गंभीर है, लिहाजा सी.बी.आई. द्वारा उक्त घटना की जाँच की जाए।'

इस पत्र में आगे ऐसा भी प्रतिपादन किया गया कि 'भारतीय संविधान द्वारा नागरिकों से वैज्ञानिक दृष्टिकोण एवं अन्वेषी बुद्धि के पवित्र कर्तव्य की अपेक्षा की गई है। उक्त चमत्कार इस बारे में बिलकुल विपरीत स्थितियाँ पैदा करते हैं, इसलिए जाँच की आवश्यकता है। साथ ही भविष्य में इस तरह की या अन्य किसी भी तरह की अफवाह कभी भी फैलने पर मीडिया एवं सरकारी अमले के सहयोग से उसके विरोध में तुरंत एवं प्रभावी मुकाबला करने के लिए सरकार अभी से उपाय योजना की नीति तैयार रखे।'

कइयों ने इसी आशय के पत्र समिति की ओर भी भेजे थे। उनमें डॉ. वसंत गोवारीकर, डॉ. जयंत नारलीकर, पु. ल. देशपांडे, नारायण सुर्वे, राम शेवालकर, अनिल अवचट, वसंत बापट, डॉ. श्रीराम लागू, निलू फुले, जयंतराव तिलक, मोहन धारिया, डॉ. बाबा आढाव, भाई वैद्य, ग. प्र. प्रधान, कमल विचारे, ताहेर पूनावाला, डैडी देशमुख, विद्या बाल, पुष्पा भावे, गजानन खातू, जस्टिस जागीरदार, डॉ. सत्यरंजन साठे, मुकुंदराव किर्लोस्कर, सदानन्द वर्दे, पन्नालाल सुराणा, प्रो. हातकणंगलेकर, भारत पाटणकर, गोविंदराव शिंदे, बगाराम तुलपुले और प्रभुभाई संघवी आदि मान्यवरों का समावेश था।

व्यक्तिगत रूप में उक्त गण्यमान्यों द्वारा लिखे सभी पत्रों को संकलित करके उन्हें समिति द्वारा प्रधानमंत्री पी. वी. नरसिम्हाराव के कार्यालय की ओर प्रेषित किया गया था। इन पत्रों के साथ भेजे गए मेरे पत्र में लिखा था कि 'देवता की मूर्ति द्वारा दुग्ध प्राशन के चमत्कार के इस मामले के चलते विश्व में भारत की छवि कलंकित हुई है, ऐसा समिति का मत है, अत: आप अपनी प्रतिक्रिया से हमें अवगत कराएँ तथा पत्र में किए आवाहन पर उचित कार्रवाई की जाए—ऐसी हमारी आपसे विनती है।' लेकिन प्रधानमंत्री कार्यालय से महज एक पंक्ति का भी उत्तर समिति को नहीं मिल पाया। नांदेड़ के समिति कार्यकर्ता एवं शिक्षक निर्वाचन क्षेत्र से निर्वाचित विधायक पी. जी. दस्तुरकर ने मुख्यमंत्री मनोहर जोशी के नाम पत्र लिखकर गणेश मूर्ति द्वारा दुग्ध प्राशनवाले मसले पर अपना कबूलनामा पेश करते हुए अत्यंत तीखा मत व्यक्त किया था। साथ ही महाराष्ट्र के गृहमंत्री गोपीनाथ मुंडे का अभिनंदन करते हुए, क्या इस अफवाह की जड़ें महाराष्ट्र में हैं? लिखकर इसकी खोज कर कार्रवाई करने की माँग भी की गई थी।

दूध प्राशनवाली अफवाह में अच्छे-अच्छों का चीरहरण हुआ था। कई मान्यवरों ने अपनी-अपनी राय भी इस मामले पर रखी थी। भाजपा के दिल्ली मुख्यालय में

लालकृष्ण आडवाणी एवं प्रमोद महाजन जैसे कद्दावर नेताओं ने कटोरे भर-भर दूध मूर्तियों को पिलाया था। उसी समय महाराष्ट्र के मुख्यमंत्री मनोहर जोशी और उनकी पत्नी ने भी गणेश की मूर्ति को दूध प्राशन करती हैं, इसका अनुभव हमने किया है, ऐसा पत्रकारों को बताया था। अफवाह को राजमान्यता देने के मुद्दे पर मनोहर जोशी को छेड़ा गया तब उन्होंने कहा, "मैंने प्रत्यक्ष दूध प्राशन की घटना को देखा है, उसे भला कैसे नकार सकता हूँ? कोई घटना अंधविश्वास है, यह जब तक सिद्ध नहीं होता तब तक श्रद्धा को क्यों ठेस पहुँचाएँ? मैं अंधविश्वासी नहीं हूँ, पर गणेश मूर्ति को दूध पिलाने पर दूध खत्म हुआ, यह सत्य है। इसके कारण को ढूँढ़ना अनुसंधाताओं का काम है।" इस तरह का राजनयिक बयान भी उन्होंने दिया था, "बीसवीं सदी के अंत में सारी दुनिया हिंदुत्व की विचारधारा से सराबोर हो जाएगी।"

ऐसा ही नैस्ट्राडैम्स ने भविष्य कथन किया था। "दूध प्राशन की घटना नैस्ट्राडैम्स के उक्त भविष्यवाणी की ही शुरुआत है," ऐसा ज्योतिषवाले जयंत सालगाँवकर ने माना था।

"दूध प्राशन चमत्कार के चलते हिंदुओं का एका देखने को मिला। ढोंगियों के मुँह पर करारा तमाचा पड़ा। धर्म का प्रभाव बढ़ा। आगामी सदी हिंदुत्व की ही रहेगी, इसकी यह शुरुआत है," ऐसा मत विश्व हिंदू परिषद के नेता आचार्य गिरिराज किशोर ने व्यक्त किया था।

वरिष्ठ सनदी अधिकारी टी. एन. शेषन ने तो हद ही कर दी थी। जिन वैज्ञानिकों ने दूध प्राशनवाले चमत्कार का वैज्ञानिक खुलासा किया, उन्हें ही शेषन ने मिथ्या वैज्ञानिक करार दिया था। अर्थात् इसका विरोध करनेवाले भी कुछेक राज्यकर्ता ही थे।

महाराष्ट्र के उपमुख्यमंत्री गोपीनाथ मुंडे ने कहा था, "दूध प्राशनवाली घटना महज अफवाह है। मेरा और मेरी सरकार का ऐसी घटना पर विश्वास नहीं है।"

सबसे प्रभावी प्रतिक्रिया उड़ीसा के मुख्यमंत्री जे. बी. पटनायक ने दी थी। "उड़ीसा में जहाँ कहीं ऐसी घटना घटित हो रही हो, वहाँ के मंदिरों को बंद कर दिया जाए," इस तरह के आदेश उन्होंने पुलिस को दिए थे। "जरूरत पड़ने पर पंडों को गिरफ्तार किया जाए," ऐसा भी उन्होंने कहा था।

कर्नाटक की विधानसभा में कामकाज के दौरान ही मुख्यमंत्री एच. डी. देवेगौड़ा ने दूध प्राशन की घटना का इनकार करते हुए मंदिर में जमा भीड़ को हटाने का आदेश पुलिस को दिया था।

इस घटना को लक्ष्य करते हुए महाराष्ट्र के अखबारों ने अग्रलेख लिखकर अहम भूमिका का निर्वाह किया था। 'नवा काल' अखबार के अग्रलेख का शीर्षक था—'महाराष्ट्र के मुख्यमंत्री की अपेक्षा दिल्ली का चर्मकार श्रेष्ठ सिद्ध हुआ।' दिल्ली में जूतों की मरम्मत करनेवाले चर्मकार धुलीचंद आर्य ने जब दुग्ध प्राशन

के चमत्कार को मंदिर में देखा तब उसने अपनी दुकान में आकर निहाई को दूध पिलाया और मूर्ति सा ही वाकया घटित होता है, इसे साबित कर दिखाया। लेख में इस घटना का संदर्भ दर्ज था। दैनिक 'प्रभात' ने लिखा था, 'इस दौर में सारा देश मनोरुग्ण बना दृश्य दिखाई दिया, यह चिंताजनक था। इस तरह का पाखंड, अंधविश्वास, मूर्खता एवं पागलपन देश को अधोगति की ओर ले जानेवाला था। ऐसी घटना पर प्रहार करते हुए उसका उन्मूलन किया जाना चाहिए तथा जनमानस को विक्षिप्त बनानेवाला खेल कौन खेल रहा है और क्यों, इसकी भी खोज करना जरूरी है।' दैनिक 'केसरी' ने 'अंधकारमय दिवस' शीर्षक के तहत लिखा था, 'शिक्षित बनने पर मानव समझदार बनता है, इस तरह की समझ का पलभर में फैसला हो गया। और विज्ञान-तकनीकी के क्षेत्र की तरक्की में भारत दुनिया में किस पायदान पर है, इसकी चर्चा मूल्यविहीन साबित हुई है। अंतरिक्ष में प्रक्षेपित किए गए उपग्रह अंतरिक्ष में ही नष्ट हो गए हैं। पीछे रहा महज झुंड, सामूहिक पागलपन एवं मंदिर में इकट्ठा हुए विक्षिप्तों के हुजूम। 21 सितंबर के दिन समूचे भारतवर्ष में यह भयसूचक अंधकार गहराया था और विदेश में बसे ज्ञानी समझदार मनुष्यों पर भी उसकी परछाइयाँ मँडराती दिखाई दीं। वे भले ही विदेश में जा बसे हों, पर अपनी मातृभूमि से नाता हरगिज न तोड़ना—इस आवाहन का उन लोगों ने कितनी ईमानदारी से निर्वहन किया!" 'महाराष्ट्र टाइम्स' ने 'पागलों का बाजार' शीर्षक के तहत लिखा था, संत तुकाराम कहा करते थे, 'पत्थर का देवता बोलेगा कैसे? कब होगी प्राप्त वाणी उसे? तुकाराम जैसे संत ने 300 सालों पूर्व यह सवाल उठाया था। लेकिन वर्तमान दौर के पढ़े-लिखे और आधुनिक मशीनों का प्रयोग करनेवाले इनसानों के मन में यह सवाल निर्मित नहीं हुआ। भूत-प्रेतों पर विश्वास रखकर देवतादि का पूजन करनेवाली, बर्बर संस्कृति के स्तर पर सूट-बूट में विचरण करनेवाली यह मंडली अपनी बुद्धि गिरवी रख चुकी है।'

गणपति की मूर्ति द्वारा दूध प्राशन करने का मामला वैज्ञानिक दृष्टि से किस रीति से घटित हुआ? 'अंतस्स्रवण' एवं द्रव की दो बूँदों में निहित 'समाकर्षण' इन दो तथ्यों से मूर्ति द्वारा दूध प्राशन चमत्कार का मामला संबद्ध है। मिट्टी और खड़िया से बनी गणेश मूर्तियाँ सूँड़ द्वारा दुग्ध प्राशन करती हैं। मिट्टी सछिद्र होती है। सूँड़ वाली मिट्टी में केशनलिकाएँ बन जाती हैं। मिट्टी में मौजूद सूक्ष्म छिद्र यानी केशनलिकाएँ हैं। दूध से भरा चम्मच सूँड़ के एक सिरे पर धरते ही चम्मच का दूध सूँड़ द्वारा सोख लिया जाता है। जिस तरह स्याही सोख ली जाती है, उसी तरह यह क्रिया घटित होती है। गणपति की मूर्ति जैसी ही मिट्टी से बनी अन्य चीजों में भी यही क्रिया घटित होती है। मिट्टी से बने सैनिक, गुड़िया, लोई से बनाई चीजें भी चम्मच से दूध पिलाने पर, दूध को सोख लेती हैं। यदि हम दाढ़ी बनानेवाले ब्रश को गीला करके उसे तिरछा पकड़कर उसके पास दूध से या पानी से भरी चम्मच

ले जाते हैं तब ब्रश के केशों का, दूध या पानी से स्पर्श होते ही वह ब्रश में खींच लिया जाता है। ब्रश गणेश मूर्ति की अपेक्षा द्रुत गति से दूध पीने लगता है।

संगमरमर, धातु या प्लास्टिक की मूर्तियाँ दूध खींचती हैं, इसका राज क्या है? वास्तव में ये मूर्तियाँ अभिषेक के निमित्त गीली की जाती हैं। मूर्ति पर पानी उँडेलने से सूँड़ से लेकर मूर्ति के पैरों तक का हिस्सा गीला हो जाता है। यानी मूर्ति के पृष्ठभाग पर सूँड़ से लेकर पैर तक पानी या दूध का पतला आवरण बन जाता है। इसे ही शास्त्रीय भाषा में 'फैली बंद' कहा जा सकता है। ऐसी मूर्ति की सूँड़ का दूध भरे चम्मच से स्पर्श होते ही गीली सूँड़ पर पहले से मौजूद दूध (या पानी) के रेणु समाकर्षण बल डालते हैं। चम्मच में मौजूद दूध या पानी का पृष्ठीय स्तर फटता है और चम्मच के भीतर के दूध की धार सूँड़ से नीचे की ओर बहने लगती है। चम्मच तिरछा करने पर गुरुत्वाकर्षण बल इस क्रिया में सहयोग करता है, जिससे दूध प्राशन क्रिया आसानी से शुरू हो जाती है। मूर्ति संगमरमर की होने पर और दूध व मूर्ति का रंग सफेद होने के कारण सूँड़ से नीचे की ओर बहता दूध दिखाई नहीं देता। वास्तव में यह दृष्टिभ्रम है। बहता दूध दिखाई न देने के कारण गणपति की मूर्ति द्वारा दूध प्राशन करने का भ्रम होता है। अन्य चीजों से बनी मूर्ति पर बहता दूध दिखाई देता है। दूध में रंग मिलाने पर रंगीन दूध मूर्ति के बदन से नीचे की ओर बहता स्पष्ट रूप से दिखाई देता है। ये दूध या पानी मूर्ति की तलहटी में जमा हो जाता है।

अमरीकन समाचार-पत्रों के पत्रकारों द्वारा विवेकानंद से चमत्कार कर दिखाने की विनती की गई थी। उस घटना की स्मृतियाँ इस अवसर पर ताजा हो गई हैं। चमत्कार की विनती पर फटकार लगाते हुए विवेकानंद ने कहा था, "मैं चमत्कार दिखानेवाला इनसान नहीं हूँ। पंचज्ञानेंद्रियाँ को आश्चर्य महसूस हो ऐसी कुछ घटनाएँ घटती रहती हैं। ऐसी घटनाएँ भी प्रकृति नियमानुसार ही घटती हैं। वे सभी हाथ की सफाई होती हैं। आभास मात्र होती हैं। वे मंत्रमुग्ध मन के खेल हैं। समझदार मानव ऐसी हरकतें नहीं करते।"

वास्तविक देवता की मूर्ति द्वारा दूध प्राशन की घटना का वैज्ञानिक खुलासा यद्यपि तुरंत नहीं मिला, अलबत्ता गणपति की बेजान मूर्ति दुग्ध प्राशन करती है, इस घटना का विवेक तथा प्राथमिक निरीक्षण के आधार पर इनकार करना जरूरी था। पर यह नहीं हो पाया, सामान्य प्राथमिक विवेकवादी ज्ञान को यह समाज समझ नहीं पाया। इस अवसर पर एक और सवाल किया गया कि विज्ञानवादी मनुष्य 'पृष्ठीय बल' ऐसा कारण देते हैं, पर वह तो नित्य ही रहता है। महज एक विशिष्ट दिवस पर ही यह कैसे घटित हुआ? वास्तव में ऐसी घटना किसी भी दिन घटित हो सकती है।

सामाजिक मनोविज्ञान कहता है, "21 सितंबर के दिन लोगों द्वारा जिस पर श्रद्धा रखी गई, उसे ही देखना था। दूसरे दिन वे इस घटना के घटित होने के पक्ष

में हरगिज नहीं थे क्योंकि ऐसा होने पर चमत्कार की शक्ति क्षीण हो जाती। गणेश मूर्ति दूध प्राशन कर रही है, यह भ्रम था। स्वयंसूचना का वह विलक्षण उदाहरण था। लोग जो देखना चाहते थे उसे ही देख रहे थे। उसका किसी भी प्रकार का तार्किक आधार नहीं था क्योंकि वैज्ञानिक पद्धति में यह किसी भी हाल में फिट नहीं बैठता। जो लोग 'अमावस के दिन श्मशान में भूत का निवास रहता है' इस पर विश्वास रखते हैं, उन्हें ही भूत दिखाई देता है। दूध प्राशन का चमत्कार भी इसी तरह का था। कार्यकर्ता इस दौरान कई मंदिरों में गए थे। लोग दूध प्राशन कराते समय गणपति के मुख पर ही ध्यान केंद्रित किए थे। चम्मच तिरछा पकड़कर और उसका एक सिरा पूरी तरह से खुश्क होने के कारण पृष्ठीय बल नष्ट होने या 'अंतस्त्रवण' शुरू होने का सवाल ही पैदा नहीं हो रहा था। लेकिन गणपति की सूँड़ से स्पर्श कराए जानेवाले चम्मच के बारे में यह सतर्कता ही नहीं ली जा रही थी। अधिकांश बार, चम्मच धरा हाथ तिरछा हो रहा था तो कभी चम्मच तिरछा हो रहा था। दूध की धार नीचे की ओर बह रही थी, लेकिन खाली हुआ चम्मच देखकर गणपति मेरे हाथों दूध प्राशन कर गए, ऐसा लोगों को भ्रम हो रहा था। दूध किस पद्धति से बहता जा रहा है, यह देखने में लोगों को कोई रुचि नहीं थी। एक अर्थ से इस तरह का ढोंग नये तरह का अदृश्य आतंकवाद ही माना जाना चाहिए। इस अदृश्य आतंकवाद ने लोगों के अंधविश्वास का आवाहन करते हुए दैववाद को जाग्रत किया।

महाराष्ट्र अंधश्रद्धा निर्मूलन समिति की सौ से अधिक शाखाओं ने इस तरह के मामलों का कड़ा विरोध किया। स्कूली छात्रों और आम आदमी के हाथों में चम्मच थमाकर दूध प्राशन का तत्त्व महज गणपति की मूर्ति पर ही नहीं बल्कि अन्य मूर्तियों पर भी लागू होता है, इसे साबित कर दिखाया। समाज में निहित अंधविश्वास और भाग्यवाद जैसी चीजों के विरोध में प्रखर उद्बोधन की अनिवार्यता गणेश मूर्ति द्वारा दूध प्राशन करने के निमित्त से महसूस हुई। वैसे इस तरह के चमत्कार के मूल में निहित वैज्ञानिक सूत्र माध्यमिक पाठशालाओं की भौतिकी में पढ़ाए जाते हैं। वे छात्रों को ज्ञात भी रहते हैं। पर वर्तमान विज्ञान शिक्षा का स्वरूप कुछेक घटनाओं के सूत्र एवं नियम कंठस्थ करना, बस यहीं तक सीमित हो गया है। वैज्ञानिक पद्धति का प्रयोग करते हुए उक्त घटना की ओर कैसे देखा जाए, इसकी शिक्षा छात्रों को देने का आज अभाव दिखाई दे रहा है। घटनाओं का खुलासा उच्च एवं अद्भुत शक्ति द्वारा घटित करानेवाले चमत्कार में खोजने के कारण, निसर्ग नियम चरमरा जाते हैं। इसका एहसास वैज्ञानिक दृष्टिकोण द्वारा छात्रजीवन से ही निर्मित किया जाना चाहिए। आधुनिक समाज की बुनियादी जरूरत के रूप में, भौतिक और सामाजिक घटनाओं का स्पष्टीकरण चमत्कार में न खोजते हुए, तर्क व बुद्धि के आधार पर खोजा जाना चाहिए। विज्ञान को अपनाने का बुनियादी स्वरूप है विवेकशील निरीक्षण, चिकित्सक बुद्धि की रक्षा, जिसका ठोस स्वरूप वर्तमान शिक्षा व्यवस्था में दिखाई

देना चाहिए। और शिक्षा व्यवस्था की परिधि के बाहरी लोगों में भी वह प्रतिबिंबित होना चाहिए, इस दृष्टि से सजग एवं प्रभावी प्रयास करना होगा।

चमत्कार के मामले में नित्य एवं प्रभावी तरीके से दलीलें दी जाती हैं और किसी भी तरह का चमत्कार करनेवाला कोई बाबा, मांत्रिक या माता क्यों न हो, चमत्कार की पड़ताल कराने की नौबत आने पर, उसकी दलील होती है, "चमत्कार श्रद्धा का मामला है। जिनकी श्रद्धा रहती है, उन्हें चमत्कार की अनुभूति होती है। चमत्कार की अनुभूति यदि लेनी है तो इसके लिए चमत्कार दिखानेवाले महात्मा पर पूरी तरह से श्रद्धा रखें। तभी चमत्कार के प्रसाद के लिए आप पात्र बनेंगे।" बाबा के भक्तों को भी यही कसौटी या दलील मंजूर रहती है क्योंकि उन्होंने अपनी बुद्धि श्रद्धा के नाम पर बाबा के कदमों में गिरवी रखी होती ही है। उनकी उक्त श्रद्धा स्वयं की जाँच कराने की प्रतिज्ञा पर ही बनी रहती है। और जब जाँच ही करें तो वह विषयनिष्ठ दिखाई देती है, वस्तुनिष्ठ हरगिज नहीं।

जाँच न करने का सिलसिला शुरू होने पर, बेहद मजेदार खुलासे आने लगते हैं। जयंत आठवले के कुछेक विधान इसके पूर्व ही उद्धृत किए गए हैं। उनकी मानें तो जन्म लेना, दुर्घटना, चमत्कार आदि की कार्यकारण मीमांसा बुद्धिप्रमाणवादियों को भला कैसे समझेगी? बुद्धिप्रमाण की बुनियाद ही कार्यकारण मीमांसा की खोज करना है, उन्हें ही वह समझ में नहीं आती, ऐसा एक बार घोषित करने पर, आगे सब कुछ सुविधाजनक हो जाता है। वास्तव में कार्यकारण मीमांसाओं को महज बुद्धि ने ही समझा है, अब इस सचाई से आठवले को कौन अवगत कराए? जन्म के सभी तफसीलात यद्यपि बेपरदा नहीं पाए हैं, फिर भी विगत कुछेक दशकों में विज्ञान ने इस क्षेत्र में हैरतअंगेज तरक्की की है, यह भी सचाई है। संतति प्राप्ति न होनेवाले कई दंपतियों को इसी के चलते संतति प्राप्ति का आनंद मिल सकता है। और भले ही कोई कारण क्यों न हो अवांछनीय संतति को रोका भी जा सकता है। दुर्घटना का कार्यकारण संबंध तो सर्वमान्य ही रहता है। अतः उन गलतियों के लिए संबंधितों को जुर्माना या जेल हो सकती है।

'दुर्घटना का शिकार हुए मनुष्य का भाग्य ही उस तरह का था, और जिसने दुर्घटना को अंजाम दिया। उसके भाग्य में ही दुर्घटना कराना लिखा था।' इस तरह की दलील अदालत पल भर के लिए भी संज्ञान में नहीं लेती। चमत्कारादि से कार्यकारण मीमांसा जुड़ी है, ऐसा मानना यानी संविधान में निहित नागरी कर्तव्यों से नागरिकों को गुमराह करना है। संविधान में नागरिकों का एक महत्त्वपूर्ण कर्तव्य दर्ज है, 'वैज्ञानिक दृष्टिकोण और खोजी बुद्धि का पालन करना।' शिक्षा के महत्त्वपूर्ण उद्देश्यों में वैज्ञानिक मनोभाव की निर्मिति, यह भी एक है। इसका अर्थ है—कार्यकारण भाव की पड़ताल करना। चमत्कार और कार्यकारण भाव में वही नाता है जो अंधकार

और प्रकाश में है। इनमें से किसी एक ही का अस्तित्व रह सकता है और वह है—वैज्ञानिक दृष्टिकोण। अत: वैज्ञानिक दृष्टिकोण भारतीय संविधान की धुरी है।

श्री आठवले द्वारा दिया गया रूमाल का उदाहरण मजेदार है। उनका कहना कि "किसी रूमाल को देखने पर इस रूमाल की कपास किस खेती से लाई गई थी? रूमाल का कपड़ा किस कारखाने में निर्माण किया गया था? वह रूमाल किस दुकान से खरीदा गया था? रूमाल कब और कहाँ पर नष्ट होगा आदि भूतकालीन और भविष्यकालीन जानकारी को समझ पाना असंभव है। क्योंकि इस जगत की कुल जानकारी की महज 2 प्रतिशत जानकारी ही बुद्धि की समझ के अधीन है। इसके विपरीत आध्यात्मिक दृष्टि से उन्नत व्यक्ति त्रिकालदर्शी होता है अत: वह रूमाल की उपरोक्त सभी स्थितियों से अवगत हो सकता है।"

जगत का समग्र ज्ञान और वह भी सार्वकालिक ज्ञान समझने का दावा विज्ञान कभी भी नहीं करता। ऐसा दावा करने की हिमाकत कथित अध्यात्म में यानी अज्ञान में ही हो सकती है। वैज्ञानिक दृष्टिकोण का दावा मात्र यही होता है कि मुझे कतिपय चीजों का ज्ञान हुआ है। अधिकांश चीजों का ज्ञान नहीं हुआ है, पर उन चीजों को किस तरह समझ सकता हूँ, इस विचार पद्धति से मैं अवगत हुआ हूँ। मैं इस विचार पद्धति द्वारा अधिक-से-अधिक चीजों को समझ लेने का प्रयास करूँगा। अतएव इस विचारपद्धति के बल पर इसके पूर्व में प्राप्त किया ज्ञान यदि गलत है, ऐसा समझ में आता है तो उसका मैं परित्याग करूँगा। जो नया ज्ञान प्राप्त होगा, और साक्ष्यों की कसौटी पर सिद्ध होगा, उसे ही स्वीकार करूँगा। इस प्रक्रिया के दौरान मुझमें यदि किसी प्रकार की त्रुटियाँ होंगी तो उसे दूर करूँगा। क्योंकि अंतिम सर्वव्यापी सार्वकालिक ज्ञान ऐसी कुछ चीज होती है, ऐसा मैं नहीं मानता। **ज्ञान सत्य की अखंड खोज है अंतिम सत्य नहीं, बल्कि वह सत्य की नित्यता पर आधृत रहता है।** यदि इसी दृष्टिकोण को उचित तरीके से प्रयोग में लाया गया तो आठवले के उपरोक्त उदाहरण को बड़ी आसानी से समझा जा सकता है। इसके लिए बुद्धि के पार की अनुभूति की हरगिज जरूरत नहीं है।

बिना किसी कारण सुगंध या दुर्गंध की अनुभूति होना, मुँह में मिठास या कड़वाहट पैदा होना, ईश्वर या भूत का दर्शन होना, अच्छी या बुरी आवाज सुनाई देना, अच्छे या बुरे स्पर्श की अनुभूति होना आदि चीजें पंचज्ञानेंद्रियों द्वारा महसूस किए जानेवाले चमत्कार हैं, ऐसा आठवले का दावा है। वस्तुत: ये सारी चीजें मनोभ्रम मात्र होती हैं। जब किसी भी बाह्य इंद्रियाँ उद्दीपन के सिवा ऐसे भ्रम व्यक्ति को होते रहते हैं, तब ऐसा होना गंभीर किस्म की मानसिक बीमारी के लक्षण हैं। सम्मोहन की प्रगाढ़ बेहोशी में भी ऐसे भ्रम होते रहते हैं और नशीले पदार्थों के सेवन में भी। विशेषत: चरस, अफीम आदि के सेवन में। यही नहीं, बल्कि इस मनोभ्रम के भी विपरीत चित्र-विचित्र मजेदार अनुभूतियाँ व्यक्ति को

हो सकती हैं, आज इन तमाम चीजों से विज्ञान भलीभाँति परिचित है, अत: उन चीजों को अब आध्यात्मिकता के खूँटे से बाँधने की हरगिज जरूरत नहीं है। दूसरों के मनोगत से परिचित होना, भूतकालीन घटनाओं से अपने आप परिचित होना और भविष्यकालीन घटनाओं से परिचित होना आदि तमाम चीजें अतींद्रिय शक्ति या परामनोविज्ञान मानी जाती हैं, जिनकी दुनियाभर के वैज्ञानिकों की दृष्टि से, शास्त्रीय आधार से कौड़ी तक की कीमत नहीं है। क्योंकि इन्हें लेकर कई दशकों से अनुसंधान किए जा रहे हैं, बावजूद इसके किसी चीज को वैज्ञानिक दृष्टि से सिद्ध करने के लिए दुनियाभर के वैज्ञानिकों के पास जो कसौटियाँ हैं, उनमें से किसी भी कसौटी पर ये चीजें कभी खरी नहीं उतरी हैं।

स्वाभाविकत: ऐसी चीजें यदि संतगणों के नाम पर दर्ज करनी हैं, तो इसके लिए विश्वमन, विचार तरंग, ऐसी सतही वैज्ञानिकता का भ्रम पैदा करनेवाली, परंतु वास्तव में अर्थहीन चीजों का आधार लेना पड़ता है। वस्तुत: संतगणों की सामर्थ्य उनकी अथाह करुणा एवं सदाचरण में निहित है। उनके संग चमत्कार की सामर्थ्य चस्पा करना उनके नैतिक कार्य का अधिक्षेप ही साबित होता है। किस श्रेणी के मांत्रिक किस श्रेणी के चमत्कार दिखा सकते हैं, इसे आठवले ने तफसीलात से समझाया है। वास्तव में हम भी इस तरह की कमाधिक सिद्धि प्राप्त सिद्धपुरुष की खोज में ही हैं, किंतु उनकी सिद्धि का प्रकटीकरण कराने की नौबत आने पर अमूमन वे श्रद्धा का सहारा लेंगे। ऐसी मिथ्या विचारधारा द्वारा कौन सा संदेश जनमानस तक प्रेषित होता है? आठवले की मानें तो 70 प्रतिशत नशे के आदी मनुष्य, नशे के आदी मृतक मानव की वासना के शिकार रहते हैं। इसका उपाय जाग्रत देवस्थान या संत जनों का सान्निध्य है। नशा किसे कहते हैं? वह किस तरह जड़ जाता है और बढ़ता कैसे है? नशा छूटता कैसे है? नशे की लत मानसिक, पारिवारिक एवं सामाजिक बीमारी किस रूप में है? आदि सवालों पर दुनियाभर के विशेषज्ञों द्वारा संकलित हुआ; बहुत-सा ज्ञान आज हमारे पास उपलब्ध है, लेकिन जब हमने फैसला ही किया होता है कि मृत्यु पश्चात् के वासनामय जीवन का समर्थन ही करना है, तब मुद्दे का फैसला ही हो जाता है।

चमत्कार विरोधी भूमिका अपनाते वक्त लोगों द्वारा उठाई जानेवाली कुछेक आपत्तियाँ अधिक वैचारिक स्तर की रही हैं। मिसाल के तौर पर रजनीश द्वारा उठाई गई एक आपत्ति दिलचस्प है। कई सारे संत चमत्कार दिखाते हैं, उनके चमत्कारों को लेकर रजनीश ने यह प्रतिपादन किया है कि "मनुष्य वासनाओं से ग्रसित है। चमत्कार जरूरी हैं, अत: घटित होने चाहिए। और वे चमत्कार मेरे बारे में सत्य साबित हों, ऐसी मनुष्य की इच्छा रहती है। कोई बाबा चमत्कार दिखाने के दौरान यदि झूठा साबित होता है, तो इससे खासा फर्क नहीं पड़ता। उस व्यक्ति को लगता है कि भले ही यह बाबा झूठे साबित हुआ हो, पर दूसरा कोई बाबा सत्य साबित

होगा। यदि सभी बाबा झूठे साबित हो भी जाएँ तो भी चमत्कार करने के बाबाओं के दावे न थमेंगे और न ही उन पर विश्वास करनेवाले। क्योंकि जीवन कई दुखों और अतृप्त इच्छाओं से अटा पड़ा है। दुखों को कैसे खत्म किया जा सकता है? तृप्ति का लाभ कब होगा? इसे लेकर किसी भी तरह का जवाब मनुष्य को प्राप्त नहीं होता। ऐसे समय कोई-न-कोई बाबा इन चमत्कारों को सचाई के धरातल पर लानेवाला मिल ही जाएगा, ऐसा उसका मानना होता है।"

मुझे एक घटना याद आती है। बुलढाणा जिले का मेहकर निवासी शेषचंद्र बाबा पुरानी और असाध्य बीमारियों पर दैवी इलाज किया करता था। उसके दरबार में सतारा से लोग हाजिरी लगाया करते। कुछ होशियार लोगों ने एक तरकीब निकाली कि सतारा इलाके से बाबा के बुलढाणा दरबार में हाजिरी लगाने जानेवाले रोगियों और भक्तों की परेशानियों को कम करने के लिए क्यों न हम बाबा का दरबार सतारा में ही आयोजित करें? सतारा के कृष्णेश्वर मंदिर में बाबा का दरबार आयोजित होने लगा। सब ओर बोर्ड लग चुके थे। पैंफलेट्स भी बाँटे गए। असाध्य रोगों का दैवी इलाज, यह अपराध 'ड्रग्स एंड मैजिक रेमेडीज प्रिवेन्शन एक्ट 1954' के तहत दखलपात्र श्रेणी में शुमार है। हमारे संगठन ने बाबा के दरबार के विरोध में शिकायत दर्ज की। बाबा को उठाकर पुलिस थाने लाया गया। केस दर्ज किया गया। इस संबंध में बाबा ने एक अलग ही मुद्दा उठाया। उसका ठोस प्रतिपादन था, "मैं दुर्द्धर्ष बीमारियों का इलाज करता हूँ, इलाज कारगर भी साबित होता है। अगर बीमारी दूर हो रही है, फिर इसमें भला किस तरह का पाखंड?" चुनौती पड़ताल प्रक्रिया तय हुई। पुलिस थाने में ही लिखित रूप में करार किया गया। इसका सार था, "शेषचंद्र बाबा को 10 अलग-अलग बीमारियों से ग्रस्त मरीज समिति द्वारा सौंपे जाएँगे। बाबा द्वारा उनका इलाज किया जाएगा। यदि बीमार व्यक्ति की बीमारी ठीक हो जाती है, तब बाबा की दैवी सामर्थ्य को समिति द्वारा स्वीकृति दी जाएगी। चमत्कार सिद्धि पर चुनौती रकम पाँच लाख समिति द्वारा अदा की जाएगी। और बाबा पर दर्ज केस हटा लिया जाएगा। और यदि बाबा बीमारी दूर करने में असफल होता है, तब बाबा द्वारा इस तरह की चिकित्सा पद्धति को तुरंत बंद कर दिया जाए।"

अखबार में उपरोक्त खबर विस्तार से छपकर आई। जबकि मैं चिकित्सा क्षेत्र से संबंधित था, लिहाजा 10 मरीज मुझे आसानी से प्राप्त हुए। किंतु लोगों तक बाबा के चमत्कार द्वारा इलाज करने की खबर पहुँचने पर कुछ बड़े मजेदार किस्से घटने लगे थे। जिले भर से लोगों के फोन और खत आने शुरू हुए कि 'हमारा फलाँ-फलाँ रिश्तेदार फलाँ-फलाँ बीमारी से ग्रस्त है। कृपया आपकी पड़ताल प्रक्रिया में हमारे मरीज को भी शामिल किया जाए।'

हमने उन्हें लाख समझाने की कोशिश की 'अपना समय फिजूल में न गवाएँ, इसके लिए गाड़ी का खर्चा करके न आएँ। इस तरह की इलाज प्रक्रिया द्वारा किसी

भी तरह का लाभ किसी को भी होना संभव नहीं है।' पर मरीज के रिश्तेदारों ने एक ही रट लगा रखी थी, 'हमने सभी इलाज किए हैं, इलाज भी खत्म हो चुके हैं। कुछ और मार्ग भी नहीं बचा, इस इलाज को अपनाकर तो देखें, यदि होगा नसीब में तो दिखने लगेगा असर, अन्यथा हम तो भुगत ही रहे हैं।'

रजनीश के मतानुसार उपरोक्त कथन का अर्थ ही यह कि "चमत्कार पर विश्वास एक दृष्टि से स्वयं की इच्छाओं की परिपूर्ति है। जब तक दुनिया में दुख, दैन्य, दरिद्रता एवं अज्ञान की मौजूदगी है, तब तक चमत्कार किए जाते ही रहेंगे। पिछले पाँच हजार सालों तक विज्ञान विकसित नहीं हो पाया था। उस समय भी चमत्कार हुआ करते थे। और आज के दौर में तो विज्ञान विकास की चरमावस्था में है, बावजूद इसके चमत्कार जारी हैं। क्योंकि मनुष्य में न परिवर्तन हुआ है और न ही उसने आसक्ति का परित्याग किया है। आसक्ति ही उसे चमत्कार की ओर खींचती रहती है।"

सतही तौर पर बेहद अचूक प्रतीत होनेवाला यह खुलासा वास्तव में पूरी तरह से अचूक नहीं है। इसका कारण यह कि इसमें दो चीजों को अनदेखा किया गया है। मनुष्य की वासनाओं की आसक्ति यद्यपि खत्म होनेवाली नहीं है, इसे भले ही मान्य किया जाए, पर उसकी परिपूर्ति के लिए मनुष्य ढाढ़स एवं पौरुष (कदाचित् भ्रष्टाचार एवं गुंडई) के मार्गों का अवलंब कर सकता है। अपनी इच्छाओं की परिपूर्ति हेतु किसी-न-किसी अज्ञात चीज के हाथों का खिलौना बनना या अज्ञात का दर्शन किसी-न-किसी के द्वारा दैवी चमत्कार की सामर्थ्य से होता है, ऐसा मानकर उसके चरणों में लीन होना, इस चीज को मनुष्य निश्चित तौर पर टाल सकता है। विशेषत: जिस युग में शिक्षा द्वारा वैज्ञानिक दृष्टिकोण प्रदान करने की सामर्थ्य है, उस युग में यह सहज संभव है। यह वैज्ञानिक दृष्टिकोण असल में नैतिक शिक्षा में समाविष्ट है, पर यह मूल्य चमत्कार के विरोध में कितनी दृढ़ता एवं मजबूती से खड़ा हो पाएगा, इसे हम छात्रों को समझाते नहीं हैं, और न ही इसका उन पर संस्कार करते हैं।

महाराष्ट्र अंधश्रद्धा निर्मूलन समिति ऐसा प्रयास अपने बूते पर कर रही है। विगत दस सालों में महाराष्ट्र में समिति के 10 से 15 हजार शिक्षक इस प्रक्रिया के माध्यम से प्रशिक्षित बन चुके हैं और लाखों छात्रों को उनके द्वारा संस्कार दिए गए हैं। संस्कारित छात्र भावी जीवन में आसक्तियों के समक्ष अनिवार्य रूप में जानेवाले ही हैं। पर वे अपनी इच्छाओं की परिपूर्ति के लिए चमत्कार जैसी अवैज्ञानिकता का भ्रामक आधार खोजेंगे नहीं। कथित चमत्कार के जरिए उस समय यदि लाभ होता हो, तब विरोध किसलिए? यह वैसे अक्सर पूछा जानेवाला सवाल है। इस संबंध में उदाहरण दिया जा सकता है कि "सर्पदंश से मनुष्य घबरा जाता है। साँप का जहर उतारने के लिए उसे नजदीकी मशहूर मंदिर में ले जाया जाता है। अधिकांश

मामलों में ऐसे मनुष्य बच जाते हैं। पर कभी-कभार जहरीला साँप काटने पर और एन्टीवेनम का टीका न मिलने पर मनुष्य जान से हाथ धो बैठता है, यह कार्यकारण भाव स्पष्ट है। पर इसके बारे में दावा यह किया जाता है कि साँप का काटा मनुष्य बेहद भयभीत हुआ होता है, कदाचित् भय से ही उसके मरने की संभावना होती है। ऐसे हालात में देवता के अनुग्रह से जहर उतारने के स्थान पर हम आए हैं, इस भावनात्मक आधार से मनुष्य भय के मानसिक सदमे से बाहर आ जाता है और उसकी जान बच जाती है। यह बात यद्यपि अवैज्ञानिक हो भी पर क्या अनिवार्य एवं जरूरत पड़ने पर उचित नहीं है, यह सवाल भी उठाया जाता है। साँप का जहर मंत्र द्वारा उतारने का चमत्कार करनेवाले आपके पास मौजूद होंगे ही। ऐसे में आपके पास जब तक सभी स्थानों पर साँप का जहर उतारने के लिए एन्टीवेनम के टीके उपलब्ध हों नहीं, तब तक तंत्र-मंत्रों का बेवहज क्यों विरोध किया जाए? ऐसा भी एक सवाल है।

थोड़ी समझदारी से विचार करने पर इस सवाल का जवाब देना मुश्किल नहीं है। एक यह कि विषहीन साँप काटने पर भी साँप ने काटा है, यह सुनकर ही मनुष्य भयभीत हो जाएगा, हो सकता है कि वह बेहोश हो जाए। साँप के काटने से व्यक्ति की मृत्यु होगी ही, इस अंतिम छोर के अपवाद को छोड़ दें तो अन्य चीजों में सचाई नहीं है। पर असल मुद्दा यह है कि यदि काटनेवाला साँप जहरीला हो तो? साँप के काटने से मंदिर में ले जाए गए मनुष्य के शरीर में जहर पूरी तरह से फैल जाने के कारण निश्चित तौर पर वह मरेगा ही। ऐसा न हो इसके लिए साँप की काटी जगह का मुआयना करके साँप जहरीला था या विषविहीन यह पहचानना, प्राथमिक चिकित्सा का प्रबंध करना एवं सभी स्वास्थ्य केंद्रों में एन्टीवेनम की उपलब्धता का ज्ञान आदि चीजों की जरूरत रहती है। और इन पर अमल करना संभव है, अतः इस दृष्टि से कदम उठाए जाएँ। इसकी तात्कालिक सहूलियत महसूस होती है, इसलिए भ्रम का आधार लेने में क्या मतलब? "वासना तृप्ति के पीछे दौड़ लगाता मनुष्य चमत्कारों के पीछे दौड़ लगाता ही रहेगा, उसे रोकना हमारे हाथ में नहीं है।" रजनीश के इस विचार को हम पल भर के लिए मान लें, फिर भी एक सवाल उठाया ही जाना चाहिए कि लोगों की लाचारी एवं अतृप्ति को कोई अपना पेशा बनाता हो, या इसका लाभ उठाकर किसी को लूट रहा हो, यह कहाँ तक उचित है?

यह सच है कि चमत्कार का दावा करनेवाले 95 प्रतिशत बदमाश ही होते हैं, लेकिन चमत्कार का दावा करनेवाले लोग 100 प्रतिशत बदमाश ही होते हैं ऐसा कहना भी क्या अवैज्ञानिक नहीं है? इसका सरल जवाब यह कि 95 प्रतिशत चमत्कार पाखंड की श्रेणी में आते हैं, यह जिस तर्क के आधार पर अवगत होता है, उसी तर्क के आधार पर बचे हुए 5 प्रतिशत की भी पड़ताल करनी चाहिए।

यदि इस पड़ताल में कुछ संदिग्धताएँ प्राप्त होती हैं, तो माना जा सकता है कि इस कथित चमत्कार को ठोस रूप में नकारनेवाले पर्याप्त प्रमाण आज हमारे पास मौजूद नहीं हैं। ऐसे समय क्या किया जाए? इसका सरल और स्पष्ट जवाब यह है कि प्रमाणों की खोज जारी रखी जाए, पर व्यवहार सिद्ध हुई चीजों के आधार पर ही किया जाए। भरोसा रखा जाए कि विज्ञान के अनगिनत रहस्य मनुष्य को जिस पद्धति से पता चले हैं, उसी पद्धति से आज नहीं तो कल कथित चमत्कार के मूल में छिपा सत्य भी उजागर हो जाएगा, ऐसा मानना और इसी विचार से अगली यात्रा जारी रखना आधुनिक मानव का लक्षण है।

कतिपय चमत्कारों में सामाजिक यथार्थ का ब्योरा रहता है। सामाजिक मान्यता, प्रथा परंपराओं एवं विधि निषेधों का प्रतिबिंब उसमें दिखाई देता है। इसे समझ लेना ही उचित है। 'एकनाथ चरित्र' की कथा कुछ इस प्रकार है : संत एकनाथ का जीवन पैठण, जिला औरंगाबाद के सनातनी धर्मपीठ के सहवास में गुजरा। एकनाथ जन्मना ब्राह्मण थे। उनके घर पर सनातन ज्ञान की उपासना की जाती थी। इसे ध्यान में रखते हुए यदि एकनाथ कर्मठ, अनुदार आचरण करते तो इसमें कोई ताज्जुब की बात नहीं थी। पर संत एकनाथ ने उदार एवं जातिभेद विरहित भागवत संप्रदाय के दर्शन को स्वीकार किया था। उनके रूप में पैठण के प्रतिष्ठित सनातनी धर्मकेंद्र में एक विद्रोही का जन्म हुआ। संत एकनाथ ने रेगिस्तान में झुलसकर बुरी तरह से छटपटाते गधे को पानी पिलाया। रोते-बिलखते अस्पृश्य बालक को उठाकर सीने से लगाया। स्वयं के घर में बिठाकर दलित को भोजन खिलाया। आज से लगभग छह सौ साल पूर्व की ये घटनाएँ हैं।

उस दौर को मद्देनजर रखकर हम विचार करें तो उस दौर में इस तरह की घटनाओं से भारी प्रक्षोभ निर्मित हुआ होगा। दलित व्यक्ति के प्रत्यक्ष संत एकनाथ संग पंक्ति में बैठकर भोजन करना, इस तरह की सचाई तत्कालीन प्रतिष्ठित द्विजों तथा सनातनी धर्म के ठेकेदारों के लिए हरगिज सुविधाजनक नहीं थी और न ही ऐसी घटना को वे पचा पाए। किंतु इस सचाई को बदलना भी संभव नहीं था। लिहाजा, इसका एक पर्याय खोजा गया। जिसके तहत यह कहा गया कि 'दलित के रूप में प्रत्यक्ष ईश्वर ही आए थे।' ऐसा कहकर उस घटना में निहित विद्रोह व संभावित विद्रोह के परिणामों को दबाकर नष्ट कर दिया गया और उसकी जगह चमत्कार एवं दैवी कसौटी स्थापित हुई।

भक्त दामाजी के लिए पैसे चुकानेवाले मंगलवेढा निवासी विट्ठल महार के भी ऐतिहासिक व्यक्ति होने की बात इतिहासविद् वि.का. राजवाड़े द्वारा साबित की गई है और इसके साक्ष्य के तौर पर विट्ठल महार के खानदान को दिए गए जमीन के इनाम का दस्तावेज ही पेश किया गया है। इन दोनों घटनाओं पर गौर करें तो समाज की रूढ़ चौखट को धक्का देनेवाली घटनाओं और व्यक्तियों

को दैवी चमत्कार के घेरे में कैद कर उनके विद्रोह को दबाने की सचाई सामने आती है। इसे एक अर्थ से विद्रोह की त्रासदी ही कह सकते हैं, जो चमत्कार के चलते घटित हुई है।

भारतीय समाज की बुनावट मूलत: नियतिवाद पर आधारित होने के नाते, जीवन के छोटे-बड़े संकट और मामूली कारणों से भी समाज भयभीत हो जाता है। समस्या एवं संकट भाग्य के ही पहलू हैं, ऐसा लोगों का मानना रहता है। बाबा को दैवी शक्ति की सामर्थ्य का अनुग्रह प्राप्त होने के कारण चमत्कार के जरिए वे हमें समस्या या संकट से मुक्ति दिला सकते हैं, ऐसा लोगों का विश्वास रहता है। मनुष्य, संकट का ढिठाई से एवं निर्भय होकर मुकाबला नहीं करता। बल्कि चमत्कार पर जतलाया अंधविश्वास और मासूम आशावाद ही मनुष्य को बाबा के फंदे में फँसाता है। ढोंगी बाबा जिन चमत्कारों के आधार पर अंधविश्वासी लोगों को लूटते हैं, ऐसे ढोंगी बाबाओं को चुनौती देना, उन्हें चमत्कार करने के लिए कहना, इसका प्रयोजन यह कि उनके चमत्कार के मूल में निहित पाखंड का असली रूप जनमानस साफ समझ सके।

भारतीय समाज आज भी ईश्वर, प्रारब्ध, अनिष्ट रूढ़ियाँ, प्रथाएँ और कर्मकांड जैसे सैकड़ों अंधविश्वासों के चक्रव्यूह में फँसा है। ऐसा समाज नित्य ही स्वाभिमानशून्य, भगोड़ा एवं कायर होता है। ऐसे लोगों में किसी समस्या का अथक कोशिश करते हुए आत्मविश्वासपूर्वक एवं निर्भय रीति से मुकाबला करके, उसे अंजाम देने की क्षमता का अभाव रहता है। ये लोग कठिन सचाई से भयभीत होकर अपनी बुद्धि एवं स्वाभिमान बाबा के चरणों में गिरवी रख देते हैं। बाबा का प्रभावी हथियार चमत्कार होता है। यदि समाज को स्वाभिमानी, प्रयत्नशील एवं निर्भय बनाना है तो इसके लिए चमत्कार का प्रबल विरोध किया जाना जरूरी है।

चमत्कार सिद्धि के चलते संभव होते हैं और सिद्धियाँ प्राप्त करना योगी के बस की बात है। योगी, सिद्धियों को योग सामर्थ्य से प्राप्त करते हैं, ऐसा माना जाता है। धर्म परंपरा भी उक्त मत की पुष्टि करती है। धर्म परंपरा सिद्धियों के बारे में आगाह करते हुए यह भी कहती है कि 'पूरी तरह से सिद्धियों के वश में जाने से बचें, उनकी उपासना न करें, सिद्धियों का मोह टाल दें, सभी सिद्धियाँ शूद्र होती हैं।' साधु-संतगणों का भी कहना है कि 'जो सिद्धि-चमत्कार के जाल में फँस जाता है, उसका अध:पतन होता है।'

जिनके अंतस में पवित्र धर्म भावना का अंश है वे हमेशा ही चमत्कारवाद के विरोधी रहे हैं। जो योगी चमत्कार दिखाकर भक्तों का जमघट लगाता है, उसे संत साहित्य ने फटकार लगाई है और चमत्कार दिखानेवाले गुरु की सूरत तक नहीं देखनी चाहिए, ऐसा कहा है। कइयों ने सदियों से चमत्कार एवं सिद्धियों का विरोध किया

है। बावजूद इसके कइयों को सिद्धि एवं उसके द्वारा किए जानेवाले चमत्कारों का आकर्षण रहा है। 'चमत्कार दिखानेवाले साधु के पास किसी तरह की दैवी शक्ति की सामर्थ्य होती है तथा ऐसे साधु का भजन-पूजन करने पर, हमारा हित साध्य होता है। हमें यदि धार्मिक बनना है तो इसके लिए ऐसे सिद्धि प्राप्त साधु की भक्ति करना अनिवार्य है,' ऐसा भी कइयों का मानना है।

चमत्कार से संबद्ध स्वामी विवेकानंद के जीवन की एक अर्थपूर्ण घटना का यहाँ उल्लेख करना आवश्यक है। एक दफा स्वामी विवेकानंद के पास एक व्यक्ति आया। उसने बड़े गर्व से स्वामी विवेकानंद से कहा, "20 वर्ष हठयोग साधना करके मैंने ऐसी सिद्धि प्राप्त की है कि उसकी सामर्थ्य पर मैं पानी की सतह पर चल सकता हूँ और नदी के एक छोर से दूसरे छोर पर आसानी से पहुँच सकता हूँ।" इस व्यक्ति की अपेक्षा थी कि विवेकानंद उसकी प्रशंसा करेंगे। परंतु विवेकानंद बोले, "तुमने जीवन के अनमोल बीस साल व्यर्थ गँवाए हैं। किसी नाविक को एक पैसा देने पर वह जो काम करता है, उसे कर दिखाने के लिए तुम्हें जीवन के अनमोल बीस वर्ष व्यर्थ गँवाने की क्या जरूरत थी? इसकी अपेक्षा यदि देशवासियों की सेवा करते तो वह अधिक महत्त्वपूर्ण रहता।"

तात्पर्य, चमत्कार करनेवाले ऐसे तथाकथित लोगों द्वारा समाज और दीन-दलितों का व्यापक हित चमत्कार के द्वारा किया गया है, ऐसा कहीं दिखाई नहीं देता। खुले हाथ में सोने की अँगूठी और चेन बड़ी आसानी से निकालनेवाले और कई दफा ऐसा चमत्कार कर दिखानेवाले सत्यसाईं के पास अद्भुत सामर्थ्य है, ऐसा पल भर के लिए मान लिया जाए, फिर भी अपने सामर्थ्य के बल पर उसने देश का कौन सा भला किया है? ऋणग्रस्त भारत को सोने की चिड़ियों वाला पूर्व वैभव प्राप्त करा देने के लिए यदि सत्यसाईं की सिद्धियों का उपयोग नहीं होता है तो वह सिद्धि भला किस काम की?

किसी साल बारिश के अभाव में सूखे के भयावह हालात बन जाते हैं। मनुष्य विस्थापित होते हैं, कभी-कभार तड़पकर मर जाते हैं। पर ऐसे समय किसी दैवी पुरुष ने सूखाग्रस्त इलाके में जाकर सिद्धि के बल पर सूखे कुओं को पानी से लबालब भर दिया हो, भूतकाल में घटित ऐसे कोई चमत्कार सामने नहीं आए। या भारी वर्षा के चलते खड़ी फसल बह जाती है, ऐसे समय किसी संत द्वारा अतिवृष्टि को रोककर बहती फसल बचाने के चमत्कार के मामले सामने नहीं आए। ऐसे चमत्कारों के उल्लेख महज पुराणों में ही पढ़ने के लिए मिलते हैं। चमत्कारी लोग आधुनिक काल में चमत्कार करने की अपनी सामर्थ्य का प्रयोग देश विकास कार्य हेतु करते दिखाई नहीं देते। वास्तव में उनके पास ऐसी किसी प्रकार की सामर्थ्य होती ही नहीं। लिहाजा, ऐसे चमत्कारियों का संग किसी भी तरह से हितकारी नहीं है और न ही उनकी संगत धर्माचरण है।

चमत्कार में भरोसा रखनेवाले लोग धर्म की शरण में भला क्यों जाते हैं? क्या उन्हें वासना व स्वार्थ का परित्यागकरना होता है? क्या उन्हें उदात्त एवं पवित्र होने की कामना रहती है? इसलिए वे धर्म का रुख अपनाते हैं? सचाई यह है कि ऐसे लोगों को देवता तक अपनी भौतिक सुविधाओं के लिए जरूरी लगते हैं। किसी को नौकरी की लालसा रहती है, किसी को प्रोन्नति की आस रहती है, कोई कालाबाजारी के चंगुल में फँसा हुआ रहता है, किसी ने गबन किया होता है, कोई रोगमुक्ति की आकांक्षा पाले है, कोई रुपयों को दुगना कराना चाहता है। अधिकांश ने विविध तरह के पाप करने में जीवन गँवाया होता है, अत: ऐसे लोगों को विवेक-बुद्धि द्वारा फटकार लगाने पर पाप कृत्य छोड़े बिना, पाप की कमाई का परित्याग किए बिना, स्वयं की विवेक-बुद्धि की फटकार से मुक्त होने हेतु, चमत्कारी बाबा की शरण के सिवा अन्य सस्ता रास्ता दिखाई नहीं देता। **ऐसे लोग धार्मिक होने के नाते चमत्कारी बाबा की शरण में चले जाते हैं, यह सचाई नहीं है, बल्कि ऐसे लोगों में सच्ची धार्मिकता का अभाव रहता है, तथा भ्रष्टाचरण में धर्म सहयोग देगा, इस आकांक्षा के चलते वे चमत्कार एवं चमत्कारी बाबा की शरण में चले जाते हैं, यह सच है।**

चमत्कार पर विश्वास रखना, विज्ञान एवं वैज्ञानिक दृष्टिकोण के मौलिक तत्त्व कार्यकारण भाव को खूँटे पर टाँगना है। वैज्ञानिक दृष्टिकोण मानता है कि विश्व स्वायत्त रूप में अस्तित्व में है। इसका अर्थ यह कि किसी भी शुभ शक्ति की उपासना के चलते अपने आप अच्छा घटित नहीं हो सकता या दैवी शक्ति के प्रकोप के चलते अपने आप बुरा घटित नहीं होता। विश्व की घटनाएँ कार्यकारण भाव के अनुसार ही घटित होती हैं। कार्यकारण भाव की खोज की जा सकती है। वह नित्य सिद्ध रहता है। कार्यकारण भाव की सैद्धांतिकता से मूलत: चमत्कार विसंगत ही होते हैं। कार्यकारण भाव को ठुकराकर अद्भुत घटित कराने की संभावना पर ही चमत्कार निर्भर है। चमत्कार सिद्ध होते ही तत्क्षण वह विज्ञान के तत्त्वों को खारिज कर देता है।

वर्तमान स्पर्धा के युग में चमत्कार जैसी चीजें हरगिज चल नहीं सकतीं और चमत्कार पर विश्वास रखना भारतीय संविधान में निहित आशय के साथ द्रोह भी साबित होगा। 1976 में संविधान में शोधन कर नागरिकों के अधिकारों के साथ ही कर्तव्यों को भी समाविष्ट किया गया है। इन कर्तव्यों में महत्त्वपूर्ण है, 'वैज्ञानिक दृष्टिकोण, अन्वेषी दृष्टि एवं मानवतावाद का प्रचार करना।' नई शैक्षिक नीति के तहत शिक्षा के मूलभूत तत्त्वों में भी 'वैज्ञानिक मनोभाव की निर्मिति' को समाविष्ट किया गया है। इतना कुछ स्पष्ट होने के बावजूद भी, बेहूदा एवं घटिया स्तर के चमत्कार दिखानेवाले बाबा का प्रधानमंत्री जैसे संवैधानिक पद पर बैठा व्यक्ति तक भक्त बन जाता है। (और यह बाबा भी ऐसा जो चमत्कार का सार्वजनिक प्रस्तुतीकरण

करते हुए उसका समर्थन भी करता है।) इसका अर्थ वे अपने संवैधानिक दायित्व के पालन में चूक रहे हैं, ऐसा क्यों न लिया जाए?

जब इस तरह का मुद्दा उठाया जाता है तब लोगों की जेहन में संतों द्वारा किए चमत्कारों की स्मृतियाँ तरोताजा हो उठती हैं। 'संत ज्ञानेश्वर ने भैंसे के मुख से वेद उच्चारित कराए' ऐसे अनगिनत चमत्कार संतों के नाम पर चस्पाँ किए गए हैं। वास्तव में संतगणों की महती भक्तिभाव से गाते समय लोगों ने इनमें सुने-सुनाए चमत्कारों की कथाएँ प्रक्षिप्त रूप में घुसेड़ दी हैं। संत भी हाड़-मांस के बने मनुष्य ही थे। मनुष्य की सीमाएँ उन पर भी लागू होती हैं। बावजूद इसके, आत्मानुभव, विचार एवं कृति के माध्यम से कुछ उदात्त जीवन-मूल्यों को प्रसारित किया था। इसी कारण संत तुकाराम कहते हैं, 'सत्य असत्य से मन किया गवाह। न स्वीकृत किया बहुमत।' इस तरह का विचार वैज्ञानिक दृष्टिकोण के लिए बुनियादी साबित होनेवाली निर्भयता है।

संतों ने चमत्कार किए, इसका विचार दो पद्धतियों से किया जा सकता है। एक 'रूपक' एवं दूसरा 'सामाजिक यथार्थ'। आज भी महाराष्ट्र में बुद्धिविहीन व्यक्ति को 'भैंसे की बुद्धिवाला' कहा जाता है। इसका अर्थ, भैंसा बेअक्ली का बिंब है। ज्ञानेश्वर के समय ज्ञान का अधिकार बहुजन समाज के लिए नहीं था। लिहाजा, तत्कालीन समाज की अवस्था बेअक्ल भैंसे के समान ही थी। ज्ञानेश्वर ने संस्कृत में रचित भगवद्गीता (जिसे मुट्ठीभर लोग ही समझ पाते थे) का मराठी में अनुवाद करके ज्ञान के भंडार को आम जनमानस के लिए खोल दिया। यह घटना 'भैंसे के मुँह से वेदों का उच्चारण करवाना' ही कही जा सकती है, किंतु इसमें 'भैंसा' बहुजन समाज की बेअक्ल मानसिकता का रूपक है, इसे ध्यान में रखना पड़ेगा। सावरकर ने इसी चमत्कार का अन्वय परिभाषित किया है। उनका कहना था कि "महाराष्ट्र में संत समुदाय का बोलबाला था, उसी समय अलाउद्दीन खिलजी उत्तर में उत्पात मचा रहा था। एक-न-एक दिन उत्तर के सुलतानी संकट की गाज दक्षिण पर भी गिरनेवाली है, यह साफतौर पर दिखाई दे रहा था। अत: जो ज्ञानेश्वर भैंसे के मुँह से वेद का उच्चारण करा सकते थे, वे 'राजन् रामदेवराय, सावधान, अलाउद्दीन खिलजी धावा बोलनेवाला है,' इस तरह का साधारण संदेशा जिसे हरकारे द्वारा राजा तक पहुँचाया जा सकता था, क्यों नहीं भेजा? यदि ज्ञानेश्वर बेजान दीवार को चला सकते थे, तो उन्होंने सजीव सैनिकों को मंत्रबल की सामर्थ्य से दौड़ाकर अलाउद्दीन खिलजी को विंध्य पर्वत के पार ही क्यों नहीं रोक दिया?"

इसका अर्थ कथित चमत्कारों की भी यथार्थ की एक मजबूत सीमा रहती है। आधुनिक काल में संत तुकडोजी महाराज ने इसके बारे में साफ शब्दों में अपनी भूमिका रखते हुए कहा था—

चमत्कारों की संगत में, हुए कई जनें बरबाद।
संत चमत्कारों की इसके बाद कोई न करें प्रस्तुति॥
लोक भाव से हो अवगत, कई दांभिक आते गाँव में।
ठगत जनमानस को पाखंडी बाबा, करत अनुनय जन॥
तजत प्रयास मारग, मंशा अल्पायास लाभन की।
चमत्कार की गर्त में जाती मदारियों की राह॥

निजी एवं सामाजिक जीवन में वाकई चमत्कार के चलते कई तरह से नुकसान ही होता हो, तो चमत्कार का दावा करनेवाले मनुष्य पर, नियंत्रित वातावरण में वैज्ञानिक निष्कर्षों पर, कानूनन चमत्कार सिद्ध करने का दायित्व डालना निहायत जरूरी है। यदि इस तरह का कोई कानून बनने जा रहा है और यह बात कथित बाबाओं को पता चलेगी तो उन्हें बड़ा झटका लगेगा। (सच्चे चमत्कार दिखानेवालों को (!) घबराने की कोई जरूरत नहीं है।) अंधश्रद्धा निर्मूलन समिति को जिस तरह नित्य आरोपों के कठघरों में खड़ा किया जाता है, उस तरह उन्हें खड़ा रहना नहीं पड़ेगा। वास्तव में कानून बनने की बात तो छोड़ ही दीजिए, चमत्कार की पड़तालवाली भाषा भी उन्हें जँचती नहीं। उनकी इस तरह की मानसिकता सत्यान्वेषणवाली नहीं बल्कि पाखंडी है।

मनुष्य का सबसे प्रभावी हथियार उसकी बुद्धि है। मानव संस्कृति के समग्र विकास को मानव प्रज्ञा के विकास से जोड़ा गया है। 'बुद्धि के बल पर खोज करूँगा, और इसकी कसौटी पर जो सिद्ध होगा, उसे ही अपनाऊँगा' यह विचार 'शास्त्रीय दृष्टिकोण की शपथ' है। इसे भुलाए बिना चमत्कार पर विश्वास ही नहीं किया जा सकता। चमत्कार को सत्य मानते हुए किसी भी आशंका को उपस्थित किए बिना, चमत्कारी की शरण में जाना, मानसिक गुलामी की शुरुआत है। यह चमत्कार की सबसे बड़ी भयावहता है। जो लोग बाबाओं के चंगुल में फँस जाते हैं वे किस तरह का विचार करते हैं, आंदोलन में काम करते समय आए अनुभवों के उदाहरणों से अवगत होने पर उक्त मुद्दा स्पष्ट हो जाएगा।

सतारा जिले का तरडगाँव निवासी विलास बाबा पानी से आग जलाकर हवन कुंड प्रज्वलित करके भभूत निर्मित किया करता था। उसके इस चमत्कार का भंडाफोड़ करने के लिए हमने उसके चमत्कार के विरोध में उसी के गाँव में एक सभा का आयोजन किया था। सभा के लिए काफी भीड़ इकट्ठा हुई थी। चमत्कार वाला प्रयोग हमने शुरू किया। समिति कार्यकर्ताओं ने पानी से अग्नि प्रज्वलित कर रेजगारियों से विभूति भी बनाई। इसके बाद हमारे द्वारा दूसरे भी चमत्कार कराए जानेवाले थे। इसी बीच विलास बाबा के पचासेक भक्तों का झुंड मंच पर आ गया और वे बोले, "आपके ये चमत्कार फालतू किस्म के हैं। रासायनिक चीजों की थोड़ी-बहुत जानकारी रखनेवाला छात्र भी इसे कर दिखा सकता है, विलास बाबा

की बात और है, उनके चमत्कार दैवी सामर्थ्य के बूते पर घटित होते हैं।" उनके ऐसा कहने पर हंगामा मचा जिसके चलते हम कुछ नहीं कर पाए।

इस तरह की हरकत बाबा के कथित भक्त या यह कह सकते हैं कि उसके पाखंड व्यापार के दलाल ही कर सकते हैं। लोगों की मानसिकता का बेजा फायदा उठाते हुए उन्हें ठगकर, झोली भरने का प्रयास करना, एक तरह की मक्कारी ही है। लोग भी इसके दोषी हैं। लोगों के अज्ञान के चलते ही ठगी को अंजाम देना संभव होता है। 'बोलता पत्थर' नामक 'भाग्यरत्न' थोक दाम में बेचनेवाले बड़ौदा निवासी मधुसूदन पटवर्धन के बारे में समिति को हुआ अनुभव, सोचने के लिए मजबूर करता है।

पटवर्धन तथाकथित 'भाग्यरत्न' लोगों को मात्र 25 रुपए में बेचा करता था और साथ में 'भाग्यरत्न' पास रखने पर लाभ की गारंटी भी दिया करता था। तिस पर भी किसी को लाभ न हुआ तो डेढ़ माह की अवधि में 'भाग्यरत्न' वापस लेकर रुपए लौटाने का आश्वासन भी दिया करता था। हम तमाम महाराष्ट्र में 'भाग्यरत्न' वाले फरेब के विरोध में आंदोलन चलाते थे। पटवर्धन जिस स्थान से थोक भाव में इस रत्ननुमा पत्थर को खरीदा करता, उसका हमने पता किया। पटवर्धन महज चवन्नी में इस पत्थर को खरीदा करता और लोगों को 25 रुपए में बेचकर मुनाफा कमाया करता। पटवर्धन की ठगी और मक्कारी करके मुनाफाखोरी वाली बात से लोगों को अवगत कराने के लिए, हमने पटवर्धन की दुकान के बिलकुल सामने ही महज चवन्नी में कथित 'भाग्यरत्न' को बेचना शुरू किया था। लोग भी बेहद चालाक थे। वे पटवर्धन की दुकान पर जाकर 'भाग्यरत्न' खरीदते और हमारी दुकान में आकर हमारा वाला 'भाग्यरत्न' भी खरीदा करते। सप्ताह भर के बाद पटवर्धन की दुकान में जाकर "हमें 'भाग्यरत्न' से लाभ नहीं हुआ।" कहकर खरीदा गया पत्थर पटवर्धन को लौटाकर 25 रुपए वापस लिया करते। लोग इस तरह की चालाकी करके पटवर्धन का पत्थर अपने पास रखते और हमारे पत्थर को पटवर्धन का पत्थर बताकर पटवर्धन को ही बेचा करते। और इस तरह पटवर्धन का दिया कथित 'भाग्यरत्न' उन्हीं के पास रहा करता। इस वाकये से पता चलता है कि जो वास्तविक निद्रावस्था में रहते हैं, उन्हें जगाया जा सकता है, पर जो निद्रा का बहाना बनाते हैं, उन्हें कदापि जगाया नहीं जा सकता। ऐसे लोगों के लिए क्या किया जा सकता है?

निर्मला माता के बारे में मराठी के मशहूर लेखक अनिल अवचट का अनुभव भी अंतर्मुख करानेवाला है। अवचट निर्मला माता पर लेख लिखना चाहते थे, लिहाजा माता के आश्रम में भक्त बनकर कुछ दिन बिताने के उद्देश्य से वे आश्रमवासी बन गए। आश्रम में माता के कुछेक भक्त उनके मित्र बने। आगे चलकर अवचट ने माता की सचाई उजागर करनेवाला लेख अखबार में लिखा। लेख माता के भक्तों को

जँचनेवाला नहीं था। माता के भक्त जो अवचट के मित्र बने थे, बेहद नाराज हुए, इसका अंदाजा पहले से ही अवचट को था। लिहाजा, तकरार न हो इसलिए वे उन भक्त मित्रों से रास्ता काटा करते। पर एक दिन एक भक्त मित्र अचानक अवचट के सामने आ टपका। थोड़ी-बहुत बातचीत होने पर अवचट ने उससे कहा, "मेरे द्वारा माता पर लिखा लेख आप लोगों ने पढ़ा ही होगा। और लेख पढ़कर आपको मुझ पर गुस्सा आया होगा।" भक्त मित्र बोला, "बिलकुल नहीं। हमारे गुस्सा होने का सवाल ही पैदा नहीं होता। माताजी पर हमारी श्रद्धा है या नहीं, इसकी पड़ताल करने के लिए परमपूज्य माताजी ने ही आपसे इस तरह का लेख लिखवाया होगा। इसकी मुझे गारंटी है।" किसी मनुष्य को बेड़ियों से जकड़कर कैद किया गया हो और उसे बेड़ियों की जकड़न में कैद होने का बेहद गुस्सा हो तब उसमें चेतना पैदा करने के उद्देश्य से कहा जा सकता है, "उठ पगले, तोड़ बेड़ियों के बंधन!" लेकिन यदि वह मनुष्य बेड़ियों की शृंखला को ही फूलमाला समझ बैठा हो, तो पैदा होनेवाली मानसिक गुलामी से भला वह किस तरह लड़ेगा?

वास्तव में कोई जादूगर सत्यसाईं या अन्य बाबाओं से सौ गुना अधिक असरदार चमत्कार दिखा सकता है। पर जादूगार के चमत्कार से अचंभित होकर उसके पैरों में गिरकर मनुष्य अपनी समस्याओं का समाधान कभी पूछता नहीं। जादूगर मनोरंजन करनेवाला फनकार होता है और चमत्कार उसके फन की अभिव्यक्ति है। मात्र यही उसका मूल्य है। किंतु चमत्कार दिखानेवाले बाबा, स्वामी एवं माता आदि की बात अलहदा है। खुले तौलिए से जीवित खरगोश निकाल दिखानेवाला जादूगर महज पेट भरने के लिए खटता इनसान होता है, किंतु खुले हाथों से थोड़ी सी भस्म निर्मित करनेवाला बाबा परम पूजनीय साबित होता है। बाबा की चुटकीभर भस्म से भक्त की मनोकामनाएँ पूरी होती हैं, ऐसा भ्रम भक्तों में पैदा हो जाता है। मान लो कि किसी अदालत में केस चल रहा है। कठघरे में खड़ा भक्त आरोपी बाबा की दी गई भस्म अपने पास रखता है और मौका ताड़कर उस भस्म को कोर्ट के कमरे में उड़ा देता है। इससे आरोपी मन-ही-मन सोचता है कि 'भस्म के चार कण शिकायतकर्ता के गवाहों तक जाने पर गवाही मेरे अनुकूल बदल जाएगी। दो कण शिकायतकर्ता के एडवोकेट तक चले जाने से वह असरदार तरीके से मेरे विरोध में दलील रख नहीं पाएगा। और बाबा के अद्भुत चमत्कार से निर्मित, उनके स्पर्श से पावन हुई और उन्हीं के करकमलों से दी भस्म का एक कण भी यदि जज तक पहुँच जाता है, तो निर्णय मेरे पक्ष में होगा, इसमें कोई शक नहीं।'

इन मनगढ़ंत बातों का क्या प्रमाण है? कोई व्यक्ति अच्छा भाषण देने की कला में प्रवीण होता है, पर वह इसी तरह गा भी सकता है, नृत्य भी कर सकता है, ऐसा कहना अर्थहीन है। क्या उसी तरह भस्म के साथ दैवी सामर्थ्य चस्पाँ करना भी अर्थहीन नहीं है?

लेकिन उपरोक्त तरीके का सवाल उठाना मना है। बाबा और उनके अंधभक्तों को यह किसी भी सूरत में रास नहीं आता क्योंकि चमत्कार, मानव की बुद्धि को दुर्बल और अपाहिज बनाते हैं। नतीजा, पुरुषार्थ ही नष्ट हो जाता है और मानव स्वयं को चमत्कारी तथाकथित अलौकिक शक्ति के हाथों में सौंपकर मुक्त हो जाता है। चमत्कार और उसके प्रभाव के चलते मानव का बुद्धि-वैभव, निर्णय शक्ति एवं विवेकी विचार क्षमता जैसी महत्त्वपूर्ण चीजें गिरवी रखी जाती हैं और व्यक्ति गुलाम बन जाता है। ऐसी मानसिक गुलामी बेहद खतरनाक है। इसकी शुरुआत चमत्कारों को सत्य मानने से होती है। नतीजा, परिवर्तन की लड़ाई कठिन बन जाती है। अंधश्रद्धा निर्मूलन समिति का कार्य जनमानस को अन्वेषी दृष्टि प्रदान कर उसे निर्भय बनाकर, बृहद परिवर्तन के आंदोलन को आधार देना है। चमत्कार झूठ ही होते हैं। लेकिन वे परिवर्तन की मानसिकता की नींव के लिए संकट पैदा करते हैं, यह बेहद खतरनाक है। अत: चमत्कार के मूल में निहित झूठ को जनमानस तक पहुँचाना, अंधश्रद्धा निर्मूलन समिति के आंदोलन का महत्त्वपूर्ण हिस्सा है।

संघर्ष के मोर्चे पर

वास्तविक ढोंगी बाबाओं के विरुद्ध लड़ाई की शुरुआत उनकी ठगी के विरोधी प्रबोधन से होती है। किसी बाबा, स्वामी या साधु के विरोध में आवाज उठाना चर्चा या व्याख्यान देने जैसा विघ्नरहित नहीं होता है। हम जिस बाबा, स्वामी या योगी के विरोध में बोल रहे होते हैं, उसके समर्थन में उसके भक्तगण रहते हैं। उनकी नजरों में प्रतिईश्वर का स्थान प्राप्त किए बाबा के बारे में किसी व्यक्ति का आपत्तिजनक बोलना, उनके लिए घोर अपमानजनक लगता है। किसी बैठक या सभा में बाबा को लेकर विवाद की स्थिति पैदा होने पर तो बात धक्का-मुक्की तक पहुँच जाती है। यही नहीं, इसके अगले चरण में पुलिस थाना, अदालती मुकदमे और मानहानि के मुकदमे जैसी स्थितियाँ पैदा हो जाती हैं। ऐसे समय अखबारों में पाठकों की प्रतिक्रियाएँ भी छपकर आती हैं जिसमें गालियाँ अर्पित की जाती हैं कि "याद रखो, बाबा के बारे में ऐसे कुछ बोलोगे तो टाँगें तोड़कर हलक से जीभ खींच लेंगे।" अखबारों में छपकर आनेवाली ऐसी खबरें या इसी तरह की धमकियों से भरे बेनाम खत और फोन पर मिलनेवाली धमकियाँ आदि मामलों का अनुभव करने के बाद, बाबाओं के ढोंग के विरोध की लड़ाई, प्रबोधन के द्वारा किस तरह शुरू होती है, इसका अलग से खुलासा करने की जरूरत नहीं रहती।

बाबा के आश्रम पर छापा मारना, उससे माफीनामा लिखवा लेना, मौका पड़ने पर उसकी गिरफ्तारी आदि की होनेवाली चर्चा आदि कारणों से आंदोलन में आनेवाली धार, निर्मित होनेवाला संगठन का दबदबा, इन सारी चीजों को ध्यान में लेने पर बाबा की ठगी के विरोध में चल रही लड़ाई, आंदोलन की दृष्टि से लोमहर्षक घटनाएँ साबित होती हैं। महाराष्ट्र में संगठित रूप में कम-से-कम बारह सालों से भी लंबे समय से अंधश्रद्धा निर्मूलन समिति इस संघर्ष को जीवित रखे हुए हैं। क्या इसके चलते बाबाओं की ठगी थमी है? इसका जवाब 'नहीं' ऐसा ही देना पड़ेगा। अत: स्वाभाविक है इस विषय को लेकर कई सलाहकार तरह-तरह की राय देते रहते हैं, और इरादतन आरोप भी लगाते हैं।

आपके आंदोलन से भला क्या साध्य होनेवाला है? एक बाबा खत्म होता है तो उसकी जगह दूसरा नया बाबा जन्म लेता ही है। ऐसा ही चलता रहेगा, क्योंकि

आप इस मामले की जड़ों को उखाड़ फेंकने की कोशिशें नहीं करते। जड़ों पर कुठाराघात की भूमिका को लेकर भी दो तरह की राय मिलती है। इसमें से एक, "व्यापक समाज परिवर्तन के आंदोलन चलाएँ। समाज में लोगों का चौतरफा शोषण किया जा रहा है, इसके चलते डरे हुए लोग बाबा का रुख करते हैं। बाबाओं की ठगी यानी खून दूषित होने के चलते बदन पर निर्मित हुई गाँठें ही हैं। क्या लाभ होगा गाँठों का इलाज करके? खून को ही शुद्ध करना पड़ेगा। अर्थात् इसके लिए व्यवस्था में ही बुनियादी परिवर्तन जरूरी है।"

दूसरी राय यह कि "कैंसर की जड़ें नष्ट किए बिना बाबाओं की ठगी के चलते बदन पर दिखाई देनेवाली बड़ी-बड़ी गाँठें नष्ट करके भी कुछ खास फर्क पड़नेवाला नहीं है, और यह कैंसर ब्रह्मवाद, अध्यात्म एवं कर्मकांड में बुरी तरह से संलिप्त ईश्वर एवं धर्म की अवधारणावाला है। बाबाओं की ठगी इसी उर्वरक के जरिये परिपुष्ट होती है। लिहाजा इन अवधारणाओं को निष्कासित किए बिना बाबाओं की ठगी से छुटकारा मिलना संभव नहीं है।"

- आप आंदोलनकर्ता कद्दावर बाबाओं के विरोध में आवाज ही नहीं उठाते। आपकी तमाम लड़ाई चिल्लर चोरों से फुटकर रूप में चलती है। आपत्ति यह भी उठाई जाती है कि समिति हिंदू धर्म के बाबाओं की ठगी के विरोध में ही काम करती है। कुछेक लोग तो इसके भी आगे जाकर कहते हैं कि आप अमुक जातिवाले बाबा के ही पीछे पड़े हैं। आप अमुक जाति के बाबा से कन्नी काटते हैं। इन सबका सार यही कि आपका बाबाओं की ठगी के विरोध में चलाया जा रहा आंदोलन स्वार्थ से प्रेरित है।
- बाबाओं की ठगी के विरोध में चलाए जा रहे आंदोलन से महज यही होता है कि बाबा को उलटे ख्याति प्राप्त होती है और उसका व्यापार फलता-फूलता है।
- आपके आंदोलन से बाबाओं की ठगी आदि तो रुकती नहीं पर आप सुर्खियों में रहने का स्टंट जरूर करते हैं।
- अलबत्ता आंदोलन के चलते बाबा और स्वामी लोगों की ओर से पुलिसवालों को हफ्ता वसूलने का मौका मिल जाता है और एक चरागाह बढ़ता है। अपवादात्मक स्थिति में हितचिंतक तंज कसते हुए आरोप करते हैं कि अमुक बाबा के विरोध में आप आवाज नहीं उठाते क्योंकि कदाचित् वह आपको हफ्ता देता होगा। इन तमाम आरोपों को सुनते हुए मुझे खलील जिब्रान की एक कथा का स्मरण होता है। सफर पर निकला जिब्रान घोड़े को बाहर बाँधकर सराय में जाकर सो गया। सुबह घोड़े की चोरी वाली बात सामने आती है। तहकीकात करने पर उसे बहुत कुछ सुनना पड़ा। ये कैसी मूर्खता है? घोड़े को खुले में बाँधा ही क्यों? इस

इलाके में घोड़े के जरिए यात्रा नहीं की जाती, इतनी-सी बात समझ नहीं पाए? ऐसी यात्रा में नींद चौकन्नी होनी चाहिए। जरा-सी भी आहट से भी नींद से जाग जाना चाहिए। पर गहरी नींद सोने पर यह कैसे संभव होगा, आदि। लोगों द्वारा कई तरह से जिब्रान की गलतियों का पंचनामा करने के बाद जिब्रान बड़े इत्मीनान से बोला, "सभ्य जनो, आप सभी की सूचनाओं का मैं आभारी हूँ! पर जिसने घोड़ा चुराया, उसके बारे में आपमें से कोई भी एक लफ्ज तक क्यों नहीं बोल रहा है?" बाबाओं की ठगी के विरोध में चल रहे आंदोलन की भी बिलकुल यही स्थिति है। यदि क्रांतिकारी परिवर्तन हो पाया और लोगों को दुख का झूठा इलाज कराने के लिए बाबा की ओर रुख करने की जरूरत ही नहीं रहे, तो सबसे अधिक खुशी समिति को ही होगी। मानसिक रूप से भ्रामक ब्रह्मवाद में जकड़े देश के बहुसंख्यकों की मुक्ति हो और यह जरूरी भी है। लेकिन इसके यथार्थ रूप में अवतरित होने तक क्या किया जाए? आँखों के आगे चल रही बाबाओं की ठगी के विरोध में लड़ें या नहीं? यह भी सही है कि राष्ट्रीय-अंतरराष्ट्रीय स्तर पर जड़ें जमाए बैठे बाबाओं के विरोध में समिति के आंदोलन का असर बेहद कम है। पर यह असर प्रभावी साबित हो ऐसा जिन्हें महसूस होता है, वे समिति के कार्य में सक्रिय समर्थन देने का दायित्व क्यों न निभाएँ? धर्म और जाति को आधार बनाकर बाबा के विरोध में संघर्ष छेड़ा जाता है, इस तरह की आपत्ति जताई जाती है, हमें इस आपत्ति पर दया आती है, और भला इससे अधिक हम कर भी क्या सकते हैं? जिन्हें हमारा आंदोलन सुर्खियाँ बटोरने का स्टंट लगता है, उन्हें अब हम क्या जवाब दें? सार यह कि कई तरह के आरोपों एवं एतराजों को नजरअंदाज कर ढोंगी बाबाओं के विरोध में लड़ाई के मैदान में उतरना ही पड़ेगा। हमारा अनुभव है कि ढोंगी बाबाओं के विरोध में आंदोलन चलाने के दौरान कई अच्छी चीजें भी सामने आती हैं। हम सभी ढोंगी बाबाओं पर अंकुश नहीं लगा सकते। लेकिन उनकी तादाद को कम कर सकते हैं। जिन ढोंगी बाबाओं के विरोध में हम लड़ते हैं उन सभी का समूल उन्मूलन होता ही है, ऐसी बात नहीं है। पर कुछ पाखंडी बाबाओं पर अंकुश जरूर लग जाता है। कुछ का पाखंड पूरी तरह से रुक जाता है और कुछ वर्तमान स्थान को बदलकर कहीं दूसरी ओर चले जाते हैं, पर वहाँ वे अपनी जड़ें जमा नहीं पाते। कुछेक बाबा हमारे आंदोलन पर भी भारी पड़ जाते हैं। पर यह भी आंदोलन के लिए हितकर साबित होता है। इससे कार्यकर्ताओं की हिम्मत में इजाफा होता है। लोग सोचने के लिए मजबूर होते हैं। उनमें आत्मविश्वास बढ़ने लगता है। आंदोलन

जायज तरीके से लोगों तक पहुँचता है। कहीं-कहीं पर ढोंगी बाबाओं को पुलिस अधिकारियों एवं मीडियावालों का समर्थन प्राप्त रहता है तो कहीं-कहीं ढोंगी बाबाओं के विरोध में चलाए जा रहे हमारे आंदोलन में पुलिस और मीडियावाले भी शरीक होते हैं, इस तरह के सुखद एहसास को भी हम अनुभव करते हैं।

बाबाओं के ढोंग के विरोध में आंदोलन चलाते समय जिस रोमांच को कार्यकर्ताओं ने महसूस किया होता है, उसकी खबरें अखबारों में कुछ ही मात्रा में छपकर आती हैं। एक अरसा बीतने के बाद ढोंगी बाबाओं के विरोध में चलाई गई मुहिम को शब्दबद्ध करके पाठकों तक पहुँचाने पर वह बेजान महसूस होती है। इसका कारण यह कि जब वह आंदोलन शुरू हुआ था उस समय का रोमांच किस तरह का रहा होगा, इसके बारे में लोगों में बेहद उत्सुकता लगी रहती है। लिहाजा खबर का महत्त्व बढ़ता है और आंदोलन आकर्षण का केंद्र बन जाता है। ढोंगी बाबाओं के चमत्कार का भंडाफोड़ होने के बाद जिस तरह विशालकाय गुब्बारे में सूई से छेद करने पर हवा निकल जाती है, उसी तरह ढोंगी बाबा के चमत्कारों का मजा ही खत्म हो जाता है। गाजे-बाजे के साथ ढोंग की दुकान सजानेवाले बाबा के समर्थन में धर्म, अध्यात्म एवं भक्त सामने आते हैं। पर बाबा का चीरहरण हो जाने के बाद ढोंगी बाबा नंगाबूचा दिखाई देने लगता है। उत्सुकता और मजा खत्म हो जाता है। लिहाजा ढोंगी बाबाओं की करतूतों के विरोध में लड़ाई अत्यावश्यक है। वह कई रूपों में लड़ी जा सकती है। प्रत्येक का तफसील अलग-अलग रहता है। इन सभी चीजों के मद्देनजर ढोंगी बाबाओं के विरोध में चलाए जा रहे आंदोलन के लिए समिति ने एक खाका तैयार किया है। इसके बावजूद कि वह एक खाका मात्र है, नित्य नये प्रसंगानुरूप रंग भी उसमें भरने पड़ते हैं और समिति के कार्यकर्ता यह कार्य करते रहते हैं। हमारी मंशा है कि यह कार्य मात्र समिति ही न करे बल्कि लोग भी अपनी-अपनी सामर्थ्य के अनुरूप इस लड़ाई को आगे बढ़ाएँ, यह जरूरी है।

बाबा बनने के लिए जरूरी होता है उसका अपने नाम के आगे या पीछे गुरु, बाबा आनंद, योगी, सिद्ध, बालयोगी, स्वामी, राधा, दास, नाथ, भगवान, परमपूज्य, जैसे विशेषण जोड़ना। महिलाओं के नाम के साथ बाई, बहन, अक्का, अम्मा, देवी जैसी उपाधियाँ जोड़ी जाती हैं। ढोंगी बाबाओं की ठगी कई प्रकार से चलती है। आत्मध्यान, योगशास्त्र, सम्मोहन, कुंडलिनी जाग्रति जप, पूजा एवं यज्ञ आदि अलग-अलग चीजों के आधार पर बाबा अपनी जड़ें जमाते हैं। कुछ ढोंगी बाबा आधुनिक काल को लक्ष्य कर अध्यात्म एवं विज्ञान के मिलाप से अपनी दुकानें चलाते हैं। कुछ बाबाओं का दावा रहता है कि वे विशिष्ट ईश्वर, संतादि के पुनर्जन्म हैं। कुछ बाबा चमत्कार के लिए मशहूर रहते हैं। कुछ बाबा बीमारियों को दुरुस्त करनेवाले होते

हैं। कुछेक बाबा लैंगिक शोषण करनेवाले होते हैं। यही नहीं, मंदबुद्धि या पूरी तरह से पागल व्यक्ति को भी बाबा बनाया जाता है। मंत्र-तंत्र, दैवी सामर्थ्यादि के आधार पर गाँव-देहातों में बहुजनों में फैले और बहुजनों की प्रत्येक समस्या पर उपाय सुझानेवाले मांत्रिक देवऋषि भी ढोंगी बाबाओं की ठगी का ही एक संस्करण हैं।

योग साधना, सम्मोहन, धार्मिक मेले, जयंती, उत्सव, रोगमुक्ति का दावा, देवता का संचार होना, चमत्कार दिखाना, भूत भगाना, दैवी अवतार, आध्यात्मिक मार्ग आदि चीजें सतही तौर पर अलग-अलग दिखने के बावजूद इन सबमें मनुष्य की बुद्धि नियोजनबद्ध रीति से गिरवी रखी जाएगी, यह सूत्र समान रहता है। और यही उनका मुख्य लक्ष्य भी होता है। सम्मोहन, ध्यान, कुंडलिनी जाग्रति, भाव दशा आदि चीजों के प्रवर्तक भले ही अपना जुदा फलसफा रखते हों, बावजूद इसके उनका आश्वासन एक ही होता है यानी इन क्रियाओं द्वारा ईश्वर से संवाद, आत्मिक ज्ञान, अंतिम सत्य का ज्ञान, जिसके चलते मानव के जीवन में आनंद एवं संतुष्टि आती है। कई बाबा रामनवमी, दत्त जयंती, हनुमान जयंती जैसे मुहूर्त का पालन करते हुए सम्मेलन आयोजित करते हैं, जो मेले की शक्ल अख्तियार करते हैं। इस अवसर पर चंदा इकट्ठा किया जाता है। बाबाओं के वार्षिक कार्यक्रम इस तरह से आयोजित किए जाते हैं कि बाबाओं की महिमा और अधिक उभर आए। फिर अंगारा (राख) दिलवाकर भक्तों की समस्याओं का निराकरण किया जाना भी शुरू होता है। हद तो तब होती है जब कथित बाबा स्वयं की जयंती को भी मनाते दिखाई देते हैं। ऐसे बाबाओं का नामचीन हस्तियों की मौजूदगी में रथ में बिठाकर जुलूस निकाला जाता है। कई दफा ताजपोशी आदि तरीके भी आजमाए जाते हैं। भक्त ऐसे मौकों पर उपस्थित रहें इसलिए विज्ञापन एवं हैंडबिल आदि पहले से ही छपवाकर तैयार रखे हुए रहते हैं।

जयंती के दिन होम-हवन, पूजा-अर्चना, प्रवचन आदि कार्यक्रम के अलावा महाप्रसाद, के रूप में भोज भी आयोजित किए जाते हैं। रोगमुक्ति का दावा करनेवाले बाबा का भी एक दिलचस्प मामला है। लाइलाज दाद एवं कब्ज जैसी पुरानी बीमारियाँ, अस्थमा, जोड़ों का दर्द, कोड जैसी बीमारियाँ और औलाद सुख से वंचितों को बेहद जज्बाती करनेवाली चीजें आदि बीमारियों पर बाबा के पास कई प्रकार के बेहद प्रभावी एवं जालिम इलाज मौजूद रहते हैं। ऐसे इलाज कभी-कभी सभी तरह की असाध्य बीमारियों पर भी किए जाते हैं। एक बाबा पुणे के पेशवा पार्क के व्याघ्रमूत्र को ही हर तरह की बीमारियों का अचूक इलाज बताकर असाध्य रोगियों को दिया करता। छोटे-मोटे बाबा लोग मरीजों को पेट की बीमारी या विषबाधा होने का हवाला देकर, सालों पूर्व शरीर में प्रवेश किए जहर को छाछ मिश्रित औषधि पिलाकर, उलटी के जरिए बाहर निकाल दिखाया करते हैं तो कुछेक बाबा पीलिया के मरीज को पसीने के रूप में पीले रंग का पानी निकाल दिखाते

हैं। कई बाबा किसी देवता के नाम पर सवारी आने की बात जतलाते हुए ठगी का व्यापार शुरू करते हैं। और जिस देवता की सवारी आती है उस देवता के नियत दिन पर इनके द्वारा दरबार आयोजित किया जाता है। तो कुछेक बाबा सीधे-सीधे स्वयं को ही देवता का अवतार घोषित कर देते हैं।

गाँव-देहातों में आसानी से कई मांत्रिक बाबा उपलब्ध होते हैं। ये बाबा तंत्र-मंत्र विद्या का अस्तित्व रहता ही है और वह मुझे अवगत है, इसका ढोंग बड़ी ही सफाई से करते दिखाई देते हैं। शरीर से भूत उतारने के उद्देश्य से बाबा के पास आनेवाले भक्त को ऐसे बाबा बुरी तरह से पीटते हैं। बाबाओं द्वारा मठों, आश्रमों या धार्मिक संस्थाओं को स्थापित करके ठगी व्यापार को प्रभावी रीति से अंजाम दिया जाता है। साथ ही ऐसे बाबा अपने व्यवसाय को कानूनी जामा पहनाकर, धर्म के नाम पर पैसा संकलित करके उसे अपनी इच्छा के अनुरूप प्रयुक्त करते हैं।

ऐसे बाबा, शास्त्री या महंतादि अपने ट्रस्ट में परिवारजन एवं बेहद भरोसेमंद भक्तों को ही शामिल करते हैं। और कुछेक बाबा स्वयं ट्रस्टी न होते हुए भी ट्रस्ट पर बाहर से नियंत्रण रखते हैं। किसी भी तरह के कानूनी या आर्थिक झमेलों के जाल में फँसने से बचने के लिए बाबाओं द्वारा इस तरह की रणनीति बनाई जाती है। और इसे ही बाबा की 'अनिच्छा' कहते हुए बाबा का महिमामंडन किया जाता है। ऐसे कथित बाबाओं के संस्थानों की ओर से कुछेक समाजोपयोगी कार्यक्रम आयोजित किए जाते हैं। ऐसे बाबाओं को अपना राजनीतिक कद और शक्ति बढ़ाने के लिए इस तरह की संस्थाएँ उपयोगी साबित होती हैं।

जनप्रतिनिधि और सरकारी अफसरों आदि को भी किसी-न-किसी स्तर पर बाबा की जरूरत पड़ती ही है। इस गठजोड़ से बाबाओं की भी सुविधा हो जाती है। नतीजा, सिद्ध-साधकों का गठजोड़ आकार लेता है। लेकिन बाबाओं की असल शक्ति देशवासियों की धार्मिक मानसिकता में निहित है। प्रवचन-कीर्तन-सत्संग आदि के माध्यम से, आध्यात्मिक कल्याण कार्य करते बाबाओं का धार्मिक अध्ययन आला दर्जे का रहता है। कई बाबाओं के वचन रटे-रटाए होते हैं, जैसे—"मैं सनातन पुरुष हूँ। ईश्वर के आदि एवं अंत की परिसीमाएँ नहीं होतीं। यही नियम मुझ पर लागू होता है। मैं आपको प्रेम की दीक्षा देने के लिए आया हूँ। हम सबमें परमात्मा का निवास है। गुरु कृपा के चलते मुझे प्रत्यक्ष दर्शन हुआ है। अत: मैं आत्मज्ञानी हूँ। मुझे परमात्मा का ज्ञान है।" आदि-आदि।

निराकार परब्रह्म सृष्टि के कण-कण में व्याप्त है। वह अजन्मा है। अदृश्य है। अविनाशी है। अनंत है। उसे समझने के लिए असीम भक्ति करनी चाहिए जिससे कि वह प्रसन्न हो। वह आपको मोक्षप्राप्ति तक ले जाएगा। मोक्षप्राप्ति के तीन मार्ग हैं—ज्ञानमार्ग, कर्ममार्ग, भक्तिमार्ग...!

समाज में जिस बाबा का व्यक्तित्व भी रोबीला रहता है, उस बाबा का पेशा

अधिक सुभीते से चलता है। पर ऐसा व्यक्तित्व न हो तो भी कोई हर्ज नहीं। बाबा अपने पास भगवी कफनी, सफेद वस्त्र, कमंडल, रुद्राक्ष माला, मणि, शंख, कौड़ी, उदी, काला धागा, भिलावाँ, नीबू, सूई, कीलें, पादुका, नारियल, मूर्ति, भभूत, जनेऊ, हल्दी, कुमकुम, त्रिशूल, मानव खोपड़ी आदि सभी चीजें रखते हैं। इन चीजों के चलते एक तरह का मिथ्या धार्मिक भ्रम अधिकांश जनों के मन में निर्मित किया जा सकता है। किसी बाबा के पास स्वयं का एक खास शिष्य परिवार भी हुआ करता है। ये शिष्य अपने नातेदार, मित्र, पड़ोसी आदि में बाबाओं का खास रसभरा वर्णन करते हैं। बाबा लोग सप्ताह के किसी एक दिन दरबार आयोजित कर अपने तमाम भक्तों को दरबार में शामिल होने का आवाहन कर अपनी लोकप्रियता आजमाते हैं। इस मौके पर नये भक्त समुदाय को जोड़ा जाता है। इस बहाने बाबा अपने ठगी व्यापार को बनाए रखते हैं।

बाबा लोग स्वयं का महिमामंडन करनेवाली पत्रिकाएँ, अखबार एवं पुस्तकें आदि भक्तों में सस्ते दाम में बेचते हैं। यात्राओं के माध्यम से ऐसे साहित्य की बिक्री तथा वितरण भी किया जाता है। अंधविश्वासी राजनेता या अन्य किसी भी क्षेत्र के कद्दावर व्यक्तियों को अपने जाल में जाने-अनजाने फँसाने में बाबा कामयाब हो जाते हैं। बाबा ऐसी हस्तियों के साथ खींची गई तस्वीरें, आम भक्त जनों में स्वयं का महत्त्व जतलाने के लिए, इरादतन दीवारों पर टँगवाते हैं। बाबा द्वारा स्वयं का महत्त्व बढ़ाने के लिए जयंती, उत्सव आदि अवसरों पर अखबारों में पूरे पन्ने पर विज्ञापन छपवाए जाते हैं। नतीजा, बाबाओं के मामूली आयोजनों को भी बेतहाशा ख्याति मिलती है।

ढोंगी बाबाओं द्वारा रेडियो और दूरदर्शन में सेवारत लेकिन मतलबी आदमियों की खोज की जाती है और इन मतलबी आदमियों के द्वारा प्रसिद्धि की सुर्खियाँ अपने इर्द-गिर्द किस तरह निरंतर बनी रहेंगी, इसके बारे में बाबाओं द्वारा निरंतर खयाल रखा जाता है। बाबा लोग शिष्य परिवार के बढ़ने एवं अपने नाम का सिक्का जम जाने पर ट्रस्ट या मठ स्थापित करते हैं। धर्मकार्यों का हवाला देकर बाबा द्वारा काला धन सफेद बना लिया जाता है और इससे बाबा को समाज में मान्यता भी प्राप्त होती है। बाबाओं की दांभिकता के लिए धार्मिक आधार अनिवार्य है, इसके सिवाय श्रद्धालु बने ठगी की फसल के लिए उर्वरा भूमि तैयार होती नहीं। संस्कृत का ज्ञान, धार्मिक अध्ययन और लोगों की समझ में आए इस तरह की भाषा में; आध्यात्मिक फलसफा कथन की कला अवगत होने पर, ढकोसलों का व्यवसाय तेजी से और कारगर रीति से फैलता है। जिसमें मधुर वाणी, उम्दा शब्दों की बुनावट, शब्दों के जंजाल में पड़ना और खास अधिभौतिक शब्दों एवं जनभाषा का प्रयोग आदि कारक शामिल रहते हैं। बाबा निरंतर 'पैसा हरगिज जरूरी नहीं है' इसकी धूनी लगाए रहते हैं। पर बाबा के समर्थक एजेंट पूजा, यज्ञ, समस्या का निराकरण,

दरगाह के रखरखाव या मंदिर के जीर्णोद्धार का हवाला देकर भक्तों से पैसा माँगते रहते हैं। बाबा हाजिरजवाब एवं चौकन्ने रहते हैं। इनकी होशियारी काबिल-ए-तारीफ रहती है। हमारे पास आनेवाला व्यक्ति किस तरह की मानसिकता वाला है? भक्तों की जानकारी कैसे प्राप्त करें? दरबार आयोजित होने के बाद उसमें किस तरह समाँ बाँधे रखना है। कौन भरोसेमंद भक्त बना रह सकता है? खुद का भंडाफोड़ न हो इसलिए किन चीजों का खयाल रखा जाए? इन तमाम कौशलों को बाबाओं ने विकसित किया होता है। बाबाओं की इस क्षमता के आधार पर ही उनका ठगी व्यापार तेजी से फलता-फूलता है।

ढोंगी बाबा के बारे में किस चीज को लेकर शिकायत की जाती है, उसे ठीक से समझ लेना जरूरी है। समाज में अंधविश्वास, शोषण और दगाबाजी आदि के विरोध में आंदोलन चलाया जाना चाहिए, इस तरह की विचारधारा रखनेवाला एक तबका रहता है। किंतु यह तबका ढोंगी बाबाओं के ढोंग के विरोध में कभी-कभार ही सड़क पर उतरता है। किंतु ढोंगी बाबाओं के विरोध में सड़क पर उतरने वालों तक ये तबका बाबाओं की खुफिया जानकारी समिति तक तुरंत पहुँचाता है। 'फलाँ-फलाँ बाबा की ठगी का बंदोबस्त किया जाए' इस तरह की कई शिकायतें अनजान व्यक्तियों द्वारा फोन पर या खत के माध्यम से समिति की ओर आती हैं। कइयों का मानना होता है कि अंधश्रद्धा निर्मूलन समिति एक सरकारी इकाई ही है। शिकायतकर्ताओं में अधिकांश लोगों का मानना होता है कि समिति द्वारा जाल बिछाकर, फर्जी ग्राहक भेजकर, दबिश की योजना बनाकर अथवा छापा मारकर बाबा को सलाखों के पीछे बंद करवाया जाए।

समाज परिवर्तन और शोषण व्यवस्था का खात्मा करने की लड़ाई लड़नेवालों और बाबाओं की ठगी के विरोध में आवाज बुलंद करनेवालों को खुद के ही ठगे जाने का एहसास लंबे अरसे के बाद होता है। अत: ठगी का शिकार बने ऐसे लोगों के सीने में बाबा से प्रतिशोध की आग जल रही होती है। सिवाय इसके कई लोगों को बाबा से निजी राजनीतिक एवं आर्थिक रंजिश का प्रतिशोध लेने हेतु समिति से मदद की जरूरत रहती है। निजी स्वार्थ सिद्धि को मद्देनजर रखनेवाले लोगों की ओर से बाबाओं के विरोध में समिति की ओर शिकायतें की गई होती हैं। हालाँकि शिकायतों में सचाई भी रहती है पर कुछ दफा ऐसे लोगों द्वारा समिति को साफ-साफ गुमराह करने की बात भी उजागर हो जाती है। आज समिति का आतंक ढोंगी बाबाओं पर स्थापित हुआ है। समिति द्वारा किसी बाबा पर पाखंड और मक्कारी का आरोप लगाने की दशा में समिति पर जतलाए भरोसे को ध्यान में लेकर मीडिया तुरंत इन आरोपों का संज्ञान लेता है। कई दफा अपने हितशत्रु का सफाया करने के लिए किसी को बाबा करार देकर उस पर मनगढ़ंत आरोप भी लगाए जाते हैं। लिहाजा, इस तरह के मामले समिति की ओर आने पर ऐसे मामलों पर कार्रवाई करने के पूर्व पड़ताल

जरूरी बन जाती है। इसके लिए आनेवाले हर मामले का मुआयना करना जरूरी है।

शिकायतकर्ता से सभी तफसीलात के साथ लिखित शिकायत लेनी चाहिए। उसमें शिकायतकर्ता का पूरा नाम, पता, उम्र, व्यवसाय, शिक्षा, शिकायत की वजह, आदि का ब्योरा शिकायतकर्ता के हस्ताक्षर सहित लेना जरूरी है। सूचनाओं के संकलन के तहत बाबा का मूल गाँव, उपनाम, आयु, उसका पूर्व इतिहास, व्यवसाय, पता, चमत्कार, चिकित्सा, उसके भक्त, संपत्ति, साथीदार, उसकी आदतें, मसलन क्या वह शराब, चरस, गाँजा आदि का आदी है? अन्य गैरकानूनी मामले, हथियार, आदि जानकारी काफी महत्त्वपूर्ण साबित होती है। शिकायतकर्ता को उसका नाम गुप्त रखने तथा जरूरत पड़ने पर सुरक्षा मुहैया कराने की गारंटी देना भी जरूरी रहता है। लेकिन मौका पड़ने पर खुला सहयोग भी देना पड़ेगा इसका एहसास भी शिकायतकर्ता को करा देना जरूरी है। शिकायतकर्ता से बाबा के बारे में अधिक-से-अधिक जानकारी जुटाने का प्रयास किया जाना चाहिए।

बाबा का ठगी का व्यापार किस पद्धति से चलता है, इसकी जानकारी प्राप्त करने के लिए फर्जी ग्राहक भेजना यह भी एक प्रभावी पद्धति एवं सुभीते का रास्ता है। इस तरह की जानकारी जुटाने के लिए कम-से-कम दो लोगों का मिलकर काम करना जरूरी है। इनमें से एक को पूर्वानुभव होना बेहद जरूरी है। दोनों की एक-दूसरे को मदद भी होती है। अकेला जाने से संकट में घिर जाने की संभावना रहती है और बाबा द्वारा उलटे आरोप लगाए जाने की भी संभावना रहती है।

फर्जी ग्राहक के रूप में बाबा से बीमारी का बयान करते समय मधुमेह, दुर्द्धर्ष बीमारी, मानसिक बीमारी या ड्रग्ज एवं मैजिक रेमिडीज कानून के तहत आनेवाले किसी एक रोग का नाम गिनाएँ। कार्यकर्ता के साथ सिविल लिबासधारी पुलिस का रहना भी सुविधाजनक रहता है। चमत्कार का दावा करनेवाले बाबा के चमत्कार की पद्धति की पड़ताल की जाए। भक्तगण नीबू, नारियल, तेल, पूजा का सामान, कपड़ा, सोना, आदि कहाँ से खरीदते हैं, इसकी ओर भी ध्यान दिया जाना चाहिए। बाबा के दरबार में बननेवाली रसीद, दिखाई देनेवाले विज्ञापन, प्रयोग में लाई जानेवाली चीजें, दरबार के अभिलेख, दस्तावेज, बाबा की सेवा में लगी आसपास की महिलाएँ, चेले-चपाटे, उनकी कार्य पद्धति आदि की जानकारी संकलित करना भी जरूरी है। किस दिन बाबा चमत्कार करता है, (इसके तहत दिवस, तिथि, अमावस, पूर्णिमा, स्थल आदि की जानकारी) बाबा किस तरह के वस्त्र परिधान करता है, वह किस देवता-देवी-पीर के नाम पर करतूत को अंजाम देता है, इसे भी संजीदगी से समझ लें। बाबा इलाज के रूप में भभूत, गंडा, धागा, नीबू, दवाई, जड़ी-बूटी आदि चीजें किस तरह भक्त को देता है, इसकी जानकारी संकलित की जाए। बाबा आम जनों को भजन, कीर्तन, प्रवचन, चमत्कार, कृपा, ध्यान धारणा, पोथी-पुराण इनमें से किसके द्वारा अपना भक्त बनाता है, इसे भी समझ लेना जरूरी है।

बाबा पर छापा मारना यह एक जरिया है पर एकमात्र नहीं। बाबा, मांत्रिक, ज्योतिषी और गुनिया आदि के साथ किया जानेवाला पत्राचार पंजीकृत डाक से करें। अपने ढकोसलों का विज्ञापन करनेवाले बाबा के इस तरह के जाल में फँसने की संभावना रहती है। अगले चरण में विस्तृत चुनौती और धरना देना आदि कार्यक्रम असरदार साबित होते हैं। कथित सिद्धि और चमत्कार आदि के लिए समिति की ओर से पाँच लाख की चुनौती रखी है, बाबा को इससे अवगत कराया जाए। बाबा को चुनौती देने के पूर्व चुनौती का मसौदा बनाया जाए। लेकिन चुनौती देते समय मौखिक रूप से दी जाए, चुनौती देते समय साथ में पत्रकारों को रखा जाए। अधिकांश बगुला भगत चुनौती स्वीकारने में असमर्थता व्यक्त करते हैं। ऐसे समय तुरंत इन बगुला भगतों से इकरारनामा लिखवा लिया जाए। इस इकरारनामे को मीडिया में जाहिर तौर पर प्रसारित करके मामले का निपटारा किया जाए। चमत्कार को जाहिर रूप से चुनौती देना ये बगुला भगतों के विरोध में चलाए जा रहे आंदोलन का एक असरदार पैंतरा है। समिति की मंशा है कि यदि समाज में इस तरह के चमत्कार किसी बाबा द्वारा दिखाए जा रहे हों तब लोग स्वयं भी चमत्कार को चुनौती दे सकते हैं। समिति भी इसके पक्ष में है। अत: पक्के तौर पर कहा जा सकता है कि चुनौती के चलते चमत्कार का बाजार ठंडा पड़ने लगता है। कई बार चमत्कार रुक भी जाते हैं। पर कभी-कभार हो सकता है कि बाबा तपाक से चुनौती स्वीकारने की बात कबूलें। ऐसे मौके पर चुनौती प्रक्रिया किस तरह संपन्न कराई जाएगी, इसके बारे में लिखित मसौदा तैयार करते समय समिति से संपर्क स्थापित करना उचित होगा। ढोंगी बाबा यदि दबिश की कार्रवाई में पकड़ में नहीं आ पाता तो बाबा के अखाड़े को घेरकर या वह जिस इलाके में चमत्कार दिखाता है, उसी इलाके में बाबा जैसे ही चमत्कार दिखाने के लिए जाहिर वैज्ञानिक प्रयोग जनता को दिखाए जाएँ और बाबा के पाखंड से जनमानस को अवगत कराया जाए। बाबा के दरबार के सामने ही डेरा डालकर बाबा और चमत्कार के विरोध में भक्तों में पैंफलेट आदि वितरित किए जाएँ। और अंत में भक्तों के विचार परिवर्तन के लिए लगातार कोशिशें करें।

बाबा के संग जारी लड़ाई वास्तव में बदमाशों के साथ की ही लड़ाई रहती है। अधिकांश बाबा, बदमाश और अपराधवृत्ति वाले ही होते हैं। इसे ध्यान में रखते हुए बाबा के पूर्वजीवन में बाबा पर लगे आरोप, शिकायतें, प्रवाद, सजा आदि से जुड़ी खुफिया जानकारी संकलित की जानी चाहिए। इस जानकारी को यथासंभव मीडिया में वायरल करने पर बाबा के भक्तों में हड़कंप मच जाता है। किसी बाबा का महिलाओं के साथ संबंध होने की बात भक्त पसंद नहीं करते। अत: ऐसे मामलों की भी खोज की जाए। क्या बाबा के साथी लोग और भक्त अपराधी, अभियुक्त और गुंडे हैं, इसके बारे में भी जानकारी प्राप्त की जाए। तथा इस तरह के तथ्यों के प्राप्त होने पर क्या इन पर कोई कार्रवाई चल रही है? क्या इसके चलते बाबा

कानून के शिकंजे में फँस सकता है? इसकी भी जानकारी संकलित करें। हथियार पास में रखना, स्मगलिंग, मटका, मारपीट, आतंकवाद, नाजायज संबंध, गाँजा, चरस, अफीम आदि चीजों से बाबाओं का जुड़ाव रहता है, तो इससे अंधश्रद्धा निर्मूलन समिति का किसी भी तरह संबंध नहीं है, लेकिन यह जानकारी बाबाओं के विरोध में चलाए जा रहे आंदोलन के लिए प्रभावी रूप से मददगार साबित होती है।

सतारा के निकट उडतारे गाँव में प्रतिज्ञानंद नामक बाबा ने देखते-देखते अपनी जड़ें मजबूती से जमा ली थीं। रौबदार शख्सियत का धनी बाबा असरदार प्रवचन देने में प्रवीण था। उसका जुलूस अंबारी में निकाला जाया करता था। तत्कालीन मशहूर साप्ताहिक 'श्री' ने उस पर एक कवर स्टोरी छापी थी। जब हमने प्रतिज्ञानंद का भेद हासिल किया तो पता चला कि यह प्रतिज्ञानंद एक दौर में पुलिस दल में सेवारत था। पुलिस दल की नौकरी में आपत्तिजनक व्यवहार के चलते उसे पलायन करना पड़ा था। इस जानकारी के बूते उसके विरोध में चलाया जा रहा आंदोलन थोड़ा आसान बना। साथ ही 'मैजिक रेमेडीज एक्ट,' 'उपभोक्ता सुरक्षा कानून,' 'मेडिकल प्रैक्टिशनर्स एक्ट,' 'भारतीय दंड संहिता' की धारा 415 से 420 के तहत ऐसे बाबाओं के विरोध में कार्रवाई संभव है। अत: इस पहलू से भी विचार किया जाना चाहिए। आंदोलन के प्रति सहानुभूति रखनेवाले एडवोकेटगणों से मंत्रणा करके बाबा की करतूतों से कौन-कौन से कानूनी प्रावधानों का भंग हो रहा है? इसकी जानकारी प्राप्त कर लेनी चाहिए। साथ ही छापा मारने पर तथा छापा मारनेवाले कार्यकर्ताओं पर किस तरह की कानूनी कार्रवाई हो सकती है, और वह न हो इसके लिए क्या किया जा सकता है, यह भी समझ लेना जरूरी है।

बाबा की कथित दैवी शक्ति के बारे में अक्सर अफवाहें फैलाई जाती हैं। जिनके नाम का हवाला देकर अफवाहें फैलाई जाती हैं, उनसे भेंट करके पूछताछ करें। जिससे कि फैलाए जा रहे दावे झूठे हैं, इसके प्रमाण मिलेंगे।

बाबाओं पर छापा मारनेवालों को, बाबा के विरोध में चलाए जा रहे आंदोलन में निरंतर यह ध्यान रखा जाना चाहिए कि बाबा के समर्थकों में आर्थिक, सामाजिक एवं राजनीतिक दृष्टि से प्रतिष्ठित एवं कद्दावर लोग और सरकारी अधिकारी भी हो सकते हैं। बाबा को कुछेक बदमाश गुंडों और चेले-चपाटों का भी सहयोग रहता है। एक बार किसी बाबा पर छापा न मारा जाए तो भी कोई खास फर्क नहीं पड़ेगा। लेकिन बाबा पर छापा मारने का प्रयास किसी भी हाल में सफल ही होना चाहिए। इस तरह का दृढ़ निश्चय जरूरी है। यदि बाबा की दबिश का प्लान फेल हो जाता है तो बाबा अपने भक्तों में यह प्रचार करने का प्रयास करता है कि 'मेरा कोई कुछ उखाड़ नहीं सकता।'

अंधश्रद्धा निर्मूलन समिति बगुला भगतों के विरोध में चलाया जा रहा आंदोलन, पूरी तरह से कानून के दायरे में रहकर ही संचालित करती है। समिति ने आज तक

किसी भी हाल में बगुला भगतों के ढोंग को गैरकानूनी हरकतों, दादागिरी और मारपीट जैसी चीजों के बल पर हरगिज रोकने का प्रयास नहीं किया है। लिहाजा अन्य भी इस तरह का कदम न उठाएँ, ऐसा समिति आग्रह रखती है। जैसे-जैसे प्रतिज्ञानंद की सचाई सामने आने लगी, वैसे-वैसे गाँव का एक गुट उसके विरोध में क्रुद्ध हुआ। गाँव के लोग बाबा की पिटाई करके उसे सीधा करने के आग्रही थे। समिति के समक्ष उन्होंने यह बात भी रखी थी। समिति का कानूनी लड़ाई का रास्ता उन्हें लचर महसूस होने लगा था। फिर उन्होंने स्वयं ही अगुवाई करते हुए बाबा पर धावा बोला। प्रतिज्ञानंद ने उनके विरोध में पुलिस में शिकायत दर्ज कराई। कुछ दिनों बाद बाबा गाँव से पलायन कर गया। पर मुकदमा कोर्ट में चलता रहा। कोर्ट के चक्कर काटना और वकीलों को पैसे देना जैसी चीजों से लड़ाकू कार्यकर्ता बेजार हुए। बगुला भगतों के विरोध में कानूनी मार्ग अपनाकर, बुलंद इरादों के साथ योजनाबद्ध रीति से आंदोलन चलाकर उसे सफल भी बनाया जा सकता है। लेकिन फाजिल आत्मविश्वास और गलत रास्तों को अपनाना हरगिज समर्थनीय नहीं है और ऐसी चीजें होनी भी नहीं चाहिए।

बाबा को दबोचना बेहद जोखिम भरा लेकिन रोमहर्षक कार्य है। किसी भी वक्त हालात तनावपूर्ण और कानून व्यवस्था की दृष्टि से गंभीर बनने की संभावना को मद्देनजर रखते हुए, नौकरीपेशा लोग इस कार्रवाई में हिस्सा ही न लें, यही बेहतर है। बाबा के विरोध में आंदोलन शुरू करने के पूर्व संबंधित क्षेत्र के पुलिस अफसर को शिकायत की अर्जी देकर, संबंधित पुलिस अफसर के हस्ताक्षर एवं मुहर के साथ पहुँच लेकर उसे सँभालकर रखें। और दबिश पर निकलते समय सिविल भेष में पुलिस को साथ में जरूर रखा जाए। बाबा पर छापा मारने या उसे दबोचने के लिए निकलने से महज एक-दो घंटा पूर्व ही दबिश की योजना वाला पत्र पुलिस थाने में दिया जाए। इससे किसी पुलिसकर्मी द्वारा बाबा तक दबिश के प्लान की खबर पहुँचाने के डर की संभावना कम हो जाती है। निर्मला माता वाले मामले में हमने अंगारपुर में प्रदर्शन किए थे। पर माता के गुस्साए भक्तों ने हम पर हमला किया। हमारे साथ मारपीट की। और उलटे हम पर झूठा केस ठोंक दिया। केस आठ साल तक चला। प्रदर्शन के समय मौका-ए-वारदात पर पुलिस मौजूद नहीं थी। लेकिन प्रदर्शन की जानकारी पुलिस को थी। इसका सबूत हमारे पास था। वह सबूत अदालत में हमारे पक्ष में महत्त्वपूर्ण साबित हुआ था। लिहाजा बेवजह कार्यकर्ताओं के साथ मारपीट, गिरफ्तारी और बेवजह कार्यकर्ताओं को कोर्ट का चक्कर काटना न पड़े इसके प्रति सतर्क रहना चाहिए। अलबत्ता मुकाबला ही बदमाशों के साथ रहने से हर बार सतर्कता बरतना असंभव होता है।

दबिश की मुहिम पर निकलते समय साथ में वकील कार्यकर्ता रखना बेहतर साबित होता है। यदि यह संभव न हो तो कम-से-कम दो अनुभवी कार्यकर्ताओं को

साथ रखें। नये कार्यकर्ताओं को प्रशिक्षु के लिहाज से साथ रखें। अकेले दबिश की मुहिम पर हरगिज न जाएँ। पूरी तैयारी, नियोजन एवं अनुशासनबद्ध कार्रवाई ढोंगी बाबा के पाखंड के विरोध में चलाए जा रहे आंदोलन का ऊर्जा स्रोत बन जाती है। कई दफा विक्षिप्त बाबाओं से सामना होता है। ऐसे बाबा कहने मात्र के लिए बाबा रहते हैं पर उनका रिमोट किसी दूसरे के हाथों में रहता है। ऐसी स्थिति को पहले अच्छी तरह से समझ लें। अन्यथा कार्रवाई में अड़चनें पैदा होती हैं। आंदोलन चलाते समय नित्य ध्यान रखना चाहिए कि हम बाबाओं के ठगी व्यापार के विरोध में है। बाबा संग हमारी लड़ाई उसकी करतूतों के चलते चल रही है। लिहाजा, हमारे मन में बाबा द्वारा ठगे गए भक्तों के प्रति सहानुभूति एवं आत्मीयता की भावना होनी ही चाहिए। उनके नाम मीडिया के समक्ष उजागर न हों इसका खयाल रखा जाए।

ढोंगी बाबा को दबोचने के लिए निकलते समय जरूरी चीजों को साथ में रखने से कार्रवाई आसान हो जाती है और समय की बरबादी भी नहीं होती। छापे पर निकलने के पूर्व कार्यकर्ताओं के पास पुलिस अधिकारी को बाबा के मामले में सौंपी जानेवाली अर्जी दो कॉपियों में, टेपरिकॉर्डर, कैसेट्स, बैटरी, कैमरा, रोल, फ्लैश, 20 रुपयों के मूल्यवाले मुद्रांक पेपर्स, उँगलियों के निशान के लिए स्याही वाला पैड, बॉलपेन, कबूलनामे का मसौदा, मैजिक रेमेडीज 1954 के कानून की फोटोस्टेट कॉपी, पत्रकारों के फोन नंबर, पुलिस जैसी सीटी, पुलिस अधीक्षक, जिलाधीश तथा अधिकारियों के फोन नंबर आदि साथ रखना जरूरी है। छापा मारने पर कार्यकर्ता फोटोग्राफर द्वारा मौका-ए-वारदात पर स्वतंत्र तसवीरें खींचनी चाहिए। छापे की कार्रवाई में साथ में व्यावसायिक फोटोग्राफर होना बेहतर है। खींची गई तसवीरों में छापे के स्थान की महत्त्वपूर्ण निशानियाँ, दीवारों, बोर्ड आदि पर लिखा मजमून, बाबा का साहित्य और मंडप जैसी चीजें काबिज करनी चाहिए। प्रत्यक्ष छापे की कार्रवाई के दौरान निर्मित तनावपूर्ण माहौल में तसवीरें खींचना मुश्किल होता है, इसका ध्यान रखा जाए। मौका मिलते ही बाबा की स्वतंत्र तसवीर खींच लें। बाबा भी तसवीर खिंचवाने में कई दफा उत्सुक रहते हैं। बाबा के शरण आने पर या उसे पुलिस द्वारा गिरफ्तार करने के मौके की भी तसवीरें खींचें।

फर्जी ग्राहक भेजकर प्राप्त जानकारी के आधार पर बाबा पर छापा मारा जाए या नहीं, इसके बारे में सावधानी से फैसला लें। छापे की पूर्वतैयारी नियोजनबद्ध रीति से कर लेनी चाहिए। कौन कार्यकर्ता कौन सी जिम्मेदारी निभाएगा, इसके बारे में पहले से ही तय किया जाए। छापे के दौरान बाबा के आश्रम की महिलाओं के साथ अदब से पेश आएँ। छापा डालनेवाले मुट्ठीभर कार्यकर्ताओं की अपेक्षा बाबा के भक्तों की तादाद मौका-ए-वारदात पर ज्यादा होती हैं। और उनकी भावनाएँ भी तीव्र रहती है लिहाजा वाद-विवाद, चर्चा बेहद इत्मीनान एवं संयम से करें। देवता एवं धर्म की दुहाई देकर बाबा द्वारा भक्तों का आर्थिक एवं मानसिक शोषण किया

जाता है। इस चीज को लक्ष्य कर 'बाबा द्वारा देवी-देवता एवं धर्म की बदनामी की जा रही है' इस तरह तकियाकलाम लगातार जारी रखा जाए। ऐसे मौके पर चर्चा सिर्फ बाबा और छापे के सूत्रधार में ही होनी चाहिए।

अन्य कार्यकर्ता के बोलने पर उसे नियंत्रक और भक्त के बोलने पर उसे पुलिस द्वारा खामोश कराया जाए। चर्चा की शुरुआत में बाबा से उसके गाँव, शिक्षा, व्यवसाय, आजीविका का साधन, बीवी-बच्चे आदि के बारे में सवाल पूछे जाएँ। उसे कौन-कौन से मंत्र अवगत हैं? बाबा भूत, इंद्रजाल आदि के कौन से चमत्कार कर सकता है? इसकी जानकारी भी प्राप्त करें। जानकारी को रिकॉर्ड करने के दौरान हमारा रवैया पत्रकार, भक्त एवं अध्येता जैसा होना चाहिए। किसी भी स्थिति में भक्तों के साथ वाद-प्रतिवाद से कोसों दूर रहें। उन्हें विवाद में शामिल होने का मौका ही न दें। क्योंकि मामला बेकाबू हो जाने का भय रहता है। महिलाओं से हरगिज न उलझें।

बाबा द्वारा किए दावों के खत्म होते ही उसे धर्मग्रंथों की चर्चा में खींचें। इसके लिए धर्म एवं धर्मग्रंथ का थोड़ा-बहुत अध्ययन कर लें। कुरान में चमत्कार को हरगिज स्थान नहीं है। संत तुकाराम, गाडगे महाराज, विवेकानंद, सावरकर आदि विभूतियों ने चमत्कार, बाबाओं की ठगी एवं दैवी शक्ति आदि की कठोरतम शब्दों में आलोचना की है। उनके वचनों को छापे के दौरान कार्यकर्ता द्वारा उद्धृत किया जाए। बाबा के दावों में से जो दावा चुनौती की परिधि में फिट बैठे, उसे सिद्ध करने की चुनौती देकर इसके लिए पाँच लाख का पुरस्कार रखे जाने की बात से बाबा को अवगत कराएँ। साथ ही इस बात से भी अवगत कराया जाए कि आज तक ऐसी चुनौती की रकम को दुनिया का कोई भी बाबा पिछले पचास सालों में प्राप्त करने में विफल रहा है। बाबा जोश में जो कोई चमत्कार सिद्ध कर दिखानेवाला है, वह किस तरह कानूनन अपराध है, इस बात को कानूनी प्रावधानों सहित बाबा को समझा दें। तथा वह इस अपराध के लिए किस दंड का भागी हो सकता है, इसकी भी जानकारी दें।

इसके बाद कानूनी तरीके से पुलिस के वरिष्ठ अधिकारी की ओर शिकायत दर्ज करा, साथ में पुलिस ले आने की बात से भी बाबा को अवगत कराया जाए। बाबा को किसी भी हाल में सफाई देने का मौका न दें। बाबा के सामने दो विकल्प रखें। एक तो यह कि अब तक अपने किए कारनामों का लिखित रूप में वह इकरारनामा लिखवा दे और दूसरी दफा वह इस तरह की करतूतें नहीं करेगा इसकी गारंटी दे। इसी के साथ भक्तों से ऐंठे पैसे आदि लौटाने का वायदा भी उससे करा लें। या दूसरा विकल्प, यानी सीधे-सीधे उस पर कानूनी कार्रवाई। बाबा के सोचने के दौरान ही कार्यकर्ता उसके गुनाहों एवं गलतियों का पहाड़ा पढ़ना जारी रखें और पुलिस जल्दबाजी करे। कबूलनामा लिखवा देने पर 20 रुपए के स्टैंप पर पूर्व में ही लिखे मसौदे के अनुसार बाबा का बयान उसी की लिखावट में दर्ज करें। यदि

यह संभव न हो तो बयान के अंत में बाबा के हस्ताक्षर एवं अँगूठे के निशान लें। और अंत में कबूलनामे पर दो गवाहों के हस्ताक्षर भी लें।

यदि बाबा बयान देने के लिए राजी न हो तो तुरंत पुलिस में शिकायत दर्ज कराएँ। कार्रवाई के खत्म होते ही सभी एक साथ मौका-ए-वारदात से लौटें। चर्चा के लिए हरगिज न रुकें। हर बाबा कथित दैवी शक्ति के बल पर खुलेआम ठगी व्यापार चलाता ही है, ऐसा हर बार होता नहीं। लिहाजा, बाबा के आश्रम में विचरण करते समय कान एवं आँखें खुली रखनी चाहिए। बाबा के विरोध में जिन चीजों का इस्तेमाल किया जा सकता है, ऐसी चीजें मसलन महिलाओं के प्रेमपत्र, अश्लील चित्र, अश्लील पुस्तकें, भक्तों की सूची, आर्थिक मामलों के दस्तावेज, नशीली चीजें एवं सरकारी कागजात आदि यदि बाबा के आश्रम से प्राप्त होते हैं तो छापे की कार्रवाई आसान बन जाती है। बाबा के पास बंदूक, तलवार, चाकू और छूरा जैसे हथियार होने की पुष्टि होने पर तुरंत पुलिस को अवगत कराएँ। यह गंभीर श्रेणी का अपराध है।

बाबा और उसके भक्त कई बार चालाकी से छापा मारनेवाले कार्यकर्ताओं को पीने के लिए पानी, खाने की चीजें, उपहार आदि देते हैं। ऐसे वक्त इन चीजों का साफ तौर पर इनकार किया जाए। लातूर के मल्लीनाथ बाबा ने समिति के समक्ष आत्मसमर्पण करते हुए समिति के कार्य की प्रशंसा की। कार्यकर्ताओं का सम्मान किया तथा उन्हें वस्त्रादि भेंट में दिए। नामचीन बाबा को पराजित करने की खुशी में समिति कार्यकर्ता लौटे। पर दूसरे ही दिन बाबा ने 'समिति कार्यकर्ता हमारे आश्रम पर डाका डालकर वस्त्रादि लूटकर चले गए' यह शिकायत पुलिस थाने में फाइल की थी।

कई दफा बाबा के साथ आश्रम में महिलाएँ भी मौजूद रहती हैं। छापेवाली बात उन्हें पसंद नहीं आती। धुलिया जिले के असलोद में औलाद प्राप्ति का वरदान देनेवाले डॉक्टर बाबा की दबिश के विरोध में अगली सुबह पुलिस थाने में सिर्फ महिलाओं ने घेराव किया था। इस पर गौर करना चाहिए। कुछ शातिर महिला भक्त समिति कार्यकर्ताओं को इरादतन 'हम बाबा के बारे में आपको महत्त्वपूर्ण जानकारी देनेवाली हैं,' इस तरह का बहाना बनाकर अपने पास में बुला लेती हैं। कार्यकर्ता के महिला भक्त के पास जाने के कुछ ही पलों बाद शातिर महिला भक्त द्वारा समिति कार्यकर्ता पर इज्जत पर हाथ डालने का आरोप लगाए जाने की संभावना रहती है, इसे भी ध्यान में रखें। बाबा के विरोध में लड़ते समय हमारा सामना बदमाशों से है, इसे हरगिज न भूलें। छापे पर निकलते वक्त कार्यकर्ताओं में से ही किसी एक कार्यकर्ता को नियंत्रक की जिम्मेदारी सौंपी जाए। नियंत्रक छापे की कार्रवाई नियोजन के अनुसार हो रही है या नहीं, इसका खयाल रखें। यदि नियोजन के अनुसार कार्रवाई नहीं हो रही हो, तब नियंत्रक तत्काल कार्यकर्ताओं को सूचित करें। माहौल

के विस्फोटक शक्ल अख्तियार करने पर छापे की कार्रवाई बीच में ही छोड़कर लौटने का निर्णय लेने का अधिकार नियंत्रक को होना चाहिए। नियंत्रक किसी भी हाल में चर्चा, विवाद, आदि के झमेले में न उलझे, इसका वह खयाल रखे। लेकिन नियंत्रक को चाहिए कि चर्चा करनेवाला कार्यकर्ता अगर लीक से हट रहा है, तो वह दूसरे कार्यकर्ता को चर्चा के लिए सूचित करे। कार्यकर्ता को चाहिए कि वह सिविल पहनावे में तैनात पुलिस को अपने साथ रखे। जरूरत के मुताबिक महज नियंत्रक ही उसे मार्गदर्शन करे। छापे के वक्त स्थिति नियंत्रण के बाहर जा रही है, ऐसा महसूस होते ही नियंत्रक सीटी बजाकर आश्रम के बाहर तैनात कार्यकर्ताओं को इशारा करे। बाहर तैनात कार्यकर्ता तुरंत नजदीकी पुलिस थाने में संपर्क करें। छापे पर निकले कार्यकर्ता कभी भी अपने पास किसी भी तरह का हथियार न रखें।

छापे की कार्रवाई पुलिस अधिकारियों की मदद के बिना मुश्किल रहती है। अत: छापा मारने की रपट और खबर में पुलिस अधिकारी और कर्मियों के नाम, उनके बक्कल नंबर, और ओहदे आदि का समावेश हो। अखबारों मे छपकर आई छापे की खबरें पुलिसवालों को भी भेजी जाएँ। छापे की कार्रवाई पूरी होने के बाद पुलिस प्रशासन की ओर आभार का पत्र भेजा जाए। छापे की कार्रवाई में सहयोग देनेवाले अधिकारियों की प्रशंसावाला खत लिखकर पुलिस अधीक्षक को भेजा जाए तथा उसकी एक कॉपी छापा मारनेवाले अधिकारी को भी भेजी जाए। छापे की कार्रवाई पूरी होते ही कार्यकर्ता तुरंत बैठक आयोजित कर चर्चा करें। बैठक में प्रकट रूप में छापे की कार्रवाई के दौरान के गुण-दोषों को लेकर चर्चा की जाए। यदि छापे के दौरान गलतियाँ हुई हों तो उन्हें किस तरह दूर किया जा सकता है, इस पर विचार किया जाए। आठ दिनों के भीतर छापा मारने की कार्रवाई पर लेख लिखकर तसवीरों सहित स्थानीय अखबार में छपवाएँ। और अंत में बाबा के विरोध में लड़ी लड़ाई के तमाम दस्तावेज भलीभाँति जतन कर रखें।

आंदोलन में छोटी-छोटी बातें भी महत्त्वपूर्ण होती हैं। इन बातों का खयाल रखा जाए तो गलतियों को टाला जा सकता है। बाबा का आश्रम किस पुलिस थाने के कार्यक्षेत्र में पड़ता है, इससे कार्यकर्ता अनजान रहते हैं। छापे की कार्रवाई की रिकॉर्डिंग नहीं होती पर कार्यकर्ता रिकॉर्डिंग हो रही है, इस मुगालते में रहता है। छापे की कार्रवाई की जरूरी चीजों को ऐन मौके पर खरीदा जाता है। संस्था का लेटरहेड साथ में न रखने की भूल होती है। बाबा के कार्यक्रम का निश्चित दिन और समय भी कार्यकर्ता को पता नहीं रहता। शाम पाँच बजने के बाद स्टैंप पेपर मिलना मुश्किल हो जाता है, ऐसी मामूली चीजों को कार्यकर्ता भूल जाते हैं। कार्यकर्ता वाद-विवाद के जोश में मुश्किल चुनौती को स्वीकार कर बैठते हैं। अथवा कभी-कभी वे बाबा, भक्त, देवी-देवता और धर्म के बारे में अनाप-शनाप बातें करके पूरी सफलता पर पानी फेर देते हैं।

छापा मारने की कार्रवाई पूरी हो जाने पर और माहौल का तनाव ढीला पड़ने तक कार्यकर्ता अकेले निर्जन इलाकों, अँधेरे में या बाबा के इलाके में हरगिज न घूमें। ऐसे में बाबा या उसके भक्त द्वारा चिढ़कर छापे की कार्रवाई में शामिल कार्यकर्ता की पिटाई करने या कार्यकर्ता को अन्य तरीके से कानूनी झमेले में फँसाने की संभावना रहती है। ऐसे समय समविचारी संगठनों की मदद लेनी चाहिए। कार्यकर्ता पुलिस दल से सुरक्षा की माँग करें। अखबारों में भी इसके बारे में खबरें छपवानी चाहिए। कार्यकर्ता कानूनी सलाह भी लें। कार्यकर्ता अपना पक्ष रखने और मदद हेतु मुख्यमंत्री, गृहराज्यमंत्री, जिलाधीश एवं पुलिस अधीक्षक आदि को पंजीकृत डाक से पत्र लिख भेजें। मल्लीनाथ बाबा ने समिति कार्यकर्ताओं पर झूठे इल्जाम लगाकर गिरफ्तारी के वारंट जारी करवाए थे। इसके विरोध में लातूर में अलग-अलग संगठनों एवं दलों ने मिलकर टास्क कमेटियाँ स्थापित की थीं। वरिष्ठ फिल्म अभिनेता डॉ. श्रीराम लागू की अध्यक्षता में कार्रवाई के विरोध में मौन पदयात्रा का आयोजन किया गया था और जिला पुलिस अधीक्षक से इस मामले में भेंट की थी। इन सभी कोशिशों का नतीजा अच्छा रहा।

ढोंगी बाबा की शक्ति एवं कार्यकर्ता की शक्ति और बाबा की कमजोरी एवं कार्यकर्ता की कमजोरी को तुलनात्मक रूप से निम्न तरह समझा जा सकता है—

बाबा की भक्ति	**कार्यकर्ता की भक्ति**
पैसा	ईमानदारी
गुंडई	वैज्ञानिक दृष्टिकोण
चमत्कार	पुलिस व्यवस्था
धर्म की ढाल	कार्यकर्ताओं की संख्या
भक्त एवं उनकेसंगठन	समविचारी संगठन मीडिया का सहयोग, सबूत

बाबा की कमजोरी	**कार्यकर्ता की कमजोरी**
गर्व	रुपयों की कमी
अपराधी पृष्ठभूमि	संख्याबल
लालच	अनुशासन एवं पूर्वतैयारी
स्त्री-लंपटता	समय की कमी एवं जानकारी का अभाव
नशा एवं बुरी आदतें	
मक्कारी	

बाबा के विरोध में लड़ाई का आगाज करने के पूर्व उपरोक्त तमाम चीजों पर गौर किया जाए। इसके चलते बाबा के विरोध में चल रही लड़ाई में सफलता हासिल होने के लिए मदद मिलती है।

आक्रामक जनजागरण

बगुला भगतों के विरोध में चलाया जानेवाला प्रत्येक आंदोलन महज छापा मारकर उन्हें गिरफ्तार करने तक ही सीमित नहीं है, बल्कि इसके तहत विभिन्न सरकारी विभागों की ओर न्याय की माँग करना, आवश्यकता पड़ने पर धरना देना, मोर्चा निकालना, अदालत का दरवाजा खटखटाना जैसे क्रियाकलाप भी शामिल हैं। इसके चलते होनेवाली जनजाग्रति बाबाओं के विरोध में सीधी कार्रवाई के लिए उपयोगी साबित होती है। कार्रवाई के लिए पूरक जनजागरण है। परंतु कई बार वह खासा विस्फोटक बन सकता है। लड़ाई की चिनगारी को बढ़ा सकता है।

वालवा तहसील के नेरले नामक गाँव में जंगलीदास बाबा ने जाहिर रूप में पंचाग्नि पूजा आयोजित की थी। अप्रैल की चिलचिलाती धूप में रेत पर ईंटों से चबूतरा निर्माण किया गया। चबूतरे पर 16 साल की कुंवारी लड़की को पूजा कराने के लिए बिठाया गया। उसके चारों ओर कुछ दूरी बनाकर लकड़ियाँ रखकर आग जलाई गई। ऊपर से चिलचिलाती धूप, नीचे से गर्म रेत, चारों ओर से सुलगी आग, ऐसे माहौल में पूजा शुरू हुई। कुछ ही समय में असहनीय लू के थपेड़ों से पूजा के लिए बिठाई गई लड़की बेहोश होकर गिर पड़ी और इसी में उसके प्राणपखेरू उड़ गए। असल में अंधश्रद्धा और कर्मकांड के चलते हुई यह हत्या ही थी।

इस घटना के विरोध में कुछ दिनों के बाद हमने सभा आयोजित करने का फैसला किया। खबर मिलते ही पूजा करवानेवाले बाबा ने गाँव से पलायन किया। इन घटनाओं के चलते यह गाँव बाबा के विरोध में चला गया होगा, ऐसा मानकर हमने सभा शुरू की। पर कुछ ही पलों बाद ध्यान में आया कि श्रोता पूरी तरह हमारी सभा के विरोधी हैं। सभा खत्म होने तक वे किसी तरह खामोश बैठे थे। सभा के खत्म होते ही हमें उन्होंने चारों ओर से घेर लिया और हमारी बुरी तरह से पिटाई होने के हालात बन गए। हमारी खुशकिस्मती थी कि मौके पर मौजूद पुलिस दल ने किसी तरह हमें उनके चंगुल से छुड़ाया। इस घटना से हमारी समझ में आया कि बाबा के विरोध में जनजाग्रति करना भी कितना विस्फोटक हो सकता है।

लोणंद, तहसील-खंडाला, जि. सतारा निवासी विलास बाबा के विरोध में आयोजित की सभा में भी इसी तरह का अनुभव हमने किया था। विलास बाबा ने इस इलाके में अपनी धाक जमाई थी। मंत्र के बल पर सिक्के से भभूत निर्मित करना, पानी द्वारा यज्ञ प्रज्वलित करना, मुँह से शिवलिंग निकाल दिखाना आदि चमत्कारों के चलते बाबा सुर्खियों में छाया था। उन दिनों अंधश्रद्धा निर्मूलन समिति गठित नहीं हुई थी। विलास बाबा उर्फ बालसिद्धयोगी महाराज के विरोध में मैंने एक सभा का आयोजन किया था। सभा के लिए अच्छी-खासी भीड़ जुटी थी। सभा संपन्न न हो इसलिए विरोधियों द्वारा बिजली तक काटने की कोशिशें की गईं। लोगों का सभा के लिए समर्थन मिलता देख, पड़ोसी गाँव से बुलाए किराये के कथित भक्तों ने गुंडागर्दी करते हुए मुझसे माइक छीनकर सभा को तितर-बितर करने का प्रयास किया। वातावरण में तनाव पैदा हुआ। दूसरे दिन बाबा के पैतृक गाँव तरड़गाँव में समिति की सभा होनी थी, लेकिन हमें उसे रद्द करना पड़ा। अलबत्ता इन दोनों घटनाओं के अच्छे-खासे नतीजे आए। विलास बाबा का बढ़ता ठगी व्यापार न सिर्फ रुका बल्कि वह कुछ ही दिनों के भीतर खत्म हुआ।

अचानक सुर्खियों में छाई मरकल निवासी अरुणा लोखंडे का प्रभाव भी कुछ ऐसा ही हैरान कर देनेवाला था। उसने खुद को श्रीदत्त द्वारा दृष्टांत देने की बात बताई थी। साथ ही उसने दो किलो वजन की सोने की पादुकाएँ अपने घर के आंगन में भूमि के गर्भ से निकलने का दावा किया था। इस घटना के बाद अरुणा लोखंडे के दैवी चमत्कार से नित्य गुरुवार को शिवलिंग से अपने आप किलो-डेढ़ किलो भभूत निर्मित होने लगी। दैवी चमत्कार के चलते अरुणा लोखंडे भक्तों में संत माँ के रूप में जानी जाने लगी। कुछ दिनों बाद उसने पृथ्वी पर गंगा अवतरित होगी, ऐसा बखान किया। इसके दूसरे ही दिन उसके घर के पास पानी का बहता सोता प्रकट हुआ।

इन घटनाओं से संत माँ के दरबार में श्रद्धालुओं की भीड़ लगने लगी और भक्तों द्वारा रुपए अर्पित किए जाने लगे। किंतु इन तमाम घटनाओं में आपत्ति जताए जाने योग्य कई चीजें मौजूद थीं। दैनिक 'केसरी' और 'लोकसत्ता' ने इसके विरोध में आवाज भी उठाई, फिर भी संत माँ के दरबार में भीड़ बढ़ती ही चली जा रही थी। इन स्थितियों में भी समिति के पुणे शाखा के कार्यकर्ताओं ने संत माँ के विरोध में प्रचार मोर्चा खोलने का ढाढ़स दिखाया। पुणे शाखा ने हैंडबिल प्रकाशित किए। उसमें जमीन से निकले कथित दो किलो सोने की पादुकाओं को सरकार कब्जे में ले, क्या असल में वे पादुकाएँ सोने की ही हैं, इसका खुलासा किया जाए और यदि वे सोने की ही हैं तो उन्हें जब्त कर लिया जाए, इस तरह की माँग रखी। और गंगा अवतीर्ण होने के दावे का भी भंडाफोड़ किया।

मरकल के माली बस्ती को पानी पहुँचानेवाली पाइप लाइन अरुणा लोखंडे के घर के पास से ही गुजरती थी। किसी भक्त ने जमीन खोदकर उसे तोड़ दिया। बाद

में उसने 'गंगा अवतरित हुई, गंगा अवतरित हुई' का जयकारा लगाया। इसके बाद पंद्रह दिनों तक माली बस्ती की पानी आपूर्ति पूरी तरह बंद रही। लेकिन कथित गंगा का उद्गम स्थान बंद करने के बाद पानी आपूर्ति फिर से सुचारु रूप में शुरू हुई।

क्या असल में भभूत निर्मित होती है? और यदि हाँ तो वह किस तरह निर्मित होती है? इसकी पड़ताल करने की चुनौती समिति ने दी और असाध्य रोग दूर करने की अरुणा लोखंडे की शक्ति की भी वैज्ञानिक दृष्टि से पड़ताल करने की तैयारी समिति ने दिखाई थी। यह सब हैंडबिल के रूप में छापना आसान था। लेकिन 8 से 10 हजार भक्तों की भीड़ में बिना पुलिस सुरक्षा में जाकर हैंडबिल बाँटने के लिए छप्पन इंच का सीना चाहिए था। और जोखिम उठाकर समिति कार्यकर्ताओं ने इस कार्य को अंजाम भी दिया। जिस रास्ते लोगों का रेवड़ अरुणा लोखंडे के दरबार की ओर जाया करता, उसी रास्ते में पड़ने वाले मैदान में समिति ने जाहिर सभा भी आयोजित की। अरुणा लोखंडे की तमाम हरकतों को वैज्ञानिक कसौटी पर कसकर उसकी मनोरुग्णता की लोगों को समझाया गया। अरुणा लोखंडे को हुए कथित प्रत्यक्ष दर्शन के मनोविज्ञान को भी स्पष्ट किया गया। इस दफा सभा के लिए पुलिस सुरक्षा थी। पुरातत्त्व विभाग से अरुणा लोखंडे के घरवाली जमीन से निकली सोने की पादुकाओं को कब्जे में लेने की माँग की गई। अरुणा लोखंडे के दरबार में नित्य गुरुवार के दिन लाखों की राशि दान स्वरूप जमा हुआ करती थी, उस दान की जाँच आयकर विभाग करे, ऐसा आवेदन सरकार को दिया गया। पर हमारी इन दोनों कोशिशों का कुछ विशेष लाभ नहीं हुआ। अरुणा का गाँव संत ज्ञानेश्वर एवं पांडुरंग की भक्ति करनेवाले 'वारकरी संप्रदाय' में दीक्षित था। हमें उनका भी समर्थन मिला। जिस स्थान पर शिवलिंग प्रकट होने की बात कही गई वह स्थान असल में नवबौद्ध समाज की मिल्कियत था, लिहाजा उनका भी आंदोलन में योगदान मिला। मरकल की शिवसेना शाखा के प्रमुख का मत था, 'यह मामला सोलह आने झूठ, फरेबी और पूर्वनियोजित है' (हमारे लिए यह हैरानी की बात थी)। बावजूद इन तमाम घटनाओं के अरुणा का प्रभाव ताबड़तोड़ कम करने में हम विफल रहे। पर कुछ दिनों के बाद हमें सफलता हासिल ही हुई।

पंढरपुर तहसील के भालवणी में अमृता कांबले नामक ऐसी ही एक संचारकन्या का उदय हुआ था। अमृता ईसा मसीह की भक्त थी। उसका खास कार्यक्रम था-समस्या निवारण। समस्याग्रस्त व्यक्ति को अमृता कांबले के सामने खड़ा किया जाता। अमृता के साथ में सात-आठ लोगों की टीम रहा करती। ये लोग समस्याग्रस्त व्यक्ति को घेरे रहते। और उस व्यक्ति को आँखें बंद करके 'ईसा मसीह पर मेरा विश्वास है, मैं उसकी शरण में आ गया हूँ।' ऐसा याचना के स्वर में बोलने के लिए कहते। इसके बाद संचारकन्या पीड़ित की दोनों आँखों की कोटरों पर एक उँगली रखकर

हल्के से दबाया करती और इसके बाद अमृता की टीम के लोग पीड़ित के कान के पास कर्णकटु आवाज में हुलिया!जीऽजऽस! ऐसा कहकर चिल्लाया करते। महज एकाध मिनट में पीड़ित व्यक्ति मिर्गी का झटका आया—जैसा पीछे की ओर हट जाया करता। इसके बाद पीड़ित द्वारा लाई गई तेलमिश्रित पानी की बोतल पर अमृता कांबले 'फू-फू' ऐसा कहकर फूँक मारा करती और किसी को सुनाई न देनेवाला मंत्र बुदबुदाती। इसके बाद अमृता की टीम का कोई एक बीमार व्यक्ति के पास जाकर मंत्र फूँकी बोतल उसके कपाल पर टिकाती और भद्दी आवाज में फिर से एक दफा टीम के लोग 'जा, प्रभु ईसा मसीह तेरा कल्याण करेंगे...जीजस प्रेज दि गॉड,' ऐसा कहकर चिल्लाया करते।

अमृता कांबले के इस तरह के उपायों के चलते दुर्द्धर्ष बीमारियाँ ठीक हो जाती हैं, समस्याओं का समाधान हो जाता है, ऐसा माना जाता था। इस संबंध में बार्शी, जिला सोलापुर के कार्यकर्ताओं ने घटनास्थल पर जाकर सभी तरह की पड़ताल की। अमृता के पिता से इस तरह की हरकतें बंद करने के लिए सूचित किया। अन्यथा समिति आंदोलन करेगी, इसकी पूर्वसूचना भी दी। इस मसले को लेकर सोलापुर से प्रकाशित अखबार में समिति ने लेख भी लिखा। नतीजा, अमृता का चमत्कार कमजोर पड़ा।

हमारे प्रयासों से प्रेरणा पाकर पाँच-छह युवक संचारकन्या अमृता के पास चले गए। उनमें से एक ने भूतबाधा होने का बहाना बनाया। संचारकन्या इस बहाने को समझ नहीं पाई। हमेशा की तरह उसने मंत्र फूँका पानी दिया। इसके बाद उन युवाओं ने अच्छा-खासा हंगामा खड़ा किया। कहा-सुनी हुई। और इसके बाद अमृता कांबले का उपरोक्त तरीके से इलाज करना पूरी तरह से बंद हुआ। इस घटना के बाद अमृता कांबले वाले मामले में शिरकत करनेवाले एक कार्यकर्ता ने 'लोकप्रभा' साप्ताहिक में लेख लिखा। इसी लेख का सहारा लेकर अमृता कांबले ने उस कार्यकर्ता पर पंढरपुर की अदालत में मानहानि का मुकदमा दायर किया। बहरहाल मुकदमा दायर हुए आठ साल बीत चुके हैं पर फैसला अब तक नहीं हो पाया है।

समय रहते ही दखल देने पर ढोंगी बाबाओं की ठगी को रोका जा सकता है, इसका बेहतरीन उदाहरण केडगाँव, जि. अहमदनगर के नागनाथ बाबा का यज्ञ वाला मामला है। बाबा के पत्रक में कहा गया था, "बाईस साल पूर्व लातूर जिले की निलंगा तहसील के निट्टूर गाँव में भागीरथी नामक महिला के गर्भ से नाग पैदा हुआ था। नाग के बड़े होने पर उसने शेषनाग का आकार ग्रहण किया।" नागनाथ बाबा ने नाग को जहाँ पर रखा था वहाँ सात हजार स्क्वायर फीट का शामियाना बनाया गया। शेषनाग के दर्शन हेतु आनेवाले लोगों से पाँच रुपए वसूल किए जा रहे थे। और यहीं पर नागनाथ बाबा की ओर से मंत्र की सामर्थ्य पर यज्ञ प्रज्वलित करने का कार्यक्रम आयोजित किया गया।

उन दिनों 'बगुला भगतों की ठगी पर हल्ला बोल' इस मुहिम के लिए मराठी फिल्म अभिनेता निलू फुले अहमदनगर जिले के दौरे पर आए थे। यज्ञ के पोस्टर्स सभी ओर लग चुके थे। उस पर लिखा था, 'बिना अग्नि के होम प्रज्वलन' और 'महिला के पेट से पैदा हुए शेषनाग का दर्शन'। 12 दिसंबर, 1991 से लगातार यह यज्ञ आयोजित किया जा रहा था। यज्ञ के लिए आचार्य शिवशंकर, चित्रकूट और ऋषिकेश के ब्राह्मण आचार्य प्रमुख अतिथि थे और उद्घाटक अहमदनगर जिले के उपजिलाधीश नानासाहेब दलवी थे। इसी पत्रक में और एक नाम था भानुदास कोनकर, सरपंच, केडगाँव। समिति ने पत्रकार परिषद लेकर पत्रक पर जाहिर आपत्ति जताई। पुलिस अधीक्षक को दिए आवेदन में समिति की ओर से कहा गया था, "स्तनपायी श्रेणी के प्राणियों को साँप के नस्ल की संतान पैदा होना असंभव है। यह शास्त्रीय सत्य है, अतः इस तरह का मामला निश्चित तौर पर ढोंग है। अलावा इसके साँप पकड़ना कानूनन अपराध है। मंत्र से अग्नि प्रज्वलित करना भी ढोंग है।"

पुलिस अधीक्षक द्वारा समिति के आवेदन का संज्ञान लेकर यज्ञ के विरोध में तत्काल आदेश पारित किया गया। पुलिस यज्ञमंडप में घुस गई। उस समय बाबा के तो होश ही उड़ गए। ऋषिकेश और चित्रकूट से निमंत्रित आचार्य तो हताशा भरी नजरों से देखते ही रह गए। वापस लौटने के लिए उनके पास टिकट कटवाने तक के पैसे नहीं थे।

बाबाओं के ढोंग का पर्दाफाश होने पर कई दफा साम, दाम, दंड एवं भेद जैसे तरीकों से उनकी ठगी के मामलों को दबाने का प्रयास किया जाता है। पर ऐसी घटनाओं के विरोध में सामाजिक संगठन यदि जाँच का तकाजा लगाए रखे तो उसका निश्चित तौर पर लाभ होता ही है। साथ ही बाबाओं की ठगी के विरोध में चलाया जा रहा आंदोलन, महज पुलिस के सहयोग तक ही सीमित नहीं रहता बल्कि उसे सामाजिक समर्थन भी प्राप्त होता है।

डोंबिवली निवासी रनालकर बाबा 1985 तक डोंबिवली के गांधी विद्यालय में अध्यापक था। अध्यापकीय पेशे से मुक्त होकर उसने बगुला भगत बनकर ठगी की दुकान शुरू की। उसके लिए यह व्यवसाय बिना किसी निवेश के बरकत दिलानेवाला था। उसकी प्रभावी वाणी वाले प्रवचन सुनने के लिए उच्च विद्या विभूषित लोगों की भीड़ उमड़ने लगी। किसी सुस्वरूप सुविद्य यौवना को ताड़कर बाबा कहा करता, 'तुम पाँच हजार साल पूर्व की महाभारतकालीन सुभद्रा हो।' यह सुनकर युवती अभिभूत हो जाया करती और स्वयं के आध्यात्मिक अंश को विकसित करने हेतु बाबा की सेवा में लीन हो जाया करती।

बाबा की सेवा के भी कई पायदान हुआ करते। जिसके तहत शुरू में बाबा के चरणों की मालिश करना, बाबा को स्नानादि कराना, बाबा के अंगवस्त्र धोना,

और अंत में बाबा को अपनी देह अर्पित करना। ऐसे समय बाबा की महज आज्ञा का पालन करना महत्त्वपूर्ण था लिहाजा यहाँ विरोध का सवाल ही पैदा नहीं हुआ करता था। 'सेवाधारी युवती को लेकर अन्य भक्तों के मन में बेहद आदरभाव निर्मित हो जाया करता। इन भक्तों में 'बाबा हमारी भी सेवा कबूल करें' इसके लिए मानो होड़-सी लग जाया करती। जब कभी किसी अभिभावक को अपनी पुत्री को ठगाया है, इसका एहसास हो जाता तो अभिभावक के बाबा के विरोध में कुछ बोलते ही बाबा उस युवती को कहा करता, "घर का माहौल साधना के लिए पोषक नहीं है। तुम्हें घर का त्यागकरना पड़ेगा।" बाबा का छोड़ा गया यह तीर अचूक निशाने पर लग जाता। घर का माहौल पहले जैसा होने के बाद बाबा पीड़ित युवती का किसी युवा से विवाह करवा देता। जिन युवाओं को बाबा की करतूतों का पता चलता वे संतप्त हुआ करते पर बाबा की धाक और रसूख बरकरार रहता।

रनालकर कहा करता, "यहाँ आध्यात्मिक लोकतंत्र है।" क्या हैं इसके मायने, शायद यह रनालकर ही जाने! अलबत्ता महिला भक्तों को पाप कर्मों से मुक्ति दिलाने हेतु लाठी से पीटने की तानाशाही रनालकर के दरबार में जरूर थी। कई महिलाएँ पापमुक्ति के नाम पर असहनीय यातनाओं को बर्दाश्त करतीं। बाबा का प्रकोप न हो इसलिए भक्त यातनाओं को सह जाते। रनालकर की अंधेर नगरी के विरोध में डोंबिवली की अंधश्रद्धा निर्मूलन समिति ने 'नारी अत्याचार विरोधी मंच' के सहयोग से आवाज बुलंद की। लगातार तीन मोर्चों का आयोजन करके रनालकर के आवास के सामने प्रदर्शन भी किए। तीसरे मोर्चे में स्कूली छात्र और डोंबिवली के सभी सामाजिक संगठनों के प्रतिनिधि शामिल हुए थे। डोंबिवली पुलिस प्रशासन द्वारा 9 जनवरी, 1992 के दिन अरविंद रनालकर और शंकर पवार इन दोनों को 'आध्यात्मिकता की आड़ में स्त्री-पुरुष भक्तों को ठगकर स्त्री भक्तों संग पुरुषों का 'आध्यात्मिक विवाह' रचाने के आरोप में हिरासत में लेकर भारतीय दंड संहिता 366, 376, 498 और 420 के तहत अपराध दर्ज किया गया। संगठन की ओर से रनालकर के विरोध में विस्तार से पुलिस थाने में प्रतिवेदन दिया गया। रनालकर और पवार द्वारा ठगे भक्तों की शिकायतें भी थाने को प्राप्त हुईं। जिसमें सामाजिक दृष्टि से बेहद नाजुक मामले की तहकीकात गुप्तचर विभाग द्वारा जिम्मेदार महिला अधिकारी की निगरानी में की जाए, इस तरह की माँग भी की गई। तत्कालीन सांसद राम कापसे, मनोविकार विशेषज्ञ डॉ. श्रीकांत जोशी और मैंने स्वयं इस मसले पर डोंबिवली में आयोजित जाहिर सभा को संबोधित किया। रनालकर वाली घटना डोंबिवली और इलाके को हिलाकर रखनेवाली थी। इस घटना पर 'महाराष्ट्र टाइम्स' में लगातार खबरें भी छपी थीं। बावजूद इसके रनालकर का कोई कुछ बिगाड़ नहीं पाया क्योंकि जिस पुरुष ने 'रनालकर बाबा ने मेरी पत्नी का आध्यात्मिक विवाह किसी दूसरे पुरुष से संपन्न कराया' ऐसी शिकायत की, उसकी पत्नी ने ही 'मेरा

ऐसा कोई आध्यात्मिक विवाह बाबा ने संपन्न ही नहीं कराया' इस तरह का बयान दिया और वह अपने मूल पति के घर लौटी। पति पुख्ता सबूत जुटाने में विफल रहा। नतीजा, इस घटना से फिर एक दफा बाबा के विरोध में लड़ना कितना मुश्किल काम है, इसकी अनुभूति हुई।

बाबा का ठगी व्यापार शुरू होकर बेतहाशा बढ़ता है। नतीजा, बाबा का विरोध करनेवालों को भी कई सारी मुश्किलों का सामना करना पड़ता है। प्रक्षुब्ध जनसमुदाय के विरोध में सत्य के पक्ष में आवाज उठाना मुश्किल कार्य है। पर ऐसी हरकत करना जरूरी और महत्त्वपूर्ण भी है। ऐसी हरकतों के चलते ही बाबा की ठगी का बाजार धीरे-धीरे सुनसान पड़ने लगता है और एक दिन सत्य की जीत निश्चित ही होती है।

उस्मानाबाद जिले के कलंब तहसील के बोर्डा नामक गाँव का उदाहरण इस दृष्टि से संज्ञान में लेने योग्य है। गाँव में गोविंद बाबा की समाधि और इसी समाधि परिसर में तीन छोटे-छोटे मंदिर हैं। इन मंदिरों में सेवा करने का दृष्टांत होने का दावा करता; संन्यासी भेसधारी 20-22 साल का एक युवा, मंदिर परिसर में पाँच साल तक रहा था। पिछले कई सालों से उपेक्षित रहे मंदिर एवं परिसर की साफ-सफाई करके उसने बोर्डा और शेलका धानोरा नामक गाँव के निवासियों की मर्जी हासिल करते हुए इस इलाके में अपनी जड़ें जमाईं। इसके बाद उसने एक माह का मौन व्रत धारण कर गाँववालों की जज्बाती सहानुभूति भी हासिल की। पंचायत चुनावों के मद्देनजर आसपास के गाँवों के कतिपय राजनेताओं ने इस बाबा के साथ नजदीकी बढ़ानी शुरू की। बाबा ने भी इन राजनेताओं की मदद से 'मैं गूँगों को वाणी प्रदान कर सकता हूँ, अपाहिजों को दौड़ा सकता हूँ, और अलग-अलग किस्म की बीमारियों को दूर कर सकता हूँ' इस तरह की अफवाहें फैलाना शुरू किया। नतीजा, कई तरह की बीमारियों से पीड़ितों का जन-सैलाब बोर्डा में उमड़ने लगा। आगे चलकर बाबा ने इलाज का ही एक हिस्सा मानकर मरीजों के सिर पर नारियल तोड़ना और टोना-टोटका-वशीकरण के नाम पर मारपीट करना शुरू किया। इस दरमियान उसके सहयोगियों ने 'बाबा पेड़ों संग बतियाते हैं। बाबा के विरोध में बोलनेवालों की दृष्टि चली जाती है, बाबा के विरोध में बोलनेवाले अपाहिज हो जाते हैं। बाबा के चमत्कारों की कइयों ने अनुभूति भी कर ली है' इस तरह की अफवाहें फैलाकर लोगों में आतंक निर्मित किया।

अंधविश्वासियों का बढ़ता समर्थन देख, 'इस मंदिर के परिसर के किसी भी पेड़ से पालना बाँधने पर संतान प्राप्ति होती है' ऐसा दावा बाबा ने किया। इस दावे के कुछ ही दिनों बाद सैकड़ों पालने परिसर के पेड़ों पर लटकते दिखाई देने लगे। बाबा के दरबार में अपाहिजों का इलाज किया जा रहा है, इस आस से जन्मजात

पोलियोग्रस्त, अपाहिज और गूँगे मरीजों को बाबा के दरबार में लाया जाने लगा। किंतु ऐसे मरीजों का इलाज असंभव है, इस बात को ध्यान में लेकर बाबा ने सभी को 16 अगस्त के दिन फिर से दरबार में आने के लिए कहा।

'16 अगस्त के दिन बाबा इलाज के साथ अन्य चमत्कार भी कर दिखानेवाले हैं' इस तरह की अफवाह बाबा के भक्तों द्वारा फैलाई गई। जिसके चलते 16 अगस्त के दिन लगभग 70 से 80 हजार भक्तों का जमावड़ा बोर्डा में लगा। लेकिन बाबा ने किसी भी तरह के इलाज और चमत्कारों के बिना भक्तों के हाथों में महज झाड़-पत्तियाँ देकर 'तुम्हारी सभी तरह की बीमारियाँ और संकट दूर हो जाएँगे,' ऐसा कहा। इसी दिन बाबा ने इलाज के नाम पर मोहा नामक गाँव से आए बुजुर्ग स्वतंत्रता सेनानी और अन्य भक्तों को भी लाठी प्रहार करके आशीर्वाद दिया। बाबा के इस बरताव से भक्त निराश हुए; पर बाबा के आतंक के चलते बाबा के विरोध में आवाज उठाने के लिए कोई तैयार नहीं हुआ।

उत्तम भानुदास सरडे नामक शख्स ने बाबा के विरोध में अंधश्रद्धा निर्मूलन समिति को शिकायत दर्ज कराई। बाबा ने उत्तम भानुदास सरडे की 'तुम्हें टोना-टोटका-वशीकरण विद्या मालूम है? ऐसा कहकर पिटाई की थी। समिति की सलाह पर उत्तम सरडे ने बाबा के विरोध में उस्मानाबाद पुलिस अधीक्षक को शिकायत दर्ज कराई। शिकायत के आधार पर बाबा के विरोध में कलंब पुलिस थाने में 14 अगस्त के दिन केस फाइल हुआ। पर अन्य कामों के चलते, पुलिस द्वारा बाबा वाले केस की ओर ध्यान देना संभव नहीं है, ऐसा कहा गया।

16 अगस्त के दिन बोर्डा गाँव में बड़ी तादाद में लोगों का इकट्ठा होना; और एक भी पुलिसकर्मी का इस मौके पर मौजूद न रहना, इसके चलते बोर्डा में आए अंधश्रद्धा निर्मूलन समिति के कार्यकर्ताओं को भी अपना नियोजित कार्यक्रम रद्द करना पड़ा। विशेष बात यह कि सार्वजनिक यातायात विभाग ने इसी दिन बोर्डा के लिए अतिरिक्त बसों का प्रबंध किया था। साथ ही उस दिन कलंब पंचायत समिति और कलंब नगर निगम के पानी के टैंकर गैरकानूनी तरीके से भक्तों के बीच पानी की सप्लाई करते देखे गए। अंधश्रद्धा निर्मूलन समिति कार्यकर्ताओं ने कलंब पुलिस थाने के दरोगा श्रीराम गिरी से इसके बारे में पूछताछ की। दरोगा ने 'दो दिनों के भीतर बाबा को हिरासत में लिया जाएगा,' ऐसा आश्वासन दिया। आश्वासन के अनुसार रविवार के दिन दरोगा श्रीराम गिरी पुलिस अमला लेकर बोर्डा पहुँचे। दरबार में मौजूद भक्तों को, 'बाबा से कुछ सवाल पूछने हैं,' ऐसा बहाना बनाकर पुलिस ने उन्हें दरबार से दूर हटाया। लेकिन मौन व्रत धारण किए बाबा ने कुछ बताने से इनकार किया। पुलिस के दबाव डालने पर उसने 'मैं मराठी पढ़ना-लिखना नहीं जानता' ऐसा कहते हुए सफाई दी। और उसने तेलुगु में अपना नाम और पता लिखवा दिया। बाबा के दरबार में पुलिस के दाखिल होने की खबर पड़ोसी गाँवों के भक्तों

तक पहुँची तो उन्होंने बाबा के समर्थन में बोर्डा में आकर पुलिस का जमकर विरोध किया। नतीजा, पुलिस खाली हाथ लौटी। इसके बाद जरूरी कागजात बनाकर बाबा को गिरफ्तार किया गया लेकिन बाबा जमानत पर रिहा हुआ। इसके बाद समिति ने बाबा की गिरफ्तारी का निरंतर तगादा किया। बोर्डा में 16 अगस्त के दिन बाबा की सभा नहीं हो पाई, यह सही था; लेकिन इस मौके पर अधिकांश पत्रकार बड़े कौतूहल से बोर्डा में इकट्ठा हुए थे। पत्रकारों के समक्ष समिति कार्यकर्ताओं ने विस्तार से अपना पक्ष रखा। लेकिन बाबा और उसके समर्थक अपना पक्ष नहीं रख पाए। अखबारों ने इस घटना को विस्तार से छापा। नतीजा, बाबा के दरबार में आनेवाले भक्तों का ताँता यकायक कम हुआ। बावजूद इसके कुछ सालों तक बाबा अपने चुनिंदा भक्तों के साथ मंदिर परिसर में टिका रहा। और अंत में बाबा ने इन्हीं चुनिंदा भक्तों में से एक युवती के संग पलायन किया। पलायन नाट्य के बाद बाबावाला मामला हमेशा के लिए खत्म हुआ।

जन जाग्रति के लिहाज से दिए जानेवाले भाषणों में गहरा अध्ययन और आत्मीयता होने पर ऐसे भाषण बेहद प्रभावी साबित होते हैं। लाखों नि:संतान दंपतियों को औलाद का सुख देने का दावा करनेवाली गुजरात के भावनगर निवासी पार्वती माँ के विरोध में मैंने महाराष्ट्र में कई भाषण दिए, जिसमें—स्त्री के बच्चा कैसे पैदा होता है और कौन सी परिस्थितियों में वह गर्भधारण नहीं कर सकती, इसका शास्त्रीय विवेचन किया था। साथ ही पार्वती माँ के ठगी व्यापार की सचाई ब्योरेवार तरीके से लोगों को समझा दी। हमारी कोशिशें रंग लाईं। महत्त्वपूर्ण बात यह कि महाराष्ट्र अंधश्रद्धा निर्मूलन समिति की ओर से; महाराष्ट्र की प्रत्येक तहसील से, पार्वती माँ वाले मसले पर गृहमंत्री द्वारा कानूनी कार्रवाई की जाए; इसके लिए उन्हें तार करके प्रतिवेदन भी भेजे गए। भावनगर पुलिस अधीक्षक से पार्वती माँ वाले मसले के संबंध में संपर्क कर; पार्वती माँ पर 'दैवी इलाज विरोधी कानून' के तहत कार्रवाई की माँग की गई।

पुलिस अधीक्षक का कहना था, "महाराष्ट्र से ही भावनगर के लिए लोगों का हुजूम उमड़ पड़ता है। स्थानीय निवासी किसी भी तरह से ठगे नहीं गए हैं। आप ठगे गए कम-से-कम दो लोगों की शिकायतें लेकर आएँ, मैं कार्रवाई करूँगा।" किंतु मैं अंत तक उन्हें 'पार्वती माँ वाला मामला दखलपात्र अपराध है। भावनगर पुलिस इसमें स्वतंत्र रूप से दखल ले सकती है' इसे समझाने में विफल रहा। शूरवीरों के महाराष्ट्र में पार्वती माँ की ठगी के शिकार हुए कई जोड़ों से मेरी भेंट हुई। उन्होंने ठगे जाने की बात कबूल की थी पर वे भी पुलिस में शिकायत दर्ज कराने के लिए राजी नहीं हुए। बुढ़ापे के चलते पार्वती माँ का देहांत होने से उसकी ठगी का भी अंत हुआ। बुढ़ापे से बेजार पार्वती माँ का स्वास्थ्य भी अच्छा नहीं रहा करता था। मुझे चिंता इस बात की थी कि क्या पार्वती माँ अपनी कथित अद्भुत शक्ति किसी दृष्टांत द्वारा अपनी किसी परिजन युवा स्त्री को प्रदान करेगी? यदि हाँ, तो इसे किस

तरह रोका जाए, इसे मैं समझ नहीं पा रहा था। लेकिन पार्वती माँ के अचानक चले जाने से ये सवाल ही पैदा नहीं हुए।

कोल्हापुर जिले के गुरव बंधु द्वारा शुरू किए गए आँखों की सभी तरह की बीमारियों के इलाज के चलते विचित्र स्थितियाँ निर्मित हुई थीं। उन दिनों कुशिरे जैसे छोटे से देहात में, आँखों का इलाज करा लेनेवालों की, हैरान कर देनेवाली भीड़ उमड़ रही थी। जिसके चलते कोल्हापुर के सरकारी अस्पताल का आँखों का इलाज करनेवाला विभाग पूरी तरह से सूना पड़ा था। यह मामला साफ तौर पर कठबैध की ठगीवाला दिखाई दे रहा था। पर हमें ताज्जुब तब हुआ जब हमने कोल्हापुर जिला शल्य चिकित्सक, जिला स्वास्थ्य अधीक्षक, स्वास्थ्य उपसंचालक, जिला पुलिस अधीक्षक एवं जिलाधीश आदि से भेंट कर, गुरव द्वारा आँखों के इलाज की ठगी के बारे में उनसे शिकायत की, लेकिन इनमें से किसी ने भी गुरव के विरोध में कार्रवाई के आदेश पारित नहीं किए। ऐसे मौकों पर कुछ मात्रा में हताशा होती है। अलबत्ता ऐसे मौके पर ही जीवटता की जरूरत होती है।

कोल्हापुर के बाद इस तरह से इलाज करानेवाले शिविर सतारा जिले में भी फैलने लगे थे। हमने नेत्ररोग विशेषज्ञ को साथ लेकर सतारा जिला पुलिस अधीक्षक मीरा बोरवणकर से भेंट की। हमारी लाख कोशिशों के बावजूद जो बात कोल्हापुर के सरकारी अधिकारी समझ नहीं पाए, उसे मीरा बोरवणकर ने सत्वर समझ लिया। उन्होंने इस तरह के गैरकानूनी इलाज करनेवाले शख्स पर उचित प्रतिबंधात्मक कार्रवाई किए जाने के आदेश जिले के सभी पुलिस थानों को दिए। उनका इस आशय का परिपत्रक सतारा जिले में हमारे लिए कारगर हथियार साबित हुआ। महाराष्ट्र के अन्य जिलों में भी इस तरह का इलाज करनेवाले कठबैध पाँव पसार रहे थे, वहाँ भी इस पत्रक के साथ कार्यकर्ताओं ने संबंधित जिला पुलिस अधीक्षकों से भेंट कर जिलों में चल रही इस तरह की ठगी को रोका। लेकिन कोल्हापुर जिला पुलिस अधीक्षक द्वारा अंत तक ऐसा परिपत्रक ही नहीं निकाला गया। इसी बीच बेलगाँव, कर्नाटक से प्रकाशित अखबार 'तरुण भारत' ने इस मामले पर अपनी कड़ी और साफ-साफ भूमिका रखते हुए लिखा। कार्यकर्ताओं ने भी इस मामले को अच्छा-खासा तूल दिया था। हमें इस बात की अनुभूति फिर एक दफा हुई कि यदि पुलिस अधिकारी कानून के दायरे में रहते हुए हमें हार्दिक सहयोग करें और अखबार भी ढोंगी बाबाओं की ठगी के विरोध में ठोस भूमिका अपनाएँ तो ठगी को रोका जा सकता है।

जब ढोंगी बाबाओं की ठगी के मामले समिति की ओर आते हैं, तब इनमें से अधिकांश बाबा समझौता करने के फिराक में रहते हैं। उनका कहना होता है, "गलती हुई, हमें माफ किया जाए। फिर से हम इस तरह की हरकत नहीं करेंगे।" ढोंगी बाबा ऐसा

लिखकर भी देते हैं और अधिकांश दफा इसका पालन भी करते हैं। माणिक बाबा का मामला जिस समय समिति की ओर आया, उस समय माणिक बाबा ने इतनी आरजू-मिन्नतें कीं कि उसके कहने पर हमने बड़ी आसानी से विश्वास किया था, यह हमारी भूल थी। इस घटना के महज तीन साल बीतने के पूर्व ही माणिक बाबा अपनी करतूतों से बेहद टेरर बन गया था। शिकायतें लेकर आनेवाले लोगों की भी कमी नहीं थी। लेकिन इन शिकायकर्ताओं की एक भी शिकायत लिखित रूप में नहीं थी। इन स्थितियों में आक्रामक प्रबोधन का सीधा प्रहार असरदार साबित होता है। लिहाजा समिति द्वारा बाबा के इलाके में जाकर खुलेआम चुनौती देकर जाहिर सभा आयोजित करने से लोगों में भरोसा निर्मित हुआ। इसके दूसरे ही दिन लगभग 25 लोगों ने बाबा के विरोध में समिति से लिखित रूप में शिकायतें दर्ज कराईं। शिकायतों को लेकर हम पुलिस थाने पहुँचे।

बाबा के पास गिरफ्तारी के डर से पलायन करने के अलावा दूसरा कोई विकल्प नहीं बचा। मौका ताड़कर वह भाग गया। इसके बाद माणिक बाबा के कथित यलम्मा देवी के मंदिर और उसके आवास को सील कर दिया गया। असल में यह बस्ती का समाज मंदिर था। इस मंदिर को कब्जे में करके भीतर की चीजों का पंचनामा करने की जिम्मेदारी नगर निगम की थी। हमारी माँग के बावजूद नगर निगम कार्रवाई करने के लिए टालमटोल करने लगा। अंत में हमने नगर निगम के सामने धरना देने का फैसला किया। हमारे फैसले से नगर निगम प्रशासन को अपनी जिम्मेदारी का एहसास हुआ। बाबा द्वारा समाज मंदिर में स्थापित यलम्मा देवी का गर्भगृह, मंदिर में मिली शराब की बोतलें, अश्लील तसवीरें, विचित्र प्रेमपत्र, सेक्सी पुस्तकें, निरोध के पैकेट्स और स्थानीय राजनेताओं की माणिक बाबा के साथ खींची गई तसवीरें आदि सभी चीजों को बाहर फेंक दिया गया। माणिक बाबा के साथ मिली स्थानीय नेताओं की तसवीरों से यह बात साफ हुई कि ढोंगी बाबाओं के ठगी व्यापार को क्यों समर्थन दिया जाता है और किसलिए।

सरकार ढोंगी बाबाओं जैसे शोषकों के विरोध में सख्ती से पेश आए, ऐसी हमारी भूमिका रही है। और हमारी भूमिका न्यायपूर्ण होने के चलते; न्याय व्यवस्था नित्य हमारे पक्ष में रहेगी, ऐसा मानना लाजिमी है। लेकिन कभी-कभी इसके विपरीत अनुभव भी आ सकते हैं, ऐसा भी मानकर चलें। हवा में हाथ घुमाकर सोने की चेन निकालकर लोगों में बाँटनेवाले सत्यसाईं के विरोध में बी. प्रेमानंद ने आंध्र हाईकोर्ट में एक मुकदमा फाइल किया था। उन दिनों देश में 'सुवर्ण नियंत्रण कानून' [The Gold (Control) Act, 1968] अमल में था। इस कानून के तहत सोना पास में रखने और उसके संवितरण पर कड़ी पाबंदी थी। सत्यसाईं के चमत्कारों के चलते यह कानून भंग हो रहा है, यह दावा खारिज करते हुए हाईकोर्ट ने अपनी भूमिका रखते हुए कहा था, "सोना पास में रखना अपराध है। लेकिन सत्यसाईं के पास

अपने आप सोना आ जाता है, और सोने को सत्यसाईं लोगों में बाँट देते हैं, बेचते नहीं। लिहाजा, 'सुवर्ण नियंत्रण कानून' उन पर लागू नहीं हो सकता।" अब अदालत के इस तरह के फैसले पर हम क्या प्रतिक्रिया दें?

रमजान गुंडू शेख नामक शख्स, पागल कुत्तों के काटने से होनेवाली बीमारी 'रेबीज' से बचाव के लिए दवाई दिया करता। दुनिया में आज तक कहीं भी 'रेबीज' के लिए रामबाण इलाज ईजाद नहीं हो पाया है। रेबीज होने पर मृत्यु अटल है। इससे बचाव के लिए पागल कुत्ते के काटने के बाद तुरंत प्रतिबंधात्मक टीका लगवाना जरूरी हो जाता है। इससे 'रेबीज' की संभावना कम हो जाती है। इस सचाई के विपरीत रमजान गुंडू साफ तौर पर लोगों को गुमराह तो कर ही रहा था, साथ ही वह लोगों को मृत्यु के मुँह में भी धकेल रहा था। बावजूद इसके अदालत ने रमजान शेख के पक्ष में फैसला सुनाया।

उपरोक्त घटनाएँ प्रबोधन के नजरिये से ढोंगी बाबाओं के ठगी व्यापार के विरोध में चलाए आंदोलनों से संबंधित महत्त्वपूर्ण घटनाएँ थीं। इससे साफ हो जाता है कि जनजाग्रति का कार्य मुश्किल रहता है। यह कभी-कभार विस्फोटक भी साबित हो सकता है और विफलता भी दे सकता है। ऐसे मामलों में अदालत की ओर से नित्य मदद मिलेगी ही, ऐसा भी नहीं है। यद्यपि यह सच है बावजूद इसके एक बात और भी सच है कि जब तक प्रत्यक्ष हम बाबाओं को रोकते नहीं, सीधे उनके सामने जाकर चुनौती नहीं देते, तब तक लड़ाई की तीव्रता तुलना में सौम्य ही रहती है। और जिस समय हम प्रत्यक्ष ढोंगी बाबाओं को उन्हीं के दरबार में जाकर उन्हें आमने-सामने घेरते हैं, उस समय स्वाभाविक रूप से माहौल में तनाव पैदा हो जाता है और आंदोलन की थ्रिलिंग भी बढ़ जाती है।

ऐन घमासान में

दापोली, जिला रत्नागिरि के एक लॉज में ठहरे एस. पठान नामक ढोंगी के पास उसकी दैवी शक्ति की प्रशंसा करनेवाले सैकड़ों मराठी, हिंदी और अंग्रेजी भाषा में लिखे खत थे। और विधायक एवं सांसद के साथ उसकी खींची तसवीरें भी। एक तसवीर में वह सिनेमा का मुहूर्त करता दिखाई दे रहा था। एस. पठान कुरान का आधार लेकर मंत्र बुदबुदाते हुए, लोगों को तावीज देकर समस्याओं का समाधान किया करता और बदले में सैकड़ों रुपए लूटता। बेखौफ था वह। क्योंकि उसने इलाज की फीस की सूची ही छपवाई थी। एस. पठान लोगों से पैसे लेने पर उसकी रसीद भी दिया करता। समिति कार्यकर्ता ने नकली ग्राहक बनकर उससे तावीज खरीदी और रसीद बनवाकर उसे चुनौती दी। पठान भी बड़ा ढीठ था। उसने धमकाना शुरू किया। 'पुलिस में जाओ, या अखबार में खबर छपवाओ, मैं किसी के बाप से नहीं डरता...कार्यकर्ता ने पुलिस थाने में जाकर शिकायत दर्ज कराई और शिकायत के आधार पर दरोगा पठान को दबोचकर थाने लाया। दरोगा बोला "पठान साहेब! भूत, डायन भगाते हो न? भगाओ हमारा भी भूत!"

शेर जैसी दहाड़ लगानेवाला पठान अब बकरी बन गया था। कार्यकर्ता के पैरों में गिर पड़ा और बोला, "बचा लो मुझे, अखबारवालों को दिए विज्ञापन के पैसे फोकट में बरबाद हो जाएँगे। मैंने लॉज का एक महीने का किराया एडवांस में दिया है। वह भी डूब जाएगा। अब मेरा क्या होगा? बीबी को रक्तचाप की बीमारी है। उसे सदमा पहुँचेगा। हो सकता है मैं जेल जाऊँ। बचाएँ इस मामले से।"

उसके गिड़गिड़ाने पर दरोगा ने मौन तोड़ा और उसे दोबारा ऐसी हरकतें न करने के विषय में इकरारनामा लिखवा देने का फरमान सुनाया। एस. पठान ने केवल लिखकर ही नहीं दिया बल्कि बारह घंटों के भीतर वह दापोली से पलायन कर गया। इसके बाद वह कभी दापोली में नजर नहीं आया।

सांगली, कोल्हापुर और इचलकरंजी की लॉजेज में समांतर रूप से शुरू हुआ सूफी, मियाँ, सुलतान, शहा बाबा और उनके साथियों की ठगी का तरीका भी इसी तरह का था। ये ढोंगी बाबा भूत-प्रेत, जादू-टोना, नौकरी कोर्ट-कचहरी, टोना-टोटका, विदेश यात्रा, कारोबार, विवाह, प्रेम-विवाह, वशीकरण और बीमारी आदि सभी

समस्याओं पर अचूक इलाज करने का दावा करते थे। पीड़ितों को 50 रुपयों की रसीद कटवाकर ही इनके दरबार में दाखिला मिला करता। कमरे में इरादतन एक बड़े परदे के पीछे दीपक के मंद-मंद प्रकाश में खोपड़ी, कुत्तों के पैर, तावीज और देवताओं की तसवीरें आदि सामग्री के साथ ये युवा बाबा बैठे दिखाई देते और किसी भी समस्या पर उपाय के रूप में पूजा आयोजन का आदेश दिया करते। पूजा के लिए जाफरान, नागहसन, कस्तूरी जैसी चीजें ले आने के फरमान सुनाया करते। जिन्होंने ऐसी चीजों का कभी नाम तक सुना नहीं, ऐसे लोग बाबा की ओर बड़ी हैरानी से देखा करते। बाबा के पास इन चीजों का प्रबंध हो जाया करता लेकिन इसके लिए पीड़ितों से तीन हजार रुपए ऐंठे जाते। ये बाबा लोग पूजा के लिए रात का समय तय करते। पूजा की आड़ में रासायनिक क्रिया के बल पर कुछ छोटे-मोटे चमत्कार भी बाबा दिखाया करते। अंधश्रद्धा निर्मूलन समिति और समविचारी संगठनों ने इन तीनों शहरों में नकली ग्राहक और सिविल लिबास में पुलिसकर्मी भेजे। शेखी बघारते बाबा अपनी ही सफाई देनेवाली बातों के जाल में फँस गए। इसके बाद पुलिस और कार्यकर्ताओं ने मिलकर उनका जुलूस निकाला और फिर उन्हें पुलिस द्वारा ले जाया गया। इस तरह की कार्रवाई में यदि आम लोग थोड़ी हिम्मत दिखाएँ और पुलिस सहयोग दें तो ढोंगी बाबाओं का भंडाफोड़ आसान हो जाता है।

लेकिन ढोंगी बाबाओं की ठगी का भंडाफोड़ करने के लिए कार्यकर्ता ही अगुवाई करते हुए नियोजन करें और ढाढ़स दिखाएँ यह आवश्यक है। पुलिस सहायक साबित होती है, लेकिन पुलिस की सहायता हर दफा मिलेगी ही, ऐसा भरोसे के साथ नहीं कहा जा सकता। क्योंकि कई पुलिसकर्मी और उनके आला अफसर भी श्रद्धालु किस्म के होते हैं। ऐसे मौके पर अधिकांश के दिमाग में विचारों का कोलाहल निर्मित हुआ होता है। कार्यकर्ता को बाबा की मक्कारी के बारे में पक्का भरोसा रहता है लेकिन पुलिस को नहीं। ऐसे हालातों में सीधी कार्रवाई के लिए कार्यकर्ता ही अगुवाई कर पाते हैं। मिरज, औरंगाबाद और गंगाखेड़ आदि शहरों में चलाए गए आंदोलन इसके बेहतरीन उदाहरण हैं।

मिरज रेलवे स्टेशन के पीछे करीम बाबा का दरबार आयोजित हुआ करता। उसकी खासियत थी, इलाज के लिए आनेवाले मरीजों के शरीर से चार से छह आलपिनें निकालकर दिखाना। सांगली अंधश्रद्धा निर्मूलन समिति के कार्यकर्ता नकली ग्राहक बनकर उसके दरबार में गए। नकली ग्राहक बने एक कार्यकर्ता ने अपना दर्द सुनाते हुए कहा, "पिछले दस महीनों से सिर में दर्द है।" बाबा ने कार्यकर्ता के सिर पर मुँह टिकाया, मंत्र बुदबुदाए, मुँह पर हाथ रखा। बाबा के शिष्य ने आगे किए हाथ से चार टेढ़ी आलपिनें निकालकर रखीं। दूसरे ग्राहक बने कार्यकर्ता के पेट में दर्द था। कमीज उठाकर बाबा ने मरीज के पेट पर मुँह रखा। और मरीज के हाथों फिर

से चार आपलिनें निकालकर रखी। उसी समय एक महिला मरीज आई। भय के चलते उसके दिल की धड़कनें तेज गति से चला करती थीं। बाबा ने महिला के सीने पर मुँह रखा और चार आलपिनें निकाल दीं। कुछेक दिनों के बाद बाबा की इलाके में धाक जमी। आगे चलकर बाबा सभी मरीजों को एक ही तरह की सलाह और एक ही उपाय बताने लगा। वह उपाय था, सात नीबू और एक गुलाब। और डॉक्टरी इलाज के रूप में चलता दवा-पानी बंद करने की हिदायत।

ऐसे करामाती बाबा के दरबार में आया समिति कार्यकर्ता बाबा का हाथ धरकर जाहिर रूप में बोला, "ये नौटंकी बंद करो, और मुँह खोलो।" बाबा हड़बड़ाया। बाबा के शिष्य समिति कार्यकर्ता के साथ धक्का-मुक्की के इरादे से आगे बढ़े। सिविल लिबास में मौजूद पुलिसकर्मियों के पहचान-पत्र दिखाने से वे थोड़े सहमे। इसी बीच मौका देखकर समिति कार्यकर्ता ने करीम की गर्दन दबोचकर उसकी नाक बंद कर दी। करीम चिल्लाया, और जैसे ही उसने अपना मुँह खोला उसी क्षण दो आलपिनें जमीन पर गिर पड़ीं। जो कुछ घटा वह अनपेक्षित था। करीम बाबा गर्दन झुकाए सामने खड़ा था। अभ्यास के चलते मुँह में 20-25 आलपिनें रखने का महारत उसने हासिल किया था। अभ्यास के चलते कैसे आलपिनें मुँह में नहीं चुभतीं, इसका प्रैक्टिकल भी उसने हमारे सामने कर दिखाया। अंत में उसने शरणागत आने का कबूलनामा लिखवाकर दिया। कबूलनामे पर उसकी तसवीर चिपकाकर कबूलनामे की फोटोस्टेट कराई गई। करीम बाबा की ठगी से घृणा करनेवाले जोशीले मुस्लिम युवाओं ने बाबा के फोटोस्टेट कबूलनामे गली-गली में दीवारों पर चिपका दिए। और इस तरह से करीम बाबा की ठगी का राज खुला।

महाराष्ट्र-औरंगाबाद के सिडको, पी. 3 सेक्टर, विट्ठलनगर इलाके में संतोष शेवाले नामक दैवी चमत्कार दिखानेवाला बाबा उदित हुआ। संतोष शेवाले हवा में हाथ घुमाकर तुलसी काष्ठमाला, पेड़ा, लड्डू, चीनी, चबेना, रेवड़ियाँ, यही नहीं, माणिकचंद गुटका आदि के पैकेट भी लोगों को निकालकर दिया करता। धीरे-धीरे औरंगाबाद इलाके में अफवाह फैलने लगी कि बाबा भगवान भोला शंकर के अवतार हैं।

अंधश्रद्धा निर्मूलन समिति, औरंगाबाद शाखा के कार्यकर्ताओं ने संतोष शेवाले वाली चुनौती को स्वीकार किया। बाबा जिस इलाके में यह चमत्कार किया करता, उसी इलाके में कार्यकर्ताओं ने भी चमत्कार दिखाने की जाहिर घोषणा की। लेकिन बेवजह पुलिस प्रशासन की ओर से हमारे कार्यक्रम के लिए रोड़ा अटकाया गया। हमने पैंतरा चलाते हुए रंगभूमि प्रयोग परिनिरीक्षण मंडल, महाराष्ट्र सरकार के अध्यक्ष प्रोफेसर फ. मुं. शिंदे से भेंट कर 'वैज्ञानिक चमत्कार के प्रयोग' इस प्रबोधन कार्यक्रम के नाम पर पुलिस प्रशासन से अनुमति ली। इसमें भी पुलिस प्रशासन ने कई सारी शर्तें रखी थीं। हमारे लिए यह विपरीत अनुभव था।

बाबाओं के ठगी व्यापार को चुनौती देने और वैज्ञानिक दृष्टिकोण को जनमानस में प्रसारित करनेवाले कार्य को समर्थन देने के अलावा पुलिस महकमे ने इस कार्यक्रम को कानून व्यवस्था का मुद्दा बनाया। बावजूद इसके कार्यक्रम बेहतरीन ढंग से सफल हुआ। कार्यकर्ताओं ने कई चमत्कारों का प्रस्तुतीकरण कर दिखाया। इसी कार्यक्रम में बाबा को जाहिर चुनौती भी दी गई। परंतु हमारे कार्यक्रम के दिन ही बाबा ने पलायन करना उचित समझा। 'बाबा भगोड़ा निकला' ऐसा उसके पलायन का अर्थ लिया गया। लेकिन बाबा चार दिनों बाद फिर से लौट आया और खुलासा करते हुए उसने घोषणा की, "हम औघड़ विद्या वृद्धिंगत करने हेतु गए थे। समिति की चुनौती को मैंने स्वीकार किया है। पाँच लाख रुपए की यह चुनौती पाँच दिनों के भीतर ही मैं नरेंद्र दाभोलकर के समक्ष सिद्ध कर दिखाऊँगा।"

इसके बाद बाबा अपने चेले-चपाटों के साथ समिति कार्यकर्ता शहाजी भोसले के घर गया। बाबा ने हमेशा की तरह हवा में हाथ घुमाया और तुलसी काष्ठमाला प्रकट कर दिखाई। और उसे शहाजी भोसले की माँ के सुपुर्द करने का प्रयास किया। भोसले ने बाबा के इस चमत्कार को हाथ की सफाई कहा। भोसले की बात सुनकर बाबा के चेलों को गुस्सा आया। असल में बाबा ने अंडरवियर में तुलसी काष्ठमाला छुपाकर रखी थी। जमीन पर बैठते समय उसने बेहद चालाकी से अंडरवियर में हाथ डालकर माला को निकाला था। लेकिन तुलसी काष्ठमाला हवा में घुमाने के पूर्व ही उसकी डोर शहाजी भोसले को दिखाई दी थी। बाबा का भंडाफोड़ हुआ। इसी तुलसी काष्ठमाला को शहाजी भोसले ने लेकर अपनी नाइट पैंट में कमर के पास छुपाकर बाबा के जैसा ही चमत्कार कर दिखाया। हाथ की सफाई सिद्ध होते ही बाबा की कथित दैवी शक्ति जवाब दे गई। अंततः बाबा ने 'आज के बाद इस तरह की हरकतें नहीं करूँगा' कहते हुए साफ-साफ चुनौती से मुँह फेर लिया। फूल, माला, अगरबत्ती बेचनेवाले महज बीस साल के संतोष शेवाले ने नामचीन बाबा बनने का इरादा रखा था। उसके समर्थक भी बढ़ने लगे थे। 'नशाखोरों को नशामुक्त करना मेरा कार्य है,' ऐसा कहते हुए उसने अच्छा-खासा माहौल निर्मित किया था। लेकिन झूठ कहाँ तक साथ देता?

ऐसा ही मामला रईसा बेगम और दत्ता भगत का था। 45 वर्षीय अनपढ़ रईसा बेगम बारह बच्चों की माँ थी। उसका बहू-बेटियों से भरा-पूरा परिवार था। रईसा बेगम मौला बाबा की भक्त बनी। भक्त बनते ही उस पर मौला बाबा की सवारी आने लगी। उन दिनों रईसा बेगम परभणी जिले में सकनावति नाम से मशहूर हुई थी। बाईस साल का एक विवाहित हिंदू युवा स्वयं को साईंबाबा का भक्त कहलाता था। वह दत्ता भगत नाम से रईसा बेगम से जा मिला। रईसा-दत्ता, दोनों ने मिलकर गंगाखेड़ में अपनी ठगी की दुकान महफूज स्थान पर शुरू की। गुरुवार के दिन दोनों मिलकर दरबार आयोजित करते और भक्तों की समस्याओं

का समाधान किया करते। सप्ताह के अन्य दिनों वे गाँव-देहातों में अपने प्रचार में मशगूल रहा करते।

कुछ दिनों बाद दत्ता पर भी मौला बाबा की सवारी आने लगी। संतति प्राप्ति, टोना-इंद्रजाल, डायन, पति-वशीकरण लकवा, पेटदर्द, पीठदर्द और बदनदर्द आदि पर नीबू-नारियल-मिसरी और भभूत जैसी चीजें इन दोनों द्वारा अचूक इलाज के रूप में प्रयोग की जाने लगीं। बीमार से भेंट करने के पूर्व मौला बाबा के लिए 11 रुपयों के बिना किसी क्रमांक या हस्ताक्षरवाली रसीद कटवाना रईसा-दत्ता के दरबार का कानून था। रसीद कटवाने के बाद में मंत्र फूँके तावीज के 11 रुपए अलग से लिए जाते। प्रत्येक भक्त के लिए नारियल, अगरबत्ती और नीबू ये चीजें साथ में लाना अनिवार्य था। भक्त के दरबार से विदा होने के बाद यही सामान फिर से दुकान में अन्य भक्तों को बेचने के लिए रखा जाता। साईंबाबा की तसवीर पर नीबू, तावीज और प्रसाद अर्पित कर बचा हुआ प्रसाद भक्तों को दिया जाता।

प्रत्येक गुरुवार के दिन 8 से 10 हजार रुपयों का आर्थिक कारोबार यहाँ पर हुआ करता। इसके अलावा भक्तों को मौला बाबा की गुरुवार के दिन यात्रा करने के लिए कहा जाता। असर होने पर सोना, चाँदी, अनाज आदि जो भी संभव हो वह देवता को स्वेच्छा से अर्पित करने का बाध्यकारी फरमान भी सुनाया जाता। रईसा-दत्ता के विरोध में लोगों की शिकायतें बढ़ने पर लातूर अंधश्रद्धा निर्मूलन समिति कार्यकर्ताओं ने छापा मारने की योजना बनाई। गंगाखेड़ पुलिस थाने से सिविल लिबासवाले दो पुलिसकर्मी मदद के लिए साथ में लिये गए। छापे की टीम में युवा एवं युवतियाँ दोनों भी शामिल थे। पहले से ही तय किया था कि किस कार्यकर्ता को कौन सी समस्याएँ भगत और रईसा बेगम के सामने रखनी हैं।

योजना के मुताबिक भक्त बनकर कार्यकर्ता रईसा बेगम और दत्ता के दरबार में आ गए। कार्यकर्ताओं ने अपनी समस्याओं को उनके सामने रखा। मौला बाबा की सवारी आए दोनों में किस भक्त को किसकी बाधा हुई है, मौला बाबा के मजार की कितनी यात्राएँ करनी पड़ेंगी, जिससे कि समस्या का निपटारा हो जाएगा, इसके बारे में रईसा-दत्ता सुनाने लगे। नौटंकी अच्छी-खासी चल रही थी। अचानक कार्यकर्ताओं ने अत्यंत नाटकीय रीति से अपनी असलियत और योजना को उजागर किया। दोनों को नौटंकी बंद करने का आवाहन किया। रईसा बेगम और दत्ता पर सवालों की झड़ी-सी लगा दी। दोनों सहम गए। उन्होंने साफ-साफ कबूल किया, "हममें किसी प्रकार की दैवी शक्ति नहीं है, सारा कुछ हम पेट के लिए कर रहे हैं। कृपा कर हमें पुलिस के हवाले न करें। आप जिस कागज पर कहें, जहाँ कहें वहाँ पर और इसी वक्त लिखित रूप में देंगे।" स्टैंप पेपर कार्यकर्ताओं के पास थे नहीं। पेपर खरीदना वे भूले थे। छापे के दिन छुट्टी थी। भागदौड़ करके 20 रुपयों के रसीदी टिकट खरीदे गए। कागज पर कार्यकर्ताओं ने दोनों से लिखवा लिया कि

"इसके बाद हम इस तरह से किसी को ठगेंगे नहीं। यदि हम ऐसी हरकत करते हैं तो हम पर उचित कानूनी कार्रवाई की जाए।" दोनों ने इस तरह का कबूलनामा बिना किसी शर्त के हमें लिखवाकर सौंपा। इसके बाद उन्होंने ठगी का गोरखधंधा हमेशा के लिए बंद कर दिया।

असल में इस तरह की ठगी शुरू ही न हो, यह ज्यादा बेहतर है। शेषचंद्र बाबा द्वारा सतारा में आश्रम शुरू करने की योजना को, हमने ऐसे ही तत्काल कार्रवाई करते हुए नाकाम कर दिया था। शेषचंद्र बाबा का मूल आश्रम कल्याणधाम, तहसील-मेहकर, जिला-बुलढाणा में स्थित था। शेषचंद्र बाबा (प्रथम) का देहांत होने के कारण उसकी गद्दी को शेषचंद्र बाबा (द्वितीय) चला रहा था। सोमवार को बाबा के दरबार में भक्त रोगमुक्ति हेतु दूरदराज से हाजिर होने लगे। इन भक्तों में सतारा से बुलढाणा तक की बारह घंटों की दूरी टेंपो के जरिए काटनेवाले बहुतेरे भक्त थे। भक्तों ने ही विचार किया कि क्यों न बाबा का दरबार सतारा में ही आयोजित किया जाए?

बाबा के भक्तों द्वारा योजना को अमली जामा पहनाया गया। सतारा शहर के बाहर एक छोर पर कृष्णेश्वर मंदिर में बाबा का दरबार आयोजित किया जाने लगा। दरबार के लिए महिलाओं की कतारें लगने लगीं। प्रत्येक महिला के थाल में एक नारियल और पाँच नीबू हुआ करते। आश्रम के बीचोबीच एक खंबे को टिकाये रखे आसन पर शेषचंद्र बाबा विराजमान रहता। बाबा की कद-काठी साधारण-सी, धोती-कमीज पहनावा, गले में माला और बगल में बेहद अदब से खड़े भक्तगण दिखाई देते। दरबार के दिन मंदिर के प्रवेशद्वार में ही हैंडबिल बाँटे जाते। परिसर में लगी तख्तियों पर 'महारोग, अस्थमा, लकवा, सफेद दाग, पोलियो, मिर्गी, सिरदर्द, कैंसर, दिल की बीमारी, सर्पदंश, भूत-प्रेत, पिशाच, जादू-टोना और टोना-टोटका आदि सभी रोग चिकित्सा के माध्यम से ठीक किए जाते हैं,' ऐसा लिखा था। बाबा, इलाज के साथ ही हैरान कर देनेवाले परहेज भी बताया करता। परहेज के तहत पाँच सप्ताह तक तेल और हल्दीवाली चीजें न खाएँ, मांसाहार करनेवाले के घर का पानी तक न प्राशन करें, माहवारीवाली महिला के हाथों से बना खाना न खाएँ, घर में गोमूत्र रखें, स्नान कर उसे घर में छिड़का जाए आदि।

बाबा की चिकित्सा वैसे सरल थी। मरीज बाबा के सामने खड़े होकर बाबा को नारियल अर्पित करके नमन करता। और बाबा, भक्त के लाए पाँच नीबू अपने हाथों में लिया करता। बाबा उन नीबुओं में से एक नीबू बाएँ हाथ की दो उँगलियों में मजबूती से पकड़कर दाएँ हाथ में छूरा लेकर नीबू में गड़ा देता। इसके बाद बीमार से पूछता, "क्या शिकायत है?" कइयों से कई तरह के जवाब आया करते। पर बाबा का बताया उपाय सभी के लिए एक-सा रहा करता। बाबा एक ओर सामनेवाले नीबू पर छूरा गड़ाता तो दूसरी ओर बीमारी का नाम लिया करता। जैसे—किसी भक्त

के गाँठ बन गई हो तो वह कहता, गाँठ कट जाएगी। खून में चीनी की अतिरिक्त मात्रा होने पर कहता—मधुमेह जल जाएगा। पेट की बीमारी होने पर कहता—पूरा पेट साफ हो जाएगा। इसके बाद बाबा मोरपंख का कुंचा बाधित स्थान पर घुमाकर अंत में भक्त को नीबू दिया करता। दरबार से लौटते भक्त को बाबा बताया करता कि "ये नीबू घर में रखो और मैंने जो समय बताया उसी समय इन्हें काट देना।"

दरबार का तमाम घटनाक्रम सुबह से कार्यकर्ता ने अपने जेहन में कैद कर लिया और पुलिस थाने जाकर वरिष्ठ पुलिस निरीक्षक से शिकायत दर्ज कराई कि बाबा के हैंडबिल, बोर्ड आदि के आधार पर 'मैजिक ड्रग्ज एंड रेमिडीज ऑब्जेक्शनल एडवरटाइजमेंट एक्ट 1954' भंग होता है। और यह दखलपत्र अपराध है, इस बात को कार्यकर्ता ने पुलिस निरीक्षक के संज्ञान में ला दिया। पुलिस अधिकारी तक इस कानून की जानकारी से अनभिज्ञ हो सकते हैं, यह हमारा अनुभव था। लिहाजा, इस कानून के प्रावधानों की एक कॉपी ही कार्यकर्ता पास में रखते हैं। इस मौके पर भी कार्यकर्ताओं ने ही ये कॉपी पुलिस अधिकारियों को सौंपी।

इसके मिलते ही पुलिस अधिकारी तुरंत हरकत में आए और पूरी तैयारी के साथ आश्रम में आ धमके। प्रथमत: 'पुलिसकर्मी भक्त दरबार में आए हैं, इस तरह की गलतफहमी, बाबा का दरबार आयोजित करनेवाले भक्तों को हुई थी।' किंतु सचाई से अवगत होने पर संयोजक भक्त हड़बड़ाए। दरबार खत्म होने दीजिए, बाद में थाने चलेंगे—यह एक ही रट संयोजक लगा रहे थे। घंटा बीता पर दरबार विसर्जित होने का नाम ही नहीं ले रहा था। फिर कार्यकर्ताओं ने सख्त भाषा का प्रयोग किया और पुलिस अधिकारियों की अपराध निरीक्षण की पद्धति पर भी आपत्ति जताई। इसके बाद पुलिसवालों ने दरबार को रोककर बाबा को हिरासत में लिया। बाबा को पुलिस थाने लाया गया। बाबा के समर्थन में कई लोगों के फोन पुलिस अधीक्षक तक पहुँचे। लेकिन आंदोलन का दबाव और साफ तौर पर बाबा ने किया कानून का भंग इसके चलते बाबा पर केस फाइल हुआ। केस या तो खारिज हो या लंबा चले इसके लिए बाबा ने खासी मशक्कत की। और इसमें वह सफल भी हुआ। इस पुस्तक का लेखन करने तक बाबा के विरोध में केस फाइल हुए नौ साल का समय बीत चुका, बावजूद इसके फैसला नहीं हो पाया है। लेकिन सतारा में बाबा का आयोजित होनेवाला दरबार पूरी तरह से बंद करवाने में हम सफल हुए, समिति के लिए यह बड़ी महत्त्वपूर्ण सफलता थी।

बगुला भगतों से होते भिड़ंतों में कभी-कभार टकराहट की कुछ दिलचस्प घटनाएँ भी घटित होती हैं। ऐसे मौके पर अपनी सामर्थ्य की शेखी बघारनेवाले बाबाओं का शर्मनाक तरीके से भंडाफोड़ हो जाता है। अनवर खान के बारे में ऐसा ही घटित हुआ था।

सुर्खियों में छाया अनवर खान आधुनिक 'विषपुरुष' के नाम से पहचाना जाता था। उसका दावा था, "आठ साल की उम्र से मुझे साँप खाने की लत लगी है। साँप खाने की अद्भुत सामर्थ्य मुझे प्राप्त है। एक घंटे के भीतर छह फीट लंबे नाग की गर्दन काटकर उसे पूरा खा जाता हूँ।" अनवर खान साँप खाने के कार्यक्रम भी आयोजित करने लगा था। एक कार्यक्रम के लिए वह पंद्रह हजार रुपए की माँग रखता था। लोकमत अखबार में उसकी छपी खबर, चित्रलेखा की कवरस्टोरी, जी टीवी द्वारा लिया गया उसका साक्षात्कार और स्टेज शो के माध्यम से अनवर खान सुर्खियों में छा गया था। कोई भी जहरीला साँप सदंत, सविष खाने का दावा वह तो कर ही रहा था। लेकिन "मुझे किसी भी तरह के साँप का जहर नुकसान नहीं पहुँचा सकता। मैं किसी को काटता हूँ तो या मेरे नाखून से किसी को घाव हो जाने पर, मेरे शरीर के भीतर प्रवाहित साँप के जहर से उस शख्स की तुरंत मौत हो जाती है। सर्पदंश के शिकार हुए शख्स को मैं जड़ी-बूटी के माध्यम से ठीक कर सकता हूँ। यही नहीं, सर्पदंश के चलते मौत की नींद सोए शख्स को तीन दिन बीतने के बाद भी जीवित कर सकता हूँ," यह भी उसका दावा था। अलावा इसके "रूमाल या डोर को भी साँप में बदलकर मैं टोना-टोटका के द्वारा हर किसी को मौत की नींद सुला सकता हूँ," ऐसा भी वह कहा करता था।

समिति की चालीसगाँव शाखा ने अनवर खान से पत्राचार किया। किंतु उसने किसी भी तरह से जवाब नहीं दिया। प्रत्यक्ष भेंट में भी वह टालमटोल करने लगा। अलबत्ता एक मामले में अनवर खान से सीधे भिड़ने का मौका मिला। खड़की नामक गाँव की एक महिला की साँप के काटने से मौत हुई थी। जहर उतारने के लिए अनवर खान को बुलाया गया। अनवर ने निदान किया, "महिला हार्ट अटैक से मरी है। यदि वह सर्पदंश से मरी होती तो मैं उसे जीवित कर देता।" इसके बाद अनवर खान गाँव में ही एक घर में ठहरा है, इसकी जानकारी मिलते ही चालीसगाँव समिति के सदस्यों ने उसे घेरा।

अनवर खान कमरे में शराब पीता बैठा था। कार्यकर्ताओं ने उससे पूछा, "तुम साँप खाते हो?" उसने बगल में ही रूमाल में लपेट रखा साँप बाहर निकालकर उसे दाँतों से चबाना शुरू किया। कार्यकर्ताओं ने साँप को उसके हाथ से छीन लिया। वह 'तस्कर' नस्ल का विषहीन साँप था। उसके पेट पर अनवर खान के काटने से तीन बड़े घाव हुए थे। कार्यकर्ताओं ने उससे पूछा, "तुम साँप का जहर उतारते हो?" अनवर बोला, "हाँ, जंगल से मिली जड़ी-बूटी के द्वारा या मेरे पास जो साँप है, उससे साँप काटे व्यक्ति को दंश करवाता हूँ। और पीड़ित शख्स के जहर को सोखने का आदेश साँप को देता हूँ। यही नहीं, मैं देश भर के महानगरों में साँपों की जानकारी देकर नाग खाकर दिखाता हूँ।" और अंत में उसने बिदागी के पंद्रह हजार रुपए लेने की बात बिना भूल-चूक के बताई।

समिति कार्यकर्ताओं ने "हम एक बड़ी संस्था से जुड़े हैं," ऐसा बहाना बनाया। अनवर खान का मानदेय भी तय करके गाड़ी में बिठाकर उसे चालीसगाँव लाया गया। इसके बाद पुलिस थाने को सूचना दी गई। अनवर खान को लेकर पुलिस थाने की ओर समिति का काफिला रुख कर गया। अनवर खान ये मान बैठा था कि वह किसी कार्यक्रम के लिए ही रवाना हुआ है और पुलिस थाने पहुँचने पर दरोगा के हाथों उसका सम्मान होनेवाला है। थाने में एक सप्ताह पूर्व ही समिति कार्यकर्ताओं का साँप विषय पर सप्रयोग व्याख्यान संपन्न हो चुका था। 'साँप का जहर किसी भी जड़ी-बूटी द्वारा उतारा नहीं जा सकता। और न ही जहरीला साँप, सदंत, सविष खाया जा सकता है। साँप के लिए 'वन्यजीव प्राणी सुरक्षा कानून' लागू है। अत: अनवर खान के दावे के मुताबिक साँप खाना गैरकानूनी है।' ये तमाम जानकारी थानाधिकारी और कर्मियों को इसके पूर्व ही दी गई थी। अनवर खान का डींगें हाँकना जारी ही था। कार्यकर्ताओं ने एक दिन पूर्व ही जिंदा नाग पकड़ा था। अनवर खान को पूछा गया क्या नाग खा सकते हो? अनवर ने बेफिक्र होकर जवाब दिया, "मैं किसी भी नस्ल का नाग खा सकता हूँ।"

जिसके बारे में उसने कभी सोचा तक नहीं था, वह सचाई उसके सामने थी। कार्यकर्ताओं ने थाने में ही एक टेबल पर साथ में लाई थैली से पाँच फीट लंबा तेजतर्रार और सुर्ख नाग छोड़ा। नाग पल भर में ही टेबुल पर फन निकालकर डोलने लगा। पुलिसकर्मी और अनवर खान दोनों में भगदड़ मची। इतनी नजदीक से और सीधे सामने ही इस तरह नाग बदन पर लपकेगा, यह छोटे से कमरे में कौतूहल से उमड़ी भीड़ में से किसी ने सोचा तक न था। अनवर खान के पैर काँपने लगे। उसने खुद के कान पकड़ लिये और बोला, "गलती हो गई, माफ कर दो, मैं सिर्फ विषहीन साँप खाता हूँ। और वह भी पापी पेट के लिए। इसके बाद इस तरह की हरकतें नहीं करूँगा। मुझे सुधार का अंतिम मौका दिया जाए।" इसके बाद अनवर खान ने लिखित रूप में माफी एवं कबूलनामे पर हस्ताक्षर किए। और इस तरह विषपुरुष का अवतार समाप्त हुआ।

जामगाँव, तहसील-पारनेर, जिला-पुणे में पुरुषोत्तमगढ़ स्थापित करके कोंढ़िराम बढ़े नामक व्यक्ति 'बढ़े बाबा' बना था। उसके गढ़ को जमींदोज करने के लिए असल में हमें बुलडोजर चलाना पड़ा था। पारनेर में कोंढ़िराम कीर्तन सुनाते-सुनाते स्वयंघोषित मठाधीश बन गया था। उसने शिष्यगणों द्वारा जमीन खरीदकर मठ का कार्यक्षेत्र 40 एकड़ तक फैलाया था। उसने इस जमीन पर गैरकानूनी निर्माण कार्य भी करवाया था। इस निर्माण कार्य को तबाह किया जाए इसके लिए ग्रामीणों ने लाख कोशिशें की थीं। लेकिन ग्रामीणों की किसी ने नहीं सुनी। बाबा का बोलबाला बढ़ने लगा। अमावस एवं पूर्णिमा के दिन आयोजित होते खास

दरबार में सैकड़ों भक्तगण शामिल होने लगे।

बाबा के दरबार में महिलाओं के शरीर में देवता की सवारी आना, जादू-टोना आदि मामले शुरू हुए। भभूत के कंकड़ पानी में मिलाकर बाबा असाध्य रोगों पर अचूक इलाज करने लगा। असल में बाबा अपनी बहू का हत्यारा था, बावजूद इसके बाबा का प्रभाव दिन-ब-दिन फैलता ही जा रहा था। बाबा के पाखंड का भंडाफोड़ करने के लिए गुरु पूर्णिमा के दिन अंधश्रद्धा निर्मूलन समिति, कान्हूरपठार शाखा के कार्यकर्ता मठ में आ गए। मठ में हजारों की तादाद में भक्त मौजूद थे। ऐसे समय दूध का दूध और पानी का पानी करना मुश्किल और खतरे से खाली नहीं था। लेकिन कार्यकर्ताओं ने हिम्मत दिखाई। उनके साथ उस इलाके के तहसीलदार, प्रखंड विकास अधिकारी और पुलिस निरीक्षक भी मौजूद थे।

बाबा का कीर्तन समाप्त होने के बाद प्रश्नोत्तरी शुरू हुई। प्रश्नोत्तरी से उजागर हो चुका था कि बाबा चमत्कार करता है। "बाबा के भभूत और पानी के इलाज के चलते बीमारियाँ दूर होती हैं, भूत-इंद्रजाल का खात्मा होता है," ऐसा कहते हुए कुछेक महिलाएँ बाबा के समर्थन में सामने आईं। कार्यकर्ताओं ने चमत्कार सदृश इलाज करना 'द ड्रग्ज एंड रेमिडीज 1954' कानून के तहत अपराध है इस सचाई का बाबा और अधिकारियों को संज्ञान दिलाया और बाबा के समक्ष 'दैवी सामर्थ्य सिद्ध करने के लिए समिति द्वारा पाँच लाख की चुनौती रखी गई है, उसको स्वीकार करें' या 'इसके बाद ऐसी हरकत नहीं करूँगा,' लिखकर दें, इस तरह के दो विकल्प रखे गए।

दरबार में निर्मित इस तरह के माहौल से प्रेरित होकर एक महिला स्वयं ही व्यासपीठ पर आई और उसने बाबा की ठगी को उजागर करते हुए कहा, "छह माह तक मैंने बाबा के दरबार की यात्राएँ की हैं, लेकिन मेरी लड़की की हालत में कोई खास सुधार नहीं हुआ।" ढाढ़स के साथ उसने सचाई बयाँ की। महिला ने आगे ये भी सवाल किए कि क्यों जवान महिलाओं को इरादतन आश्रम के चक्कर काटने के लिए कहा जाता है? क्यों निर्जन स्थान पर बने मठ में महिलाओं को रात के समय रुकने के लिए कहा जाता है? क्या है इसका मतलब?

आखिरकार बढ़े बाबा ने लिखित रूप में बयान दिया कि "मैं, कोंढ़िराम अप्पाजी बढ़े, निवास जामगाँव, पुरुषोत्तमगढ़, आज गुरु पूर्णिमा के दिन लिखकर देता हूँ कि आज के बाद जलते अंगारों पर चलना, भभूत को पानी में मिलाकर भक्तों को देना, इस तरह की हरकतें या इस तरह की चिकित्सा पद्धति का अवलंब नहीं करूँगा। अंधश्रद्धा निर्मूलन समिति के कार्यकर्ताओं को मैं यह अपने होश-ओ-हवास में लिखकर देता हूँ।"

कार्यकर्ता मात्र इसी से संतुष्ट नहीं हुए। मठ से लौटते समय उन्होंने बाबा के समक्ष पूरी ढिठाई के साथ अपनी भूमिका को स्पष्ट करते हुए कहा था, "तुम जिस

आश्रम में रहते हो, वह गैरकानूनी है। यहाँ की तमाम सुविधाएँ भी गैरकानूनी हैं। तुम कई बार राजनीतिक रसूख का फायदा उठाते हुए निर्माण कार्य सुरक्षित रखने में कामयाब रहे हो। लेकिन अब हम उसे सरकार की मदद से ध्वस्त किए बिना नहीं रहेंगे।"

समिति कार्यकर्ताओं के इमारत जमींदोज करने का इशारा देकर लौटने के बाद बाबा के समर्थकों ने समिति को नोटिस भेजा। जिसमें कहा गया, "यहाँ किसी भी प्रकार का मठ अस्तित्व में नहीं है, बल्कि यह एक फार्महाउस है। ठगी जैसे किसी मामले का यहाँ पर प्रचलन नहीं है।" लेकिन सरकार ने समिति के आरोपों का गंभीरता से संज्ञान लिया था। लिहाजा, कार्यकर्ता अगले दो माह के भीतर ही अपने कहे को सच साबित कर दिखा पाए। जिलाधीश द्वारा जारी आदेशानुसार पंचनामा करके दोपहर चार बजे पुरुषोत्तमगढ़ जमींदोज करने की कार्रवाई शुरू हुई। कार्रवाई शुरू होते ही बाबा के समर्थक 'मठ के स्थान पर फार्महाउस है, हम उस स्थान पर रहते हैं' इस मुद्दे पर अदालत में जाकर स्थगन आदेश लाए। सरकारी अधिकारियों ने इस मसले पर जिस कौशल से कदम उठाए, वह प्रशंसनीय था। स्थगन आदेश में यदि इमारत फार्महाउस हो तो उसे ढहा देने के लिए मनाही आदेश था। किंतु तहसीलदार एवं एस. डी. एम. ने, "असल में यह गैरकानूनी इमारत मठ ही है और इसे ठगी व्यापार के लिए प्रयोग में लाया जा रहा है। मठ के लिए जरूरी सभी चीजें उसमें हैं," ऐसा सुनाते हुए इमारत जमींदोज करने का फैसला किया। जरूरत पड़ने पर अदालत के समक्ष इसे साबित करना संभव हो इसके लिए एहतियातन मठ परिसर में मिली सभी चीजों का पंचनामा किया गया। इमारत की सभी चीजों को बाहर निकालते समय किसी भी प्रकार से लोगों की धार्मिक भावनाओं को ठेस नहीं पहुँचे इसका भी खयाल रखा गया था। इसके बाद इमारत में चहुँओर सुरुंग लगाए गए। पर निर्माण-कार्य इतना मजबूत था कि इमारत को हल्की-सी दरारें पड़ने के सिवाय कुछ खासा नुकसान नहीं पहुँचा था। अंत में बुलडोजर चलाकर मठ का अग्रभाग जमींदोज किया गया। निर्माण-कार्य विभाग के वरिष्ठ और कनिष्ठ अभियंताओं और चालीस मजदूरों के सहयोग से इस अवैध निर्माण-कार्य को जमींदोज करने में पूरे दस घंटे लगे थे।

लेकिन सचाई यह है कि सभी बाबाओं के गढ़ उपरोक्त तरह जमींदोज करना संभव नहीं होता क्योंकि अंधविश्वास के मूल आधार पर उसकी मजबूत बुनियाद रखी गई होती है। अलावा इसके ठगी व्यापार को अंजाम देनेवाले बाबा लोग अत्यंत प्रतिहिंसक वृत्तिवाले होते हैं। उनके साम्राज्य को धक्का पहुँचने पर वे अपना फन निकालते हैं। इन सारी चीजों की अनुभूति हजारों नि:संतान दंपतियों को संतान सुख देने का दावा करनेवाले असलोद के डॉक्टर बाबा का भंडाफोड़ करते समय हुई थी।

मध्य प्रदेश की सीमा से सटे सतपुड़ा पहाड़ियों की तलहटी में बसे शहादा तहसील का असलोद एक छोटा-सा गाँव है। गाँव में 'श्री संत सद्गुरु डॉ. बाबा संस्थान, असलोद' नाम से 30-35 कमरोंवाला विशालकाय आश्रम बना था। इस आश्रम का डॉक्टर बाबा खास मौके पर ही व्यासपीठ पर स्थानापन्न हुआ करता। साईंबाबा जैसा पहनावा, लंबी दाढ़ी, तेज भेदक दृष्टि, कपाल पर बड़ा-सा तिलक, एक हाथ आशीर्वाद देने के लिए सदा ऊपर उठा हुआ और दूसरे हाथ में चारमीनार सिगार, यह डॉक्टर बाबा की खासियत थी। बाबा के साथ उसके परमभक्त भी हुआ करते थे।

इन भक्तों में एक वकील और दूसरा एम. बी. बी. एस. डॉक्टर था। दूरदराज से भक्त बाबा के दरबार में आया करते। बाबा के भक्तों में बड़े ओहदेदार और उच्च शिक्षित भी शामिल थे। आश्रम में डॉक्टर बाबा की अखंड जय-जयकार और फिल्मी ढंग से बाबा की महिमागान करनेवाले भजन गाये जाते। ऐसे माहौल में देर रात दो बजे बाबा भक्तों को दर्शन देने के लिए प्रकट हुआ करता। संततिविहीन दंपती को, खासकर महिला की साड़ी के पल्लू में प्रसाद के रूप में केला, अँगिया वस्त्र और नारियल बाँधकर देना बाबा के इलाज की खासियत थी। लगातार पाँच अमावस के अवसर पर इस तरह के प्रसाद ग्रहण के बाद नि:संतानों को संतान प्राप्ति की गारंटी बाबा दिया करता। बाबा के दरबार में सैकड़ों नि:संतान दंपतियों की कतारें लगा करतीं। ऐसी ही एक कतार में अंधश्रद्धा निर्मूलन समिति के कार्यकर्ता नकली दंपती बनकर शामिल हुए। उन्हें भी बाबा ने आशीर्वाद स्वरूप प्रसाद दिया। नवविवाहिता युवा वधू को देख बाबा ने उसे विशिष्ट समयावधि के बाद संतति प्राप्ति का आशीर्वाद दे डाला। लेकिन तब तक आश्रम में लगातार दर्शन हेतु आना पड़ेगा, यह बिना भूले बाबा ने बताया था। मौके को ताड़कर दूसरे एक कार्यकर्ता ने इस घटना की वीडियो शूटिंग भी कर ली। तेजी से कतार आगे बढ़ रही थी। मात्र इसके बाद वक्त न गँवाते हुए कार्यकर्ता द्रुत गति से बाबा के स्टेज की ओर दौड़े। एक ने बाबा के माइक पर कब्जा किया और तल्खी से बोला, "यह बाबा कहता है कि मुझे दिव्य शक्ति प्राप्त है। मैं अंतर्ज्ञानी हूँ, पर अब जिस दंपती को बाबा ने आशीर्वाद स्वरूप प्रसाद दिया असल में वे विवाहित दंपती हैं ही नहीं तो वे अंधश्रद्धा निर्मूलन समिति के कार्यकर्ता हैं। इसमें शामिल लड़की का विवाह तक नहीं हुआ है। यदि बाबा अंतर्ज्ञानी है, तो भला इतनी सी बात का उसे ज्ञान कैसे नहीं हुआ? क्या आशीर्वाद और प्रसाद से कभी संतति प्राप्ति होती है? यह बाबा स्वयं को डॉक्टर समझता है लेकिन वे डॉक्टर है ही नहीं, यह लीजिए सबूत।"

इसके बाद कार्यर्ताओं ने महाराष्ट्र मेडिकल काउंसिल की ओर से भेजा गया पत्र ही लोगों के समक्ष रख दिया और वह बोला, "यह डॉक्टर बाबा स्वयं का नाम

बालासाहेब बापूसाहेब पाटिल बताता है। लेकिन मेडिकल काउंसिल के पत्र में साफ कहा गया है कि इस नाम का कोई व्यक्ति डॉक्टर है ही नहीं।

इस तरह से डंके की चोट पर बाबा पर सीधी कार्रवाई किए जाने से लोगों में खलबली पैदा हुई और डॉक्टर बाबा तो पूरी तरह से हिल ही गया। इसी बीच कार्यकर्ता ने चमत्कारों को दिखाने का सिलसिला शुरू किया। खुले हाथ को हवा में घुमाकर भभूत और शिवलिंग प्रकट कर भक्तों को दिए। भक्त हैरान हुए! एक कार्यकर्ता ने माइक को बाबा के मुँह के सामने धराकर बाबा से कबूलनामा कबूल कराया कि "मैं डॉक्टर नहीं हूँ। दिव्यशक्ति वगैरह मेरे पास नहीं है।" बाबा के चेले भगदड़ मचाना चाहते थे। पर छापे में शामिल सिविल लिबासधारी पुलिस उपनिरीक्षक ने स्वयं का परिचय करा दिया। नतीजा भक्तों के आक्रामक तेवर ढीले पड़ गए। बाबा को हिरासत में लेकर आश्रम की तलाशी ली गई। तलाशी में तावीज, गंडे, महिला भक्तों की आपत्तिजनक तसवीरें, अश्लील खत, फोटो अलबम, वीडियो कैसेट्स, आपत्तिजनक कागजात और नगद राशि बरामद की गई। छापे के अगले दिन शहादा की अदालत ने बाबा को आठ दिनों का पुलिस रिमांड दिया। बावजूद इसके पुलिस थाने में बाबा की रिहाई के लिए महिला भक्तों ने मानो थाने का घेराव ही किया था। यह घटना हैरान कर देनेवाली थी।

छापे में शामिल कार्यकर्ताओं को सबक सिखाने के लिए बाबा ने षड्यंत्र रचा। बाबा ने अपने भक्त गोपीचंद नगराले को समिति के दो कार्यकर्ताओं के पास भेजा। उसने कार्यकर्ताओं से कहा, "मैं मुंबई के भांडूप इलाके में रहता हूँ। आप भांडूप आएँ। बाबा की सारी जानकारी मेरे पास हैं।" कार्यकर्ता भांडूप स्थित गोपीचंद के घर गए। घर पर उसकी बीवी थी। उसने कहा, "गोपीचंद अभी तक असलोद से लौटे नहीं।" कार्यकर्ता लौट आए।

इसके डेढ़ महीने बाद गोपीचंद की पत्नी ने पुलिस थाने जाकर समिति कार्यकर्ताओं के विरोध में शिकायत दर्ज कराई, "अंधश्रद्धा निर्मूलन समिति के कार्यकर्ता मेरे घर आए थे। उन्होंने कहा, असलोद में आपके पति को पुलिस ने गिरफ्तार किया है। हम उनकी रिहाई कराएँगे। बदले में आप हमें चार हजार रुपए दें।" मेरे पास इतने रुपए नहीं थे। अतः मैंने गहने गिरवी रखकर उन्हें चार हजार रुपए दिए। मेरे पति असलोद से घर लौटे। तब मुझे पता चला कि उन्हें गिरफ्तार ही नहीं किया गया था। असल में धोखाधड़ी करके समिति कार्यकर्ताओं ने मुझसे चार हजार रुपए ऐंठे हैं।"

पुलिस निरीक्षक समिति कार्यकर्ताओं से बोले, "आप सिर्फ बयान देकर लौट जाएँ। क्योंकि शिकायत में किसी भी तरह से तथ्य नहीं है, हमने पता किया है।" कार्यकर्ता बयान देकर लौटे। इस घटना के एक महीना बाद पुलिस थाना निरीक्षक ने कार्यकर्ताओं को तलब किया। और कार्यकर्ताओं के थाने में आते ही थाना

प्रभारी ने कार्यकर्ताओं से कहा, "आपको गिरफ्तार किया जाता है।" कार्यकर्ताओं ने किसी तरह एडवोकेट से संपर्क किया। उसने रात्रि मैजिस्ट्रेट के निवास पर जाकर कार्यकर्ताओं के जमानत की विनती की। रात्रि मैजिस्ट्रेट ने भांडूप पुलिस स्टेशन में दी शिकायत की कॉपी पेश करने का आदेश दिया। थाना पुलिसकर्मी इतने मगरूर कि उन्होंने प्राथमिकी की कॉपी देने तक से मना किया। इस पर एडवोकेट ने थानाकर्मियों से कहा, "जो कुछ कहना है वह लिखित दें।" लेकिन थानाकर्मियों ने इस बात से भी इनकार किया। इसके बाद एडवोकेट ने थाना पुलिस अधिकारी को रात्रि मैजिस्ट्रेट की अदालत में पेश होने के लिए सूचित किया। थानाकर्मियों का कहना था, "यदि आपको अधिकारी की जरूरत थी तो इस तरह की माँग चौबीस घंटे पूर्व अर्जी देकर की जानी चाहिए थी।" यानी हमारी इस माँग को भी ठुकराया गया।

इसके बाद पुलिस अधिकारियों ने इरादतन दो दिन तक मामले की जाँच नहीं की। इस पर तुर्रा यह कि पुलिस ने मैजिस्ट्रेट की अदालत में आवेदन देकर समिति कार्यकर्ताओं से पूछताछ के लिए और दस दिनों की पुलिस रिमांड की माँग की। लेकिन उनकी इस माँग को अदालत ने ठुकराया। लिहाजा, कार्यकर्ता व्यक्तिगत जमानत पर रिहा हुए। कार्यकर्ता जल्द से जल्द रिहा हों इसके लिए हर संभव प्रयास करने के बावजूद भी दो दिन तक इंतजार करना पड़ा। इस वाकये के बाद महाराष्ट्र अंधश्रद्धा निर्मूलन समिति के अध्यक्ष एन.डी. पाटिल ने महाराष्ट्र के गृहराज्यमंत्री को खत लिखा। जिसमें कहा गया था, "भांडूप पुलिस थाना अधिकारियों ने अंधश्रद्धा निर्मूलन समिति के दो कार्यकर्ताओं की बलात् मानहानि की है। इसके मद्देनजर मैं शासन से एक सवाल करना चाहता हूँ कि समाज परिवर्तन कार्य के एक हिस्से के रूप में बेहद उपयुक्त कार्य करनेवाले इन कार्यकर्ताओं को गिरफ्तार कर उन्हें हथकड़ियाँ पहनाकर अदालत ले जाने के पूर्व इस मामले में कौन से सबूतों की छानबीन पुलिस द्वारा की गई? भांडूप पुलिस थाना निरीक्षक ने बेहद प्रतिहिंसक वृत्ति से कानून हाथ में लेने का कार्य किया है। समाज परिवर्तन के आंदोलन जुनून से काम करनेवाले संगठनों और उनके कार्यकर्ताओं से किस तरह पेश आएँ, इसका रंजमात्र भी एहसास पुलिस अधिकारियों को न हो, यह बेहद खेदजनक है। पुलिस अधिकारियों का ऐसा बर्ताव आपत्तिजनक है। अत: इसकी उच्चस्तरीय जाँच कराकर दोषियों पर उचित कार्रवाई की जाए। मामले की जॉच के दौरान उन अधिकारियों को अन्य पुलिस थानों में स्थानांतरित किया जाए। यदि आपकी ओर से इस मामले में संतोषजनक कार्रवाई नहीं की गई तो संगठन की ओर से अगला कदम उठाया जाएगा, कृपया इसका संज्ञान लें।" एन.डी. पाटिल के इस खत का ही नतीजा था कि सरकार द्वारा संबंधित पुलिसकर्मियों के तत्काल तबादले किए गए।

लातूर निवासी मल्लीनाथ बाबा के विरोध में आंदोलन चलाते समय समिति कार्यकर्ताओं को कुछ ऐसा ही अनुभव हुआ था। युवा मल्लीनाथ बाबा का रहन-सहन रौबदार था। वह कार में कई कुत्तों को अपने साथ लेकर घूमा करता। उसकी कार की सीटों पर बाघ की खाल चढ़ाई गई थी। यातायात नियमों का उल्लंघन करते हुए उसने कार पर लाल बत्ती भी लगाई थी। अमावस के दिन उसके आश्रम में भक्तों की तूफान भीड़ इकट्ठा हुआ करती। भक्तों में महिलाओं की संख्या अधिक रहा करती। शहर में अमावस के दिन उसका शाही जुलूस भी निकला करता।

अंधश्रद्धा निर्मूलन समिति, लातूर के कार्यकर्ता बाबा के आश्रम पर छापा डालने के लिए निकल पड़े। इनमें से एक कार्यकर्ता ने खुद की पहचान मुंबई के एक मशहूर व्यापारी के रूप में दी थी। व्यवसाय में घाटा होने का बहाना बनाकर बेहद दीन भाव लाकर वह बाबा से बोला, "आप मुझे शिष्य बनाएँ और आशीर्वाद दें। मैं तन, मन और धन आपको अर्पित करूँगा।" अन्य दो कार्यकर्ता भाई-बहन के भेस में आश्रम पहुँचे। भाई ने बहन के लिए बाबा से अपनी बात रखते हुए कहा था, "इसका तीन दफा ब्याह टूटा है। इसके चलते यह मनोरुग्ण बनी है। स्वभाव चिड़चिड़ा बना है, कभी-कभी यह चिल्लाती भी है। बाबा मेरी बहन को ठीक करें!"

बाबा ने उन्हें भभूत देकर तीन दिनों बाद फिर से दरबार में आने के लिए कहा। तीन दिनों बाद कार्यकर्ता पूरी तैयारी करके आश्रम लौटे। व्यापारी बना कार्यकर्ता कन्नड़ भाषा का जानकार था। बाबा की ओर से भभूत की पुड़िया लेने के बाद भक्त व्यापारी कन्नड़ में बोला, "बाबा, मेरा आप पर विश्वास है, पर आपका दूसरा पहलू सुनकर मैं पूरी तरह से दुविधावस्था में घिर गया हूँ। कहा जाता है कि आपकी पढ़ाई नहीं हुई है। आप पर कई सारे केसेस दर्ज हैं। आपके पूर्वजीवन के बारे में लोग अनाप-शनाप बोलते रहते हैं। कृपा कर सचाई बताएँ। कुछ अध्यात्म की बातें बताएँ।"

मल्लीनाथ बाबा हड़बड़ाया। उसने कार्यकर्ता को बाजू में बुला लिया और बोला, "आप कन्नड़ में बोले यह ठीक रहा। आपने जो कुछ सुना, वह सही है। पर इसे राज ही रहने दें। मैं भला कौन बाबा? भला मैं लोगों से कब कहता हूँ कि वे मेरे पास आएँ? लोग ही मेरे पास चले आते हैं, इसलिए मैं बाबा हूँ। खैर, तुम्हारी समस्या का समाधान है मेरे पास। कल इसका टोटका बताता हूँ।"

वैसे ये सब हमारे लिए अनपेक्षित था। इतनी जल्दी बाबा अपनी सचाई कबूल करेगा, इसके बारे में हमने सोचा तक नहीं था। बाबा के आश्रम के प्रवेशद्वार पर कार्यकर्ताओं की फौज तैयार ही थी। उन्हें इशारा मिलते ही वे दरबार में आ गए। उनके साथ के एक पत्रकार ने बाबा से अंग्रेजी में पूछा, "बाबा, आपके दरबार

में इतनी बड़ी मात्रा में शिष्यगण इकट्ठा होते हैं। आप उन्हें कौन सा आध्यात्मिक फलसफा समझाते हैं? आप उनकी कौन सी समस्याओं का समाधान करते हैं और कौन से चमत्कार दिखाते हैं?

मल्लीनाथ बाबा सिटपिटा गया। वह बोला, "मैं अंग्रेजी से परिचित नहीं हूँ। मेरी पढ़ाई ही नहीं हुई। फिर यही सवाल मराठी में बाबा से पूछे गए। उससे पता चला कि अध्यात्म से जुड़ा किसी भी तरह का ज्ञान बाबा के पास नहीं है। बाबा ने इस बात को कबूला। इसके बाद बाबा की मदद के लिए उसके शिष्य चले आए। उनकी कार्यकर्ताओं से कहा-सुनी हुई। एक कार्यकर्ता ने तल्खी में पूछा, "बाबा, आपके नाम पर चमत्कारों का डंका बजता है। आप एकाध चमत्कार कर दिखाएँ और समिति द्वारा रखा पाँच लाख का पुरस्कार प्राप्त करें। यदि आप चमत्कार कर दिखाएँगे तो मैं आपके दरबार में आजन्म पानी भरने का काम करने के लिए तैयार हूँ। यही नहीं, महीना भर शौचालय की सफाई भी करूँगा।"

बाबा की बोलती ही बंद हुई और बाबा ने पराजय भी कबूल की। कार्यकर्ताओं ने बाबा से माफीनामा लिख देने के लिए कहा। बाबा बोला, "मैं मराठी लिख नहीं सकता, आप ही लिखें। मैं हस्ताक्षर करता हूँ।" इस तरह बाबा से माफीनामा लिखवा लिया गया।

प्रतिष्ठा में,

तमाम पदाधिकारी और कार्यकर्ता, महाराष्ट्र अंधश्रद्धा निर्मूलन समिति, लातूर जिला।

विषय : मैं आज तक लातूर निवासी था, अब लातूर से विदा ले रहा हूँ।

महोदय,

उपरोक्त विषयानुसार विनती है कि मैं मल्लीनाथ बाबा, निवास निरगुडी, तहसील-आलंद, जिला-गुलबर्गा, आज तक लातूर के आश्रम में बाबा के रूप में निवास करता था। मुझे किसी भी तरह की जादू का ज्ञान, चमत्कार की सिद्धि, आध्यात्मिक ज्ञान, भूतबाधा और इंद्रजाल जैसी चीजें अवगत नहीं हैं। किंतु लोगों को वहम था कि 'इन चीजों का मल्लीनाथ बाबा को ज्ञान है। मल्लीनाथ बाबा इनके बारे में बहुत कुछ समझते हैं।' मैं जाहिर रूप से घोषित करता हूँ, मेरे बारे में लोग जो कुछ सोचते और समझते थे वह सब झूठ है। और मैं सदा-सदा के लिए लातूर इलाके से विदा हो रहा हूँ। यदि लातूर का सामाजिक एका मेरे चलते बाधित हो रहा है, तो मेरा लातूर से विदा होना ही उचित है। मेरे आज तक के लातूर निवास से यदि किसी को परेशानी हुई हो, तो वे मुझे क्षमा करें। मुझ पर किसी तरह का कोई दबाव नहीं है। मैंने स्वेच्छा से पूरे होश-ओ-हवास में बिना शराब पिए; खुली चर्चा के पश्चात् ही यह निर्णय लिया है, यह सत्य है।

उक्त निवेदन पर बाबा ने कन्नड़ में हस्ताक्षर किए। निवेदन के बारे में कोई संदिग्धता पैदा न हो इसलिए निवेदन पर बाबा के अँगूठे का निशान भी लगवाया गया। बाबा ने दो घंटों के भीतर आश्रम छोड़ने का वादा किया। यहीं नहीं, इस मौके पर बाबा ने समिति के चुनिंदा कार्यकर्ताओं को वस्त्र देकर सम्मान भी किया। इसके बाद बाबा आश्रम से विदा हुआ और कार्यकर्ताओं ने 'ऑपरेशन मल्लीनाथ' सफल होने की खुशियाँ मनाईं। असल में यह हमारी बड़ी भूल थी। पैसा, प्रतिष्ठा और वासना की पूर्ति करनेवाला एवं नित्य बरकत देनेवाला व्यवसाय इस तरह अचानक बंद हो जाने पर बाबा की ओर से प्रत्याघात किया जाना अपेक्षित था, इसका हम समिति कार्यकर्ताओं को खयाल रखना जरूरी था। छापे की कार्रवाई के दो दिनों के भीतर ही नकली भाई-बहन बनकर छापे में शामिल हुए कार्यकर्ताओं में से भाई बने कार्यकर्ता पर बाबा के दो भक्तों ने जानलेवा हमला किया। इसमें कार्यकर्ता का सिर बुरी तरह से फटा। सिर में टाँके लगवाने पड़े। खुशकिस्मती यह कि हमले के वक्त देखनेवाले लोगों ने बीच-बचाव किया और हमलावरों को गिरफ्तार किया गया। लेकिन हमलावर जमानत पर रिहा हुए।

इस घटना के 15 दिनों बाद समिति कार्यकर्ताओं पर, मल्लीनाथ बाबा के आश्रम में जाकर बंदूक के दम पर 31,000 रुपयों के वस्त्र चुराने का झूठा केस पुलिस थाने में कराया गया। कार्यकर्ताओं पर भारतीय दंड संहिता के तहत डकैती का केस दर्ज किया गया। झूठे केस के विरोध में लातूर के सर्वदलीय कार्यकर्ता और प्रतिष्ठित नागरिकों की ओर से एक बैठक आयोजित कर कृति समिति की स्थापना की गई। आम लोगों ने भी इस लड़ाई में हार्दिक सहयोग दिया।

इस घटना के कुछ ही दिनों बाद लातूर जिले के भूकंप पीड़ित इलाके का दौरा करने के लिए अभिनेता डॉ. श्रीराम लागू और मैं स्वयं लातूर गए थे। डॉ. लागू की अगुवाई में मल्लीनाथवाले मामले में नागरिकों का समर्थन प्राप्त करने के लिए मौन मोर्चा निकाला गया। मोर्चा संपन्न होने के बाद राजश्री शाहू महाविद्यालय में सभा आयोजित हुई। सभा में डॉ. लागू और मैंने अपने मत व्यक्त किए। 'शिक्षा के क्षेत्र में लातूर पैटर्न लातूर के लिए सम्मान का विषय है। पर ढोंगी बाबा की ठगी वाला मल्लीनाथ पैटर्न लातूर के लिए बेहद अपमानजक विषय है।' इसकी ओर हमने लातूरवासियों का ध्यान आकृष्ट किया। सभा के बाद जिला पुलिस अधीक्षक से हम मिले। उन्होंने कार्यकर्ताओं पर फाइल हुए डकैती के केस के बारे में कानूनी जाँच करने के बाद ही कार्रवाई को अंजाम देने का सरकारी और सतही विश्वास हमसे जताया।

असल में एक बेहद जरूरी और उदात्त सामाजिक लक्ष्य प्राप्ति के लिए; कई सालों से शिद्दत से कानूनी राह का अवलंब करके, आंदोलन चलानेवाली अंधश्रद्धा निर्मूलन समिति को पुलिस अधीक्षक द्वारा सहृदयता से समझ लेना जरूरी था, ऐसा मेरा मानना था। क्या जिला पुलिस प्रमुख को खबर देकर, नियमानुसार

शिकायत दर्ज करा और साथ में पुलिस लेकर कोई डकैती के इरादे से जा सकता है? छापे के दौरान घटित घटनाक्रम के प्रत्यक्षदर्शी दो पुलिसकर्मी भी थे। अत: ऐसी स्थितियों में झूठी शिकायतवाली घटना का पुलिस प्रशासन द्वारा उचित तरीके से संज्ञान लेकर उसे सुलझाना चाहिए था। कार्यकर्ताओं पर जानलेवा हमला करनेवालों ने ही डकैती की झूठी शिकायत दर्ज कराई थी, इसका भी पुलिस द्वारा संज्ञान लिया जाना चाहिए था।

बावजूद इसके पुलिस अधिकारियों ने चर्चा के दौरान एक अलग ही मुद्दा उठाया कि मल्लीनाथ बाबा पर कार्रवाई करने के लिए आप हमें सबूत दीजिए। हमारे आंदोलन के प्रति पुलिस द्वारा इस तरह का रवैया अपनाना कोई हैरानी की बात नहीं थी। असल में महाराष्ट्र विधानसभा में चर्चा के दौरान तत्कालीन गृहमंत्री गोपीनाथ मुंडे ने कहा था, "कथित बाबा, देवऋषि, साधु और उनके ठिकानों को संभावित अपराधों के केंद्र मानकर पुलिस थानों द्वारा उन्हें चिन्हित किया जाए।"

यदि इस सूचना का यथार्थ में अवलंब किया गया होता, तो ढोंगी मल्लीनाथ का पूर्वजीवन किस तरह का था? वह जिस स्थान से आया वह उसे क्यों छोड़ना पड़ा? उसके पास आलीशान गाड़ियाँ कहाँ से आईं? उसके आश्रम में स्थित आसन के नीचे मिली तलवारें किस आध्यात्मिक साधना के लिए जरूरी थीं? बाबा और महिलाओं के संबंध में कई बातें सुनने में आती हैं, उनमें कितनी मात्रा में सचाई है? बाबा के मठ की अन्य शाखाओं में क्या घटित होता है? असल में पुलिस को इन सारी चीजों की जानकारी प्राप्त करना बेहद आसान था, लेकिन इस तरह का दृष्टिकोण सरकार के पास ही नहीं था तो पुलिस के पास भला कहाँ से आएगा?

बगुला भगतों के विरोध का संघर्ष पुलिस की नजरों में फिजूल है। या उनके लिए यह अधिक-से-अधिक कानून व्यवस्था का सवाल मात्र है। पर इसके मूल में निहित गंभीर सामाजिक दुष्परिणाम उन्हें महसूस ही नहीं होते। असलम बाबा ब्रेडवाला के साथ चली लड़ाई इसी सचाई पर प्रकाश डालनेवाली है। अंधश्रद्धा निर्मूलन के विषय में स्वतंत्र कानून बनना क्यों जरूरी है, यह भी असलम बाबा मामले का जायजा लेने पर समझ में आएगा। असलम बाबा असाध्य बीमारियों का इलाज किया करता। यही नहीं, बल्कि कहीं पर भी खुले में उँगलियों के कौशल से, बिना किसी साधन के मुश्किल शल्य-चिकित्सा को भी अंजाम दिया करता, उसकी यह खासियत थी। असलम बाबा अपेंडिक्स, पित्ताशय और पथरी आदि बीमारियों की इलाज किया करता और शल्य-चिकित्सा के बाद वह लोगों को पथरी निकालकर दिखा भी दिया करता। आँतों को काटना, उन्हें जोड़ना, यहीं नहीं बल्कि ओपन हार्ट सर्जरी करके दिल की नसों को बदलने और बायपास सर्जरी करने का भी उसका दावा था।

असलम बाबा किसी भी तरह की शल्य-चिकित्सा को महज पाँच मिनट में निपटाया करता। चिकित्सा के दौरान मरीज को बाबा के सामने सुलाया जाता। बाबा उसके पेट से लेकर पीठ तक हाथ फेरा करता। इसके बाद बाबा मरीज के पेट पर सफेद कागज चिपकाता और मरीज के पेट में अपनी उँगलियाँ घुसेड़ दिया करता। देखनेवाले को आभास होता कि उँगलियाँ मानो मरीज के पेट के भीतर चली गई हैं। कुछ देर बाद बाबा के हाथ मरीज के पेट से बाहर आते। बाबा के हाथ में मांस का लोथड़ा और उँगलियाँ खून से सनी दिखाई देतीं और पेट पर चिपकाया कागज सुर्ख दिखाई देता। किंतु पेट पर किसी भी तरह से लगे चीरे के निशान दिखाई न देते। सोचने की बात यह कि बाबा ने जिस लोथड़े को दिखाया था वह क्या सच में मांस ही है? और यदि वह मांस है तो कागज पर दिखाई देनेवाले ब्लड का ग्रुप और मरीज के ब्लड का ग्रुप क्या एक ही है? असल में कागज पर दिखाई देनेवाले लाल धब्बे क्या खून के ही हैं? ऐसे सवाल भीड़ में शामिल किसी के जेहन में नहीं आते थे। बाबा जयसिंगपुर जानेवाला है, यह जानकारी मिलने पर समिति और मेडिकल एसोसिएशन के संयुक्त तत्त्वावधान में लोगों की जानकारी के लिए एक निवेदन जाहिर किया गया जिसमें लिखा गया था, "बाबा जो कुछ करता है, वह मात्र हाथ की सफाई है। यह कानूनन अपराध है। इस ठगी का कोई शिकार न बने।"

'फर्जी डॉक्टर कानून एवं मैजिक रैमिडीज एक्ट' के तहत असल में ऐसी ठगी कानूनन दखलपात्र अपराध की श्रेणी में शामिल है। बावजूद इसके समिति द्वारा शिकायत करने पर पुलिस प्रशासन द्वारा किसी भी तरह से शिकायत का संज्ञान नहीं लिया। पुलिस प्रशासन उलटे समिति कार्यकर्ताओं को समझाने लगा कि "असलम बाबा अपने डॉक्टर होने और चमत्कार के बल पर बीमार को दुरुस्त करने का दावा, खुलेआम विज्ञापन देकर नहीं करता। बल्कि लोग ही उसके पास चले जाते हैं। लिहाजा, आप जिस तरह कह रहे हैं, उसके अनुसार असलम बाबा का मामला उक्त दोनों भी कानूनी प्रावधानों में समावेशित नहीं किया जा सकता।"

अंत में हम उम्दा समझ रखनेवाले पुलिस अधिकारी के पास चले गए, अलावा इसके तहसील की सरकारी 'फर्जी डॉक्टर खोज समिति' से संपर्क किया। समिति के अध्यक्ष-प्रखंड विकास अधिकारी और सचिव-प्राथमिक स्वास्थ्य केंद्र अधिकारी इन दोनों अधिकारियों ने हमें बाबा पर कार्रवाई के लिए सहयोग देने का वादा किया। दरमियान बाबा के विरोध में अच्छा-खासा माहौल निर्मित हुआ था। लिहाजा, बाबा के इलाज शिविर के लिए आनेवाले मरीजों की तादाद कम होगी, ऐसी हमारी समझ थी। लेकिन प्रत्यक्ष चिकित्सा शिविर में लगभग पाँच हजार लोगों का जमघट लग चुका था। समिति कार्यकर्ताओं के शिविर में पहुँचने के पूर्व ही बाबा ने बीमारों की जाँच और चिकित्सा भी शुरू कर दी थी।

फर्जी डॉक्टर खोज समिति के सरकारी अधिकारियों द्वारा; कथित फर्जी डॉक्टर असलम बाबा के सर्टिफिकेट्स की जाँच करने के लिहाज से पुलिस सुरक्षा की माँग की गई। लेकिन शिविर स्थल पर भीड़ ज्यादा है, वहाँ जाना खतरे से खाली नहीं है, ऐसा कहकर पुलिस अमले द्वारा जिम्मेदारी से पल्ला झाड़ने का प्रयास किया गया। फर्जी डॉक्टर खोज समिति द्वारा पुलिस को फिर यही माँग लिखित रूप में पेश की गई। लिखित आवेदन पर पुलिस प्रशासन का कहना था, "आपकी माँग के बारे में वरिष्ठ अधिकारियों को सूचित किया जाएगा, उनके आने के बाद देखा जाएगा, आपका काम हो चुका, आप जा सकते हैं।"

एक ओर पुलिस अमला इस तरह टालमटोल करने लगा तो दूसरी ओर बाबा अपराध किए ही जा रहा था। मौके की नजाकत को समझकर; यदि पुलिस अमला चाहता तो ठग डॉक्टर असलम बाबा को रँगेहाथ ही गिरफ्तार किया जा सकता था। लेकिन वह अपनी जिम्मेदारी का निर्वहन करना ही नहीं चाहता था। पुलिस अमला सही तरीके से जिम्मेदारी निभाए, इसके लिए हमें उससे काफी तकरार करनी पड़ी। आखिरकार मजबूर होकर पुलिस अधिकारी असलम बाबा के सर्टिफिकेट्स की जाँच करने हेतु चिकित्सा पंडाल में चले गए।

पुलिस के पहुँचते ही असलम बाबा ने पंडाल से पलायन किया। लोग शोर मचाने लगे, "बाबा गए, डॉक्टर ने पलायन किया।" घटित घटना से वहाँ पर काफी हो-हल्ला मचा। और पुलिस की आँखों के सामने ही असलम ब्रेडवाला टाटा सूमो गाड़ी में बैठकर भीड़ को तितर-बितर करता गाड़ी का हॉर्न बजाता, भीड़ से रास्ता बनाता; तेज रफ्तार से गाड़ी भगाता पलायन कर गया। इसके बाद अप्रत्याशित घटना घटित हुई, जिसमें मरीज और उनके नातेदार—"समिति के कार्यकर्ता और सरकारी डॉक्टरों के चलते; हम देवदूत असलम बाबा के जादुई आशीर्वाद से वंचित रहे," यह कहते हुए हम पर संतप्त हुए। हजारों की भीड़ आक्रामक तेवर अपनाए थी। हमने पुलिस को पहले ही इस मामले की गंभीरता के बारे में सूचित किया था, बावजूद इसके पुलिस अमले ने सुरक्षा के पर्याप्त इंतजाम नहीं किए थे। तिस पर भी जो पुलिसकर्मी थे, उनकी सहानुभूति भीड़ के पक्ष में ही थी।

ऐसे माहौल में वाद-प्रतिवाद एवं हाथापाई तक मामला पहुँचा था। गनीमत थी कि अंतिम क्षणों में किसी मीटिंग में व्यस्त पुलिस अधिकारी; मीटिंग निबटाकर पूरी तैयारी के साथ घटनास्थल पर आ पहुँचे, जिससे अनहोनी टली। हैरानी की बात यह कि एक मशहूर अखबार ने इस घटना में दखल देते हुए समिति कार्यकर्ता और डॉक्टर पर ही अपना सारा गुस्सा उतारा। यही नहीं, इस घटना के बाद शिविर के समर्थन में नेता लोग सामने आए। उनका कहना था, "बाबा को भगाने के पूर्व उसके इलाज की गारंटी करा लेते तो बेहतर होता।" जबकि सरकार का दायित्व है, ऐसे शिविर कौन आयोजित करता है? कौन होते हैं ऐसे शिविरों के पुरस्कर्ता?

इसकी सूचना प्राप्त कर ढोंगी बाबाओं की ठगी को समूल नष्ट करें।" लेकिन भेदक अंतर्विरोध यह कि यह सारा मामला जहाँ पर घटित हो रहा था, उस शहर के ही पड़ोस में कोल्हापुर जिले में, राजर्षि शाहू नरेश, जिन्होंने आजीवन शोषण के विरोध में लड़ाई लड़ी, जिनके नाम पर मेडिकल कॉलेज खोला गया था, वहाँ मरीजों की तादाद नदारद थी और असलम बाबा के अस्पताल में मरीजों की तूफानी भीड़। यदि कोई ऐसा ऐरा-गैरा नत्थू खैरा असलम ब्रेडवाला बाबा स्वास्थ्य की समस्याओं को चुटकी में हल करने लगे तो क्या जरूरत थी करोड़ों रुपए खर्च कर मेडिकल कॉलेज शुरू करने की? ये सवाल न राज्य के स्वास्थ्यमंत्री के मन में निर्मित हुआ और न ही वहाँ के पुलिस अधिकारियों के मन में। अलबत्ता इस सवाल को उठाने वाले अंधश्रद्धा निर्मूलन समिति के कार्यकर्ताओं को लोगों के गुस्से का शिकार बनना पड़ा। अर्थात् समिति ऐसे हालात पैदा हो सकते हैं, इसका मन बनाकर ही आंदोलन के मैदान में उतरी है।

डॉक्टर बाबा, मल्लीनाथ बाबा या असलम ब्रेडवाला—इन लोगों के ठगी व्यापार को समझना आसान था। किंतु नरेंद्र बाबा बना नरेंद्र सुर्वे इनकी अपेक्षा कुछ ज्यादा ही बदमाश निकला। उसने बड़े पैमाने पर जमीनें खरीदकर संस्थान स्थापित करके तमाम महाराष्ट्र में सत्संग और प्रवचन देना शुरू किया था। उसने अपनी प्रचार-यंत्रणा भी नियोजनबद्ध रीति से रची थी। ताज्जुब की बात यह कि उसने स्वयं ही अंधविश्वास उन्मूलन और दहेज विरोधी 'नवक्रांति संगठन' स्थापित किया था। उसकी यह हरकत चोर द्वारा तिजोरी की चाबियाँ सँभालने जैसी थी। नरेंद्र बाबा के चेलों ने उसे तासगाँव, जिला सांगली में 'सामुदायिक विवाह समारोह' के लिए आमंत्रित किया था। यह कल्पना नरेंद्र बाबा की ही थी। निमंत्रण पत्र आर्ट पेपर जैसे महँगे कागज पर; बारह पन्नों में छपवाकर तासगाँव से लेकर मुंबई तक के लोगों में बाँटे गए। इलाके भर में समारोह के बड़े-बड़े बैनर्स दिखाई देने लगे। और इसी समारोह के बैनर्स के साथ ही बाबा के कथित 'नवक्रांति संगठन' के पोस्टर्स भी लगे थे।

इसे लक्ष्य कर तासगाँव की अंधश्रद्धा निर्मूलन समिति की ओर से एक पत्रक प्रकाशित किया गया, जिसका मजमून था, "हम सामुदायिक विवाह समारोह के विरोध में हरगिज नहीं हैं। लेकिन अंधविश्वास उन्मूलन के नाम पर स्वयं के द्वारा लिखे गए 'नरेंद्र लीलामृत' पुस्तक द्वारा अनगिनत चमत्कार अपने नाम पर प्रचारित एवं प्रसारित करनेवाले नरेंद्र बाबा को हम चुनौती देना चाहते हैं। या तो वे चमत्कार सिद्ध कर दिखाएँ या 'नरेंद्र लीलामृत' पुस्तक की बिक्री रोक दें।" साथ ही समिति द्वारा, नरेंद्र बाबा के पाखंड के विरोध में आयोजित प्रदर्शनों में शामिल होने के लिए लोगों से आवाहन भी किया गया था।

तासगाँव तहसील में हर जगह उक्त पत्रकों को बाँटा गया। माहौल गरम हुआ। विवाह समारोह के लिए तूफानी भीड़ इकट्ठा हुई। बाबा के कार्यक्रम स्थल से 200 फीट की दूरी पर अंधश्रद्धा निर्मूलन समिति ने भी एक शामियाना लगवाया था। कार्यकर्ता शामियानी में बैठकर पत्रक बाँट रहे थे और अन्य कार्यकर्ताओं के व्याख्यान जारी थे। बाबा के भक्त भी व्याख्यान सुन रहे थे। तासगाँव निवासी, बाबा के विरोध में स्वयंस्फूर्त घोषणाएँ देने लगे। सामुदायिक विवाह समारोह संपन्न हुआ। भाषणों का दौर शुरू हुआ। स्थानीय विधायक एवं तत्कालीन ग्रामविकास मंत्री आर. आर. पाटिल भाषण के लिए खड़े हुए। वे बोले, "अंधश्रद्धा निर्मूलन समिति जो कुछ सवाल उठा रही है, उन सवालों के जवाब भी दिए जाने चाहिए...।"

इसी बीच दूल्हों के हाथों में थमाई तलवारें छीनकर, समारोह में शामिल साधुओं के आध्यात्मिक भक्त; जो कि केसरिया मुरेठे पहने थे, घोषणाबाजी करते नागरिकों की ओर कूच कर गए। तासगाँव नगर निगम के भूतपूर्व अध्यक्ष आंदोलनकारियों का नेतृत्व कर रहे थे। नरेंद्र बाबा के भक्तों ने आंदोलनकारियों पर तूफानी पथराव शुरू किया, जिनमें से कुछेक पत्थर अंधश्रद्धा निर्मूलन समिति के शामियाना की ओर भी पहुँचे थे। नरेंद्र बाबा के भक्तों ने आंदोलनकारियों में से एक युवा को कुचला। मौके की नजाकत देख अंधश्रद्धा निर्मूलन समिति के कार्यकर्ताओं ने पुलिस थाने की ओर अपना मोर्चा मोड़ा। "तलवारधारी हमलावर बाबा को गिरफ्तार किया जाए।" वाली घोषणाओं से तासगाँव गूँज उठा। दूसरे दिन तासगाँव निवासियों द्वारा हमले के विरोध में तासगाँव बंद की घोषणा की गई। किंतु उद्धत नरेंद्र बाबा ने जो हमला हुआ उसके विरोध में किसी भी तरह का खेद व्यक्त नहीं किया। बल्कि 'जैसी करनी वैसी भरनी' ऐसा कहते हुए प्रतिक्रिया दी। किंतु चमत्कार की चुनौती के बारे में बाबा एक शब्द तक नहीं बोला। और बड़ी ही होशियारी से उसने आलीशान गाड़ी में बैठकर वहाँ से पलायन किया।

नरेंद्र बाबा के विरोध में चलाए गए आंदोलनों का सिलसिला महाराष्ट्र भर में चलता रहा। समिति ने संगठन की सीमित सामर्थ्य के बल पर बाबा की सचाई लोगों के सामने रखने के लिए हर संभव प्रयास किए। रत्नागिरि में बाबा के विरोध में मोर्चा निकाला गया। लातूर में नरेंद्र बाबा के कार्यक्रम आयोजित करनेवाले संयोजकों को ढोंगी नरेंद्र बाबा के पाखंड से अवगत कराकर समय रहते ही संयोजकों को सजग कराने में समिति को सफलता मिली थी। कई स्थानों पर नरेंद्र बाबा के बारे में उसकी असलियत बयान करनेवाले पत्रक बाँटे गए। इसकी तुलना में बाबा के विरोध में कोल्हापुर में किए गए प्रदर्शन बेहद तीव्र थे और इसके लिए कार्यकर्ताओं को गिरफ्तारी एवं अदालती मुकदमों का मुकाबला करना पड़ा। वेंगुर्ले, जिला सिंधुदुर्ग में नरेंद्र बाबा के विरोध में आवाज बुलंद करने के उद्देश्य से आम जनता,

शिक्षा संस्थान, छात्र संगठन और पत्रकर संगठन आदि के तत्त्वावधान में विशाल जागरण-यात्रा का आयोजन किया गया था।

नरेंद्र बाबा स्वयं को शेगाँव के गजानन महाराज का अवतार कहलाता था। गजानन बाबा के 'गण गण गणात बोते' वाले मंत्र को नरेंद्र बाबा 'गणी गणी गणात बोते' में परिवर्तित करके उच्चारित किया करता। इस मामले में अंधश्रद्धा निर्मूलन समिति ने सीधे शेगाँव के 'गजानन महाराज संस्थान' से संपर्क किया। संस्थान ने तुरंत खुलासा करते हुए कहा था, "भक्त ठगे न जाएँ, इसलिए जाहिर खुलासा किया जा रहा है। नाणीज निवासी कोई व्यक्ति स्वयं को 'गजानन महाराज का अवतार हूँ।' ऐसा कहकर लोगों को भ्रमित करते हुए; गजानन महाराज द्वारा जनमानस के उद्धार हेतु जिस 'गण गण गणात बोते' मंत्र का जयघोष किया जाना था, उसका रचनात्मक उपयोग करने के अलावा वह स्वयं की स्वार्थ सिद्धि कर रहा है, इसे संस्थान ने अनुभव किया है। संस्थान की जानकारी के अनुसार गजानन महाराज ने जीवनपर्यंत कभी ऐसा निर्देश नहीं दिया कि 'मैं अवतार ग्रहण करूँगा।' और न ही उनके ग्रंथ में इस बात का उल्लेख है। अत: सभी भक्तों से विनम्र निवेदन है कि उक्त व्यक्ति की अफवाहों पर विश्वास न रखें। और न ही स्वयं को उसके द्वारा ठगने दें।"

प्रबंधक, श्री गजानन महाराज संस्थान, शेगाँव, जि. बुलढाणा

नरेंद्र बाबा के चमत्कार झूठे हैं, ऐसा खुलकर दावा करनेवाले लोग भी आगे आए। नाणीज में जाहिर रूप में इन लोगों के साथ आमने-सामनेवाले मुकाबले में नरेंद्र बाबा को बुरी तरह से मुँह की खानी पड़ी थी। हमने इस मुकाबले की वीडियो सीडीज महाराष्ट्र में कई स्थानों पर लोगों को टेलीविजन पर दिखाईं। नरेंद्र बाबा की ठगी को सच माननेवाले लोगों की आँखें कुछ मात्रा में हमने खोलने का प्रयास किया लेकिन उन्हें हम पूरी तरह से खोल नहीं पाए। जिसके चलते कई दिनों तक नरेंद्र बाबा का ठगी का व्यापार अच्छी तरह से चलता रहा।

नरेंद्र बाबा और उसके अन्य साथी महाराष्ट्र तक ही सीमित हैं; लेकिन निर्मला माता, भगवान रजनीश, सत्यसाईं जैसे लोग भले ही जन्म से भारतीय हैं, पर उनका आभामंडल अंतरराष्ट्रीय है। इनमें से प्रत्येक की अपनी-अपनी खासियत है। निर्मला माता अपने भक्तों की कुंडलिनी जाग्रत करती है। उसके कुंडलिनी जाग्रति का फलसफा है, 'ईश्वर आत्मा रूप में प्रत्येक में वास करता है। यह आत्मा रूप कुंडलिनी शक्ति है। इस शक्ति का अवबोध होना यानी जीवन प्रकाशित करानेवाली आत्मानुभूति का क्षण है। महान ऋषि-मुनियों को भी इसके लिए जीवनभर कठोर परिश्रम एवं साधना करनी पड़ती है।' लेकिन निर्मला माता ने इस काम को बेहद आसान तरीके से पूरा किया है। निर्मला माता एक ही समय हजारों साधकों की

कुंडलिनियाँ जाग्रत कर सकती है। निर्मला माता की कुंडलिनी जाग्रति द्वारा त्वचा रोग, जोड़ों का दर्द, मिर्गी, कैंसर जैसे दुर्द्धर्ष रोग दूर तो होते ही हैं पर उससे भी महत्त्वपूर्ण चीज यह कि शुद्ध प्रेम के प्रकाश से मन प्रकाशमान हो जाता है, ऐसा भी कहा जाता है।

लेकिन हमने इसके बिलकुल उलटा अनुभव किया। निर्मला माता का कार्यक्रम पुणे में आयोजित किया गया था। हमने कार्यक्रमवाले पंडाल के बाहर प्रबोधन सत्याग्रह चलाते हुए पत्रक बाँटे। जिसमें कुंडलिनी जाग्रति की वैज्ञानिक सत्यता और उसके द्वारा प्राप्त होनेवाली सामर्थ्य को लेकर सवाल उठाए थे। साधारण सम्मोहन की दशा को विलक्षण आध्यात्मिक अनुभूति करार देने का दावा करने पर हमने एतराज जताया था। निर्मला माता के कुंडलिनी जाग्रतिवाले कार्यक्रम में हमारी कड़ी आलोचना की गई। और हमसे सवाल किया गया कि "क्या आप लोगों के पास दिमाग है?" और ऊपर से "मात्र महाराष्ट्र में ही विद्वान लोग बसते हैं।" ऐसा तंज भी हम पर कसा गया। लेकिन हमारे 'आप कुंडलिनी जाग्रति की चुनौती को क्यों नहीं स्वीकारतीं?' इस सवाल का जवाब देना निर्मला माता ने टाल दिया। पुणे से निर्मला माता का काफिला सतारा पहुँचा। यहाँ भी हम निर्मला माता के कार्यक्रम कक्ष के प्रवेशद्वार पर ही प्रदर्शन की मुद्रा में खड़े थे। पत्रकारों ने हमसे पूछा, 'क्या आप आमने-सामने चर्चा करने के लिए तैयार हैं? हमने तुरंत स्वीकृति दी। नख-शिखांत सजी-सँवरी निर्मला माता आलीशान कार से उतरी। स्थानीय पत्रकार संगठन के अध्यक्ष ने निर्मला माता से सीधे सवाल-जवाब के लिए समय देने की विनतीवाली अर्जी सौंपी। आमने-सामनेवाले मुकाबले का अभ्यास न होने के कारण निर्मला माता ने विनती अर्जी को जमीन पर फेंक दिया और आध्यात्मिक संताप से अर्जी को पैरों तले कुचलकर व्यासपीठ की ओर रवाना हुई।

इसके बाद निर्मला माता ने कुंडलिनी जाग्रति कार्यक्रम शुरू करने के पूर्व; "अंधश्रद्धा निर्मूलन समितिवाले मूर्ख और अनपढ़ हैं और वे किराये के गुंडों को पालनेवाले लोग हैं," ऐसा कहकर हमारी आरती उतारी। साथ ही निर्मला माता ने अपना गुस्सा पत्रकारों पर उतारते हुए यह भी कहा कि "दुनियाभर के पत्रकार मेरी इज्जत करते हैं लेकिन महाराष्ट्र के पत्रकारों के पास वह शऊर नहीं है।"

सतारा शहर से कुछ ही दूरी पर बसा अंगारपुर नामक गाँव माताजी के भक्तों का खास गाँव है। सतारावाले कार्यक्रम के दूसरे दिन निर्मला माता का कार्यक्रम वहाँ होना तय था। पुलिस प्रशासन को पूर्वसूचना देकर प्रदर्शन हेतु हम अंगारपुर पहुँचे। गाँव में निर्मला माता का जुलूस निकाला गया था। जुलूस में विदेश से आए तीन सौ से चार सौ भक्त शामिल हुए थे। वे 'जय माताजी, जय माताजी' की जयकार लगाकर बेहोश होकर नाच रहे थे। जुलूस मार्ग के एक चौराहे पर हमने प्रदर्शन आंदोलन की शुरुआत की। जुलूस चौराहे से आगे

रवाना हुआ। जुलूस के साथ का तामझाम भी आगे रवाना हो चुका था जिससे चौराहा सूना-सूना लगने लगा।

अचानक जुलूस में शामिल कुछ भक्त पीछे मुड़े। उन्होंने हम पर हमला किया। अप्रत्याशित हमला, अनजान स्थान, रात का समय और हमलावरों की अच्छी-खासी तादाद के चलते कार्यकर्ताओं की लात और मुक्कों से पिटाई चल रही थी। मारपीट के दौरान ही हमने खुद पर किसी तरह काबू पाया। कुछ देर बाद मारपीट रुक गई। जिस तरह गाँव में निर्मला माता के अनुयायी थे, उसी तरह निर्मला माता से नाराज लोगों का एक गुट भी था। गाँव में निर्मला माता का बड़ा कार्यक्रम आयोजित होनेवाला था और इस कार्यक्रम के विरोध में प्रदर्शन किया जानेवाला है, यह सूचना मिलने पर नाराज गुट वहाँ पर आया था। वे सभी हमारी पिटाई के गवाह थे।

गाँव में आकर यदि कुछ लोग शांति से प्रदर्शन कर रहे हैं, ऐसे समय उन्हें किन्हीं अन्यों द्वारा पीटा जाना, नाराज गुट को रास नहीं आया। उन्होंने आपस में मंत्रणा की। निर्मला माता का कार्यक्रम जिस स्थान पर शुरू था वहाँ आकर वे—"प्रदर्शनकारियों से मारपीट करनेवालों को धिक्कार है, जिन्होंने उनके साथ मारपीट की है, वे माफी माँगें।" इस तरह की घोषणाएँ करने लगे।

घोषणाएँ सुनते ही निर्मला माता के भक्त क्रोधित हुए। कुंडलिनी जाग्रति के लिए आए भक्तों में से कुछ भक्त कुंडलिनी जाग्रति अधूरी छोड़ उठ खड़े हुए और पीछे की ओर निकल पड़े। कुछेक तो मंडप पर सजाए कलश ही उखाड़कर हाथ में ले उठे। इसी बीच कार्यक्रम मंडप के पीछे से पथराव भी शुरू हुआ। इस दौरान हम सभी कार्यकर्ता गाँव के बाहर थे। मारपीट की घटना पर सोच-विचार कर हम निर्मला माता से सफाई माँगने के उद्देश्य से कार्यक्रम स्थल पर आ पहुँचे और व्यासपीठ की ओर गए। इसी बीच मेरे सामने ही पथराव शुरू हुआ था। सब कुछ घटित होने के बाद, जिस तरह फिल्मों में मौका-ए-वारदात पर पुलिस देरी से पहुँचती है, उसी तरह यहाँ भी पुलिस देरी से पहुँची। उसने निर्मला माता का कार्यक्रम रोक दिया।

मारपीट की घटना की शिकायत दर्ज कराने के लिए हमारे पहुँचने के पूर्व ही निर्मला माता के भक्त सतारा पुलिस थाने में हाजिर हो चुके थे। हमारा जिस पथराव से कोई लेना-देना ही नहीं था, उसमें कुछ भक्तगण घायल हुए थे; और इसी पथराव की शिकायत दर्ज कराते समय निर्मला माता के भक्तों द्वारा; दाभोलकर और उनके सहयोगियों ने किन्हें निशाना बनाकर, किस तरह पथराव किया, इसका सुरस और चटपटा वर्णन करनेवाली झूठी शिकायत; समिति के आठ कार्यकर्ताओं के विरोध में फाइल कराई। हम कार्यकर्ताओं पर दर्ज झूठा मुकदमा अगले आठ सालों तक सतारा की अदालत में चला। हर महीने की पेशी और तारीख-पे-तारीख के झमेले में अधिकांश कार्यकर्ताओं की आमस्मिक छुट्टियाँ अदालती कार्य में ही व्यर्थ गईं। अर्थात् सामाजिक आंदोलन चलाते समय ऐसी घटनाएँ होती ही रहती

हैं, यह मानकर ही आंदोलन में उतरना पड़ता है। आठ सालों बाद हमारी बाइज्जत रिहाई हुई। शिकायतकर्ताओं ने हाईकोर्ट में अपील दायर की। अपील में हुई देरी के कारण वह खारिज हुई। शिकायतकर्ताओं ने अदालत में देरी के लिए क्षमा-याचना की अर्जी पेश की, वह मंजूर हुई। नतीजा, सतारा अदालत ने हमारे पक्ष में दिया फैसला, जबकि घटना घटित हो जाने के बारह सालों बाद भी मुंबई हाईकोर्ट में फिर से वह मुकदमा न्याय की प्रतीक्षा में खड़ा है।

इसी बीच मेरी 'अंधश्रद्धा विनाशाय' पुस्तक प्रकाशित हुई। उसमें निर्मला माता की ठगी के विरोध में चलाए आंदोलन को विस्तार देने के लिए मैंने 'निर्मला माता का हिंसक अध्यात्म' नाम से एक लेख लिखा था। पुस्तक की एक कॉपी; निर्मला माता का एक भक्त जो कि दिल्ली का पूर्व आयकर आयुक्त था, उसने दिल्ली में खरीदी, ऐसा कहा जाता है। "परम पवित्र निर्मला माता के विरोध में लिखे लेख में दाभोलकर ने जिन शब्दों का प्रयोग किया उससे मैं बेहद व्याकुल हुआ," ऐसा उसका कहना था। अत: उसने दिल्ली हाईकोर्ट में मुझ पर एक लाख रुपए का मानहानि का केस दायर किया। जिसकी कथित मानहानि हुई, उसके आपत्ति जताने के अलावा किसी दूसरे व्यक्ति द्वारा मानहानि का दावा किया जाना, कानूनी तरीके से जायज है? यहाँ से लेकर इस मामले पर चर्चाएँ होती रहीं। मामला हाईकोर्ट तक पहुँचा। यह केस भी आठ सालों तक दिल्ली की अदालत में चला। हमने केस अत्यंत जीवटता से चलाया और हम जीते भी।

बगुला भगतों के मुकुटमणि के रूप में पुट्टपूर्ति के सत्यसाईं की ख्याति रही है। अत: महाराष्ट्र के बाहर, और वह भी हमारे आंदोलन की क्षमता के परे जा चुके सत्यसाईं संग लड़ें भी तो कैसे लड़ें? तिस पर सरकार, पुलिस प्रशासन एवं न्यायिक उच्च पदस्थ लोग सदैव सत्यसाईं की सेवा में हाजिर रहते हैं। एक दफा हमने सत्यसाईं के कथित चमत्कार को चुनौती देने के लिए उसके आश्रम के समक्ष 'धरना' आंदोलन का कार्यक्रम 15 सालों पूर्व घोषित किया था। 'विवेकवादी आंदोलन' से जुड़े देश के ख्यातिलब्ध चुनिंदा लोग बेंगलुरु में इकट्ठा हुए थे। सत्यसाईं के आश्रम की ओर कूच की इन लोगों की गाड़ियों को पुलिस प्रशासन द्वारा रोककर इन्हें हिरासत में लिया गया। पुलिस प्रशासन का कहना था कि "धरना देना लोकतांत्रिक अधिकार है, यह सच है लेकिन सत्यसाईं, लोगों की अनन्य श्रद्धा का विषय हैं। यदि उनके आश्रम के सामने धरना दिया गया तो कानून व्यवस्था का गंभीर प्रश्न निर्माण होगा, जो कि किसी भी हाल में उचित नहीं है। अत: विवेकवादी आंदोलन से जुड़े आप लोगों के लोकतांत्रिक अधिकार को मंजूर नहीं किया जा सकता।"

सत्यसाईं जिन चमत्कारों को लोगों के सामने दिखाया करता, वही चमत्कार हम भी लोगों को दिखाया करते। एक दफा सत्यसाईं ने हवा में खुला हाथ घुमाकर

सोने की चेन निकाल दिखाई थी। लेकिन सत्यसाईं का दुर्भाग्य यह कि इस कथित चमत्कार के दौरान उसके कार्यक्रम का वीडियो शूट हो रहा था, जिससे सत्यसाईं बेखबर था। नतीजा, वीडियो शूटिंग में उसका कथित चमत्कार कैद हुआ। जिसके चलते उसके कथित चमत्कार का भंडाफोड़ हुआ। इस वीडियो क्लिप को आज भी हमारे कार्यकर्ता महाराष्ट्र के कोने-कोने में पर्दे पर दिखाते हैं। इसका खासा असर हुआ, इसे मैंने महसूस किया है।

समिति अध्यापकों के लिए अक्सर 'वैज्ञानिक ज्ञान प्रशिक्षण' आयोजित कराती है। प्रशिक्षित शिक्षक अध्यापन के दौरान 'वैज्ञानिक ज्ञान' छात्रों तक पहुँचाते हैं और इसके बाद छात्रों की परीक्षा ली जाती है। परीक्षा में वस्तुनिष्ठ प्रश्नों का समावेश रहता है, जिनमें कुछ सवाल इस तरह होते हैं—'सत्यसाईं हवा में हाथ घुमाकर सोने की चेन निकालता है। इसका क्या कारण है—(1) वह ईश्वर है, (2) वह ईश्वर का दूत है, (3) वह उत्तम जादूगर है, (4) वह ठग है। परीक्षा की तैयारी कर चुके छात्रों से मैंने चर्चा के दौरान उक्त सवाल किया था और वैज्ञानिक दृष्टिकोण का प्रशिक्षण लिये उन बालकों ने एक साथ जवाब दिया "सत्यसाईं ठग है।" और खास बात यह कि बच्चों ने, बाबा जादूगर न होकर बदमाश किस तरह है, इसका खुलासा भी किया। मैं दूसरे पहलू से यह मानता हूँ कि बच्चों का इस तरह जवाब देना और खुलासा करना सत्यसाईं के विरोध में चलाए जा रहे आंदोलन का ही एक हिस्सा है। किंतु पिछले बीस सालों से आंध्र प्रदेश को छोड़कर बाहर न आए सत्यसाईं के विरोध में हम आंदोलन करें तो कैसे करें? लेकिन हमें यह सुअवसर बाबा के भक्तों ने ही दिलाया।

महाराष्ट्र के भूतपूर्व मुख्यमंत्री विलासराव देशमुख और भूतपूर्व लोकसभा सभापति शिवराज पाटिल चाकुरकर के लातूर जिले की चाकुर तहसील की निर्मिति हुए 8 साल हो चुके हैं। लेकिन अब तक चाकुर में एक भी प्रशासनिक इमारत का निर्माण नहीं हो पाया। चाकुर तहसील और पंचायत समिति कार्यालय पंचायत की जमीन पर किराये पर चलते हैं। न्यायालय, सहायक निबंधक कार्यालय और बस अड्डा भी अभी तक नहीं बन पाया है। यहाँ सड़क, ड्रेनेज, पेयजल की सुविधा भी खस्ताहाल है। रोजगार के बारे में कुछ बोलना फिजूल ही है।

विकास की ओर टकटकी लगाए बैठे चाकुर में 'श्रीकृष्ण सत्यसाईं गजानन प्रतिष्ठान' की ओर से 100 एकड़ की अमराई में भव्य, स्वप्नवत् लगे ऐसे शिवालय का निर्माण किया गया है। जिस समय मंदिर निर्माण की घोषणा हुई उस समय, उसमें श्रीकृष्ण, श्रीराम, संतोषी माता, शिरडी वाले साईंबाबा, शेगाँव वाले गजानन महाराज और श्रीगणेश आदि की प्रतिमाओं की प्रतिष्ठापना के साथ ही सत्यसाईं की प्रतिमा भी स्थापित करने का मानस जाहिर किया गया था। नवनिर्मित मंदिर का क्षेत्रफल 33 हजार फीट है। मंदिर परिसर का प्रवेशद्वार एक किलोमीटर की दूरी

पर बना है। मंदिर की ऊँचाई 99 फीट, लंबाई 200 फीट और चौड़ाई 80 फीट है। दूर से देखने पर मंदिर साफ तौर पर शिवलिंग के आकार में दिखाई देता है। मंदिर परिसर में अन्य छोटे-छोटे 8 मंदिर भी हैं।

मंदिर के इर्द-गिर्द 70 एकड़ के परिसर में इलाके की शोभा बढ़ाने के लिहाज से तरह-तरह के पेड़ों के साथ आम, चीकू, नारियल आदि के 20 से 25 हजार पेड़ भी लगवाए गए हैं। उन दिनों विलासराव देशमुख और शिवराज पाटिल चाकुरकर के कब्जे में राजसत्ता थी किंतु चाकुर के विकास की इच्छाशक्ति का अभाव था। अलबत्ता उन्होंने अपनी इच्छाशक्ति मंदिर निर्माण का संकल्प पूर्ण करने में ही खर्च कर दी। ठेकेदार उत्तमराव जाधव नामक शख्स सत्यसाईं का असीम भक्त था। उसने 'श्रीकृष्ण सत्यसाईं गजानन प्रतिष्ठान' स्थापित कर मंदिर निर्माण कार्य में अगुवाई की। उन दिनों इस प्रतिष्ठान के उपाध्यक्ष पद पर शिवराज पाटिल चाकुरकर का लड़का था। विलासराव देशमुख ने मंदिर परिसर को पर्यटन स्थल का दर्जा भी दिया। करोड़ों रुपए की लागत से बने मंदिर के उद्घाटन समारोह के लिए ट्रस्ट ने सत्यसाईं को आमंत्रित करने की इच्छा जाहिर की थी। कार्यक्रम की खबरें अखबारों में छपकर आईं।

इस मुद्दे को लेकर लातूर जिला अंधश्रद्धा निर्मूलन समिति की जिला कार्यकारिणी की बैठक हुई। समविचारी संगठनों को साथ लेकर इस मुद्दे पर आंदोलन चलाने का निर्णय लिया गया। यह आंदोलन बेहद मुश्किल है, इसमें सफलता मिलनेवाली नहीं है, इसका एहसास होने के बावजूद भी व्यापक जनजाग्रति का साधन के रूप में आंदोलन चलाया जाए, ऐसा फैसला लिया गया। सत्यसाईं के बारे में हमारे पास पर्याप्त जानकारी थी ही। इसके अलावा सत्यसाईं के विरोध में लड़नेवाले केरल निवासी बी. प्रेमानंद से भी अतिरिक्त जानकारी प्राप्त की गई।

सभी तफसीलात खत में दर्ज कर मुख्यमंत्री विलासराव देशमुख को खत भेजा गया। उन दिनों विलासराव देशमुख लातूर विधानसभा निर्वाचन क्षेत्र से निर्वाचित हुए थे। उन्हीं के निर्वाचन क्षेत्र के कई सामाजिक संगठनों द्वारा मंदिर निर्माण कार्य का निषेध दर्ज कराना, मंदिर निर्माण का लागत मूल्य और मंदिर निर्माण में कानूनी मामलों की पूर्तता की गई है या नहीं, इसकी जाँच करने की माँग करना; और चमत्कार का दावा करनेवाले विवादास्पद व्यक्ति सत्यसाईं के जीवित रहते ही उसकी मूर्ति की प्रतिष्ठापना का विरोध करना, ये चीजें अपने आप में बेहद महत्त्वपूर्ण थीं।

मुख्यमंत्री ने हमारे लिखे पत्र का कोई जवाब नहीं दिया। इसके बाद हमने आंदोलन शुरू किया। आंदोलन की भूमिका स्पष्ट करनेवाले लेख अखबारों में छपकर आने लगे। मैंने लातूर में इस सिलसिले में जाहिर व्याख्यान भी दिया। लातूर जिले में समिति का कार्य काफी प्रभावी रहा है। लिहाजा, तमाम जिले में प्रतीकात्मक रूप से सभी तहसील कार्यालयों के सामने इस विषय को लेकर धरना

आंदोलन किया गया। कुछ स्थानों पर हमारे धरना आंदोलन पर राजनीतिक दबाव बनाया गया, लेकिन कार्यकर्ता हरगिज भयभीत नहीं हुए। धरना आंदोलन के बाद सत्यसाईं की असलियत उजागर करनेवाला चार पन्नों का एक पत्रक प्रकाशित किया गया। सत्यसाईं के जीवन के सभी संशयास्पद और विवादास्पद मामलों को उसमें दर्ज किया गया था।

पत्रक विस्फोटक था, लेकिन इसमें कटु यथार्थ दर्ज था। किसी भी हाल में सत्य को सामने लाया ही जाए, इस भावना के चलते पत्रक की दस हजार कॉपियाँ छापी गईं। लातूर जिले के तमाम महत्त्वपूर्ण छोटे-मोटे गाँवों में उन्हें पहुँचाया गया। साथ ही चाकुर तहसील के प्रत्येक गाँव में यह पत्रक अनिवार्य रूप में पहुँचाया गया। चाकुर की प्रत्येक दुकान में इसे भेजा गया। रात ग्यारह से तीन बजे के दरमियान चाकुर के सभी सार्वजनिक स्थानों पर उसे चस्पाँ किया गया।

अगली सुबह तहलका मचा। सत्यसाईं के बारे में अनाप-शनाप लिखे जाने का जवाब पूछने के लिए तमाम राजनीतिक दलों के लोग एकजुट हो गए। अमूमन एक-दूसरे से राजनीतिक स्तर पर जानी दुश्मनी निभानेवाले इस मौके पर एकजुट हुए थे। इन लोगों के चाकुर बंद के आवाहन पर चाकुर में बंद रखा गया। इन्होंने मोर्चा तहसील के अलावा अंधश्रद्धा निर्मूलन समिति, चाकुर के कार्यकर्ता जिस महाविद्यालय में प्राध्यापक थे, उस महाविद्यालय पर निकाला। और उन्होंने 'चाकुर अंधश्रद्धा निर्मूलन समिति के कार्यकर्ता को महाविद्यालय से हटाया जाए' इस तरह की माँग महाविद्यालय प्रशासन की ओर रखी। इसके बाद उन्होंने, "अंधश्रद्धा निर्मूलन समिति का कोई भी कार्यकर्ता चाकुर में कदम रखने की हिम्मत न करे। अंधश्रद्धा निर्मूलन समिति के कार्यकर्ता लंगूरों के लिए चाकुर में प्रतिबंध लगाया गया है, लिहाजा वे चाकुर न आएँ। यदि वे आते हैं, तो उनकी टाँगें तोड़ी जाएँगी," इस तरह धमकी भी दी।

उपरोक्त चुनौती स्वीकारना समिति के लिए अनिवार्य ही था। चाकुर तहसील कार्यालय के सामने धरना आयोजन का निर्णय लिया गया। जिलाधीश को इसकी लिखित सूचना दी गई। पुलिस प्रशासन से सुरक्षा की माँग भी की गई। धरना आयोजन की तारीख तय कर उसकी तैयारियाँ पूरी कर ली गई। संयोग से धरना आयोजन के दिन ही अन्य कुछ कारणों के चलते लातूर जिले में तनाव पैदा हुआ। जिलाधीश द्वारा समिति से धरना स्थगित करने की विनती की गई। समिति ने नित्य ही प्रखर और संवैधानिक मार्ग से आंदोलन चलाने की भूमिका अपनाई है, लिहाजा आंदोलन उस दिन के लिए स्थगित किया गया और धरना आंदोलन की अगली तारीख घोषित की गई।

उक्त दिन धरना आंदोलनकारियों का काफिला चाकुर आ पहुँचा। धरना आंदोलनकारी खौफ में थे कि यदि हम गाड़ियों में बैठकर चाकुर चले जाएँगे तो

क्रुद्ध हुए लोग हमारी गाड़ियाँ फूँक देंगे, लिहाजा, कार्यकर्ता राज्य परिवहन की बसों से चाकुर पहुँचे। धरना आंदोलन के दिन चाकुर में धारा 37 (1) लागू की गई थी। बावजूद इसके कार्यकर्ताओं ने चाकुर शहर में मार्च निकाला, जिसमें साने गुरुजी द्वारा लिखा गीत 'दुनिया को प्रेम अर्पित करें। यही एक सच्चा धर्म है।' गाते-गाते मार्च तहसील कार्यालय परिसर पहुँचा। कार्यकर्ताओं ने अपने साथ लाई थैलियों से बैनर बाहर निकालकर उन्हें पेड़ों पर लटकाया और दरी बिछाकर पैंफलेट बाँटे। देखते-देखते तीन-चार हजार लोगों का समुदाय आंदोलन स्थल पर इकट्ठा हुआ। संयोग से इसी दिन चाकुर में साप्ताहिक हाट लगी थी। इसके चलते पास-पड़ोस के गाँवों से भी कई लोग चाकुर आए थे।

कार्यकर्ताओं ने चाकुर विकास का मुद्दा जो कि पिछले दस सालों से लटका हुआ था, उस पर लोगों से संवाद किया। मंदिर निर्माण, यह कोई विकास का जरिया नहीं है, इसे कार्यकर्ताओं ने लोगों को समझाने का प्रयास किया और विधायक एवं सांसदों के कोटे का 'डेवलपमेंट फंड' मंदिर निर्माण कार्य के लिए प्रयोग में लाए जाने पर समिति ने आपत्ति जताई। और मंदिर के दानपात्र में जमा होनेवाला जनता का रुपया यदि मंदिर विकास कार्यों के काम में लिया जाएगा, तो लोगों के विकास का क्या होगा? यह सवाल उठाया गया।

लोगों ने सभा को बिखेरने के अलावा जाहिर तौर पर सभा का समर्थन ही किया, इस बात का पुलिस प्रशासन को भी ताज्जुब हुआ। चाकुर में धरना आयोजन के दिन धारा 37 (1) लागू की गई थी लेकिन खुलेआम इसकी प्रताड़ना होने से कानून की अवमानना हो चुकी थी। लिहाजा, पुलिस प्रशासन द्वारा कार्यकर्ताओं को हिरासत में लेना अपेक्षित था। किंतु तब तक धरना आंदोलन का वांछित परिणाम आ चुका था, लिहाजा, कार्यकर्ता भला गिरफ्तारी का कैसे विरोध करते?

आंदोलन की अगली कड़ी के तहत समिति ने 'लातूर जिलाधीश कार्यालय पर मराठवाड़ा स्तरीय मार्च' आयोजित करने की घोषणा की। समिति कार्यकर्ताओं ने मराठवाड़ा के प्रत्येक गाँव में जाकर मार्च की जमकर तैयारियाँ कीं। दिलचस्प बात यह कि कुछ स्थानों पर भाषण के दौरान शिवसेना शाखाओं द्वारा साफे बाँधकर समिति कार्यकर्ताओं का सम्मान किया गया। मराठवाड़ा के सभी जिलों में समिति ने अंधश्रद्धा निर्मूलन का कार्य किया है। इसके चलते सभी जिलों की समिति शाखाओं ने मोर्चा आंदोलन में शिरकत की। साथ ही, समिति के साथ समविचारी संगठन भी इस मोर्चे में शामिल हुए। लगभग एक हजार लोगों का मोर्चा जिलाधीश कार्यालय पहुँचा। जिलाधीश कार्यालय में मौजूद नहीं थे। अपर जिलाधीश ने हमसे भेंट की। समिति कार्यकर्ताओं ने, "सहायक धर्मादाय आयुक्त, लातूर द्वारा चाकुर में मंदिर निर्माण करनेवाली ट्रस्ट की आर्थिक जाँच की जाए। मंदिर को चंदा देनेवाले लोग और मंदिर ट्रस्टियों की सूची को सार्वजनिक किया जाए। जनप्रतिनिधियों द्वारा उनकी

'निर्वाचन क्षेत्र विकास राशि' से चाकुर के मंदिर निर्माण के लिए दिए पैसों को सहायक धर्मादाय आयुक्त द्वारा अमान्य किया जाए। विवादास्पद शख्स सत्यसाईं की मूर्ति की प्रतिष्ठापना देवताओं की मूर्तियों के साथ न की जाए। चाकुर मंदिर स्थल को पर्यटन स्थल का दर्जा न दिया जाए।" ये और अन्य माँगों को मिलाकर कुल 11 माँगें जिलाधीश मार्फत मुख्यमंत्री की ओर भेजी गईं।

सत्यसाईं के लातूर आगमन का दिन जैसे-जैसे करीब आने लगा वैसे-वैसे आंदोलन पर दबाव बढ़ने लगा। विरोधियों द्वारा कार्यकर्ताओं से मिलकर आंदोलन में फूट डालने की कोशिशें की गईं। कार्यकर्ताओं से चर्चा के लिए संदेश भी भेजे गए। कार्यकर्ताओं ने साफ-साफ भूमिका रखते हुए कह दिया कि "चर्चा की कोई जरूरत है ही नहीं। हाँ, यदि एक ही मंच पर दोनों पक्ष रखने हैं तो बेशक ऐसा कार्यक्रम आयोजित करें।"

समिति कार्यकर्ता लालच और धमकियों के झाँसे में आनेवालों में से नहीं हैं, यह ध्यान में आने के बाद कार्यकर्ताओं के घर पर उनकी महिलाओं को परोक्ष या अपरोक्ष रूप से धमकियाँ भी दी जाने लगीं। जिन संस्थानों में कार्यकर्ता सेवारत थे, वहाँ के संस्था प्रमुख को फुसलाने का प्रयास भी विरोधियों द्वारा किया गया।

शिक्षा के क्षेत्र में लातूर पैटर्न के जनक और समिति के हितैषी राजर्षि शाहू महाविद्यालय के प्राचार्य अनिरुद्ध जाधव के घर एक दफा समिति कार्यकर्ता और विरोधियों में चर्चा भी आयोजित की गई थी। चर्चा के दौरान कार्यकर्ताओं ने बेहद शांतिपूर्वक जवाब देते हुए आंदोलन विरोधियों की बोलती ही बंद कर दी। इसके बाद विरोधियों ने समिति कार्यकर्ताओं द्वारा पत्रक छापकर सत्यसाईं पर जिन आरोपों को लगाया गया, उनके आधार पर समिति कार्यकर्ताओं पर मानहानि का मुकदमा दायर करने का फैसला किया। अखबारों में खबरें छपीं। जैसे, "जिन-जिन लोगों ने सत्यसाईं के विरोध में प्रकाशित पत्रक पर हस्ताक्षर किए हैं, वे आठ दिन के भीतर बिना किसी शर्त के माफी माँगें। अन्यथा उन पर मानहानि का मुकदमा दर्ज किया जाएगा।" एक भी कार्यकर्ता ऐसी धमकियों से विचलित नहीं हुआ। बल्कि समिति के तमाम कार्यकर्ताओं ने 'मुकदमे का नोटिस लेकर आनेवाले शख्स का हम हार्दिक स्वागत करेंगे, क्योंकि इससे हमें अपना पक्ष अदालत के सामने रखने का मौका मिलेगा' ऐसी ठोस निर्भीक भूमिका अपनाई। नतीजा, मानहानिवाले मामले की बत्ती ही गुल हुई।

जैसे-जैसे सत्यसाईं के चाकुर आगमन का समय नजदीक आने लगा वैसे-वैसे पुलिस प्रशासन की बेचैनी बढ़ने लगी। दस्तुरखुद्द मुख्यमंत्री के गाँव से ही सत्यसाईं के विरोध में कार्यकर्ता एकजुट हुए थे और स्वयं मुख्यमंत्री ही कार्यक्रम के मेजबान थे। लिहाजा, पुलिस के लिए यह खासी मुसीबत की घड़ी थी। जिला

पुलिस अधीक्षक का कार्यकर्ताओं से आग्रह था कि "समिति कार्यकर्ता न ही आंदोलन करें और न चाकुर जाएँ।" लेकिन कार्यकर्ताओं का कहना था, "हम चाकुर जाएँगे, आप हमें गिरफ्तार करें।"

कार्यकर्ताओं ने माहौल बनाने के लिए भी इलाकों में सत्यसाई के विरोध में बैनर लगाना शुरू किया। जैसे ही एक चौराहे पर बैनर लगाकर कार्यकर्ता अगले चौराहे पर बैनर लगाने के लिए निकल पड़ते, उसी क्षण पहलेवाला बैनर विरोधियों द्वारा फाड़ दिया जाता। इसके बाद कार्यकर्ताओं ने दीवारों पर सत्यसाई के विरोध में मजमून लिखने का निर्णय लिया। मोटे अक्षरों में दीवारों पर लिखावट के लिए एक पेंटर को ठेका सौंपा गया। किंतु पेंटर ऑर्डर लेकर जो गायब हुआ, वह आंदोलन खत्म होने पर ही सामने आया। यानी उस पेंटर को भी विरोधियों द्वारा बरगलाकर दीवारों पर लिखने से रोका गया।

समिति कार्यकर्ताओं को चाकुर जाने से रोका जाएगा और चाकुर पहुँचने के पूर्व ही उनकी गिरफ्तारियाँ होंगी, यह लगभग पक्का हो चुका था। समिति के प्रमुख कार्यकर्ताओं पर लगातार 24 घंटे पुलिस का पहरा था। इसे प्रशासन की ओर से 'कार्यकर्ताओं की सुरक्षा' यह प्यारा नाम दिया गया था। प्रदर्शन असंभव दिखाई देने पर कार्यकर्ताओं ने धरना देने का फैसला किया। जिसके तहत लातूर और नांदेड़ जिले में धरना आंदोलन किया गया। ये आंदोलन एक प्रतीकात्मक कृति के चलते काफी चर्चा में रहा जिसके तहत 'धरने पर बैठे कार्यकर्ताओं की आँखों पर पट्टी बाँधी गई थी।'

मंडप के सामने एक बड़ा-सा पोस्टर लगाया गया, जिस पर महाराष्ट्र सरकार के हाथ में सामाजिक न्याय का तराजू अंकित किया गया था। तराजू के एक पलड़े में सत्यसाईं और दूसरे में महाराष्ट्र के संत-समाजसुधारकों को रखा दिखाया गया। संत और समाजसुधारकों की तुलना में सत्यसाईं का पलड़ा भारी दिखाया गया था।

प्रगतिशील महाराष्ट्र में राजनेताओं द्वारा जिस दुरवस्था को पैदा किया गया था, वह देखने लायक नहीं थी; लिहाजा आँखों पर कार्यकर्ताओं ने पट्टियाँ बाँध ली हैं, समिति कार्यकर्ताओं ने इस संदेश को प्रतीकात्मक कृति के द्वारा व्यक्त किया था। मुख्यमंत्री के निर्वाचन क्षेत्र में समिति के आंदोलन को मिला जन समर्थन कार्यकर्ताओं का उत्साहवर्धन करनेवाली घटना थी। कई स्थानीय लोग धरना आंदोलन में शामिल हुए थे। बड़ा-सा शामियाना भी अब बौना लग रहा था। सत्यसाईं के आगमन के एक दिन पूर्व ही कार्यकर्ताओं को पुलिस प्रशासन की ओर से चर्चा का न्योता दिया गया। किंतु चर्चा हेतु पुलिस थाने गए कार्यकर्ताओं को पुलिस प्रशासन ने गिरफ्तार किया। एक ओर प्रदर्शन के लिए जहाँ से कार्यकर्ताओं के आने की आशंका पुलिस प्रशासन को थी, वहाँ कार्यकर्ताओं की प्रवेशबंदी का नोटिस जारी किया गया। तो दूसरी ओर सत्यसाईं के आने के पूर्व से लेकर उसके लौटने तक कार्यकर्ताओं को

हिरासत में रखा गया। कार्यकर्ताओं ने पुलिस की इस वाहियात हरकत का निषेध अन्न त्यागकर किया।

उपरोक्त हरकतों से क्या हासिल हुआ? आखिर सत्यसाईं चाकुर आ ही गए ना? और मंदिर निर्माण भी हुआ ना? ऐसे सवाल उठाना उचित नहीं है, ऐसा मेरा मानना है। हमारे आंदोलन का ही नतीजा था कि जीवित सत्यसाईं की प्रतिमा मंदिर में स्थापित करने के निर्णय को मंदिर प्रबंधन द्वारा स्थगित किया गया। प्रतिमा स्थापित करने के बजाय महज सत्यसाईं की तसवीर को रखा गया। परंतु यह असली सफलता नहीं थी। समिति द्वारा जिन सवालों को उठाया गया, वे सीधे जनमानस तक पहुँच गए।

शिवराज पाटिल चाकुरकर के घर, सत्यसाईं द्वारा हवा में हाथ घुमाकर अँगूठी प्रकट कराने के बाद, शिवराज पाटिल के ही एक कार्यकर्ता की प्रतिक्रिया थी, "सत्यसाईं हाथों से बैगन निकालकर दिखाएँ।" उन दिनों कद्दावर राजनेता और धनिकों को सोने की चेन देनेवाले और आमजनों को भभूत देनेवाले सत्यसाईं के दोगले आचरण को समिति कार्यकर्ता नित्य उजागर किया करते थे। चाकुरवाली घटना में लोग इसके प्रत्यक्षदर्शी बने थे। आलीशान कार, उसमें बिछाया गया लाल मलमल का कालीन और हैरानी में डालनेवाला वैभव देख सत्यसाईं के प्रति लोगों की नाराजगी खुद-ब-खुद निर्मित हो चली थी।

जनमानस में पैदा हुआ यह असंतोष का भाव मंदिर में मूर्ति प्रतिष्ठापना के बाद आयोजित हुए दो कार्यक्रमों में मैंने आसानी से महसूस किया। सत्यसाईं के लौटने के लगभग एक महीना बाद मैंने लातूर जिले के कुल मिलाकर नौ महाविद्यालयों में जाकर व्याख्यान दिए। व्याख्यानों में सत्यसाईं का उल्लेख करते ही छात्रों की तालियों से हॉल गूँज उठा करता। इन व्याख्यानों के बाद लातूर में मेरी एक जाहिर सभा भी आयोजित हुई थी। सभा के लिए बेशुमार भीड़ जुटी थी। हमारे जनजागरण द्वारा निर्मित हुआ असंतोष अन्य एक माध्यम से कलात्मक रूप में प्रकट हुआ। 'गणेशोत्सव सजावट' में लातूर के पाँच गणेश मंडलों की ओर से सत्यसाईं के वाहियात बरताव और ठगी की पर्याप्त आलोचना की गई। गणेश विसर्जन के जुलूसों में भी 'अ-सत्यसाईं' लिखे फलक देखने को मिले। बगुला भगतों की ठगी का इससे पहले कभी नहीं किया गया इतना खंडन-मंडन, सत्यसाईं के निमित्त देखने को मिला।

मेरे बारे में एक वाकया घटित हुआ। अक्तूबर में मेरी पुस्तक 'जंग अंधविश्वासों की' को महाराष्ट्र सरकार का उत्कृष्ट साहित्य सृजन के लिए क्रांतिसिंह नाना पाटिल के नाम दिया जानेवाला 'लड़ाकू सत्यशोधक क्रांतिसिंह नाना पाटिल' पुरस्कार घोषित हुआ था। 25 नवंबर के दिन मुख्यमंत्री विलासराव देशमुख के हाथों पुरस्कार का वितरण होना था। पुरस्कार को लेकर मैंने मुख्यमंत्री देशमुख को निम्न खत भेजा था—

प्रतिष्ठा में,
मा. विलासराव देशमुख
मुख्यमंत्री, महाराष्ट्र सरकार

सादर अभिवादन,

मान्यवर, महाराष्ट्र सरकार द्वारा वर्ष 1999-2000 का उत्कृष्ट साहित्य सृजन के लिए दिया जानेवाला पुरस्कार मेरी रचना 'जंग अंधविश्वासों की' पुस्तक को घोषित हुआ है। मेरी रचना पुरस्कार की पात्र बनी, इसका मुझे हर्ष है। आपके करकमलों द्वारा पुरस्कार प्रदान समारोह 25 नवंबर, 2000 के दिन औरंगाबाद, महाराष्ट्र में होनेवाला है, इसकी सूचना से मुझे न. नि. पटेल, आयुक्त, सांस्कृतिक कार्य मंत्रालय, महाराष्ट्र सरकार द्वारा अवगत कराया गया है। आपके करकमलों से पुरस्कार न लेने का निर्णय मैंने किया है, इसका मुझे अफसोस है। आपको अपनी भूमिका से अवगत कराने के उदेश्य से मैंने प्रस्तुत पत्र लिखा है।

मान्यवर, मैं अंधश्रद्धा निर्मूलन समिति में विगत कई सालों से पूर्णकालिक कार्यकर्ता के रूप में कार्यरत हूँ। आपकी सरकार द्वारा पुरस्कृत मेरी रचना में समिति के चुनिंदा आंदोलनों का वर्णन किया गया है। अलबत्ता सत्यशोधक विचारधारा के कृतिशील जाँबाज व्यक्तित्व क्रांतिसिंह नाना पाटिल के नाम पर प्रस्तुत पुरस्कार प्रदान किया जाता है, यह मेरे लिए विशेष सम्मान की बात है। इन सारी चीजों को ध्यान में लेने के उपरांत जाहिर तौर पर अंधविश्वासयुक्त आचरण तथा उसका समर्थन करनेवाले आप जैसे मुख्यमंत्री के करकमलों से मेरे द्वारा पुरस्कार स्वीकारा जाना उचित नहीं रहेगा, ऐसी मेरी राय है। विधानसभा के शीतकालीन सत्र के दौरान आपका सत्यसाईं से भेंट हेतु जाना, उनके चरणों पर माथा टेकना, सत्यसाईं द्वारा खुला हाथ हवा में घुमाकर आपको सोने की चेन देना तथा आपके द्वारा इसे जादू के फालतू चमत्कार के स्थान पर दैवी कृपाप्रसाद मानना और इस घटिया चमत्कार का शांतिपूर्ण तरीके से विरोध दर्ज करनेवाले लातूर और नांदेड़ जिले के मेरे सहयोगियों को पुलिस प्रशासन द्वारा गिरफ्तार किया जाना, ये सारी चीजें खुलेआम अंधविश्वास का समर्थन करनेवाली हैं। अत: ऐसी स्थितियों में मेरा पुरस्कार स्वीकारना, ये हरकत पुस्तक में व्यक्त किए विचारों से प्रताड़ना सिद्ध होगी, ऐसी मेरी राय है। मेरे इस तरह इनकार करने के चलते यदि प्रस्तुत रचना के लिए घोषित पुरस्कार रद्द किया जाता है, तो भी मेरी किसी तरह की आपत्ति और शिकायत नहीं रहेगी।

वैज्ञानिक दृष्टिकोण का अनुसरण एवं आचरण करना आपकी नेत्री एवं पूर्व प्रधानमंत्री इंदिरा गांधी द्वारा 1976 में संविधान में किए गए संशोधन के चलते प्रत्येक भारतीय का दायित्व बन गया है। सत्यसाईं जैसे लोगों के चमत्कार को मान्यता देना यानी संवैधानिक कर्तव्यों से विमुख होने जैसा है। यदि आप मेरे विचारों से सहमत हो

तो ठगी और चमत्कार के विरोध में आप कठोर भूमिका लें, इसके बाद ही आपके करकमलों से पुरस्कार ग्रहण करते समय मुझे अत्यधिक हर्ष होगा।

साफगोई से लिखे खत के लिए क्षमा करें।

भवदीय,
नरेंद्र दाभोलकर
कार्याध्यक्ष
महाराष्ट्र अंधश्रद्धा निर्मूलन समिति

मेरे उपरोक्त पत्र का मुख्यमंत्री देशमुख द्वारा उत्तर ही नहीं दिया गया। लिहाजा, मेरे लिए पुरस्कार स्वीकारने हेतु औरंगाबाद उपस्थित रहने का कोई प्रयोजन ही नहीं बचा।

ढोंगी बाबाओं की ठगी के विरोध में आंदोलन चलाते समय, बाबाओं की ठगी को बेपर्दा करने पर भी उन्हें कभी-कभार ही जेल की चक्की पीसनी पड़ी है। और यदि अदालत द्वारा सजा हो भी जाती है तो वह बेहद मामूली होती है। बाबा का अपराध यदि गंभीर किस्म का हो तो उसे बचाने के लिए विद्वान एडवोकेटगणों की फौज तैयार ही रहती है। ऐसे हालात में कभी-कभार ही किसी बाबा को कड़ी सजा सुनाई जाती है। तमिलनाडु के स्वामी प्रेमानंद नामक ढोंगी बाबा को ऐसे ही कड़ी सजा सुनाई गई थी। यह घटना आंदोलन का उत्साहवर्धन करनेवाली है।

स्वामी प्रेमानंद का असली नाम प्रेमकुमार उर्फ रवि था। 1983 में उसने अपना आश्रम शुरू किया। पूजा, प्रार्थना, होम-हवन एवं अनुष्ठान के साथ ही आत्मज्ञान का दावा, अचूक भविष्य कथन, चमत्कार प्रयोग आदि के द्वारा उसने समाज में अपनी धाक जमाई थी। उसने पुद्दुकोत्ताई जिले के विरालीमालाई नामक गाँव के इलाके में 250 एकड़ भूमि पर एक आलीशान आश्रम निर्माण किया था। आश्रम में उद्योगपतियों और प्रतिष्ठितों की आवाजाही शुरू हुई। उन दिनों तमिलनाडु में जयललिता की सरकार थी। जयललिता के आशीर्वाद से आश्रम की प्रतिष्ठा चरम पर पहुँची। नतीजा, कई विदेशी भक्त भी आश्रम में आध्यात्मिक मार्गदर्शन के लिए पधारने लगे।

आश्रम में चलती साधना को लेकर धीरे-धीरे कानाफूसी शुरू हुई और लोगों द्वारा बाबा पर खून एवं बलात्कार जैसे गंभीर आरोप लगाए जाने लगे। 1994 में कम्यूनिस्ट मार्किस्ट दल की तमिलनाडु शाखा के कार्यकर्ताओं ने इस मुद्दे को उठाया। इसी का लाभ उठाते हुए उन्हीं दिनों आश्रम की कुछ साधक महिलाएँ बाबा के चंगुल से मुक्त होकर पलायन कर गई थीं। इन महिलाओं ने भी आश्रम के गैरकानूनी कारनामों का खुलासा किया। इतना कुछ घटित होने के बाद भी मुख्यमंत्री

जयललिता के आशीर्वाद के चलते मामले की जाँच बेहद धीमी गति से होने लगी, किंतु तमिलनाडु में सत्ता परिवर्तन हुआ और जाँच ने रफ्तार पकड़ी। स्वामी पर जो आरोप फाइल किए गए वे इस प्रकार थे—

1. 1988 से 1994 के दौर में तेरह महिलाओं पर बलात्कार।
2. महिलाओं को अपमानित करना, उन्हें जबरदस्ती संभोग के लिए प्रेरित करना।
3. एक इंजीनियर व्यक्ति की हत्या कर उसका शव दफनाना।
4. बाबा के विरोध में बोलनेवाले को जान से मारने की धमकी देना।
5. जादू-टोना के माध्यम से लोगों को लूटना।

इन जैसे गंभीर आरोपों के साबित होने पर; सजा सुनाते समय जस्टिस भानुमति ने कठोर शब्दों का प्रयोग किया था। मुकदमे के फैसले का कुछ हिस्सा इस तरह है, "इस केस में जितनी अधिक मात्रा में हो सके उतनी सजा दी जा सकती है, जिसे मैं दे रहा हूँ। इसके चलते भविष्य में जो भी पाखंडी बाबा, साधु या स्वामी लोग धर्म के नाम पर महिलाओं पर अत्याचार करते हैं और घृणास्पद चीजों को अंजाम देते हैं, उनमें खौफ पैदा होगा। जिससे वे फिर से ऐसे अपराधों को अंजाम देते समय दसियों दफा सोचेंगे। इस मुकदमे का फैसला है—

1. स्वामी की वासना का शिकार हुई प्रत्येक महिला को स्वामी द्वारा पाँच-पाँच लाख रुपए मुआवजा दिया जाए।
2. दो दफा आजन्म कारावास। एक के बाद एक। चौदह साल की सजा खत्म होने के बाद प्रेमानंद को तुरंत दूसरी सजा भुगतनी होगी। यानी दोषी को अट्ठाईस साल जेल में काटने पड़ेंगे।
3. 67 लाख रुपए जुर्माना और जुर्माना न भरने पर और नौ साल की अलग से सजा।
4. कई आश्रमवासियों को ठगने के आरोप में प्रेमानंद को उपरोक्त सजाओं से अलग और 1 साल की सजा।

उपरोक्त फैसला आने पर जनता में कमाल का जोश फैला। स्त्री संगठनों ने फैसले पर मिठाइयाँ बाँटकर खुशी मनाईं। इसी तरह के फैसले अन्य सभी बाबाओं के बारे में एक-न-एक दिन आएँगे और आंदोलन सफल होगा, ऐसी हमें उम्मीद है।

विवेकवाद का कौल

बगुला भगतों के विरोध में जारी आंदोलन नित्य ही आकर्षण का केंद्रबिंदु रहा है। किंतु तुलना में 'बगुला भगत' शब्द की व्याप्ति विस्तृत है। कथित बाबा, स्वामी, मांत्रिक, देवऋषि, संत-महंत, आदि सभी ढोंगी अपनी आध्यात्मिक दैवी शक्ति का छुपकर या जाहिर रूप में प्रसार करते हुए आम लोगों को गुमराह करनेवाले व्यवसाय चलाने में मशगूल रहते हैं। इनमें से प्रत्येक का तंत्र-मंत्र, ग्राहक एवं कार्य पद्धति अलग-अलग है। लेकिन इनमें से अधिकांश ढोंगियों की ठगी ठेठ रहती है, जो आसानी से ध्यान में आती है। जैसे—भूत भगाने वाला भगत, टोना-टोटका दूर करनेवाला मांत्रिक, शरीर में देवी का संचार करानेवाली माँ, कुंडलिनी जाग्रत करनेवाली निर्मला माता और खुद को चमत्कार का अवतार समझनेवाला सत्यसाईं आदि।

ये सभी पाखंडी अपने-अपने स्तर पर ठगी व्यापार को अंजाम देने में मशगूल रहते हैं। चमत्कारों से जुड़ी ठगी से लड़ना थोड़ा आसान है, क्योंकि चमत्कार वैज्ञानिक दृष्टिकोण से खुलेआम विसंगत रहते हैं। संविधान में वैज्ञानिक दृष्टिकोण से युक्त आचरण को नागरिकों का कर्तव्य माना गया है। चमत्कारों का अस्तित्व मान्य करना यानी कर्तव्य से मुँह फेरना है। यदि कोई पाखंडी कुछ ज्यादा ही आग्रह रखते हुए चमत्कारों का दावा करता ही है, तो उसकी पड़ताल के लिए खुले रूप में चुनौती दी जा सकती है। जो ठगी चिकित्सा से जुड़ी रहती है, उसके मामले में कुछ कानून भी सीमित अर्थ में मददगार साबित होते हैं।

जब हम समिति कार्यकर्ता ढोंगी बाबाओं के विरोध में लड़ाई के मैदान में उतरकर लड़ रहे होते हैं, तब हमें सलाह दी जाती है कि "कई स्थानों पर ठगी, लूट, और धोखाधड़ी चल रही है। एक रीति से यह भी एक पाखंड ही है, तब क्यों इसके विरोध में समिति आंदोलन नहीं चलाती? समिति ऐसे मामलों का निश्चित तौर पर विरोध तो करती ही है। फिर भी; ऐसे मामलों के विरोध में चलाए जा रहे आंदोलन को समिति ने अपने कार्य का हिस्सा कभी भी नहीं बनाया। इसके बारे में और गहराई में जाकर विचार करें तब ढोंगी बाबाओं के पाखंड का असली स्वरूप समझ में आता है। वह मुद्दा यह है कि किसी भी तरीके से इलाज या चमत्कार करनेवाले बाबा लोगों की तादाद कम ही होती है। किंतु इलाज या चमत्कार न करते

हुए भी जिनके इर्द-गिर्द कमाधिक मात्रा में नित्य ही लोगों का जमघट लगा रहता है, ऐसे बाबा, स्वामी, देवऋषि, योगी आदि की संख्या समाज में बड़े पैमाने पर होती है। और ऐसे ढोंगी लोगों को अपने तारणहार ही प्रतीत होते हैं।

इलाज या चमत्कार न करनेवाले बाबा या स्वामी परमार्थ कार्य-ईश्वर भक्ति, ईश्वर प्राप्ति और ब्रह्मज्ञान के नाम पर करते हैं। इनकी असल सामर्थ्य ठगी कौशल में नहीं होती बल्कि लोगों के मन में कथित परमार्थ को लेकर परंपरा से चली आ रही जो विलक्षण मान्यताएँ होती हैं, उन्हें बाबा या स्वामी बड़े ही कौशल से अपने साथ में जोड़ लिये होते हैं। इनकी ठगी का वर्णन या परिभाषा है, "परमार्थ पथ की लुच्चागिरी या जो इस व्यवस्था से पैदा होनेवाले दुख के कारण और उसका इलाज-विवेकवादी विचारधारा से विसंगत दैववादी भ्रामक अवधारणा, अनेकविध अन्यायी रूढ़ियाँ, कालविसंगत परंपराएँ आदि का समर्थन करते हुए बताता है और समस्या निवारण के लिहाज से अवैज्ञानिक और गलत राह दिखाते हुए चौतरफा ठगी तथा शोषण करता है, ऐसा व्यक्ति यानी बगुला भगत और उसकी कार्यप्रणाली यानी ढकोसला या गुरुडम हैं।" अदालत, प्रतिबंध, आंदोलन आदि मार्गों से जीवन के अन्य क्षेत्रों में व्याप्त दोष नष्ट किए जा सकते हैं, किंतु प्रच्छन्न ठगी के मामले छोड़ दें तो 'परमार्थ' और 'ब्रह्मज्ञान' ये ऐसे क्षेत्र हैं जहाँ पर कानून के हाथ पहुँच नहीं पाते और न ही बहुजनों को इसके बारे में किसी भी तरह का ज्ञान रहता है। या हो सकता है इसकी उन्हें समझ नहीं रहती, या हो सकता है उनमें इसे समझ लेने की इच्छा नहीं रहती हो। मनुष्य प्रवाह पतित है और उसी के साथ प्रवाहित होने में वह सार्थकता महसूस करता है। जिसके चलते जनआंदोलन असंभव बन जाता है।

ढोंगी बाबाओं के ढकोसलों का यह एक रूप है। और बाबा को अपना तारणहार माननेवाले भक्तों की मानसिकता को समझ लेना, उसका दूसरा रूप। और ऐसी मानसिकता से ढंग से परिचित हुए बिना ढोंगी बाबाओं के विरोध में चल रही वैचारिक स्तर की लड़ाई का आकलन नहीं हो पाएगा। अर्थात् इस मानसिकता से भी कई महत्त्वपूर्ण और अनुशंसित मुद्दे जुड़े हुए होते हैं और इसमें से ही मनुष्य और प्रकारांतर से भक्तों के मन पर प्रभाव डालनेवाला अद्‌भुत रसायन तैयार होता है।

देवता की मूर्तियाँ सभी ओर देखने को मिलती हैं किंतु दगडुसेठ हलवाई के गणपति या सिद्धिविनायक की महिमा कुछ अलहदा ही होती है। बालाजी मंदिरों का स्थान-स्थान पर होना कोई नई बात नहीं है। किंतु तिरुपति स्थित बालाजी एकमेवाद्वितीय हैं, और इसके समर्थन में किया जानेवाला खुलासा यह होता है कि "इस स्थान में या यहाँ की मूर्ति में अद्‌भुत सामर्थ्य है। असल में 'अद्‌भुत सामर्थ्य' जादू-टोना का ही एक संस्करण है, लेकिन इसे मान्य करना असंभव है। असल में

भक्त मानता है कि उस विशेष पवित्र मूर्ति की उपासना करने से उस मूर्ति की अद्‌भुत सामर्थ्य से संकट का विमोचन हो जाएगा। जीवन की छोटी-बड़ी किसी भी बुराई से दैवी सामर्थ्य हमारी रक्षा करेगी, ऐसी भावना भक्त अपने मन में पालने लगता है। अधिकांश दफा इस भाव को बिना व्यक्त किए अपने तक ही सीमित रखा जाता है और सार्वजनिक जीवन में इससे अलग बताया जाता है। वह भी महत्त्वपूर्ण रहता है, वह कुछ ऐसे होता है, "हम विशिष्ट देवता की मूर्ति की भक्ति करते हैं, इसमें हमें सिवाय भक्ति के कुछ साध्य करना नहीं है।" फिर "यह भक्ति किसलिए?" इसका जवाब झट से मिलता है, वह कुछ इस तरह, "इस भक्ति में जीवन की सार्थकता है।" यह सार्थकता किसके चलते प्राप्त होती है? इसका जवाब मिलता है, "इस भक्ति के चलते आध्यात्मिक कल्याण होता है।" इसके बाद सवाल किया जाता है कि "आध्यात्मिक कल्याण होता है यानी क्या होता है? इसके साक्ष्य प्रस्तुत करें।" यह सवाल अप्रस्तुत रहता है। क्योंकि वैसे साक्ष्य नहीं माँगें जाएँ, इस तरह की ही जनमानस में मान्यता रहती है। विपरीत इसके ऐसे लोग सवाल पूछते हैं कि "आप साक्ष्य किसलिए माँग रहे हैं?" इसके बाद तंज कसते हुए उनके द्वारा यह कहा जाता है, "क्या आप अपने माता-पिता और गुरुजनों आदि से प्रत्येक मामले में साक्ष्य माँगते हैं? आइंस्टाइन जैसे महान विज्ञानी ने 'सापेक्षतावाद' की थ्योरी रखी, क्या आप उसे साक्ष्य माँगेंगे?"

भले ही श्रद्धालुओं द्वारा उक्त दलीलें विशिष्ट देवता की मूर्ति की अलौकिकता के बारे में दी जा रही हों, किंतु अपने-अपने बाबा, गुरु, स्वामी, नाथ आदि के गुणगान में लगे भक्त भी बिलकुल ऐसी ही दलीलें देते दिखाई देते हैं। बाबा की कृपा से प्राप्त होनेवाली आनंदानुभूति और होनेवाला चरमसीमा का आध्यात्मिक कल्याण भक्तों की दृष्टि से अनुभवजन्य विषय होता है। अत: इसके साक्ष्य माँगने की कोई आवश्यकता नहीं है। ऐसे साक्ष्य माँगे जाना, अच्छा लक्षण नहीं कहा जा सकता। इसके कारण श्रद्धा भाव में बिना वजह दरारें पड़ती हैं, ऐसा बाबा के भक्तों का ठोस प्रतिपादन रहता है।

संविधान में नागरिकों के कर्तव्य के रूप में दर्ज वैज्ञानिक दृष्टिकोण का मुख्य तत्त्व यानी किसी चीज के समर्थन में जितने साक्ष्य मौजूद होते हैं, उतनी ही मात्रा में उस चीज पर विश्वास किया जाए। असल में हम रोजमर्रा के व्यवहार में भी इसी तत्त्व का पालन करते हैं। या एक विवेकशील नागरिक के रूप में हम इसका पालन करें, ऐसी अपेक्षा रखी जाती है। अपनी माँ पर हमारी श्रद्धा होती है, परंतु इसके लिए उसकी सूचनाओं के अनुसार ग्रहण काल में दरवाजे-खिड़कियाँ बंद कर घर के भीतर ही खुद को कैद कर लेने की कोई आवश्यकता नहीं है। बच्चों की पिता पर श्रद्धा होती है, बावजूद इसके जाति-बिरादरी के बंधनों का कठोर पालन करनेवाले उनके विचारों को ठुकराकर लड़का अंतरजातीय विवाह कर सकता है। स्कूल में

अध्यापक छात्रों को "पृथ्वी गोल है। वह सूर्य के चक्कर काटती है" ऐसा महज पढ़ाते ही नहीं बल्कि उसके साक्ष्य भी प्रस्तुत करते हैं। और इन साक्ष्यों की किस तरह पड़ताल करें, इसका भी ज्ञान देते हैं। कम-से-कम अध्यापक तो इस तरह पढ़ाएँ, ऐसी जायज अपेक्षा की जाती है। एक विशिष्ट पायदान पर वरिष्ठता प्राप्त अध्यापक, दूसरे पायदान पर शिष्य के सहयोगी अध्यापक भी बन सकते हैं। और वरिष्ठ-कनिष्ठ ऐसा विभेद न मानकर उन दोनों में विचारों का आदान-प्रदान भी हो सकता है। आइंस्टाइन की थ्योरी को पूरी तरह से आत्मसात् करने हेतु पर्याप्त अध्ययन और मेहनत करने का मन बनानेवाला कोई भी सुजान व्यक्ति आइंस्टाइन की थ्योरी को आत्मसात् कर सकता है। जिस तरह न्यूटन की थ्योरी की त्रुटियों को आइंस्टाइन दूर कर सकता है, उसी तरह आइंस्टाइन की थ्योरी में निहित त्रुटियों को यदि कोई अन्य उजागर कर दिखा दें तो उसका भी विज्ञान जगत में स्वागत ही किया जाएगा। संक्षेप में साक्ष्य माँगना, सवाल करना ये समझदारी से युक्त मान्य आचरण है। जो कि मानव को प्रगति की बुलंदियों तक ले जाता है।

छोटे बच्चे कई निर्णयों के लिए माता-पिता पर निर्भर रहते हैं। किंतु वे जैसे-जैसे बड़े होते हैं, वैसे-वैसे वे स्वतंत्र रूप में अपने निर्णय स्वयं लेने लगते हैं। बच्चे के पूरी तरह से प्रौढ़ बनने पर भी यदि वह प्रत्येक निर्णय माता-पिता से मंत्रणा कर लेने लगे, तो अभिभावकों द्वारा किया गया लालन-पालन अधूरा और अयोग्य है, इस बात को हम समझ सकते हैं। इसी तर्क से निश्चित रूप से कहा जा सकता है कि गुरु, शिष्य को दृष्टि प्रदान करता है, आत्मनिर्भर बनाता है और जीवन में अपने बूते लड़ने का साहस भी प्रदान करता है। जो गुरु भक्त के जीवन की तमाम समस्याओं की सार्वकालिक जिम्मेदारी अपने ऊपर लेने का दावा करता है, वह असल में उस भक्त को सदा के लिए दुर्बल और अपाहिज बना देता है। जो गुरु शिष्य को सदा के लिए गुरु पर ही निर्भर रहने के लिए बाध्य करता है, वह सच्चा गुरु कदापि नहीं हो सकता। अपने बाबा, स्वामी, नाथ आदि को प्रत्येक भक्त सद्गुरु के रूप में देखता है। ज्ञान प्राप्ति के लिए गुरु की ओर जाना, उसके सान्निध्य में रहना, उससे सवाल करना यह योग्य और अनिवार्य भी है। इससे परे जाकर गौर करें तो समझ में आएगा कि उपनिषदों में भी गुरुसेवा और गुरुकृपा को महत्त्व नहीं दिया गया है, बल्कि कुशाग्रता, तीव्र जिज्ञासा, बुद्धिमत्ता और परिश्रम आदि गुणों को महत्त्व दिया गया है।

किंतु आगे चलकर गुरुमंत्र, गुरुदीक्षा, गुरुकृपा द्वारा भक्त के जीवन का उद्धार होना आदि चीजों का अत्यधिक महत्त्व बढ़ता गया। साथ ही जीवन का अंतिम और सर्वश्रेष्ठ लक्ष्य ब्रह्मज्ञान और मोक्ष प्राप्ति इसे ही माना गया, असल में यह चीज क्या है? मनुष्य को इसका पता चलना संभव ही नहीं था। परंतु गुरु द्वारा इसका पता चल जाएगा, इस कल्पना से यदि मोक्ष प्राप्ति करा लेनी हो तो पूरी तरह से

गुरु की शरण में जाना, गुरु की सेवा करना, उसे प्रसन्न करा लेना इससे ही मानव जीवन कृतार्थ हो जाता है, ऐसी धारणाएँ समाज में जड़-मूल तक फैलाई गई थीं। आज भी यही स्थिति है। गुरुकृपा का पर्याप्त वर्णन मराठी में लिखित 'गुरुचरित्र' इस पुस्तक में किया गया है।

असल में ये तमाम विवेचन आख्यान, कथाएँ और सकाम भक्ति इन पहलुओं से बुद्धि की उपेक्षा करनेवाला होने के नाते तार्किक दृष्टि से संज्ञान में लेने योग्य नहीं हैं। किंतु इन जैसे ग्रंथों के प्रभाव जनमानस पर आज भी देखने को मिलते हैं, जो कालांतर में स्थायी हो जाते हैं। इसके चलते ही आसाराम जैसे कथित बाबा या गुरु इस अवधारणा के बारे में क्या विचार व्यक्त करते हैं, इसे देखना दिलचस्प होगा।

'टाइम्स ऑफ इंडिया' में छपे साक्षात्कार में आसाराम ने उक्त गुरु पुराण का बखान किया है। इसका थोड़ा-सा अंश भी यह गुरुसत्ता सीधे बाबाओं के ठगी तंत्र में पहुँचने की नैसर्गिक संभावना ही किस तरह है, इसका खुलासा करता है। आसाराम कहता है, "जिस तरह हम अच्छी पाठशाला, अच्छे शिक्षक और अच्छे डॉक्टर की खोज करते हैं, उसी तरह प्रत्येक मनुष्य अच्छे गुरु की खोज करे। महादेव ने पार्वती को 'स्कंद पुराण' में अच्छे गुरु और गुरुमहिमा के बारे में ज्ञान दिया है। गुरु, शिष्य की तमाम आशंकाओं को जड़ से उखाड़ फेंकता है, उसे निर्भय बनाता है, जीवन-मृत्यु के फेरे से शिष्य को मुक्त करता है। ऐसे गुरु को ही सद्गुरु कहा जाता है। महज ऐसे गुरु के दर्शन मात्र से ही वासना और विकार नष्ट हो जाते हैं और व्यक्ति को अक्षय आनंद की विरासत प्राप्त होती है। ऐसे गुरु के कारण जन्म-मृत्यु के चक्र से व्यक्ति की मुक्ति हो जाती है। मनुष्य को पूर्वजन्म के पुण्यों के बल पर ही ऐसे गुरु की प्राप्ति होती है।

"गुरु अपने भक्त और समाज के दुख तीन पद्धतियों से दूर कर सकता है—(1) ध्यान, प्राणायाम, मंत्र और आध्यात्मिक मार्ग, (2) बौद्धिक स्तर पर सत्संग एवं (3) गुरु की इच्छाशक्ति, उसके इर्द-गिर्द के दैवी विचारों का प्रभाव और स्पंदन आदि के द्वारा लोगों के रोगों को दूर करने से लेकर आनंद लहरियों को करोड़ों लोगों तक पहुँचाने का कार्य गुरु करता है।"

असल में अंधविश्वासी बनकर गुरु के कदमों में अपनी बुद्धि गिरवी रखे बिना ऐसी गुरुभक्ति का सूझना कठिन है। किंतु आज जिस तेजी से गुरु, सद्गुरु, स्वामी और बाबा लोगों की तादाद बढ़ रही है, इसे ध्यान में लेकर आसाराम द्वारा वर्णित की गई मानसिकता ही आज के दौर में बगुला भगतों की शरण में जाने के संदर्भ में अपना प्रभाव दिखा रही है। अपने समकालीन गुरु की खोज करना और उस सद्गुरु की शरण में समग्र भक्तिसहित जाना जैसे कुछ विचार कबीर, गुरु नानक, और अन्य कतिपय मध्ययुगीन मुस्लिम संतों की विचारधारा की भी देन है। अपनी

आत्मा का ईश्वर में विलय करने का कार्य गुरु और गुरु भक्ति द्वारा घटित होता है, ऐसा भी आसाराम का कहना है।

संत ज्ञानेश्वर ने 'ज्ञानेश्वरी,' 'अमृतानुभव' और अपने कुछ फुटकर अभंगों में गुरु भक्ति और गुरु कृपा का पर्याप्त वर्णन किया है। प्रचलित कई संप्रदायों में गुरु भक्ति का जो बोलबाला बढ़ा है और अपने-अपने बाबा को गुरु के रूप में देखने की जो मानसिकता समाज में दृष्टिगोचर हो रही है, वह संत ज्ञानेश्वर द्वारा प्रकट उक्त गुरु भक्ति के कारण होने की भी संभावना है। संत ज्ञानेश्वर ने 'ज्ञानेश्वरी' के छठे अध्याय के अंत में एक सुंदर रूपक द्वारा गुरुस्तुति की है। दसवें अध्याय के आरंभ में गुरु का अनुग्रह ही कोई गणेश समझकर उसकी स्तुति की गई है। बारहवें अध्याय में सद्गुरु की कृपा का स्तवन किया गया है। चौदहवें अध्याय में आचार्य नमन एवं अनुग्रह की याचना की गई है। पंद्रहवें अध्याय में श्री गुरुचरणों की मानसपूजा करके सोलहवें अध्याय के आरंभ में सद्गुरु यह कोई चित्सूर्य है, ऐसा मानकर उसकी स्तुति की गई है। सत्रहवें एवं अठारहवें अध्याय में भी गुरु की काफी स्तुति की गई है।

किंतु ज्ञानेश्वर का मत है, "ईश्वरार्पण बुद्धि द्वारा कर्म करते-करते निष्काम भाव से जब साम्य बुद्धि प्रकट हो जाती है तब सद्गुरु से अपने आप ही भेंट हो जाती है। गुरु को खोजने या ढूँढ़ने की जरूरत नहीं है। बल्कि उसके लिए शिष्य को अधिकार प्राप्त करना पड़ता है। इसके बाद अपने आप गुरु से भेंट हो जाती है। रात्रि के चारों प्रहरों के समाप्त हो जाने के बाद जिस तरह अपने आप सूर्योदय होता है, या चंद्रमा को पूर्णिमा द्वारा आलिंगन देने पर जिस तरह उसका दोष नष्ट हो जाता है, उसी तरह अनासक्त कर्म का अभ्यास हो जाने पर शिष्य की वृत्ति में समत्व आ जाता है। और साम्य स्थिति के प्राप्त होते ही सद्गुरु से अपने आप भेंट हो जाती है।

बहरहाल स्वकर्तव्य का परित्यागकर जो लोग—आज फलाँ बाबा, कल दूसरा बाबा, परसों कोई अन्य स्वामी कहते हुए व्यर्थ में भटकते हैं, उन्हें ज्ञानेश्वर के उक्त विचारों का जरूर अध्ययन करना चाहिए। गुरु उद्धार करता है, ऐसा कहना साफ झूठ है। गुरु यानी दिग्दर्शन का कार्य करनेवाली विभूति है। दिग्दर्शन गुरु का ही कार्य है, लेकिन उस मार्ग पर चलने के लिए शिष्य को कठोर श्रम से स्वयं की सामर्थ्य को बढ़ाना पड़ता है। गुरु या बाबा द्वारा सिर पर हाथ रखते ही सार्वकालिक चिंताओं से मुक्ति प्राप्त होती है, ऐसा कहना गलत तो है ही, किंतु मानव प्रगति के लिए ऐसी सोच घातक भी है।

यदि गुरु हो तो वह कैसा हो, इसे संत एकनाथ ने बखान किया है, "जो, अपने योगक्षेम की आपदाओं को दूसरों पर उँडेलता नहीं, जो बिना माँगे किसी मनुष्य द्वारा घर पर द्रव्य लाकर देने पर उसका स्पर्श तक नहीं करता, जो विशुद्ध निर्मोही एवं निरपेक्ष है, जो अजातशत्रु एवं शांत चित्तवाला है, ऐसा मानव ही गुरु बन सकता है।"

आज के भक्त अपने कथित गुरु को संत एकनाथ के दिए उक्त पैमाने पर परख लें। और गुरु भी स्वयं की महानता को उक्त कसौटी पर कसकर देखें। वास्तव में ब्रह्मज्ञान है या नहीं, इस मुद्दे को पल भर के लिए बाजू में रख दें। किंतु यदि ब्रह्मज्ञान अगर है तो उसे कौन प्राप्त करता है, इसके बारे में शास्त्रों में कहा गया है, "ब्रह्मज्ञान प्राप्ति के लिए साधन चतुष्टय संपन्न व्यक्तित्व की आवश्यकता होती है। अर्थात् नित्य-अनित्य का विवेक, विषय वासना से विरक्ति, क्षम-दम-तितिक्षा-संतोष-शांति-सरलत्व जैसी चीजों की संपन्नता तथा शरीर एवं मन के बंधन पाश से मुक्त होने की उत्कटता आदि चीजों की संपन्नता जिसके पास होगी, वही ब्रह्मज्ञान का अधिकारी माना जाए। तीनों ऐषणाओं यानी इच्छाओं के परे जो गया है, वही इस ज्ञान का अधिकारी हो सकता है। उक्त इच्छाएँ यानी विषयासक्ति, द्रव्य एवं लौकिक। जब तक स्त्रीविषयक आसक्ति, द्रव्यविषयक प्रेम एवं लौकिकता की कामना रहती है, तब तक ब्रह्मज्ञान की जिज्ञासा उस मानव में है ऐसा तक नहीं माना जा सकता। फिर उसके लिए गुरु दीक्षा तो बेहद दूर की बात है। वास्तव में इस तथ्य को याद रखना आज के दौर में किसी भी बाबा के साथ गुरु पद चिपका देनेवाली मानसिकता के लिए असुविधाजनक ही साबित होगा।

अंधविश्वास उन्मूलन के कार्य में एक एहसास नित्य ही जाग्रत रखना पड़ता है कि अंधविश्वास उन्मूलन के कार्य को व्यापक समाज परिवर्तन के कार्य से जोड़ना जरूरी है। समाज में कई बहुमुखी संभावनाएँ मौजूद रहती हैं जो कि ढोंगी बाबाओं के पनपने के लिए मददगार साबित होती हैं। दस साल पूर्व नांदेड़ से एक अजीबोगरीब मामला समिति की ओर आया था। महज 16-17 साल के एक लड़के के शरीर में लगातार 3 सालों से दत्त देवता की सवारी आना शुरू हुई। इससे अभिभूत होकर नित्य गुरुवार के दिन दत्त की आरती के लिए उस लड़के के पास आनेवाले श्रद्धालुओं की तादाद में इजाफा होने लगा था। दत्त का अवतार यह बाबा भविष्य कथन करता है और वह सच भी साबित होने लगा है, ऐसी अफवाहें फैलने लगीं। बाबा की भभूत से भक्तों का इलाज होने लगा। नांदेड़ में समिति का कार्य सुचारु रूप से चल रहा था। ढोंगी बाबाओं के ठगी के मामले, शरीर में देवता की सवारी आना आदि के बारे में समिति द्वारा नांदेड़ जिले में जबरदस्त प्रबोधन अभियान चलाया जा रहा था। नांदेड़ में उन दिनों समिति के प्रबोधन अभियान की खबरें अखबारों में छपकर आया करतीं। ये खबरें इस बाल दत्त बाबा के पढ़ने में भी आई थीं। उसने हमें एक खत लिख भेजा। उसमें उसने लिखा था, "मुझे बलात् बाबा बनाया गया है, मेरे नाम पर अपनी ठगी की दुकान चलाने की नौटंकी कुछ लोगों ने शुरू की है। नतीजा, मेरी स्कूली शिक्षा बीच में ही छूट गई है। आपसे मेरी विनती है कि मुझे इस मामले से मुक्त करें।"

समिति द्वारा उसकी रिहाई कराई गई। उपरोक्त तरीके से ढोंग रचकर लोगों को ठगना उस बाल दत्त के लिए अब लज्जास्पद महसूस हो रहा है। इसलिए उसका नाम गोपनीय रखा गया है। आजकल मतिमंद, बदन के कपड़ों से बेखबर रहनेवाले, मुँह से निरंतर लार टपकाते और कमाल की गंदगी में जीवन बितानेवाले व्यक्ति को भी बाबा बनाया जाता है। और ऐसे लोगों को 'अवलिया' या 'विद्रोही पुरुष' जैसे आध्यात्मिक नाम दिए जाने की वजह से किसी के द्वारा ऐसे बाबाओं पर सवाल उठाने का कोई औचित्य ही नहीं बचता। ऐसे बाबा की समझ में कुछ आता भी नहीं। नतीजा, विक्षिप्त मनुष्य को बाबा बनानेवालों का व्यापार उत्तम रीति से चलता रहता है।

सरकार ने 2000 में एक घोषणा की थी—'सभी के लिए स्वास्थ्य' लेकिन यह योजना कागज पर ही सिमटकर रह गई। स्वास्थ्य की सुविधाएँ एक ओर नदारद हैं, तो दूसरी ओर ये सुविधाएँ बेहद महँगी हैं। तीसरी ओर स्वास्थ्य विषयक अज्ञान भी एक बड़ा सवाल है। कोई कुत्ता इनसान को काटकर भाग निकलता है तो वह कुत्ता पागल था, इस संभावना को स्वीकार कर 'रेबीज' का प्रतिबंधात्मक टीका लगवाया ही जाना चाहिए, अन्यथा 'रेबीज' होने पर मृत्यु अटल रहती है। इस यथार्थ का अज्ञान और टीका लगवाने का डर इसके चलते अधिकांश लोग मुँह से ली जानेवाली सस्ती दवाइयाँ देनेवाले एवं भरोसेमंद इलाज की शेखी बघारने वाले किसी कठबैध पर भरोसा करते हैं। और लोगों की ऐसी हरकत उन्हें ठगी का एहसास ही नहीं होने देती।

यही बात सर्पदंश के मामले में भी घटित होती है। अमूमन किसी जहरीले साँप के दंश करने पर अस्पताल में 'एन्टीवेनम' तत्काल मुहैया होने की कोई गारंटी नहीं होती। इसकी अपेक्षा कुत्ता या साँप का जहर उतारनेवाला कोई मांत्रिक नजदीकी इलाके में बड़ी आसानी से मिल जाता है। अधिकांश दंश करनेवाले श्वान या साँप विषहीन ही होते हैं। स्वाभाविक रूप से इनका दंश हुए सभी को 'रेबीज' होगा ही या सर्पदंश से मृत्यु होगी ही, ऐसा हरगिज घटित नहीं होता। किंतु इस संयोग का 'क्रेडिट' बाबा के दैवी सामर्थ्य के खाते में डिपॉजिट हो जाता है। नतीजा, बाबा का लौकिक बढ़कर उसका व्यवसाय तेजी से बढ़ने लगता है। किंतु जिस समय पागल कुत्ते या जहरीले साँप द्वारा दंश किया जाता है, ऐसे समय पीड़ित की मृत्यु अटल रहती है। स्वास्थ्य की सुविधाओं की अनुपलब्धता, और लोगों के अज्ञान के कारण ऐसे ढोंगी बाबा पनपते हैं।

मानसिक बीमारियों के बारे में तो गारंटी के साथ ऐसा घटित होता ही है। मन कहाँ स्थित होता है, इस सवाल का जवाब अच्छे-अच्छे नहीं दे पाते। कल तक चंगा दिखाई देनेवाला व्यक्ति अचानक विक्षिप्त हरकतें करने लगता है। वह क्यों बुदबुदाने लगा? क्यों वह असंबद्ध बोलने लगा? उसकी मुखमुद्रा विचित्र क्यों होने

लगी? उसके इशारे और आवाज क्यों बदल गई? इसके कारण स्वाभाविक रूप से पता ही नहीं चलते। कुछ दिनों बाद ऐसा व्यक्ति अपने आप अचानक स्वस्थ होकर अपने पूर्व रूप में आ जाता है। कई बार तो डॉक्टरों द्वारा दी गई दवाइयों से भी बदन में सवारी आए व्यक्ति को आराम नहीं मिलता लेकिन किसी मांत्रिक का इलाज काम कर जाता है।

आम व्यक्ति थक-हार जाए, ऐसे कई काम कभी-कभी शरीर में सवारी के आने पर कोई महिला आसानी से करती दिखाई देती है। सवारी आने पर ऐसी महिला आठ-दस लोगों के भी काबू में नहीं आ पाती। मन, मन की बीमारियाँ और उसके इलाज को लेकर अज्ञान पालनेवाले लोगों को असल में मानसिक स्वास्थ्य से संबंधित इन तमाम बीमारियों के लक्षणों पर इलाज के लिए बाबा, कठबैध, देवऋषि, मांत्रिक या गुरु ही करीबी और भरोसेमंद महसूस होते हैं।

गुरुडम सबसे आसान निवेशरहित मुनाफा मिलनेवाला व्यवसाय है। 'झुकती है दुनिया, झुकानेवाला चाहिए' यह उक्ति बगुला भगतों के ठगी व्यापार पर सटीक रूप में लागू होती है। मनुष्य मानो स्वयं के ठगे जाने का ही इंतजार कर रहे हैं। मानो मनुष्यों ने सवाल न उठाने की कसम ही खाई है। आचार्य अत्रे इस मामले पर बेलाग होकर लिखते हैं, "बाबा, साधु या भगत मानो वासना, स्वार्थ, लोभ, लंपटता एवं व्यभिचार के अड्डे ही हैं। लेकिन हमारी तमाम अक्ल मानो उनके सामने पंगु हो जाती है। जैसे किसी पेड़ पर चढ़ा अजगर पेड़ पर बैठे पंछियों को दिखाई देता है। अजगर हमें निगल लेगा, इसका एहसास हो जाने के बाद भी पंछी लकवा मार गया है जैसे बनकर भयचकित नजरों से अजगर को देखते रहते हैं और तत्काल उड़ान भरने की कला को भूल बैठते हैं। बिलकुल इसी तरह बाबाओं के सामने भक्तगण अपनी बुद्धि को लकवा मार गया जैसा आचरण करते हैं। असल में ढोंगी बाबाओं की जूतों से पिटाई करने के पूर्व सबसे पहले उनके भक्तों की ही पिटाई की जानी चाहिए।" इसी घटना के साथ और एक पहलू जुड़ा हुआ होता है कि गैरकानूनी व्यवसाय को छिपाने के लिए या उस पर सतही तौर पर सफेद, केसरिया या हरा रंग चढ़ाने के लिए भी कई दफा ढोंगी बाबा आध्यात्मिक व्यापार का सहारा लेते हैं।

बाबा या किसी देवस्थान के दैवी प्रभाव के चलते बड़े पैमाने पर श्रद्धालु और शिष्य उसकी ओर खिंचे चले जाते हैं। इससे उसे एक आर्थिक अधिष्ठान भी प्राप्त हो जाता है, जिसके चलते बाबा की सामर्थ्य में इजाफा हो जाता है क्योंकि बाबा की महानता का प्रचार-प्रसार करने से बाबा के ही नहीं अपितु छोटे-मोटे व्यवसायियों के सीधे हित संबंध निर्मित हो जाते हैं। महाराष्ट्र में फली-फूली किसी भी बाबा की ठगी पर गौर करें तो ये तथ्य उजागर हो जाता है। टेंपो, ट्रैक्टर खरीदकर यातायात का व्यवसाय करनेवाले लोगों ने बाबाओं की ठगी के प्रचार-प्रसार में बड़ा योगदान

दिया है, ऐसा दिखाई देगा। कई बेरोजगारों ने आजीविका के लिए कार, टेंपो, ट्रैक्टर, ऑटो आदि खरीदे हैं। लेकिन इनकी तादाद ज्यादा होने के चलते सभी गाड़ियों को किराया मिलना असंभव रहता है।

आँखों की बीमारियों का इलाज करनेवाला कोई गुरव, गारंटी के साथ शराब की लत छुड़वा देनेवाला शेषराव बाबा, नि:संतानों को औलाद का सुख प्रदान करनेवाली पार्वती माँ जैसे ढोंगियों की ओर लोग कूच करने लगते हैं। तब इसके चलते यातायात व्यवसाय लाभ देने लगता है। आठ-दस लोग मिलकर गाड़ी किराये पर लेकर अपनी सुविधानुसार बाबा के दरबार की यात्रा के लिहाज से निकल पड़ते हैं। जितना व्यय बस से सफर करने में होता है, बस उतने में ही कार से सफर पूरा हो जाता है। ऐसे भक्तों के लिए किराये पर कार लेकर सफर पर निकलना सुविधाजनक महसूस होता है। ये यातायात का व्यवसाय नित्य बना रहे इसलिए बाबा के दरबार में लोगों का ताँता लगा रहना भी जरूरी हो जाता है। फिर ये वाहनधारी लोग ही बाबा के प्रभाव की कहानियाँ समाज में रचने-गढ़ने लगते हैं। अधिक-से-अधिक लोग बाबा की सामर्थ्य और प्रभाव की अनुभूति कर लें इसलिए ये लोगों को प्रेरित करते हैं। बाबा और वाहनों के मालिक इन दोनों को 'सिद्ध साधक' व्यवसाय लाभदायी और किफायती साबित होता है। इस तरह से बाबा के आश्रम परिसर में व्यवसाय का एक जाल ही बुना जाता है। जैसे कि होटल, पनवाड़ी के ठेले बाबा पर लिखी पोथियाँ और ग्रंथ की दुकानें, बिल्ले, जाप मालाएँ, बाबा की प्रतिमाएँ, फूल की दुकानें, सॉफ्ट ड्रिंक्स की दुकानें आदि व्यवसाय, बाबा के अनुग्रह से पावन होने के लिए बाबा के दरबार में आनेवाले भक्तों की सुविधा के लिए शुरू हो जाते हैं। और फिर इन दुकानों का चलते रहना, वहाँ के प्रत्येक व्यवसायी की रोजी-रोटी के लिए जरूरी बन जाता है। लिहाजा, ये लोग बाबा की ठगी का खुले रूप में समर्थन एवं प्रचार करने लगते हैं।

लेकिन, महज इसी जरूरत में बाबा की सामर्थ्य छिपी हुई है, ऐसा भी नहीं है। ठगी करनेवाले बाबा भी कुछ रचनात्मक कार्य करते दिखाई देते हैं। पर इन कार्यों में से कुछेक आधुनिक कार्य होते हैं तो कुछेक परंपरागत मान्यता प्राप्त कार्य। किंतु इन कार्यों से भी बाबा को लोकमान्यता और राजमान्यता प्राप्त हो जाती है। उनकी ख्याति दूर-दूर तक फैल सकती है। बाबा का विरोध करना, बाबा के ठगी के विरोध में प्रस्तुत रचनात्मक विचार इसकी अपेक्षा बाबा द्वारा संचालित अस्पताल, बाबा द्वारा खुदवाई गई ट्यूबवेल्स, खोले गए स्कूल आदि को लेकर भक्त मंडली गर्व महसूस करती है। किंतु इन कार्यों से भी कई गुना अधिक कार्य सरकार करती है। लेकिन जनता के पैसों के बलबूते पर; लिहाजा ऐसे कार्य सरकार की प्रशंसा का विषय नहीं बन पाते, बल्कि नागरिक इसे सरकार का दायित्व मानते हैं और समाज विकास कार्य हेतु ही जनता जनप्रतिनिधियों का निर्वाचन करती हैं।

जनप्रतिनिधियों के कार्य की पड़ताल करके फिर से उन्हें पाँच साल के लिए निर्वाचित किया जाए या नहीं, इसके बारे में भी जनता निर्णय करती हैं। लेकिन जनता बाबा के बारे में इस निष्कर्ष को हरगिज नहीं अपनाती। असल में ढोंगी बाबा तमाम सामाजिक कार्य भक्तों से संकलित हुए चंदे के माध्यम से ही करता है। अकूत संपत्ति खुद-ब-खुद मिलने पर, इसमें से कुछ हिस्सा सामाजिक कार्यों के लिए प्रयोग में लाया जाए; इसका व्यवहार ज्ञान बाबा के पास होता ही है। इसके चलते उसके वैभव और ऐशोआराम में किसी तरह की कोई कमी हरगिज नहीं आती। क्योंकि इस तरह के काम करनेवाले बाबा की सामर्थ्य का उद्गम लोगों को अंधविश्वासी बनाने से हुआ होता है। जनप्रतिनिधियों के कार्यों की कठोर पड़ताल करनेवाले समाज को आध्यात्मिक प्रतिनिधियों की साधारण-सी जाँच-पड़ताल करने की बात तक रास नहीं आती। मानो बाबा को पाप कर्मों से मुक्ति दिलाने का कार्य बाबा के रचनात्मक कार्य ही करते हैं। इसी के चलते बाबा द्वारा सामुदायिक विवाह समारोह, ज्ञानेश्वरी सप्ताह, महाभंडारों का आयोजन, विश्वशांति यज्ञ आदि पारंपरिक कार्यक्रमों का आयोजन जोश में जारी रहता है। इन कार्यक्रमों में बाबा अगुआ होता है और बहुजन समाज इनमें तल्लीन। लिहाजा, इसकी पड़ताल ही नहीं की जाती, इससे भी बाबा के प्रभाव में दिन-ब-दिन इजाफा होता रहता है।

बाबाओं को लेकर एक सुप्रसिद्ध कथन है-'जहाँ ब्रह्म वहाँ माया, जहाँ वृक्ष वहाँ छाया, जहाँ बाबा वहाँ जाया।' समाज में जिस अनुपात में समर्पण भाव से महिलाएँ बड़ी आसानी से बाबाओं की भक्त बन जाती हैं, वह हैरान कर देनेवाली घटना है। कतिपय अपवादों को छोड़कर तमाम बाबाओं को नारियों का आकर्षण रहता ही है। बड़ी आसानी से महिलाओं तक पहुँचने का इसके जैसा अन्य कोई प्रतिष्ठा का व्यवसाय दूसरा नहीं है। वैवाहिक जीवन के माँगल्य का प्रतीक रूप में जिस मंगलसूत्र को नारी अपने गले में पहनती है, उसी मंगलसूत्र में महिलाएँ बाबा की तसवीर लगा देती हैं। बदन के वस्त्रों की सुध बिसराया कोई बाबा किसी नारी के मंगलसूत्र को अपने हाथों से खींचकर उसे खंडित कर देता है तो इसे 'बाबा ने मंगलसूत्र को बढ़ाया है, और इसके चलते मेरे पति की आयु लंबी हुई है' ऐसा माननेवाली कई महिलाएँ समाज में देखने को मिलती हैं।

दरबार की तमाम भक्त नारियों में से अपनी पसंद की किसी एक महिला को आध्यात्मिक दीक्षा के नाम पर बंद कमरे में बुलाकर परिवारजनों को साक्षी रखते हुए बाबा उसे भोग सकता है। बाबा की अनैतिक हरकतों को खुली आँखों से देखने और प्रत्यक्षदर्शी होने के बावजूद भी शायद बाबा हमारी श्रद्धा को कसौटी पर कसकर देख रहे हैं, ऐसा माननेवाले परिवारजनों की भी समाज में कोई कमी नहीं है। पीड़ित महिला भी ऐसा ही मानती है। लेकिन असल सवाल यह है कि महिलाएँ क्यों ऐसा आचरण करती होंगी? क्या बाबा के दैवी प्रभाव के झाँसे में आकर ऐसी

महिलाएँ वासनाकांड का शिकार बनती होंगी और फिर मजबूर होकर स्वयं की मर्जी के खिलाफ आगे होनेवाले हर अत्याचार को सहन करती होंगी? या उनके अंतस में निहित तीव्र अतृप्त कामभावना इसके लिए जिम्मेदार है?

कामपूर्ति महिला के लिए खुलकर बतियानेवाली चीज नहीं है। इसे लेकर प्रचंड अज्ञान रहता ही है। परंतु इसके बारे में बतियाना भी पाप समझा जाता है। कामक्रीड़ा में पुरुष की कामतृप्ति नारी की तुलना में तुरंत हो जाती है। इसे पुरुष महसूस भी करता है। कामतृप्ति के तुरंत बाद पुरुष कामक्रीड़ा से फारिग हो जाता है। इसका अटल परिणाम स्त्री की कामभावना अधूरी रहने में होता है। यह अतृप्त कामभावना नारी के अंतस पर कब्जा करती है। संस्कार और सामाजिक बंदिशों के चलते महिला अतृप्त कामभावना को हरगिज चर्चा का विषय नहीं बना पाती। इसके बारे में पुरुषों के पास कई रास्ते होते हैं। महिलाओं के बारे में यह संभावना नहीं रहती। बच्चों की परवरिश, नामजप, पूजापाठ, देवता, कथित अध्यात्म आदि के जरिए मन में दबी कामभावना के प्रक्षोभ पर महिलाएँ प्रतिबंध लगा देती हैं।

यद्यपि कामभावना तीव्र हो, विवाहबाह्य संबंध बनाकर उसका शमन करने की संभावना महिलाओं के बारे में नहीं होती। किंतु आध्यात्मिक विषय पर चर्चा करनेवाले बाबा, गुरु एवं स्वामी के सान्निध्य में जाते समय इस तरह का खतरा नहीं रहता। बाबा को मिली कथित मान्यता के चलते किसी स्त्री के साथ बाबा के शारीरिक संबंध बन जाएँगे, ऐसी परिवारजनों को भी चिंता नहीं रहती। जनमानस में परंपरा से प्रचलित श्रद्धा के रसायन का ही यह परिणाम है। इसी के चलते बाबा के संग आसानी से शारीरिक संबंध स्थापित हो सकते हैं। और यदि बाबा इस मामले में लंपट हो तो स्त्री के लिए नित्य अतृप्त कामभावना की परिपूर्ति किए जाने की संभावना बढ़ जाती है।

इन शारीरिक कारणों के साथ ही दैवी प्रभाव प्राप्त बाबा, जिसके दर्शन के लिए कई महिलाएँ-पुरुष कतार में लगे रहते हैं, ऐसे समय उसका प्राथमिकता से किसी भक्त महिला को मिलनेवाला सान्निध्य भी शारीरिक संबंध स्थापित होने का एक कारण हो सकता है। वाघमारे जैसे अदने से बाबा के पास बड़े पैमाने पर समाज के सभी तबकों से हर उम्र की महिलाएँ बेहद आसानी से खिंची चली गई थीं। और इस वासनाकांड में एक ही घर की सास और बहू, माँ और लड़की का भी समावेश था, इस बेहद झकझोर देनेवाली असलियत को साबित करने के लिए वाघमारे बाबा वाला मामला सबूत के रूप में पेश किया जाता है।

बावजूद इसके उपरोक्त खुलासा बहुत कुछ विवादास्पद ही है। कामशास्त्र विषेशज्ञों के मतानुसार स्त्री की कामपूर्ति का अधिकांश हिस्सा; देह की अपेक्षा उस संबंध से प्रतीत होनेवाली आत्मीयता, लगाव और प्रेम इस मानसिकता से संबंधित होता है। कुछेक अपवादों को छोड़ दें तो अतृप्त कामभावना के लिए भारतीय समाज

की महिलाओं का इस तरह सहजता से बाबा के संग व्यभिचारी आचरण के लिए राजी होना असंभव है। बाबा एवं उसके स्थान के इर्द-गिर्द धार्मिक, आध्यात्मिक आभामंडल रहता है। ऐसे स्थान पर फुरसत के कुछ पल बिताने का मौका मिले, थोड़ी-सी राहत मिले, आध्यात्मिक चर्चा से सुकून मिले, या बाबा की कृपा और हस्त स्पर्श से पारिवारिक व्यथा-वेदनाओं से मुक्ति मिलेगी, इस तरह की सांत्वना प्राप्त हो; यही विचार और उद्देश्य बाबा के समीप जाने के मूल में होता है। इस तरह के आधार की भारतीय समाज की महिलाओं के मन में निर्मित जरूरत और आध्यात्मिक या दैवी मार्ग द्वारा धार्मिक गुरु या बाबा के जरिए उसे पूरा कर लेने की परंपरा से प्राप्त विरासत, इसके चलते महिलाओं की बाबा के दरबार में भीड़ रहती है। किंतु इसे कामवासना से जोड़ना, यह इस विषय के अज्ञान का नतीजा है, जो स्त्रियों पर अन्याय करनेवाला है, ऐसा भी एक विचार प्रवाह है।

ढोंगी बाबाओं का ठगी व्यापार पनपने का अन्य एक कारण है—सहज ही भयभीत होनेवाला जनसमुदाय या भक्तगण। सतारा के पास बसे एक देहात का मामला समिति की ओर आया था। ठगी व्यापार चलानेवाली एक महिला देवी की पावरफुल भगतिन के रूप में उभरकर आई थी। गाँव में उसकी धाक थी। एक दफा गाँव में मलेरिया फैलने से लोग हैरान हुए थे। भगत माँ ने देवी का कौल दिया, "देवी का प्रकोप हुआ है। प्रकोप की हवा गाँव को घेरे हुए है। यदि देवी को शांत कराना है तो इसके लिए देवी का वार्षिक उत्सव मनाने के लिए जरूरी ढोल-ताशा और अन्य साहित्य गाँववासी खरीदकर दें, ऐसी देवी की माँग है।"

मूलत: रेणुका माता गुस्सैल देवी के रूप में ख्यात है। और तिस पर उसकी शक्तिशाली भगत माँ ने बताया देवी का कौल। गाँव में लोग मलेरिया से बेजार थे। कुव्वत न होने के बावजूद और बिना किसी की इच्छा के प्रत्येक घर से 100-200 रुपए चंदे के नाम पर जमा करके देवी की शांति कराई गई। क्यों बेवजह खुद पर जहर का परीक्षण करा लिया जाए, ऐसा गाँववासियों का कहना था।

एक दफा मुझे एक अवकाश प्राप्त पुलिस महासंचालक ने खत लिखा था। ऐसी ही एक महिला भगत के दैवी सामर्थ्य पर उनका विश्वास था। इस महिला भगत के मठ के लिए इन्होंने लाख रुपए खर्च कर दो कमरों का निर्माण करा दिया और ऊपर से आर्थिक मदद भी दी थी। इसके कुछ ही दिनों के बाद हुए अनुभवों द्वारा उन्हें पक्का विश्वास हो गया था कि यह महिला पक्की पाखंडी है। लिहाजा उस महिला पर कार्रवाई की मंशा से उन्होंने समिति को पत्र लिखा था। पत्र पढ़ने के बाद हैरान होकर मैंने उन्हें अवगत कराया, "आपने जिस घटना से मुझे अवगत कराया है वह तो साफ-साफ अपराधवाला मामला है। आप वरिष्ठ पुलिस अधिकारी रह चुके हैं, आपको भला किस चीज की दिक्कत हो सकती है? कानून का सहारा लेकर उस महिला को आप सबक सिखाएँ।"

उनका मुझे इस तरह से लिखा गया पत्र ढोंगी बाबाओं की ठगी का शिकार बने लोगों की मानसिकता को उजागर करनेवाला था। उन्होंने मुझे शिकायत के लहजे में लिखा था, "आप एक दफा मौके पर आएँ और खुद इस मामले की ठीक से तहकीकात करें। उस कथित महिला में किसी तरह की दैवी सामर्थ्य नहीं है, इसका आपको पक्का विश्वास हो जाने पर हम अगली कार्रवाई करेंगे।"

सहज भयग्रस्त होनेवाले भक्तों की मानसिकता का यह एक दिलचस्प उदाहरण है। इसके साथ ही इस मामले में एक महत्त्वपूर्ण सामाजिक और जैविक यथार्थ ध्यान में लिया जाना चाहिए कि हमारे देश में प्राथमिक मनोरुग्ण बने लोगों का अनुपात लगभग 10 प्रतिशत है, ऐसा मनोविकार विशेषज्ञों का मत है। ऐसे लोगों की मनोरुग्णता रोजमर्रा के जीवन में कमाधिक मात्रा में जनसमूह में विचरण करने के कारण ध्यान में नहीं आती। अलावा इसके उनका कुछ मात्रा में अजीबोगरीब बरताव पारिवारिक व्यवस्था में सहज रूप से घुल-मिल जाता है। ये हल्की मनोरुग्णता व्यक्तित्व की दुर्बलता है। अतः ऐसे लोगों के लिए मनोविकार विशेषज्ञों का मार्गदर्शन उपयोगी साबित हो सकता है, ये कल्पना या विचार ही ऐसे लोगों या उनके परिवारजनों को रास नहीं आता। ऐसे व्यक्ति या उनके बर्ताव से परेशान हुए परिवारजनों को बाबा, स्वामी या भगत द्वारा दिया जानेवाला मानसिक आधार जरूरी महसूस होता है।

कतिपय लोग जन्म से कमाधिक मात्रा में मासूम और भोले होते हैं। वैसे देखा जाए तो दुनियादारी की दौड़-धूप में ऐसे लोगों का टिक पाना कठिन ही होता है। ऐसे लोगों को बाबाओं की संगत से जुड़ जाना दोहरे तरीके से लाभदायी साबित हो जाता है। एक तो उन्हें आधार मिलने की संतुष्टि होती है और दूसरा, जीवन की असफलताओं को बाबा की कथित भक्ति की आड़ में छिपाया जा सकता है। जीवन की विफलताओं से ग्रस्त, मन से टूटी महिलाओं को बाबा का सहज प्राप्त होनेवाला मान्यताप्राप्त आधार को लालायित करता है। तो दूसरी ओर जीवन में कई चीजों के बारे में कमाल का कौतूहल पाले रहनेवाले युवा इसी कौतूहल के चलते बाबा का रुख करते हैं।

मनुष्य सांस्कृतिक स्तर पर व्यक्त होने की चाह रखता है। सांस्कृतिक कार्यक्रमों में सक्रिय सहभागिता या खेलकूद आदि कारण कोई भी हो लेकिन हँसते-खेलते सामूहिक जीवन जीने में मानव मन खुशी महसूस करता ही है। इससे उसका अकेलापन सहज रूप से खत्म हो जाता है। ग्रामीण इलाकों में आज भी अपना अस्तित्व कायम रखनेवाली संयुक्त परिवार पद्धति में कई बार अधिकार, नाता, परंपरा आदि की एक श्रेणीबद्धता रहती है। और इसके चलते मनुष्य को कई यंत्रणाओं का शिकार बनना पड़ता है। नतीजा, परिवार का सदस्य अन्यों से कट जाता है और परिवार के साथ रहते हुए भी वह एकाकी बन जाता है।

दूसरी ओर बेतहाशा दौड़ते महानगरों और शहरों में बसा मनुष्य बंद कमरों की

संस्कृति का गुलाम बन चुका होता ही है। भागदौड़ करते हुए नौकरी या कारोबार की जिम्मेदारियों को निभाना और इसके बाद घर की चारदीवारी में खुद को कैद कर लेना उसके जीवन का अनिवार्य हिस्सा बन जाने से वह एकाकी बन जाता है। ऐसे एकांतवासी बने तमाम मनुष्यों के लिए सांस्कृतिक दृष्टि से खुद को व्यक्त करना आवश्यक बन जाता है। जिनके लिए यह संभव नहीं होता वे टीवी के सामने बैठकर इस कमी को पूरा करते हैं। लेकिन इस कमी को बाबा, स्वामी, भगत, योगी एवं साधु आदि भलीभाँति पूरा करते हैं (ऐसा कम-से-कम एकाकी बने व्यक्ति का अनुभव होता है)।

बाबा की भक्ति में लीन हो जाने के लिए समूह के साथ बाबा के दरबार में जाना, शरणागत बनना, कथित अध्यात्म द्वारा नैतिक विकास हो रहा है, इस तरह का वहम पालना आदि सभी के जरिए एक तरह से एकाकीपन खत्म हो जाता है और इससे मनुष्य को आधार एवं सांत्वना प्राप्त होती है। भारतीय समाज में अवतारवाद पर लगभग सभी का विश्वास है। कई बाबा स्वयं को किसी-न-किसी का अवतार कहलाते ही हैं, यद्यपि वे ऐसा न भी करें तो भक्तगणों की नजरों में बाबा उनके लिए अवतार ही होता है। बहुजनों का पारंपरिक विश्वास है कि सृष्टि का नियंत्रण करनेवाली कोई अलौकिक शक्ति है। उस शक्ति का अनुग्रह किसी-न-किसी रूप में कतिपय लोगों को प्राप्त होता है। बाबा या स्वामी ऐसी शक्ति के प्रतीक बनते हैं। इनका अनुग्रह भक्तों के लिए समग्र जीवन का उद्धार करनेवाला और परमकल्याण का मार्ग बन जाता है।

सत्यसाईं का कहना है, "मेरा चमत्कार मेरे लिए विजिटिंग कार्ड है।" इसका अर्थ यह कि विजिटिंग कार्ड के चलते भेंट करने आए व्यक्ति को बाबा के बारे में कुछ-न-कुछ जानकारी प्राप्त हो जाती है। चमत्कार दिखाने का विजिटिंग कार्ड जगत नियंता ने सत्यसाईं को प्रदान इसलिए किया है कि लोगों की समझ में आए कि 'हमारी मुक्ति के लिए ईश्वर द्वारा भेजा गया यही एकमात्र महामानव है।' कइयों को तो बाबा के रूप में मानो हमसे देवता ही बात कर रहे हैं, ऐसा भी आभास हो जाता है। इस तरह की दैवी सामर्थ्य प्राप्त होनेवाला बाबा हमारी नियति से अवगत रहता है, नियति को वह बदल भी सकता है, उसकी कृपा के बल पर भवसागर पार किया जा सकता है, ऐसा भी कई लोगों को मन-ही-मन महसूस होता है। बाबा द्वारा प्रयोग में लाये जानेवाले आत्मा, ब्रह्म, मोक्ष, परमार्थ, कुंडलिनी आदि शब्द रहस्यमयी महसूस होते हुए भी भक्तों को परिचित और करीबी महसूस होने लगते हैं। इन शब्दों का सहज रूप में प्रयोग करनेवाला बाबा भक्तों के मन पर बिना कुछ खास प्रयास किए कब्जा जमा सकता है।

वर्तमान समाज में बाबा का गुलाम बनना, उसका शिष्यत्व स्वीकारना, उसका अनुग्रह प्राप्त करना, क्या यह रूढ़ हो रहा है, ऐसा शक पैदा होने लगा है। मानव

को जिस तरह व्यावहारिक और राजनीतिक प्रतिष्ठा की जरूरत होती है, उसी तरह धार्मिक प्रतिष्ठा की भी जरूरत होती है। किंतु इस विषय में अन्य धार्मिक नियमों का आचरण मुश्किल रहता है। इस पर तरकीब यह कि सबसे आसान और स्वयं को धार्मिक साबित करनेवाला राजपथ यानी किसी बाबा का अनुग्रह प्राप्त कर लेना। उसकी संगत का अधिक-से-अधिक लाभ उठाना। अर्थात् व्यक्ति के इस तरह के आचरण में अज्ञान, अनुकरण, बौद्धिक दुर्बलता एवं स्वयं को धार्मिक कहलवा लेने की इच्छा आदि का मिश्रण रहता है।

हमारे देश में लोगों में धार्मिक स्तर पर भोलापन अधिक मात्रा में दिखाई देता है। नतीजा, ईश्वर-धर्म इस विषय पर जो कोई बोलता और प्रवचन देता है, उसे श्रेष्ठ समझने की परंपरा रही है। जब कोई 'मुझे ईश्वरीय प्रेरणा प्राप्त हुई है,' ऐसा कहते हुए आसमान की ओर निहारने लगता है तो उस व्यक्ति के बारे में आम जनों के मन में विलक्षण भाव निर्मित हो जाता है। ईश्वरीय प्रेरणा की आख्यायिकाएँ अनादि और अनंत हैं। वैदिक ऋषि-मुनियों ने ईश्वरीय प्रेरणा के चलते ही वेदों का सृजन किया। मुहम्मद पैगंबर ने कुरान शरीफ भी ईश्वरीय प्रेरणा से सृजित किया। ईसा मसीह के बाइबिल के सृजन के मूल में भी यही ईश्वरीय साक्षात्कार रहा है। ईश्वरीय प्रेरणाओं के उदाहरणों से हमारी परंपराएँ लबालब भरी हुई हैं। फिर ये परंपराएँ किसी स्वामी, बाबा या भगत आदि के मुख से अभिव्यक्त होने में भला किस तरह की दिक्कत हो सकती है? ईश्वर एवं धर्म और इन्हीं के नाम पर तथा इनके प्रतिनिधि के रूप में किया जानेवाला आचरण समाज में कभी-कभार ही चर्चा का विषय हो पाता है, लिहाजा, बाबा और स्वामी लोगों का स्वार्थ सिद्ध हुए बिना कैसे रहेगा, इसमें कोई हैरानी नहीं है।

पारंपरिक धार्मिक विचार, अवतार कल्पना, ईश्वरीय वचन आदि व्यक्ति की वाणी से हम तक पहुँचते हैं। इस तरह की विचारधारा पर श्रद्धा रखने के चलते बाबा, गुरु, भगत आदि के आश्रय में जानेवाले भक्त-शिष्यों में और उनके गुरु के बीच मानो एक तरह का अबोध अलिखित अनुबंध ही जन्म लेता है। शिष्यगण स्वयं को हीन आँककर गुरु को सर्वशक्तिमान मानते हैं। गुरु की शरण में जाना शिष्य के लिए बुद्धि की धारणागति नहीं बल्कि आनंद की अनुभूति का विषय रहता है। बुद्धि के बल पर स्वतंत्र विचार करना, समस्याओं को हल करने के लिए स्वयं ही लड़ना आदि चीजें भक्तों के लिए मामूली महसूस होती हैं। जिसे गुरु मान लिया हो उस व्यक्ति का महिमामंडन करना, उसे सर्वगुणसंपन्न मानना, उसके संग एकरूप हो जाना इस तरह की सुप्त प्रक्रियाएँ गुरु की शरण में जाते समय शिष्य-भक्त के मन में घटित होते रहती हैं।

कोई एक व्यक्ति सर्वगुणसंपन्न है और ऐसे व्यक्ति की संगत-सत्संग प्राप्त होने से मन की पराजय और उदासी की भावना का शमन हो जाता है, मन में

उत्साह और जोश निर्मित होता है, ऐसा मानने से तथा उस तरह के अनुभवों को भी प्राप्त करने के चलते बाबा पर रखी श्रद्धा दुगुनी हो जाती है। प्रार्थना, प्रवचन, गुरु विचारों का प्रचार, पारायण, गुरुभक्ति आदि चीजों द्वारा शिष्य सांसारिक चिंताओं से मुक्त होने की गारंटी प्राप्त करता है। गुरु के सान्निध्य में जीवन जीना, उसके साथ तादात्म्य प्राप्त करने के लिए प्रयास करना, इस तरह की गतिविधियों द्वारा मेरी समस्याओं का आकलन हुआ और मुझे मार्गदर्शन मिला, ऐसा मानना हमारी संस्कृति के संस्कारों का ही एक हिस्सा है। कइयों को ये संस्कार बाबा, स्वामी या भगत जैसे लोगों की ओर ले जाकर उनसे बाँधे रखते हैं।

कई धार्मिक चिकित्सा पद्धतियों में बाबा, गुरु या स्वामी आदि के आशीर्वाद या उनके मंत्रों के प्रभाव से शिष्य और भक्त व्याधिमुक्त हो जाते हैं। किंतु इसका संबंध बाबा के दैवी चमत्कार प्रकट करने की सामर्थ्य से नहीं होता, बल्कि रोगी के भीतर जो स्वास्थ्यवर्धक शक्ति निहित रहती है, उससे होता है। जिस तरह सम्मोहित अवस्था में जाने का मूल कारण व्यक्ति द्वारा सूचनाओं को स्वीकारने की तीव्र इच्छा और कल्पनाशक्ति में निहित होता है, उसमें सम्मोहन विशेषज्ञ को कुछ खासी मशक्कत उठाने की जरूरत नहीं पड़ती; उसी तरह भक्तों के लिए बाबा के अमृत वचन और हस्तस्पर्श से ठीक हो जाने की गारंटी और भक्त के दिल में उमड़ आए जज्बातों आदि द्वारा भक्त के लिए व्याधि से मुक्ति साध्य हो जाती है। अत: इसमें चिकित्सा पद्धतिवाला हिस्सा पूरी तरह से गौण साबित हो जाता है। रोगी का रोगमुक्त हो जाना असल चमत्कार नहीं है; बल्कि बेहद जटिल शारीरिक प्रक्रियाओं को घटित कराने की व्यक्ति की अंतस सामर्थ्य असल चमत्कार है। शरीर की सुरक्षा करनेवाली कोशिकाओं का जो सुरक्षा प्रबंध इम्यून सिस्टम है, उस पर बाबा की सूचनाओं का असर पड़ता है। असल में सूचनाओं द्वारा स्वयं में परिवर्तन लाने की अंतर्मन की सामर्थ्य से व्यक्ति परिचित नहीं होते जिसके चलते रोग मुक्ति को बाबा की दैवी सामर्थ्य में गिनाया जाता है, बस यही!

इस भूमि में गुरुडम की फसल के बड़ी मात्रा में उपजने के कारण इस देश की मनोभूमि की मशक्कत नियति, विधिलिखित, भाग्य, नसीब जैसी अवधारणाओं ने निर्धारित की है। इन सभी संज्ञाओं के संदर्भ और अर्थ किंचित् भिन्न हैं; किंतु ढोंगी बाबाओं के पनपने में इससे कुछ खासा अंतर नहीं आता। नियति, विधिलिखित, भाग्य, नसीब, जैसी अवधारणाओं में भविष्य पूर्वनिर्धारित होने की कल्पना है। किंतु 'प्रारब्ध' का मामला थोड़ा अलग है। मानव को उसके कर्म का उचित फल (सत्कर्म के लिए अच्छा फल दुष्कर्म के लिए बुरा फल) भुगतना पड़ता है। इस मान्यता को 'कर्म सिद्धांत' कहा जाता है। इसके अनुसार कर्म को 'क्रियमान,' 'संचित कर्म' एवं 'प्रारब्ध' में श्रेणीबद्ध किया जाता है। क्रियमान यानी हम जो कर्म करते हैं वह। ऐसे कर्मों का संचय होता है और वे पूर्व के संचित कर्मों में जुड़ जाते हैं। संचित

कर्मों के कतिपय फलों को भुगतने के लिए मनुष्य को वर्तमान जन्म प्राप्त हुआ है, इसे प्रारब्ध कहा जाता है। भविष्य में क्या कुछ घटित होनेवाला है, ये कर्म करने के बाद निश्चित होता है ऐसा प्रारब्धवाद का दावा है। चार्वाक दर्शन के अलावा तमाम भारतीय दर्शनों में कर्म सिद्धांत को स्वीकारा गया है। अत: कर्म सिद्धांत भारतीय दर्शन की विशेषता है। भारतीय दर्शन में कर्म सिद्धांत को विश्व का नियम माना गया है।

इस 'कर्मविपाक सिद्धांत' ने भारतीय जनमानस पर मजबूती से अपनी सत्ता स्थापित की हुई है। आज भी जीवन में घटित होनेवाली अच्छी घटना को 'सौभाग्य' और बुरी घटना को 'दुर्भाग्य' के खाते में रखा जाता है। 'समय से पहले और नियति से ज्यादा किसी को कुछ प्राप्त नहीं होता' इसका हार्दिक विश्वास अधिकांश भारतीयों को है। सबके लिए समय का ही इंतजार होता है। यह सही है, ये प्रतिपादन तत्काल मान्य होता है। हमें जिन दिक्कतों को सहना पड़ता है, परेशानियों एवं दुखों को झेलना पड़ता है उसे नियति की अटल मार के रूप में देखा जाता है। इसके विरोध में कुछ प्रयास किए जाते हैं, बावजूद इसके नसीब नाम की कोई वस्तु है; और वह हमारे अनुकूल बन जाए, ऐसी ही हमारी भावना होती है। सदाचरण का आज न कल अच्छा ही फल प्राप्त होगा और बुरे कर्म का कभी-न-कभी बुरा परिणाम भुगतना ही पड़ेगा, ऐसा कर्म सिद्धांत का दर्शन है। काश, यदि ऐसा घटित हुआ होता तो बेहतर रहता; किंतु वैसा घटित हो ऐसा मानने के कारण वैसा घटित हो रहा होगा, ऐसा निष्कर्ष महज सदिच्छा पर आधारित है। सत्य पर नहीं।

न्याय—यह चीज प्राकृतिक नहीं है। समाज निर्मिति की यात्रा प्रदीर्घ रही है और मानव की ही निर्मिति होनेवाली 'न्याय' की अवधारणा महज तीन-चार हजार वर्षों पूर्व अस्तित्व में आई है। इसके पूर्व 'न्याय' एवं 'अन्याय' यह भेद ही अस्तित्व में नहीं था। अभी भी न्याय बहुत ही कम मात्रा में यथार्थ में अवतरित हुआ दिखाई देता है। कर्म सिद्धांत के पक्ष में दी जानेवाली तमाम दलीलें बेहद दुर्बल एवं गैरलागू हैं। यह सिद्धांत निराधार तो है ही, अन्यायी भी है।

सुखदायी अनुभव सत्कर्म के फल हैं और दुखदायी अनुभव दुष्कर्म के फल हैं, ऐसा कहा जाता है। फिर भी 'सत्कर्म' कौन से हैं और 'दुष्कर्म' कौन से, इसका पता चलना चाहिए। कर्मविपाक सिद्धांत में इसका पता लगाने की सुविधा नहीं है, जो कि न्याय सिद्धांत के विरोधी हैं। अपराधी को किस कर्म के लिए सजा दी गई है और किस सत्कर्म के लिए उसे पुरस्कार दिया गया है, यह व्यक्ति को नहीं बताया गया तो वह बुरे कर्मों को किस तरह टाल सकता है और अच्छे कर्म वह नित्य कैसे पालन करेगा? ऐसे निर्णय 'न्याय' हरगिज नहीं कहलाए जा सकते। ऐसे असमंजस और अर्थविहीन कर्मकांडों द्वारा निसर्ग के नैतिक दंड की शेखी बघारना, दुखद होकर भी भारतीय जनमानस का विचार करने के परिप्रेक्ष्य में सत्य है। तिस पर नीति कल्पना और नैतिक नियम स्थल काल सापेक्ष होते हैं। अत: कई

कर्मों के बारे में वे अच्छे हैं या बुरे, इसका फैसला करना असंभव है। भिन्न नीति संहिताओं के अनुसार एक कर्म ही अच्छा या बुरा या निषिद्ध या अनुज्ञेय हो सकता है। कर्म सिद्धांत अनादि काल से, कम-से-कम संसार की निर्मिति से चला आ रहा है। लेकिन वानर से मानव बनने की क्रिया कुछेक लाख सालों की विकास-प्रक्रिया का परिणाम है। विकास-प्रक्रिया के इस दौर में मानव के पास नैतिक विवेकशक्ति नहीं थी। नैतिक विवेकशक्ति बेहद मंथर गति से पिछले कुछेक हजार सालों में निर्मित हुई है। आज भी मानव के भीतर पशुता बड़े पैमाने पर कायम है। इन तमाम चीजों की कर्मसिद्धांत से हरगिज संगति नहीं बैठती। कर्म सिद्धांत दर्शन के चलते मानव के हाथों रचनाशीलता, बदलाव का आग्रह रखने की प्रवृत्ति और जीवन के अमंलग नष्ट करने की प्रेरणा नष्ट हो जाती है। और उसके स्थान पर महज उदासीन निष्क्रियता पनपती है। ये समूची विचारधारा बाबाओं को ठगी के लिए बेहद उर्वरा साबित होती है।

आदिमानव बेहद दुर्बल था। दुर्बलता के चलते जो होनेवाला है वह होकर ही रहेगा, उसे टाला नहीं जा सकता, ऐसा उसने मान लिया। मानव का प्रत्येक प्रयास बार-बार विफल होता दिखाई देने के कारण और कई बार अत्यंत अनपेक्षित घटनाएँ घटित होने के चलते मानव का 'कर्म सिद्धांत' पर विश्वास दृढ़ हो जाता है। परंतु आदिम मानव द्वारा मान्य नियति इस चीज को, कोई चीज पूर्वनिर्धारित है—इस तरह का सबूत देना असंभव है। इसके लिए भविष्य में क्या घटित होनेवाला है, इसकी जानकारी होना जरूरी है; और कोई घटना घटित होनेवाली ही है, ऐसा नित्य एवं अचूक रीति से बताया जाना संभव होना चाहिए। किंतु इसमें दिक्कत यह है कि इसके लिए भविष्य का अस्तित्व है, ऐसा मानना पड़ेगा।

जैसे अंतरिक्ष में कतिपय प्रदेश नजदीक होते हैं और कतिपय बेहद दूरी पर। कुछ दूरी काटने पर दूर के इलाके दिखाई देते हैं। उसी तरह 'काल' जैसे पैमाने के बारे में भी मान्य करना पड़ेगा। यानी भविष्य का अस्तित्व होता ही है, लेकिन मंथर गति से उसका उद्घाटन होता है, ऐसा इसका अर्थ होगा। किंतु काल के लिए महज वर्तमान ही अस्तित्व में होता है और वह भी क्षण मात्र के लिए ही। दूसरे ही क्षण में वह भूतकाल में समा जाता है। और उसके स्थान पर एक भविष्य, किंतु वास्तव में वर्तमान आकार ग्रहण करता है। यानी भविष्य जैसी कोई चीज अस्तित्व में आई ऐसा दिखाई ही नहीं देता। यदि ऐसा माना जाए तो कोई मनुष्य उसका दर्शन कैसे करेगा? नियति की दृढ़ कल्पना हमारे देश में बहुजनों को मान्य है। पूरी तरह से ऐसी काल्पनिक बातों के अधीन दुर्बलजन और अधिक भयभीत हो जाते हैं। ये लोग मानो कर्मविपाक सिद्धांत को सत्य पर आधृत सिद्धांत मान बैठते हैं। इसके चलते वर्तमान में उनके हो रहे शोषण का मूल 'प्रारब्ध' है, ऐसी वे अपने मन को सांत्वना देते हैं।

प्रारब्ध पूर्वसंचित पर आधारित है। लिहाजा, उससे मुक्ति कुछ मुश्किल है। किंतु बाबा, स्वामी, साधु या गुरु की कृपा से उससे मुक्ति संभव है, ऐसा माना गया है; क्योंकि बाबा या साधु साक्षात् ईश्वर होते हैं या वे उनके दूत होते हैं। इसलिए शोषण का मूल सामाजिक और भौतिक परिस्थितियों में खोजने के अलावा 'भाग्य' में खोजा जाता है। समाज में शोषण का अस्तित्व 'भाग्य' के चलते है, इस वृत्ति को खाद-पानी मिलने पर इससे मुक्ति के लिए किसी-न-किसी बाबा की जरूरत महसूस होती है; जो कि प्रारब्ध को समझ सकता है या उसे बदल सकता है। कर्मविपाक सिद्धांत बाबाओं के ठगी व्यापार को बल प्रदान करता है; इसके विरोध में लड़ने और लोगों की मानसिक गुलामी को खत्म करने के लिए, 'कर्मसिद्धांत' और 'भाग्य' जैसी अवधारणाओं में निहित तार्किक दृष्टि से लोगों को अवगत कराना जरूरी है।

समाज परिवर्तन का आंदोलन व्यापक हुए बिना एकांगी दृष्टि से अंधविश्वास उन्मूलन या ढोंगी बाबाओं के ठगी व्यापार का निर्दलन संभव नहीं है, इस पर गौर करना होगा। समाज परिवर्तन को एक हताशा ने ग्रस लिया है। विज्ञान ने मानव के हाथ में ज्ञान की मशाल थमाई है किंतु यह ज्ञान की मशाल मानव मन और उसके जीवन की हताशा के चलते फैले अंधकार को हटा नहीं सकती। नतीजा विज्ञान युग में भी अंधविश्वासों के गड्ढों में फँसना और बाबाओं की ठगी व्यापार की दलदल में धँसते जाना लगातार जारी है। विगत बीस सालों में देश की अर्थव्यवस्था का वैश्वीकरण हो जाने के बाद यह हताशा प्रत्येक क्षेत्र में बढ़ती जा रही है। कारखाने बंद हो रहे हैं। सुरक्षित रोजगार खत्म हो रहे हैं। स्नातक बेरोजगार ईमानदारी से मेहनत करने के लिए राजी हैं लेकिन उन्हें रोजगार मिलने की किसी भी तरह गारंटी नहीं है। सरकारी आँकड़े महँगाई की दर में कमी आने की बात कह रहे हैं किंतु असल में महँगाई बढ़ती ही जा रही है। आज समाज के हर क्षेत्र में भ्रष्टाचार बड़े पैमाने पर फैल चुका है। मामूली कारणों के चलते दंगे फैलने लगे हैं। इन दंगों में जानमाल की हानि बड़े पैमाने पर हो रही है। दुर्घटनाओं के मामलों में प्रचंड इजाफा हुआ है। नशाखोरी विकराल रूप धारण कर समाज में खुलेआम तांडव मचा रही है। बावजूद इसके नशाखोर लोग समाज में प्रतिष्ठा तथा मान्यता भी प्राप्त कर रहे हैं।

पुरुषार्थ के बल पर या समाज परिवर्तन द्वारा रास्ता निकाला जा सकता है, यह उम्मीद अब जनमानस में नहीं बची। लिहाजा, उन्हें किसी बाबा, स्वामी, भगत, योगी, संत या महंत जैसे लोगों की दरकार महसूस होती है। आम जनों की बात ही छोड़ दीजिए, किसी विशिष्ट क्षेत्र में महारत हासिल किए असाधारण व्यक्ति पर भी अस्थिरता की मार पड़ते ही उसे सबसे पहले किसी-न-किसी बाबा की ही याद आती है। किसी सुपरस्टार की फिल्में बॉक्स ऑफिस पर बुरी तरह से मार खाती हैं। जो कल तक देश के प्रधानमंत्री पद पर आसीन था उसे आज उच्चतम न्यायालय द्वारा दोषी करार दिया जाता है। विशाल आर्थिक साम्राज्य किसी विपरीत फैसले से

देखते-देखते ध्वस्त हो जाता है। ऐसे समय ये लोग बाबा के चरणों में नतमस्तक होने के लिए बाबा के दरबार में आ धमकते हैं।

एक ओर प्रचंड हताशा और अस्थिर बनी दुनिया है तो दूसरी ओर मीडिया द्वारा निर्माण की गई धनिकों की सुविधाभोगी दुनिया है। यदि नित्य नवीन परिधान, नये फैशन, नई मौज, जीने के नये उपभोगतावादी संसाधन आदि सब कुछ प्राप्त करना है तो इसके लिए भ्रष्टाचार का सहारा जरूरी है। और इन पापों के परिक्षालन के लिए किसी बाबा के पैरों में लीन हुआ जाए या दीन-हीन बनकर बाबा की सेवा में जुड़कर कभी-न-कभी बाबा की कृपा से मालामाल हो जाएँगे ऐसी उम्मीद रखते हुए जीए, ऐसी आज के मनुष्य की सोच बन गई है।

आज व्यक्तित्व खंडित करनेवाले अंधविश्वास के प्रचंड यंत्र में मनुष्य फँस गया है। इस यंत्रणा में उसका दम घुट रहा है। इस स्थिति से मुक्ति के लिए मनुष्य किसी बाबा, भगवान, स्वामी, भगत आदि के आश्रय में चला जा रहा है। ये ढोंगी लोग समस्याग्रस्त मनुष्य को जिस तरह की अँगूठी पहनने के लिए कहेंगे, जिस तरह की भभूत शरीर पर मलने के लिए कहेंगे, जिस तरह नामस्मरण करने के लिए कहेंगे बिलकुल वैसी ही हरकत समस्याग्रस्त मनुष्य करता है।

समस्याग्रस्त मनुष्य सम्मोहन की प्रगाढ़ निद्रा में जाकर, कुंडलिनी जाग्रति या बाबा के आगे पूरी तरह से शरणार्थी बनकर अपनी तमाम समस्याएँ क्षण मात्र में हल हो जाएँगी इस तरह की आशा पाले रहता है। वास्तव में उसकी तमाम समस्याएँ समाज की बुनावट से जुड़ी हैं। इन समस्याओं को हल करने के लिए व्यवस्था परिवर्तन के आंदोलन में शिरकत करने के अलावा, धार्मिक सांस्कृतिक परंपरा से निसृत और मानो सीधे अलीबाबा की गुफा में ही पहुँचानेवाला संघर्षविरहित मार्ग समाज के अधिकतर लोगों की मानसिकता को करीबी और जरूरी महसूस हो रहा है। कवि मंगेश पाडगाँवकर ने अपने 'उदासबोध' काव्य-संग्रह में पाखंडी बाबाओं की शक्ति को निरूपित करते हुए बेहद विदारक यथार्थ को प्रस्तुत किया है—

मनुष्य पूरी तरह से कृशकाय, भीतर भीतर हुए खंडित।
अदृश्य दहशत से भयाक्रांत, आधारविहीन॥
प्रत्येक को यहाँ जरूरी, कोई-न-कोई ताकतवर बाबा।
जो दूर करेगा मन की तमाम उलझनें और चिंताएँ॥
अमला पहले कहे जयसाईं इसके बाद घूस ले।
अब तक पकड़ा न गया, कृपा मान बाबा की॥
हम न खोजें, और न लड़ें, दो हाथ न करें जीवन से।
घिस गया मेरुदंड सकल, उद्धतता समक्ष सभी लाचार॥
बाबा नामस्मरण का उच्चार, नशा दें॥

आम जनों के मन को उक्त नशे से मुक्ति दिलाने का दायित्व वैज्ञानिक दृष्टिकोण का है। और वैज्ञानिक दृष्टिकोण शिक्षा के माध्यम से व्यक्ति के दिलों में रूपायित करना पड़ता है, इस मूल्य का आग्रह राजनीति और समाज जीवन में रखना जरूरी है। किंतु इस विचार को लेकर सब ओर अलबेला माहौल है। 'वैज्ञानिक दृष्टिकोण' भले ही संविधान में नागरिकों के कर्तव्य के रूप में दर्ज है, भले ही वह शिक्षा नीति का एक हिस्सा है किंतु वह कई कारणों के चलते जनमानस की आत्मीयता का विषय नहीं बन पाया है; फिर वैज्ञानिक दृष्टिकोण के अनुसार जीने का आग्रह तो बहुत दूर की बात है। वैज्ञानिक दृष्टिकोण की विचारधारा को समाज में प्रतिष्ठा न मिलने के कारण नेताओं को इसके बारे में आग्रह रखने की जरूरत महसूस ही नहीं होती।

समाज विवेकी बने और शास्त्रीय विचार पद्धति अपनाए इसके लिए सत्ताधीश कभी राजनीतिक इच्छाशक्ति का उपयोग ही नहीं करते। लिहाजा, स्वाभाविक है— शिक्षा द्वारा निर्माण होनेवाला वैज्ञानिक दृष्टिकोण यांत्रिक बन पड़ता है। इसके मूल में निहित मूल्य भावना के विचार का शिक्षकों में अभाव ही दिखाई देता है। नतीजा उसे छात्रों तक संप्रेषित करने का सवाल ही पैदा नहीं होता।

इन तमाम परिस्थितियों के चलते डीठार सोच और इस सोच का कृतिशील हिस्सा बनकर बाबाओं के ठगी व्यापार के प्रति विद्रोह का आग्रह रखा जाए, इस पर अमल होते दिखाई नहीं देता। और इस तरह के दृढ़ निश्चय के अभाव के चलते जनमानस में परिवर्तन मुश्किल बन जाता है। तिस पर मीडिया भी ढोंगी बाबाओं की ठगी को तूल पकड़ाता है। इन तमाम कारणों के साथ ही अन्य एक जैविक कारण के भी इसके लिए जिम्मेदार होने की संभावना है।

मानव का मस्तिष्क मूलत: प्राणियों का ही मस्तिष्क है। उत्क्रांति काल में वर्तमान की प्रगत अवस्था की बुद्धि धारण करनेवाला मानव मस्तिष्क प्राणी मस्तिष्क से ही विकसित हुआ है। प्राणी मस्तिष्क की उत्क्रांति में कई करोड़ साल व्यतीत हुए। मानव मस्तिष्क की उत्क्रांति प्राणी मस्तिष्क की तुलना में बेहद कम समय में हुई है। इस गति के चलते मस्तिष्क के दोनों हिस्सों में पर्याप्त संगति स्थापित करने के लिए जितना समय मिलना जरूरी था, वह नहीं मिल पाया। इसके चलते मानव मस्तिष्क को अपने ही मस्तिष्क का बड़ा हिस्सा रहे प्राणी मस्तिष्क और उसके द्वारा व्यक्त होनेवाले अतार्किक विचार और व्यवहार को मात देना संभव नहीं हो सका। यानी नित्य वैज्ञानिक दृष्टिकोण से ही सोचने की क्षमता मानव मस्तिष्क को आज तक प्राप्त नहीं हो पाई है।

जीवन की बुनियादी शारीरिक निसर्ग प्रेरणाएँ—भूख, नींद, भय एवं मैथुन आदि के प्रभाव और पारंपरिक संस्कारों के अधीन ही यह मानव मस्तिष्क रहा है। इससे उसे मुक्त करने और वैचारिक, वैज्ञानिक दृष्टिकोण के जीवनरस की निर्णयों में पुष्टपोषण करने की क्षमता मानव मस्तिष्क में पूरी तरह से पैदा होने के लिए

स्वाभाविकत: और कुछ समय का इंतजार करना ही पड़ेगा। प्रभावी शिक्षा द्वारा इस अवधि को घटाया जा सकता है, किंतु इसकी चंद सीमाएँ भी हैं, इसका संज्ञान लिया जाना चाहिए। ये जैविक स्थिति ही संभवत: मानव की अविवेकी सोच और बाबाओं के चंगुल में फँसने के मूल में सक्रिय रहती हो।

उपरोक्त तमाम चीजें एक वैचारिक प्रस्तुति हैं, लेकिन किसी ठोस भौतिक बुनियाद के बिना हालिया दौर में जिस तरह ढोंगी बाबाओं की ठगी का व्यापार फैला है, उस तरह चहुँओर ढोंगी बाबाओं की ठगी पनप नहीं सकती। कोई भी बाबा, स्वामी या भगत लोगों के भोलेपन या मूर्खता के बल पर अपनी जड़ें नहीं जमाता। और न ही महज धर्म और अध्यात्म जैसी चीजें बाबा का प्रभाव बढ़ाने के लिए पर्याप्त हैं। बल्कि मशहूर हुए बाबा ठगी व्यापार की रसद के रूप में पैसा, नेता, मीडिया, जाति, सत्ता, धर्म और गुंडागर्दी आदि चीजों का प्रयोग करते दिखाई देते हैं। थोड़ा और अधिक गहराई में जाकर पड़ताल करने पर इसकी पुष्टि हो जाती है। इसलिए ही उक्त तरीके की पड़ताल-प्रक्रिया का बाबा और उसके भक्त हिंसा का सहारा लेकर विरोध करते हैं।

बाबा बड़ी आसानी से भरपूर मात्रा में धन अर्जित करता है। आम जनों को परेशान करनेवाले आर्थिक लेखा-जोखा, आयकर आदि झंझटों से बाबा मुक्त रहता है। इसी धन के बल पर बाबा मीडिया और गुंडों को खरीदता है। बाबा की धाक बढ़ने पर और भक्तों का ताँता बाबा के दरबार में बड़े पैमाने पर कूच करना शुरू होने पर, नेता भी खुद-ब-खुद बाबा के दरबार में आकर चरणधूलि झटकते ही हैं। ऐसे नेताओं का मूल्यों से संबंध नहीं रहता। बल्कि ऐसे नेताओं को बाबा का प्रभाव वोटों का प्रतिशत बढ़ाने के लिए या उसे बरकरार रखने के लिए मददगार साबित होगा, ऐसा महसूस होता है। कई दफा तो ये नेता सीधे-सीधे अंधविश्वासी ही दिखाई देते हैं। पुख्ता सुरक्षा के कवच कुंडल होते हुए भी पता नहीं नेता लोग क्यों धर्म के कवच कुंडल की अपेक्षा रखते हैं? ढोंगी बाबाओं के विरोध में समिति कार्यकर्ताओं द्वारा आंदोलन शुरू करने पर कभी-कभार बाबा या उसके चेले-चपाटे आंदोलन को लेकर कानाफूसी करने लगते हैं और आंदोलन के विरोध में प्रच्छन्न अभियान छेड़ते हुए कहने लगते हैं, "देखिए, इनका आंदोलन तो हमारे विरोध में है ही नहीं, बल्कि उन्हें हिंदू धर्म को डुबोना है।" यही नहीं, बाबा के चेले-चपाटे अगली कड़ी में बाबा की जाति और उसके विरोध में आंदोलन चलानेवाले कार्यकर्ताओं की जाति का भी पता लगाते हैं।

तात्पर्य यह कि किसी ढोंगी बाबा की ठगी सौदागरी जिस समय शिखर पर होती है, उस समय इन तमाम व्यवहारों में उसकी जड़ें गहराई तक प्रवेश कर चुकी होती हैं। चाहे धर्मभास्कर वाघ हो या नरेंद्र बाबा, निर्मला माता हो या सत्यसाईं, ऐसे तमाम लोगों के पास उनकी पहुँच के हिसाब से खजाने का जखीरा देखने को

मिलता है, जो कि अचंभित करनेवाला होता है। बाबा का खरीदा मीडिया इरादतन बाबा की प्रशंसा में ही धन्यता मानता है। ऐसे में यदि कोई कार्यकर्ता ढोंगी बाबाओं के विरोध का प्रयास करता है तो बाबाओं की आध्यात्मिकता का बुरका तार-तार हो जाता है। धर्मभास्कर वाघ ने रोली संप्रदाय की आड़ में मारपीट करनेवाले गुंडों को ही पाला था। नरेंद्र बाबा के गुंडों ने चित्रलेखा के संवाददाता को बुरी तरह से पीटा था। निर्मला माता के भक्तों की पिटाई का शिकार समिति के ही कई कार्यकर्ताओं को होना पड़ा था। सत्यसाईं पर हमला करनेवाले उन्हीं के चार भक्तों को सत्यसाईं ने कमरे में बंद कर गोलियाँ दागकर हमेशा के लिए उनकी आवाज को बंद कर दिया। दुनिया के किसी भी देश में आश्रय न मिलने के कारण अंत में रजनीश को अपने ही देश के एक शहर पुणे में शुरुआती दिनों में स्थापित किए आश्रम में ही वापस लौटना पड़ा। तत्कालीन पुणे पुलिस कमिश्नर द्वारा देर रात एक बजे रजनीश को तत्काल निर्वासन का नोटिस जारी किया गया। तब रजनीश ने हरकत में आकर रात दो बजे सीनियर एडवोकेट रामजेठमलानी से फोन मिलाया और हाईकोर्ट जाकर 'निर्वासन आदेश' खारिज कराया था। बाबा की पहुँच किस तरह और कहाँ तक हो सकती है, इसका खुलासा करनेवाले उक्त मामले को आयुक्त भास्करराव मिसर ने ही अंधश्रद्धा निर्मूलन समिति के 'दीपावली विशेषांक' में एक लेख लिखकर उजागर किया था।

बाबा बने पाखंडियों को धर्मग्रंथ और आध्यात्मिक ज्ञान भले ही न हो लेकिन व्यवहार ज्ञान और धूर्तता में माहिर होना बेहद जरूरी है। किसी भी बाबा की तहकीकात के अवसर पर उसकी धूर्तता तत्काल उजागर हो जाती है। कोई बाबा किसी भी तरह के कागजात पर हस्ताक्षर नहीं करता और न ही किसी प्रकार से लिखित रूप में कुछ खुलासा देता है। बाबा के पास करोड़ों रुपयों की ट्रस्ट का मालिकाना होता है। कई तरह के आर्थिक कारोबारों में बाबा संलिप्त रहता है। बिना उसकी इजाजत के ऐसे कारोबारों में पत्ता तक नहीं खड़कता। बावजूद इसके, उक्त मामलों में बाबा परदे के पीछे रहकर ही हरकतें करता है। वह हरगिज सामने नहीं आता। चूँकि बाबा प्रत्यक्ष में ट्रस्टी ही नहीं रहता, लिहाजा उसके आर्थिक कारोबार के कागजात पर दस्तखत करने के झमेले में फँसे जाने का सवाल ही पैदा नहीं होता। सब कुछ करके भी वह जुदा रहता है और संन्यासी कहलाते हुए समाज में विचरण करता है।

बाबा का बोलबाला होने के लिए उसके द्वारा किया गया भविष्य कथन सच साबित होना जरूरी है। सिवाय इसके बाबा को त्रिकालदर्शी कैसे कहा जा सकता है? बाबा द्वारा किया गया भविष्य कथन सच साबित होने पर उसकी नित्य मुनादी पीटी जाती है। और जो भविष्य कथन सच साबित नहीं हुआ होता उसके बारे में सुभीते से मौन पाला जाता है। संभावना की सरल थ्योरी नोटिस करने पर बाबा के अचूक

भविष्य कथन करने की दैवी सामर्थ्य की बुनियाद किस तरह से बेहद कमजोर है, यह समझ में आ जाता है। लड़का पैदा होगा या लड़की? रिश्ता तय होगा या नहीं? चुनाव में मैं निर्वाचित होऊँगा या नहीं? इस तरह के सवालों को लेकर भक्त बाबा के दरबार में आ जाते हैं। ऐसे सवालों में से पचास प्रतिशत सवालों के जवाब सच होने की संभावना 'लॉ ऑफ प्रोबैबिलिटी' पर ही आधारित होती है। सही साबित हुए भविष्य कथन को लेकर बाबा का जयघोष किया जाता है। गलत साबित हुए भविष्य कथन के लिए व्यक्ति के भाग्य को दोष दिया जाता है।

बाबा की सौदागरी असल में पूँजी निवेशरहित सौदागरी है, यह बात सही है, किंतु चंद अनुकूलताएँ इस व्यवसाय को बेहतर तरीके से आगे बढ़ाती हैं। रौबदार शख्सियत, धर्म, दर्शन, योग, यौन विषयक जानकारी आदि विषयों पर नाविन्यपूर्ण और लोगों की पसंद पर खरा उतर जाए ऐसा बोलना, हिंदी और अंग्रेजी भाषा पर महारत हासिल करना आदि चीजें बाबा के प्रभाव को बढ़ाने में मददगार साबित होती हैं। रजनीश इसके बारे में आदर्श कहा जा सकता है। उसका हिंदी, अंग्रेजी पर असाधारण प्रभुत्व था और उसकी वाणी में धाराप्रवाहिता थी। वह काफी पढ़ाकू भी था। आधुनिक वेशभूषा और रहन-सहन के बल पर रजनीश ने अपनी एक अलग तरह की लोकप्रियता निर्मित की थी। ऐसी चीजों के संग गूढ़ता और चमत्कार की अफवाहें भी जोड़ी जाती हैं। रजनीश पर लिखे एक प्रसिद्ध ग्रंथ में उक्त उल्लेख नोटिस करने लायक है, "परमोच्च ज्ञानप्राप्ति के लिए पूर्वजन्म में 106 वर्ष की आयु में रजनीश ने इक्कीस दिनों का उपवास रखा था, लेकिन अठारहवें दिन उनकी हत्या हुई। उपवास के तीन दिन अभी शेष थे। इस जन्म में, जन्म के तुरंत बाद के शुरुआती तीन दिन उन्होंने कुछ भी ग्रहण नहीं किया।'

ऐसी अद्भुत, सुरस, चमत्कारिक एवं गूढ़ चीजें बोलबाला रहनेवाले हर बाबा या स्वामी के बारे में सुनाई जाती हैं। इस तरह बाबा के इर्द-गिर्द रहस्यमय घेरा निर्मित करने के लिए अफवाहों का मनोविज्ञान योजनाबद्ध और प्रभावी रीति से उपयोग में लाया जाता है। लोकप्रिय हुए या लोकप्रियता के कगार पर खड़े किसी भी बाबा, स्वामी या भगत की पड़ताल की बात जरा सोचिए, तब उसके चमत्कार की बड़ी दिलचस्प कथाएँ नित्य सुनने और किताबों के जरिए पढ़ने में आती हैं। जैसे कि जोड़ों के दर्द से पीड़ित महिला के पूरी तरह सुन्न पड़े घुटनों को बाबा ने किस तरह ठीक किया; और ठीक होते ही किस तरह पीड़िता ने तुरंत घुटनों के बल पर छलाँग लगाई। किंतु यथार्थ में पड़ताल करने पर उक्त तरह से तंदुरुस्त हुए लोग खोजने से कभी नहीं मिले।

बाबाओं का ठगी व्यापार प्रभावी बनने के मूल में कुछ कारण भी निहित होते हैं। किंतु उक्त कारणों का ढंग से अध्ययन करने की आदत समाज में दिखाई नहीं देती। मात्र रजनीश को लेकर इस तरह के प्रयास हुए हैं। 1950 के दरमियान पाश्चात्य

मानसोपचार विशेषज्ञ सिग्मन फ्रायड के मनोविज्ञान से कटने लगे। उन दिनों मानव बीमारी का निदान और उसके इलाज के लिए मानसचिकित्सा नहीं बल्कि तमाम मानवजाति के लिए बुनियादी सुधार का कार्य मनोविज्ञान जैसे शास्त्र द्वारा किया जाए, ऐसा विचार कतिपय मनोवैज्ञानिक रखने लगे। उन्होंने इस नये चिंतन को प्रस्तुत करने के लिए कई पहलुओं से अध्ययन किया। उन्होंने बड़ी जिज्ञासा से योग, वेद, बौद्धधर्मीय उपासनादि का अध्ययन उक्त प्रभाववाले स्थानों पर जाकर किया। उन्हें इसमें धर्म जैसा ही मानसोपचार का भी अंश दिखाई दिया। किंतु उक्त विचार की आश्रम में चल रही साधना परंपरागत कर्मकांड और सख्त नीति कल्पना में ही बंदिस्त थी, जो कि उनके पाश्चात्य मानसिकता के अनुरूप नहीं थी।

ये खोज जिस समय चल रही थी, उस समय उन्हें आचार्य रजनीश असाधारण महसूस हुआ। उसका दर्शन किसी प्रगतिशील गुरु जैसा ही लग रहा था। एक अर्थ में 'प्रगतिशील गुरु' शब्दप्रयोग ही विरोधाभासयुक्त है। 'मुझ पर भरोसा रखें, मैं आपकी जिम्मेदारी उठाता हूँ,' जैसे विचार को छोड़ दें तो धाराप्रवाह अंग्रेजी में क्रांतिकारी दर्शन की प्रस्तुति करनेवाला रजनीश अन्यों से अलग था। मानव समाधि के अनुभव को संभोग से जोड़कर पेश करनेवाला और स्त्री-पुरुष शरीर संबंध द्वारा पुरुष एवं प्रकृति, शिव एवं शक्ति, निर्मिक एवं निर्मिति आदि का दर्शन करानेवाला रजनीश विदेशियों को रास आया। उपासना के आधुनिक हिंदू मार्ग के प्रणेता तब तक स्वामी विवेकानंद या महात्मा गांधी हुआ करते थे। इस उपासना पद्धति में तांत्रिक पथ को इरादतन दूर रखा गया था।

रजनीश ने अपनी शिक्षा पद्धति में तंत्रमार्गों का कौशल से उपयोग कर लिया। लिहाजा, संभोग द्वारा चैतन्य के अलौकिक तत्त्व की अनुभूति का दावा करनेवाले रजनीश का फलसफा विदेशियों को अभिभूत कर गया। असल में रजनीश जो कुछ कहा करता, उसमें कई त्रुटियाँ एवं अंतर्विरोध थे, बावजूद इसके अधिकांश बाबाओं को जो लाभ मिलता है, वही लाभ रजनीश को भी प्राप्त हुआ। आम भक्त चाहे वह पूरब का हो या पश्चिम का, धर्म और धार्मिक विचार पद्धति को लेकर कई संप्रदायों की मामूली जानकारी से अवगत होता है। अत: इस संबंध में थोड़ी-बहुत (गलत) जानकारी देनेवाला बाबा भी उसके लिए ग्रेट महसूस होता है। अलावा इसके वह भक्तों की भावनिक जरूरतों की पूर्ति भी करता है। रजनीश दर्शनशात्र का प्राध्यापक था। पूरब एवं पश्मिम के फलसफे का उसने गहरा अध्ययन किया था। वह मानव स्वभाव के बारे में गहरी समझ रखनेवाला उम्दा निरीक्षक था। उसका वाचन भी व्यापक था। उसकी हिंदी तो लाजवाब ही थी। उसमें ध्यान धारणा की नवनवीन कल्पनाओं को खोजने की अद्‌भुत क्षमता थी। उसे व्यंग्य की भी उम्दा समझ थी। साथ ही अपनी योजनाओं को अमली जामा पहनाने और उसके अनुसार लोगों को इस्तेमाल करने की कला में वह पूरी तरह माहिर तथा निष्ठुर था।

सन् 70 में पश्चिम की 'ग्रोथ मूवमेंट' का करिश्मा फीका पड़ रहा था। उन दिनों मानव मन को बाँधे रखने के लिए तरह-तरह के प्रयोग किए जा रहे थे। इनमें सूफी नृत्य, अतींद्रिय शक्ति के अनुभव, चाइना की मन का नियमन करनेवाली पद्धति एवं तिब्बती बौद्ध धर्म का फलसफा मुख्य थे। इनमें आध्यात्मिक विचार कौशल को ढंग से गूँफने की जरूरतें भी महसूस हो रही थीं। ये तमाम जरूरतें रजनीश ने बेहद चतुराई से पूरी कीं। रजनीश ने 'ग्रोथ मूवमेंट' का चंद हिस्सा लेकर उसका भारतीय पारंपरिक ध्यान धारणा पद्धति से मिलान कर पश्चिमी शिष्यों की पसंद पर खरा उतरनेवाला फॉर्मूला ईजाद किया। सन् 70 का दौर भारतीय युवा के लिए निराशा का दौर था। इसी दौर में एक ओर केंद्र में कांग्रेस की अखंड सरकार के लिए लगभग सभी राज्यों से चुनौतियाँ मिल रही थीं तो दूसरी ओर वामपंथीय दल कई खेमों में बँट गया था। उन्हीं दिनों विदेशों में फैली बेरोजगारी और मुद्रास्फीति में वृद्धि के चलते निर्मित उद्विग्नता से हिप्पियों का उदय हुआ था।

ऐसे माहौल में समाजवाद और महात्मा गांधी की कड़ी आलोचना करनेवाला तथा बेहतरीन जीवन, लैंगिक आजादी के साथ ही उच्च स्तरीय आध्यात्मिक फलसफे का भरोसा देनेवाला रजनीश का खासा लोकप्रिय होना कोई ताज्जुब नहीं था। रजनीश ने मदर टेरेसा, पोप जॉन पॉल, मोरारजी देसाई, सनातन हिंदू धर्म और ईसाइयत आदि सभी पर निर्मम प्रहार किए। अपने अनुयायियों के समक्ष उसने यह दावा पेश करने का प्रयास किया कि "मैं मुक्त विचारों से युक्त सर्वश्रेष्ठ दर्शन एवं अनुभूति प्रदान कर रहा हूँ।" इसके लिए उसे सामूहिक सम्मोहन के लिए प्रयोग में लाए मार्ग भी मददगार साबित हुए।

उक्त तमाम घटनाओं का सार यही कि बाबा या स्वामी जब जिस समाज में विद्यमान अवस्था में होते हैं तब वे उस समाज की एक जरूरत को पूरी कर रहे होते हैं। अर्थात् प्रभावी बनने के लिए इसके पूर्व वर्णित तमाम संसाधनों की जरूरत उन्हें महसूस होती ही है और उसे वे प्रयोग में लाते भी हैं। समूची दुनिया में 60 के दशक में व्यवस्था विरोधी (एंटी इस्टैबलिशमेंट) आंदोलनों का उदय हुआ था और उन आंदोलनों की व्यर्थता की प्रतिक्रिया स्वरूप कई धार्मिक या धर्मसदृश संप्रदाय निर्मित हुए। इन्हीं अनुकूल हालातों ने रजनीश को महान बनाया। भारत में भी विभिन्न बाबा, स्वामी या संप्रदाय आदि का एक विशिष्ट काल में जिस तेजी से उदय होता है, उसके कारण भी उपरोक्त पद्धति के व्यापक सामाजिक पर्यावरण में खोजे जाने चाहिए।

बाबा, स्वामी, भगत, गुरु आदि पर रखा विश्वास वास्तव में श्रद्धा का विषय होता है। मैं जिस गुरु या बाबा पर श्रद्धा रखता हूँ उसे मेरे कल्याण में पूरी आस्था है। मेरा कल्याण उसके हाथों में सुरक्षित है, ऐसी भक्त की भावना बन चुकी होती है।

भक्त पूरी तरह से बाबा की भक्ति पर निर्भर रहता है। स्वामी या बाबा मेरे साथ धोखा करेंगे, यह कल्पना भी भक्त सह नहीं सकता। छोटे बच्चों की जिस तरह माता-पिता पर श्रद्धा होती है, कुछ ऐसी ही श्रद्धा भक्त बाबा के प्रति रखते हैं। माता-पिता कई दफा बच्चों पर गुस्सा होते हैं और उन्हें दंडित भी करते हैं। बच्चों की दृष्टि से माता-पिता अप्रिय हरकतें करते हैं। उनकी इस तरह की हरकतों का प्रयोजन बच्चों की समझ से परे होता है। किंतु इन्हें सहकर भी माता-पिता के प्रति बच्चों में विशुद्ध प्रेम की गारंटी होती है। इसके चलते माता-पिता पर बच्चों की श्रद्धा बरकरार रहती है।

माता-पिता भी आखिर हैं तो मनुष्य ही और उनके साथ भी अज्ञान, असफलता एवं स्वार्थ की सीमाएँ जुड़ी होती ही हैं। बच्चा जब वयस्क बन जाता है तब उसे उक्त सारी चीजों का भलीभाँति एहसास हो जाता है। और अब तक उसकी माता-पिता पर जो श्रद्धा थी वह खत्म हो जाती है। और प्रेम, आदर एवं कृतज्ञता ये भावनाएँ पीछे रह जाती हैं। परंतु उनके बीच का नाता अब प्रौढ़, बराबरी के मनुष्यों के बीच का नाता बन जाता है। यदि ऐसा परिवर्तन नहीं हो पाया, वयस्क बनी संतान आजीवन बालक जैसी ही माता-पिता पर निर्भर रहने लगे; तो वयस्क के रूप में उसके विकास को लेकर सवाल खड़ा हो जाता है।

बाबा के कदमों में जिंदगी कुर्बान करनेवाले भक्त के बारे में भी बिलकुल ऐसा ही घटित होता है। खुद को बाबा का शिष्य कहलानेवाले वयस्क भी शब्दशः अपना बचपन ही जतन किए होते हैं। श्रद्धा का ढाँचा होता ही ऐसा है कि श्रद्धा किसी व्यक्ति विशेष पर रहती है। जिस व्यक्ति पर श्रद्धा स्थायी रहती है वह व्यक्ति श्रद्धालु भक्तों के हितों की रक्षा करनेवाला है, इसके बारे में भक्त के मन में किसी भी तरह की आशंका नहीं रहती। ये श्रद्धा अनुभव के परे जानेवाली होती है। जो मनुष्य श्रद्धा भाव रखता है उसके श्रद्धालु होने की दशा में उक्त श्रद्धा की प्रामाणिकता अनुभव के आधार पर सिद्ध करना संभव नहीं होता।

कई दफा विसंगत या विपरीत अनुभव आते हैं, बावजूद इसके श्रद्धा बनाए रखनी पड़ती है। श्रद्धा स्थान पर आसीन व्यक्ति का ज्ञान, वैचारिक शक्ति एवं कर्तत्व आदि श्रद्धालु व्यक्ति की सामर्थ्य की परिधि से परे होता है। यानी उसमें जाहिर रूप से श्रेष्ठ-कनिष्ठता का नाता अस्तित्व में आ जाता है। किसी स्थापना के पर्याप्त साक्ष्य रहने पर उसे सत्य के रूप में अपनाया जाता है। अन्यथा उस स्थापना को असत्य माना जाता है। स्थापना पर्याप्त साक्ष्यों के अभाव में असत्य साबित होने की दशा में; श्रद्धा के बूते उसकी सत्यता अपनाने का सवाल ही नहीं उठता और श्रद्धा के बूते जिस स्थापना को सत्य के रूप में हम अपनाते हैं, वह साक्ष्यों द्वारा असत्य सिद्ध होने की दशा में सत्य रूप में उसे स्वीकारना अविवेकी साबित होगा।

किंतु मानव मनोव्यापार पर संजीदगी से गौर करने पर श्रद्धा को दो रूपों में विभाजित करना पड़ेगा। अपने आप रकम दुगुनी करवा लेने की इच्छा, फलाँ-फलाँ

कर्मकांड संपन्न कराने के बाद गारंटी के साथ फलाँ-फलाँ लाभ होगा इस तरह की भावना आदि का मन पर पक्का प्रभाव जम जाने के कारण निर्माण हुई अविवेकी वृत्ति और मानव कल्याण का अंतिम दर्शन किसी बाबा द्वारा होता है; इसे समझ लेने में और उसके अनुसार आचरण करने में, जीवन का परम कल्याण है; इस तरह की श्रद्धा मन में पालनेवाली अविवेकी वृत्ति में अंतर करना पड़ेगा। इसमें श्रद्धा का दूसरा रूप बेहद जटिल है। और कई बाबाओं के बारे में उसके समर्थक इसी स्वरूप का प्रतिवाद करते रहते हैं, लिहाजा इसे और विस्तार से समझ लेना जरूरी है।

भक्त श्रद्धापूर्वक गुरु या बाबा द्वारा जिस सत्य को स्वीकारते हैं उनकी भूमिका अमूमन उक्त तरह की होती है—कुछ सत्यों का ज्ञान मानव ज्ञान की शक्ति से परे है। यह ज्ञान सर्वश्रेष्ठ मानव कल्याण साध्य करने के लिए अत्यावश्यक है। अधिकारी व्यक्ति द्वारा वह ज्ञान लोककल्याण हेतु (ईश्वर कृपा द्वारा) प्रकट होता है। ऐसे अधिकारी व्यक्ति का चित्त एवं बुद्धि पूरी तरह से परिष्कृत हुई होती है। उक्त ज्ञान या ज्ञान की आशययुक्त निहित स्थापनाएँ सत्य या असत्य हैं, इसे सिद्ध करना मानव सामर्थ्य के परे है। किंतु अधिकारी पुरुष पर श्रद्धा जतलाने के कारण ही उक्त ज्ञान प्रमाण रूप में स्वीकार किया जाता है। ऐसे बाबाओं और स्वामियों का प्रतिपादन होता है कि "मैं जो कुछ विचार प्रस्तुत कर रहा हूँ, वे तुम्हारे कल्याण के लिए ही हैं। किंतु तुम्हारा कल्याण किस चीज में निहित है इसे समझना तुम्हारी आकलन शक्ति से परे है। मुझ पर तुम्हारी श्रद्धा है अत: मेरे कहे को सत्य रूप में स्वीकार करो।"

अधिकारी पुरुषों का आमजनों को लक्ष्य कर किया गया प्रतिपादन कुछ इसी तरह का होता है और इसी वृत्ति से ही आम लोग उसको स्वीकार करते हैं। यह भूमिका मूलत: अंतर्विरोधी है। मानव ज्ञान शक्ति के परे स्थायी जो चीजें हैं वे सत्य हैं। फिर भी इसका पता मानव को चल सकता है, ऐसा मानकर चला जाता है। यह कुछ स्वयं की केंचुल से बाहर निकलने के प्रयास करने जैसा है। बच्चों को माता-पिता दिखाई देते हैं। आज जिस चीज को माता-पिता उम्रदराज होने पर समझते हैं उसे बच्चे वयस्क होते ही समझने लगते हैं। किंतु माता-पिता उनकी वयस्क होने की दशा में इसे समझ नहीं सकते थे, इसका भी एहसास हो जाता है। लेकिन कोई-न-कोई सर्वज्ञ है, ऐसा किसी भी इनसान द्वारा स्वयं सर्वज्ञ हुए बिना समझना उचित नहीं है। लिहाजा, सर्वज्ञ, सर्वशक्तिमान ईश्वर का संदेश प्राप्त कोई अधिकारी दूत है, इसे श्रद्धापूर्वक स्वीकारना पड़ता है।

इसमें भी दिलचस्प चीज यह कि ईश्वर है; और उसने फलाँ-फलाँ बाबा को अधिकार प्रदान किया है, इसका पता चलने पर उक्त व्यक्ति को अधिकारी माना नहीं जाता। उस व्यक्ति को अधिकारी माना जाने के कारण; ईश्वर या अन्य किसी शक्ति द्वारा मानव ज्ञानशक्ति के परे स्थायी ज्ञान उसे प्रदान किया गया है, ऐसा भक्त

मान बैठता है। अब ईश्वर अस्तित्व में है या नहीं, और मानव ज्ञान के परे ज्ञान का अस्तित्व है या नहीं, यह पता न होते हुए भी फलाँ व्यक्ति उस ज्ञान का अधिकारी है, यह अवबोध किस आधार पर भक्त को हुआ?

इस तरह का अवबोध होना; अनुभव, तर्क एवं साक्ष्य के दूसरे छोर पर छलाँग लगाने जैसा है। किंतु असल में पग-पग पर हर कोई अपने बाबा, गुरु, स्वामी, योगी आदि पर श्रद्धा व्यक्त करते हुए उक्त तरह से छलाँग लगाता है। विशिष्ट व्यक्ति के अधिकारी होने पर श्रद्धा किस तरह रखी गई? इसका जवाब भक्तों द्वारा कुछ यों दिया जाता है कि "फलाँ-फलाँ व्यक्ति अधिकारी है इसका सबूत मिल नहीं सकता लेकिन उस तरह के निशान मुझे मिले हैं, यह तीव्रता से मुझे महसूस होता है। परतत्त्व स्पर्श कहें, ईश्वर का अनुग्रह कहें या ज्ञानेंद्रियों के परे स्थित ज्ञान कहें, ये तमाम या इनमें से कुछेक अधिकारी व्यक्ति के जीवन में हैं ही। इसके निशान को भक्त महसूस करता है।

अब ये निशानियाँ मात्र सबूत नहीं हैं। अतः इन निशानियों पर निर्भर रहते हुए बाबा की सेवा में स्वयं को समर्पित कर देने के लिए श्रद्धा जतलाते हुए ही छलाँग लगानी पड़ती है। इसी के चलते श्रद्धा में दृढ़ता का महत्त्व है। अब आंदोलन की दृष्टि से महत्त्वपूर्ण सवाल इसके अगले पायदान पर निर्मित होता है कि ये निशानियाँ कौन सी हैं? परतत्त्व का संस्पर्श हो जाने के बाद मनुष्य अन्य प्राकृत मनुष्यों जैसे नहीं रह सकते। ये अलगाववाद दो श्रेणियों का हो सकता है। पहली श्रेणी में ऐसा मनुष्य असाधारण होता है, वह चमत्कार दिखाता है, भविष्य कथन करता है और उसका भविष्य कथन सच भी साबित होता है। उसका प्रत्येक शब्द अपने आप सत्य में रूपांतरित हो जाता है। दूसरी श्रेणी में ऐसे व्यक्ति चरमकोटि के सद्व्यवहारी, सद्गुणी और सज्जन होते हैं। उनका जीवन विशिष्ट तरह का एवं अलग स्तर का होता है, जो आम जनों को दिखाई देता है। भगवान बुद्ध या ईसा मसीह, संत तुकाराम या गाडगे बाबा जैसे महापुरुष इस तरह के उदाहरण हैं।

इन दोनों तरह की निशानियों को खोजने का अजब आकर्षण अधिकांश जनों में होता है। **जिस मात्रा में स्थापना के अनुकूल साक्ष्य मौजूद होते हैं, उसी मात्रा में सत्य के रूप में उनको स्वीकार किया जाए, इस तत्त्व में विवेकवाद का सार है, और उसमें श्रद्धा के लिए कोई स्थान नहीं है। ऐसी श्रद्धा के बिना मानव उत्कृष्ट सर्जनशील निःस्वार्थ पद्धति से जीवन जी सकते हैं, यह साबित हुआ है।**

दूसरी ओर श्रद्धा के बल पर अधिकारी पुरुष द्वारा अतीत तक छलाँग लगाने की गहरी वृत्ति मानव मन में निहित है, यह अब तक के सांस्कृतिक इतिहास में नजर दौड़ाने पर दिखाई देता है। क्या इस तरह की श्रद्धा मानव की बुनियादी वृत्ति है, यह चर्चा का विषय है। 'श्रद्धा' यह मानव प्राणी का 'मनुष्य' के रूप में हुए विकास के साथ ही उसके मन की अंगीभूत विशेषताओं के रूप में उभरकर आई अवधारणा

है। यदि उसका रूप तर्कशक्ति से विसंगत, विकृत, स्वार्थी और विवेकरहित होगा तो उसके विरोध में लड़ना ही चाहिए। किंतु मानव मन की विशेषता—सृजनशील श्रद्धा, विज्ञाननिष्ठता विरोधी होनी ही चाहिए ऐसा नहीं है। इस अर्थ से 'श्रद्धा' यह प्रवृत्ति मानव स्वभाव का अंश बन जाती है, इस तरह का भी एक विचार रखा जाता है। सुसंस्कृत होना अर्थात् मानव का स्वयं संग; अन्य मानवों का संग और प्रकृति संग स्थापित नाते के विषय में तमाम विकल्पों की संभावनाएँ मन में सँजोते हुए जीवन जीना है। ये संभावनाएँ भिन्न जीवन पद्धतियों को उजागर करती हैं जिनका आदर किया जाना चाहिए; किंतु मानव और विश्व से संबंधित प्रस्तुत ज्ञान प्रत्येक व्यक्ति के लिए समताधिष्ठित बेहतर जीवन जीने के अधिकार से संगत साबित होना चाहिए। किसी भी गुरु पर रखी कथित श्रद्धा निरामय है या विकृत मोड़ पर खड़ी है, इसका उक्त निकषों पर निर्णय किया जाना चाहिए। और ऐसी 'एक्स-रे' चिकित्सा द्वारा ही बाबा पर स्थायी श्रद्धा का जायजा लिया जाना चाहिए।

शुद्ध शुचिर्भूत जीवन यह एक उच्चतम लक्ष्य है, किंतु उसे साध्य करने के लिए बाबा की शरण में जाना, किसी भी दृष्टि से उपकारक साबित होने की संभावना नहीं है। मानव मन में स्थायी काम भावना और अभिलाषा का एहसास व्यक्ति को ईमानदारी से हो जाना चाहिए। समता, व्यक्ति स्वतंत्रता और मन में उत्पन्न आशंकाओं का समाधान करने के लिए सवाल पूछने की स्वतंत्रता को महत्त्व दिया जाना चाहिए। स्वाभाविक भावनाओं पर निर्मला माता जैसी तीखी आलोचना करना या रजनीश जैसी असीम स्वतंत्रता देना, ये दोनों भी चीजें गलत हैं। स्वतंत्रता और निर्णय लेने की आजादी के चलते मानव स्वच्छंद रीति से जीवन का आनंद लेता है। अत: इससे निर्मित स्वैराचार से बचाने के लिए किसी बाबा, स्वामी एवं साधु आदि के आध्यात्मिक दर्शन की नकेल होना जरूरी है, यह चीज मानव के रूप में होनेवाले विकास के लिए कुछ खास उपकारक नहीं है। अध्यात्म की तमाम उठापटक जिस आत्मपूर्ति के दर्शन के लिए चल रही है, उसके लिए भी मानव मन की स्वतंत्रता आवश्यक है; सुपर्ण शरणागति नहीं।

प्रत्यक्ष में बाबा, स्वामी, नाथ, योगी आदि पाखंडी कौन सी हरकतें करते हैं, इसका अध्ययन करने के बाद कौन सी तसवीर उभरकर आती है? संतगणों ने धर्म के माध्यम से मानवता और करुणा मार्ग का दिग्दर्शन किया और उसके अनुरूप आचरण करते हुए वे कृतिशील रहे। किंतु मानव को अपने संग की आदत लगानेवाले कथित बाबा, स्वामी, नाथ आदि संत साहित्य का प्रयोग तक अपने स्वार्थ की सिद्धि के लिए करते दिखाई देते हैं। संत वचनों का सतही उद्घोष करनेवाले ये ढोंगी प्रत्यक्ष आचरण में कमाल के स्वार्थी होते हैं। स्वयं में ही विलक्षण रीति से उलझे हुए इन पाखंडियों का परमतत्त्व के मार्ग पर कदम रखना असंभव है। उनकी तमाम नीतियाँ व्यक्तिपूजा को बढ़ावा देनेवाली होती हैं।

बाबा के भक्तों का विशिष्ट रंगोंवाला पहनावा, विशिष्ट रंग की मालाएँ, सीने पर बाबा की तसवीर वाला बैज, बाबा का दिया पेन, बाबा द्वारा दिया गया जीवन उद्धार करनेवाला कोई मंत्र आदि द्वारा पहले भक्तों में एकता की भावना निर्मित होती है। जिसमें एक संतुष्टि भाव और सामर्थ्य होती है। आगे चलकर धीरे-धीरे भक्त को इस वातावरण की आदत हो जाती है। नतीजा, सिवाय इस वातावरण के भक्त का समय कटना असंभव बन जाता है या इस तरह की इच्छा किसी भक्त में पैदा हो भी जाती है तो उसे बनी-बनाई परिपाटी के विरुद्ध आचरण न करने की चेतावनी दी जाती है।

बाबा के दरबार के सभी क्रियाकलापों में एक प्रकार की विशिष्ट गुप्तता रहती है। दरबार चाहे अदने से नरेंद्र बाबा का हो या स्वयं को भगवान माननेवाले ओशो रजनीश का, सभी जगह प्रक्रिया बिलकुल एक जैसी ही होती है। यहाँ आने पर बाबा की भक्ति को छोड़ शेष जीवन व्यर्थ है, ऐसा महसूस होना यही जीवन का इतिकर्तव्य बन जाता है। बाबा का विरोध करना, महापाप करार दिया जाता है। बाबा का विरोध करनेवाले दुर्जनों का नाश, इसे पुण्य का काम माना जाता है। बाबा के अनुग्रह पर ही जीवन का समग्र कल्याण संभव है और भवसागर को पार किया जा सकता है, ऐसा संदेश नित्य भक्तों के मन पर बिंबित किया जाता है। नतीजा, भक्त बाबा का कट्टर सैनिक बन जाता है और बाबा की ठगी एक अभेद्य व्यूह रचना। भक्तों में इस स्थिति को बरकरार रखने के लिए निरंतर ब्रेन वॉशिंग और कंडिशनिंग प्रक्रिया का उपयोग किया जाता है। सम्मोहन की दशा में मानव की विवेकी बुद्धि खारिज हो जाती है। कई दफा तो भक्तगणों की बाबा के प्रति असीम भक्ति एवं प्रीति के चलते उनका सम्मोहन सदृश्य अवस्था में जाना सहज संभव हो जाता है और उनमें संवेदनाओं का भ्रमजाल निर्माण हो सकता है। जिसके तहत भक्त के आसपास चंदन का अस्तित्व न होते हुए भी चंदन के सुगंध की अनुभूति होना, देवताओं के मंजुल स्वर सुनाई देना या भक्त के अधिक भाग्यशाली होने पर देवता का प्रत्यक्ष दर्शन भी हो जाता है। अथवा बाबा ही भक्त को देवता के रूप में दर्शन देता है। इस तरह दैवी चमत्कार के साक्षी बनने का परमभाग्य भक्त को प्राप्त होता है। बाबा के वचन मानो मोक्ष का द्वार ही खोल रहे हैं, ऐसा भी भक्त को महसूस होता है। भक्त के जीवन की तमाम जिम्मेदारियाँ बाबा द्वारा उठाई जाती हैं यह भक्त का परमभाग्य ही है। जिसके चलते भक्त को लगता है कि जीवन की तमाम चिंताएँ खत्म हो गई हैं, अब सुख-शांति एवं संतुष्टि का महाद्वार खुलने वाला है। बाबा के अनुग्रह पर भक्त को भौतिक, भावनिक, आध्यात्मिक और पारलौकिक आधार एकमुश्त प्राप्त हो जाता है।

जिस आध्यात्मिक कल्याण हेतु भक्त बाबा की शरण में जाता है, वह आध्यात्मिक कल्याण है क्या? इसकी एकवाक्यता उजागर करनेवाली किसी तरह की संरचना

फिलहाल अप्राप्य है। बावजूद इसके 'जहाँ विज्ञान की सीमा खत्म होती है, वहीं से अध्यात्म शुरू होता है' इस स्थापना को बड़े ही चाव से बाबा द्वारा सुना(या जाता है। और आध्यात्मिक दृष्टि से सफल जीवन ही जिंदगी की सार्थकता है, ऐसा बाबा का कहना होता है। अतः गुरु या बाबा का आशीर्वाद और सत्संग अनिवार्य है।

प्रत्येक धर्म और संप्रदाय का फलसफा अलग होता है। कई दफा यह फलसफा एक-दूसरे का विरोधी भी रहता है। फलसफा व्यक्तिसापेक्ष तो होता ही है फिर भी बौद्धिक प्रतिवाद द्वारा मानव मन की कथित आध्यात्मिकता का प्रतिवाद करना मुश्किल बन जाता है, ऐसा अनुभव है। इसलिए हम पलभर के लिए अध्यात्म का पारंपरिक और सर्वमान्य अर्थ लेंगे। वह कुछ इस प्रकार है, "इस विश्व में, विश्व के प्रत्येक उपादान में चैतन्य वास करता है। व्यक्ति के जीवन में जिसका वास है वह आत्मा है, और जिसने विश्व को व्याप्त किया है वह परमात्मा है। व्यक्ति के जीवन में जो स्थायी है वह ब्रह्म है और जो विश्व में स्थायी है वह परब्रह्म है। व्यक्ति के जीवन का यह आत्मतत्त्व और विश्वचैतन्य में निहित परब्रह्म का एक दूसरे से मिलान होना आत्मा-परमात्मा का विलय है। अर्थात् उक्त स्थिति 'आनंद सागर में आनंद की तरंगें' निर्मिति होना है। स्वयं के सच्चिदानन्द रूप का परिचय होना यानी उक्त रूप सत्य, शाश्वत और अखंड आनंद स्वरूप है, इसकी अनुभूति होना है। अब व्यक्ति को इससे अलग और किस चीज की आवश्यकता है? किंतु यह महज शब्दों की माथापच्ची है। इसके भी परे जाकर वास्तविक आध्यात्मिक पुरुष की पहचान किस तरह की जाए?

इसकी आसान निशानी है—ऐसा मनुष्य जीवन में संयमी, सदाचारी और अपरिग्रही रहता है। भौतिक सुख के परे जीवन का श्रेयस है और भौतिक सुख से वह अनंत गुना कीमती है, ऐसा उस मनुष्य का मानना होता है। किंतु वह इन तमाम चीजों का ढिंढोरा पीटता नहीं। बल्कि वह करुणा द्वारा मानव सन्मुख कृति करता है। अध्यात्म उस मनुष्य के आंतरिक विकास की साधना होता है। इसके चलते उसके जीवन में जो शुचिता और पवित्रता निर्मित होती है, उसकी सहज प्रतीति अन्यों को होने लगती है।

जिसे आचरण में उतारा जाता है, वह अध्यात्म। बाकी चीजें बकवास या अल्पज्ञान हैं। व्यवहार में व्यक्ति को नैतिक दृष्टि से जो जाग्रत रखता है वह नामस्मरण कहलाता है। बाकी चीजें महज पाखंड हैं। इन निष्कर्षों पर बाबाओं की आध्यात्मिकता को परखा जा सकता है या परखा जाना चाहिए। इस संदर्भ में संत गाडगे बाबा जैसा उदाहरण खोजकर भी नहीं मिलेगा। अनपढ़ गाडगे बाबा ने करोड़ों रुपए जमा कर खर्च किए और उसका हिसाब भी अद्यतन रखा। जीवन के अंत तक संपत्ति के रूप में उनके पास थी महज लाठी, बदन पर चिंधियों में तब्दील हुई पोशाक और सिर पर खपरैल का टुकड़ा। उन्होंने अपनी कमाई से एक धर्मशाला का निर्माण किया

था। इसी धर्मशाला के एक कमरे में बाबा के शिष्यों ने बाबा की पत्नी को आसरा दिया, इसकी खबर मिलते ही गाडगे बाबा तत्काल धर्मशाला पहुँचे और पत्नी को कमरे से बाहर कर दिया।

गाडगे बाबा का यह वैराग्य एवं अध्यात्म एक ओर है तो लाखों रुपए खर्च कर अलीशान कार खरीदनेवाला नरेंद्र बाबा, देश-विदेश में संगमरमर के महल निर्माण करनेवाली निर्मला माता, सत्यसाईं का भड़कीलापन, उसका निजी हवाई अड्डा, ज्ञानेश्वरी सप्ताह आयोजित करनेवाले और लाखों रुपयों का मानदेय लेनेवाले ईश्वर भक्त परायण बाबा, और दूसरी ओर ट्रस्ट की संपत्ति को घरवालों के कब्जे में रखनेवाले पाखंडी हैं। संयम, सदाचार, अपरिग्रह, शुचिता, चरित्र आदि मूल्यों को सच्ची आध्यात्मिक कसौटियाँ मानने पर कथित गुरु और बाबाओं का इन कसौटियों पर भंडाफोड़ बेहद जल्द और स्पष्ट रूप से हो सकता है।

ढोंगी बाबाओं के ठगी व्यापार से होनेवाले अनर्थ पर गौर कर उसके विरोध में चलाए जा रहे संघर्ष में निरंतरता रखनी पड़ती है, यह महाराष्ट्र के लिए नवीन नहीं है। बाबाओं की पाखंडी सत्ता के विरोध में 1935 में गठित 'बाबा की सत्ता का ध्वंस' नामक संगठन की लिखी प्रतिज्ञा पर गौर करें। उन दिनों महाराष्ट्र में मशहूर हुई मासिक पत्रिका 'किर्लोस्कर' ने इस काम के लिए प्रोत्साहन दिया था और संगठन के सदस्यों के प्रवेश-पत्र का नमूना भी छपवाया था। उसमें प्रतिज्ञा छपी थी, "हमारे समाज में बाबा और योगियों की संगत करनेवालों में कई सारी महिलाएँ और पुरुष शामिल हैं। ये जल्द ही बाबाशाही की स्थापना करते हैं। इसके चलते मनुष्य प्रज्ञाहत हो जाता है, आलसी बन जाता है और बिना किसी तरह का व्यवसाय किए; बाबा के अनुग्रह पर सभी तरह की इच्छाएँ पूरी हो इसलिए ऐसे लोग बाबा की संगत करने लगते हैं। बाबाशाही समाज और राष्ट्रोन्नति की राह का रोड़ा है। वह पूरी तरह से नष्ट होनी चाहिए, ऐसा मेरा मत है। इसलिए मैं इस संगठन का सदस्य बन रहा हूँ।"

मानव और पशु-आहार, निद्रा, भय एवं मैथुन आदि क्रियाओं में एक स्तर पर हैं। मानव के पास विवेक है किंतु पशु के पास विवेक का अभाव है। विवेक, अर्थात् अच्छे-बुरे की समझ। विवेक, बुद्धि का विषय है। बाबाओं की ठगी के शिकंजे में फँसा मानव स्वयं ही बुद्धिहंता होता है; जिससे कि मनुष्य और पशु के भीतर की दूरी खत्म हो जाती है। आचार्य चाणक्य 'मुद्राराक्षस' नाटक के एक प्रसंग में कहता है, "मेरे रिश्तेदार चले जाएँ, लोभ से आए लोग भी मुझसे विमुख हो जाएँ, मुझसे सेना विमुख हो जाए, मेरी संपत्ति खत्म हो जाए तो भी बेहतर है; लेकिन मेरी बुद्धि मेरे साथ विश्वासघात न करे!"

परंपरा से धर्म एवं समाज इन दो क्षेत्रों में भारत में पर्याप्त मात्रा में बौद्धिक गुलामी रही है, जो आज भी स्थायी है। हमारे देश में परंपरा से जो कुछ चला आ

रहा है वह श्रेष्ठ है, ऐसा माने जाने के कारण इस विचार से जुड़ी किसी भी तरह की पड़ताल का विरोध किया जाता है, अत: इसमें किसी तरह के संशोधन की बात तो बहुत दूर की है। देश का जनमानस इस तरह का बन गया है। यदि इसमें किसी तरह का बदलाव लाना ही है तो वह ईश्वरीय अवतार द्वारा लाया ज़ाना चाहिए, ऐसा विचार समाज मन पर उकेरा गया है।

ऐसी सोच के चलते अपनी काबिलियत के बल पर कुछ प्राप्त कर सक्षम और समृद्ध बना जाए, इस विचार के स्थान पर स्वतंत्र प्रज्ञा का परित्यागकर किसी विभूति की शरण जाने का दुर्गुण भारतीय समाज में पाया जाता है। ऐसी विभूतियाँ बाबा-योगियों के रूप में प्रत्येक गाँव-देहात में जड़ें जमाए बैठी हैं। और लोग भी बुद्धि गिरवी रखकर; परिवार, समाज, राष्ट्र आदि के प्रति उदासीन बनकर; तन-मन-धन से बाबा के गुलाम बन रहे हैं। लोगों की बुद्धि की हत्या करने के लिए बाबा और उसकी बिरादरी के योगी, स्वामी, नाथ, महंत आदि पाखंडियों ने मिलकर मानो बूचड़खाना ही खोल दिया है।

इस विपद स्थिति से समाज की मुक्ति कब और किस तरह होगी, ये आला दर्जे का सामाजिक सवाल है। अधिकांश बाबा लोग ये कहते हुए दौड़े जा रहे हैं कि 'दुनिया मिथ्या है, माया है, नश्वर है।' ऐसी सोच से समाज की जिज्ञासा नष्ट हो जाती है। निवृत्ति में वृद्धि हो जाती है, वीरता का जोश खत्म हो जाता है। नियतिवाद, ईश्वरवाद और अंधविश्वास विकराल रूप धारण करता है। नतीजा, 'जिस स्थिति में ईश्वर ने रखा है, उसी स्थिति में मानव रहें, संतुष्टि भाव बनाए रखें' ये फलसफा पैमाना बन जाता है। अन्याय के प्रति क्रोध, प्रतिकार विषयक छटपटाहट, समाज को काबिलियत के बल बदलने की पुरुषार्थी वृत्ति आदि की चेतना को बाबाओं के ठगी व्यापार के साम्राज्य की बुनियाद को ध्वस्त कर देती है। लेकिन बाबा का भक्त और गुलाम बना समाज आलसी बनकर परिवार, समाज और राष्ट्र के प्रति उदासीन बन जाता है।

विगत कई सदियों का सफर तय कर, निर्मित हुई इस तरह की सामाजिक मानसिकता पर पिछैले दशक में वैश्वीकरण के चलते निर्मित अभूतपूर्व हालातों के चलते एक नई पौध ने कब्जा जमाया है। जिसमें वैश्वीकरण, निजीकरण, उदारीकरण और नवपूँजीवादी आक्रमण शामिल हैं। एक ओर समाज में बड़े पैमाने पर बेरोजगारी और आर्थिक असुरक्षा है तो दूसरी ओर उपभोक्तावादी संस्कृति की खुराक मीडिया प्रतिदिन घर-घर में परोस रहा है। आर्थिक तनाव हो या भोगवाद का भुलभूलैया, आज दोनों ओर मन:शांति की आवश्यकता बड़े पैमाने पर निर्मित हुई है। स्वाध्याय, सिद्ध साइंस, रेकी, सहजसिद्ध योग और कुंडलिनी जाग्रति आदि मार्गों द्वारा लोगों को चित्तशांति से लेकर आर्थिक खुशहाली तक सैकड़ों चीजें मुहैया कराने के दावे करनेवाले शास्त्री, बापू, संत, महंत, बाबा, योगी और विश्वसंत जैसी विभूतियों की

समाज में बाढ़-सी आ गई है, जो कि नवसाम्राज्यवादी आक्रमण के लिए अनुकूल माहौल निर्मित करने के लिए है, ऐसा भी एक विचार है। दूसरा विचार यह कि मध्यवर्ग द्वारा आधुनिकता के नाम पर पश्चिम की जीवनशैली को अपनाया गया है, किंतु इसके साथ इस मध्यवर्ग द्वारा अपनी जड़ों को बनाए रखने की कोशिशें भी जारी हैं। और इसी सोच का सहारा लेकर ढोंगी बाबा पनप रहे हैं। नतीजा आज समाज में भक्ति भावना का बाजार स्थायित्व पा गया है और धार्मिक उत्सव से लेकर तमाम स्तर के बाबा, स्वामी, भगत, साधु, योगी जैसे ढोंगियों की एक बड़ी खेप समाज बाजार में आ गई है।

सवाल महज बाबा, स्वामी, भगत, साधु, शास्त्री और योगियों द्वारा फैलाए जा रहे अंधविश्वास का नहीं। चूँकि इसकी प्रदीर्घ परंपरा सदियों से हमारे देश में चली आ ही रही है। असल में इस अंधविश्वास और विक्षिप्तता के स्तर पर वैचारिकी प्रस्तुत करनेवाले बाबाओं को जो अभूतपूर्व जन समर्थन मिल रहा है, वह बेहद चिंता का विषय है। आम जनों की द्विधा मानसिकता और बाबा को मिलता मजबूत राजाश्रय, इसके चलते समाज में ऐसे बाबाओं की तूती बोल रही है।

फासिज्म का विध्वंसकारी रूप दुनिया देख चुकी है। व्यवस्था परिवर्तन को लेकर चुप्पी साधना, काल्पनिक दुश्मन तैयार करना, मुक्ति का बेहद आसान फलसफा पेश करना, एक विशिष्ट नेता के इशारों पर काम करनेवाले संगठन को गठित करना, हिंसा का समर्थन करना, साधन साध्य शुचिता को खंडित करना, चंद काल्पनिक सपनों का भूलभूलैया पैदा कर लोगों की बुद्धि को पंगु बनाना आदि फासिज्म की विशेषताएँ हैं। जर्मन नाजियों का अध्ययन करने पर इस चीज को आसानी से समझा जा सकता है। और हालिया दौर में पाखंडी बाबा देश में जो कुछ कर रहे हैं उसे 'फ्रेंडली फासिज्म' कह सकते हैं।

किसी भी बाबा द्वारा सामाजिक व्यवस्था परिवर्तन के बारे में एक शब्द तक बोला नहीं जाता, बल्कि ढोंगी बाबा उसकी शरण में लोग आए, इस तरह का फरमान जारी कर इसी के बल पर मुक्ति मिलेगी, ऐसी घोषणा करता है। बाबा का शब्द ही उसके साम्राज्य का संविधान होता है या वह उसके साम्राज्य के लिए वेदवाक्य होता है; फिर वह चाहे सत्यसाईं हो या पांडुरंग शास्त्री आठवले, रजनीश हो या नाना धर्माधिकारी। अधिकांश बाबा अपनी कार्यपद्धति को गोपनीय रीति से अंजाम देते हैं। उसका नैतिकता से कोई सरोकार ही नहीं रहता। बाबा का शब्द ही ब्रह्मवाक्य और नैतिकता है। बाबा के विरोध में किसी के द्वारा यदि एक शब्द तक बोला जाता है तो उसे धमकाने से लेकर उसकी पिटाई तक सभी हथकंडों को अपनाया जाता है। बाबा अपने चरणों में लीन होनेवाले तमाम भक्तों का कल्याण करने की गारंटी लिये होता है। पर इसके लिए शर्त मात्र यह कि भक्त अपनी बुद्धि का हरगिज प्रयोग न करें। देश के लिए स्थायी फासिज्म का खतरा गुजरात दंगों

के बाद और अधिक गहराया है। ढोंगी बाबाओं के तमाम संप्रदाय और उपसंप्रदाय ऐसे फासिज्म के अनकूल संरचना के निर्माण में जुड़े रहते हैं।

ढोंगी बाबाओं से व्यक्तिगत स्तर पर मनुष्य और समाज को दूर रखने के लिए यह संकल्प करना पड़ेगा कि 'मैं अपने आत्मविश्वास को खोने नहीं दूँगा। अपनी सीमाओं में रहते हुए मानवता की बुनियाद पर ईमानदारी और धैर्य से जीवन जीने में ही मानव की प्रतिष्ठा है।'

क्या हैं मेरी अपनी समस्याएँ? और उन्हें किस तरह हल किया जाए,वे किस सीमा तक हल हो सकती हैं? इसका बोध हमें नैतिक दृष्टिकोण और विवेकवाद के प्रश्रय के बल पर हो सकता है। सर्वमान्य नीति संकेतों का पालन करने से आचरण में मजबूती आ जाती है। ढोंगी बाबाओं से दूरी बनाए रखना, और अन्यों को उक्त मानसिक गुलामी से दूर रखने में हीं जीवन की सार्थकता है। जो कोई बाबा, स्वामी, योगी आदि अपने भक्तों के जीवनभर के तमाम सवालों को हमेशा-हमेशा के लिए हल करने का दायित्व स्वीकारता है; असल में वही अपने भक्त को अधिक-से-अधिक गहरी खाई में धकेलता है, उसे पराश्रित बनाता है। सच्चा गुरु भक्त को आत्मनिर्भर बनाकर जीवन की समरभूमि पर लड़ने की हिम्मत और शक्ति प्रदान करता है। उसे सजग, समर्थ एवं मजबूत बनाता है। प्रत्येक व्यक्ति के पास विवेक-बुद्धि के रूप में कम-से-कम एक गुरु होता ही है। अत: यह जरूरी है कि निर्भय एवं कृतिशील होकर उससे संकेत ग्रहण करें।

✪✪✪